HEINRICH LUTZ

Politik, Kultur und Religion
im Werdeprozeß der frühen Neuzeit

HEINRICH LUTZ

Politik, Kultur und Religion im Werdeprozeß der frühen Neuzeit

Aufsätze und Vorträge

Aus Anlaß des 60. Geburtstages von Heinrich Lutz
herausgegeben von
Moritz Csáky, Günther Hamann, Grete Klingenstein,
Alfred Kohler, Helmut Rumpler und
Gerald Stourzh

Redaktion: Lothar Höbelt

UNIVERSITÄTSVERLAG CARINTHIA

ISBN 3-85378-199-3

Satz, Druck und Bindearbeit: Graphischer Betrieb Carinthia, Klagenfurt

Gedruckt mit Unterstützung des Bundesministeriums für Wissenschaft und Forschung, der Vereinigung Österreichischer Industrieller und der Creditanstalt-Bankverein

INHALTSVERZEICHNIS

VORWORT

Es ist nach wie vor eine würdige und angemessene Form der Ehrung eines verdienten Gelehrten, ihm eine Festgabe zu widmen. In diesem Sinne haben die engeren Schüler und Freunde von Heinrich Lutz an den Instituten für Geschichte der Universitäten Wien, Graz und Klagenfurt den vorliegenden Band in Zusammenarbeit und unter überaus dankenswerter Mitarbeit des Jubilars zu dessen 60. Geburtstag herausgegeben. Im Hinblick auf die hervorragende Stellung von Heinrich Lutz in der internationalen Frühneuzeitforschung boten sich für den Sammelband zeitlich und publikationsmäßig weitverstreute, mittlerweile aber zu einem zentralen Bestandteil der Diskussion gewordene Arbeiten über politische, soziokulturelle und religiöse Aspekte des Werdeprozesses der frühen Neuzeit an. Es handelt sich dabei um Beiträge zu einem Themenbereich, dem gegenwärtig unter methodisch neuen sozial- und kulturgeschichtlichen Fragestellungen ein verstärktes Interesse der Forschung gilt. Obwohl in den Abhandlungen und Vorträgen Detailforschung ausgebreitet ist, sind in ihnen – und dies macht ihren Wert aus – die großen Perspektiven einer vom 16. bis ins 20. Jahrhundert reichenden Geschichte der Neuzeit sichtbar gemacht. Deshalb darf sich an diesen Band die Hoffnung knüpfen, daß er nicht nur ein Ehrengeschenk bleibt, sondern daß von dieser Festgabe Anregungen für die Forschung ausgehen mögen.

Für die Ermöglichung der Drucklegung dieses Bandes haben sich hochherzige Mäzene gefunden: Das österreichische Bundesministerium für Wissenschaft und Forschung gewährte eine Subvention, die Vereinigung Österreichischer Industrieller und die Creditanstalt-Bankverein Wien stellten Druckkostenbeiträge zur Verfügung. Das Papier für den Druck spendete durch Vermittlung von Dr. Wolfgang Berz (Wien) und Dr. Walther Berz (Augsburg) die Haindlsche Papierfabrik Augsburg. Nicht zuletzt hat eine großzügige Kalkulation des Universitätsverlages Carinthia Klagenfurt die Drucklegung sichergestellt. All diesen Förderern gilt der Dank der Geschichtswissenschaft.

DIE HERAUSGEBER

Ein österreichisches Dankeswort an Heinrich Lutz

VON GÜNTHER HAMANN

Geburtstage haben unter Historikern eine über die Privatsphäre hinausgehende Bedeutung: Sind sie an sich schon eine Angelegenheit rückblickender Empfindungen, so werden sie unter den Händen derer, die professionell dem Wachhalten des geschichtlichen Bewußtseins dienen, vollends zum Anlaß grundsätzlicher Überlegungen und Aussagen: über die Persönlichkeit des Jubilars, seine Stellung im Berufsmilieu, seinen Schülerkreis, seine pädagogische, wissenschaftliche und gesellschaftliche Wirksamkeit, seine Werke, seine Einschätzung und sein Selbstverständnis im intellektuellen Leben, seine Kontakte, seine Ausstrahlung. Insofern geht, was aus solchem Anlaß stattzufinden pflegt, über die Würdigung eines Lehrers, Forschers und Kollegen hinaus. Zufallsanlässe wie ein Geburtsdatum erhalten dabei auf dem Umweg akademischer Bespiegelung eine weitere Bedeutung: für den Jubilar selbst, der sich Rechenschaft ablegt über seinen zurückgelegten Weg; aber auch für jene, die an diesem Weg teilhatten, sein Wirken verfolgten, seine Erfolge erlebten, sich für die Wurzeln seiner geistigen Herkunft, für die Ziele seines Wollens interessierten. So besehen, können Jubiläen von Gelehrten mehr bewirken als Gedenkpublikationen und salbungsvolle Feiern. Sie können für alle Beteiligten ein Anruf zur Selbstbesinnung werden, zur Überdenkung des Standortes, den der Gefeierte im gemeinsamen Fach einnimmt, zur Hochrechnung dessen, was er dabei alles eingebracht hat. Eine wissenschaftliche Bilanz also, in der die Beiträge und Gewinne eines der Teilhaber des Unternehmens rot angekreuzt sind, um seinen Anteil am Firmenganzen deutlich werden zu lassen.

Diesmal ist es eine besonders stolze Bilanz, die vorgewiesen werden kann: individuell wie institutionell für uns alle. Die persönliche Leistung des Jubilars spricht dabei für sich selbst und braucht keinen Kommentar. Ihre Verflechtung in die institutionellen Zusammenhänge zu würdigen, ist jedoch Dankespflicht seiner Umgebung. Denn die Rolle, die Heinrich Lutz als Triebkraft eines aufsteigenden Unternehmens seit seiner Aufnahme in Wien spielte, ist in mehrfacher Hinsicht hervorhebenswert, achtenswert, dankenswert. Ist sie doch thematisch ungemein vielseitig, qualitätsmäßig allgemein anerkannt, erzieherisch äußerst eindringlich und nachhaltend, organisatorisch höchst erfolgreich und zudem auch stofflich bereichernd für die traditionellen hiesigen Verhältnisse.

So war es eine glückliche Idee der Lutz-Schüler, statt einer der unter Editorenseufzern und Autorenstöhnen zusammengetrommelten „Festschriften“ eine nützliche und begehrte Sammlung verstreuter Abhandlungen des Jubilars vorzunehmen. Eine Sammlung, die dem Interessenten ohne Umwege und Sucharbeit Kernstücke eines staunenswert weiten Œuvres in die Hand gibt und dem Geehrten zeigt, wie groß die Nachfrage nach seinen Schriften ist. Mit diesem Dank der von Lutz in Wien übernommenen und mit behutsam-fester Hand zu Doktorat oder Dozentur geführten Vorgänger-Schüler und mit dem Dank seiner eigenen stattlichen, in zäher pädagogischer Aufbauarbeit geformten Schülerschar verbindet sich dabei der Dank der Kollegen unseres Faches „Neuzeit“: Gilt der eine Dank dem engagierten, keine zeitraubende Beratung scheuenden, einsatzfreudig-erwärmten Lehrer besten alten (und gleichzeitig auch besten modernen) Schlages, so gilt der andere Dank dem engagierten, Kontakte, Diskussionen, Schreibereien, Sitzungen nie scheuenden, leidenschaftlichen, standfesten Vertreter (und wo nötig Verfechter) der Interessen unserer vielschichtigen, anspruchsvollen Geschichte der letzten 500 Jahre. Das heißt in unserem fachlichen Selbstverständnis: der europäischen Geschichte und der Weltgeschichte der Neuzeit. Somit jenes

Teiles der Geschichte, der (abgesehen von den ihm innewohnenden Schwierigkeiten) zufolge seiner zeitlichen und räumlichen Auffächerung in seiner Stellung unter den historischen Schwesterfächern seit jeher von Existenzproblemen geplagt war. Zumal in Wien, wo sich die „Neuzeit“ zum Unterschied vom übrigen deutschen Sprachraum erst im Laufe von Generationen aus dem übermächtigen Schatten eines altehrwürdigen, mächtigen, traditionsstarken und traditionsbewußten Vorfahren, des Instituts für österreichische Geschichtsforschung, zu eigener Lebensfähigkeit durchzuringen und zu profilieren hatte – wie weiland die neugegründeten josefinischen Diözesen aus der Umarmung der altehrwürdigen, mächtigen und stolzen Mutter Passau.

Ein Fach, diese Neuzeit, das freilich auch in unserer heutigen, alles in Frage stellenden, alles neu ordnenden, alles umwertenden Epoche von entgegengesetzter Seite her und unter Vorzeichen, die alles andere als traditionsbestimmt sind, in Bedrängnisse gerät. Bedrängnisse, wie sie unserem mittelalterlichen Nachbarn erspart bleiben – einfach deshalb, weil er gar nicht an solche Gefahrenzonen grenzt. Gemeint sind die ständig sich mehrenden Verunsicherungen, Schmälerungen, Beschneidungen, Amputationen, denen ein so vielgliedriges Großfach besonders stark ausgesetzt ist. Weit mehr als andere Abschnitte der Geschichte, die es zufolge ihrer zeitlichen Abgeschlossenheit oder ihrer räumlich-sachlichen Begrenztheit in dieser Beziehung leichter haben als wir. Und die für orientierungsuchende Studenten vielleicht profilierter, einladender, weniger anspruchsvoll und deshalb weniger verwirrend wirken – alles Nachteile der Neuzeit-Geschichte, die von ihren Dienern deshalb ein hohes Maß an Umsicht, Energie und Standhaftigkeit verlangt: zunächst, was die Bewahrung ihres Zusammenhanges anlangt; aber auch (als aktueller Schmerz), was die Auszehrungen anlangt, welche dieses Fach durch Reformpläne erleidet, die es in seiner Stellung nicht (wie man bei dem Riesenstoff annehmen sollte!) stärken, sondern schwächen, ja auf ein lächerliches Minimum von Pflichtsoll beschränken und sogar – Gipfel reformerischer Torheit – abwählbar machen. Hier berührt sich paradoxerweise beides: altverklungener, stockkonservativer Spott (nicht heutiger, sondern vorgestriger!) übertrieben selbstgefälliger Mediävistengenerationen über die nicht so recht voll zu nehmenden „Neuhistoriker“ (mit unterschwelligem Anklang an den Parvenu-Begriff) und neuerer, aus ganz entgegengesetzter Richtung kommender Fortschrittlerspott über ungeheure (und deshalb natürlich zu bekämpfende) Anforderungen, die sich auf fünf Jahrhunderte und fünf Erdteile erstrecken und deren Bewältigung einem Neuhistoriker nun einmal abverlangt werden muß.

Weshalb diese Probleme erwähnt werden? Weil nur vor einem solchen Hintergrund eine Leistung wie die von Heinrich Lutz richtig gewürdigt werden kann. Weil nur, gemessen an solchen Anfechtungen, richtig zur Geltung kommt, was dieser energische Mann für die Bewahrung und Festigung unseres Faches getan hat und laufend tut: mit dem vollen Einsatz seiner nicht aus dem Gleichgewicht zu bringenden Persönlichkeit, mit dem niemals Nervosität oder Fahrigkeit zeigenden Ernst seines akademischen Auftretens, mit dem vollen Gewicht seiner bedächtig formulierenden, argumentenreichen Rede, mit der in endlosen Sitzungen bewiesenen Beharrlichkeit und Geduld, mit dem überzeugenden Einsatz seiner reichen Erfahrungen mit Universitäten seines (im Vergleich zu uns noch experimentierfreudigeren) Vaterlandes; mit Konzilianz, Kompromißbereitschaft und Nachsicht, wo sie zu Vernünftigem weiterführen, mit Wachsamkeit, Hartnäckigkeit und Härte, wo man überfahren zu werden droht, wo man Unverzichtbares preisgeben soll.

Seine Gründung der international inzwischen sehr angesehenen „Wiener Beiträge zur Geschichte der Neuzeit“ und des „Wiener Neuzeit-Kolloquiums“ als Aussprache- und Begegnungsstätte der Vertreter dieses Faches haben hier neue Zentren der Sammlung und Selbstbesinnung für ein Fach geschaffen, welches vielen seiner Mißgönner ganz einfach zu schwerfällt, zu anspruchsvoll ist. Die Historiker der Neuzeit haben es daher zunehmend zu schätzen gelernt, welchen Wert ein stabiler Mittelpunkt für sie hat: als Senior in einer verschieden gearteten und nach Familienart gelegentlich auch verschiedene Ansichten vertretenden Familie, als erfahren-bedächtiger Mentor und nicht zuletzt als ein nie leichthin, sondern erst in zähem Wachstum, ehrlichem Ausreifen, Auseinandersetzen und Näherkommen sich eröffnender Freund. Insofern ist Lutz ein idealer Wahrer von Interessen, wie man ihn sich fester und mannhafter nicht wünschen kann. Alle wahren ja schließlich ihre Interessen. Kann man es uns verdenken, wenn wir für unser Fach ebenso handeln?

Nachdem die jüngeren Generationen der Neuhistoriker mit ihren Erfolgen und Karrieren sichtbare Zeugenschaft ablegen für das, was ihr mit Leib und Seele engagierter Lehrer in ihre Erfolge als Doktoren, Dozenten, Professoren, Archivare mitinvestiert hat; und nachdem es, wie dieser wohlgelungene Band zeigt, an Anhänglichkeitsbezeugungen für ihren Meister nicht mangelt, kann der seitens der betagteren Kollegen auszudrückende Dank unmittelbar auf das eingehen, was dieser vor 16 Jahren in unseren Kreis getretene und vom neuen Kollegen zum neuen Freund gewordene Jubilar beitrug, um unser Fach zu bereichern, auszubauen, zu stärken und mit seinen Leistungen wie seinen Sorgen bekannt zu machen. Dies soll nun nicht in einer Art Sammelrezension der vielen Publikationen geschehen. Es wäre kompetenzmäßig vermessen und auch überflüssig, weil diese reiche Ernte für sich selbst spricht, weil ihre Würdigung von berufeneren Seiten schon erfolgte und weil der Jubilar selbst besser, als es ein anderer könnte, ein erläuterndes Nachwort zu dieser Schriftensammlung verfaßt hat. Ein Nachwort zur Orientierung des Lesers, das eine Eigencharakteristik seiner Arbeitsthemen, seiner Betrachtungsweisen und seiner Absichten vornimmt.

So soll vor Überreichung dieses Bandes bloß grundsätzlich skizziert werden, womit sich Lutz um unsere Universität, um die Pflege der Neuzeit in unserem Lande verdient gemacht hat und was uns dabei charakteristisch für ihn, seine geistige Herkunft, sein erzieherisches Wollen zu sein scheint. Kurz, womit er unsere akademische Szene bereichern konnte: in Forschung, Lehre, Wissenschaftsorganisation. Also in dem, was nach dem Tageskampf, dem Sitzungs- und Aktenkram und all den Leerläufen des akademischen Lebens letzten Endes bleibt – in den Bibliotheken, Hörsälen und Erinnerungen der Studenten, Mitarbeiter und Kollegen. Sind doch gerade bei der Geschichte der Neuzeit mit ihrer ideologischen Vielfalt Traditionen, Erziehungs- und Bildungseinflüsse, Anregungen der Arbeitsrichtung, Hintergründe der Denk- und Ausdrucksweisen, Tonarten des Auseinandersetzens mit Erbe und Umwelt und was es sonst an Unwägbarkeiten gibt, von Bedeutung für Verständnis und Würdigung des Gelehrten, der dieses Fach vertritt. Fernerstehenden fallen dabei oft andere Nuancen auf als ihm selbst oder denen, die an seine Nähe gewöhnt waren.

Da ist zunächst die alte, überlieferungsreiche Brücke gemeinsamen bayerisch-österreichischen Geschichts- und Kulturbewußtseins. Eine Brücke, deren Tragfähigkeit sich ein Jahrtausend bewährt hat und die nicht dadurch geschmälert wird, daß Verwandte auch Streit bekommen können. Gerade darin erweisen sich ja Nahestellungen, die anregen, verbindend wirken und dauernde Beziehungen schaffen. Problemlosigkeit infolge Beziehungslosigkeit bleibt immer unfruchtbar.

Wo immer wir in unsere Geschichte einsteigen – unter den Babenbergern oder den Habsburgern; wo immer wir Gesellschaftsschichten erfassen – bei Kirche, Herrschern, Adel oder Volk; wo immer wir uns in Kulturgeschichte vertiefen – von Klöstern und Bauhütten, Donauschiffahrt und Fugger-Bergbau bis in die Technik des 19. Jahrhunderts; wo immer wir biographisch arbeiten – von den Maler- und Bildnerschulen des Mittelalters und der Renaissance und den Gelehrten der Scholastik, des Humanismus und Barock bis zur Konzert- und Operngeschichte im Zeitalter eines Richard Strauss ... auf Schritt und Tritt treffen wir da gemeinsame Grundlagen, wechselseitige Beeinflussungen, fruchtbares Geben und Nehmen – gerade auch dort, wo nach dem Muster einer Großfamilie die Differenzierung, das Sich-Abheben deutlich wird. Dabei ist „bayerisch" aus unserer Sicht ebenso wie im bayerischen Selbstverständnis im Sinne des königlichen Begriffes zu verstehen (also neben Altbayern die ihm angegliederten und von alters her eng verbundenen schwäbischen und fränkischen Nachbarregionen einschließend – bis in jene Jahrhunderte, in denen Lutz zu Hause ist wie kein anderer). Denn durch das Medium Bayern sind ja zusätzlich zu dessen eigenem Stellenwert auch jene Entwicklungsstränge verlaufen, die Österreich mit den Landschaften an der Oberen Donau, an Bodensee, Lech und Main verbanden. Wer immer diesen siedlungs-, gesellschafts- und kulturgeschichtlichen Beziehungen nachspürt, wird den tiefen Spuren begegnen, welche die Kinder Bayerns, Frankens, Schwabens in unserer Geschichte hinterlassen haben – lange, bevor im 18. und 19. Jahrhundert der böhmisch-mährisch-schlesische Geschichtsraum mitbestimmend für uns wurde.

Auch Lutz ist familien- wie erziehungsgeschichtlich einer jener integrativ-bayerischen Emissäre, die durch Berufung aus dem großbayerischen Staats- und Kulturmilieu für Österreich gewonnen werden konnten; und es ist, um diesen profilierten Sohn unseres Nachbarlandes richtig zu würdigen, nötig, die Hintergrund-Faktoren seiner Biographie entsprechend zu beachten. Sie drücken sich in seinen Arbeiten deutlich genug aus.

Der kernige Nachbarstaat, aus dem er kommt, hat unter allen deutschen Ländern das reifste, natürlichste und problemloseste Eigenwertgefühl hervorgebracht und dabei ein vorbildliches geschichtliches Selbstverständnis entwickelt. Er konnte daher unter den anderen, psychologisch wie strukturell schwierigeren, komplizierteren, in ihrem Selbstgefühl oft unsicheren deutschen Ländern immer das stärkste innere Gleichgewicht bewahren.

Etwas von dieser Sicherheit und Ausgeglichenheit wird auch im Atmosphärischen der Biographie von Lutz fühlbar. Daß zudem gerade das ehrwürdige „Goldene Augsburg" Pate stand bei der Ausbildung des Geschichtserlebens des jungen Lutz, und auch weiterhin tonangebend blieb für bedeutende Teile seines Schaffens, ist zusätzlich bezeichnend für das Kolorit und das Fluidum, das vom Werk eines Historikers ausgeht. Und es ist dabei auch ansprechend für uns Österreicher. Begegnen wir doch gerade dieser Stadt in unserer Geschichte besonders oft – und immer in schönen, würdigen, erfreulichen Zusammenhängen: in unserem Anteil an der Geschichte des Römisch-deutschen Reiches und großer Reichstage, in der Geschichte unseres Herrscherhauses und seines Mäzenatentums, in unserer Wirtschafts- und Kulturgeschichte, im Humanismus, in den Schätzen unserer Museen und Galerien, nicht zuletzt als Vaterstadt Mozarts in unserer Musik. Allenthalben wertvolle Verbindungen also, die uns mit jener von allen Zeitaltern geprägten, von alter kirchlicher und alter bürgerlicher Kultur gesättigten Metropole des Handels, der Finanzen, der Künste und Gelehrsamkeit verknüpfen. Einer Metropole, die durch lange Zeit eine richtige europäische Weltstadt war – mit regen Beziehungen nach allen Teilen Europas und der Übersee und mit einer aufgeweckten, rührigen, weitblickenden, klar denkenden, auffallend toleranten und wiederholt in die Reichspolitik eingeschalteten Bürgerschaft als tragendem Fundament eines blühenden kommunalen, kommerziellen, gewerblichen und geistigen Lebens. Einer Bürgerschaft, die bewirkte, daß der Historiker von der Geschichte dieser Stadt aus direkt in den Gang der großen Geschichte einsteigen kann.

Lutz schildert diesen von solidem Glanz gekennzeichneten Stadtstaat schon in einer seiner ersten Abhandlungen über den Aufenthalt und die Beobachtungen des venezianischen Gesandten Vincenzo Querini im Augsburg des Jahres 1507 – lebensvoll, farbig und mit einem auch künftig für den Historiker Lutz charakteristischen Burckhardt'schen Gespür für integrative Geschichtsbetrachtung und für das Hinter-die-Kulissen-Schauen. Schon damals zeigten sich – beim Gegenstand wie bei dessen Bearbeiter selbst – neben der für unser Fach prinzipiell lebensnotwendigen Verbindung von Staats- und Kulturgeschichte jene humanistischen Fundamente im Lateinischen und Italienischen der Quellen, die sich wie ein Geflecht von Wurzeln unter einem alten Boden hinziehen. In diesem Falle also: unter dem betont formbewußten, renaissancebestimmten, politisch-kulturellen Geschichtserbe und Selbstverständnis des Bayerischen Staates wie auch der Stadtstaaten seiner unmittelbaren Nachbarschaft (womit sich zugleich Verbindungen zum althergebrachten Geschichtsverständnis österreichischer humanistisch-historischer Traditionen ergaben). Es ist das Fundament der Latinitas, welches im beiderseitigen, hier wie dort stark humanistisch geprägten Geschichtsverständnis eine ausschlaggebende Rolle spielte, die Katholizität beider Staaten bis tief in deren Aufklärung und deren Liberalismus hinein bestimmte und sogar den Protestantismus der Renaissancestädte anders färbte, als er sonst war. Ein Fundament zudem, welches auch nach der Auffächerung der Latinität in eine Mehrzahl romanischer Sprachen und Staaten bereichernde Beeinflussungen der bayerischen und österreichischen Geschichts-, Gesellschafts- und Kulturverläufe bewirkte.

In beidem, dem Lateinischen wie dem Romanischen, ist Lutz durch seine Ausbildung als Historiker und als Philologe, durch seinen beruflichen Weg und durch sein Werk fest verankert. Zudem ist er beidem auch über das Wissenschaftliche hinaus verpflichtet, von beidem typusmäßig geformt. So zeigte er sich zeitlebens immun gegen das verheerende Virus des irrationalen, formlosen, realitätsfernen, gefühlsbetont und denkfeindlich-verschwommen dahinwogenden Teutonentums. Es scheint, als verkörpere sich in ihm und seinem Verhalten etwas von den tatsachennahen Lebensprinzipien der bayerischen Staatlichkeit und Staatsgesinnung wie auch des reichsstädtisch geordneten Augsburgischen Gemeinwesens und seiner Begriffe von politischer Verantwortlichkeit. Beide Formungsideale waren ja – ob Stadtstaat oder Fürstenstaat – jenen der Renaissance Italiens stark verpflichtet: in Recht, Verwaltung wie Gelehrsamkeit und Kunst – erkennbar in beider Streben nach Ebenmaß und Ausgewogenheit, in ihrem Willen zu Ausprägung und Klarheit, ihrem Bemühen um Bändigung des Auseinanderstrebenden, um Festigkeit, die Dinge in den Griff zu bekommen, um Durchdringung der Stoffe, um das Geradebiegen und Zurechtrücken des Verworrenen; nicht zuletzt auch um eine präzise, geordnete Darlegung dessen, was man zu sagen oder zu schreiben hat: ein altes rhetorisches Ideal des Humanismus. Stile können Länder wie Menschen prägen. Das Renaissancemäßige (als Gegensatz zu dem deutschen Problem des ins formlos Intuitive der Reformation Ausufernden), also das bei allem Reformwillen letztlich doch Gebändigte, schlägt hier bei einem markanten Einzelnen ebenso durch wie auf der größeren Ebene der Geschichte seines Landes: es ist spürbar in der Geschichte der Umwelt, aus der er kam – wie im kleinen bei ihm selbst.

Lutz ergänzte diese von Haus aus vorgegebenen Grundlagen während seiner reichen römischen Jahre durch sein Vertrautwerden mit der Italianität als der engsten Tochter der Latinität und durch sein Einleben in andere romanische Quellen- und Literaturbereiche, wie sie sich im Zuge seiner ausgedehnten Archivreisen ergaben, auf denen er eine nur wenigen seiner Fachkollegen beschiedene Erweiterung des historischen Erlebenshorizontes erfuhr. Gerade in unserer Zeit einseitiger Vorherrschaft der englischen Sprache und damit angloamerikanischer Perspektiven bis tief in den Geschichtsbetrieb hinein verdient diese schwierige, von Lutz nachdrücklich vertretene und in seinem Werk dokumentierte Aufwertung der (nicht bloß für die frühere Neuzeit geltenden!) alteuropäischen Sprach- und Kulturgrundlagen eine ausdrückliche Hervorhebung. Auch wegen unseres wachsenden Defizits an kontinental-europäischer Selbsteinschätzung und Selbstachtung ist ein solches Memento angebracht. Lutz hat sich dadurch und speziell durch sein unbeirrbares, unpopuläres Eintreten für die ungeschmälerte Rolle des Lateins viele Freunde gemacht – gerade unter denen, die sich ein Humanist als Freunde wünscht. Sogar der deutsche Stil erweist sich bei ihm für einen Hellhörigen als vom Lateinischen geprägt, sein Ausdruck und seine wissenschaftliche Mitteilungsweise zeigen sich beeinflußt von humanistischer Diktion. Seine hervorragenden Einzelkenntnisse der für ihn und seine Heimat im wörtlichen Sinne „maß“gebenden Epoche der Renaissance und der renaissancebestimmten katholischen Reform verknüpfen sich mit dem praktisch gelebten Bekenntnis zu den Bürgertugenden eines sozialbewußten bürgerlichen Gemeinwesens als den moralischen Antriebskräften einer erfolgreichen humanen Aufwärtsentwicklung, wie sie sich in der Geschichte seiner engeren Heimat sinnfällig verkörperte in einem in dieser Größenordnung einzigartigen Exempel freiwillig geleisteter sozialer Obsorge und Wohlfahrtshilfe, der Fuggerei. Wie ein immer wieder ortbares Grundwasser ziehen sich diese aus einem ernst genommenen politischen und sozialen christlichen Pflichtbewußtsein abgeleiteten Prämissen unter allen seinen Aktivitäten und Publikationen hin.

Schon in der Wahl seines Dissertationsthemas kam seine auf fest humanistischer Basis gegründete Einstellung zur Geschichte und zum Historikerberuf zum Ausdruck: Conrad Peutinger, einem der vielseitigsten Humanisten und einem der größten Söhne Augsburgs ist diese, den Umfang eines dicken Buches tragende „politische Biographie“ gewidmet – erschienen in den „Abhandlungen zur Geschichte der Stadt Augsburg“, und gefolgt von weiteren einschlägigen Studien wie der biographischen Skizze über Peutinger in den „Lebensbildern aus dem bayerischen Schwaben" oder der feinfühligen Studie über Peutinger in der Wende des deutschen Humanismus, wo bereits die einen Großteil des Werkes von Lutz durchziehende Problematik Humanismus–Reformation anklingt.

So bildet denn der katholisch fundierte, dabei aber den berechtigten Anliegen der evangelischen Neuerer und selbst der Aufklärung durchaus aufgeschlossene katholische Humanismus erasmischer Prägung (in dessen Geist auch wir beide einander eng verbunden sind) eine Art Kompaß, der die Orientierung in dem reichverzweigten Werk von Lutz ebenso erleichtert, wie er ihn selbst stets zielsicher durch alle Fährnisse und Versuchungen des akademischen Lebens geleitet hat. Das Verhältnis von „Humanismus und Reformation – alte Antworten und neue Fragen" bot ihm dabei Anlaß zu einer eigenen Abhandlung, die Zeugnis ablegt von einem starken inneren Engagement für beide Seiten und für ein Maximum an Verständnis für die Anliegen aller christlichen Konfessionen. Der erste Vortrag, den ich von Lutz hörte, galt dem frühen Versuch einer ökumenisch-humanistisch motivierten, brüderlichen Regelung friedlichen Zusammenlebens beider (sonst noch allenthalben militanten) Konfessionen und beider Gottesdienste im erwärmenden Milieu des schon frühzeitig weisen und duldsamen Augsburger Klimas; es war für mich eine Sternenstunde interkonfessionellen Geschichtserlebens und Geschichtsverständnisses – zumal in einer Stadt wie Wien, in der solche Themen wenig Interesse finden und nur selten angefaßt werden.

Gerade im historischen Fachbereich war deshalb eine Auffrischung durch Themen solcher Art ein großer Gewinn für uns. Denn als Abrundung der Neueren Geschichte war nach generationenlanger Übergewichtung durch die unerschöpfliche Themenfülle der so bunten Österreichischen Geschichte und der so herausfordernden Geschichte der gesamtdeutschen Problematik (zumal der schicksalhaften austro-preußischen Beziehungen) endlich auch Neues fällig geworden: zum Beispiel eine stärkere Berücksichtigung der bei diesen Hypertrophien entstandenen Lücken in Richtung auf das wirtschafts-, kultur- und geistesgeschichtlich so wichtige „Dritte Deutschland" hin: jenes essentiell grundlegende, wenn auch politisch-militärisch bei allen wichtigen Entscheidungen von den beiden Großmächten überspielte Deutschland der Mittelstaaten (aus deren Reihen ja auch Österreich einmal seinen Ausgang genommen hatte, als es aus ihrer politischen Größenordnung zur Großmacht aufstieg). Natürlich mußte bei unserem starken historischen Selbstverständnis als Großstaat und angesichts der Verlockungen so unermeßlich reicher Archivschätze in Wien traditionell jene Art von Forschungen überwiegen, welche dieses grandiose, vielgestaltige, welthistorische Drama einer dynastisch motivierten und geprägten Reichsbildung betrafen – mit der ganzen Themenfülle, die sich aus den Wachstumsphasen, Verwicklungen und Leistungen der Gesamtmonarchie vor dem Hintergrund eines riesigen, von Sudeten, Karpathen, Balkan und Mittelmeer gebildeten Rahmens ergeben hatte. Die historischen Anregungen in dieser Richtung waren eben zu stark und zu natürlich, als daß sie nicht die Entwicklung unserer österreichischen Historiographie eindeutig, ja einseitig beeinflussen mußten. Freilich: dynastiehistorisch besehen reichte der Aktionsradius der Österreichischen Geschichte ja von Ungarn und dem Osmanenreich bis nach Spanien, den Niederlanden und Italien – und so wurde diese Österreichische Geschichte auf weite Strecken zugleich zur europäischen; und sie füllte so mit ihrem Reichtum neben dem Nominalfach der „Österreichischen Geschichte" automatisch auch einen großen Teil dessen aus, was unter dem Nominalfach „Geschichte der Neuzeit" betrieben werden soll. Das war ja eben das Glück für unser Fach, daß es in einem Lande mit einer solchen Dynastie auch in Lehre und Werk jener Historiker enthalten war, die hauptsächlich oder vordergründig „nur" Österreichische Geschichte betrieben.

Indes – aus dem Bereiche der deutschen Verklammerung unserer Neuzeit-Geschichte kamen aus denselben Gründen (Dynastiebezogenheit, Vormachtstellung im Reich und im Deutschen Bund, Nationale Frage, Ostmitteleuropa) doch auch jene zahlreichen und wichtigen Aspekte zu kurz, die weder österreichisch noch preußisch bestimmt waren: also die reichgegliederte Geschichte der vielen, gerade kulturell schwerwiegenden Staaten des „übrigen", zusammengenommen sehr viel bedeutenderen Teils Gesamtdeutschlands, den man in Wien wie in Berlin nicht ernst genug nahm, weil er auf militärischem Sektor mit beiden selbstgerechten deutschen Großmächten nicht mithalten, sich bei ihnen nicht eindrucksvoll genug bemerkbar machen konnte. – Aspekte, die auch deshalb zu kurz kamen, weil diese „dritten" Staaten für Wien wie Berlin nur aus groß- oder aus kleindeutscher Sicht wichtig waren, nicht aber an sich als geschichtliche Werte eigenständiger Bedeutung. Oder umgekehrt gesagt: Die Befassung mit Staaten von der geschichtlichen Größe und Rolle Sachsens, Bayerns, Württembergs, Badens, Hessens, Hannovers, Weimars, der Geistlichen Fürstentümer an Rhein, Main und Donau, oder der Freien Reichs- und Hansestädte hat die Historiker hierzulande wie auch in Berlin in Forschung und Lehre viel zuwenig interessiert – und wenn, dann eher unter der Problematik des Deutschen Dualismus oder des jahrhundertelangen Gegensatzes Habsburgs zu Frankreich. Somit also (für uns) unter dem Gesichtspunkt: Wie verhielt sich dieses oder jenes Land, dieser oder jener Fürstenhof, dieser oder jener Staatsmann zu Österreichs französischen oder preußischen Konflikten?

Man hat dem in Deutschland vorwiegenden Geschichtsbewußtsein österreichischerseits oft vorgeworfen, daß es zuwenig fundiert und einfühlend sei in bezug auf Kenntnisse und Einlebungsvermögen in unsere Austriaca – zumal jener, die unseren alten, national mehrschichtigen Reichsteilen und Übergangszonen galten, mitsamt ihren für Binnendeutsche natürlich skurrilen, ja unverständlichen Problemen und Nöten. Man könnte aber ebensogut auch umgekehrt selbstkritisch bedauern, daß bei uns solide, auf Abruf präsente Geschichtskenntnisse über diese „dritten" deutschen Staaten (die immerhin die Größenordnungen der Schweiz, der skandinavischen und der niederländischen Staaten besitzen) im Durchschnitt nicht so vertreten sind, wie dies ihrem politischen Gewicht, ihrer kulturellen Rolle und ihrer Stellung im Rahmen des Römisch-deutschen Reichs, des Deutschen Bundes und ihrer intereuropäischen Beziehungen entspräche. Fundierte Gespräche über Bayern und Frankreich, Hannover und England, Sachsen und Polen, Bremen–Hamburg und Übersee stoßen hierzulande doch leider bald an die Grenzen eines fühlbaren Wissensnotstandes, auch unter Zünftigen. Der Zugang zur deutschen Bildungs-, Kunst-, Literatur- und Musikgeschichte würde aber für alle, die sich der deutschen Kultur (oft nur allzu lautstark) verbunden fühlen, ganz erheblich gewinnen, wenn sie sich auch stärker mit der allgemeinen und politischen Geschichte jener zwar kleineren, kulturell aber ebenso großen, wenn nicht größeren deutschen Staaten und Städte befaßten, die Schauplätze gerade jenes Teiles der deutschen Geschichte waren, der über alle politischen Tragödien hinweg Ewigkeitswert für die Menschheit besitzt. Dazu aber muß man sich aus Wiener wie Berliner Sicht vor allem von der Vorstellung freimachen, es handle sich bei den bis zur (gewaltsamen!) Gründung des Bismarckreiches immerhin selbständig profilierte Außenpolitik, lehrreiche Innenpolitik und vorbildliche Kulturpolitik betreibenden Staaten so einfach um „Territorien" – ein häßliches Wort, das einen eher an „territories" in Indien, Afrika oder Amerika denken läßt als an Geschichtsräume, die von Städten wie Dresden, München, Stuttgart, Karlsruhe, Darmstadt, Mainz, Köln, Kassel, Hannover, Frankfurt oder Lübeck gesteuert worden sind.

Warum nun abermals dieser Ausblick auf ein Hintergrundproblem? Weil Heinrich Lutz auch in dieser Beziehung eine dankenswerte Bereicherung unseres Geschichtsbetriebes bewirkte, indem er Fehlendes oder schwächer Vertretenes auffüllte und ergänzte und damit chronische Lücken in unserer Lehre und Forschung schloß. Die sein vielseitiges Gesamtwerk durchziehende Aufwertung des Wissens um das Geschichtserbe jenes Dritten Deutschlands hat er von Anbeginn seines Schaffens an konsequent betrieben – jedoch nie auf bloß landesgeschichtlicher Ebene, sondern grundsätzlich immer unter Aspekten, welche die Verknüpfungen der eigenständigen innen-, außen- und kulturpolitischen Entwicklung des deutschen Staatensystems mit den großen Zusammenhängen der Reichsgeschichte und der gesamteuropäischen Geschichte berücksichtigen.

Auch mit diesem regionalbezogenen Teil seiner Arbeiten zeigt er sich (vom Zeitalter der Renaissance bis herauf in die Zeitgeschichte) weiten, internationalen Bezügen verpflichtet; ebenso wie mit dem Hauptteil seines weitgespannten Œuvres, das bei ihm schon von Haus aus intereuropäisches Format besitzt. Ein Format, das vorgezeichnet war in der kosmopolitischen Mitgift, wie sie Lutz als einem der talentiertesten Vertreter der Schnabel-Schule zuteil wurde; und das sich dann noch erweiterte durch seinen vieljährigen Aufenthalt in der alten Metropole Europas – in einem Umfang und mit einer Tiefenwirkung, wie sie nur wenigen Historikern seit Gregorovius zuteil wurden.

Dabei erwies es sich als zusätzliches Glück, daß er ein ausgezeichneter Verwerter von Eindrücken, Möglichkeiten und Gelegenheiten ist. Er hat von Anfang an mit den ihm verliehenen Pfunden gewuchert und das in ihn gesetzte Vertrauen ebenso gerechtfertigt wie alle Förderungen, die die Entdecker seines Talents ihm angedeihen ließen. So nützte er auch seine römischen, von den zeitraubenden Ablenkungen eines Assistentendaseins freien Jahre für klar durchdachte Forschungsvorhaben und machte sie in Verbindung mit Studienaufenthalten in Italien, Frankreich, Spanien, Belgien und Deutschland zu optimal genützten Reifungsjahren seiner das ganze abendländische Europa umspannenden Hauptwerke, die, solide fundiert und unanfechtbar, im Mittelpunkt seines Schaffens stehen: Zunächst die großangelegte und ebenso groß ausgeführte „Christianitas Afflicta-Europa, das Reich und die päpstliche Politik im Niedergang der Hegemonie Kaiser Karls V." – das eine ganz neue Sicht jenes Zeitalters eröffnende Werk, dessen kirchlich-weltliche Dimension sich um die beiden Magnetpole des Mittelalters und der früheren Neuzeit spannt, Kaisertum und Papsttum. Jene Pole, um die sich auch ein erheblicher Teil der Abhandlungen gruppieren läßt, die Lutz der Geschichte des 16. und 17. Jahrhunderts gewidmet hat.

Doch zunächst noch ein Blick auf die aus den Anregungen dieses Hauptwerkes erwachsenen, großangelegten Überblicksbücher und kompilierenden, intensiv-lehrhaften Abhandlungen: alle weitgespannt im Radius und stets gesamteuropäisch konzipiert, von England und den Niederlanden bis Spanien und Süditalien. Sie sind nirgends allein reichsbezogen oder gar verengt auf bloß deutsche Aspekte. Und sie umfassen auch schon über das Zeitalter Karls V. hinaus die Epoche der Gegenreformation und der Katholischen Reform: So der vielgelesene, zum Lernen und Einprägen hervorragend geeignete Anteil an der „Propyläen-Weltgeschichte": „Der politische und religiöse Aufbruch Europas im 16. Jahrhundert" (auch im Italienischen erschienen); oder das ebenso dicht wie anschaulich abgefaßte und stofflich wohlausgewogene Handbuch über die „Reformation und Gegenreformation" im Oldenbourg-Grundriß der Geschichte; dazu konzentriert-informative Lernbehelfe über Europa zur Zeit der Renaissance und der Reformation – alles Publikationen, deren Wert und mühsame Ausarbeitung jeder würdigen kann, der gerne unterrichtet und weiß, worauf es ankommt, wenn man seine Leser auf begrenztem Raum verständlich und objektiv ins Bild setzen möchte. Da die Reformations- und Gegenreformationsgeschichte in Österreich bei weitem nicht jene Tradition aufzuweisen hat wie in Deutschland und da sie, zumal bei protestantischen Theologen, verständlicherweise vorwiegend von den österreichischen Glaubenskämpfen und -verfolgungen angezogen wurde, brachte Lutz also mit der Betreuung dieser wichtigen Abschnitte der Neuzeit, verstärkt durch seine einschlägige Lehrtätigkeit, einen wertvollen Themenzuwachs mit nach Wien – echte Gewinne für unser Fach und seine Proportionen.

Natürlich fielen dabei auch beachtliche Nebenfrüchte ab, die einzelnen Sonderfragen (etwa nationalen Eigenarten im Geschichtsverlauf) galten und zusätzliche Vertiefungen des Grundstoffs der Handbücher brachten: für Deutschland die beiden Abhandlungen über Die deutsche Nation zu Beginn der Neuzeit mit grundsätzlichen Erörterungen der Fragen nach dem Gelingen und Scheitern deutscher Einheit zu Beginn des 16. Jahrhunderts; oder die der Reformationsgeschichte Leopold von Rankes gewidmeten Betrachtungen über den Ursprung der Spaltung in der Nation; dazu für Italien das klar gegliederte, äußerst konzentriert abgefaßte, auch zum Verständnis der Reichsgeschichte unerläßliche, angesichts der anspruchsvollen politischen Landkarte und der Vielfalt der italienischen Staaten und Staatsformen unter besonderen Schwierigkeiten erstellte Überblickskompendium „Italien vom Frieden von Lodi bis zum Spanischen Erbfolgekrieg (1454–1700)" im Handbuch der Europäischen Geschichte; oder die bei der starken Italien- und Spanienbezogenheit des Stoffes jener Epoche bisweilen in den Hintergrund geratene Thematik: Kaiser Karl V.,

Frankreich und das Reich, wo Lutz stärker, als bei der gewöhnlich verzerrten Betrachtung jenes Zeitalters üblich, auch die Gesichtspunkte Frankreichs, zumal König Franz I., erklärend ins Bild rückt. Wie überhaupt alles, was bei ihm Überblicks- und Zusammenfassungscharakter trägt, ausgezeichnet erklären kann, weil es immer vorbildlich klar durchdacht und angelegt und damit hervorragend als Lern- und Nachschlagebehelf geeignet ist – kurz als das, was man einst als „Leitfaden“ zu bezeichnen pflegte.

Dominierend unter den sein Hauptwerk flankierenden Sonderstudien sind jene Abhandlungen und Editionen, die (wie die eben genannte) Kaiser Karl V. und seinem Umkreis gewidmet sind und zeigen, wieviel auf diesen Gebieten für einen entsprechend eingearbeiteten und quellenkundlich buchstäblich aus dem Vollen schöpfenden Fachmann noch zu holen war: Biographische Probleme bei Karl V.; Karl V. und die Römische Kurie (1552–56); das Römisch-deutsche Reich im politischen System Karls V.; Karl V. und das Tridentiner Konzil (in Italienisch); Das Reich, Karl V. und der Beginn der Reformation mit seinen neue Akzente setzenden Bemerkungen zu Luther in Worms 1521; und wiederum Augsburg als weltgeschichtliche Stätte: Kaiser, Reich und Christenheit – eine Würdigung des Reichstages 1530; oder die Studien über den Augsburger Reichstag und Religionsfrieden 1555 – ein Schlüsselthema unserer Geschichte, dem sich Lutz auch von quellenkundlicher Seite wiederholt näherte: So, indem er es aus Vatikanischen Quellen mit der Denkschrift zum Entwurf der Fürstenkurie beleuchtete oder aus dem Reichstagsprotokoll des kaiserlichen Kommissars Felix Hornung und der Denkschrift des Reichsvizekanzlers Georg Sigmund Seld. Die Editionen der Gropper'schen Denkschriften über die Reformatio Germaniae treten als Beiträge aus italienischen Archiven noch hinzu; desgleichen die (im Vergleich zu Meinecke und anderen) neue Einsichten über die Geschichte des Begriffs der Staatsräson eröffnende Monographie über die Ragione di stato und christliche Staatsethik im 16. Jahrhundert (mit den Macchiavelli-Kapiteln aus Kardinal Poles Apologia ad Carolum Quintum Caesarem) oder die Abhandlung über den Traktat De optimo cive des Bartolomeo Platina.

Daß Lutz in diesen (wie auch in späteren) Zusammenhängen nie auf seine engere Heimat vergaß, zeigen die großen Beiträge zum konfessionellen Zeitalter im Handbuch der Bayerischen Geschichte über die Herzöge Wilhelm IV. und Albrecht V. und über das Geistige Leben vom Humanismus zur Gegenreformation, also den für Bayern prägenden Kräften; oder (reichspolitisch) über Kaiser Karl V. und Bayern und (konfessionsgeschichtlich) über den Laienkelch in Bayern. Von Ignaz Döllinger wird noch später die Rede sein. – Alles in allem dicht und eindringlich gestaltete Schilderungen vom inneren Leben in einem klar und selbstbewußt sich ausbildenden deutschen Staat und seiner Stellung im Reichsganzen.

Bevor wir den Schauplatz des Reiches verlassen, denken wir aber auch noch an jene feinsinnigen und einfühlsamen Portraits, die Lutz gewissermaßen im Schatten von Kaiser, Großen und Reich von zwei ganz verschieden gearteten Männern, ihrem religiösen Innenleben, ihrer Wirkung auf Mit- und Nachwelt und ihren unterschiedlichen Beurteilungen entworfen hat. Das eine: der zum Wormser Reichstagsjubiläum 1971 gehaltene, ökumenisch würdige und formvollendet ausgefeilte und durchdachte Festvortrag über Luther und 500 Jahre deutscher Geschichte, mit dem Lutz Goethes schönen Wunsch in vollendeter Weise erfüllt hat, man solle das Reformationsgedenkjahr (1817) so begehen, daß jeder wohldenkende Katholik es mitfeiern könne; dazu noch die einfühlend-umsichtige Studie über den Wandel der katholischen Lutherinterpretation. Und das andere: die ein seltenes historisches Zartgefühl verratende, behutsam-nachfühlende, abwägende und nachzeichnende, alle Klischeevorstellungen vorsichtig zurechtrückende Studie über Albrecht Dürer in der Reformation – eine aus humanistischem Geist erasmischer und Pirckheimer'scher Prägung erwachsene Studie, aus der auf den universalen, zwischen den Extremen stehenden Genius und auf die „Via media“ der Klügsten und Besten jener Zeit ein neues, erhellendes Licht fällt; und aus der gleichzeitig auch noch ein Blick frei wird auf den Zauber des alten Nürnberg. Sinnvoller hätte das Thema seiner Wiener Antrittsvorlesung von Lutz gar nicht gewählt werden können als mit dieser Dürer-Studie – in einer Stadt, in der so viele Kostbarkeiten dieses Meisters gehütet werden und in der das Andenken an das in einem Meer des Kriegswahnsinns untergegangene Nürnberg seit dem Zeitalter Kaiser Maximilians I. und seines Humanistenkreises bis heute für jeden Gebildeten eine Herzenssache blieb.

Daß ein Historiker, welcher dem in der frühen Neuzeit unentwirrbaren Integrativ-Komplex Politik–Religion seine Hauptaufmerksamkeit schenkt, auch der Kirchengeschichte einen eigenen weitläufigen Sektor seiner Forschungsarbeiten gewidmet hat, war nur natürlich. Hierin gehört Lutz von unserer Fakultät aus sogar mit zur Gemeinschaft der zünftigen Theologen – im aufgeschlossensten Sinne, den es dabei geben kann, und anerkannt von den besten Köpfen in beiden konfessionellen Lagern: ein Grund, weshalb er auch mehrfach eingespannt ist in eine Reihe kirchenhistorischer Unternehmungen, Vereinigungen und Arbeitsgemeinschaften; sie brauchen ihn eben – und für uns Historiker ist das eine Auszeichnung.

Gewissermaßen als Gegenpol zum Kaisertum als dem einen Brennpunkt der großen abendländischen ideologischen Ellipse, nimmt die Geschichte des Papsttums breiten Raum in Lutzens Werk ein – vorwiegend natürlich in den Zusammenhängen seiner politisch-historischen Verflechtungen. So in den Abhandlungen über Papsttum, europäische Staatenwelt und Kirchenreform im 16. Jahrhundert; über Kaiser Karl V. und das Tridentiner Konzil; über das Konzil von Trient in der Sicht des Reichsvizekanzlers Seld; über die Römische Kurie und den Reichstag zu Regensburg 1556/57; über große Kirchenmänner wie den Konzilskardinal Morone und dessen Reformpläne oder Kardinal Ippolito d'Este als weltlicher Kirchenfürst (mit einem originellen Parergon über Lucrezia Borgia anläßlich der letzten Gregorovius-Edition). Dazu kommt jenes große Unternehmen, in welchem Lutz besonders fest und fruchtbar ackert: die Nuntiaturberichte aus Deutschland mit den von ihm betreuten Bänden über die Tätigkeit Camaianis, de Grassis, Dandinos, sodann Muzzarellis, Agustins und Rebibas sowie über Reginald Pole und dessen Sendungen im Reich Karls V. und im Frankreich Heinrichs II.; wertvoll ergänzt durch eine grundsätzliche Studie zur Bedeutung dieser wichtigen Quellengattung für die gesamteuropäische Geschichtsforschung – und zugleich ein Musterbeispiel neuzeitlicher quellenkundlicher Methodenlehre und Archivkunde. Wie denn überhaupt die Pflege der Quellenkunde als eines seiner historischen Grundanliegen für Lutz entscheidend dazu beitrug, an unserem Institut für Geschichte ein Zentrum einschlägiger Fachausbildung für die europäische Neuzeit zu schaffen.

In die gleiche Richtung weist auch seine Tätigkeit als umsichtiger Leiter der großen „Edition der Reichstagsakten unter Karl V.". Daß es hier erstmals seit dem Impuls Leopold von Rankes gelang, junge österreichische Historiker in Wien, am Ort der Archive des Alten Reiches, in diese Arbeiten einzubeziehen, ist das persönliche Verdienst von Lutz und ein Beweis für das erfolgreiche Funktionieren seiner beharrlichen, langjährigen, in unzähligen Seminaren, Privatissima, Arbeitsgemeinschaften und Dissertantenrunden geleisteten Ausbildungsarbeit im Dienste der neueren europäischen Quellenkunde, für die unser Institut für Geschichte nun durch Initiativen solcher Art zu einer De-facto-Lehranstalt geworden ist, wie sie uns mit dieser Ausrichtung fehlte.

Auch Neueres, weiter herauf in der Geschichte Liegendes, kommt hinzu: So die Studien zur Frage der päpstlichen Autorität in der Sicht des frühen 19. Jahrhunderts; oder über Döllingers Haltung zu Italien und dem Heiligen Stuhl 1887 auf Grund eines Berichtes des italienischen Gesandten in München an Francesco Crispi; oder über das Papsttum in der Beurteilung Leopold von Rankes; oder über Österreichs Haltung gegenüber dem Dualismus von päpstlichem Rom und italienischem Nationalstaat; nicht zuletzt auch ganz allgemein: über das Christentum als Faktor im Werden der modernen Welt, über Rom in der Neuzeit und die Methoden einschlägiger historischer Forschungen und ähnliches. Zu allgemein-interkonfessionellen (und Lutz, dem Brückenbauer zwischen den Konfessionen besonders gut liegenden ökumenischen) Perspektiven weitet sich dieser religions-, konfessions- und kirchenhistorische Sektor seines Schaffens aus in dem von ihm herausgegebenen, neue Türen öffnenden Sammelwerk „Zur Geschichte der Toleranz und Religionsfreiheit", wobei sein eigener Beitrag über Die Konfessionsproblematik außerhalb des Reiches und in der Politik des Papsttums ein Muster interkonfessioneller Denk-, Vergleichs- und Betrachtungsweisen bildet.

Damit sind wir zum Teil schon aus dem der Kirchengeschichte und der älteren Konfessionsproblematik verhafteten Teil seines Werkes heraus und kommen in stärker säkularisierte und gleichzeitig jüngere Geschichtsbereiche, in denen sich für Lutz neue, nur noch teilweise mit Kirche und Religion verknüpfte Arbeitsthemen ergaben – und mit ihnen zusätzliche, aktuellere Schwerpunkte seines Forschens und Lehrens. Sie wurden genährt aus seinem starken religiös-moralisch-politischen Idealismus und dem damit verbundenen praktischen, uneigennützigen Engagement – nicht in einem parteipolitischen Sinne, sondern unter dem kategorischen Imperativ eines tief wurzelnden, durch „Demokratie im Zwielicht" hellhörig gewordenen, unerschütterlichen demokratischen Gewissens, das Lutz in keiner Stunde seines Lebens in Unsicherheit oder gar im Stiche ließ. Damit wurde er auch dem Anspruch unseres (nur zu selten beachteten) Berufstitels „Professor" gerecht: Stellung zu nehmen, Bekenntnis abzulegen für Überzeugungen, Einspruch zu erheben, wo dies geboten ist. Von diesem Ansatz her ist auch sein Wirken in der ihn zu klaren Stellungnahmen herausfordernden Zeitgeschichte zu verstehen; einem Fach, das für ihn als Selbstverständlichkeit nur im Zusammenhang mit dem 19. Jahrhundert aufgefaßt und daher nur von dort her, als Bestandteil der allgemeinen Geschichte der Neuzeit, betrieben werden kann.

Das zeigt sich auch in der Anlage seiner einschlägigen Arbeiten: dem mutigen, vorurteilsfreien, an vielen Tabus rüttelnden Buch über den „Weg der deutschen Katholiken aus dem Kaiserreich in die deutsche Republik" (ein auch auf Italienisch von ihm abgehandeltes Thema, gleichfalls auf Italienisch begleitet von einer einfühlsamen Spezialstudie über den deutschen und österreichischen Katholizismus von 1815–1870, aus der so mancherlei, gerade für uns Österreicher lehrreiche und zum Nachdenken anregende Unterschiede zwischen den verschiedenen Ausprägungen ein- und derselben Sache hüben und drüben ersichtlich werden). Dazu noch weitere Abhandlungen über zeitgeschichtliche Themen: über die Verantwortung der Gläubigen im Zeitalter der Gewalt mit Bemerkungen zu römischen und deutschen Vorgängen von Leo XIII. bis 1945 (ein in seiner Wahl für Lutz ganz besonders typisches Thema); oder über die Haltung der deutschen Katholiken in und nach dem Ersten Weltkrieg (ein auch auf Italienisch behandeltes, ebenso typisches Thema); oder über Erzbergers zweite Rom-Reise im Kriegsjahr 1915; weiters über das Frankreich und Deutschland und der Abendlandidee geltende, politisch-kulturelle Engagement von Hermann Platz vor und nach dem Ersten Weltkrieg; über den 1910 (auch hier in diesen Sälen wirkenden) preußischen Patrizier-Humanisten und Kosmopoliten Friedrich Wilhelm Foerster – den geduldig und unermüdlich gegen den nationalen Wahn predigenden, prophetischen, vielverkannten und zu unserer Schande nicht nur in seiner Heimat, sondern auch hier geschmähten Gewissensmahner des deutschen und österreichischen Volkes im Zeitalter unserer beiden Weltkriege mit ihren sinnlos und ungebremst dahinrasenden Leidenschaften und Vorurteilen – passenderweise erschienen in einer Serie „Vorbilder für Deutsche" und für mich persönlich der erste, mich tief faszinierende Vortrag, den ich von Lutz hörte; sodann die Studien über das Verhältnis von Katholizismus und Faschismus (im Dialog mit Améry); über die Kirchliche Erneuerung und deutsche Schicksale; über Gewissen, Staat und Öffentlichkeit im 20. Jahrhundert; über Historisches Verstehen und moralisches Urteilen angesichts der Erfahrungen des 20. Jahrhunderts; über Zerstörung und Aufbau Europas unter dem Einfluß von Nationalismus, Katastrophe und Europaidee ... Lauter Themen, bei denen schon die Fragestellungen das zuvor erwähnte leidenschaftliche moralisch-religiöse Gewissensengagement zeigen, das Lutz als einen typischen Vertreter der aufgeschlossen-kritischen Kriegsgeneration nie zu bequemer Ruhe kommen ließ. Er wich nirgends einer heiklen Frage oder einem unserer zahlreichen deutschen und österreichischen Tabus aus, er kehrte nichts unter den Teppich eines bläßlichen, in historischer Fehlanwendung mißbrauchten „Alles verstehen heißt alles verzeihen"; er stellte sich allem, was da an oft harten Problemen auf ihn zukam, und kaschierte nichts.

Ein im Vergleich zu den Traditionen der deutschen Geschichtswissenschaft in Wien ziemlich traditionsarmes, ja eher dürres Gelände betrat Lutz mit seinem auch hier unverdrossenen Einsatz für eine stärkere Pflege der Geschichtsphilosophie – für das „Denken über Geschichte" (wie er einen Band der „Wiener Beiträge zur Geschichte der Neuzeit" nannte). Er überwand das dem Geschichtsphilosophieren hier, in der sarkastischen Heimatstadt des Positivismus traditionell und notorisch entgegengebrachte Mißtrauen mit einem ihn kennzeichnenden wackeren Optimismus und inspirierte dabei junge Talente, zu neuen Ufern historischer Denkaufgaben zu streben. Ein großer Teil seiner einschlägigen Abhandlungen entstand dabei sogar erst hier in Wien: im ganzen eine vielseitige Palette von Fragestellungen, interfakultär nach allen Richtungen und Grenzbereichen der Geschichte hin gestreut (und überdies auch in zahlreichen Lehrveranstaltungen und Arbeits- und Gesprächsrunden von ihm aufgegriffen oder unter seiner Leitung behandelt). Sie gelten den Formen der Geschichtsschreibung, der Stellung der Kulturgeschichte in der Gesamtgeschichte, theologischen Aspekten im Verhältnis von Profangeschichte–Kirchengeschichte–Heilsgeschichte; dabei auch Epochen- und Periodisierungsfragen, die Lutz immer wieder besonders fesselten: Aufstieg und Krise der Neuzeit im Denken von Dilthey bis Horkheimer; dem Stand der Periodisierungsdiskussionen; Problemen des gesellschaftlichen Wandels und der Säkularisierung zwischen Renaissance und Reformation; Gedanken zu Guardinis „Ende der Neuzeit"; Politik, Kultur und Religion im Werdeprozeß der frühen Neuzeit; sodann der Frage des Verhältnisses von Humanismus und Ökonomie; und nicht zuletzt auch Fragestellungen über die Rolle des Biographischen in der Geschichtswissenschaft – von der Renaissance bis zur Aufklärung (ein Generalthema, dem gleichfalls wieder einer der Bände der „Wiener Beiträge" gewidmet wurde). Von seinen Ranke-Studien war schon in anderem Zusammenhang die Rede.

Historiographiegeschichtlich sehr bezeichnend für Lutz ist auch seine eingehende editorische und kommentierende Befassung mit dem Werk des Altgroßmeisters unserer Neuzeit-Geschichte, Franz Schnabel, zu dessen engstem Schülerkreis Lutz ja gehörte, von dessen humanistisch-süddeutsch-katholisch-liberaler, konsequent bürgerlich-demokratischer Haltung als profilierter Vertreter und Erzieher des „Anderen Deutschlands" Lutz seine eigenen Überzeugungen bestätigt sah und von dessen sokratischer Ausstrahlung er vieles, was zur Persönlichkeitsformung und -festigung entscheidend war, übernahm und weiterführte. Wenn er Schnabels kostbare Abhandlungen und Vorträge von 1914 bis 1965 als Sammler und Herausgeber so umsichtig und liebevoll betreute, daß dem weisesten unserer Neuhistoriker damit neben dessen großen Werken ein bleibendes Denkmal wertvollster Parerga gesetzt wurde, so stattete er damit nicht bloß einem unbeirrbaren, geradlinigen Mentor in dunkler, verworrener Zeit seinen Dank für gediegene fachliche und menschliche Ausbildung ab. Er vollzog damit zugleich das geistige Vermächtnis jenes Mannes, von dem er viele Anregungen im Stofflichen, Ideellen und Politischen empfangen hatte und von dem er wohl auch das offenkundige Talent des Schulebildens „geerbt" zu haben scheint. Die hier wenig bekannte Tatsache, daß Schnabel im Jahre unseres Neubeginnens 1945 für Wien gewonnen werden sollte, schlägt eine Brücke zu dem Faktum, daß nun Schnabels einstiger Schüler und heutiger Verwalter seines Erbes eben diesen Weg nach Wien auf Grund optimaler Voraussetzungen und Befähigungen auch tatsächlich gegangen ist.

Damit kehren wir am Schluß zu unserem Ausgangspunkt zurück: Lutz kam mit einem für sein damaliges Alter ungewöhnlich reichhaltigen wissenschaftlichen Œuvre zu uns. Einem Œuvre, das ursprünglich im süddeutschen Geschichtsraum wurzelte und bestimmt war von der humanistischen Geistigkeit der christlich-liberalen, unnationalen, nicht nervös und hektisch auf ein illusionäres „Reich" fixierten Schnabel-Schule; einem Œuvre, das sich (zumal in Rom) konstant und konsequent ausgeweitet hatte auf Europa. Dabei behielt Lutz auch hier seine alten Verbindungen nach Deutschland wie nach Italien, und er knüpfte dazu viele neue, die auch für uns hier fruchtbar wurden und unseren Geschichtsbetrieb um neue, für Wien förderliche Noten bereicherten. Nach seiner gelungenen Einlebung und Einpassung in das vielschichtige, vielgesichtige, widerspruchsvolle, gerade für Neulinge ziemlich schwierige, komplizierte, rutschige und fallenreiche (manchmal an das alte China erinnernde) Wiener Milieu konnte Lutz neben seiner offiziellen Einbürgerung dennoch auch ein viel selteneres, zusätzliches Heimatrecht hier erwerben – ein moralisches: das durch intensive Einarbeitung erworbene Heimatrecht. Hier wäre sein sich förmlich überstürzendes Einsteigen in unsere österreichische Geschichte hervorzuheben; seine rasche Aneignung neuer, ungewohnter Kenntnisse und Erfahrungen, wie sie unseren deutschen Nachbarn nur zu oft verschlossen blieben. Einsichten, die bei einem so leicht anregbaren Mann wie Lutz zwangsläufig in das Bedürfnis mündeten, auch selbst aktiv mit unserer Geschichte und deren Schatzhäusern, den Archiven, vertraut zu werden. So hat Lutzens Herwendung zu Österreich nicht bloß in seinem persönlichen geschichtlichen Erleben, sondern auch in seinem hiesigen Arbeitspensum tiefe Spuren hinterlassen. Spuren, die zeigen, wie man eine Milieuveränderung fruchtbar machen kann, wenn man aufgeschlossen für Anreize – und dazu auch noch arbeitswütig ist.

Der stattlichsten Frucht dieser Wiener Archivjahre, dem großangelegten (endlich einmal nicht einseitig preußisch oder österreichisch inspirierten, sondern jener drittmöglichen Sicht verhafteten) Aufhellungswerk über die fünf schicksalhaften Jahre von Königgrätz bis Versailles „Österreich-Ungarn und die Gründung des Deutschen Reiches“ reihen sich die vielen gediegenen einschlägigen, alle politischen Aspekte der damaligen Entscheidungen zugleich aus innerdeutscher, mitteleuropäischer und gesamteuropäischer Sicht erörternden Abhandlungen an: über Beust und Franz Joseph in der Wende der österreichisch-ungarischen Außenpolitik (ein auch auf Französisch abgehandeltes Thema); sodann über die Habsburgermonarchie und die Reichsgründung; über Bismarck in den (für das Schicksal Wiens so entscheidenden) Nikolsburger Tagen; über politisches und militärisches Planen unter Andrássy; über den für Deutschland und Österreich gleicherweise unheilvollen, selbstzerstörerischen Weg von Königgrätz zum Zweibund und ähnliche Themen.

Verkörpert durch Heinrich Lutz, hat sich dabei nun endlich und endgültig jene längst fällige Wende zu einer neuen, vorurteilslosen Sicht unseres geschichtlichen Irrgartens im 19. und 20. Jahrhundert, jene grundlegende Umstellung in den wesentlichen Beurteilungsweisen vollzogen, die den vorangegangenen Historikergenerationen auf Grund ihrer Erziehung, ihres ideologischen Erbes und ihres geschichtlichen Selbstverständnisses einfach noch nicht möglich war – auch wenn sich diesbezüglich bei beiden Lehrstuhlvorgängern von Lutz (für Hellhörige jedenfalls) neue Konturen abzeichneten, neue Denkmöglichkeiten anbahnten. Ich meine die nüchterne, vom irrational-nationalen Ballast unbeschwerte, von Träumereien und (gewiß gutgemeintem) Wunschdenken befreite, klare Einsicht in die absolute Unmöglichkeit, den 1866 widerwillig verlassenen geschichtlichen Weg noch einmal zurückzugehen; verbunden mit der Bereitschaft, die endgültige Abkehr zu vollziehen von allem Nicht-zur-Kenntnis-nehmen-Wollen, allem Nicht-wahrhaben-Wollen, das auf allen Seiten so viele Mißverständnisse, Fehldeutungen, Kümmernisse, Zerwürfnisse und Schmerzen verursacht hat. Denn erst infolge dieser definitiven Abkehr vom Nationalen und vom Irrationalen (die nun bezeichnenderweise gerade ein aus unserem deutschen Nachbarstaat stammender Historiker und kein gebürtiger Österreicher verkörpert!), erst infolge dieses deutlich fühlbaren Überganges zu einem endlich unbeschwerten, von gegenseitigen Komplexen, Ressentiments und Vorwürfen befreiten, entspannten und daher problemlos-freundschaftlich gewordenen Verhältnis zwischen hüben und drüben ist nun beiderseits auch im wissenschaftlichen Bereich durch Schutt und Trümmer der Weg zu einer rein sachlichen Zusammenarbeit freigeschaufelt worden. Und gerade durch die Absage an jegliche Art von „Anschluß“ ist die (vor uns Generationen bewegende, ja geradezu aufwühlende) Trennung im Bereich des täglichen Arbeitens und noch mehr im Bereich des rein Menschlichen unspürbar geworden.

Beide Seiten können tief Luft holen für die neuen, ganz andersgearteten Anstrengungen, die in der Zukunft vor ihnen liegen.

In diesem existentiellen Sinne sind wir unserem lieben Kollegen und hochgeschätzten Wahlösterreicher Heinrich Lutz nicht nur in wissenschaftlicher Hochachtung und in menschlicher Zuneigung, sondern auch in staatspolitischer Dankbarkeit für ein hohes Maß an Klarheit, Vernunft und allzeit gutem Willen mit allen guten Wünschen verbunden – als einem guten Deutschen, einem verdienten Österreicher, einem weitblickenden Europäer und nicht zuletzt als einem aktiven Christen.

GESTALTEN UND PROBLEME

HUMANISMUS UND REFORMATION

Alte Antworten und neue Fragen[1]

I.

Was ich hier vorzutragen habe, beginnt mit einem Blick auf frühere und heutige Konzeptionen im Umkreis der Fragen nach Humanismus und Reformation, der in einige Bemerkungen zur historischen Ortsbestimmung und zu heutigen Periodisierungsproblemen mündet. In einem zweiten Teil werden in paradigmatischer Weise Gestalten und Geschehnisse des 15. und 16. Jahrhunderts zu Wort kommen, an denen sich unsere interpretativen Ansätze orientieren können. Zum Schluß soll versucht werden, einige allgemeinere Fragen zu formulieren.

Definitionsprobleme im engeren Sinne möchte ich gerne beiseite lassen, ohne ihre eminente Bedeutung gerade auf einem interdisziplinären Forschungsgebiet verkennen zu wollen. Es möge hier genügen, die Abgrenzung des Humanismus als einer im wesentlichen literarisch arbeitenden und stets stark an der Antike orientierten Bildungsbewegung gegenüber dem weiteren Begriff der Renaissance anzudeuten.[2] Und wenn von Reformation die Rede ist, so wird sie verstanden als die Reformation Luthers, Zwinglis und Calvins. Der Bereich dessen, was heute katholische Reform genannt wird, bleibt außer Betracht, jedenfalls für die Zeit *nach* dem Auftreten Luthers. Denn wo es im humanistischen Umkreis *vor* Luther um kirchliche Reform geht, wäre es sachlich wenig sinnvoll, ja schlechterdings unmöglich, eine Aussonderung dessen vorzunehmen, was dann erst später in eine sich gegen die Reformation abgrenzende römisch-katholische Bewegung einmündete.

Voltaire, der große Aufklärer und Polyhistor, ist oft als Vater der neueren Kulturgeschichtsschreibung charakterisiert und gepriesen worden. Es wurde aber dabei wenig beachtet, wie folgenreich seine Konzeption des Ganges der Weltgeschichte für die späteren Auffassungen von Humanismus und Reformation wurde. Es darf nicht übersehen werden, daß sich ja erst gegen Ende des 17. Jahrhunderts im Umkreis des protestantischen Späthumanismus jene Zusammenschau von kultureller Wiedergeburt und religiöser Erneuerung herausgebildet hatte, der wir den Epochebegriff Neuzeit – nova aetas – für die nachmittelalterliche Welt verdanken.[3] Diese Synthese aber gibt es für Voltaire nicht mehr. Wenn er den Untergang der antiken Welt und den Wiederaufstieg der europäischen Kultur vor Augen hat, sieht er die Ursachen des Niedergangs einerseits in den Einfällen der Barbaren, also in der Völkerwanderung, andererseits in dem depravierenden Wirken des Christentums, das „den Himmel öffnete, aber das Imperium zerstörte“. Entsprechend diesem Schema, das seinerseits auf bestimmte italienische Vorbilder und auf die Tradition eines antipäpstlichen, antifeudalen Furor zurückging, gab es für Voltaire in der neuen Blüte des Renaissancehumanismus keinen Platz für die Elemente der religiösen Erneuerung.

Freilich darf dabei die Kritik nicht vergessen werden, die auch gegen die *weltliche* Seite der Renaissance und des Humanismus von seiten der Aufklärung vorgebracht wurde. Ich nehme als Beispiel den italienischen Schriftsteller Saverio Bettinelli: „Sarà sempre un rimprovero il vedere tanta ricchezza di pitture ... con tanta incertezza di governo ... tanto furore in dissotterare i codici invece delle miniere, in regolare i libri, i testi e le librerie più che i fiumi."[4]

Doch kehren wir zu Voltaires einseitiger und antikirchlicher Sicht der Dinge zurück. Wie vorherrschend diese paganisierende Sicht der Wende vom Mittelalter zur Neuzeit im liberalen 19. Jahrhundert wurde, ist allgemein bekannt. Jeder, der heute Jakob Burckhardts „Kultur der Renaissance" (1860) oder Voigts „Wiederbelebung des classischen Altertums" (1859) aufschlägt, begegnet in frischer Unmittelbarkeit dieser ebenso großartigen wie einseitigen Konzeption: Von Italien ausgehend, ergreift die Bewegung des Renaissancehumanismus ganz Europa. Die Entdeckung der Welt, die Entdeckung des Menschen wird gesehen als ein einheitlicher Prozeß der Abschüttelung aller mittelalterlichen Bindungen. In der Wiederbegegnung mit der Antike – mit der heidnischen Antike – findet der Mensch erst wieder zu sich selbst. Der glückliche Erstgeborene der modernen Welt betritt klaren Blickes die Bühne der Geschichte, endlich befreit von den Fesseln der Kirche und den Verschleierungen des mittelalterlichen Aberglaubens.

Es bedurfte der wissenschaftlichen Arbeit vieler Jahrzehnte, um dieses Bild von Grund auf zu verändern. Es ist nicht unsere Aufgabe, hier im einzelnen die verschlungenen Wege nachzuzeichnen, auf denen die Forschung bis heute zu zwei sehr wesentlichen und nicht mehr aufgebbaren Einsichten gelangte. Es genügt, diese neuen Positionen in aller Kürze zu nennen. Auf der einen Seite setzte sich immer deutlicher die Erkenntnis durch, daß auch die humanistische Bewegung von ihren italienischen Ursprüngen her aufs tiefste mit den religiösen Anliegen jener Zeit verbunden war und auf weite Strecken den Charakter eines Strebens nach Erneuerung des Christentums hatte. Andererseits wurde von der Reformationsforschung, soweit sie quellennah arbeitete, immer umfassender die erhebliche Bedeutung des Humanismus für die Vorbereitung, den Durchbruch und den Fortgang des reformatorischen Geschehens in Rechnung gesetzt. Wir können also heute von der Erkenntnis ausgehen, daß das damalige Ringen um eine Erneuerung der Humanitas in einem ebenso tiefen wie vielschichtigen Zusammenhang mit dem Ringen um die Erneuerung der Christianitas stand.

Das ist nun ohne Zweifel eine wesentlich andere Perspektive, als sie Voigt oder Jakob Burckhardt hatten. Doch ergab sich auf dem Boden solcher Voraussetzungen sogleich eine Reihe neuer Fragen und Probleme. Nur einige wenige kann ich hier erwähnen. Blickt man auf die besondere Lage der *deutschen* Forschung etwa in der Zeit seit dem Ersten Weltkrieg, so fällt sogleich auf, wie schwer es für viele Gelehrte war, in puncto Humanismus und Reformation die universalen Aspekte gegenüber dem Konzept einer immer ausschließlicher formulierten „nationalen Kultur" zur Geltung zu bringen. Der Eingeweihte weiß, wie tief diese innere Problematik den Gang unserer Forschung betraf, lange bevor die Ereignisse von 1933 auch von außen her furchtbare Verluste brachten.[5]

Ein anderes: Wenn sich Humanismus- und Reformationsforschung nun näherkamen, so mußten sich gewissermaßen zwangsläufig vergleichende Fragen nach der Wirkungskraft, nach der Prävalenz ergeben. In diesen Zusammenhang gehört etwa die Problematik der Konzeption eines so großen und wegweisenden Forschers und Denkers wie Ernst Troeltsch. Wenn Troeltsch von seiner stark sozialgeschichtlich bestimmten Fragestellung her Renaissance und Reformation abwägend betrachtet, so ist es kein Wunder, daß er zu der Formulierung kam, die Renaissance und damit der Humanismus sei „soziologisch völlig unproduktiv" gewesen.[6] Die Renaissance schafft soziologisch – so sah es Troeltsch – „die Bildungsaristokratie und den Salon und huldigt im übrigen der Macht und der Gewalt". Gegenüber einer solchen These müßte man freilich sogleich die sozialgeschichtlichen Kriterien, mit denen Troeltsch vorzugehen pflegte, auf ihre Zulänglichkeit untersuchen. Und es wäre hier eine umfassende Erörterung über das Verhältnis von Geistesgeschichte und Sozialgeschichte fällig: Troeltsch selbst hat diesen allgemeinen Fragenkreis an anderen Stellen sehr viel differenzierter und förderlicher behandelt. So, wie die oben zitierte Formulierung im Raume steht, sollte man wohl abkürzend sagen, daß hier Unvergleichbares verglichen wurde.

Ähnlich, nur in einem stärker theologisch-existenziell bestimmten Fragehorizont, liegt der Fall bei dem katholischen Kirchenhistoriker Joseph Lortz und seiner Schule. Es war ja überhaupt ein großer Fortschritt gegenüber der älteren katholischen Literatur, daß Lortz ein zutreffenderes, gerechteres Lutherbild zeichnete, als man es bisher auf katholischer Seite kannte. Aber die Kehrseite der Medaille war, daß nun statt Luther Erasmus und der Humanismus als solcher überaus schlechte Noten bekamen. Auch dies war kein Zufall, sondern eine Folge aus der nun so eng gewordenen Verschränkung der Fragen nach Reformation und Humanismus. Wenn Lortz sein Lebenswerk an eine „Rettung" Luthers setzte und dabei von reformkatholischen Ansätzen ganz bestimmter Art ausging, so mußte es ihm sehr schwer fallen, in der „philosophia Christi" des christlichen Humanismus etwas anderes als rationalistische Verflachung, Verlust des „Vollkatholischen" usw. zu sehen.[7]

Wo die Forschung weniger mit historischen Hypotheken und innerkirchlichen Motiven beladen erscheint, treten wieder andere Fragen auf: Wo liegen nun eigentlich noch die Möglichkeiten und Kriterien einer einsichtigen Abgrenzung zwischen dem humanistischen und dem reformatorischen Ansatz? Als Beispiel dieser überaus wichtigen Fragestellungen greife ich den Versuch heraus, den der Schweizer Alain Dufour 1965 in einem Forschungsbericht für den Internationalen Historikerkongreß über Humanismus und Reformation unternommen hat.[8] Hier steht im Vordergrund die Frage nach dem Verhältnis des Humanismus und der Reformation zur Heiligen Schrift. Kann man es als die eigentliche Leistung der Reformatoren betrachten, daß sie die mittelalterlich-scholastische Auslegung der Bibel überwunden haben und damit den unmittelbaren Zugang zum Wort Gottes wiedereröffneten? Diese Frage wird von Dufour verneint – mit Recht verneint, wie mir scheint. Denn wenn man auf die Vorlesungen des Engländers John Colet über die Paulusbriefe in Oxford blickt oder auf das Wirken eines Faber Stapulensis in Frankreich oder auf die Bibelarbeit des spanischen Humanisten und Kardinals Ximenes oder auf den vorlutherischen Paulinismus im italienischen Humanismus oder schließlich auf Erasmus von Rotterdam und seine Freunde – überall ist hier die Wendung von der scholastischen Exegese zu einer neuen Exegese und zu einer neuen biblischen Frömmigkeit bereits im Gange. Aber wo liegt dann die Abgrenzung zur Reformation? Dufour versucht nun in sehr interessanter Weise, das Schriftverständnis der Humanisten von dem der Reformatoren zu unterscheiden, indem er die Verschiedenartigkeit des sogenannten „hermeneutischen Schlüssels" betont. Für Erasmus und seine Gesinnungsgenossen lag dieser hermeneutische Schlüssel, der sein ganzes Verhältnis zur Heiligen Schrift und zum Christentum überhaupt bestimmte, in der *Bergpredigt*, für Luther und die anderen Reformatoren in dem *Römerbrief*. Das ist gewiß eine wesentliche und tiefsinnige Beobachtung. Aber reicht sie aus, um den gesamten Fragenkreis zu klären? Dufour kennt viel zu genau den tiefen Einfluß des Humanismus auf die ersten Generationen der Reformatoren und ebenso die späteren Probleme einer protestantischen Orthodoxie und des neuerlichen Vordringens einer aristotelisch-systematisierenden Theologie. So bleibt er nicht bei der oben erwähnten Unterscheidung stehen, sondern geht weiter zu einer kühnen These. Er schlägt vor, die geistesgeschichtlichen Abläufe in folgender Weise zu sehen: „Wir sind versucht, ein Zeitalter des Humanismus zu definieren, das die ersten Generationen der Reformatoren mit einschließt – als eine Entwicklungsstufe zwischen zwei scholastischen Epochen."

Lassen sie mich diesen problemgeschichtlichen Teil nun rasch mit einigen Bemerkungen zu Ende führen. Sie schließen sich unmittelbar an die zuletzt genannte These an und leiten über zu dem zweiten Teil; sie deuten den interpretativen Rahmen an, innerhalb dessen ich ihnen dann einige Gestalten und Phänomene des 15. und 16. Jahrhunderts nahebringen möchte.

Zunächst fällt bei Dufours Beschäftigung mit Humanismus und Reformation auf, daß er seine Fragen nur innerhalb eines vergleichsweise engen Rahmens stellt: Geistesgeschichte als Geschichte der Denksysteme und Denkstile. Können wir uns angesichts der Totalität des historischen Geschehens auf eine Perspektive einlassen, die leicht dazu führt, diese Geistesgeschichte zu isolieren und sowohl die innersten, existenziellen Wandlungen wie auch die politischen und sozialen Komponenten der Veränderung der Conditio humana in ihrem Stellenwert zu unterschätzen? An diese Frage schließt sich sogleich eine andere an: Wenn hier, wie übrigens auch bei manchen anderen Autoren heute, Humanismus und Reformation so nahe aufeinander bezogen, so innig verbunden werden – was geschieht dann interpretativ mit all jenen Strömungen und Motiven des Renaissancehumanismus, die keineswegs eindeutig in eine religiös-kirchliche Richtung weisen? Wir brauchen dabei nicht nur an die Extremfälle eines eigentlichen Agnostizismus oder Atheismus zu denken. Wichtiger noch erscheint der überaus nuancenreiche Umkreis jener humanistischen Strömungen, die mit ihrer Betonung der individuellen Existenz, mit ihrem an der Antike geschulten Sinn für prüfende Kritik und geistige Freiheit eine von allem katholischen und evangelischen Kirchenwesen hinwegführende, säkularisierte Zukunft Europas vorwegnahmen. Gerade wenn wir die mühsam errungenen Einsichten in die enge Beziehung zwischen Humanismus und Reformation festhalten und weiterentwickeln wollen, müssen wir – so scheint mir – auch jene anderen Entwicklungsmomente sehr ernst nehmen, die weder in die Reformationskirchen noch in die katholisch-tridentinische Reform einmündeten, sondern im Widerspruch zu beiden die europäische Aufklärung vorbereiten halfen.

Und noch ein letztes Wort zur Frage der Periodisierung, also zur epochalen Einordnung von Reformation und Humanismus zwischen Mittelalter und Neuzeit. Es sind hierzu in den letzten Jahrzehnten sehr verschiedene Vorschläge gemacht worden, die von unterschiedlichen Bewertungsmaßstäben ausgingen. Es gibt geistesgeschichtliche Ansätze; so hat etwa Delio Cantimori zwischen Mittelalter und Neuzeit ein „humanistisches Zeitalter" vorgeschlagen: Età umanistica, da Petrarca a Goethe.[9] Doch am radikalsten tritt wohl die sozialgeschichtlich orientierte These auf, wie sie bei Otto Brunner und Dietrich Gerhard zu finden ist: Hier Alteuropa, das ohne tiefere Einschnitte bei Renaissance oder Reformation bis 1800 reicht, dort die eigentliche Neuzeit, die erst mit der Französischen Revolution und mit der Industrialisierung beginnt. Es steht außer Zweifel, wie tief die interpretative Bedeutung solcher Thesen im Fortschreiten vom Allgemeinen zum Besonderen für unser Thema ist. In aller Kürze möchte ich dazu eine einzige Beobachtung formulieren (aus der sich freilich eine ganze Reihe von Konsequenzen entfalten ließe): Es macht einen sehr großen Unterschied aus, ob wir – wie es die klassische Humanismus- und Reformationsforschung sehr lange tat oder noch tut – in Humanismus und Reformation den Beginn einer *heute noch währenden* Epoche sehen oder ob wir uns zu der Annahme durcharbeiten, heute in einer anderen, neuen Epoche zu leben, die durch wesentliche Strukturveränderungen von jenen Zeiten getrennt ist, deren Probleme wir seit Humanismus und Reformation vor uns haben. Ich persönlich neige der Anschauung zu, daß der Komplexität des historischen Geschehens weder Cantimoris These noch der sozialgeschichtliche „Schnitt um 1800" gerecht wird. Mir scheint es möglich, den Renaissancehumanismus und die Reformation als Beginn einer Neuzeit zu sehen, die aber heute schon einige Zeit zu Ende gegangen ist – vielleicht mit dem Ersten, vielleicht mit dem Zweiten Weltkrieg, wo die Autonomie des innereuropäischen Lebens endgültig aufhörte.

II.

Mit diesen Hinweisen auf allgemeine Konzeptionen von einst und jetzt ist der Rahmen angedeutet, innerhalb dessen nun von einigen beispielhaft ausgewählten Gestalten und Geschehnissen aus der Welt des Humanismus und der Reformation die Rede sein soll. Immer wieder, wenn der vergleichende Blick des Forschers sich auf das europäische Leben im 15. Jahrhundert richtet, geht eine besondere Faszination von Italien aus. Die italienische Kultur des Quattrocento tritt in ihrer antizipatorischen Eigenart und Formkraft um so deutlicher vor unser Auge, je genauer wir die vielfältigen und verschlungenen Wege ihrer Ausstrahlung und auch ihrer Wechselwirkung gegenüber den „Oltramontani“, den übrigen Völkern Europas, verfolgen – von der Iberischen Halbinsel über die Mitte und den Norden des Kontinents nach Ungarn und Polen und bis zu den Mauern des Kreml. Wie intensiv der italienische Humanismus auch um die Fragen einer Erneuerung der Christianitas rang, wird heute zunehmend gesehen. Und gerade ein Humanist wie Lorenzo Valla, der früher oft nur als Typus des epikuräischen Spötters und Kritikers galt, kann heute als Zeuge dieses tiefen und neuartigen Ringens gelten. Eines ist seine Grundlegung der textkritischen Arbeit am Neuen Testament, an die Erasmus anknüpfte, eines die historische Kritik an der Konstantinischen Schenkung (die dann erst Ulrich v. Hutten als eine antipäpstliche Kampfschrift zum Druck bringen wird), ein anderes Vallas eigenster Versuch, in der Schrift „De vero bono“ dem traditionellen Einklang von Christentum und antik-stoischer Tugendlehre provokant einen christlichen Epikuräismus entgegenzustellen.[10]

Die Natur ist aus Gottes Hand gut hervorgegangen. Die „divina voluptas“ ist das schaffende, fruchtbare Prinzip, das die Welt und das Menschenleben in all seinen Stufen erfüllt. So ist die Voluptas der höchste Wert und nicht jenes heuchlerische Honestum der unchristlichen Stoiker. Und schließlich wagt es Valla, das Ziel des menschlichen Lebens, die Glückseligkeit des Jenseits, mit den Farben einer halb realistischen, halb phantastischen Beschreibung als perfecta voluptas auszumalen:

„Sehen wir davon ab, daß dort eine ganz andere Art von Freuden sein wird, die man hier ersehnen, aber nicht deutlich erhoffen kann. Wer möchte es ablehnen zu fliegen wie Vögel auf schnellen Schwingen? Und nun im freien Himmel zu scherzen, nun zwischen den Hügeln, nun auf Bergesgipfeln, nun überm Wasser, mit heiteren Gefährten? Oder, wenn wir uns schämen, Flügel zu haben, dann über den Himmel zu schreiten, so wie wir jetzt über die Erde gehen? Wer möchte nicht mit schnellster Geschwindigkeit versehen sein, etwa wie die Tiger, und nie ermüden, noch von der Hitze ermatten, noch vom Frost erstarren . . .?

Dinge, die den Sterblichen versagt sind, die aber im Himmel in Überfülle angeboten werden, vielleicht nicht gerade so, wie ich es jetzt sagte, sondern gewaltiger und jedenfalls voll von Religion und Heiligkeit.“[11]

Man müßte in eine umfassende Analyse der Schriften Vallas und seiner italienischen Zeitgenossen eintreten, um zu einem ausgewogenen Urteil über diese Geisteswelt zu kommen. Ganz nahe liegt ja die Frage, ob ein solcher, so stark sensualistischer Anthropomorphismus das Evangelium legitim erläutern und ein vertieftes christliches Bewußtsein begründen könne. Und gewiß vollzieht sich die Abwendung von der mittelalterlichen Schultheologie keineswegs bei allen italienischen Humanisten in solcher Schärfe wie bei Valla. Doch auch das Denken, Forschen und Übersetzen der meisten jener italienischen Gelehrten des Quattrocento werden von der Überzeugung getragen, daß es an der Zeit ist, all das neue intellektuelle Rüstzeug in den Dienst einer reineren und tieferen Konzeption der Christianitas zu stellen.

Wenden wir den Blick von Italien nach dem Norden, so begegnen wir dort einem ganz anderen Zuschnitt der sozialen, kulturellen und politischen Lebensformen: altertümlicher, enger gebunden, ein kaum noch aufgelockertes und desto spannungsreicheres Ineinander von ethisch-religiösen Absolutheitsansprüchen und dem Wandel unterliegenden Strukturen. Lassen wir den überaus komplizierten und wichtigen Fragenkreis nach dem Fortleben und Wandel der Scholastik in Mitteleuropa im 15. Jahrhundert und nach jenen Mischformen, die man gelegentlich humanistische Scholastik genannt hat, ganz beiseite, dann treffen wir im vorreformatorischen Raum vor allem auf die Bewegung der „Devotio Moderna“. Der Scholastik standen die Devoten, deren Wirkungen von den Niederlanden aus weit nach Nord- und Süddeutschland und wohl auch bis Spanien und Italien reichten, nicht scharf ablehnend, aber doch meist gleichgültig gegenüber. Kennzeichnendsten Ausdruck fand ihre Gesinnung in der Schrift „De imitatione Christi“. Die besondere Bedeutung der Devotio Moderna lag jedoch weniger in einer Fortentwicklung der spekulativen Mystik als in den neuen Lebens- und Frömmigkeitsformen; es wurde ein neues Ideal personaler und verinnerlichter Spiritualität aufgerichtet, mit breitem Raum für die Selbständigkeit einer Laienkultur mit gleichzeitiger Betonung von mystischer Kontemplation *und* pädagogischer Aufgabe. In diesen Schulen begann eine Pflege des reineren Lateins; die Vulgata wurde revidiert. Es begann ein Bewußtwerden des weiterhin so verschieden interpretierten Ideals der „ecclesia primitiva".

Neben der Devotio Moderna kennt die Forschung jene verschiedenartigen Gruppen, vor allem in Süddeutschland, die man oft unter dem Sammelnamen des Frühhumanismus zusammenfaßt. Hier handelt es sich einesteils um Männer aus dem süddeutschen Patriziat; es wird viel aus dem Lateinischen und auch aus dem Italienischen übersetzt, auch selbst gedichtet. Man denke etwa an den Nürnberger Nikolaus v. Wyle oder an den Ulmer Stadtmedikus Stainhöwel. Andere Frühformen des Humanismus zeigen sich in dem Wirken vagierender Poeten (wie Peter Luder oder Samuel Karoch), wieder andere in der Verbindung astronomisch-mathematischer Studien mit der neuen literarisch-philologischen Kultur (Peuerbach, Regiomontan). Schließlich verstärkt sich in den letzten Dezennien des 15. Jahrhunderts der Strom deutscher Studenten, die an Italiens Hochschulen für die neue Bildung gewonnen werden, während gleichzeitig mit der großen Gestalt eines Rudolf Agricola und vollends mit Konrad Celtis das ideale Maß eines deutschen Humanismus erreicht wird.

Die überaus reizvolle Geschichte der Beziehungen zwischen dem italienischen Quattrocento-Humanismus und der gleichzeitigen Bildungsbewegung in Deutschland und in den Niederlanden ist noch nicht genügend erhellt. Ich erwähne aus diesem Umkreis drei Episoden, die im Hinblick auf unsere Frage nach Humanismus und Reformation relevant erscheinen. Der niederländische Gelehrte Wessel Gansfort, als Laie eine bedeutende Gestalt der Devotio Moderna, kehrte 1474 aus Rom und Florenz nach dem Norden zurück. Er faßte sein vergleichendes Urteil prägnant zusammen: „Videmus Florentinos posse, Zwollenses non posse. Mallem ergo istorum ignaviam quam illorum acumen; adeo non interest quo ingenio sis; verum quo consilio utaris et dirigas in finem. Volenti tamen in bonum dirigere, grande quidpiam est *exercitatos* habere sensus, et potentes ad discretionem boni ac mali."[12] Man sieht, mit welcher geradezu bekenntnishaften Schärfe hier dem intellektuellen Ingenium der Florentiner ethische Entscheidungskraft und „Askesis" entgegengesetzt werden (zugleich eine volkstümliche „humilitas" gegen Bildungsaristokratie).

Das nächste Beispiel liegt mehr als ein Jahrzehnt früher; ich zitiere aus dem Briefwechsel zwischen dem Augsburger Bürgermeister und Frühhumanisten Sigmund Gossembrot und seinem Wiener Freund, dem Theologieprofessor Konrad Säldner. Gossembrot hatte dem Freund in warmen Worten die Werke der italienischen Humanisten empfohlen: Poggio, Valla, Guarino. Speziell auf das Lob Guarinos antwortete Säldner mit einer bitter abweisenden Invektive:

„Et si is Ytalicus extat seu extitit, eo minus mihi fidem firmas, quin potius infirmas, cum pauca scientiarum superiorum sive morum fundamenta in sanctae militantis ecclesiae profectum tempore nunc nostro moderno post conciliorum abiectionem generalium sanctorum de harum partium viris litteratis senserim."[13]

Das unüberwindliche Mißtrauen, das hier den humanistischen Errungenschaften Italiens entgegengebracht wird, stammt aus einer sehr tiefen Schicht. Es nährt sich aus der Enttäuschung über das Scheitern der Kirchenreform durch den Sieg des restaurierten Papsttums über die in Deutschland so starke Konzilsbewegung. Italien wird von Säldner gleichgesetzt mit der „abiectio conciliorum", diese wiederum mit ethischer und religiöser Frivolität. Es wäre sehr wichtig, derartige Gedankenketten und Motivationen näher zu untersuchen. Sie könnten das Phänomen der *Distanz und der verzögernden Abwehr* gegenüber dem italienischen Humanismus insgesamt erläutern und – jedenfalls streckenweise – erklären.

Die dritte Episode gehört einerseits in die Wirkungsgeschichte der Platonischen Akademie in Florenz, die mit Marsilio Ficino und Pico della Mirandola so viel für das spätere Quattrocento bedeutete, andererseits in die Biographie und Bildungsgeschichte Conrad Peutingers. Der junge Augsburger studierte bekanntlich in den achtziger Jahren des

15. Jahrhunderts in Padua und Bologna. Eine Randglosse von seiner Hand in einem Band seiner Bibliothek berichtet von einem Gespräch, das in Bologna in seiner Gegenwart mit Giovanni Pico della Mirandola und Angelo Poliziano geführt wurde. Es ging um den Laienkelch und sein Verbot durch die Päpste: „Cur ergo Papa inferior a Christo Deo disposuit, quod laici non communicent, nisi sub una specie, cum Deus maior disposuit laicos etiam communicandos sub utraque specie?"[14] Diese Frage hat damals – laut Peutinger – ein aus Mähren (also aus utraquistischem Milieu) stammender Gesprächsteilnehmer an Pico gerichtet. Und Peutingers Notiz endet lakonisch: „Sed responsio nulla data fuit."

Auch hier also ein ganz kleiner, beiläufiger Vorfall – aber eben doch ein erhellender Vorfall, wenn wir versuchen, vorreformatorische Situationen im Spannungsfeld zwischen den von Italien ausstrahlenden „studia humanitatis" und den Strukturen und Mentalitäten nördlich der Alpen ins Auge zu fassen. Peutinger hat auch später Pico stets hochgeschätzt, und er stand mit dessen Neffen Giovanni Francesco in freundschaftlicher Verbindung. Und der christliche Platonismus der Florentiner hat seine theologische Denkweise stark beeinflußt. Aber bei alledem scheint es eine Grenze gegeben zu haben, eine spezifische Differenz. In jeder der drei erwähnten Episoden lagen die Dinge anders – und viele weitere Nuancen ließen sich allseits beibringen. Versucht man in aller Vorsicht eine generelle Fragestellung anzuvisieren, so wäre es vielleicht diese: Welche Voraussetzungen und Motive sind es, die insgesamt im Norden zu einer drängenderen und schärferen Formulierung der ethisch-religiösen Probleme führen? Zugleich sollte man aber diesen Aspekt noch erweitern: War es nicht überhaupt ein Charakteristikum des italienischen Quattrocento, daß es Europa wohl mit unerhört verfeinerten Mitteln und Maßstäben des individuellen Lebens und der persönlichen Kommunikation beschenkte, aber schließlich in der Gestaltung der überindividuellen Lebensformen, der Großformen menschlichen Zusammenlebens, selbst in eine kritische Zone geriet? Statt einer konziliar erneuerten Kirche ein restauriertes, aber nicht reformiertes Papstregiment, statt des republikanischen Ethos des Bürgerhumanismus die Gestalt des principe, wie sie Machiavelli zeichnet! Sicherlich sind diese Aspekte in ein Gesamtbild jener Zeit der Übergänge, Einflüsse und Rezeptionen zwischen Italien und Europa umsichtig mit einzubringen.

Doch kehren wir zum deutschen Humanismus an der Schwelle zur Reformation zurück. Bevor ich mit einer kurzen Skizze über Peutinger, Erasmus und Luther die Reihe dieser Aussichtsbilder abschließe, lohnt es sich noch, ein wenig bei der Gestalt jenes deutschen Humanisten zu verweilen, der eigentlich als einziger das volle Maß der neuen Eruditio kreativ erfüllte, aber starb, bevor die Reformation begann: Konrad Celtis. Er personifiziert jene vergleichsweise kurze Spanne, wo der deutsche Humanismus bereits die Höhe seiner italienischen Vorgänger erreicht hatte, aber noch nicht auf die neuen Herausforderungen der Reformation zu antworten hatte. Für Celtis gibt es kein unverbindliches Nebeneinander von Altem und Neuem. Soll die neue Bildung siegen, so muß das Alte vernichtet werden, das die Jugend vergiftet und verdummt: „Wer heute das Werk der Natur und die Weisheit ihres Lenkers durch mathematische Wahrheit zu enträtseln sucht, wer sich irgendwie über den Gesichtskreis des Pöbels zu erheben sucht, gilt für geächtet. So elend ist die Philosophie von diesen Leuten plattgetreten und verwässert worden, deren Hände die majestätische Schönheit der Natur in körperlose Begriffe, ungeheuerliche Abstraktionen und öde Spielereien verzerrt haben."[15] Dieser Misere stellt Celtis die Urtheologie der alten Philosophen und Poeten, des Platon und Pythagoras, gegenüber, in welcher die Harmonie des Lichtes der Natur und der Gnade sich deutlich offenbart. Er verlangt eine durchgreifende Reform des Universitätsunterrichts im Interesse der Gesamtkultur Deutschlands.

Nicht wie bei Agricola, Reuchlin, Erasmus steht die Philosophia moralis im Mittelpunkt, sondern die Philosophia naturalis – ganz im lukrezischen Sinne. Der Jünger der Philosophie muß – so heißt es in Od. 1,11 – die drei heiligen Sprachen kennen, die „semina mundi" und ihre Entwicklung aus dem Chaos, die Entstehung von Wind und Flut, Erdbeben und Überschwemmung, die Herkunft der Metalle und warmen Quellen, die

Wissenschaft von den Himmelskörpern, Erdkunde und Völkerkunde. Bezold beobachtete richtig: „Hier treffen humanistische Erinnerungen an die kosmogonische Poesie der Heroenzeit und an die älteste Philosophie mit der großartigen Entwicklung zusammen, deren sich Mathematik, Astronomie und Erdkunde im 15. Jahrhundert erfreuten."[16]

Demgemäß ist die Stellung zur Religion schwankend. Immer wieder klingen christliche Motive und Regungen an. Im Grunde weiß sich Celtis nicht zu entscheiden, „ob die Natur oder ob Gott die Weltregierung führt". Kennzeichnend ist auch der Schluß des Carmen saeculare (1500 entstanden als Anrufung der Planeten und des Tierkreises): „Du, in dem die wandelnden Gestirne des Himmels ruhen, und alles, was auf Erden ist, neige unsern Bitten gütig Dein Ohr. Deinen Namen und Deine Macht vermögen wir nicht zu erkennen; wer Du auch seist, nimm Dich freundlich Deutschlands an, wo Dir in den Städten zahlreiche Altäre rauchen." Viel stärker als früher wird das humanistische Programm des Celtis getragen von nationaler Emphase. Im Zeichen eines neuen Nationalstolzes gewinnt damals der deutsche Humanismus die öffentliche Meinung für sich. Im Mittelpunkt steht Maximilian I., der als römischer König für Celtis die Kontinuität antiker Cäsarenherrlichkeit und mittelalterlicher Kaisermacht gegenüber der guelfischen Usurpation der Italiener politisch wie kulturell darstellt. So widmet er Maximilian die Gedichtsammlung „Quattuor libri amorum" mit einer Vorrede, die die Macht der Liebe preist und die Verteidiger des Zölibats höhnisch beiseite schiebt; der Herrscher ist ihm Unterpfand der neuen Aetas aurea: „O dignum regem, qui nobis cum Romano imperio ut alter Caesar Augustus priscas artes, Romanas et Graecas litteras cum imperio restituis!"[17]

Von Celtis zu Peutinger – vom „poeta vates" zum reichsstädtischen Politiker, zum Rechtskonsulenten des Augsburger Frühkapitalismus.[18] Aber dieser selbstsichere Realismus seines juristisch-politischen Wirkens macht nur die eine Seite aus: Peutinger war als Humanist voll engagiert – wie man heute sagen würde. Er tritt in Reuchlins Streit mit den Kölner Theologen als Anwalt der neuen eruditio christiana gegen klerikale Bevormundung in die Schranken, liest Plato in Ficinos Übersetzung, studiert unter dem Einfluß des Erasmus die Kirchenväter, stellt 1517 den jungen Hutten dem Kaiser zur Dichterkrönung vor, ediert, sammelt, regt an, protegiert; er verfaßt Gutachten gegen die Mißstände in den Bettelorden, gegen die Privilegien des geistlichen Besitzes in den Städten. Er plant mit Johann Faber die Errichtung eines Collegium trilingue in Augsburg nach dem Löwener Vorbild des Erasmus. Und als 1518 Luther in Augsburg von Cajetan verhört wird, steht er dem Mönch mit unverhohlener Sympathie zur Seite.

Aber damit beginnt ein neues Kapitel, und nicht viel später – im Sommer 1520 in Brügge, bei der Begrüßung Karls V. – trifft Peutinger mit Erasmus zusammen. Und nun schürzt sich rasch – wenn man so sagen darf – der Knoten zwischen Peutinger, Luther und Erasmus. Im November 1520 schreibt Erasmus an Peutinger und bittet ihn eindringlich, auf dem kommenden Wormser Reichstag für eine friedliche Beilegung der „tragoedia Lutherana" zu wirken[19]: es besteht Gefahr, daß diese Tragödie sich zu einer für die ganze christliche Religion höchst bedrohlichen Katastrophe entwickle. Tölpelhafter Eifer und böse Absicht haben schon viel geschadet; es sei ungerecht, wegen Luthers Sache „die unschuldigen, ja überaus heiligen Studien zu schädigen". Am besten wäre es, die Entscheidung über Luther einem unabhängigen Schiedsgericht von Gelehrten zu übertragen; Peutinger solle im Sinne aller Gutgesinnten für einen Ausgleich auf dem Reichstag wirken. Da haben wir ziemlich präzise die damalige Haltung des Erasmus: einerseits rückte er gegen Ende 1520 immer weiter von Luther ab, der eben mit der „Babylonischen Gefangenschaft" sein schärfstes Wort gegen Rom gesprochen hatte. Andererseits war er gerade damals mit Luthers Landesfürsten, Kurfürst Friedrich von Sachsen, zusammengetroffen und hatte offenbar von dort her neue Hoffnung auf einen friedlichen Ausgleich zwischen der Autorität von Kaiser und Reich und dem bereits gebannten Wittenberger geschöpft.

Es ist bekannt, wie Luther in Worms auftrat, wie er vor dem Kaiser und den Reichsständen den Widerruf verweigerte, sich auf sein Gewissen und die Heilige Schrift als letzte und einzige Wegweiser berufend.[20] Peutingers Aktion im Sinne des Erasmus-Briefes setzte erst nach den offiziellen Verhandlungen ein. Er tut sich mit einem ihm befreundeten fürstlichen Rat – Hieronymus Vehus – zusammen und erreicht die Zustimmung der Reichsstände zu einem letzten Vermittlungsversuch.

Luther aber besteht auf dem Angelpunkt: die Hl. Schrift muß frei bleiben. So mußte auch dieser Ausgleichsversuch scheitern, selbst wenn Peutinger schließlich vorschlug, als Entscheidungsinstanz für Luthers umstrittene Artikel weder den Reichstag noch ein Gelehrtenschiedsgericht, sondern das Konzil in Aussicht zu nehmen.

Und damit sind wir nun an der entscheidenden Wende vom Humanismus zur Reformation angelangt. Paul Joachimsen hat sich vor Jahrzehnten zu dieser Wende folgendermaßen geäußert: „In Deutschland . . . ist eine eigentliche Renaissancekultur nicht entstanden, da die Ansätze dazu von der Reformation überholt wurden.“ Würde man heute noch so formulieren? Eher nicht, eher würde man heute darauf hinweisen, wie verschieden von Italien die soziokulturellen Voraussetzungen in Deutschland waren. Man würde betonen, wie transitorisch, wie spannungsreich und wie sehr über sich selbst in eine konflikterfüllte Zukunft hinausweisend vieles war, was der deutsche Humanismus vor Luther auf die Fragen der Zeit nach einer gereinigten Kirche und nach einem neuen Zugang des Menschen zum Göttlichen zu antworten wußte.

Und jetzt wäre es freilich verlockend, dem Beispiel, das Werner Kaegi für Basel gab, zu folgen und zum Schluß einen Augsburger Ausblick auf die humanistische Kontinuität im konfessionellen Zeitalter zu geben. Nur als ein letztes möge an jene Sitzung im Augsburger Rathaus vom Jänner 1525 erinnert werden, wo die Geheimen Räte der Stadt mit Peutinger über den religiös-kirchlichen Weg berieten, den man in den Wirren der beginnenden Glaubensspaltung einschlagen sollte. Das im Stadtarchiv erhaltene Protokoll zeigt uns Peutingers Votum, das Votum eines humanistischen, eklektizistischen Reformers, der weiterhin an den Sinn einer via media glaubt:

„Lutter mocht vill aus der hailigen Schrift (das etlich auss neid und geitz nit leiden möchten) herfurbracht haben, und dennocht in der heiligen Geschrift gegrondt und nit zu verwerffen, daneben mocht auch etlichs nit bestendig also verwerfflich sein.“ Wenn davon die Rede sein sollte, die reformatorische Lehre als „verfuerisch und ketzerisch“ zu bezeichnen, dann dürfe man dem nicht beistimmen. Und Peutinger schließt seine Stellungnahme lapidar: „Nach dem mitlern weg zu suchen wöll er beschlossen haben.“[21]

Wir wissen, wie und warum es nicht gelang, warum es nicht gelingen konnte, diesen mittleren Weg zu finden, nicht für die Stadt Augsburg, nicht für die Christenheit. Die religiöse Unbedingtheit war unter den damaligen Bedingungen bewegender und stärker als jede Art von via media. Und wir wissen ebenso, daß es auch ein Generationenproblem war, wie sich die Humanisten zur Reformation verhielten. Peutinger gehörte zu den Älteren. Er war 1525 schon ein Mann von 60 Jahren, 18 Jahre älter als Luther. Sehr viele der jüngeren Generation folgten Luther und Zwingli, wie stark auch immer das humanistische Erbe weiterwirkte, das sie in die Reformationskirchen einbrachten. Wieder andere unter den Jüngeren überschritten schließlich überhaupt die Grenzen jeder institutionellen Kirchlichkeit. Sie suchten das Vermächtnis der erasmianischen „philosophia Christi“ und der mittelalterlichen Mystik in einer grenzenlosen Freiheit der brüderlichen Hingabe zu verwirklichen, wie es Sebastian Franck (am Ende des „Verbütschiert Buch“ 1539) formulierte: „Gott geb du seyest wär du wöllest, und glaubest was du wöllest, der du mich also in der Freyheit (in der ich dich wil wissen haben und bestehen ewig) leyden magst, da beut und schaff, und acht mich, wie der Samaritan den Juden, für deinen nächsten, Bruder, Fleisch und Blut.“

III.

Wir sind am Ende unseres historischen Überblicks angekommen. Es sei mir erlaubt, zu guter Letzt noch zu einer zeitgenössischen Frage anzusetzen. Das Bewußtsein der heutigen Menschheit ist innerhalb wie außerhalb Europas von einem tiefen Wandel in der Bewertung jener historischen Epochen gekennzeichnet, die für den Weg dieser Menschheit in die moderne Welt schicksalhaft wurden. An die Stelle einer ihrer ruhmreichen Vergangenheit sicheren Bildungswelt ist ein tiefes und bohrendes Fragen, ja stellenweise eine anklägerische Kritik hinsichtlich des Weges getreten, den Europa in jenen vergangenen Jahrhunderten eingeschlagen hat. Mit äußerster Schärfe hat ein Sprecher der Dritten Welt, Frantz Fanon, die Anklage erhoben. Ich zitiere aus seinem Buch „Die Verdammten dieser Erde":

„Dieses Europa, das niemals aufgehört hat, vom Menschen zu reden, niemals aufgehört hat, zu verkünden, es sei nur um den Menschen besorgt: wir wissen heute, mit welchen Leiden die Menschheit jeden der Siege des europäischen Geistes bezahlt hat ...

Alle Elemente einer Lösung der großen Probleme der Menschheit sind zu verschiedenen Zeiten im Denken Europas aufgetaucht. Aber in seinem Handeln hat der europäische Mensch die ihm zufallende Mission nicht erfüllt ..."[22]

Von dem starken Echo, das Gedanken und Gefühle dieser Art auch in der Mitte unserer eigenen europäischen Zeitgenossen finden, zeugt nicht nur das Vorwort Jean-Paul Sartres zu dem zitierten Buch Fanons; wir erleben es täglich im eigensten Umkreis unseres Tuns und Lebens, wie das Verlangen nach einer vollkommeneren Zukunftsgestalt der menschlichen Gesellschaft in eine anklägerische Pauschalhaltung gegenüber der eigenen europäischen Vergangenheit umschlägt. Wie stehen wir als Zeitgenossen, die sich mit Humanismus und Reformation beschäftigen, zu solchen Anklagen? Oder – noch prinzipieller gefragt – haben wir überhaupt Grund, uns solchen Anklagen zu stellen? Ist es nicht mehr als genug getan, wenn wir die uns anvertraute Erforschung der Vergangenheit mit dem unerschütterlichen Ethos der Sachlichkeit vorantreiben, unabhängig von rasch wechselnden Modeströmungen und in der Hoffnung des Überdauerns, des Wartenkönnens auf Zeiten eines allgemein erneuerten Zusammenstimmens geschichtlicher Werte und gegenwärtigen Lebens?

Wohl wissend, daß wir uns mit solchen Grundsatzfragen auf ein überaus schwieriges Feld begeben, wo sehr verschiedene Meinungen vertreten werden können, scheint es mir doch sinnvoll, eine persönliche Perspektive anzudeuten und von dort aus dann nochmals fragend auf unser Thema Humanismus und Reformation zurückzublicken.

Was sollte uns eigentlich davon abhalten, solche Schockthesen und Pauschalurteile, die offenbar zur Signatur unseres Zeitalters gehören, mit den Mitteln unserer je eigenen Wissenschaft ruhig und gemessen einer kritischen Untersuchung zu unterwerfen? Mir scheint dies möglich und sinnvoll, vorausgesetzt daß es gelingt, den eigentlichen Kern der Sache zu treffen und nicht an Nebenaspekten hängenzubleiben. Sehen wir die oben erwähnte These Frantz Fanons auf diesen Kern der Sache hin an! Wenn ich recht sehe, wird hier der europäischen Geschichte, und wohl im besonderen jener europäischen Neuzeit, die mit Humanismus und Reformation einsetzt, nachgesagt, daß sie in einer moralisch eindeutig negativ zu wertenden Weise Anspruch und Verwirklichung der Humanitas auseinanderfallen ließ. Fanon geht dabei anscheinend von der Voraussetzung aus, daß dies moralisch verwerfliche Auseinanderfallen von Anspruch und Verwirklichung eine Besonderheit der *europäischen* Geschichte sei. Und er stellt damit implicite die Behauptung auf, daß diese Diskrepanz in der außereuropäischen Geschichte weniger stark oder vielleicht gar nicht vorgekommen sei beziehungsweise künftig vorkommen werde. So gesehen ergeben sich also außerordentlich interessante und wissenschaftlich durchaus produktive, methodisch anregende Fragestellungen. Für unseren engeren Themenkreis kann dies zweierlei bedeuten: Wir haben auf der einen Seite die überaus anspruchsvolle, aber in sich sinnvolle Frage nach einer komparativen Einordnung der europäischen Sonderentwicklung (geistesgeschichtlich wie sozialgeschichtlich) in den Entwicklungsgang der außereuropäischen Kulturen. Und sicherlich kann davon ausgegangen werden, daß sich diese europäische Sonderentwicklung seit Humanismus und Reformation ganz besonders akzentuiert hat. Zum anderen haben wir im Rahmen einer solchen pragmatischen Vergleichsforschung die Wertfragen: nach Anspruch und Verwirklichung. Hier wird die Sache im globalen Vergleich ganz besonders interessant und wichtig. Denn hier stellt sich sogleich die Frage nach der *Höhe* des jeweiligen Anspruchs, des jeweils entworfenen humanen Ideals; denn gewiß ist dort die Diskrepanz zwischen Ideal und Wirklichkeit geringer, wo das Ideal niedriger angesetzt erscheint. Wir haben aber noch weiter zu fragen, nämlich nach den jeweiligen *Möglichkeiten* zur Überwindung dieser Diskrepanz in dieser oder jener Kulturgruppe oder Kulturstufe. Mit all diesen Fragen, die hier nur in knappster Abstraktion angedeutet werden konnten, ist unsere Humanismus- und Reformationsforschung konfrontiert. Gewissen und Freiheit, Menschenwürde und Widerstandsrecht, Kontemplation und religiöse Weltverantwortung, Wissenschaftlichkeit und Glaube – alle diese Ideen und Wirklichkeiten, die uns von ihrer europäischen Genese her vertraute Forschungsgegenstände sind, gewinnen neue Dimensionen und stellen neue Fragen in dem gesamtmenschlichen Kontext, der heute unser Schicksal ausmacht.

Vortrag auf der Arbeitstagung der Senatskommission für Humanismusforschung der Deutschen Forschungsgemeinschaft in Augsburg am 24. März 1971. Druck in: Wort und Wahrheit 27 (1972), S. 65ff.

1 Dem Vorsitzenden der Senatskommission, Herrn Professor August Buck (Marburg), und Herrn Professor Otto Herding (Freiburg i. B.) danke ich auch an dieser Stelle für die freundliche Einladung, die mir Gelegenheit bot, einige bruchstückhafte Beobachtungen und Reflexionen zu einem Thema vorzutragen, das mich seit mehr als zwei Jahrzehnten beschäftigt.

2 Für den deutschsprachigen Leser bieten eine Einführung in die internationale Renaissance- und Humanismusforschung die beiden Sammelbände in der Reihe „Wege der Forschung“: Zu Begriff und Problem der Renaissance, ed. *A. Buck* (Darmstadt 1969) und: Humanismus, ed. *H. Oppermann* (Darmstadt 1970).

3 Vgl. *A. Klempt*, Die Säkularisierung der universalhistorischen Auffassung. Zum Wandel des Geschichtsdenkens im 16. und 17. Jahrhundert (Göttingen 1960).

4 „Es wird immer ein Vorwurf sein, soviel Reichtum an Bildern zu sehen – mit soviel Unfestigkeit der Regierungen, soviel Eifer im Ausgraben der Codices statt der Bergwerke, im Ordnen der Bücher, Texte und Bibliotheken statt im Regulieren der Flüsse.“

5 Vgl. dazu und zum Folgenden *H. Lutz*, Umanesimo e Rinascenza in Germania. In: Grande Antologia Filosofica, Bd. 7 (Mailand 1964), S. 659–810.

6 *E. Troeltsch*, Renaissance und Reformation. In: Historische Zeitschrift (HZ) 110 (1913), S. 534.

7 Über Joseph Lortz und seine reformationsgeschichtliche Konzeption; vgl. zuletzt *W. Beyna*, Das katholische Lutherbild (Essen 1969), S. 94ff.

8 *A. Dufour*, Humanisme et Reformation. In: Comité International des Sciences Historiques. XIIe Congrès International des Sciences Historiques. Rapports, Bd. 3 (Wien 1966), S. 57ff.; vgl. auch die zugehörige Diskussion in Bd. 5 (Wien 1967), S. 429ff.

9 Eine gute Übersicht über die ältere und jüngere Diskussion bietet *E. Walder*, Zur Geschichte und Problematik des Epochenbegriffs „Neuzeit“ und zum Problem der Periodisierung der europäischen Geschichte. In: Festschrift für Hans von Geyerz (Bern 1967).

10 In Ermangelung einer Neuausgabe ist auf die italienische Übersetzung durch *G. Radetti* zu verweisen, der die Überlieferungsgeschichte überprüft hat und der zweiten „Ausgabe“ folgt (Ink. Löwen 1483 und Ms. ottob. lat. 2075): *L. Valla*, Scritti filosofici e religiosi (Florenz 1953), S. 1–250.

11 Ebd., S. 230f.

12 „Wir sehen, daß die Leute in Florenz fähig sind, die Leute in Zwolle nicht fähig sind. Ich möchte aber lieber das Unvermögen jener, als die Geistesschärfe dieser besitzen. Sowenig kommt es darauf an, welche Begabung du hast, sondern es kommt darauf an, welche Entscheidung du triffst und zum Ziele führst. Aber für den, der sich nach dem Guten richten will, ist es eine große Sache, geübte Sinne zu haben, die fähig sind, das Gute und Böse zu unterscheiden.“

[13] „Und wenn dieser ein Italiener war oder ist, so verschaffst du mir damit kein Zutrauen, ja du nimmst mir vielmehr das Zutrauen. Denn ich habe von den Gelehrten dieses Landes jetzt in unserer Zeit nach der Verwerfung der heiligen Generalkonzilien wenig Beiträge zu höheren Wissenschaften oder an Sittlichkeit zur Verbesserung unserer heiligen Kirche festgestellt."

[14] „Warum hat der Papst, der unter Christus steht, eigentlich angeordnet, daß die Laien nur unter einer Gestalt kommunizieren, da doch Gott, der höher als der Papst ist, anordnete, daß auch die Laien unter beiden Gestalten kommunizieren sollen?"

[15] Aus der „Oratio in gymnasio in Ingelstadio publice recitata" (1492); Neudruck in: Humanismus und Renaissance in den deutschen Städten und an den Universitäten, ed. *H. Rupprich* (Nachdruck Darmstadt 1964), S. 226ff., hier S. 235.

[16] *F. v. Bezold*, Konrad Celtis. „Der deutsche Erzhumanist". In: HZ 49 (1883), S. 1–45.

[17] Die Widmung der „Amores" an Maximilian I., gedr. in: Der Briefwechsel des Konrad Celtis, ed. *H. Rupprich* (München 1934), S. 494ff.

[18] Zum Folgenden *H. Lutz*, Conrad Peutinger. Beiträge zu einer politischen Biographie (Augsburg 1958); ders., Conrad Peutinger in der Wende des deutschen Humanismus. In: Nachrichtenblatt der Societas Annensis in Augsburg 12 (1964), S. 3ff.

[19] Der Brief des Erasmus an Peutinger vom 9. November 1520, gedr. bei: Opus Epistularum Des. Erasmi Roterodami, Bd. 4, ed. *P. S. und H. M. Allen* (Oxford 1922), S. 372ff. und bei: Konrad Peutingers Briefwechsel, ed. *E. König* (München 1923), S. 325ff. – Vgl. auch *B. Moeller*, Die deutschen Humanisten und die Anfänge der Reformation. In: Zeitschrift für Kirchengeschichte 70 (1959), S. 46ff.

[20] Vgl. jetzt die wertvollen Beiträge in dem von *F. Reuter* herausgegebenen Sammelband: Der Reichstag zu Worms 1521. Reichspolitik und Luthersache (Worms 1971).

[21] *Lutz*, Peutinger, S. 236f.

[22] *F. Fanon*, Die Verdammten dieser Erde (Reinbek 1969), S. 239, 241.

CONRAD PEUTINGER – EINE BIOGRAPHISCHE SKIZZE

Die Spannweite von Conrad Peutingers Leben hat bis heute aller wissenschaftlichen Bemühung gespottet. Seine Tätigkeit als Stadtschreiber, Humanist und Rechtsgutachter, als kaiserlicher Rat, als Wirtschaftstheoretiker und als Politiker in den Geschäften des Reiches und des Schwäbischen Bundes reicht so tief in die Bezüge des vor- und frühreformatorischen Deutschlands, daß in seiner Biographie schier alle bewegenden Fragen jener Zeitenwende gebündelt erscheinen.

Die äußere Stetigkeit seiner Laufbahn mag diese erregende Sammlung geschichtlicher Herausforderungen zunächst verhüllen. An Peutinger ist nichts von der vagantenhaften Unrast vieler Humanisten, nichts von der arrivistischen Weltläufigkeit mancher oberdeutschen Bürgersöhne, die ihr Glück als rechtserfahrene Räte den großen europäischen Höfen anvertrauten. Sein Lebenswerk bleibt von der Geburt bis zum Tode aufs engste der Stadt Augsburg verhaftet. Sein Leben wurzelt in der urbanen Kultur des Spätmittelalters, es begleitet und geleitet den meteorhaften Aufstieg der schwäbischen Metropole aus dem 15. ins 16. Jahrhundert. Auch das Fortschreiten der reformatorischen Bewegung, der Peutinger sich zunehmend versagt, vermag diesen Zusammenhang kaum zu lockern. In diskreter Resignation, nicht in harter Auseinandersetzung, vollzieht sich das Ausscheiden des Stadtschreibers aus der politischen Verantwortung. Er bleibt der Stadt, die gegen seinen Rat und seine hellsichtigen Warnungen das alte Kirchenwesen beseitigt, über die Katastrophe im Schmalkaldischen Krieg hinaus treu.

Macht und Glanz der reichsfreien Stadtrepublik – das ist der lebendige Mittelpunkt, von dem her alle Dimensionen von Peutingers Tätigkeit abzumessen sind. Man kennt das Leben Augsburgs unter Peutingers Führung in der breiten Entfaltung seiner kulturellen und wirtschaftlichen Möglichkeiten, seiner politischen und religiösen Bezüge. Doch welch ein Schicksal steht hinter dem prächtigen Vordergrund dieser so oft beschworenen, in der Leuchtkraft ihres Lebens stets von neuem fesselnden Erscheinung des „goldenen Augsburgs"!

Als Conrad Peutinger am 28. Dezember 1547 im Alter von 82 Jahren die Augen schloß, was war da aus den Hoffnungen und Erwartungen geworden, mit denen er ein halbes Jahrhundert zuvor in das öffentliche Leben des Reiches eingetreten war! Die beste Kraft seines Lebens hatte er allzeit an den Kampf gegen die „vertruckung der stett" gesetzt, an das Ringen um freien Raum und Atem für die Erhaltung und Entfaltung der urbanen Kultur mit all ihren politischen und wirtschaftlichen Voraussetzungen. Jetzt hatte zu Anfang des Jahres 1547 sein Sohn Claudius Pius im Namen der Stadt vor dem über die evangelischen Städte und Fürsten siegenden Kaiser die Kapitulation Augsburgs vollziehen müssen. Mit Glaubensspaltung und Glaubenskrieg war nun der politische Niedergang des oberdeutschen Städtewesens besiegelt.

Wieviel für die Stellung des Augsburger Welthandels der Verlust der von Peutinger so nachhaltig genutzten politischen Basis reichsstädtischer Autonomie für die Zukunft bedeuten mußte, das kündigte sich bedrohlich an bei den Verhandlungen, die gleichfalls Anfang 1547 sein anderer Sohn Christoph als Beauftragter der Welsergesellschaft in Ulm mit dem Kaiserhof führte. Mit der Erschütterung des Rechtsbodens zwischen Kaiser und Reichsstadt waren monarchischer Willkür im Zugriff auf die Kapitalien der städtischen Kaufleute alle Schranken aus dem Wege geräumt. In der Unterwerfung Christoph Peutingers unter die bis dahin unerhörten Anleihebedingungen des kaiserlichen Schatzmeisters Erasso in Ulm kündigte sich eine Entwicklung an, die mit den großen habsburgischen Staatsbankrotten zum Ruin der oberdeutschen Wirtschaft entscheidend beitrug.

Was war aus der Blüte des deutschen Humanismus, aus jenem vielleicht edelsten Geschenk der Aetas Maximilianea, geworden! Peutinger steht in der ersten Reihe derer, die in antiquarischem Sammeleifer und gelehrter Editionsarbeit sich um die Wiedererweckung der Antike, der germanischen und hochmittelalterlichen Welt bemühten. Die Person Maximilians hatte ihm Anreiz und Inhalt geboten für die Erneuerung der imperialen Tradition, für die Beschäftigung mit der antiken und mittelalterlichen Kaiserherrlichkeit. Im Bannkreis des Kaisertums, wie vom Boden kommunaler Politik her, hatte er ebenso an der religiös-aufklärerischen Tendenz des deutschen Humanismus lebendigen Anteil.

Aber nun war alles anders gekommen. Der ungestüme Wille der Reformation war über den bedächtigen Reformeifer des Humanisten hinweggeschritten, hatte das alte Kirchenwesen und die politischen und sozialen Strukturen des alten Deutschlands, auf deren Festigkeit das Lebenswerk Peutingers gründete, niedergerissen. Der „mittlere Weg", den der Augsburger angesichts der Glaubensfrage und ihrer politischen Konsequenzen einzuhalten suchte, erwies sich bald als ungangbar. Mit dem Augsburger Reichstag von 1530 beginnt die evangelische Politik Augsburgs und endet die „Ära Peutinger". Zerstoben war das gelehrt-patriotische Symposion der Humanisten. Der gelassen-konservative Eklektizismus des Stadtschreibers wirkt überholt in einer veränderten Welt, wo sich die Konfessionsparteien in bitterem, auf Ausschließlichkeit drängendem Kampf gegenüberstehen. Versunken war 1547 endgültig die alte Welt des vorreformatorischen Deutschlands. Die Zeit schritt über Peutinger wie über die geistigen und politisch-gesellschaftlichen Lebensformen, die er repräsentierte, hinweg. Die hochgehenden Wogen des konfessionellen Streites wollten den Ruhm des Humanisten begraben, und der Glanz absolutistischer Fürstenmacht sollte die Erinnerung an den Stadtschreiber nahezu auslöschen.

Die Familie Peutinger leitete Namen und Herkunft von dem Dorfe Peiting bei Schongau her. Sie ist seit Ende des 13. Jahrhunderts in Augsburg nachzuweisen. Der Vater des Stadtschreibers, Conrad Peutinger der Ältere, gehörte der Kaufleutezunft an; mit einem versteuerten Vermögen von etwa 4190 Gulden stand er unter 4798 Steuerpflichtigen an 27. Stelle. Der Vater scheint noch 1465, im Jahr der Geburt des einzigen Sohnes, gestorben zu sein. Die Mutter, aus der Nördlinger Familie der Frickinger, verehelichte sich einige Jahre später zum zweiten Male. Das Erbteil des jungen Conrad versteuerte von da an als Pfleger sein Onkel Ulrich Höchstetter, der den rasch anwachsenden Reichtum dieses durch den Bankrott von 1529 berühmten und berüchtigten Handelshauses begründete. In der Familie dieses Kaufmanns, der sich schon vor Fuggern und Welsern in den achtziger Jahren des 15. Jahrhunderts in dem aufblühenden Welthafen Antwerpen ankaufte, wuchs Conrad Peutinger heran.

1479/80 läßt sich der junge Augsburger an der Universität Basel nachweisen. Von 1482–1487/88 dauerte der Studienaufenthalt in Italien, wo er an den Universitäten Bologna und Padua sich der Jurisprudenz widmete. Die entscheidenden Anstöße für die Beschäftigung mit den „studia humanitatis" scheint er in Bologna, Florenz und Rom erfahren zu haben. Er trat in Beziehungen zu dem Kreise der Florentiner Akademie, lernte Angelo Poliziano und Giovanni Pico della Mirandola kennen und wurde in Rom wie so mancher andere junge Deutsche von Pomponio Leto aufs nachhaltigste in den humanistischen Studien bestärkt.

Das Studium der postglossatorischen Jurisprudenz und die humanistischen Neigungen scheinen sich bei Peutinger glücklich ineinander gefügt zu haben. Nichts ist bei ihm zu spüren von der höhnischen Gebärde, mit der später ein Ulrich von Hutten den „accursianischen Absinth" von sich wies. Bei der Beschäftigung mit den „kaiserlichen Rechten" fühlt er sich im lebendigen Kontakt zu der fortdauernden Welt imperialer Herschaft und Ordnung, empfindet er tief die legitime Sukzession von den römischen Caesaren bis auf den gegenwärtigen Herrscher des Imperium Sacrum.

Aus dem Italien des reifen Quattrocento zurückgekehrt, faßt der junge Rechtsgelehrte in den Verhältnissen der Heimatstadt und des Reiches bald kräftig Fuß. Im Mai 1488 trifft man ihn, anscheinend als Schlachtenbummler, zu Aachen im Feldlager des Reichsheeres, mit dem Kaiser Friedrich III. auszog, um seinen in Brügge gefangengehaltenen Sohn Maximilian zu befreien. Denkwürdig bleibt die Episode, die Peutinger berichtet. Als erster hörte er in Aachen zur Nachtzeit von der Befreiung des römischen Königs. Eilends meldet er die freudige Neuigkeit dem Kanzler, der sich sogleich aus dem Bett erhebt, um den Kaiser in Kenntnis zu setzen. Man weiß, daß Ambrosius Höchstetter, Peutingers Vetter, sich damals in Geschäften in Brügge aufhielt und dem König mit seinem Gelde zu Hilfe kam. So mag sich dieser Vorfall erklären.

Seit Ende 1490 steht dann Peutinger im Dienst der Stadt Augsburg, einstweilen als Gehilfe des alten Stadtschreibers Valentin Eber. Nach dessen Tode wird ihm 1497 dieses Amt auf Lebenszeit übertragen, hinter dessen unscheinbarem Namen in Anbetracht des jährlichen Wechsels des gewählten Amtspersonals die große Chance der konstanten Geschäftserfahrung sich verbirgt, die Peutinger zum Ausbau einer außerordentlichen Machtstellung wahrzunehmen verstand. Wenn sich der Augsburger auch für das reichsstädtische Amt entschieden hatte, so pflegte er doch zugleich mit kluger Hand die Verbindung zum Hause Habsburg weiter, die er offenbar schon 1488 geknüpft hat. Während seiner Aufenthalte am Hoflager des Kaisers wie des jungen Königs erscheint er schon in den nächsten Jahren gelegentlich ebenso im Dienst der Casa d'Austria wie im Dienst seiner Heimatstadt.

Peutinger vertritt Augsburg auf dem großen Reichstag zu Worms 1495 und den Reichsversammlungen der folgenden Jahre zu Lindau, Worms und Freiburg. Es ist die Zeit des Konfliktes zwischen Maximilian, der im Bann seiner auswärtigen Unternehmungen steht, und der vom Erzkanzler Berthold von Henneberg geführten ständischen Reformpartei, deren Ziel Friede und Ordnung im Inneren des Reiches ist. Während die Reichsstädte im allgemeinen ihren Vorteil im Zusammengehen mit dem Erzkanzler suchen, scheint Peutinger damals geschickt laviert zu haben. Der langwährende Kampf der freien Städte um Stimme und Session am Reichstag, um eine Fixierung ihrer staatsrechtlichen Stellung, hat ihn anscheinend wenig bewegt. Er mochte dies als Prestigefrage für die Vielzahl kleiner und mittlerer Kommunen werten, ohne rechte Bedeutung für die realen Machtverhältnisse. Dort, wo er das sich bald anbahnende Vertrauensverhältnis zu Maximilian zu nutzen strebte und sich mit Entschiedenheit und Härte in den politischen Kampf begab, ging es um etwas, was den Einsatz seiner aufblühenden Stadt besser lohnte: die Neugestaltung des Schwäbischen Bundes.

Der Schwäbische Bund war 1488 als Zusammenschluß schwäbischer Reichsstädte und schwäbischen Adels zur Wahrung des Landfriedens entstanden. Der Veränderung, die seine Struktur seitdem durch den Beitritt mächtiger Fürsten erfahren hatte, war das Provisorium der 1496 auf 3 Jahre beschlossenen Verlängerung keineswegs gerecht geworden. Darum hatte Augsburg 1496 mit einer Gruppe anderer Städte den Bund verlassen. Nun richtete sich Maximilians ganzes Bemühen darauf, diese Sezessionsgruppe für die 1499 fällig werdende nächste Verlängerung des Bundes zu gewinnen. So waren die Jahre 1498 bis 1500 erfüllt vom Kampf um die Neugestaltung des Bundes, den Augsburg an der Spitze der Opposition und Peutinger als sein vorzüglichster Unterhändler führten. Auf dem Boden der freien Einung, wo die Bundesverfassung von einer Verlängerung zur anderen neu ausgehandelt wurde, mußte es gelingen, im Zusammenschluß von Fürsten, Adel und Städten jenes Gleichmaß von Rechten und Pflichten zu erringen, das angesichts der altertümlichen Struktur des Imperiums den Städten am Reichstag verwehrt blieb.

Peutingers Erfolg als Wortführer der Sezession war mitbedingt durch die Notlage, in die Maximilian durch den Verlauf des Schweizer Krieges geraten war. Augsburg samt den ihm folgenden Städten gehörte seit 1499/1500 wieder dem Bunde an, der nun für ein Menschenalter zur politischen Grundgestalt im Leben Oberdeutschlands wurde. So wie der Augsburger Stadtschreiber im Ringen um die neue Bundesverfassung daran mitgewirkt hatte, Augsburg und den oberdeutschen Städten insgesamt dem neuen Jahrhundert entgegen eine günstige politische Position zu schaffen, so hat er in den folgenden Jahren einen guten Teil seiner Kraft auf Nutzung und Ausbau dieses Erfolges gewandt.

Inzwischen hatte der junge Doktor der Rechte einen eigenen Hausstand gegründet. Er vermählte sich 1498 mit der 17jährigen Margarethe Welser, deren Vater Anton an der Spitze der Welser-Vöhlingesellschaft stand, die nach den Fuggern die mächtigste Konzentration bürgerlichen Reichtums in Oberdeutschland darstellte. In dem Dankbrief für Reuchlins

Gratulationsschreiben schildert Peutinger seinen Abschied von der „lasciviendi libertas“ der Junggesellenzeit, seine Wendung vom schmeichelnd-betrügerischen Liebesspiel zur wahren Liebe. Er beschreibt die Vorzüge seiner jugendlichen Frau. Sie ist sittsam, schön, von gleichmäßigem Gemüt, nicht zu Zank und Streit geneigt, sie hat eine bedeutende Mitgift eingebracht und eine noch bedeutendere Erbschaft zu erwarten. Durch diese Heirat mit einer Patrizierstochter gehörte der Stadtschreiber von nun an zu den „Mehrern der Gesellschaft“, jener für Augsburgs Sonderentwicklung charakteristischen Zwischenschicht der den Geschlechtern versippten großbürgerlichen Zunftfamilien. Hier hatte sich in vollem Bewußtsein die ökonomische Energie und Erfahrung einer von Jahr zu Jahr kühner ausgreifenden Kaufmannsdynastie mit der neuen, als unentbehrlich erkannten politisch-juristischen Bildung verbunden.

Bald nach der Hochzeit ist Peutingers berühmtes „Consilium in causa societatis cupri“ entstanden, sein Gutachten über das Kupfersyndikat der Fugger, Gossenbrot, Baumgartner und Herwart. Schon diese erste Beschäftigung mit wirtschaftsrechtlichen und wirtschaftstheoretischen Fragen hat Epoche gemacht. Auszugehen ist dabei von der Ambiguität der Stellungnahme Peutingers. Wohl gibt er den Fuggern Unrecht, die entgegen den Vertragsbestimmungen ihr eigenes Kupfer unter der Firma der Thurzo in Venedig auf den Markt brachten, bevor noch das Kupfer des Syndikats verkauft war. Im übrigen aber wird sein Consilium zu einer großen Apologie der neuen Wirtschaftsform, wie sie das Syndikat im ganzen darstellte. Schon hier taucht in der Diskussion das Monopolgesetz des Kaisers Zeno auf. Die Gegner der neuen Wirtschaftsform behaupten, daß kartellartige Zusammenschlüsse wie das Kupfersyndikat durch dieses Gesetz verboten seien. Peutinger schlägt die Gegner zweifach. Zum ersten hat Maximilian selbst das Syndikat angeregt: „Diser vertrag ist auff ku. Mt. will und bevelh beschehen; und nit zu vermuten, das der unzimblich ist.“ Zum zweiten ergibt die Analyse der Vertragsbestimmungen, daß die Kontrahenten – selbst wenn sie wollten – nach allen Voraussetzungen gar kein Kupfermonopol errichten könnten.

Vielleicht noch wichtiger sind die positiven Empfehlungen, die der humanistisch gebildete Jurist anfügt. Er zitiert Cicero und Aristoteles, spricht von dem „officium publicum“ der Kaufleute. Wenn sie miteinander einen solchen Vertrag abgeschlossen haben, dann gelte, daß „solch geselschaft als ain bruderschaft geacht ist, und sy sich underainander mit lieb unt treu mainen unt halten sollen wie geprieder . . .“ Sind das nicht schüchterne Ansätze zu einer kaufmännischen Ethik, die, weitab von scholastischen Wirtschaftslehren, im Niemandsland der neuen ökonomischen Unternehmungen Orientierung und Maßstab geben möchte? In keiner der späteren Wirtschaftsschriften Peutingers sind diese Ansätze zur Entfaltung gekommen. Denn hernach spielte sich die Erörterung nicht mehr im halb-privaten Raum rivalisierender Großfirmen ab, sondern in der angreiferischen Öffentlichkeit der Reichsversammlungen, wo plötzlich das ganze Wirtschaftsleben Augsburgs bedroht erschien.

Während das Reich seit dem Tod des alten Kaisers, durch die ausgreifenden Kombinationen Maximilians aus dem „spätmittelalterlichen Stilleben“ aufgeschreckt, in die heftigeren Machtkämpfe einer neuen Ära europäischer Politik verstrickt wurde, und Peutinger von der Augsburger Ratskanzlei aus behutsam den Vorteil seiner Stadt zwischen Monarchen und ständischer Reformpartei wahrzunehmen wußte, hatte sich in wenigen Jahren durch die Entdeckungsfahrten spanischer und portugiesischer Schiffe das Angesicht der Erde verwandelt. Als erster Deutscher traf ein Faktor der Welserkompanie in Lissabon ein, um mit König Manuel die Bedingungen für den direkten Indienhandel Augsburger Kaufleute abzusprechen. Peutinger scheint sich sehr früh und nachhaltig für die portugiesischen Indienfahrten interessiert zu haben. Das kosmographische Interesse des Humanisten traf sich hier mit dem geschäftlichen Vorteil der Welser und den lokalen oder nationalen Hoffnungen des Politikers.

In den wohl Ende 1504 abgeschlossenen „Sermones convivales“ kommt der Stadtschreiber voll stolzer Zuversicht auf die geplante Indienfahrt Augsburger Kaufleute zu sprechen. Man kann weiterhin seine Anstrengung verfolgen, von Maximilian etwas wie ein politisches Protektorat für die Fahrt der drei Schiffe zu erlangen, die 1505 einige Augsburger und Nürnberger Firmen unter Führung der Welser im Convoy des Francisco d'Almeida nach

Ostindien segeln ließen. Briefentwürfe im Nachlaß Peutingers lassen darauf schließen, daß er kaiserliche Hilfe auch in dem Rechtsstreit anrief, der sich nach der glücklichen Heimkehr der Flotte um die von König Manuel in der Casa de India festgehaltene Gewürzfracht der deutschen Schiffe entspann. Erst aus diesen Konzepten Peutingers erhellt der Wortlaut einiger Bestimmungen jenes Vertrages, den 1504 der Florentiner Kaufmann Bartholomeo Marchione im Namen des gemischten italienisch-deutschen Konsortiums mit König Manuel über die Beteiligung an der Indienfahrt abgeschlossen hatte.

Peutingers Bemühung um die Intervention Maximilians vor und nach der Indienfahrt vermochte an deren enttäuschendem Ergebnis nichts zu ändern. Die Beteiligung am direkten Indienhandel, die man den Deutschen aus Kapitalknappheit gewährt hatte, blieb Episode. Der eigentliche Indienhandel ward zum Monopol der Krone. Die Schranken des beginnenden Kolonialmerkantilismus, die sich der händlerischen Expansion Augsburgs in Lissabon entgegenstellten, ließen Peutinger in den folgenden Jahren mit erhöhter Aufmerksamkeit über den alten Handelswegen nach Venedig wachen.

Alles in allem brachte der Anfang des neuen Jahrhunderts Augsburg und Peutinger eine Reihe von Jahren ruhiger Entwicklung. Lärm, Mord und Brand des Bayerischen Erbfolgekrieges (1504) streiften die Stadt ohne ernstere Gefahr. Peutinger leistete seinen Dienst als Kriegsberichterstatter zur gleichen Zeit dem auf den Tod kranken Berthold von Henneberg, der sich von den Augsburger Verhandlungen bald nach Mainz zurückgezogen hatte, wie auch dessen Gegenspieler, dem König. Im Auftrag Maximilians faßte er für die Signorie eine Darstellung des Krieges ab, die bezeichnenderweise den Nachdruck auf den persönlichen Anteil des Herrschers an dem Sieg über die böhmischen Hilfsvölker des Gegners und an der Eroberung Kufsteins legen sollte.

Im übrigen gestaltete sich das Verhältnis des Königs, der den Gipfel seiner Macht erreicht hatte, zu dem Augsburger Stadtschreiber immer vertrauter. Wohl im Jahre des Sieges über die Pfalz erhielt Peutinger durch unmittelbares königliches Privileg ohne Mitwirkung einer Universität den Rang eines Doctor juris utriusque. 1506 ist zuerst von seinem Dienstgeld als königlicher Rat die Rede. Dem entspricht die Inanspruchnahme durch Geschäfte des Königs. Vom Kölner Reichstag von 1505 wird er nach Burgund entsandt. Sein Beglaubigungsschreiben, das Maximilian ihm nach Salins und Besançon ausstellte, nennt den Augsburger „unseren Sekretär“. Besser unterrichtet sind wir über eine längere Reise nach Niederösterreich und Ungarn vom Jahre 1506. In der Wiener Hofburg erhält Peutinger sein eigenes Arbeitszimmer, um für genealogische Arbeiten des Monarchen „die brief des haus von Osterreich“ durchzusehen. Dann hat er in Ödenburg und Eisenstadt mit der Gesandtschaft des ungarischen Königs zu verhandeln. Unter seiner Mitwirkung kommen die bedeutsamen Vereinbarungen vom 20. und 27. März 1506 zustande, die mit der Neufassung der habsburgisch-ungarischen Erbverträge von 1491 als Geburtsdaten der Donaumonarchie bezeichnet werden können.

Zugleich wuchsen Umkreis und Ruhm von Peutingers gelehrten Studien. Lebendiger Mittelpunkt ward die nach dem Wiener Vorbild des Celtis geschaffene Sodalitas literaria Augustana. Aus dem Kreis ihres national gefärbten Humanismus entstanden alsbald die „Sermones convivales de mirandis Germaniae antiquitatibus“. Ihre Edition römischer Inschriften, die Peutinger 1505 veranstaltete, Beginn der Epigraphik auf deutschem Boden, konnte sich auf Gebot und Anordnung Maximilians berufen. Seit 1503 läßt sich die Arbeit am Kaiserbuch verfolgen, das die durchgehende Reihe imperialer Sukzession von den römischen Cäsaren bis zu Maximilian umfassen sollte. Celtis wollte es seiner geplanten Germania illustrata beigeben. Im Frühjahr 1507 erscheint, von der Sodalitas veranlaßt und durch Peutinger besorgt, die Editio princeps des Ligurinus. Es ist das Jahr, da sich König Maximilian zum Romzug rüstet. Das Buch erlebt rasch hintereinander 7 Auflagen, Zeugnis einer politischen Relevanz der humanistischen Editionstätigkeit.

Mit dem Romzugsplan Maximilians kam alsbald eine bedrohliche Bewegung in das politische und wirtschaftliche Leben Oberdeutschlands und Italiens. Wird der König die Heeresmacht, die ihm der Konstanzer Reichstag für den Zug zur Kaiserkrönung nach Rom bewilligte, zum Kampf gegen die französische Okkupation Mailands führen oder in den Krieg gegen Venedig, dessen Festlandsbesitz sich wie ein breiter Sperrgürtel zwischen die Alpenausgänge und das Patrimonium Petri legt? Peutinger weiß, daß es zum Krieg kommen wird, aber sollten sich die von Augsburg und anderen am Italienhandel interessierten Städten gestellten Truppen ausgerechnet gegen den venezianischen Wirtschaftspartner wenden? Peutinger erkannte, daß die Stimmung im Rat Maximilians zwiespältig war. Sein Gegner, der den Angriff auf Venedig befürwortete, war Matthäus Lang, Bischof von Gurk. Ende 1507 traf in Augsburg der Kardinallegat Bernardino Carvajal ein, der im Auftrag Julius' II. den römischen König zur Aussöhnung mit Frankreich und zu einem allgemeinen Bündnis gegen die Markusrepublik bewegen sollte.

Peutinger meldete sich alsbald zu Wort. Seine gewichtige Epistula an Carvajal – wohl für die Verbreitung durch den Druck bestimmt – wandte sich viel mehr an Maximilian und seine Umgebung als an den Legaten, dessen Auftrag dem politischen Ziel des Augsburgers zuwiderläuft. In dieser Schrift verbindet sich humanistische Gelehrsamkeit aufs innigste mit aktueller politischer Einsicht. Wo Peutinger dabei die Verdienste der Kaiser um den römischen Stuhl aufzählt, schreibt er seitenweise ein Werk des Lupold von Bebenburg aus. Er appelliert an den untergründigen Haß, den der König gegen Frankreich in sich trägt. Papst und Imperator sollen sich verbinden zum Schutz des „justum imperium" gegen die usurpatorischen Angriffe der „hostes interiacentes." Zugleich wird die zukunftsträchtige Welt der spanisch-deutschen Kombinationen aufgerufen, wird an die Schlacht am Garigliano erinnert, wo deutsche Landsknechte Schulter an Schulter mit den Spaniern Neapel von den Franzosen befreiten. Man nimmt an, daß Peutinger diese Schrift dem Kardinallegaten bei seinem zweiten Aufenthalt in Augsburg im Dezember 1507 persönlich überreichte.

Bevor der von Peutinger und den oberdeutschen Kaufleuten befürchtete Angriffskrieg gegen Venedig dennoch begann, ergab sich aus dem Romzugsplan Maximilians eine andere Folge, die Freiheit und Rechtsstellung der großen Handelsgesellschaften ernsthaft bedrohte. Es handelte sich um den Plan einer Zwangsanleihe bei einer Reihe der bedeutendsten oberdeutschen Firmen, den der König im Herbst 1507 mit großem Nachdruck verfolgte. Die Taktik der königlichen Räte ging dahin, die städtischen Obrigkeiten davon abzuhalten, sich schützend vor die Gesellschaften zu stellen, die insgesamt eine Summe von 100.000 Gulden vorstrecken sollten. Peutinger erkannte rasch, wie gefährlich ein solcher Präzedenzfall werden konnte. Er setzte sogleich den Mechanismus der Bundesinstitutionen in Bewegung. Seiner geschickten Regie war es mit zu verdanken, daß sich alsbald eine Ulmer Tagsatzung der Städte des Schwäbischen Bundes einhellig vor die Handelsgesellschaften stellte.

Die einzelnen Etappen der weiteren Verhandlungen und die schließliche Kompromißlösung interessieren hier weniger als das umfangreiche Memorandum, das der Stadtschreiber im Höhepunkt der Auseinandersetzung für Maximilian abfaßte. Bekanntlich fühlte sich damals auch Jakob Fugger veranlaßt, in einer höchst interessanten Aufzeichnung seine Argumente zur Verteidigung des rechtlichen Status quo der Handelsgesellschaften zusammenzufassen. Peutingers Argumentation ist unmittelbarer auf einen Zweck bezogen, nämlich auf die Umstimmung Maximilians. Seine Denkschrift stellt eine erste volkswirtschaftliche und finanzpolitische Bestandsaufnahme dessen dar, was mit dem Hochkommen der großen Gesellschaften an Neuem in das deutsche Wirtschaftsleben eingetreten war. Beginnend mit einem Vergleich der hanseatischen mit den oberdeutschen Wirtschaftsformen und mit einem Überblick über die rechtliche Lage der gesamteuropäischen Kaufmannschaft, erörtert er die Gewinn- und Verlustchancen der Gesellschaften, ihre steuerpolitische Lage und innere Struktur, ihre Kreditpolitik und ihre volkswirtschaftliche Unentbehrlichkeit. Zu Ende des Memorandums präzisiert er seine eigene Stellung in diesem Streit zwischen Monarch und Kaufleuten. Im eigensten Interesse Maximilians fühle er sich verpflichtet, ihn warnend auf die verhängnisvollen Folgen hinzuweisen, die jeder Eingriff in den bisherigen rechtlichen Status der Handelsgesellschaften für das Verhältnis der Städte zum Herrscher, für den Zustand der habsburgischen Finanzen und schließlich für Friede und Ordnung des Reiches haben würde.

Von 1508 bis 1516 dauerte mit wenigen Unterbrechungen der Kriegszustand zwischen dem Kaiser und Venedig. Die Bemühungen der Oberdeutschen, trotz der kriegerischen Verwicklungen und der vom Kammergericht gegen Venedig verhängten Reichsacht ihren Handel mit der Signorie zu pflegen, erscheinen mit Peutingers Namen aufs engste verbunden. Er ist es, der immer wieder den Schwäbischen Bund zum Schutze der kaufmännischen Interessen mobilisiert, persönlich oder durch Abgesandte beim Kaiser interveniert, das Regiment zu Innsbruck und die Tiroler Landschaft im Hinblick auf die Verluste an Zolleinnahmen in das Interesse der Kaufleute zu ziehen versteht. Maximilian selbst schwankt. Je nach der wechselnden Konstellation auf dem oberitalienischen Kriegsschauplatz und im europäischen Bündnissystem gestattet oder untersagt er den Handel. In der sehr umfangreichen amtlichen Korrespondenz, die Peutinger im Ringen um die Offenhaltung der Handelswege zur Adria führte, spürt man Erregung und Verbissenheit dieser Auseinandersetzung. Endlich scheint durch kaiserliche Mandate, die der Stadtschreiber persönlich bei Maximilian „erobert", die Sicherheit der Kaufleute endgültig gewährleistet. Da trifft in Augsburg plötzlich die Warnung des Tiroler Landmarschalls ein: Der Kaiser werde nun doch in wenigen Wochen alle Pässe schließen. Peutinger gibt den Hinweis sogleich an die Augsburger Kaufleute, an alle interessierten Städte weiter. Aus den Aufzeichnungen des Venezianers Sanuto sieht man, wie die Kaufleute im Fondaco dei Tedeschi daraufhin in aller Eile packen und an Waren herausschaffen, soviel sie nur können. Sanuto hat schließlich auch jenes Fest beschrieben, das die Deutschen des Fondaco im Februar 1517 gaben, als der Waffenstillstand zwischen Kaiser und Signorie den Handel wieder von jeder Gefährdung befreite; ähnliche Freude mochte damals auch in Augsburg herrschen. Stierkämpfe und Lanzenstechen, Ballette und Pantomimen auf geschmückten Wagen folgten einander bis in die tiefe Nacht: „... belissime feste per alegreza di l'accordo fato con la Cesarea Maestà..."

Ganz eng hat sich die Zusammenarbeit Peutingers mit der Welsergesellschaft um diese Zeit gestaltet. Nicht nur, daß er den Welserfaktor Christoph Scheurl für eine Sendung an Kurfürst Joachim von Brandenburg instruiert, als 1511 eine Erneuerung der alten Stapelrechte Breslaus und des östlichen Frankfurts den Handel über die Oder und zu Schiff nach Danzig lahmzulegen droht. Nicht nur, daß ihn sein Schwager Christoph Welser in Rom, päpstlicher Protonotar und Comes palatinus, zu seinem Bevollmächtigten ernennt für die Übernahme der ansehnlichen Pfründenkollektion, die ihm päpstliche Huld nach dem Tode des 21jährigen Protonotars Marx d. J. Fugger übermacht hat. Vielmehr finden sich im Nachlaß des Stadtschreibers Konzepte, die eindeutig dem innergeschäftlichen Gebrauch der Welserkompanie zugehören. Da handelt es sich um den Entwurf für eine „Einlage" mit fünfprozentiger Verzinsung, um Vollmacht für irgendeinen Faktor der Firma bis zur Höhe von 10.000 Cruciati „in quacumque mundi parte" oder um die Zession einer Forderung in Mailand an den „consocius" Bartholomäus May in Bern. Ebenda erhielt sich schließlich aus Peutingers Hand der gebrauchsfertige Entwurf für ein Zahlungsabkommen der Welser mit dem Mainzer Erzbischof Uriel von Gemmingen für die Überweisung von 20.000 Dukaten nach Rom zur Erlegung der Servitien. Zwar gelang nachweislich dieses Geschäft und damit die Durchbrechung der Fuggerschen Monopolstellung an der Camera Apostolica nicht. Dennoch mag es nachdenklich stimmen, wenn Peutinger, der sonst mit dem Pathos der Gravamina wider kirchliche Geldgeschäfte und Pfründenhandel zu wettern wußte, hier dem „sacer quaestus" und der Pfründenakkumulation seiner Welserschen Verwandtschaft zu Diensten war.

In einer anderen Unternehmung dieser Jahre verbanden sich die Impulse humanistischer Zeitkritik, bürgerlichen Emanzipationsstrebens und kapitalistischen Erwerbstriebes aufs engste: in dem Zusammenwirken Peutingers mit Dr. Johannes Eck gegen das kanonische Zinsverbot. Was den Augsburger veranlaßte, sich in diese Frage einzuschalten, scheint keineswegs die Not eines am Zwiespalt zwischen Wirtschaftspraxis und kirchlicher Wirtschaftsethik leidenden Gewissens gewesen zu sein. Vielleicht noch stärker als für Jakob Fugger, der bekanntlich das Auftreten des jungen Ingolstädter Professors für die Erlaubtheit des fünfprozentigen Zinses bei Produktivkrediten entscheidend unterstützte, mochte für den

Stadtschreiber und Humanisten der Gesichtspunkt der öffentlichen Meinung im Vordergrund stehen. Es galt, dem publizistischen Angriff auf die neue, zu Augsburg in Reinkultur entwickelte Wirtschaftsform in der Öffentlichkeit wirksam zu begegnen.

Bekanntlich blieb das Auftreten Dr. Ecks gegen das Zinsverbot nur Episode. Aber an der bedingungslosen Unterstützung, die Peutinger ihm damals zuteil werden ließ, war zweierlei beachtenswert: Einmal der Ton schärfster Aggressivität, in dem der Augsburger gegen den Eichstätter Bischof loszog, weil dieser eine öffentliche Disputation Ecks in seiner Diözese untersagt hatte: „Wir Laien werden von euch Geistlichen geschunden. Wir suchen die Wahrheit, aber dabei kommt es – ich weiß nicht wie – zu Anstoß und Verletzung ... Wenn sich der Bischof bemüht, die Wahrheit verborgen zu halten, dann wehe seiner Seele und seinen Komplicen."

Und das andere: Wenn Peutinger den Grund dieses Handels nur darin sah, daß verstockte Kleriker wider besseres Wissen auf Grund obsoleter Canones den Laien ihren wohlverdienten Gewinn vorenthalten wollten, dann fand er mit dieser Anschauung in der „Res publica eruditorum" keineswegs ungeteilte Zustimmung. Sicherlich war der Großteil der deutschen Humanisten wirtschaftsethisch noch durchaus mittelalterlich orientiert. Aber selbst ein Mann wie Pirckheimer, gleich Peutinger Vertreter des reichsstädtischen Humanismus, wandte sich entschieden gegen Ecks Zinslehre. Hier kam neben der Handelseifersucht der Nürnberger wohl etwas von der seltsamen Ambivalenz des Humanismus als einer soziologisch „freischwebenden" Bildungsbewegung zutage. Der Patrizier Pirckheimer lebte als Erbe großer Liegenschaften im ruhigen Genuß seines Einkommens. Er wandte die humanistisch geschliffenen Waffen seiner Gesellschaftskritik gegen alles, was unter dem Namen „Wucher" das auskömmliche Maß des Lebens zu verwirren und verderben drohte. Der Augsburger dagegen kam aus der Kaufmannszunft, stand mitten im Getriebe einer weitgehend von den Zünften bestimmten, in der ständigen Entfaltung ihrer händlerischen, gütererzeugenden und finanziellen Energien aufsteigenden Stadt. So ruft Peutinger die Eruditio Christiana auf zum Kampf gegen die Gewissenstyrannei der Geistlichen, die den Laien die Früchte ihrer Arbeit vergällen wollen.

Im übrigen bedeuten diese letzten Jahre der Aetas Maximilianea den Höhepunkt an Einfluß und Ansehen in Peutingers Leben. Immer breiter entfaltet sich jene erstaunliche „rerum agendarum dexteritas", die ihm die Zeitgenossen nachrühmen. Bald steht er im Verhältnis eines festbesoldeten Rechtsberaters zu Nördlingen und Ravensburg. Alte Freundschaft verbindet ihn mit Heilbronn, und manches Faß Neckarwein wird in diesen Jahren im Hause des Stadtschreibers geleert, Entgelt für Dienst und Hilfe vieler Art. Die Förderung, die er allzeit den Anliegen der Reichsstädte in der kaiserlichen Kanzlei zu verschaffen weiß, reicht von Lübeck bis Metz. Die Fürsten des Reiches bedienen sich seiner gewandten Hand wie seiner schnellen und zuverlässigen Informationen. Ins Unübersehbare aber wächst der Kreis seiner Klienten aus dem Adel und dem großen Bürgertum Oberdeutschlands, denen er in Lehensstreitigkeiten und Testamentsfragen, in Zivil- und Kriminalprozessen seine Unterstützung leiht. Der Schwäbische Bund bemüht ihn als bevorzugten Unterhändler beim Kaiser. Das Vertrauen Maximilians aber lädt ihm wichtige Aufgaben in der Verwaltung der Reichsfinanzen auf, betreut ihn mit staatsrechtlichen Arbeiten, die bis in das Innerste habsburgischer Familienpolitik reichen.

Währenddessen ruht die Feder des Humanisten nicht. Eine neue Sammlung römischer Inschriften erscheint. Es folgt die Edition des Jordanes und des Paulus Diaconus. Immer weiter spannt sich der gelehrte Briefwechsel. Da fehlt in der Liste der Empfänger und Absender von Aventin bis Zasius kaum einer der großen Namen der Res publica eruditorum. Die persönlichste Verbindung zum Kaiser gewinnt und bewährt der Augsburger durch eine nie erlahmende Mitarbeit an dessen großen künstlerischen Unternehmungen. Ununterbrochen gehen zwischen Peutinger und dem Hof Pläne und Entwürfe, Anfragen und Kostenabrechnungen hin und her. Im Vollgefühl solcher kaiserlichen Gunst weiß der Stadtschreiber den Strom der künstlerischen Aufträge Maximilians nicht ohne Gewalttätigkeit noch stärker auf Augsburg zu konzentrieren.

Wir besitzen in der Handschrift des Österreichischen Ehrenwerkes Hans Jakob Fuggers eine treuherzige Schilderung dieses einzigartigen Verhältnisses zwischen Kaiser und Stadtschreiber:

> „Dann alles was wichtiger sachen gewesen, daruber hat diser herr Cunrad dem kayser seinen bericht geben muessen. So was auch diser doctor dem kayser so wol bevolhen, das er im alles, was in diser art des landes zu verrichten was, auferleget;... und was aus allen landen dem kayser zugebracht worden, das niemand wissen oder versten möchte, sagt allwegen der loblich kayser: Nun, umb dise ding wollen wir unsern Peutinger befragen lassen, dann das gehort im zu. Und ist ime also zugeschickt worden."

Manchmal wird in diesen Jahren ganz deutlich, was diese Stellung zur Seite des Kaisers im Leben der oberdeutschen Renaissance für Peutinger an Glanz und Erhöhung bedeutete. So, wenn Ulrich von Hutten über die Mitwirkung des Stadtschreibers bei seiner Dichterkrönung im Juli 1517 in Augsburg berichtet. Man sieht die Großen des Reiches um den Kaiser versammelt. Vor ihnen schildert Peutinger Huttens Studien, seine Wanderschaft durch Europa, seinen in Viterbo siegreich bestandenen Kampf mit fünf Franzosen. Man sieht den von dem Augsburger geförderten Pomp dieser aus der italienischen Renaissance so seltsam an den deutschen Kaiserhof verpflanzten Zeremonie. Den Lorbeerkranz, den der Kaiser dem fahrenden Poeten aufs Haupt drückt, hat Constanze, die Tochter des Stadtschreibers, geflochten und geschmückt. Oder man denke an Maximilians letzten Reichstag im Jahre 1518 in Augsburg. Eine Untersuchung der Tätigkeit des Augsburger Medailleurs Hans Schwarz hat gezeigt, wie anläßlich dieser Reichsversammlung von Conrad Peutinger und Jakob Fugger die Medaillensitte auf deutschem Boden erst recht eigentlich eingeführt worden ist.

Kaum war der alte Kaiser, der noch in seiner Person, wenn auch nicht mehr in seinen Taten, den Durchbruch latenter Sprengkräfte im Organismus des Reiches hintangehalten hatte, im Jänner 1519 zu Wels verstorben, so forderte Herzog Ulrich von Württemberg durch die Eroberung Reutlingens den Schwäbischen Bund zum Krieg heraus. Während die bündischen Räte zu Ulm in Permanenz tagten, fiel Peutinger die Aufgabe zu, die in Augsburg residierenden habsburgischen Kommissare für eine Unterstützung des Vorgehens gegen Württemberg zu gewinnen. In enger Fühlung mit Generalschatzmeister Villinger und dem Niederländer Zevenberghen, dem fähigsten Kopf unter den Wahlagenten Karls von Spanien, müht sich der Augsburger um den militärischen und finanziellen Beistand Habsburgs für die Vertreibung Herzog Ulrichs, der den Wahlplänen des französischen Königs als „vorreutter" dient. So wird die Eroberung Württembergs und die gesamte damalige Korrespondenz des Stadtschreibers mit Bundeshauptmann Ulrich Arzt überschattet von der Sorge um den Ausgang der Wahl des neuen Imperators. „Und wann er [Karl von Spanien] uns die summe gelts gebe, so er den Schweitzern gibt, wellten wir in parfortz zu aim kunig machen," – so unterrichtet Ulrich Arzt Peutinger für eine Verhandlung mit dem gerade in Augsburg weilenden spanischen Gesandten.

Im Zusammenwirken mit Jakob Fugger gelingt schließlich die Finanzierung des Feldzuges. Das eroberte Württemberg wird vom Bund an Österreich verkauft. Peutinger selbst stimmt dieser Lösung zu, auf Grund seines Einblicks in die durch auswärtige Verschuldung zerrüttete Finanzlage des Herzogtums.

Angeregt durch Villinger und Zevenberghen, verfaßt der Stadtschreiber kurz vor und nach der Frankfurter Wahlhandlung zwei staatsrechtliche Gutachten, von denen das eine sicher, das andere wahrscheinlich Karl nach Spanien übersandt wurde. In beiden Arbeiten verficht er entschieden die Selbständigkeit der deutschen Krone gegenüber den Ansprüchen der Kurie auf Bestätigung des gewählten Königs. Als der einstimmig gewählte neue Herrscher 1520 endlich den Boden des Reiches betritt, zieht ihm Peutinger an der Spitze einer stattlichen Ratsdelegation entgegen, begrüßt ihn zu Brügge mit einer Rede, die durch ihre prunkvoll-gelehrte Sprache solchen Eindruck hinterließ, daß sie der Antwerpener Humanist Petrus Ägidius alsbald zum Druck brachte.

Hier in Brügge begegnete der Augsburger im Gefolge des jungen Monarchen den erlesensten Geistern des europäischen Humanismus. Noch Jahre später erinnert er sich gern an den Umgang mit Erasmus, Thomas Morus und Vives in der hochgestimmten Freude angesichts des Enkels Maximilians, von dem sich Peutinger gleich vielen die Einlösung aller Verheißungen der Aetas Maximilianea in Friede und Eintracht versprach.

Die Begegnung in Brügge wurde Erasmus zum Anlaß, Ende 1520 Peutinger eindringlich darum zu bitten, sich auf dem bevorstehenden Reichstag in Worms für eine friedliche Schlichtung des Streits um Martin Luther einzusetzen. Peutinger kannte Luther schon vom Augsburger Reichstag 1518 her. Damals hatte er den Wittenberger Professor in seinem Hause freundschaftlich empfangen und zu Cajetan geleitet. Als Humanist wie als Politiker mochte er an das Auftreten des Mönches große Hoffnungen für die Reform der Theologie, die Reinigung des Kirchenwesens und die Abstellung der Gravamina deutscher Nation knüpfen.

Wenige Wochen, bevor das Schreiben des Erasmus in Augsburg eintraf, hatte der dortige Generalvikar dem Rat mitgeteilt, er beabsichtige, die inzwischen gegen Luther ergangene Bannbulle „Exsurge Domine" zu publizieren. Die Verhandlungen, die Peutinger daraufhin mit dem Generalvikar führte, zeigen, wie sich zu Augsburg die Situation am Vorabend der Wormser Entscheidung darstellte. Der Stadtschreiber versuchte nachdrücklich, die Verkündigung der päpstlichen Entscheidung hintanzuhalten. Dabei berief er sich – wieder überrascht die Verlässigkeit seiner Informationen – auf das jüngste Zusammentreffen des Kaisers mit dem sächsischen Kurfürsten: „Solle doch hiernach ier Mt. uff des kurfürsten von Sachsen bericht gesagt haben: Man solle dem münch rechts, wie er sich erpiett, gestatten."

Von Ende Januar bis Ende Mai 1521 nimmt der Stadtschreiber im Auftrag Augsburgs und der Städte des Schwäbischen Bundes an den Beratungen des Wormser Reichstags teil. Nicht ein Drittel seiner Berichte an den Rat hat sich erhalten, aber schon dieser Rest läßt das Wesentliche seines Auftretens erkennen, nämlich den souveränen Vorrang unter allen städtischen Gesandten, den intimen Kontakt mit den Räten der kaiserlichen Kanzlei, die Vertrauensstellung, die ihm auch der neue Monarch einräumt (alsbald wird seine Bestallung zum kaiserlichen Rat erneuert), das Vertrauen, mit dem ihn Vertreter fremder Mächte auszeichnen. Man sieht ihn reden und unterhandeln vor Kaiser und Kurfürsten, vor dem glänzenden Plenum der Reichsversammlung wie in ihren verschiedenen Ausschüssen. Die „vill seltzame pratica" lassen sich verfolgen, die Peutinger hinter den Kulissen treibt. Ein Meisterstück umwegiger Einflußnahme liefert er bei der Neufassung der Kammergerichtsordnung, wo es Augsburg darum geht, die Möglichkeit indirekter Achtvollstreckung auszuschließen, die im Verfolg der Kammergerichtsprozesse gegen Venedig und Danzig den Kaufleuten empfindlich geschadet hatte.

Außerdem erwirkt Peutinger seiner Stadt ein neues Münzprivileg für Gold- und Silberprägung, für seinen 13jährigen Sohn die Anwartschaft auf Pfründen in Kempten und in Freising. Was dem Augsburger aber nicht gelingen konnte, war ein schlichtendes Eingreifen in die „tragoedia Lutherana".

Peutinger hat alle Etappen von Luthers Auftreten in Worms aufmerksam verfolgt, ihn begrüßt und besucht. Seine nach Augsburg gesandten Berichte wurden zur Grundlage erster Drucke, die der Welt die Ereignisse in Worms verkündeten. Der Kaiser hatte sich schon gegen den häretischen Mönch erklärt. Das Bemühen des Ausschusses der Reichsstände, Luther unter Hinweis auf die Ehre Gottes und das Heil der Seelen von seinem „eigenwilligen furnemen" abzubringen, war gescheitert. Nun ergriff in letzter Stunde der Stadtschreiber die Initiative, tat sich mit dem badischen Kanzler Hieronymus Vehus zusammen und erreichte die Verlängerung des dem Wittenberger gewährten Geleits.

Am 25. April 1521 von 6 Uhr früh an sitzen die beiden Juristen dem Mönch Stunde um Stunde im Gespräch gegenüber. Beide Männer sind in ihrer Gesinnung gleicherweise von den humanistischen Reformgedanken erfüllt und gehen sehr weit in der Anerkennung dessen, was Luther gegen die „sophistica theologia, das unnitz predigen" und gegen die

„unordnung Romisch und geistlichs wesen“ Gutes zuwegegebracht habe. Beide sind erfahrene Politiker, die jenes ungeheure Schicksal spüren, das Reich und Kirche droht, wenn es mißlingt, die religiöse Unbedingtheit dieses Mönches vor dem Konflikt mit der bestehenden Ordnung zu bewahren.

Auch dieser letzte Versuch mußte scheitern, selbst wenn Peutinger schließlich anstatt der Reichsstände das Konzil als letzte Entscheidungsinstanz für die angefochtenen Artikel Luthers in Vorschlag brachte. Später hat sich der Stadtschreiber einmal in margine notiert: „Lutherus in ecclesia fuit, et est; non ejicietur, nisi in concilio iuste condemnetur.“ Hier wie im Verlauf der Unterredung in Worms wird etwas vom Kirchenbild Peutingers faßbar, das auch sein späteres Verhalten erleuchtet. Der Konziliarismus als Vermächtnis spätmittelalterlicher Reformbestrebungen hatte die Idee des päpstlichen Primates verdunkelt. Zugleich rückte die Frage nach der Abgrenzung von Orthodoxie und Häresie in ein sehr diffuses Licht. Dazu trat der Eklektizismus des Humanisten. So konnte es geschehen, daß zuletzt Vorgänge, die dem einen als freventlicher Angriff auf das Testamentum fidei, als Lossage vom mystischen Leib des Herrn erschienen, anderen hingegen den morgendlichen Durchbruch zur reinen Heilswahrheit bedeuteten, Peutinger nicht viel anders dünkten als ephemere Schwankungen, die überwiegend nach politischen Gesichtspunkten beurteilt werden mußten.

Gasparo Contarini, Gesandter der Markusrepublik zu Worms, berichtete gegen Ende des Reichstags über seine Unterhaltungen mit Peutinger wörtlich nach Venedig: Dem bedrohlichen Vorgehen des französischen Königs sei die Einmütigkeit in den Verhandlungen der Reichsstände zu danken, die Peutinger sehr überrasche; er habe es ursprünglich für gewiß gehalten, daß bewaffnete Konflikte innerhalb des Reiches ausbrächen. Freilich, auch der Krieg mit Frankreich, der nun entbrannte, vermochte die Entzündung der innerdeutschen Gegensätze, jene gewalttätigen Auseinandersetzungen der nächsten Jahre, nicht aufzuhalten, die ganz neue Anforderungen an das Geschick des Stadtschreibers stellten.

Schon die für 1522 fällige Verlängerung des Schwäbischen Bundes verriet eine Schärfe der Gegensätze, die seit dem Abzug des Kaisers aus dem Reich allenthalben aufeinanderstießen. Erbittert widersetzte sich der Stadtschreiber als Sprecher der Städte- und Adelsbank bei den entscheidenden Ulmer Verhandlungen dem Bestreben fürstlicher Bundesglieder, durch „Ausnehmungen“ die militärische Schlagkraft des Bundes zu schwächen und das bisherige Gleichmaß an Rechten und Pflichten aufzulösen. Daneben verschärfte sich die Spannung zwischen dem Bund und dem in Nürnberg residierenden Reichsregiment, das die geplante bündische Strafexpedition gegen eine Anzahl fränkischer Raubnester als Eingriff in seine Befugnis betrachtete. Als Peutinger im Herbst 1522 im Auftrag des Bundes zu Erzherzog Ferdinand nach Nürnberg ritt, ging es darum, in dem Kräftespiel zwischen Ferdinand, Reichsregiment und Bund den Statthalter für die Landfriedensexekution gegen die fränkischen Ritter zu gewinnen. Eine Handhabe dafür bot ihm Ferdinands Verschuldung an den Bund von der Übernahme Württembergs her.

Kaum war der Stadtschreiber hiervon nach Augsburg zurückgekehrt, so sah er sich einem politischen Angebot gegenüber, dessen Folgen gar nicht zu übersehen waren. Im Auftrage des fränkischen Adels warb Ludwig von Hutten für ein Bündnis der Ritterschaft mit den mächtigsten der oberdeutschen Reichsstädte. In dauerndem Meinungsaustausch mit Nürnberg und Ulm hielt der Stadtschreiber nun den Kontakt mit der ritterschaftlichen Bewegung bis zum Frühjahr 1523 aufrecht. Aber war der Adel nach Sickingens Niederlage überhaupt noch ein ernsthafter Machtfaktor? Und wenn auch Nürnberg zur Einigung mit der fränkischen Ritterschaft neigte, was hatten Peutinger und seine Stadt Augsburg von solcher Partnerschaft zu erhoffen, wo doch jene Denkschrift, die der Adel im Dezember 1522 an die Reichsstände gerichtet hatte, den schärfsten Angriff auf die wirtschaftliche Lebensform Augsburgs enthielt, der aus den Reihen ihrer Gegner jemals erfolgt war?

Peutinger hat die Unterhandlungen mit dem Adel so lange hingezogen, bis im Mai 1523 der Bund endlich das Signal zum Zug gegen die fränkischen Burgen gab. Nun sprach die Gewalt. Der Stadtschreiber nahm an den Nördlinger Verhandlungen teil, die mit der

Kapitulation der führenden fränkischen Ritter endeten. Nachdem zwei Dutzend Burgen gebrochen waren, schlug der siegreiche Bund, dem ohnmächtigen Reichsregiment zum Hohn, in Nürnberg sein Hauptquartier auf.

In diesem Augenblick erhob im Namen des Regiments der Reichsfiskal Caspar Marth Klage gegen sechs der bedeutendsten Augsburger Handelsgesellschaften, wider die Fugger, Welser, Herwart, Höchstetter, Rem und Grander, teils wegen Ausübung von Monopolen, teils wegen des Abschlusses monopolähnlicher Kauf- und Verkaufsverträge. Es fragt sich, ob dieser Schlag des durch das Vorgehen des Bundes brüskierten Reichsregiments für Peutinger überraschend kam. Seit in Worms und auf den Nürnberger Reichstagen das antikapitalistische Ressentiment der Mehrheit naturalwirtschaftlich fundierter Stände bedrohlichen Ausdruck gefunden hatte, hatte er in umfangreichen Darlegungen die rechtliche Zulässigkeit und den volkswirtschaftlichen Nutzen der von den Augsburger Gesellschaften geübten neuartigen Wirtschaft verfochten. Nun setzte der Stadtschreiber namens der in ihrer Gerichtshoheit verletzten Stadt ebenso wie die in ihrer kaufmännischen Ehre öffentlich angegriffenen Handelsherren jeden Hebel in Bewegung. Sehr rasch zeigte sich der Kaiser von der Kapitalkraft Augsburgs viel zu abhängig, als daß er den Beklagten seinen schützenden Arm hätte versagen können. Am 15. September 1523 erließ Karl von Burgos aus Anweisung an den Reichsfiskal, das gegen die Handelsgesellschaften eingeleitete Verfahren niederzuschlagen. Doch damit allein konnte sich Peutinger nicht zufriedengeben. Wohl ist nicht sicher auszumachen, ob das am 10. März 1525 vom Kaiser in Valladolid zugunsten der großen Augsburger Gesellschaften erlassene Handelsgesetz vom Stadtschreiber selbst entworfen war. Allein die unermüdliche Energie, womit er während des vorausgegangenen Jahres die städtischen Agenten bei Hof angewiesen, die kaiserlichen Räte bearbeitet und die gesamten Einflußmöglichkeiten der betroffenen Einzelfirmen auf dem Boden der Stadt zusammengefaßt hatte, läßt die Behauptung begründet erscheinen, daß es „Peutingers persönliche Politik und sein großer Erfolg" war, wenn mit diesem Gesetz die fortgeschrittenen Unternehmensformen des Augsburger Welthandels ihre rechtliche Basis erhielten.

Die ritterschaftliche Bewegung und in mancher Hinsicht auch der ungestüme Angriff auf die kapitalistische Wirtschaftsentwicklung standen schon unter dem Einfluß der reformatorischen Bewegung, die bald auch in Augsburg kräftig um sich griff. Peutinger hatte Ende 1522 zu Nürnberg den päpstlichen Nuntius Chieregati aufgesucht, um sich gegen eine Anzeige zu verwahren, die der Augsburger Bevölkerung Abkehr vom alten Kirchenwesen vorwarf. Zur gleichen Zeit, da der Stadtschreiber dem Nuntius versicherte, „zu Augspurg were ain christenlich, gehorsam und from volk", schätzte ein Prediger die Zahl der „Ketzer" in der Lechstadt schon auf die Hälfte der Bevölkerung. Von einem Jahr zum andern häuften sich die Zwischenfälle bei gottesdienstlichen Handlungen, entfremdete sich die Masse der städtischen Bevölkerung den bisher geübten Formen und überlieferten Inhalten kirchlichen Lebens. Deutlicher als in der Kleinwelt der Augsburger Entwicklung läßt sich aber Peutingers Stellung zum Fortschreiten der religiösen Neuerungen in den Ratschlägen beobachten, die er der Nachbarstadt Memmingen auf ihr Ansuchen 1524 erteilte. Diese schwäbische Kommune scheint der erste Reichsstand gewesen zu sein, der wegen reformatorischer Neigungen in politische Bedrängnis geriet. Der Bischof hatte nicht nur den dortigen Prediger, Christoph Schappeler, gebannt, sondern auch die Stadt selbst vor dem Schwäbischen Bund wegen ihrer kirchlichen Neuerungen verklagt.

Demgegenüber behauptete Peutingers Gutachten, die bischöfliche Klage verstoße gegen den Nürnberger Reichsabschied und sei somit widerrechtlich; denn dieser bestimmte, daß die Geistlichen bis zu einem Konzil „nichts anderes dann das heilig evangelium" predigen sollen. Dort, wo sich der Stadtschreiber bemüht, die Predigten des Zwingli geistig verwandten Schappeler unter den vieldeutigen Begriff des Evangelium zu bringen, wird abseits juristischer Argumentation der Herzton eines echten Anliegens spürbar. Die Heilige Schrift mache es Schappeler zur Pflicht, die Sünden aller Menschen aufzudecken. „Sollten aber an der Kanzel allein die Laien und nicht die Geweihten angezogen werden, und die Geweihten in ihrem Tun und Lassen, ja gleichwohl in ihren Gelüsten und Begierden frei sein, so wäre das Gotteswort nicht gleich und den Laien allein beschwerlich, das doch nicht ist, noch sein soll."

Von ähnlicher Grundstimmung gehen selbst noch die Gutachten aus, die Peutinger 1527 für die Bischofsstadt Konstanz ausarbeitete, deren Rat unter Zwinglis Einfluß die Rechtsstellung der Geistlichen und die Ordnung des Kirchenwesens neu zu regeln begann. Peutingers Ausführungen über die Gewissenspflicht der Kleriker zur Beteiligung an den bürgerlichen Lasten und Pflichten offenbaren die Freude des städtischen Politikers, der, abgesehen von dogmatischen Streitfragen, die Gelegenheit zur Unterwerfung der Geistlichen und ihres Besitzes unter das städtische Regiment gekommen sieht. Freilich, die vorsichtig umwegigen Ratschläge, mit denen Peutinger die Entwicklung lenken möchte, verhallen in Konstanz bereits ungehört.

Inzwischen hatte ein Augsburger Weberaufruhr, im August 1524 an der Entfernung des Barfüßerpredigers Schilling entzündet, Peutinger Gefahren dargetan, die ein Übergreifen der religiösen Bewegung auf die sozialen und politischen Spannungen in sich barg. Während schon vielerorts die Erhebung der Bauern gegen ihre Obrigkeiten begann, kam es noch am 25. Januar 1525 im engsten Kreis des Augsburger Dreizehnerrates zu jener Aussprache über die Glaubensfrage und ihre politischen Auswirkungen, in der Peutinger seine Meinung von dem „mittleren Weg", den man einschlagen solle, grundsätzlich niederlegte.

Allerdings schon der Bauernkrieg erwies, diesmal im rein politischen Sinne, die Notwendigkeit der Parteinahme. Peutinger mochte dem Schwäbischen Bund gegenüber noch so sehr auf Verhandlungen mit den Bauern und friedliche Verständigung drängen. Sobald es zum Schlagen kam, konnte er sich den bündischen Verpflichtungen nicht entziehen. Die Städte waren ohnehin durch ihre Vermittlungspolitik in den Augen der siegreichen Kriegspartei hinlänglich belastet. Die Ansprache, mit der im Höhepunkt der Gefahr der Stadtschreiber den Großen Augsburger Rat für die Unterstützung solcher Politik zu gewinnen wußte, war endlich ein Meisterstück in der Verschiebung der wahren politischen Proportionen und bewußt zugeschnitten auf die Perspektive der wenig kriegsfreudigen Zunftmeister.

Alle Ereignisse und Entscheidungen der nächsten Jahre standen für Peutinger unter dem Schatten der gleichen Sorge. Wie war es möglich, den hochempfindlichen Wirtschaftsorganismus seiner Stadt trotz der höher schlagenden Wogen der reformatorischen Bewegung intakt zu halten, obwohl sich nun nicht mehr allein die inneren Verhältnisse Augsburgs, sondern bereits das gesamte politische Gefüge des Reichs von Grund aus veränderte. Peutingers Politik arbeitete hierfür gleichzeitig auf zwei Ebenen. Neben dem unmittelbaren Rekurs an den Kaiser und den Hof König Ferdinands, der Augsburg wie keiner anderen Stadt offenstand, regte sich das Bemühen, Augsburgs Interessen einzubetten in die unter Umgehung der Glaubensfrage zu stabilisierende Solidarität der Reichsstädte. In diesem Sinne war der Reichstag von 1526 zu Speyer ein großer Erfolg, da noch einmal die religöse Spaltung der Städtebank vermieden ward. Höchst bedenklich erschienen dagegen die evangelischen Bündniswerbungen des Landgrafen Philipp von Hessen, das Eindringen des religiösen Moments in den Schwäbischen Bund und im Innern der Stadt das heftige Umgreifen der Täuferbewegung.

Wie sehr die Glaubensspaltung schon das Fundament alles bisherigen politischen Zusammenlebens erschüttert hatte, zeigt die Verwirrung, welche die Pack'schen Händel 1528 unter die oberdeutschen Reichsstädte brachten. Peutingers vorsichtiger Zurückhaltung stand die evangelische Entschiedenheit seines Nürnberger Amtskollegen Lazarus Spengler entgegen. Dieser proklamiert die Priorität religiöser Gewissensbindung vor politischen Bündnisverpflichtungen und nimmt damit grundsätzlich die Auflösung des Schwäbischen Bundes vorweg. Alles Gewicht und Ansehen alter Freundschaft, das Peutinger beim Besuch des kaiserlichen Vizekanzlers Waltkirch in Augsburg aufbot, vermochte eine Entwicklung nicht aufzuhalten, die mit dem Hochkommen entschieden evangelisch gesinnter Kräfte im Augsburger Rat Peutingers politische Stellung von innen her aushöhlte und seine Politik des

„mittleren Weges" illusorisch werden ließ. Unter diesem Gesichtspunkt gehören die Reichstage von Speyer 1529 und von Augsburg 1530 eng zusammen.

In Speyer ging die reichsstädtische Solidarität zu Ende. Die Nichtbeteiligung der Augsburger Gesandten an der Protestation der Evangelischen rief innerhalb der Stadt eine mächtige Gegenbewegung hervor, die im Folgejahr angesichts des Kaisers zur Ablehnung des Religionsabschieds und damit zum Beginn der evangelischen Politik Augsburgs führte. Jene strenge Zurückhaltung, die Peutinger bei den entscheidenden Verhandlungen zwischen Stadt und Kaiser im Herbst 1530 geübt zu haben scheint, wünschte sich für später die Möglichkeit mäßigender Einflußnahme offenzuhalten. Im übrigen hat sich Peutinger im Verlauf des Reichstags keineswegs auf repräsentative Aufgaben beschränkt. Überall dort, wo er in der Wahrnehmung gemeinstädtischer Belange auf eine Festigung der an der Glaubensfrage auseinanderbrechenden reichsstädtischen Solidarität hoffen durfte, war seine erfahrene Hand am Werk.

Unberührt von den Lähmungen konfessionellen Streites, entfaltete sich 1529/30 in der Zurückweisung der zweiten Monopolklage des Reichsfiskals gegen drei Augsburger Gesellschaften Peutingers alte Energie. Karl V. ward veranlaßt, noch von Bologna aus das Verfahren zu inhibieren. Der neuerliche Vorstoß der Gegner auf dem Reichstag erfuhr eine schlagkräftige Zurückweisung in einem großen, dem Kaiser in Augsburg überreichten Gutachten zugunsten der neuen ökonomischen Lebensformen, auf denen der Reichtum der Stadt beruhte. Weit ausholend und gelegentlich nicht ohne Anflug überlegenen Spottes, faßte der Stadtschreiber jene Argumente nochmals zusammen, die er seit einem Menschenalter in der Verteidigung der großen Unternehmungen des Augsburger Welthandels entwickelt hatte.

Man hat jüngst erneut die Frage nach Peutingers Stellung zwischen der scholastischen Wirtschaftsethik und modernem ökonomischen Individualismus aufgeworfen. War er nur ein glänzender Jurist, der in gelungenen Plädoyers alle Handhaben des Gesetzes für seine Klienten zu nützen verstand und sich dabei im Grunde seiner Überzeugung und in der Art der Argumentation kaum von der scholastischen Wirtschaftslehre entfernte? Oder ist er wirklich „an intellectual father of modern business", der sich durch die Anwendung des abstrakten Eigentumsbegriffes des römischen Rechts von jeder Solidarität mittelalterlichen Lebens löst und zum Wegbereiter des neuzeitlichen ökonomischen Individualismus wird? Die übermäßigen Abstraktionen, die sich in solchen Fragestellungen leicht andeuten, lassen sich nur vom Boden der konkreten Situation Peutingers her auflösen. Er war zutiefst verwurzelt im Leben der Stadt als eines eigenständigen sozialen, politischen und kulturellen Organismus. Der unentwegte Beistand, den er den großen Handelsherren und Bankiers seiner Heimat in Wort und Tat angedeihen ließ, galt dem Erhalten der Lebensgrundlagen Augsburgs. Er ist nur zu verstehen als gewaltiges Aufbäumen gegen die „Entthronung der Stadt". Die Freizügigkeit des Kaufmanns, die Peutinger verteidigt, ist nicht jene der klassischen Nationalökonomie, sondern noch Bestandteil des von den Städten beherrschten mittelalterlichen Welthandels, Die kapitalistische Ausgestaltung der Augsburger Unternehmensformen – das macht vielleicht den Intermezzocharakter dieser von Peutinger theoretisch vertretenen Wirtschaftsepoche aus – reicht allerdings weit über das Mittelalter hinaus. Hier mißt der Humanist Peutinger, unangefochten von scholastischer Spannung zwischen metaphysischem Ordnungsbild und irdischem Tun, vor einem weiten Hintergrund säkularisierten Bildungswissens die wirtschaftlichen Erscheinungen an den handfesten Maßstäben der Ratio und der Aequitas. Nicht zu übersehen bleibt, daß auch diese historische Berührung von Kapitalismus und Humanismus einzig auf dem Boden und aus den Impulsen städtischen Lebens her erfolgen konnte.

Die letzten Stufen im Leben des Stadtschreibers sind rasch überblickt. Die Zeit vom Augsburger Reichstag 1530 bis zu seinem Ausscheiden aus dem Amt im Februar 1534 kennzeichnet der stete Rückgang seines Einflusses auf die Geschäfte der Kommune. Jüngere Kräfte, die sich ihres entschiedenen Eintretens für das Evangelium rühmen, übernehmen die Führung. Peutingers umfangreiche Gutachten, in denen er nach dem Regensburger Reichstag von der radikalen Umgestaltung des Augsburger Kirchenwesens im evangelischen Sinne entschieden abrät, bleiben ohne Wirkung. Er sieht den Konflikt mit dem Kaiser voraus, ahnt verhängnisvolle Folgen für Augsburgs Wirtschaft. Umsonst. Dem Alternden bleibt nichts übrig, als sich in die Ruhe seiner Bibliothek und in den Frieden seiner Sammlungen zurückzuziehen. Der Briefwechsel seines Sohnes Claudius Pius mit Hans Jakob Fugger zeigt, wie noch der 80jährige im Jahre des Schmalkaldischen Krieges an wissenschaftlichen Werken arbeitet, die wohl in den Kreis der großen Fuggerschen Unternehmungen gehörten.

Das Bildnis, das Amberger 1543 von Peutinger malte, zeigt bereits die resignierende Erschlaffung des Alters in jenen Zügen, die einst von wacher und freier Energie geprägt waren. Das gleichzeitige Porträt seiner Gattin Margarethe spricht anders zu dem Beschauer. Die edle Klugheit und gesammelte Kraft ihres Bildnisses kommt aus dem Innenraum fraulichen und mütterlichen Wirkens, das den Aufstieg und Niedergang der Zeiten heiler übersteht.

Der Greis erlebt schließlich die Niederlage Augsburgs im Schmalkaldischen Krieg, in deren Gefolge jene ruhmreiche Verfassung seiner Stadt zerbrochen wird, die er durch glücklichere Jahrzehnte souverän zu handhaben wußte. Peutinger sieht den Sieger von Mühlberg in Augsburg einziehen. Noch wenige Wochen vor dem Tode Peutingers aber hat Kaiser Karl V. seinen und seines Großvaters bewährten Rat, den Vertreter des alten Augsburg, durch die Erhebung in den erblichen Adelsstand geehrt.

Druck in: Lebensbilder aus dem bayerischen Schwaben, Bd. 2, ed. *G. v. Pölnitz* (München 1953), S. 129ff.

Die Titel der Peutinger-Literatur bis 1937 bei *K. Schottenloher*, Bibliographie zur deutschen Geschichte im Zeitalter der Glaubensspaltung, Nr. 17146–17165 und 48650–48652a [jetzt auch Nr. 57557–57573]; *H. Lutz*, Conrad Peutinger. Beiträge zu einer politischen Biographie (Augsburg 1958).

VINCENZO QUERINI IN AUGSBURG 1507

Als der venezianische Gesandte Gasparo Contarini auf dem Reichstag zu Worms 1521 in wiederholten Gesprächen mit Conrad Peutinger die politischen Verhältnisse Deutschlands erörterte, erwähnte der Augsburger auch die freundschaftliche Verbindung, in der er zu Vincenzo Querini gestanden habe, der als Vertreter der Markusrepublik 1507 in Deutschland geweilt war[1]. Er konnte dabei schwerlich wissen, wie tief die Freundschaft zwischen diesen beiden venezianischen Nobili gewesen war, wie stark die Impulse waren, die der nachmalige Kardinal Contarini in dem von entschlossener Religiosität erfüllten Reformkreis um Querini und Giustiniani in Venedig erhalten hatte[2]. Doch merkt man den Berichten Contarinis an die Signorie an, daß ihn bei dem Zusammentreffen mit Peutinger die Erinnerung an seinen 1514 als Camaldulensermönch gestorbenen Freund bewegt hat.

Das einzige Zeugnis für die Begegnung des Augsburger Humanisten und Stadtkanzlers mit Querini war bisher ein Eintrag in einem Origenesband der Peutingerschen Bibliothek: „Hoc Origenis opus vir summae honestatis et eruditionis maximae dominus Vincentius Quirinus orator Venetus ad imp. Caes. Aug. mihi Conrado Peutingero in aedibus meis Aug. Vindelicorum dono dedit"[3]. Wohl war die Finalrelation des Ende 1507 nach Venedig zurückgekehrten Diplomaten schon bekanntgeworden und hat wegen der hohen Kunst der Darstellung Bewunderung gefunden[4]. Aber die Sammlung seiner Dispacci, die die ganze Dauer seiner Legation umfaßt, blieb unveröffentlicht. Nur gelegentlich wurde sie von italienischen und deutschen Forschern als Quelle für die Geschichte des Konstanzer Reichstags und für die Vorgeschichte der Liga von Cambrai benützt[5]. Diese Sammlung wurde dem Brauch der Zeit folgend wiederholt abgeschrieben; der vorliegenden Untersuchung liegt eine wohl wenig später angefertigte Kopie in der Markusbibliothek zu Venedig zugrunde[6]. Aus Augsburg hat Querini sieben Schreiben an die Signorie gerichtet, am 12., 16., 20., 22., 24. August, am 5. und 8. September[7]. Sie gewähren reichen Aufschluß über seinen Aufenthalt in der Reichsstadt, sein Zusammentreffen mit Peutinger, Jakob Fugger, Anton Welser und den anderen Häuptern des Augsburger Welthandels.

Der tiefe Eindruck, den Peutinger von Querini hatte, beruhte nicht zuletzt auf Gemeinsamkeiten ihrer Bildungswelt. Wenn auch ein halbes Menschenalter zwischen den italienischen Lehrjahren des Augsburgers und den Studien des 1479 geborenen Venezianers lag, so hatten doch beide an der Hohen Schule in Padua wie in den humanistischen Kreisen Roms entscheidende Eindrücke erhalten[8].

In der glänzenden Persönlichkeit des jungen Venezianers wie in der großen Gestalt des schwäbischen Humanisten hatten die Bildungsideen ihrer Zeit eine Ausprägung gefunden, die auf lebendige politische Wirksamkeit ebenso gerichtet war wie auf eine organische Reform des Kirchenwesens. Und so wenig sich auch Struktur und Lebensbedingungen ihrer politisch-sozialen Heimat vergleichen lassen, so lebten doch beide Männer in ihren Gemeinwesen aus dem gleichen Geist festgefügter urbaner Kultur. Beider Heimatstädte lebten von dem großen Wagnis des Kontinente übergreifenden Fernhandels, hatten von den damals drohenden kriegerischen Verwicklungen alles zu fürchten und nichts zu gewinnen.

Denn die Umstände, unter denen der Botschafter Venedigs in der zweiten Augustwoche 1507 von Memmingen her seinen Einzug in Augsburg hielt, waren ganz besonderer Art[9]. Querini kam aus Konstanz, wo Maximilian die Unterstützung der Reichsstände für den Romzug gewonnen hatte, der nicht nur ihm selbst die Kaiserkrone, sondern dem Reich die Erneuerung seiner Hoheitsrechte in Italien verschaffen sollte. Die Politik des Königs gegenüber Venedig war darauf gerichtet, wenn nicht ein Bündnis mit der Signorie zur Eroberung des in französischer Hand befindlichen Mailand zu erreichen, dann wenigstens die Durchmarscherlaubnis für das ihn nach Italien begleitende Heer. Beides abzulehnen, möglichst ohne es zum offenen Bruch mit Maximilian kommen zu lassen, war der unverrückbare Entschluß der Serenissima. Es war Querinis undankbare Aufgabe, seit seinem Eintreffen am Hofe im Frühjahr 1507 diesen Standpunkt gegenüber allem Drängen und Drohen des Königs höflich zu vertreten. Die Majestät sah sich den Weg zur Kaiserkrone versperrt durch das französische Mailand hier und die venezianische Terra Ferma dort. Am Rialto aber konnte man sich nicht zum Bruch mit den Franzosen entschließen; man hatte „mehr Furcht vor der dauernden Macht des französischen Königs als vor dem bald verschwimmenden Bild deutscher Eintracht und Stärke“[10]. Die Mehrzahl der Reichsstände und der königlichen Räte war gegen die Markusrepublik eingenommen. Nur der tiroler Landmarschall Paul von Lichtenstein setzte alles daran, den Bruch mit Venedig zu vermeiden. Dazu kamen die Intrigen des Fürsten Areniti, der die Interessen Julius' II. am Königshof wahrnahm und ein geheimes Einverständnis zwischen Maximilian und der Signorie zum Schaden des Kirchenstaates befürchtete[11]. So kam es, daß zu Ende des Reichstages Querini die gemessene Anweisung erhielt, sich nach Augsburg zu begeben und so lange nicht an den Hof zurückzukehren, als er nicht aus Venedig positive Antwort auf die Forderungen des Königs erhalten habe. Mit dieser Verweisung vom Königshofe war die Drohung verbunden, Maximilian werde im Falle der fortgesetzten Weigerung der Republik auf die Vorschläge Ludwigs XII. eingehen, „non senza prejudicio della Signoria“.

Die Situation, in der sich der venezianische Gesandte während eines Monats in der Metropole des oberdeutschen Handels befand, war demnach eine höchst seltsame: Während sich die Kriegswolken immer drohender am Himmel zusammenzogen, während die Signorie angesichts der offenkundigen Rüstungen Maximilians in Innsbruck immer dringender auf die Berichte Querinis angewiesen war, fand sich dieser vom Hofe verbannt, abgeschnitten von aller Möglichkeit diplomatischer Aktion und authentischer Information. Im Grunde war die Verweisung nach Augsburg eine Verlegenheitslösung, da der römische König weiter und weiter zögerte, die Brücken zur Markusrepublik abzubrechen. In der Weise der hochmittelalterlichen Kaiser hielt er Venedig wie die anderen Staatengebilde Italiens für dem Reiche verpflichtet, wollte einfach nicht an eine endgültige Weigerung des Durchmarsches glauben. Und es ging denn auch wirklich ein Stück Mittelalter zu Ende, als sich der Herrscher im folgenden Jahre gezwungen sah, mit den Franzosen, diesem „frevenlichen newgeporn“ Volk, gegen Venedig vorzugehen.

Die Augsburger Kaufleute – das geht schon aus dem ersten Schreiben Querinis vom 12. August hervor – beurteilten die Lage nüchterner als ihr König. Diese Bürger waren die einzige Gesellschaft des venezianischen Nobile während eines Monats, ihnen verdankte er fast alle Nachrichten, die er an den Rialto zu berichten wußte: „Da poi che sum qui, me sunt stati a vixitar alcuni marcadanti die questa térra, che fan le sue facende a Venetia, desiderosi di pace et precipue cum quel excell. dominio et se sono doluti assai de la mala contenteza, che sentono esse nel re suo et limperio verso la illustrissima S. Vestra, concludendomi post multa, che tra loro se tiene per certo, che'l sia per esse guera tra sua M^ta^ et la Cels. Vestra, non volendo quel senato far altra demonstratione di benivolentia di quella lha fato fin mo“[12].

Hier ist mit Schärfe die Stellung der Augsburger Kaufmannschaft präzisiert, deren freundschaftliche Aufgeschlossenheit Querini auch im folgenden Bericht nicht genug rühmen kann: „Sum stato piu fiate cum molte de questi principal marcadanti, che per suo gratia – anchor che non sia di sua professione – me vixitano et acarezano assai de la sua terra“[13].

Augsburg, das nach Ausweis der Fondaco-Listen an der Spitze aller deutschen Städte stand, die mit Venedig Handel trieben[14], hatte gerade damals ein brennendes Interesse an der Offenhaltung des Handelsweges zur Adria. Der Versuch Augsburger Firmen, sich 1505 mit eigenen Schiffen in den direkten Indienhandel einzuschalten, hatte mit einer großen Enttäuschung geendet. Genau wie es der nämliche Querini im Jahr zuvor in seiner „Relazione delle Indie orientale“ dem Senat vorgetragen hatte[15], dachte König Manuel von Portugal gar nicht daran, sich fernerhin das Monopol der Indienfahrt durch deutsche Kaufleute aus der Hand nehmen zu lassen[16]. So war man weiterhin auf Venedig als Umschlagplatz angewiesen. Und es mußte den Augsburger Kaufherren alles daran liegen, daß die eben in Konstanz für den Romzug bewilligten Kontingente und Gelder nicht zu einem Feldzug gegen ihren Handelspartner an der Adria verwendet wurden. Doch schien der Konflikt unvermeidlich, wenn nicht von seiten der Signorie eine neue und stärkere Demonstration ihres guten Willens erfolgte. Den Ernst dieser Warnung der Augsburger hat sich schließlich Querini auch selbst gegenüber der Signorie zu eigen gemacht, wenn er am 8. September schreibt: „Veramente, principe serenissime, quando ben considero la natura et li consegli de queste M^{ta} (Maximilian), reputo esse cosa quasi imposibille con sole bone parole poterla piu intertenir . . .“[17]

Man hat kürzlich die Frage aufgeworfen, ob sich der Venezianer in Augsburg mit einem Vermittlungsgesuch an die Fugger wandte[18]. Die vorliegenden Dispacci erwähnen davon nichts. Der Gesandte war überdies in diesem Stadium der Entwicklung durch die Unbeweglichkeit der Signorie so zur Passivität verurteilt, daß man nicht wüßte, welchen Preis er für eine beschwichtigende Intervention beim römischen König hätte bieten sollen. Und wenn die Kaufleute Querini gegenüber die Spannung zwischen Maximilian und der Republik heftig beklagten, so war das zugleich das Eingeständnis ihrer Resignation. Zwar hat ein Mann wie Peutinger noch bis zuletzt mit publizistischen Waffen dafür gekämpft, den bevorstehenden Heereszug nicht gegen Venedig, sondern gegen Frankreich zu richten, aber aufs Ganze gesehen hat wohl Querini auch die Haltung der maßgebenden Kreise Augsburgs richtig gekennzeichnet, wenn er in seiner Finalrelation von den Reichsstädten insgesamt spricht: Ihre Stellung zu Venedig ist nicht so feindselig wie die der Fürsten. Aber sie ist andererseits auch nicht so günstig, daß die Städte, wenn das übrige Reich die Republik angriffe, sich diesem Angriff widersetzen und ihn verhindern werden[19].

Daß die Augsburger Kaufmannschaft keineswegs daran dachte, sich den Forderungen Maximilians zu versagen, mußte Querini deutlich werden, sobald er begann, sich über die finanzielle Seite des Romzugplanes zu informieren. Bei seiner Ankunft in Augsburg hatte er Lichtenstein angetroffen. Was den tiroler Landmarschall hierher geführt hatte, erfuhr der Venezianer sehr bald von Anton Welser, Peutingers Schwiegervater, „che e capo di una grossa compagnia et homo d'assai“[20]. Er hat von der Majestät den Auftrag, von den Fuggern 50.000 Gulden entgegenzunehmen, die Kaufsumme für einen ihnen jüngst überlassenen Besitz. Näheres über den Kauf von Kirchberg und Weißenhorn konnte Querini schon wenige Tage später nach einem Gespräch mit Jakob Fugger selbst nach Venedig berichten[21].

Von Anton Welser erhielt Querini auch Aufschluß über den schon in den Konstanzer Beratungen aufgetauchten Plan einer großen Anleihe Maximilians bei den oberdeutschen Handelsgesellschaften[22]. Lichtenstein sei nämlich auch deshalb hierher gekommen, um eine Anleihe – uno imprestedo – von 150.000 Gulden zuwege zu bringen, die der König auf ein Jahr, beginnend mit Mariä Lichtmeß, von sieben Augsburger Handelsgesellschaften verlangt habe, nämlich von Fugger, Herwart, Gossembrot, Welser, Adler, Baumgartner und Höchstetter. „Le qual compagnie, el predito domino antonio (Welser) me dice, che sono disposte servir la prefata Cesarea M^{ta}“[23]. Die gleiche Forderung habe der Herrscher den Handelskompanien in Ulm und anderswo in Deutschland gestellt. Darüber hinaus habe er eben jetzt umfassende Bergwerkskontrakte abgeschlossen mit den Fuggern und anderen Kaufleuten, die sich, wie man sagt, verpflichtet haben, wöchentlich in Innsbruck die Ausgaben des Königs in Höhe von 6000 Gulden zu decken.

Diese Zahlen machten auf den Gesandten außerordentlichen Eindruck. Wie es in Wirklichkeit mit der Anleiheforderung Maximilians stand, konnte Querini nicht wissen. Vielmehr bemühte man sich allgemein, ihm die Lage so darzustellen, als herrsche ungetrübte Übereinstimmung zwischen der Majestät und den Geldgebern. So zitierte er der Signorie gegenüber Philipp Adler und Jakob Fugger, in dessen Haus Lichtenstein abgestiegen war: „Che tuti ipsi marcadanti sono contenti satisfar la petitione del imprestedo, li dimanda el re suo, . . . et che sua M^{ta} havera da ipsi quello la desidera“[24]. Jakob Fugger versicherte ihm darüber hinaus, er habe dem König versprochen, ihm außer der Kaufsumme von 50.000 Gulden auf der Frankfurter Messe im September weitere 120.000 Gulden auszahlen zu lassen, entsprechend der in Konstanz von den Ständen bewilligten Summe. Er hielt gegenüber dem Venezianer auch nicht mit der Begründung für ein so weitgehendes Engagement zurück: „Per che chi la (Maximilian) serve al presente, non se pol se non haverne utilita et guadagno“[25]. Die 150.000-Gulden-Anleihe des Königs bei den sieben Augsburger Gesellschaften fügt Fugger Querini gegenüber als einen festen Posten in den Finanzierungsplan des Romzugs ein; offen bleibt nur die Höhe der zusätzlich von den Ulmern und anderen auswärtigen Gesellschaften aufzubringenden Mittel.

Es ist zweifelhaft, ob die Fuggersche Finanzhilfe in den folgenden Monaten Maximilian in dieser außerordentlichen Weise zukam[26]. Auf Grund einer Mitteilung Peutingers, die Querini am 5. September zu berichten wußte, erscheint es jedenfalls als wahrscheinlich, daß man damals in Augsburg damit rechnete, daß die Fugger dem König in unmittelbarer Zukunft den größten Teil der in Konstanz von den Ständen zugesagten 120.000 Gulden vorstrecken würden. Der Stadtschreiber berichtete dem Venezianer, daß er mit der Entgegennahme eines Teiles der von den Ständen zu zahlenden Gelder beauftragt sei[27].

Mit der gleichen, von Besorgnis geschärften Gewissenhaftigkeit verzeichnete Querini alle Beobachtungen und Mitteilungen, deren er über die militärische und politische Vorbereitung des Romzugs habhaft werden konnte. Für die Informationsquellen, die ihm durch die Verweisung vom Hoflager abgeschnitten waren, bot ihm zunächst noch die Anwesenheit Lichtensteins in Augsburg einen gewissen Ersatz. Er beklagt die am 19. August erfolgte Abreise des Landmarschalls: Wenn ihm dieser auch nicht alle vom Hofe eintreffenden Nachrichten mitgeteilt habe, so habe er sie doch anderen mitgeteilt, von denen er dann wiederum informiert worden sei[28]. Für die weitere Zeit seines Aufenthalts in der Reichsstadt war er darauf angewiesen, sich durch seine Augsburger Bekannten und ihre weitreichenden Verbindungen auf dem laufenden halten zu lassen.

Die Stärke des von der Stadt Augsburg zu stellenden Kontingents, die Kriegsbereitschaft der schwäbischen Bundesstädte insgesamt, die Artillerie, die Maximilian in Innsbruck und am Bodensee bereitstellt, Zahl und Besoldung des in Südtirol erwarteten erbländischen Lehensaufgebotes, Name und Ruf der schon bestellten Anführer – all dies berichtete Querini alsbald nach Venedig. Mit besonderer Sorgfalt registrierte er die Stimmung von Fürsten und Städten. Mit Enttäuschung berichtete er von der Audienz, die ihm der Kurfürst von Sachsen während dessen Aufenthalts in Augsburg gewährte. Friedrich, der in Konstanz im Gegensatz zu den anderen Fürsten Wohlwollen für die Republik bewiesen hätte, habe jetzt deutlich „segni di pocho amor“ gezeigt[29]. Andererseits erörterte er im Bericht vom 5. September die Möglichkeit, daß viele Reichsstände, die ungern ihr Geld unnütz ausgeben, jetzt am Zustandekommen des Romzugs zweifeln und mit ihrer Teilnahme zögern[30].

Diese Überlegung wurde hauptsächlich ausgelöst durch die Nachrichten, die der Gesandte von seinen Augsburger Gewährsleuten aus der Schweiz erhielt. Wohl verfolgte er mit Interesse die Berichte, die von den Antwerpener Faktoren in den Augsburger Kontoren Anton Welsers und Ambrosius Höchstetters über den Feldzug des Fürsten von Anhalt im Geldrischen einliefen[31]. Wohl schrieb er ausführlich von dem Einfall böhmischer Kriegsvölker in die Besitzungen des Pfalzgrafen, der ihnen angeblich aus dem bayerischen Kriege noch 30.000 Gulden an Sold schulde[32]. Aber in den Mittelpunkt des politischen Interesses wie auch der Berichterstattung Querinis rückten doch viel stärker die Vorgänge in der Eidgenossenschaft[33]. Denn das während des Konstanzer Reichstages in die Wege geleitete Einverständnis mit den Eidgenossen bildete ja neben der Öffnung der venezianischen Grenze den Angelpunkt für den Romzug Maximilians. Lichtenstein hatte Querini schon bald nach seiner Ankunft in Augsburg mitgeteilt, Maximilian wolle, daß die Schweizer einen Angriff auf Mailand führen, das sich ja in französischer Hand befand[34]. Die Verhandlungen der Züricher Tagsatzung im Juni schienen die Beteiligung der Kantone am Angriff auf Mailand mit einem Aufgebot von 6000 Mann sichergestellt zu haben. Das erbitterte Ringen, das daraufhin zwischen französischer und deutscher Politik in der Eidgenossenschaft entbrannte und mit dem Scheitern der Bündnishoffnung Maximilians endete, hat in den Berichten Querinis aus Augsburg seinen Niederschlag gefunden.

Dabei war es vor allem Peutinger, an dessen Mitteilungen sich der Venezianer hielt. Querini berief sich in seinem Schreiben vom 22. August ausdrücklich auf die Glaubwürdigkeit des Stadtkanzlers und auf seine Vertrautheit mit den eidgenössischen Verhältnissen; er sei wiederholt mit Aufträgen Maximilians in der Schweiz geweilt[35].

Schon im vorhergehenden Schreiben gibt der Venezianer ein längeres Gespräch mit Peutinger wieder, der von Freunden am Königshof dies erfahren habe[36]: Der König werde sich noch länger in der Bodenseegegend aufhalten, weil er unter anderem den Ausgang der Züricher Tagsatzung der Eidgenossen abwarten wolle. Der Kanton Luzern sei gegen die Vereinbarung, die die anderen Kantone mit dem römischen König getroffen haben. Die Luzerner erklärten, sie wollten zwar Maximilian zur Krönung begleiten, aber nicht von sich aus einen Krieg mit dem König von Frankreich provozieren, da ihr Vertrag mit diesem erst in einem Jahr ablaufe. Die anderen Kantone erwiderten, auch sie hätten nicht die Absicht, den französischen Vertrag zu brechen; sie wollten nur den König zur Krönung begleiten und ihm gemäß ihrer Verpflichtung den Weg öffnen und sichern. Wenn ihm aber dabei jemand die gebührende „reverentia et obedientia“ versage, so hätten sie keinerlei Rücksicht auf Verträge zu nehmen. Der König werde damit zufrieden sein, „per che la intentione sua non e altro in questa andata in Italia che de incoronarsi et restituir limperio ne la pristina dignita sua, castigando coloro, che volesseno contra el dover usurpar le jurisdictione, che anticamente fusseno state di la corona imperiale“[37].

Am 22. August meldete Querini nach Venedig, daß Matthäus Lang, Bischof von Gurk, in Augsburg eingetroffen sei[38]. Von ihm erfuhr der Venezianer, daß die Züricher Tagsatzung zwar die Beschlußfassung über die bestehenden Differenzen auf eine neue Zusammenkunft in Luzern verschoben habe; doch Lang hielt es für ausgemacht, daß die Schweizer ihre eingegangenen Verpflichtungen halten werden, weil sich sonst das ganze Reich gegen sie wenden werde.

Mißtrauisch gegen die Berichterstattung des Bischofs, wandte sich der Venezianer nun an die Augsburger Kaufleute und an „homini da bene et privi de passione“, wobei er vor allem Peutinger meinte und nannte. Hauptsächlich auf seinen Auskünften beruht das Bild, das Querini nun von dem tatsächlichen Verlauf der Dinge in der Schweiz zu geben versuchte; hier erscheinen diese Vorgänge nun doch in etwas anderem Lichte als in den vorhergehenden Nachrichten, die Querini über Peutinger vom Hofe erhalten hatte. Der Kanton Luzern – so schreibt der Gesandte nach Venedig – wollte niemals in den Vertrag mit Maximilian einwilligen. Jetzt sahen die Luzerner, daß die anderen Kantone im Begriffe waren, Frankreich anzugreifen. Sie taten nun so, als wollten sie sich der Meinung der deutschfreundlichen Mehrheit anschließen, aber nur um Zwietracht zwischen den anderen Kantonen zu stiften und die Unternehmung gegen Mailand zu verhindern. Sie erklärten sich bereit, den König zur Krönung zu begleiten und ihn gegen Angriffe zu schützen, erklärten es aber für unzulässig, entgegen dem mit Frankreich bestehenden Bündnis ohne jeden Grund einen Krieg vom Zaun zu brechen.

Mit diesem sehr ehrenwerten Argument haben die Luzerner nun nicht nur ihr eigenes Verhalten gerechtfertigt, sondern auch drei andere Kantone auf ihre Seite gezogen, nämlich Zug, Solothurn und Freiburg. In jedem dieser Kantone gibt es einflußreiche Männer, die feste Pensionen von Frankreich beziehen. In Luzern sind es Peter Fer und Bramberg, in Zug Amman Steiner, in Solothurn Nikolaus Conrad und in Freiburg Petermann v. Faucigny und Nikolaus Lombard[39]. Diese gewandten und hochangesehenen Männer haben es mit ihren Intrigen dahin gebracht, daß mit dem Zusammenschluß der vier genannten Kantone die letzte Tagsatzung ergebnislos ausging. Darüber hinaus fordern die genannten Parteigänger Frankreichs mit ihrem großen Einfluß in den Kantonen Maximilian jetzt auf, mit dem französischen König in ein Einverständnis zu treten. Die Entscheidung ist auf eine Zusammenkunft in Luzern verschoben. Dort werden die Kantone versuchen, zu einer Einigung zu kommen, damit ihr schon so lang bestehender Zusammenschluß nicht in die Brüche gehe.

Klar treten in diesem Exposé die Momente hervor, die schließlich das Eingreifen der Eidgenossen zugunsten des römischen Königs verhinderten: mehr Geld und rücksichtslosere Parteigänger auf der Seite Frankreichs und die Besorgnis vor einer Sprengung des eigenen politischen Zusamenhalts[40]. Den definitiven Ausgang kann Querini nicht mehr in Augsburg erfahren haben. Als Letztes berichtete er am 5. September nach Venedig den Inhalt eines Briefs, den Anton Welser von einem Faktor in der Schweiz erhalten hatte[41]: die vier französisch gesinnten Kantone bleiben in ihrer Haltung fest, die anderen acht Kantone wollen tun, was ihnen das Reich befiehlt. Welser fügte im Gespräch mit dem Venezianer hinzu, er habe zwar noch keine Nachricht vom Ausgang der Luzerner Beratungen, glaube aber selbst nicht, daß die vier Kantone ihre Stellungnahme ändern werden.

Eng verknüpft mit der Entwicklung in der Schweiz und von hoher Wichtigkeit für die Markusrepublik war die Frage nach dem Schicksal Mailands. Erwartete man doch von dem Eingreifen Maximilians die Restitution des Hauses Sforza. Die Söhne Herzog Lodovicos, der durch Frankreich seiner Herrschaft beraubt war, lebten in Deutschland. Maximilian berief gerade damals die Neffen seiner Gemahlin in auffälliger Weise an seinen Hof[42]. Im Laufe einer längeren Unterhaltung zwischen Querini und Jakob Fugger am 20. August kam die Sprache auf den Romzug und auf Lodovico Sforza und seine Söhne[43]. Diese „poveri garzoni", so führte Fugger unter Berufung auf vertrauliche Mitteilungen Lichtenseins aus, rechnen damit, nach Mailand zurückgeführt zu werden. Sie täuschen sich. Denn in Konstanz wurde zwischen dem König und den Fürsten eine ganz geheime Verabredung getroffen. Maximilian darf über keine der für das Reich in Italien zu erwartenden Rekuperationen verfügen, ausgenommen einige kleine Herrschaften, deren Einkünfte 20.000 oder 25.000 Dukaten nicht übersteigen. Lichtenstein glaubt, daß mit einem solchen Besitztum die Söhne Lodovicos abgefunden werden sollen. Aber man hält diesen Plan geheim, um die Bevölkerung des Herzogtums Mailand in ihrer Hoffnung nicht zu enttäuschen, ebensowenig wie die Schweizer und eine Reihe italienischer Herren, die die Restitution der Sforza wünschen.

Doch alle Aufgeschlossenheit und Liebenswürdigkeit der Augsburger Herren konnte nicht verhindern, daß die Situation Querinis immer mißlicher wurde, da er auch von Venedig lange ohne entsprechende Informationen blieb. Als dann endlich am 24. August die so dringend erwartete Antwort der Republik auf die zuletzt in Konstanz erhobenen Forderungen Maximilians in Augsburg eintraf, war für Querini erst recht guter Rat teuer[45]. Denn nun war ihm auferlegt, diese Antwort, die in höflicher Form ein glattes Nein bedeutete, dem König mitzuteilen. Er stand im Widerstreit zwischen dieser Anweisung und dem strikten Verbot Maximilians, ihm anders als mit einer Zustimmung Venedigs, sei es zum Offensivbündnis oder sei es wenigstens zum Durchmarsch seines Heeres, unter die Augen zu treten. Doch fand Querini eine Lösung; er entsandte den Sekretär Angelo Trevisan zur Mitteilung der Antwort an Maximilian nach Innsbruck.

Der wider Willen in Augsburg zurückgebliebene Gesandte erfuhr am 8. September von seinem Sekretär, daß es diesem bis jetzt noch nicht gelungen war, von Maximilian empfangen zu werden und ihm die Antwort der Signorie zu berichten[46]. Da hielt es Querini nicht mehr länger in Augsburg. Um das Gebot des Herrschers formal nicht zu verletzen und doch in der Nähe des Innsbrucker Hoflagers sein zu können, begab er sich zuerst nach Zirl und dann nach Hall. Unentschieden wie Maximilian war, ob er einen Krieg gegen Venedig oder gegen Frankreich ins Auge fassen sollte, dauerte der Aufenthalt des Venezianers dort noch bis Ende Oktober, während der endgültige Entschluß des Herrschers zum Angriff auf die Terra Ferma erst zu Beginn des Jahres 1508 erfolgte[47].

Wird der von Maximilian mit solchem Gepränge angekündigte Romzug wirklich stattfinden? Wird es zu einem bewaffneten Konflikt des römischen Königs mit der Markusrepublik kommen? Diese beiden Fragen beschäftigten Vincenzo Querini unablässig. Kurz nach seinem Eintreffen in Augsburg hatten ihm die Kaufleute die erste Frage mit ziemlicher Bestimmtheit bejaht. Nichts fehle dem König zu dem Unternehmen. Er werde Geld zur Genüge haben, er habe die Unterstützung aller deutschen Fürsten[48].

Zu Ende seines Aufenthalts in der Reichsstadt gab der Besuch des Gesandten des Herzogs von Ferrara dem Venezianer Anlaß, in dem Bericht vom 5. September seine persönliche Meinung zusammenfassend darzulegen[49]. Querini war von ihm gefragt worden, ob man in Venedig mit dem Zustandekommen des Romzugs rechne. Nach dem Referat über die dem Ferraresen erteilte, sehr zurückhaltende Antwort schreibt er: „Wahrhaftig, auch wenn die vergangenen und gegenwärtigen Ereignisse zeigen, daß König und Reich fest gewillt sind, mit bewaffneter Hand nach Italien zu kommen, so kann es sich dennoch leicht ereignen, daß dieser römische König, der seiner Veranlagung gemäß von einer geplanten Unternehmung in die andere springt – wie es jedermann oft gesehen hat – sich für jetzt von seiner Absicht, nach Rom zu gehen, abwendet und seine Gedanken auf das Königreich Kastilien oder einen anderen Gegenstand richtet." Vielleicht komme es, wenn die Schweiz ihre Verabredung mit dem König rückgängig mache, zu einem Angriff auf die Eidgenossen. Vielleicht werden Fürsten und Stände durch das Verhalten der Schweizer bedenklich und zögern so lange, daß der Winter neue Hindernisse schafft.

Darüber möge man sich in Venedig nun ein Urteil bilden. „Ich werde mich bemühen, wie ich es bis jetzt getan habe, durch Freunde und durch Kundschafter und auf jede andere mögliche Weise im einzelnen jede Vorbereitung zu erfahren, die man hier trifft; denn es erscheint mir als meine Pflicht, Euch in dieser Weise und mit aller Wahrhaftigkeit zu unterrichten, in diesen Zeiten, da die Dinge noch in der Schwebe sind, damit Ihr eher vorbereitet sein könnt, falls dieser König nicht nach Italien kommt, als daß Ihr unvorbereitet seid, falls er kommt – vor allem da Ihr jetzt nicht so von ihm geliebt werdet, wie es sonst zu sein pflegte." – Daß das persönliche Element so faßbar wird wie hier, ist eine Seltenheit in den Dispacci Querinis. Und er verschwendet in diesen strikt auf die politische Berichterstattung begrenzten Schreiben auch keine Zeile auf eine Schilderung seines Lebens und der bunten Welt, die sich damals in Augsburg entfaltete. Wenn er auf Peutinger zu sprechen kommt, überspringt er alles, was in den Bereich der persönlichen Beziehungen gehört, von denen wir doch aus dem eingangs erwähnten Bucheintrag wissen: „Et raxonando insieme cum lui de diverse cose . . ." Sogleich folgt dann die als erwähnenswert herausgegriffene politische Information.

Doch abgesehen von der hier ausgesparten Sphäre persönlicher Nähe und menschlicher Begegnung bleibt die Frage nach der Stellung des Politikers Peutinger zu der Politik Venedigs, die Querini zu vertreten hatte. Peutingers an den Kardinallegaten Carvajal gerichtete Denkschrift zeigt, daß er noch Ende 1507 für ein mit dem Papst gemeinsames Vorgehen gegen die Franzosen eintrat und damit gegen einen Angriff auf Venedig[50]. Überblickt man die folgenden Jahre, so sieht man den Augsburger unentwegt bemüht, trotz des bestehenden Kriegszustandes den Handel mit Venedig intakt zu halten[51].

Folgt man den Berichten Querinis, so gewinnt man den Eindruck, daß der Augsburger einerseits die Schärfe in der Sprache Maximilians Venedig gegenüber mißbilligte, daß er aber andererseits den Rechtsstandpunkt des Königs in der Frage des Durchmarsches teilte[52]. Später hat er die Niederlage der Republik in der Schlacht von Agnadello 1509 mit kräftigen Worten als gerechte Strafe für die Überheblichkeit dieser „Verächter des Reiches" bezeichnet[53]. Der Augsburger gehörte zu den humanistischen Erneuerern der hochmittelalterlichen Reichsideologie. Daher sah er den geplanten Krönungszug Maximilians in anderem Lichte als der venezianische Gesandte.

Für Vincenzo Querini aber gehörte Augsburg schon zu der letzten Etappe seiner diplomatischen Laufbahn. Man nimmt an, daß sich schon vor Antritt der Legation an den Hof Maximilians im Inneren des jungen Nobile der Entschluß vorbereitet hat, sich aus der Welt der politischen Kämpfe und Leidenschaften zurückzuziehen und in einen kontemplativen Orden einzutreten[54], ein Entschluß, den er 1512 mit dem Eintritt in den Orden des heiligen Romuald verwirklichte. Daß ihm die Rückkehr aus Deutschland einen bewußten Schritt auf diesem Wege bedeutete, zeigt die Notiz, die er sich auf seine Sanduhr zum 10. Januar 1508 machte: incepisse quotidie saltem per unius horae spatium mentali vacare orationi.

Druck in: Historisches Jahrbuch 74 (= Festschrift für Franz Schnabel, 1954), S. 200ff.

1 Deutsche Reichstagsakten, jüngere Reihe (RTA), Bd. 2, ed. *A. Wrede* (Gotha 1896), S. 933.

2 Vgl. *Mittarelli-Costadini*, Annales Camaldulenses, Bd. 9 (Venedig 1773), Epistolicum commercium, S. 539ff.; dazu *H. Jedin*, Ein „Turmerlebnis" des jungen Contarini. In: Historisches Jahrbuch 70 (1951), S. 115ff.; ders., Geschichte des Konzils von Trient, Bd. 1 (Freiburg i. B. 1951), S. 103f.

3 Hauptstaatsarchiv München, Oefeleana 7/IV – Origenes.

4 *E. Albèri*, Relazioni degli ambasciatori Veneti . . ., Ser. 1, Bd. 6 (Florenz 1839), S. 5ff.

5 *S. Romanin*, Storia documentata di Venezia, Bd. 5 (Venedig 1856), S. 179ff.; *J. Valentinelli*, Regesten zur deutschen Geschichte aus den Handschriften der Markusbibliothek in Venedig (= Abhandlungen der III. Classe der kgl. Akademie der Wissenschaften, Bd. 9, II. Abt., München 1865), Nr. 688; *B. Erdmannsdörfer* übersetzte Auszüge aus einer Reihe von Dispacci, den Reichstag zu Konstanz betreffend (In: Verhandlungen der kgl. sächsischen Akademie der Wissenschaften, Leipzig 1857, S. 38ff.); diese Auszüge benützte *H. Ulmann*, Kaiser Maximilian I., Bd. 2 (Stuttgart 1891), S. 284ff.; vgl. ferner *M. Brosch*, Papst Julius II. und die Gründung des Kirchenstaates (Gotha 1875), S. 134ff. und *M. Wolff*, Die Beziehungen Kaiser Maximilians I. zu Italien 1495–1508 (Innsbruck 1909), S. 89ff.; am ausführlichsten verwendet die Dispacci *M. Brunetti*, Alla vigilia di Cambrai. La legazione di Vicenzo Querini all' imperatore Massimiliano (1507). In: Archivio Veneto-Tridentino 10 (1926).

6 Zu den von M. Brunetti nachgewiesenen Exemplaren: Biblioteca Querini-Stampalia, Mss. CI, IV, Cod. 5 (copiario originale), Museo Civico Correr di Venezia, Mss. Cicogna, Nr. 2581 und Biblioteca Nazionale di San Marco, Ital. Cl. VII, Cod. DCCCCLXXXIX (alle s. XVI) ist zu ergänzen: Cod. Vat. Lat. 10701 (s. XVIII/XIX).

7 In dem Codex der Markusbibliothek Bl. 78^r–85^r und Bl. 91^v–98^v. Dazwischen stehen drei Schreiben von Querinis Sekretär aus Innsbruck nach Venedig.

8 Zu Peutinger vgl. *E. König*, Peutingerstudien (Freiburg 1913); *ders.*, Konrad Peutingers Briefwechsel (München 1923); *H. Lutz*, Conrad Peutinger. In: Lebensbilder aus dem Bayerischen Schwaben, Bd. 2, ed. *G. v. Pölnitz* (München 1953), S. 129–161 [im vorliegenden Band S. 15ff.]. – Zu Querini vgl. außer den obgenannten Werken *E. A. Cicogna*, Inscrizione Veneziane, Bd. 5 (Venedig 1842), S. 62ff., und *J. Schnitzer*, Peter Delfin (München 1926), S. 146ff. und 227ff.

9 Zum Folgenden vgl. *Ulmann*, Maximilian 2, S. 326ff.; *Brunetti*; Cambrai; *H. Lutz*, Conrad Peutinger. Beiträge zu einer politischen Biographie (Augsburg 1958), Kapitel 5.

10 *Ulmann*, Maximilian 2, S. 328.

11 *Brunetti*, Cambrai, S. 63f.

12 Bl. 78^v f.

13 Bl. 80^r.

14 *H. Simonsfeld*, Der Fondaco dei Tedeschi und die deutsch-venezianischen Handelsbeziehungen, Bd. 1 (Stuttgart 1887), Nr. 653, 658, 748.

15 *Albèri*, Relazioni 6, Appendice, S. 1ff.

16 Vgl. *F. Hümmerich*, Die erste deutsche Handelsfahrt nach Indien (München 1922), S. 142f.; *Lutz*, Peutinger, Kapitel 4.

17 Bl. 98^r.

18 *G. v. Pölnitz*, Jakob Fugger, Bd. 2 (Tübingen 1951), S. 170.

19 *E. Albèri*, Relazioni 6, S. 44.

20 12. August, Bl. 78^r.

21 Bl. 80^r, vgl. *v. Pölnitz*, Fugger 1, S. 167ff.

22 Vgl. zum Folgenden *J. Janssen*, Frankfurts Reichscorrespondenz, Bd. 2 (Frankfurt 1863), S. 714f. und passim; *A. Schulte*, Geschichte der großen Ravensburger Handelsgesellschaft, Bd. 1 (1923), S. 482ff.; *E. Bock*, Der Schwäbische Bund und seine Verfassungen (Breslau 1927), S. 141; *v. Pölnitz*, Fugger 1, S. 183ff.

23 Bl. 78^r f.

24 Bl. 80^r.

25 Bl. 80^v.

26 *v. Pölnitz*, Fugger 1, S. 182.

27 Bl. 92^v, vgl. auch *Janssen*, Frankfurts Reichscorrespondenz 2, S. 741. – Die Tätigkeit Peutingers im Finanzwesen des Reiches läßt sich sonst erst ab 1509 nachweisen: *E. König*, Konrad Peutingers Briefwechsel (München 1923), S. 114, 121, 122 (Anm. 1), und *Janssen*, Frankfurts Reichscorrespondenz 2, S. 823, 839, 887.

28 Bl. 81^r.

29 Ebd.

30 Bl. 93^vf.

31 Bl. 82^r f., 83^v, 98^v.

32 Bl. 98^r.

33 Zum Folgenden siehe: Eidgenössische Abschiede, Bd. 3, Abt. 2, ed. *A. Ph. v. Segesser* (Luzern 1869), Nr. 283ff.; *Ulmann*, Maximilian 2, S. 321ff.; *A. Büchi*, Kardinal Matthäus Schiner, Bd. 1 (Zürich 1923), S. 105ff.

34 Bl. 80^r.

35 Bl. 83^r. – Über Gesandtschaftsreisen Peutingers in die Schweiz liegen sonst keine Nachrichten vor.

36 Bl. 81^v f.

37 Bl. 82^r.

38 Das Folgende, Bl. 82^v f.

39 „A Lucera ce e uno Petro Fer et un altro Bramberg, a Zocho uno nominato Amestaner, a Sulturno Nicolo Corater

et a Fraiburg Pietro Mafrosino (!) cavalier et Nicolo Secretario..." Berichtigung der Namen nach *Büchi,* Schiner 1, S. 106.

40 *Ulmann,* Maximilian 2, S. 326.

41 Bl. 92^v.

42 *Ulmann,* Maximilian 2, S. 326.

43 Bl. 82^r.

44 Bl. 79^v.

45 Bl. 84^r.

46 Bl. 97^v.

47 Vgl. *Brunetti,* Cambrai, S. 78 ff. – Ganz falsch, aber aufschlußreich ist der Bericht des Mönchschronisten Clemens Sender über Querinis Aufenthalt in Augsburg (In: Die Chroniken der deutschen Städte, Bd. 23, Leipzig 1894, S. 118f.).

48 Bl. 80^v.

49 Bl. 93^vf.

50 Vgl. *Simonsfeld,* Fondaco dei Tedeschi 1, Nr. 665ff.; *v. Pölnitz,* Fugger 1, S. 213ff.; *Lutz,* Peutinger, Kapitel 4.

51 *König,* Konrad Peutingers Briefwechsel, Nr. 54, S. 88f.

52 Vgl. Bl. 82^r und 92^v.

53 Hauptstaatsarchiv München, Oefeleana 7/IV.

54 *H. Jedin,* Vincenzo Querini und Pietro Bembo. In: Miscellanea G. Mercati, Bd. 4 (Rom 1946), S. 407ff., hier S. 409; vgl. *Mittarelli-Costadoni,* Annales Camaldulenses 9, S. 556f.

LUTHER UND FÜNFHUNDERT JAHRE DEUTSCHER GESCHICHTE

I.

Wenn es mir gestattet ist, in dieser festlichen Versammlung über das große Thema „Luther und fünfhundert Jahre deutscher Geschichte“ zu sprechen, so möchte ich mit einem Goethe-Zitat beginnen. Es gehört ja zu den Eigentümlichkeiten unseres an Brüchen und Zerrissenheit so reichen deutschen Lebens, daß wir anläßlich von Gedenkjahren und -tagen, wie es auch heute geschieht, in geschichtlicher Rechenschaft den Sinn und den tieferen Zusammenhang dieses Weges der Deutschen zu ergründen suchen. So hat sich Goethe 1817, als es um die Feier des Reformationsjubiläums ging, mit seinem Berliner Freund Carl Friedrich Zelter über die rechte Form einer solchen Feier besprochen. Dabei legte Goethe Wert auf das Prinzip, er wünsche das Jubiläum so begangen, „daß es jeder wohldenkende Katholik mitfeierte“.[1] Was 1817 in der Tat noch nicht möglich war, ist heute möglich geworden – nicht zuletzt durch die Kirchenkämpfe der nationalsozialistischen Zeit, die zu einer vertieften Erfahrung der gemeinsamen Verantwortung evangelischer und katholischer Christen geführt haben. So darf ich heute im Sinne des seiner Zeit vorauseilenden Goethe-Wunsches von 1817 als „wohldenkender Katholik“ – oder wenigstens als einer, der es gerne sein möchte – den Gedenktag des 17./18. April 1521 mitfeiern und zu diesem Gedenken ein weniges beitragen.

Die Perspektiven, in welche wir mit dem Stichwort Luther in Worms eintreten, sind überwältigend groß und weit. Das geschichtliche Schicksal des christlichen Glaubens, die Wege des deutschen Volkes durch die Jahrhunderte im Zeichen der mit Luther beginnenden kirchlichen Erneuerung und Spaltung, schließlich die Bedeutung und Rolle dieses von Luthers Reformation geformten und geteilten Volkes im Kontext der europäischen Geschichte und der Menschheitsentwicklung – das müßten die Leitlinien einer geschichtlichen Besinnung sein, wie sie uns diese Stunde des Gedenkens abverlangt. Nur weniges von all dem kann heute zur Sprache kommen. Mein Versuch geht dahin, zunächst einige allgemeine, einleitende Bemerkungen zur Geschichte des Christentums und des deutschen Volkes zu formulieren. Ausführlicher soll in einem zweiten Teil der unmittelbare Umkreis von Luthers Auftreten in Worms behandelt werden: Luther selbst, Kaiser Karl V., der Reichstag und die direkten Folgen werden dargestellt. Daran schließt sich ein skizzenhafter Ausblick: Luthers Wirkungen und die deutsche Geschichte bis heute.

Wenn ein Historiker, der kein Theologe ist, etwas zur Geschichte des Christentums sagen will, dann erwartet die Zuhörerschaft am ehesten eine Betrachtung über die geschichtlichen Wege und Wandlungen der christlichen Kirchen von den Anfängen über das Mittelalter und die Neuzeit zur Gegenwart. Doch das zur Unverbindlichkeit Verführende solcher Art von Betrachtung liegt oft darin, daß die dem Christentum je eigenen Entscheidungsforderungen – pro und contra, so oder so – verkürzt oder verwischt werden. Es kommt also darauf an, einen anderen Ansatz zu wählen, der einerseits den Pluralismus persönlicher Einstellungen zu den Fragen des Christentums in Rechnung setzt und voll respektiert, doch andererseits nichts von der Härte und Unausweichlichkeit christlicher Entscheidungssituationen unterschlägt. Erlauben Sie also bitte, daß ich ganz anders herum ansetze. Eine brennende Gegenwartsfrage des kirchlichen Lebens, die den Christen verschiedener Bekenntnisse wie den Nichtchristen deutlich vor Augen steht, ist die Frage nach Amt und Charisma oder, etwas breiter formuliert, nach dem heutigen Spannungsverhältnis von amtskirchlicher Institution und Glaubwürdigkeit der christlichen Verkündigung. Den evangelischen Christen ist diese Frage in ihrer praktischen wie prinzipiellen Tragweite sehr wohl bekannt; ihre religiöse Existenz steht von Anbeginn unter dieser Frage. Anders die Katholiken. Wir Katholiken waren lange in einer Haltung befangen, die man etwa als naiven institutionellen Optimismus bezeichnen könnte. Dieser Optimismus hat uns vielfach den Blick verstellt für die Frage nach der Glaubwürdigkeit der Verkündigung jenes testamentum fidei, zu dessen Bewahrung wir Katholiken durch Jahrhunderte so viele defensive Verfestigungen, ja Verhärtungen auf uns nehmen zu müssen glaubten. Erst im Zeichen des 2. Vatikanums ist bei uns die Frage nach Institution und Glaubwürdigkeit ganz allgemein aufgebrochen – und nun mit einer solchen Heftigkeit, wie es nur bei lang aufgeschobenen Entwicklungen der Fall zu sein pflegt. Erst recht ist diese Frage allen jenen geläufig, die überhaupt ein kirchlich verfaßtes Christentum für unannehmbar halten oder die insgesamt der christlichen Botschaft kritisch gegenüberstehen.

So kann man also neben manchen anderen Fragen von einer heute umfassend und unausweichlich gewordenen Problematik christlichen Lebens ausgehen: die Spannung zwischen amtskirchlicher Institution und Glaubwürdigkeit der Botschaft Jesu Christi erfaßt in zunehmender Intensität weiteste Bereiche der christlichen Existenz. Und wenn nun von dieser aktuellen Feststellung her der Historiker einige erläuternde Worte aus seiner wissenschaftlichen Sicht der Dinge anfügen soll, dann kann es sich nur um knappste Andeutungen handeln. Im allgemeinen Umkreis menschlicher Lebensformen kennt die Geschichtswissenschaft genau die Phänomene des Wandels jeder Art von Institution und Amtsautorität, ihren Aufstieg, ihren guten Sinn, ihren Mißbrauch und ihren Verfall, je nachdem, wie sie dem Wandel der gesellschaftlichen und kulturellen Bedingungen entsprachen oder nicht mehr entsprachen. Ebenso kennen wir aus der Menschheitsgeschichte die ursprüngliche und von der Tiefe her umformende Kraft religiöser Vorbilder und Ideale, die sich außerhalb aller Institutionen und oft im Widerspruch zu ihnen aufrichten. Schwierig aber wird für uns Historiker die Sache, wenn es um die Fragen der überzeitlichen Kontinuität geht. Wo gibt es religiöse Institutionen, die dem unbarmherzigen Kreislauf von Aufstieg und Verfall wirklich und nicht nur mit der Schauseite standgehalten haben? Wo gibt es charismatische Unmittelbarkeit, die durch die Jahrtausende unverkürzt und lebenschaffend weiterreicht? Auf solche Fragen kann – so scheint mir – keine Wissenschaft mehr antworten, sondern nur mehr der einzelne, sich entscheidende Mensch, der sein Leben der formenden Kraft seiner Gewissensentscheidung anvertraut. Wenn im Grenzbezirk zu dieser außerwissenschaftlichen Entscheidungszone der Historiker vielleicht noch etwas leisten kann, so wäre es bestenfalls dieses: Offenheit und Raum zu schaffen für die existentielle Entscheidung durch das Ausräumen von Vorurteilen und falschen Alternativen – also auch durch den Hinweis darauf, daß die Spannung zwischen Institution und Unmittelbarkeit der christlichen Botschaft letztlich unaufhebbar erscheint, wie auch immer man sich hier geschichtlich und menschlich einzurichten bemüht.

Und nun zu Deutschland und seiner Geschichte. Was bedeutet Volk und Nation für das Bewußtsein und das gesellschaftliche Sein der Menschen? Das bürgerliche 19. Jahrhundert wußte eine klare Antwort; ihm war die Nation der wesentliche Rahmen menschlicher Selbstverwirklichung: in der Harmonie konzentrischer Kreise baute sich vom Individuum über die Nation zur Menschheit das Leben auf. Dagegen stand dann die bestürzende Erfahrung mit dem ganz anderen Weiterweg aus dem 19. ins 20. Jahrhundert, wie sie Franz Grillparzer in schrecklicher Hellsichtigkeit vorwegnehmend formuliert hatte: von der Humanität über die Nationalität zur Bestialität!

Formulieren wir die Frage nach dem Stellenwert von Nation und Volk heute, so wird sogleich die Notwendigkeit einer differenzierenden Antwort deutlich. Gewiß gibt es heute an vielen Stellen der außereuropäischen Welt Entwicklungsprobleme und Situationen, wo dem nationalen Bewußtsein als Motor strukturellen Wandels und Aufstiegs in objektiver wie subjektiver Hinsicht große Bedeutung zukommt und weiterhin zukommen wird. Aber in Europa? Aber im deutschen Umkreis? Und gewiß stoßen wir schon bei der ersten Annäherung an das Problem einer deutschen Nation aufs schmerzhafteste an die Grenzen heutiger deutscher Wirklichkeiten. Ein Versuch, demgegenüber die Chancen wissenschaftlicher Distanz wahrzunehmen, könnte zu folgender Formulierung der Frage führen: hat der „Fall Deutschland“ eine allgemeine Bedeutung, indem er das heutige und zukünftige Vorwiegen gesellschaftlicher Strukturprobleme vor der Einheit historisch gewachsener Sprache, Kultur und Nationalität exemplarisch veranschaulicht? Oder stellt Deutschland mit seiner staatlichen und gesellschaftlichen Teilung nur einen Sonderfall dar, einen aus Schuld und Schicksal gemischten Unglücksfall einer Nation, die es mit sich selbst stets besonders schwer hatte und die im Ansteigen der neuzeitlichen Konfliktsituationen politischer wie sozialer Art weniger als ihre Nachbarvölker zu sich selbst und zu ihrer gemeinsamen Menschheitsaufgabe finden konnte? Die Frage scheint mir offen zu sein; die deutsche Geschichte ist unabgeschlossen, wir können die Zukunft nicht voraussehen. Wir können – moralisch gesprochen – nur eines ins Auge fassen: in dieser Offenheit und Unabgeschlossenheit deutscher Geschichte zu unserem Teil alles zu lassen, was weitere Schuld bringt, und alles zu tun, was Schuld sühnen und aufheben kann.

II.

Nun aber wenden wir uns von den Fragen der deutschen Gegenwart und Zukunft zurück zur Vergangenheit – zu Martin Luther, zum Reichstag von 1521.

Um die epochale Wirkung der reformatorischen Bewegung zu verstehen, genügt es nicht, die Mißstände und die Reformbedürftigkeit des kirchlichen Lebens und der Gesellschaft an der Wende vom Mittelalter zur Neuzeit zu analysieren. Ein wesentlicher Schlüssel liegt in dem theologischen Werdegang Luthers. Hier, in dem einsamen Ringen des Augustinermönchs um die Gnade und Gerechtigkeit Gottes, entschied sich die Zukunft des abendländischen Christentums. Hier fielen geistige Entscheidungen, die das religiöse Schicksal unzähliger Generationen von Christen – evangelischen wie katholischen Bekenntnisses – betrafen. Denn es wird ja mit zunehmender historischer Distanz immer deutlicher, wie tief auch der Weg der an Rom festhaltenden Christen von Luther beeinflußt war und ist. Die Stufen der Regeneration, welche die katholische Kirche über das Konzil von Trient bis zum zweiten Vatikanischen Konzil durchschritt und weiter durchschreitet, sind von Luthers Tat nicht zu trennen.

Immer wieder, wenn wir dem theologischen Werdegang des jungen Augustinermönchs nachgehen, stoßen wir auf den berühmten autobiographischen Rückblick, wo Luther ein Menschenalter später den entscheidenden Wandel zur reformatorischen Heilsgewißheit geschildert hat. Die innere Wandlung, die er während der Jahre seiner Wittenberger Lehrtätigkeit seit 1512 durchlebte, bedeutete zweierlei: eine das Gesamtgefüge seiner Existenz umformende Not und Erfahrung und einen umstürzenden theologischen Denkprozeß. Hören wir aus Luthers Bericht:

„Ich war von einem außerordentlichen Drang erfaßt worden, den Paulus des Römerbriefes zu verstehen. Bisher hatte mich daran nicht etwa mangelnde Glut des Herzens gehindert, sondern ein einziges Wort im ersten Kapitel: ‚Die Gerechtigkeit Gottes wird in ihm [im Evangelium] offenbart'. Ich haßte nämlich jenes Wort ‚Gerechtigkeit Gottes', weil ich nach dem Gebrauch und der Gewohnheit aller Doctores gelehrt worden war, es philosophisch zu verstehen im Sinne der Gerechtigkeit, kraft welcher Gott selbst gerecht ist und die Sünder und Ungerechten straft. Ich aber war mir bewußt, daß ich trotz meines untadeligen Mönchslebens vor Gott ein Sünder war mit überaus unruhigem Gewissen und daß ich nicht darauf vertrauen konnte, Gott durch mein genugtuendes Werk zu versöhnen. Deshalb liebte ich diesen gerechten und die Sünder strafenden Gott nicht, ich haßte ihn vielmehr ...

Bis ich, Tag und Nacht grübelnd, durch Gottes Barmherzigkeit auf den Zusammenhang der Worte [jener Stelle] aufmerksam wurde ... Da begann ich, die Gerechtigkeit Gottes als eine solche zu verstehen, kraft welcher der Gerechte als ein von Gott [mit der Gerechtigkeit] Beschenkter lebt, nämlich aus dem Glauben. Und ich verstand, daß dies gemeint sei: es wird durch das Evangelium jene Gerechtigkeit Gottes enthüllt, durch die uns der gnädige Gott

Rechtfertigung zuteil werden läßt auf dem Wege des Glaubens, wie geschrieben steht: Der Gerechte lebt aus dem Glauben. Da fühlte ich mich ganz neu geboren und wie durch offene Pforten in den Himmel eingetreten. Und von da an zeigte mir die ganze Heilige Schrift ein anderes Gesicht . . ."[2]

Zur vollen Erläuterung dessen, was Luther hier über den Ursprung der Heilsgewißheit aus der Verzweiflung an der eigenen Werkgerechtigkeit berichtet, müßte man viele Kapitel der antiken und mittelalterlichen Geistesgeschichte heranziehen. Die Spannung zwischen griechischem Seinsbegriff und christlich-personaler Heilsverkündigung, die dialektische Kraft des von Luther geliebten augustinischen Denkens, die Engpässe der spätmittelalterlichen Scholastik, wo Luther in der Verzweiflung an den kreatürlichen Kräften des Menschen keine Hilfe fand, schließlich die Verzahnung dieser theologischen Probleme mit der Praxis der klösterlich-hierarchischen Daseinsform, in die der Mönch sich gebunden hatte – aus dieser zutiefst durchlittenen Ausweglosigkeit befreite sich der Reformator, indem er für sich und für alle Welt eine neue Konzeption des Verhältnisses von Gott und Mensch errang. Wir wissen heute freilich, daß diese Wandlung, die Luther im Rückblick dramatisch konzentriert hat, ein kontinuierlicher, über Jahre verfolgbarer Prozeß war. Dies ändert aber nichts an dem grundlegenden Tatbestand, daß von dieser neuen Konzeption der Gerechtigkeit Gottes her alle weiteren Konsequenzen Luthers sich erklären, die ihn dann 1521 nach Worms führten.

Schon in der Römerbrief-Vorlesung des Wittenberger Professors von 1515/16 wurden die weitreichenden Folgen der neuen innertheologischen Position für die Gesamtheit der kirchlichen und weltlichen Gegenwartsbezüge angedeutet. Die Faszination für Studenten und Kollegen muß außerordentlich gewesen sein. Was zunächst nur als ein neues akademisches Leuchtfeuer erschien, wurde zum öffentlichen Ereignis und zum leidenschaftlich diskutierten Politicum, seit Luther im Herbst 1517 gegen die Ablaßpredigt auftrat. Weder dem Augustinermönch noch der breiten Schicht von Humanisten, Theologen und fürstlichen Räten, die nun seine gedruckten Schriften zu lesen und zu verbreiten begannen, konnten damals schon die späteren Folgen einsichtig sein. Niemand dachte an Kirchenspaltung oder an die Errichtung einer „zweiten Kirche". In einem grandiosen Mißverständnis wandte sich der überwiegende Teil der öffentlichen Meinung Deutschlands Luther zu, dem man die eigenen – national oder bildungspolitisch gefärbten – aktuellen Reformwünsche unterstellte. Kaum einer begriff die Tiefe und Radikalität von Luthers Theologie. Aber keine große Bewegung erklärt sich nur aus Mißverständnissen. Tatsächlich bestand ein innerer Zusammenhang zwischen der Wucht des antirömischen Affekts in Deutschland und Luthers theologischen Schlußfolgerungen, die nun Zug um Zug das Gebäude der traditionellen Lehre und der Hierarchie trafen. Und andererseits ist die befreite Zustimmung tieferer Geister nicht zu übersehen, wie man sie etwa bei Albrecht Dürer findet, der Luther in Kupfer stechen wollte, „zu einer langen gedechtnus des kristlichen mans, der mir aus grossen engsten geholfen hat".[3]

Die Antwort der kirchlichen Stellen und der konservativen Theologen auf Luthers Auftreten war im großen und ganzen schwächlich, theologisch wenig überzeugend und noch dazu politisch gehemmt. Um dies zu verstehen, müssen wir den Blick nach Rom wenden. Dort regierte Leo X. aus dem Hause Medici. Der Ruhm der italienischen Renaissance ist mit diesem Namen verbunden. Rom wurde damals zum Ort eines großartigen Mäzenatentums in Kunst und Wissenschaft; Raffael und Michelangelo arbeiten für den Papst, der die ewige Stadt im Glanze der erlesenen Kunstwerke zum blendenden Mittelpunkt der Kultur seiner Zeit ausgestalten will. Wir sind uns heute im klaren – wir, d. h. evangelische und katholische Christen –, wie sehr diese Konzeption die damaligen kirchlichen Aufgaben verfehlte. Statt die überaus harte Aufgabe einer spirituellen und strukturellen Kirchenreform an Haupt und Gliedern auf sich zu nehmen, gab sich das Papsttum weithin damit zufrieden, die ungestörte Freude an den Lebensformen der Renaissance durch politische Taktik abzusichern. Nicht viel besser als in Rom stand es mit der kirchlichen Hierarchie, mit Bischöfen und Theologen nördlich der Alpen.

Was nun die politische Hemmung im Vorgehen der Kurie gegen Luther angeht, so ist in aller Kürze auf Folgendes hinzuweisen. Gerade als 1518 in Rom der Prozeß gegen den Wittenberger eröffnet wurde, kam Papst Leo X. in die Lage, dessen Landesherrn, den sächsischen Kurfürsten, für die kurialen Absichten bei der bevorstehenden Wahl des Reichsoberhauptes gewinnen zu wollen: Kurfürst Friedrich sollte helfen, den von Rom gefürchteten Wahlsieg Karls von Spanien zu verhindern. So ergab sich die groteske Situation, daß der römische Prozeß gegen Luther im Zusammenhang mit der päpstlichen Politik gegenüber Franz I. und Karl V. fast eineinhalb Jahre auf Eis gelegt wurde. Erst im Herbst 1520 erging die Bannandrohungsbulle Exsurge Domine. Aber auch sie vermochte die öffentliche Meinung Deutschlands kaum mehr gegen Luther zu beeinflussen. Vielen Männern, die schließlich als Katholiken gestorben sind, erschien in jenen Jahren das kuriale Vorgehen gegen den Reformator nicht als die verbindliche Stimme der Kirche, sondern als eine von außen kommende, parteiische Maßnahme, die kein Gewissen verpflichtete. So schrieb damals Conrad Peutinger, der als Humanist und führender Politiker der süddeutschen Reichsstädte die Dinge genau verfolgt hatte, voll Ingrimm: „Luther war und ist in der Kirche; er wird nicht hinausgeworfen werden, wenn er nicht auf einem Konzil gerecht verurteilt wird.“[4]

Luthers Suchen nach Gottes Gerechtigkeit war eine Frage von universaler Tragweite; seine Frage kam aus der Tiefe des geschichtlichen Schicksals der Heilsbotschaft Christi. Die Antworten, die er fand, waren von ebenso allgemeiner Bedeutung. Es machte die konkreten Bedingungen dieser geschichtlichen Stunde aus, daß sich Weg und Wirkung des Reformators mit den deutschen Verhältnissen auseinanderzusetzen hatten. Die Welt, in die Luthers Verkündigung trat, war zunächst die altertümliche Welt des Heiligen Römischen Reiches Deutscher Nation. Ihr trat er auf dem Wormser Reichstag von 1521 persönlich entgegen.

Das Reich hatte sich eben ein neues Oberhaupt gewählt: den Habsburger Karl V., in den Niederlanden geboren, Herzog von Burgund, König von Kastilien und Aragon und nun erfüllt von der Idee einer „Monarchia Universalis“: habsburgische Weltherrschaft in der Einheit politischer und kirchlicher Lebensformen. Der Weg des Kaisers, der erst 1520 von Spanien her ins Reich kam, kreuzte sich in Worms mit Luther.

Am 23. Oktober fand im Aachener Karls-Münster die Krönung des zwanzigjährigen Monarchen statt. Die Kurfürsten walteten ihrer Ämter; der Erzbischof von Köln stellte die Fragen, die das Krönungsformular enthielt: „Willst Du den heiligen überlieferten katholischen Glauben halten und bewahren? Willst Du die Kirche und die Geistlichkeit beschirmen? Willst Du das Reich in Gerechtigkeit regieren? Willst Du ein gnädiger Richter und ein Anwalt der Armen und Reichen, der Witwen und Waisen sein? Willst Du der päpstlichen Heiligkeit und der römischen Kirche in Treue und Ehrfurcht die schuldige Ergebenheit bewahren?“[5] Karl antwortete jedesmal mit Ja und empfing die Krone und die liturgischen Krönungsgewänder. Wenige Tage später nahm er bereits – kraft päpstlicher Vollmacht – den Titel eines „erwählten römischen Kaisers“ an.

Mit dem altertümlichen Prunk der Aachener Krönungsfeier begann der Eintritt des Kaisers in die Probleme der Reichspolitik. Eine Woge von ungemessenen und unklaren Hoffnungen schlug ihm entgegen, als er nun – umgeben von einem glänzenden Hofstaat aus Niederländern, Spaniern und Deutschen – über Köln rheinaufwärts nach Worms reiste, um hier den Reichstag zu eröffnen. Volkstümliche Prophezeiungen und humanistische Begrüßungsworte verkündeten gleicherweise den Anbruch des goldenen Zeitalters. Viele hofften, der Kaiser werde sich an die Spitze der antikurialen Bewegung stellen. Die Erwartung einer durchgreifenden Reinigung der römischen Verhältnisse durch die Macht des Kaisers klang zusammen mit der Hoffnung auf eine erneuerte weltliche Herrschaft über ganz Italien. So schrieb man damals: „. . . dann werden die starken Deutschen aufsein mit Leib und Gut, und mit dir ziehen gen Rom und ganz Italien dir untertänig machen; dann wirst du ein gewaltiger König sein. Wirst du erst Gottes Handel ausrichten, so wird Gott deinen Handel ausrichten.“ Auch in Martin Luthers Schrift „An den christlichen Adel deutscher Nation" klang damals die hochgestimmte Erwartung auf den jungen, mächtigen Herrscher wider: „Gott hat uns ein junges, edles Blut zum Haupt gegeben, er hat damit viel Herzen zu großer, guter Hoffnung erweckt."[6]

Aber was war es eigentlich, was die Deutschen von Kaiser Karl erwarteten, der ihre Sprache nicht sprach, ihre Wünsche nicht kannte und ihre Hoffnungen nicht verstand? War es nur die Kraft des volkstümlichen Kaisermythos oder die des antirömischen Affektes, welche die Gemüter in Bewegung setzte? Es ist kaum möglich, die Vielschichtigkeit der Projektionen sozialer, politischer und religiöser Heilserwartungen aufzudecken, in deren Mittelpunkt Karl in Deutschland geriet. Zweierlei scheint in diesem verwirrenden Bild einigermaßen klar zu sein: die spannungsreiche deutsche Atmosphäre dieser Monate ist erfüllt von der Ahnung großer, schon überfälliger Entscheidungen – eine Wende ist im Gang, es geht nicht mehr so weiter wie bisher. Andererseits ist der Kaiser selbst zu innerst unberührt von der drängenden Bewegung um ihn her. Im Kreise seiner Berater herrschte die kühle Luft dynastischer Rationalität. Man dachte und handelte in den Bahnen einer berechenbaren und internationalen Politik. Der Kaiserhof spielte in dem Getriebe von Fürsten, Rittern, Humanisten, Luthergegnern und Lutherfreunden eine distanzierte Rolle. Man berechnete mit Genauigkeit die Züge und Gegenzüge und den Wert der einzelnen Figuren, man blieb entschieden außerhalb des Dunstkreises dieser deutschen Leidenschaften und Engagements. So konnte der Kaiser den Wormser Reichstag – formal gesehen – mit Erfolg leiten und zu Ende führen. In Wirklichkeit aber war ihm hier schon die Führung der deutschen Dinge entglitten, bevor er sie noch wirklich in die Hand genommen hatte.

Die Frage nach Luther und seiner Stellung zur Kirche und zum Reich gehörte keineswegs zum ursprünglichen Programm der Wormser Versammlung. Es gab zwar in diesem Programm einen Punkt, der die Interessen Roms sehr nahe betraf. Das waren die Gravamina nationis Germanicae, das heißt die seit dem 15. Jahrhundert stets wiederholten und verstärkten Klagen über die fiskalischen und rechtlichen Übergriffe der römischen Kurie in Deutschland. Der starke antirömische Affekt, der hinter diesen Klagepunkten stand, bestimmte weitgehend die Atmosphäre der ersten Monate des Reichstages und erfaßte auch manche Teilnehmer, die der Sache Luthers skeptisch oder neutral gegenüberstanden. Diese antirömische Stimmung bei hoch und niedrig machte auf die in Worms anwesenden päpstlichen Nuntien tiefen Eindruck. Sie manifestierte sich bei vielen Gelegenheiten. Am 22. Januar 1521 hielt der Augsburger Dominikanerprior Johann Faber, der später vor der Reformation aus seinem Kloster fliehen mußte, die Leichenrede für den verstorbenen Kardinal von Croy, einen der Großen des Kaiserhofes. In Anwesenheit des Kaisers und der führenden Männer des Reiches forderte der Dominikaner zunächst ein Vorgehen gegen Luther, da es diesem Privatmann nicht zustehe, den Papst zu maßregeln. Wohl stehe dies aber dem Kaiser und den Kurfürsten zu. Der Kaiser solle nach Italien ziehen, Italien wieder dem Reich unterwerfen und die Mißstände in Rom abstellen. Der Nuntius Aleander berichtete über diese sensationelle Kundgebung nationaler und innerkirchlicher Angriffslust in höchst besorgtem Tone nach Rom. Er intervenierte beim Kaiserhof, hatte aber keinen Erfolg; vielmehr wurde Faber vom Kaiserhof zum Prediger für die gesamte Fastenzeit bestimmt.

Solche Stimmungsmomente gaben den Hintergrund ab für das politische Ringen, das der Berufung Luthers vor den Reichstag vorausging. Wer waren nun diese Kurfürsten, Fürsten und Reichsstädte, die in Worms zum Reichstag zusammentraten? Man hat früher, im Zeichen straffer nationalstaatlicher Konzentration, über die altertümliche Schwerfälligkeit dieser Reichstage etwas von oben herab geurteilt. Die neuere Forschung hat jedoch nachgewiesen, wie tief und vorbildhaft die föderative Struktur des alten Reiches und seiner auf Verhandlung und Konsens beruhenden Reichsversammlungen auch auf die fortgeschrittene politische Theorie Westeuropas eingewirkt hat. Vergleicht man die damaligen politischen Institutionen Europas, so wird man finden, daß der deutsche Reichstag der Reformationszeit bei all seinen feudalen Begrenztheiten doch eine überaus lebendige und vielseitige Repräsentation der Kräfte der Nation darstellte. Und gerade diese deutschen

Landesfürsten und Obrigkeiten hatte der Wittenberger ja eben – im Sommer 1520 – durch seine großangelegte kirchliche, bildungs- und sozialpolitische Reformschrift angesprochen: „An den christlichen Adel deutscher Nation, von des christlichen Standes Besserung". Friedrich von Sachsen, Luthers Landesfürst, war eine führende Gestalt unter den deutschen Kurfürsten, mit denen der Kaiser sich jetzt zu arrangieren hatte. Der Kurfürst forderte ein unparteiisches Verhör für Luther und sah geflissentlich darüber hinweg, daß der Mönch inzwischen schon von Rom gebannt war und seinerseits die päpstliche Bulle vor den Toren Wittenbergs verbrannt hatte. Nach den Regeln des mittelalterlichen Reichs- und Ketzerrechtes hätte nun dem päpstlichen Bann die kaiserliche Achterklärung folgen müssen.

Aber die Dinge beginnen anders zu laufen. Auf der einen Seite fordert eine Mehrheit der zum Reichstag eintreffenden Stände das Verhör, auf der anderen Seite ist im Kreis der Hofräte und Juristen – bis in die nächste Umgebung des Kaisers – der Gedanke verbreitet, im Sinne des Erasmus die „Tragödie Luthers" durch ein Schiedsgerichtsverfahren friedlich beizulegen. Das sind zunächst etwas vage Ideen, die vom Papsttum als lehramtlicher Instanz absehen wollen und den Fall des Wittenbergers halb noch als Gelehrtenstreit, halb schon als ein Politikum im antipäpstlichen Sinne erscheinen lassen. Der päpstliche Nuntius Aleander drängt den Kaiserhof unausgesetzt zum sofortigen Erlaß eindeutiger Strafmandate gegen Luther. Der Kaiserhof spürt gute Lust, Luther gelegentlich als ein Schreck- und Druckmittel gegen Rom auszuspielen. Man will den sächsischen Kurfürsten und die anderen Stände nicht vor den Kopf stoßen; man will ihnen aber von kaiserlicher Seite her auch keine eigentliche verfassungsrechtliche Mitwirkung bei der Behandlung Luthers zugestehen.

Aus diesen hin und her wirkenden Motiven und Einflüssen ergibt sich schließlich die weltgeschichtliche Entscheidung: Luther wird vor den Reichstag berufen. Aber er darf nicht disputieren; er darf nur zum Widerruf erscheinen. Wenn er nicht widerruft, ist der Kaiser berechtigt, gegen ihn gemäß den Gesetzen vorzugehen. Zwischen Karl und der Kurie wird der Fall weiterhin nach allen Regeln der Renaissance-Diplomatie durchgespielt – so wenn Aleander der Kurie rät, die Sache Luthers vor dem Kaiser als nicht zu wichtig zu behandeln, damit dieser für seine Hilfe (gegen Luther) nicht übertriebene Gegenforderungen stellen könne. Von diesem diplomatischen Spiel wußte Luther wenig oder gar nichts. Desto mehr wußte er von den Gefahren für sein Leben, mehr noch, für die Reinheit seiner Lehre und Sendung, wenn er nun nach Worms ging. Ohne zu zögern entschloß er sich, der Vorladung auf den Reichstag zu folgen: „Und wenn sie gleich ein Feuer machten, das zwischen Wittenberg und Worms bis an den Himmel reicht: weil ich erfordert bin, so will ich doch in dem Namen des Herrn erscheinen und dem Behemot in sein Maul zwischen seine großen Zähne treten und Christum bekennen und denselben walten lassen."[7]

Begleitet von dem kaiserlichen Herold, wurde der Weg Luthers durch die Städte und Dörfer Hessens und Frankens zu einer Triumphfahrt. Die Blicke des ganzen Landes richteten sich nach Worms, wo der Wittenberger Mönch am 17. April 1521 zum erstenmal vor den Reichstag trat. Man legte ihm auf einem Tisch seine Bücher vor und fragte ihn, ob er sie als seine Werke anerkenne und ob er widerrufe. Luther bat um Bedenkzeit bis zum nächsten Tag. Hier wiederholte sich zunächst der Auftritt mit der Vorlage der Bücher. Aber nun ergriff der Reformator das Wort zu einer wohlvorbereiteten Rede, erst in deutscher, dann in lateinischer Sprache. Er ging davon aus, seine Werke zu klassifizieren und zu erläutern. Dabei legte er den Akzent weniger auf die theologischen Unterscheidungsfragen als auf den Gesamtkomplex von Papsttum, Kirche und Gewissen. Hier konnte er auf aufmerksamstes Gehör rechnen, und hier blieb er seinen Hörern, darunter dem Kaiser und allen Großen des Reiches, nichts schuldig: „Der Papst ist die Macht, die mit ihren allerbösesten Lehren und ihrem schlechten Beispiel die christliche Welt mit den geistlichen und leiblichen Übeln verheert, verwüstet und verdorben hat. Denn dies kann niemand bestreiten oder verhehlen, daß durch die Gesetze des Papstes und seine Menschenlehre die Gewissen der Christgläubigen aufs jämmerlichste gefangen, beschwert, gemartert und gequält sind." Auf die abschließende Frage nach einem klaren Ja oder Nein zum Widerruf antwortete Luther ohne Zögern: „Wenn ich nicht durch die Zeugnisse der Heiligen Schrift oder durch einen klaren Vernunftgrund überzeugt und überwunden werde, so bleibe ich überwunden durch die von mir angeführten Schriftstellen, und mein Gewissen bleibt im Worte Gottes gefangen und ich kann und will nicht widerrufen, da es weder sicher noch heilsam ist, gegen das Gewissen zu handeln. Gott helfe mir, Amen!"[8]

Nach dieser Erklärung war der Kaiser am Zug; er war jetzt konfrontiert mit einer Kampfansage, der gegenüber es kein taktisches Abwägen mehr gab. Einen Tag nach Luthers Rede ließ er die Stände zusammenkommen und gab eine Gegenerklärung ab, die er – wie man annimmt – selbst in französischer Sprache aufgesetzt hatte: „Ihr wißt, daß ich abstamme von den allerchristlichsten Kaisern der edlen deutschen Nation, von den katholischen Königen von Spanien, den Erzherzögen von Österreich, den Herzögen von Burgund, die alle bis zum Tode getreue Söhne der römischen Kirche gewesen sind. Sie haben die heilige katholische Religion hinterlassen, in der ich lebe und sterbe. So bin ich entschlossen, festzuhalten an allem, was seit dem Konstanzer Konzil erreicht ist. Denn es ist sicher, daß ein einzelner Mönch irrt, wenn er gegen die Meinung der ganzen Christenheit steht, da sonst die Christenheit tausend Jahre oder mehr geirrt haben müßte. Deshalb bin ich entschlossen, in dieser Sache alle meine Königreiche und Herrschaften, Freunde, Leib und Blut, Leben und Seele einzusetzen. Denn das wäre eine Schande für uns und für Euch, Ihr Glieder der edlen deutschen Nation, wenn in unserer Zeit durch unsere Nachlässigkeit auch nur ein Schein der Häresie und Beeinträchtigung der christlichen Religion in die Herzen der Menschen einzöge. Nachdem wir gestern die Rede Luthers hier gehört haben, sage ich Euch, daß ich bedaure, so lange gezögert zu haben, gegen ihn vorzugehen. Ich will ihn nie wieder hören. Er habe sein Geleit; aber ich werde ihn fortan als notorischen Ketzer betrachten und hoffe, daß Ihr als gute Christen gleichfalls das Eure tut."[9]

Auch wenn man bedenkt, daß diese kaiserliche Erklärung nicht zuletzt eine gezielte außenpolitische Bedeutung hatte – sie wurde bald im Druck in ganz Europa verbreitet und dem Papst im Konsistorium vorgelegt –, wird man sich dem Eindruck ihrer bekenntnishaften Kraft nicht entziehen können. Aber kann man Karls Erklärung als eine ebenbürtige Antwort auf Luthers Bekenntnis betrachten? Wohl kaum, wenn man beide Äußerungen nach ihrem theologischen und menschlichen Gewicht wertet: Gegen die tief durchdachte und durchlebte Gewissensentscheidung des Mönchs stand der religiöse Traditionalismus des Monarchen. Dazu kam die Frage nach der Bereitschaft zur Last der Konsequenzen. Für Luther war diese Bereitschaft nicht zweifelhaft; er hat sein ganzes weiteres Leben mit allen Gefährdungen und Bitternissen unter diese Last gestellt. Und der Kaiser? Bei ihm trat alsbald die innere Schwäche einer traditionalistischen Glaubenshaltung zutage, die eben nur ein Bestandteil seiner monarchischen Vorstellungswelt neben vielem anderen war. Er meinte es ernst mit seiner Antwort an Luther; aber er hätte es als völlig absurd betrachtet, nun etwa auf den bevorstehenden großen Krieg gegen Frankreich zu verzichten, der ihm die europäische Suprematie bringen sollte, und statt dessen in Deutschland die Voraussetzungen für ein Umsichgreifen der Reformation Luthers zu beseitigen. Auf eine solche Idee wäre damals weder der Kaiser noch seine Umgebung gekommen. Aber das war eben nicht nur ein Mangel an Voraussicht oder sittlichem Ernst, sondern die logische Folge aus jener alten Konzeption von Gott, Welt und Fürstenehre, in welcher der Kaiser groß geworden war.

Was Karls Hoffnung auf das Verhalten der Reichsstände anging, so erlebte er alsbald die ersten Enttäuschungen. Die Mehrzahl der Teilnehmer des Reichstages betrachtete den Fall Luthers auch jetzt noch nicht als entschieden. Sie wollten noch immer nicht die Hoffnung aufgeben, den Wittenberger für ihre Art von antirömischer Opposition und Kirchenreform zu gewinnen. Sie hielten den Konflikt zwischen der politischen Autorität und Luther noch für heilbar; um die lehramtliche Entscheidung Roms machten sie sich zunächst wenig Gedanken. So geschah das für heutige Begriffe ganz Überraschende: unter unwilliger Duldung des Kaisers wurde nun im kleinen Kreise Tag um Tag mit Luther weiterverhandelt. Zuerst stand ihm eine gemischte Kommission der Reichsstände gegenüber; zuletzt, am 25. April, waren es noch zwei Männer aus der starken Gruppe der humanistisch gebildeten Juristen – Conrad Peutinger aus Augsburg und Hieronymus Vehus, Kanzler des badischen Markgrafen –, die aus eigener Initiative das Gespräch mit Luther zu retten versuchten. In diesem bewegenden Endstadium wurden noch einmal frühere Ausgleichsvorschläge aufgegriffen: das unparteiische Schiedsgericht der Gelehrten, ein Richterspruch des Reichstages oder die Entscheidung eines Konzils, damit verbunden ein Stillhalteabkommen zwischen Luther und dem Reichstag. Aber alles Ringen und Bitten um eine Kompromißformel, die Luther für einen evolutionären Weg der Kirchenreform gewonnen hätte, stieß auf seinen unerschütterlichen Vorbehalt: wohl werde er sich der Entscheidung des Reichstages oder eines Konzils unterwerfen, nur dürfe nichts gegen die Heilige Schrift entschieden werden. Das war tatsächlich der Angelpunkt der Wormser Vorgänge. Hier scheiterte jeder Ausgleichsversuch, der von einer gesamtheitlichen Autorität in Glaubensfragen ausging – mochte man dabei auch so weit gehen, vom Papsttum als Glaubensinstanz überhaupt abzusehen.[10]

Als Luther am folgenden Tag Worms verließ, war die sächsische Politik schon darauf vorbereitet, den Gebannten und Geächteten für eine unbestimmte Übergangszeit dem Zugriff der Öffentlichkeit zu entziehen. Während der Wittenberger auf der Wartburg in Sicherheit saß, sich als „Junker Jörg" einen weltmännischen Bart wachsen ließ und die Bibel übersetzte, ging der Reichstag zu Ende. Der Kaiser erließ das berühmt-berüchtigte „Wormser Edikt", das nicht nur für die Person Luthers alle reichsrechtlichen Strafmaßnahmen verkündigte, sondern auch die Verbreitung seiner Schriften unterbinden sollte.[11] Das Wormser Edikt nennt Luther einen Sohn des Ungehorsams und der Bosheit. Sein „verkert gemüt und verstand" habe viel böse Frucht und Wirkung hervorgebracht. „Dann wie er lernet ain frei, aigenwillig leben, das allem gesetz ausgeschlossen und ganz vihisch, also ist er ain frei, aigenwillig mensch, der alle gesetz verdambt und unterdrückt . . ." Man sieht, wie hier mit einer stark auf das politische und soziale Ordnungsdenken der Zeit hin orientierten Polemik Luther auch über den religiösen Bereich hinaus zum schlechthin bösen Verneiner abgestempelt wird. – Doch damit war dem Stand der öffentlichen Meinung gegenüber nicht mehr durchzukommen. Wie ein reißender Strom ergoß sich in wachsender Anzahl das reformatorische Schrifttum über Deutschland. Nun wurde eben deutlich, daß es sich nicht mehr um Reform, sondern um etwas ganz Neues handelte. Heftiger und entschiedener begann man das Neue aufzunehmen, zu bedenken und mitzuvollziehen.

Die unmittelbar an Worms anschließenden Stationen von Luthers Leben und Wirken sind rasch überblickt. Wurde der Aufenthalt auf der Wartburg mit dem Beginn der Bibelübersetzung zu einem Markstein in der Entwicklung der neuen deutschen Sprache, die Luther mit unvergänglicher Kraft geprägt hat, so wurde seine Rückkehr nach Wittenberg zum Wendepunkt im Verhältnis der Reformation zum radikalen Schwärmertum, das in einem utopischen Chiliasmus den sofortigen Umsturz aller politischen und sozialen Verhältnisse bewerkstelligen zu können glaubte. Luther predigt und rät zu Geduld:

„Laßt den Menschen Zeit. Ich brauchte drei Jahre unablässigen Studierens, Bedenkens, Erörterns, um dahin zu kommen, wo ich jetzt bin; kann man erwarten, daß der gemeine Mann, unvertraut mit solchen Fragen, den gleichen Weg in drei Monaten durchlaufen werde? Denkt nicht, Mißstände seien ausgetilgt, wenn ihre Gegenstände beseitigt sind. Männer können Unrecht tun mit Wein und Weib. Sollen wir darum den Wein verbieten und die Frauen umbringen? Sonne, Mond und Sterne sind angebetet worden. Sollen wir sie darum vom Himmel reißen? Solche Hast und Gewalt verrät einen Mangel an Vertrauen auf Gott. Sieh, wieviel er durch mich hat wirken wollen, aber mit keiner Gewalt. Ich habe allein Gottes Wort getrieben, gepredigt und geschrieben, sonst hab ich nichts getan."[12]

Freilich, mit der Wendung Luthers gegen das sozialrevolutionäre Schwärmertum, das sogleich das Reich Gottes auf Erden errichten wollte, war bereits der Weg angedeutet, der dann seit dem großen Bauernkrieg von 1525 das Schicksal der deutschen Reformation unauflöslich mit dem obrigkeitlichen Prinzip des Fürstenstaates verbindet: an die Stelle des von Luther ursprünglich erhofften spontanen Wachsens der wahren christlichen Gemeinden tritt die Förderung und Reglementierung des reformatorischen Kirchenwesens von oben, vom Staat her.

Offen konnte dagegen in diesen Jahren noch eine andere, für das deutsche Gesamtschicksal entscheidende Frage erscheinen: wird es der von Luther ausgehenden Reformationsbewegung gelingen, die Gesamtheit des Reiches zu erfassen? Das ist die Frage, deren Antwort Ranke in einem berühmten Kapitel seiner Reformationsgeschichte unter der Überschrift behandelt hat: „Ursprung der Spaltung in der Nation."[13] Hier zeigt Ranke, wie bereits im Jahre 1524 durch den Zusammenschluß altgläubiger Fürsten mit den Bischöfen und durch ihren engen Anschluß an Rom die seither fortbestehende Tatsache der kirchlichen Spaltung der Nation sichtbar wird. Viel ist über die Motive und Ermöglichungen dieser Spaltung geforscht und wissenschaftlich diskutiert worden. Zu nahe lag die Frage: hätte es auch anders kommen können? Wir lassen diese bewegende Frage hier auf sich beruhen. Für Luther war sie – wenn ich recht sehe – kein zentrales Problem. Sosehr er sich immer wieder in direktem Bezug an „seine lieben Deutschen" wandte und seine Sache als eine Sache aller guten Deutschen ansah – seine Konzeption des Kampfes von Gut und Böse in dieser gefallenen Welt hat ihn vor unerfüllten Hoffnungen solcher Art bewahrt.

III.

Verfolgt man nun die Bedeutung Luthers für die deutsche Geschichte bis heute, so bildet bei aller Kontinuität der kirchen- und geistesgeschichtlichen Bezüge die Zeit um 1800 einen tiefen Einschnitt. Bis zur Zeit der französischen Revolution und Napoleons spielten sich die Entscheidungen der deutschen Geschichte innerhalb der fixen Grenzen einer altständischen, statischen Gesellschaft ab. Seit dem Beginn des 19. Jahrhunderts aber geraten die gesellschaftlichen Strukturen in einen immer rascheren Wandlungsprozeß; neue Lebensbedingungen und neue Ideale setzen die breitesten Schichten der Bevölkerung in Bewegung; das Ringen um den nationalen Staat wie um eine Lösung der sozialen Frage läßt der ererbten konfessionellen Gliederung des deutschen Volkes überraschend eine neue Bedeutung zukommen, während gleichzeitig im Zeichen innerkirchlicher Sammlung hier wie dort Luthers Gestalt wieder in den Mittelpunkt tiefreichender Auseinandersetzungen rückt. Lassen Sie mich also die früheren Zeiten in raschem Durchblick durchmessen, um dann etwas ausführlicher beim 19. Jahrhundert zu verweilen.

Der Augsburger Religionsfriede von 1555, erneuert und erweitert im Westfälischen Frieden von 1648, hatte die konfessionelle Spaltung der Nation endgültig werden lassen. Luther, der in den konfessionellen Kämpfen des 16. und 17. Jahrhunderts den einen als der Prophet Deutschlands erschienen war, der die Deutschen aus der ägyptischen Gefangenschaft herausgeführt hatte, galt den Katholiken jener Zeit als „Deutschlands Schandfleck". Erst langsam begann im Zeitalter der Aufklärung die Idee einer Toleranz Fuß zu fassen, die in gegenseitiger Respektierung der Glaubensüberzeugung aus der gegenseitigen Verketzerung herausführen konnte. Während auf evangelischer Seite schon mit Spener, Seckendorf und Leibniz neue, offenere Konzeptionen in der Auseinandersetzung mit Luthers Erbe sich abzeichnen, dauert es länger, bis die mildere und freiere Gesinnung der Aufklärung auch in den katholischen Lutherdarstellungen die gegenreformatorische Leidenschaft weithin zum Schweigen brachte. Dies lag einerseits an den besonderen Lebensbedingungen des nachtridentinischen Katholizismus, der stärker als je zuvor von der römischen Zentrale her geprägt wurde. Andererseits sind hier äußerst wichtige Entwicklungen der deutschen Sozial- und Bildungsgeschichte jener Zeit in Betracht zu ziehen. Jene patriarchalischen protestantischen Fürstenstaaten, die aus Luthers Reformation und den damit verknüpften gesellschaftlichen und politischen Entscheidungen hervorgegangen waren – Sieg der Fürsten über die Bauern, Sieg der Fürsten über die katholische „Monarchia" des Kaisers –, sie öffneten sich im

18. Jahrhundert vergleichsweise rasch und umfassend neuen Ideen in Verwaltung, Recht, Wirtschaftsleben und Bildung. Vollends wurde mit dem Übergang von der Aufklärung zur deutschen Klassik der Vorsprung der evangelischen Bevölkerungsteile vor den katholischen in der Entwicklung eines neuen Selbstbewußtseins und neuer Lebensformen evident.

Es konnte nicht ausbleiben, daß in diesen bildungs- und sozialgeschichtlichen Prozessen auch das Bild Luthers und das Bewußtsein seiner Bedeutung für die deutsche Geschichte tiefe Wandlungen erfuhr. Hatte schon König Friedrich II. von Preußen von Luther als dem „Befreier des Vaterlandes" gesprochen, so gewann das Bild des Wittenberger Reformators bei Johann Gottfried Herder vollends die Funktion eines nationalen Mythos. Der eigentlich theologisch-kirchliche Aspekt tritt zurück. Die Gedanken der Freiheit und der Bildung vereinigen sich mit dem neuen Ideal des Patriotismus. Luther ist für Herder „ein Lehrer der deutschen Nation": „Er ists, der die Deutsche Sprache, einen schlafenden Riesen, aufgewecket und losgebunden; er ists, der die Scholastische Wortkrämerei, wie jene Wechslertische, verschüttet: er hat durch seine Reformation eine ganze Nation zum Denken und Gefühl erhoben."[14]

Es unterliegt keinem Zweifel, wie stark bei Herder Luthers Gestalt bereits säkularisiert und in eine „weltliche" Aufstiegs- und Fortschrittsbewegung der Menschheit wie der deutschen Nation eingeordnet wurde. Doch wir brauchen uns bei solchen kritischen Hinweisen im vorliegenden Zusammenhang nicht allzulange aufhalten. Verkürzt ausgedrückt: Wirkung ist Wirkung. Und wenn es um Luthers Wirkungen in der deutschen Geschichte geht, dann muß nachdrücklich daran erinnert werden, daß gerade dieses säkularisierte, nationale, kulturerweckende Lutherbild es war, das aufs tiefste das aufsteigende protestantisch-deutsche Bildungsbürgertum des 19. Jahrhunderts in seinen verschiedenen Nuancierungen und seinen großartigen Leistungen geformt hat.

Und in diesem weiten Sinne, der nicht nur die Kultur des protestantischen Bürgertums meint, sondern insgesamt einen höchsten, aus religiöser Wurzel kommenden und die Welt verändernden Anspruch – gerade Männer wie Karl Marx und Friedrich Engels haben den idealistischen Protestantismus zur Voraussetzung –, sei im Blick auf die Zeit nach 1800 nochmals aus Herders Gedanken über Luther zitiert: „Dadurch ward, was geworden ist – Veränderung der Welt! Wie oft waren solche Luthers früher aufgestanden und – untergegangen: Der Mund war ihnen mit Rauch und Flammen gestopft, oder ihr Wort fand noch keine freie Luft – aber nun ist Frühling, die Erde öffnet sich, die Sonne brütet, und tausend neue Gewächse gehen hervor . . ."[15] Das ist der emphatische Zusammenklang universaler und nationaler Aufstiegsgewißheit und Zukunftsgläubigkeit, als dessen Symbolfigur Luther erscheint: er befreit, eröffnet, entbindet die „Veränderung der Welt", an deren eindeutig positiver Zielrichtung kein Zweifel aufkommt.

Es wird Zeit, den Blick auf die deutschen Katholiken und ihre Probleme mit Luther im Zeitalter der nationalen und sozialen Bewegung zu richten. Um die schicksalhaften Schwierigkeiten im Verhältnis der katholischen zu den evangelischen Christen Deutschlands im 19. und 20. Jahrhundert zu verstehen, muß man von den Grunderfahrungen ausgehen, d. h. von einer jeweils neuartigen Minoritätssituation. 1815, in der politischen Neuregelung der deutschen Dinge, befanden sich die Katholiken des außerösterreichischen Deutschland erstmals in einer klaren Minorität. Von all den vielen Territorien und Dynastien des alten Reiches war letzten Endes nur eine katholische Herrscherfamilie übriggeblieben: die Wittelsbacher in München. Diese Situation verschärfte sich über die Niederlage aller großdeutsch-katholischen Hoffnungen 1866 zur Aufrichtung eines protestantischen Kaisertums 1871. Nach 1945 verliefen dann, was die Begründung und die Bevölkerung der Bundesrepublik anging, die Dinge andersherum, wenn auch nicht in vergleichbarer Schärfe: statistisch und politisch – mit der Ära Adenauer – schien ein ganz neuartiges Vorwalten des deutschen Katholizismus gegeben, während traditionelle Mittelpunkte der protestantischen Geistigkeit im Osten verlorengingen oder in der DDR ihre frühere Bedeutung für das Ganze verlieren mußten. Diese überaus einschneidenden Grunderfahrungen vorausgesetzt, hatten die deutschen Katholiken des 19. Jahrhunderts in der neuen politischen und sozialen Mobilität noch weitere Hypotheken zu tragen. Aus der Romantik, aus der restaurativen antirevolutionären Gedankenwelt nach 1800 entwickelte sich die Summe jener katholisch-konservativen Gesinnungen, deren soziologischer Stellenwert und deren Unversöhntheit mit dem bürgerlich-liberalen Zeitgeist kaum hoch genug eingeschätzt werden kann. Dazu kam der immer engere Anschluß der deutschen Katholiken an Rom, das als Mittelpunkt des Abwehrkampfes gegen alle zersetzenden Zeittendenzen erschien. Im Zeichen solcher Festlegungen traten versöhnliche interkonfessionelle Ansätze der Spätaufklärung und des ersten Jahrhundertdrittels bald zurück. Im Bewußtsein der Katholiken wurde Luther immer eindeutiger zum Hauptschuldigen jenes Ablaufs der Revolutionierung und Auflösung aller kirchlichen und politischen Ordnung, als den man den Gang der Neuzeit pessimistisch empfand. Luthers Reformation als Vorstufe des atheistischen Nihilismus und der roten Revolution in der eigenen Gegenwart – das war eine für das nationale Zusammenleben der Deutschen und seine nun fällige Neugestaltung wahrhaft gravierende Vorstellungswelt!

Gewiß fehlte es nicht an Versuchen, dieser abschließenden Einseitigkeit entgegenzuwirken und neue Brücken zu schlagen. So hat der Münchner Theologe und Kirchenhistoriker Döllinger in einer berühmten Rede von 1863 über Vergangenheit und Gegenwart der katholischen Theologie das deutsche Schicksal der Trennung als eine Aufforderung zu künftiger Einheit interpretiert:

„Uns allein unter allen Völkern ist das Geschick widerfahren, daß das scharfe Eisen der Kirchentrennung mitten durch uns hindurchgegangen ist. Deutsche Theologen sind es gewesen, welche die Spaltung begonnen; so hat denn auch die deutsche Theologie den Beruf, die getrennten Konfessionen einmal wieder in höherer Einheit zu versöhnen."[16]

Doch bekanntlich setzte sich nicht die Döllingersche Linie durch, sondern nicht nur in Rom, auch in der katholischen Theologie Deutschlands gehörte die Zukunft einer Neuscholastik, die aufs schärfste die Trennung zur protestantischen Welt betonte. Und bereits sieben Jahre nach Döllingers irenischer Kundgebung brachte das 1. Vatikanische Konzil mit der Infallibilitätserklärung eine einschneidende Verschärfung der interkonfessionellen Situation in Deutschland. Weiterhin war es ein geradezu dramatisches Zusammentreffen ganz verschiedener Umstände, daß unmittelbar nach dem 1. Vatikanum mit dem siegreichen Krieg der deutschen Heere gegen Frankreich das neue Kaiserreich, ein protestantisches Kaisertum im kleindeutschen Sinne, unter Ausschluß der deutschsprachigen Katholiken Österreichs gegründet wurde. Für das Bewußtsein vieler Zeitgenossen standen diese entscheidenden Vorgänge von 1870/71 im Zeichen eines neuen und nun definitiven Sieges des Protestantismus über die zum Niedergang verurteilte katholische Welt. Der Kulturkampf verschärfte nochmals die Probleme des Zusammenlebens der katholischen und evangelischen Christen. Nun schien auf dem Boden der neuen politischen Ordnung jene Situation verewigt, die August Wilhelm Schlegel zu Beginn des Jahrhunderts von der Kultur her beschrieben hatte: Deutschland ist in zwei Nationen geschieden, „die ohne Zuneigung und Harmonie voneinander nicht wissen und sich hinderlich fallen, statt gemeinschaftlich herrliche Erscheinungen des Geistes hervorzurufen."[17]

Es ging noch weiter; im raschen Aufstieg der Macht und des Selbstbewußtseins des neuen Reiches, dessen katholische Bürger sich vielfach in der Rolle einer deklassierten Minderheit fühlten, kam der Gedanke auf, daß nun endlich eine Vollendung von Luthers Reformationswerk möglich werden könne: ein endgültiges Zurücktreten des Katholizismus zugunsten der vollen Identität von deutscher Nation und protestantischem Glauben. So formulierte Heinrich von Treitschke 1883 in seiner Gedenkrede „Luther und die deutsche Nation":

„Aus den tiefen Augen dieses urwüchsigen deutschen Bauernsohnes blitzte der alte Heldenmut der Germanen ... Wir Deutschen finden an alldem kein Rätsel, wir sagen einfach: das ist Blut von unserem Blute ..." Und weiter: „Fast überall, wo das Evangelium gewaltsam ausgerottet ward, kränkelt der deutsche Geist noch heute, als wäre ihm eine seiner Schwingen gelähmt ... In so reicher Zeit soll kein guter Protestant die Hoffnung aufgeben, daß dereinst noch schönere Tage kommen werden, da unser gesamtes Volk in Martin Luther seinen Helden und Lehrer verehrt."[18]

Selbstverständlich mußten solche Konzeptionen auf der katholischen Seite zu Abwehrreaktionen führen, die an Heftigkeit nichts zu wünschen übrig ließen. Und auch die verletzenden Ungerechtigkeiten und Fehler, die in katholischen Darstellungen der Reformation und Luthers in dieser Zeit erscheinen, sind vor dem Hintergrund dieser tiefgehenden Problematik zu sehen.

Doch lassen Sie mich hier mit dem Analysieren und Zitieren innehalten und den letzten Moment unseres Ganges durch 500 Jahre deutscher Geschichte zu einer direkten Konfrontation verwenden.

Die deutsche Gesellschaft – seit Luthers Auftreten von einer religiösen Sensibilität und einer Dauerreflexion über Gott und die Welt ohnegleichen geprägt – fand sich seit dem 19. Jahrhundert drei großen neuen Fragen gegenüber, deren Lösung mit spekulativer Theologie wenig, mit der praktischen Solidarität christlicher Bürger aber sehr viel zu tun hatte: die vernünftige Um- und Neugestaltung der sozialökonomischen Strukturen im Zeichen einer rasanten Entwicklung zur Industrienation, die Regelung des internationalen Zusammenlebens als Staat unter Staaten in einer besonders exponierten Zentrallage Europas und schließlich die sinnvolle Entwicklung der politischen Lebensformen im Inneren, die infolge des militärisch-obrigkeitlichen Charakters der Bismarckschen Gründung besonders dringlich war. Wie sich angesichts dieser drei Grundfragen der modernen deutschen Geschichte die konfessionelle Spaltung auswirkte, wie sich bei ihrer Lösung evangelische und katholische Christen verhielten, sich hinderten und sich halfen – all dies wäre im einzelnen zu zeigen, kann aber nicht mehr Gegenstand des heutigen Rückblicks sein. Zusammenfassend gesagt: es mußte zum Äußersten kommen – zur äußersten Bedrohung und Verletzung des Menschlichen in der nationalsozialistischen Gewaltherrschaft – bis sich eine wirkliche, neue Solidarität zwischen den Christen verschiedener Bekenntnisse in der Verantwortung für die Öffentlichkeit herstellte.

Inzwischen haben wir Deutschen allerdings die Einheit unserer politischen und gesellschaftlichen Lebensformen verloren. Man könnte diesen Einheitsverlust mit dem Verlust der kirchlichen Einheit im 16. Jahrhundert in Verbindung bringen. Ich tue das nicht: soweit für die Entwicklungen nach 1945 innerdeutsche Faktoren maßgebend waren und sind, haben wir sie wohl vor allem in den ungelösten gesellschaftlichen und moralischen Integrationsfragen der letzten hundert Jahre zu suchen, von denen oben die Rede war.

Dagegen ist noch auf ein anderes Phänomen der Gegenwart zu verweisen. Heute – nach der weitgehenden Herstellung der Solidarität auf kirchlicher Ebene – besteht die neue Versuchung, diese Solidarität mehr in der Absicherung spezifischer Kirchenziele als in einer Mithilfe an allgemeinen Aufgaben der Zeit aus christlicher Verantwortung wirksam werden zu lassen.

Doch kehren wir zum Schluß noch einmal zu Luther und nach Worms zurück. „Capta conscientia in verbis Dei – mein Gewissen ist gefangen im Worte Gottes" –, so hat Luther die Ablehnung des von ihm geforderten Widerrufs begründet. Gehen wir so auf den Kern der Sache zurück, dann stoßen wir alsbald auf einen erheblichen Unterschied zwischen der subjektiven und der objektiven Seite des Wormser Ereignisses. Was Luther wollte und meinte, ist das Eine (und der von Martin Schmidt hierfür verwendete Begriff „charismatische Reformation" erscheint mir recht treffend: Gott allein schafft die Reformation der Kirche und weiß ihre Stunde).[19] Das Andere ist die von Luthers Wollen weitgehend unabhängige Wirkung in der Geschichte. Wirkt es auf uns Menschen des Jahres 1971 ermutigend oder entmutigend, dies Wollen und dies Wirken, diese Tat und ihre Folgen im Geschick des deutschen Volkes uns vor Augen zu führen? Es gehört nicht zu den Aufgaben der Historie, Trost oder Mut zu spenden; sehr wohl aber ist es Sache des Historikers, immer wieder das volle Ausmaß menschlicher Entscheidung und Verantwortung darzulegen, einer immer neuen Verantwortung, die nur zum geringen Teil von jeweils fest vorgegebenen Maßstäben her zu erfüllen ist. Einer immer neuen Verantwortung, die durch den Glauben und durch die Gefangenschaft an das Wort Gottes – wie Luther sagte – nicht verkürzt wird, wohl aber verdeutlicht und in ihrer Erfüllung ermöglicht werden kann.

Vortrag im Städtischen Spiel- und Festhaus zu Worms am 17. April 1971 zur Eröffnung des 450-Jahr-Gedenkens an den Reichstag zu Worms 1521. Druck in: 1521 – Luther in Worms – 1971. Ansprachen, Vorträge, Predigten und Berichte zum 450-Jahr-Gedenken, ed. *F. Reuter* (Worms 1973), S. 33ff.

[1] Vgl. *H. Bornkamm,* Luther im Spiegel der deutschen Geistesgeschichte (Heidelberg 1955), S. 24.

[2] Aus der Vorrede zu Band I der Opera Latina der Wittenberger Ausgabe (1545). Neudruck u. a. in *Luthers* Werke in Auswahl, Bd. 4, ed. *O. Clemen* (Berlin 1959), S. 421ff., hier S. 427f.

[3] *Dürer.* Schriftlicher Nachlaß, Bd. 1, ed. *H. Rupprich* (Berlin 1956), S. 86; vgl. *H. Lutz,* Albrecht Dürer in der Geschichte der Reformation. In: HZ 206 (1968), S. 22ff. [im vorliegenden Band S. 67ff.].

[4] Vgl. *H. Lutz,* Conrad Peutinger, Beiträge zu einer politischen Biographie (Augsburg 1958), S. 391, Anm. 3.

[5] Gekürzte Übersetzung des lateinischen Originaltextes gedr. in Deutsche Reichtstagsakten, jüngere Reihe (RTA), Bd. 2, ed. *A. Wrede* (Gotha 1896), S. 96. Zum Stand der Forschung vgl. den gehaltvollen Sammelband: Der Reichstag zu Worms von 1521. Reichspolitik und Luthersache, ed. *F. Reuter* (Worms 1971).

[6] *Clemen,* Luthers Werke in Auswahl 1, S. 362ff., hier S. 365.

[7] Nach der Übersetzung bei *G. Ritter,* Luther. Gestalt und Tat (München ⁵1949), S. 133.

[8] Die lateinische Fassung der Rede Luthers vom 18. April in RTA 2, S. 551ff. Eine sorgfältige deutsche Übersetzung gibt *K.-V. Selge,* Capta conscientia in verbis Dei. Luthers Widerrufsverweigerung in Worms. In: *Reuter,* Worms 1521, S. 183–186. Selges Überlegungen zur Übersetzung der Schlußformel „neque tutum neque integrum" verdienen besondere Beachtung (ebd., S. 180, Anm. 1).

[9] RTA 2, S. 594ff. Erhalten ist nicht das Autograph, sondern eine Kopie. Auch mit dem Nachweis eines Autographs wäre jedoch über das eigentliche Problem der Autorschaft des Kaisers noch so gut wie nichts ausgemacht; man muß damals und später mit der Möglichkeit rechnen, daß wichtige Aktenstücke eigenhändig nach einer von anderer Seite entworfenen Vorlage abgeschrieben wurden. Diese Probleme der Autorschaft bzw. des persönlichen Anteils des Kaisers können hier nicht weiter erörtert werden. Sie können von Bedeutung für den biographischen Aspekt sein; für die Sachentscheidung selbst macht es wenig aus, ob hier der Kaiser als Person oder als „Institution" gesprochen hat. – Was den Inhalt angeht, so vermag ich der Interpretation von *H. Wolter,* Das Bekenntnis des Kaisers, in: *Reuter,* Worms 1521, S. 222ff., nicht zu folgen; sie hat sich mit den von mir in der Propyläen-Weltgeschichte 1964 (Bd. 7, S. 40) skizzierten Argumenten nicht eigentlich auseinandergesetzt. Es geht ja bei der Bewertung der Stellungnahme des Kaisers im Vergleich zu Luther nicht um Kategorien wie „blaß" oder „kraftvoll" (Wolter, S. 225). Vielmehr handelte es sich bei meiner damaligen – für den Kenner deutlich erkennbar auf Gerhard Ritter und auf Joseph Lortz bezogenen – Argumentation um den Versuch einer gesamtheitlichen Abwägung des Verhaltens Karls V. und Luthers. Die Heroisierung des Auftretens Karls V., wie sie Wolter im Anschluß an Ritter und Lortz nochmals versucht, ist nicht nur methodisch ungesichert, sondern auch in ihren interpretativen Konsequenzen beachtenswert; von der Bewertung des Wormser Auftritts her ergeben sich nämlich sehr weitreichende Perspektiven für die Beurteilung der Rolle des Kaisers in der Reformationsgeschichte. Die Heroisierung der antireformatorischen Haltung Karls V. von Worms 1521 bis zur Resignation 1556 gehört übrigens zur Tradition der katholischen Historiographie Deutschlands seit dem 19. Jahrhundert, die ihrerseits in Prudentio de Sandovals gegenreformatorischem Kaiser-Bild (1614) ihren Vorläufer hatte. Sie wird in jüngster Zeit auch auf katholischer Seite durch eine detaillierte Quellenforschung (vgl. etwa Georg Pfeilschifters Arbeiten) in Frage gestellt. Dieser falschen Heroisierung Karls V. trat ich 1964 mit guten Gründen entgegen; ich erneuere im obigen Text diese interpretative Stellungnahme, die für eine zutreffende Perspektive des Gesamtproblems „Karl V. und die Reformation" von Bedeutung ist.

[10] RTA 2, S. 620f. Vgl. auch *Lutz,* Peutinger, S. 190ff.; ebd., S. 163ff., die Vorgeschichte der Intervention Peutingers (Erasmus fordert Peutinger zur Vermittlung in der Luthersache auf).

[11] Der vollständige Text in RTA 2, S. 640ff.

[12] Die Modernisierung folgt hier der Textform bei *R. H. Bainton,* Martin Luther (Göttingen ³1959), S. 181 (nach WA 10, S. 25).

[13] Vgl. meine Skizze „Ursprung der Spaltung in der Nation". Bemerkungen zu einem Kapitel aus Rankes Reformationsgeschichte. In: Festschrift für Hermann Heimpel, Bd. 1 (Göttingen 1971), S. 140ff. [im vorliegenden Band S. 210ff.].

[14] *Johann Gottfried Herder,* Über die neuere deutsche Literatur, 3. Sammlung (1767); zitiert nach *E. W. Zeeden,* Martin Luther und die Reformation im Urteil des deutschen Luthertums, Bd. 2 (Freiburg 1952), S. 361.

[15] *Johann Gottfried Herder,* Auch eine Philosophie der Geschichte zur Bildung der Menschheit (1744); zitiert nach *Zeeden,* Luther und die Reformation im Urteil des Luthertums 2, S. 370.

[16] *I. v. Döllinger,* Kleinere Schriften (Stuttgart 1890), S. 177ff. Zu Döllingers Lutherbild vgl. *W. Beyna,* Das moderne katholische Lutherbild (Essen 1969), S. 15ff.

[17] *August Wilhelm Schlegel,* Vorlesungen über schöne Literatur und Kunst (1802–1803); zitiert nach *Bornkamm,* Luther im Spiegel der deutschen Geistesgeschichte, S. 35.

[18] *H. v. Treitschke,* Ausgewählte Schriften, Bd. 1 (Leipzig ⁷1917), S. 155ff.

[19] *M. Schmidt,* Luthers charismatischer Reformationsbegriff und der Reichstag zu Worms. In: *Reuter,* Worms 1521, S. 155ff.

DAS REICH, KARL V. UND DER BEGINN DER REFORMATION

Bemerkungen zu Luther in Worms 1521

Das Verhältnis von Politik und Religion am Beginn des konfessionellen Zeitalters stellt ein Thema dar, dessen Fruchtbarkeit kaum überschätzt werden kann. Mit Recht ist jüngst wieder deutlich auf die Bedeutung der nichttheologischen Faktoren in der Geschichte der Reformation hingewiesen worden[1]. Allerdings befinden sich die nichtmarxistischen Forscher mit ihren Fragen nach dem Ineinandergreifen „profaner" und kirchlich-religiöser Entwicklungsprozesse und Motive in einer unsichereren Situation als jene Wissenschaft, die vom historischen Materialismus her die Reformationsepoche als „frühbürgerliche Revolution" interpretiert. Überaus anspruchsvoll stellt sich die Aufgabe dar, einerseits die theologischen und kirchlichen Selbstaussagen einer Zeit ganz ernst zu nehmen und andererseits den Fragen nach den nichttheologischen Bedingungen und Kräften jener das ganze Leben der Zeitgenossen in Gesellschaft, Staat und Kirche verändernden Bewegungen nicht auszuweichen. Über die prinzipielle Abweisung jeder monokausalen Erklärung hinaus ist eine unermüdliche Arbeit zugunsten der konkreten Möglichkeiten integrativer Interpretation erforderlich. Es bedarf dieser fortgesetzten Arbeit, damit die Spezialforschungen aus den jeweiligen Einzelbereichen sinnvoll angesetzt, durchgeführt und ausgewertet werden können. Im Hinblick auf die Fassung und Ausgrenzung des jeweiligen Forschungsgegenstandes bieten sich verschiedene Modalitäten an, um zu dieser Integrationsaufgabe beizutragen. Eine davon liegt in der Wahl von Objekten, die schon im zeitgenössischen Bewußtsein, auch ohne eine ex posteriori angestellte Methodenreflexion, vom deutlichen Zusammenwirken verschiedenartiger Motive und Entwicklungslinien gekennzeichnet sind. Ein solches Objekt der Forschung stellt der Wormser Reichstag 1521 dar.

Die weltgeschichtliche Bedeutung dieser Versammlung der Stände des Reiches ist bekannt. Das Haus Habsburg hatte in der Person Karls V. die Idee eines Weltkaisertums erfaßt. Der junge Kaiser trat zum erstenmal den Reichsständen gegenüber; ihre korporative Konzeption des Reiches unterschied sich tief von seinen Absichten. Zwischen Kaiser und Reich stand die Sache Luthers zur Entscheidung.

Der Rückblick auf das vor 450 Jahren erfolgte Auftreten Luthers hat 1971 zu Gedenkveranstaltungen in Worms und zum Erscheinen eines inhaltsreichen Bandes über den Reichstag von 1521 geführt[2]. Dieser Band und die kurz zuvor erschienene interessante und das Problembewußtsein fördernde Untersuchung von Wilhelm Borth über die „Luthersache" 1517–1524[3] regen dazu an, einige Aspekte der damaligen Ereignisse nochmals zu überdenken. Insbesondere erscheint es angebracht, einschlägige Thesen Borths in expliziter oder impliziter Weise kritisch zu würdigen. Die hier vorgelegten Erörterungen beziehen sich vor allem auf das Verhalten nichttheologischer Instanzen zu Luther: auf den Stand der Luthersache im November 1520, auf die erste Antwort der Reichsstände an den Kaiser in der causa Lutheri und auf die Schlußverhandlungen der Stände mit Luther am 24./25. April.

I.

In die außerordentlich komplizierten Bezüge, die der Berufung Luthers vor den Reichstag und den dortigen Entscheidungen zugrunde liegen, will Borth durch seine sehr akzentuierte Fragestellung neues Licht bringen. Wenn er versucht, „Luthers Auseinandersetzung und seinen Bruch mit der römischen Kirche ... vor allem als rechtlich-politisches Phänomen zu erfassen"[4], so abstrahiert er damit von der theologischen Entwicklung des Reformators und der theologischen Diskussion über den Reformator. Ob dies methodisch sinnvoll ist, möge dahingestellt bleiben. In der Durchführung der Arbeit zeigt sich jedoch eine weitere, bedenklichere Reduktion: der Bereich der öffentlichen Meinung – all das, was an kirchenpolitischer Diskussion, an Bildungsbewußtsein, an Nationalgefühl damals vorhanden war – wird generell vernachlässigt. Indem „Politik" und „Recht" a limine in einer isolierten Weise als maßgebende Begriffe verwendet werden, gerät Borth in die methodische Schwierigkeit, den überreichen Kontext von theologischen, nationalen, kulturellen Faktoren bestenfalls en passant zur Sprache bringen zu können. Und selbst im eigentlichen Umkreis der Politik, den er untersucht – in der kursächsichen „Lutherschutzpolitik" –, schränken zu wenig reflektierte Ausgangspositionen die Tragweite seiner in sich scharf und energisch geführten Argumentation streckenweise erheblich ein. Wie geschieht in Sachsen damals „Politik"? Wer ist an den Prozessen der Meinungsbildung und der Entscheidung beteiligt? Wie sind die Positionen der Räte und der Theologen um Kurfürst Friedrich? Hat der Adel und das Bürgertum im Lande, hat die landständische Verfassung, hat das Verhältnis Friedrichs zu seinem Bruder Johann, zu seinem Vetter Georg Bedeutung? Wie hängen die Motivationen dieser kursächsischen Lutherschutzpolitik mit den damaligen Argumenten und Motiven der Humanisten und anderer Richtungen der öffentlichen Meinung zusammen? Wie steht es schließlich mit den persönlichen Vorstellungen und Konzeptionen Friedrichs, mit seinen religiösen und historischen Interessen? Die „Vermittlung" dieser hier nur angedeuteten Gesichtspunkte in die Begriffe von Politik und Recht wäre von großer Wichtigkeit.

Ein anderes Problem hängt damit eng zusammen. Da die Frage nach dem zwischen Kurfürst Friedrich und Luther vermittelnden Milieu weder sachlich noch personal thematisiert wird, gerät Borth wiederholt in Gefahr, die Positionen des Kurfürsten und des Mönchs zu nahe aneinanderzurücken bzw. geradezu zu identifizieren[5]. Zum Beispiel geht er bei der Besprechung der Lutherschrift „An den christlichen Adel deutscher Nation" so weit, ihren Inhalt in seiner Sicht undifferenziert für die Analyse von Friedrichs Auffassungen und Absichten in Anspruch zu nehmen: „Dieser Appell an die deutschen Fürsten zeigte weiterhin, daß Friedrich der Weise die bevorstehende Auseinandersetzung in der Luthersache wesentlich als politischen Konflikt auffaßte, der sich auf dem Hintergrund eines allgemein verbreiteten Antikurialismus abspielte."[6] Gewiß spielte das kursächsische Milieu und die besondere politische und stimmungsmäßige Konstellation im Reich um die Mitte des Jahres 1520 für Luthers Schrift eine große Rolle. Doch erscheint es unmöglich, für den Kurfürsten selbst so direkte Schlüsse zu ziehen.

Ein weiteres Beispiel für die Eigenart von Borths Interpretationsweise führt bereits in den November 1520, wo wichtige Vorentscheidungen für die weitere Behandlung der Lutherfrage auf dem bevorstehenden Reichstag fielen. Es handelt sich um die „Responsio Friderici", d. h. die Stellungnahme, die der Kurfürst den Nuntien Aleander und Carraciolo in Köln am 6. November 1520 auf ihre Forderung zum Vollzug der Bann(androhungs)bulle erteilte[7]. Borth sieht diese ablehnende Antwort, die bei gleichzeitiger Versicherung der kirchlichen Loyalität um ein Schiedsgericht von unverdächtigen, gelehrten Personen bat, die ex integro über Luther urteilen sollten, als „Ausdruck einer prinzipiellen Obödienzkrise"[8], als einen „rechtlich-politischen Bruch mit Rom". „Die Radikalität der kursächsischen Obödienzverweigerung lag darin, daß man nicht nur wie zur Zeit des kleinen Schisma fragte, welcher geistlichen Autorität man sich unterwerfen sollte, sondern daß man jede hierarchische Glaubensautorität überhaupt ablehnte."[9] Im Gegensatz zu dieser Interpretation sagt Borth selbst etwas später bei der Besprechung der damaligen Stellungnahmen von Erasmus und Johann Faber (auf die ich noch zurückkomme): „Mit einer grundsätzlichen Infragestellung der päpstlichen Lehrautorität mußte also die Ablehnung der Bulle durch Erasmus und die kaiserlichen Räte noch nichts zu tun haben."[10] Was nun? Was bei Erasmus vereinbar erscheint, wäre bei Kurfürst Friedrich damals unvereinbar gewesen? Darüber hinaus läßt sich eindeutig nachweisen, daß weder damals noch später die „Responsio Friderici" im Sinne einer Obödienzkrise oder eines „politisch-rechtlichen Bruches mit Rom" aufgefaßt wurde – weder von Kursachsen noch von der kurialen Seite her. Auch hat keine der beiden Seiten weitere Konsequenzen gezogen, wie sie ein „Bruch" erfordert hätte. Was soll man nun interpretativ mit einer Obödienzkrise oder einem Bruch anfangen, von denen die Beteiligten und sonstige Zeitgenossen nichts bemerkten? Kann man in solchen Fragen eventuelle, ex posteriori bemerkbare, „objektive" Indizien (im Sinne eines: „Ja, das war doch damals eigentlich schon ein Bruch . . .") gegen die subjektive Auffassung der Zeitgenossen ausspielen? Hier ist nun etwas weiter auszuholen; denn es geht ja nicht um einzelne Corrigenda, sondern um eine angemessene Gesamtperspektive, innerhalb derer gemäß dem heutigen Forschungsstand gefragt und argumentiert werden kann.

Nach der Krönung in Aachen hielt sich Karl V. mit zahlreichem Gefolge einige Zeit in Köln auf. Die Kölner Tage Anfang November 1520 haben in der Vorgeschichte des Wormser Reichstages eine besondere Bedeutung. Hier kam es erstmals nach dem Eintreffen des neuen Kaisers auf Reichsboden zu weitgehenden Erörterungen über die Lutherfrage. Am 4. November wurde Kurfürst Friedrich von Nuntius Aleander zum Vorgehen gegen Luther aufgefordert. Am 5. November fand die Unterredung zwischen Friedrich und Erasmus statt, die letzteren zur schriftlichen Formulierung seiner auf Ausgleich bedachten Ansichten in den an den Kurfürsten übergebenen „Axiomata" veranlaßte[11]. Am 6. November gab der Kurfürst den Nuntien eine ablehnende Antwort[12], deren Affinität zu den „Axiomata" des Erasmus feststeht. Der Kurfürst forderte im Sinne von Luthers eigenem Erbieten und in Übereinstimmung mit den „Axiomata" ein neues Verhör des Mönches durch unverdächtige, gelehrte und fromme Richter. In den gleichen zeitlichen und sachlichen Zusammenhang gehören Denkschriften, die der Augsburger Dominikanerprior Johann Faber – damals mit dem Kaiserhof reisend – teils selbständig, teils mit Erasmus gemeinsam im Sinne einer friedlichen Beilegung der causa Lutheri verfaßte (u. a. mit dem Vorschlag einer Konzilsentscheidung). Erasmus selbst richtet am 9. November ein Schreiben an den ihm bekannten Augsburger Stadtschreiber Conrad Peutinger, der damals als besonders einflußreicher Politiker im Kreise der Reichsstädte galt und als Humanist mit Erasmus in Verbindung stand, um ihn im gleichen Sinne zu einem Eingreifen auf dem kommenden Reichstag zu veranlassen[13]. Die Nachrichten über das, was in Köln zwischen Karl V. und Kurfürst Friedrich in der Luthersache besprochen wurde, sind dürftig. Borths Angabe, daß der Kurfürst vom Kaiser eine Verschiebung der Angelegenheit auf den Wormser Reichstag gefordert habe, ist irrig[14]. Das kaiserliche Schreiben an Friedrich vom 28. November[15], das erstmals die Zusage eines Verhörs Luthers auf dem Reichstag durch „gelerte und hochverstendige personen" enthielt, bezog sich nicht auf eine direkte Intervention des Sachsen, sondern auf einen diesbezüglichen Brief des Kurfürsten an zwei hochgestellte Persönlichkeiten des Kaiserhofes, Chièvres und Heinrich v. Nassau. Die Verbrennung der Bulle und kanonistischer Literatur durch Luther in Wittenberg am 10. Dezember und Aleanders Vorstöße am Kaiserhof zugunsten eines schärferen Vorgehens gegen den Reformator leiteten dann einen neuen Abschnitt der Entwicklung ein. Um welche Perspektiven geht es nun bei der Darstellung und Interpretation dieser Vorgänge?

Es geht in paradigmatischer Weise darum, die Vielfalt, Differenz und Konvergenz der hier im Sinne einer friedlichen Beilegung der causa Lutheri wirkenden Kräfte in den Blick zu bekommen. Nicht allein eine zunächst isolierte sächsische Lutherschutzpolitik ist es, die nun aus taktischen Gründen die Tendenz „von der rein landesherrlichen Angelegenheit zu einer Reichsfrage"[16] entwickelt. Vielmehr war die Luthersache spätestens seit der Bulle „Exsurge Domine" und ihrer Publikation in den deutschen Territorien eine Reichsfrage geworden. Und deshalb richteten sich nicht nur in Sachsen, sondern auch anderswo im Reich die Erwartungen auf den anreisenden Kaiser (und auf den bevorstehenden Reichstag). So versuchte z. B. in der Reichsstadt Augsburg in jenen Novembertagen Peutinger, die Publikation der Bulle – vergeblich – zu verhindern, indem er den bischöflichen Generalvikar auf Kölner Kontakte des Kaisers mit Kurfürst Friedrich verwies: obwohl der Kaiser die Verbrennung der Bücher Luthers durch die Universität Löwen gestattet habe, „solle doch hernach ihr Mt. uff des Kurfürsten von Sachsen bericht gesagt haben: man solle dem münch rechts, wie er sich erpiett, gestatten"[17]. So wie der Reichsstädter Peutinger als

Adressat des Erasmusbriefes Exponent einer ganz bestimmten soziokulturellen Konstellation ist, so kann auch im Falle des Johann Faber wie des Erasmus die je verschiedene Bildungs- und Erfahrungswelt analysiert werden, die zu diesem Zeitpunkt ein begrenztes Zusammenwirken gegen die päpstliche Bulle und für eine friedliche Lösung im Falle Luthers motiviert. Auf der sächsischen Seite tritt in Köln Spalatin als humanistischer Theologe und „Mittelsmann" zu Erasmus in Erscheinung[18]. Die Frage wäre weiter zu richten an die Juristen des Kurfürsten, die in Worms eine Rolle in der Umgebung Luthers spielen: neben dem Kanzler Brück Hieronymus Schurf, der mit dem kaiserlichen Rat Dr. Lamparter verwandt war, der wiederum Gattinaras besonderes Vertrauen hatte. Schwieriger – und deshalb heute noch eine offene Aufgabe – ist die Bestimmung der Kräfte, die im Umkreis des Kaisers in dieser Richtung wirkten. Borth hat irrtümlicherweise Peutinger und Faber zu Vertretern einer solchen „Partei" am Kaiserhof gemacht. Man müßte Glapion, den kaiserlichen Beichtvater, in Betracht ziehen, vielleicht auch Heinrich v. Nassau, auf den Glapion sich wiederholt bezog. Wieweit Chièvres in Frage kommt, ist schwer zu sagen. Bei Gattinara dagegen läßt sich – vor allem aus späteren Äußerungen – eine stark antikuriale Haltung nachweisen. Vom Kaiser selbst wird noch zu sprechen sein[19].

Kann diese Vielfalt der Kräfte – immer noch beim Paradigma der Kölner Konstellation bleibend – noch unter die Begriffe von Politik und Recht gebracht werden? Wohl kaum, wenn diese Worte einen präzisen Sinn behalten sollen. Oder kann man umgekehrt von dieser Vielfalt und Konvergenz der Kräfte, die pro Luther wirkten, abstrahieren? Das hieße, generell gesehen, den ganzen Bereich persönlicher Überzeugungen, humanistischer Öffentlichkeit, volkstümlicher Strömungen, Tendenzen im Weltklerus und in den Orden, wirtschaftlicher Interessen, sozialer Gegensätze, die damals den Stand der Lutherfrage in kompliziertem Zusammenwirken mitbestimmten, thematisch abzuwerten. Wenn also anscheinend beide Fragen negativ zu beantworten sind, so stellt sich in methodischer Hinsicht die positive Aufgabe, interpretative Kriterien zu entwickeln, die der Vielfalt und Konvergenz der Kräfte, die Luther zu Beginn der deutschen Reformation „trugen", angemessen sind.

Des weiteren stellen sich bei der Bemühung um angemessene Perspektiven sogleich die Fragen: Welches Ziel war diesen Kräften in der Sache Luthers gemeinsam? Wieweit reichten die jeweiligen Konzeptionen von „Lutherschutz"? Schon der Vergleich der Positionen des sächsischen Kurfürsten mit der Stellungnahme Fabers und Erasmus', wie sie Borth interpretierte, zeigte die Widersprüchlichkeit einer Betrachtungsweise, die im einen Falle die Ablehnung der Bulle als Indiz für die Ablehnung „jeder hierarchischen Glaubensautorität" sieht, im anderen Falle nicht[20]. Um auf festeren Boden zu kommen, genügt es nicht, Borths Auffassung der sächsischen Antwort vom 6. November punktuell als Überinterpretation abzulehnen. Vielmehr muß der weitere Kontext im Herbst 1520 in Betracht gezogen werden: ein breitgestaffeltes und nach regionalen und zeitlichen Bedingungen wechselndes Feld von Meinungen und Aktionen, die einerseits das römische Verfahren gegen Luther mißbilligten, aber andererseits den ausdrücklichen und öffentlichen Konflikt mit der römischen Lehrautorität als solcher nicht intendierten. Die letztere Grenze ist bekanntlich damals kaum überschritten worden. Außer Luther selbst wäre hier vielleicht noch Hutten zu nennen. Aber eine nähere Analyse von Huttens Verhalten 1520/21 macht es zweifelhaft, ob eine solche definitive Grenzüberschreitung damals schon vorlag. Wenn ich recht sehe, hat auch die kursächsische Lutherschutzpolitik, die ja im unmittelbaren Zugzwang stand, es dennoch konsequent vermieden, diese Grenze zu überschreiten bzw. sich über sie hinausdrängen zu lassen. Die Risiken wären sehr hoch gewesen. Und nichts, was wir über die persönlichen Gesinnungen der an der kursächsischen Politik Beteiligten wissen, mußte zu dieser Grenzüberschreitung veranlassen. Dagegen zeigen die von Köln nach Worms verfolgbaren Linien der kursächsischen Politik zwei wichtige Charakteristika anderer Art. Das eine ist die anscheinend schon in Köln einsetzende Tendenz, die Verhör-Forderung für Luther gegenüber dem Kaiserhof mit einer „Inkompetenzerklärung" in der Luthersache zu verbinden und sich diese Inkompetenz im Sinne einer „Nichthaftung" vom

Kaiser (in der Form eines geheimen Arrangements) bestätigen zu lassen[21]. Das andere ist die Einordnung der Luthersache in eine möglichst breite Plattform reichsständischer Solidarität im Hinblick auf die bevorstehenden Reichstagsverhandlungen. Beide Tendenzen boten keinen Anlaß zu einer prinzipiellen Radikalisierung der kursächsischen Lutherschutzpolitik. Eher war das Gegenteil der Fall.

Hinsichtlich der geforderten Verfahrensweise ist darauf hinzuweisen, daß im Laufe des November neben den kurfürstlichen und erasmianischen Vorschlag des Schiedsgerichtes von Gelehrten, die mit Luther mit „argumentis, doctis rationibus, piis et solidis scripturis" verhandeln sollten, die erneuerte Konzilsappellation Luthers (vom 17. November 1520) trat. Beide Verfahrensweisen – Entscheidung durch ein Schiedsgericht von Gelehrten oder durch ein Konzil – konnten sehr verschieden aufgefaßt werden. In den folgenden Verhandlungen bildeten sich zwischen dem Programm eines autonomen Schiedsgerichts und dem Zugeständnis eines bloßen Widerruf-Verhörs für Luther fließende Übergänge heraus, die absichtlich oder unabsichtlich Positionen verwischten und ambivalente Haltungen und Kompromisse beförderten. Auch die Konzilsforderung war insofern mit Unklarheit behaftet, als Luthers eigene Stellung zu den Konzilien seit Leipzig sehr problematisch war und andererseits die traditionelle Linie des Konziliarismus in der Öffentlichkeit keineswegs ein eindeutiges Programm gegenüber der römischen Papaltheorie darstellte. Doch beide Modalitäten waren in Strömungen begründet, die in der deutschen Öffentlichkeit Relevanz besaßen. Auf der Suche nach Alternativen zu dem vielfach als parteiisch und nicht maßgebend betrachteten römischen Verfahren gegen Luther wurden sie diskutiert und spielten im Laufe der ständischen Verhandlungen über und mit Luther in Worms eine Rolle.

II.

In mehreren Beiträgen des Sammelbandes „Der Wormser Reichstag 1521" ist die Haltung der Reichsstände zur Lutherfrage im einzelnen und im ganzen behandelt worden. Vieles läßt sich nun deutlicher als bisher überblicken, wichtige interpretative Fragen können klarer formuliert werden. Ein besonderes Interesse richtet sich angesichts der heutigen Forschungslage auf zwei Phasen der Verhandlungen: auf die ständische Antwort an den Kaiser vom 19. Februar, wo ein Verhör Luthers durch „etlich gelerte und der sach verstendige" Deputierte gefordert wurde, und auf die Schlußverhandlungen, die gemäß der ständischen Forderung noch nach der definitiven Verurteilung Luthers durch den Kaiser am 24./25. April stattfanden. Die folgenden Bemerkungen zu diesen beiden Problemkreisen verbinden sich mit der Frage, was sich von hier her für Borths Thesen ergibt.

Die Lutherfrage war bekanntlich kein im Ausschreiben des Reichstages angekündigter Verhandlungsgegenstand. Aber die allgemeinen Regeln und die spezifischen Verhältnisse, die für den Reichstag als solchen und für 1521 gegeben waren, wirkten dennoch sogleich auf die Behandlung der Lutherfrage ein. Und umgekehrt konnte die Lutherfrage nicht ohne Bedeutung für die zunächst allein an profanen verfassungspolitischen und politisch-finanziellen Problemen orientierten Beziehungen des Kaisers zu den Ständen und der Stände untereinander bleiben. Nachdem der Kaiser den Reichsständen erstmals den Entwurf eines Mandats gegen Luther (Vorgehen ohne Verhör, aus kaiserlicher Machtvollkommenheit)[22] mitgeteilt hatte, fanden Beratungen im Kurfürstenrat und unter den Ständen insgesamt statt, über deren Verlauf sehr wenig bekannt ist[23]. Es gab Gegensätze. Der Pfälzer und der sächsische Kurfürst scheinen im lutherfreundlichen Sinne aufgetreten zu sein. Die dem Kaiser schriftlich erteilte Antwort der Reichsstände vom 19. Februar trägt den Charakter eines Kompromisses[24]. Mit Verweis auf den gemeinen Mann, der von Luthers Schriften beeinflußt sei, wird vor Unruhe und Empörungen gewarnt, falls das Mandat ohne vorheriges Verhör Luthers „allain mit der scherpf" verkündet werde. Der wichtigste Abschnitt sei im Originaltext mitgeteilt:

„In dem ist irer, der stend, bedenken, das aus oberzelten ursachen der Lutter auf genugsam glait . . . durch etlich gelerte und der sach verstendige, so darzu verordent werden sollen, gehört, das verstehen sie, die stend, gefragt, aber mit im kainswegs disputirt werden soll, ob er den ausgangen schriften und artigkel wider unsern heiligen cristenlichen glauben, den wir und unsere voreldern bisher gehalten haben, besteen und darauf beharren wolle oder nit. Und soferr er die widerruffen wurd, das er dan in andern puncten und sachen ferner gehort und der billigkait darinnen verfugt werd; wo er aber auf allen oder etlichen artigkeln, di wider die cristlich kirchen und wider den heiligen cristenlichen glauben sein und di wir und unsere vetter und voreltern bisher geglaubt und gehalten haben, zu bestehn und zu verharren antwurten wurd“,

so wollen die Stände mit dem Kaiser bei diesem Glauben bleiben und dafür eintreten. Dann solle der Kaiser entsprechende Mandate erlassen.

Am Schluß verweisen die Stände auf die „beschwerd und mißbreuch“ im Reiche, für die der römische Stuhl verantwortlich sei, und bitten den Kaiser um Abhilfe.

Dieses Dokument hat zu unterschiedlichen Interpretationen Anlaß gegeben. Borth hat sich ergänzend auf einen Bericht Aleanders gestützt[25], dessen Wert schon A. Wrede, der Herausgeber der Reichstagsakten, in richtiger Weise eingeschränkt hat: „Man sieht, nach Aleander ist die Haltung der Stände fast in allen Punkten schroffer als in Wirklichkeit.“[26] Borth meint, die ständische Antwort enthalte einen prinzipiellen Anspruch auf Mitwirkung beim Erlaß des Mandats („. . . daß der Kaiser das Mandat nicht einfach aus eigenem Ermessen ausgehen lassen könne“)[27]. Davon ist jedoch in dem vorliegenden Dokument nicht die Rede. Vielmehr anerkennen die Stände ausdrücklich die formale Kompetenz des Kaisers: „. . . stellen die stend des reichs solichs alles zu E. kais. Mt. weiterm bedenken und gefallen“[28]. Wohlfeil, der nur streckenweise Borths irriger Meinung folgt[29], bietet im allgemeinen eine vorsichtige und abgewogene Auffassung. Er sieht richtig, daß es sich für den Kaiserhof „als politisch unzweckmäßig erwiesen [hatte], das lutherische Problem ohne die Stände zu bereinigen“[30].

Hat sich die ständische Antwort in formaler und stilistischer Hinsicht großer Vorsicht befleißigt, so bringt ihr Inhalt trotz der noch sichtbaren Spuren des Ringens um einen Kompromiß doch erhebliche Gegenvorschläge. Ihr Stellenwert im Kalkül des Kaiserhofes war, wie die folgenden Ereignisse zeigten, ziemlich hoch, wobei die Bezüge dieses Stellenwerts zu den gleichzeitig laufenden verfassungspolitischen und politisch-finanziellen Verhandlungen zwischen Kaiser und Ständen als gegeben vorausgesetzt, aber hier nicht näher verfolgt werden. Borth hat richtig die „Differenzierung der Verhörsforderung“ hervorgehoben; doch kann man ihm in der Bezeichnung der jeweiligen Gegenstände, auf die sich die Differenzierung bezieht, nicht folgen[31]. Folgt man dem obenzitierten Text, so soll sich das von den Ständen geforderte Verhör (mit dem verschärfenden Zusatz eines Disputationsverbots – vermutlich ein Zugeständnis an kuriale Gesichtspunkte unter den Ständen und beim Kaiser) zunächst nur auf jene theologischen Positionen Luthers erstrecken, die gegen „unsern heiligen cristenlichen glauben“ gerichtet sind.

Meinten die Stände, daß mit einer solchen Formel etwas klargestellt und abgegrenzt sei? Oder – ex posteriori gefragt – war bei dem damaligen Stand der dogmatischen Diskussion mit einer solchen Formel, die ja wohl nicht zufällig von dem Tatbestand der päpstlichen Zensuren absah und als einziges Kriterium einen religiösen Traditionalismus ansprach („wir und unsere voreldern“), eine Scheidung von dogmatisch als „unchristlich“ klassifizierbaren Thesen und von „andern puncten und sachen“ (gemeint wohl hauptsächlich Luthers pastorale und – teilweise – seine kirchenreformerischen Schriften) möglich? Diese Frage ist empirisch nicht beantwortbar; es kam ja nicht zu einer wirklichen Erprobung der Möglichkeit in dem offenbar hier von der Gesamtheit der Stände intendierten Sinne: das „Böse“ sollte Luther widerrufen, das „Gute“ an Luthers Lehren sollte bewahrt und geschützt werden[32]. Wenn Luther – so fährt die ständische Antwort fort – diese „unchristlichen“ Artikel widerrufen hat, soll er Gehör finden „in andern puncten und sachen". Und darüber hinaus soll dann diesbezüglich gemäß der Billigkeit Verfügung getroffen werden. Was soll das heißen? Borth geht davon aus, der Ständebeschluß habe „Luthers Glaubenslehren grundsätzlich als ketzerisch" betrachtet; den zweiten Teil der Antwort faßt er so auf, daß hier im Sinne der sächsischen Lutherschutzpolitik „ein neues ‚billiges' Verhör über Luthers Lehren zum päpstlichen Primat und der mit ihm verbundenen päpstlichen Rechte" verlangt wurde. Zunächst ist einzuwenden, daß Borths Unterscheidung von Luthers „Glaubenslehren" und seinen „Lehren zum päpstlichen Primat ..." präzise an dem in der damaligen Diskussion gestellten Hauptproblem vorbeigeht und insofern nicht anwendbar ist. Außerdem bietet der Text keine Handhabe dafür, daß die Stände etwa alle nicht den Primat betreffenden Lehren Luthers für ketzerisch gehalten hätten. Man muß also weiterhin ein Fragezeichen hinsichtlich der Abgrenzung machen. Eine Klassifikation der „christlichen" und der „unchristlichen" Lehren Luthers hatten die Stände eben nicht vorgenommen. Sie wären bei einer solchen Klassifikation wohl kaum an den päpstlichen Dokumenten vorbeigekommen.

Die nächste Frage geht dahin, ob es methodisch möglich ist, im Sinne Borths die ständische Leerformel „in andern puncten und sachen", gestützt auf Aleanders Bericht vom 27. Februar, eindeutig auf Luthers Lehren zum Primat und die damit zusammenhängenden kirchenpolitischen Positionen zu beziehen. Auch hier sollte man sich davor hüten, Aleanders Behauptungen für bare Münze zu nehmen. Die Analyse des Berichtsstils des Nuntius im allgemeinen und die von Wrede im speziellen Fall nachgewiesenen Übertreibungen müßten hier zu großer Vorsicht veranlassen. Zudem ist auf Wredes Annahme hinzuweisen, daß der Nuntius den Text der ständischen Antwort nicht gekannt habe[33]. Wir müssen uns also an den Wortlaut dieses Dokuments selbst halten. Die auf Aleander gestützten Annahmen Borths und seine weiteren Folgerungen erscheinen nicht haltbar.

Wohlfeil hat auch in diesem Punkt vorsichtiger argumentiert. Doch sind auch seiner Darstellung gegenüber Fragen angebracht. Er spricht von der „prinzipiell antikurialen Haltung" der Stände, also aller Stände, die im Falle eines Widerrufs Luthers die Möglichkeit sahen, „den Mönch politisch in den Rahmen ihrer Auseinandersetzungen mit der institutionellen Kirche einbauen zu können"[34]. Der Vordersatz Wohlfeils scheint mir zu weit gefaßt, der Nachsatz zu eng. Eines ist es, die Stärke der antikurialen Stimmungen und Strömungen in ihren verschiedenen Varianten zu Beginn des Wormser Reichstages zu betonen. Ein anderes ist es, sämtlichen Reichsständen im Februar 1521 eine prinzipiell antikuriale Haltung zuzuschreiben, dergestalt, daß ihnen allen – undifferenziert – eine Ausnützung der causa Lutheri im Sinne eines Vorgehens gegen die Papstkirche wünschenswert erschien. Eine solche generelle These könnte nur auf der Basis umfassender Einzelnachweise überzeugen. Allein durch eine Bezugnahme auf die Gravamina nationis Germanicae, deren Zusammenstellung in Worms bekanntlich ein ständischer Ausschuß besorgte, könnte eine solche These bei der Vielschichtigkeit und Ambiguität der hier wirkenden Interessen nicht begründet werden. Ganz allgemein steht ihr die Tatsache der zunehmenden kirchenpolitischen Polarisierung entgegen, die – spätestens mit der Lutherschrift „De Captivitate Babylonica" einsetzend – nicht nur in den Reihen der geistlichen Reichsfürsten ihre Wirkung tat. Aber auch unabhängig von dieser Entwicklung gab es Reichsstände, wie etwa den brandenburgischen Kurfürsten[35] (in Worms der Sprecher der Reichsstände gegenüber dem Kaiser), die durchgehend auf der Seite der Kurie standen.

In der Deutung des ständischen Interesses an einem „dogmatischen" Widerruf Luthers legt sich Wohlfeil – ähnlich wie Borth, aber ohne dessen strenge Fixierung auf die Lutherschutz-These – auf kirchenpolitische Erfolgshoffnungen fest. Die Vorsicht, die bei solchen schwer verifizierbaren Thesen am Platz ist, läßt a limine eine weitere Fassung des Spektrums nachweislicher oder vermutbarer Motive und Ziele angebracht erscheinen. Die ständische Antwort enthält zwar mit der Aufforderung an den Kaiser, sich um die Gravamina anzunehmen, so etwas wie ein Junctim von Lutherfrage und Reformfrage. Doch die Leichtigkeit, mit der die Stände sich später von dieser Junctimierung abdrängen ließen, steht einer Überschätzung des Zusammenhanges entgegen. Insgesamt sollte im Sinne damaliger Mentalitäten und Voraussetzungen der umfassende Horizont allgemeiner Reformhoffnungen und partikularer politischer Ziele in Rechnung gestellt werden, die sowohl kirchliche wie auch profane Lebensbereiche betrafen. Innerhalb dieses Horizontes, dessen Ideenwelt durch die humanistische Bewegung, durch Erasmus, Reuchlin usw. und schließlich durch Luther belebt wurde, haben die territorialen und städtischen kirchenpolitischen Traditionen und Tendenzen ihren starken Platz. Das Zusammenwirken von strukturellen Trends und Ideen, von politischer Berechnung und metapolitischer Sorge und Hoffnung, das für die Haltung der Stände zur Lutherfrage maßgebend wurde, darf in seiner Komplexität und Verschiedenartigkeit nicht unterschätzt werden. Dies zeigt auch die bald nach Worms deutlich werdende Differenzierung der ständischen Kirchenpolitik. Bayern etwa bietet das Beispiel einer nicht im Konflikt, sondern in engster Zusammenarbeit mit Rom ausgebauten landesfürstlichen Kirchenpolitik[36].

Schließlich verdient noch ein anderer Aspekt Beachtung, wenn es um das Interesse an einer Beilegung der Luthersache geht. Die Stände mußten im Falle eines Konflikts mit unmittelbaren negativen Rückwirkungen auf ihren eigenen Consensus, auf ihre ständische Solidarität gegenüber dem Kaiser rechnen. Diese Gefahr – ausgemalt bis zu dem Ruin Deutschlands durch einen aus der Luthersache entstehenden Bürgerkrieg – hat Glapion in seinen Unterredungen mit dem kursächsischen Kanzler Brück damals angeführt[37]. Wieweit die einzelnen Stände solche Risiken damals bereits zu antizipieren im Stande waren, ist eine andere Frage. Als ein neuer, das Verhalten der Stände beeinflussender Faktor kann aber die Sorge um die Schwächung ständischer Solidarität durch einen Konflikt um Luther gewiß für Worms in Rechnung gestellt werden.

Zusammenfassend gesagt: Was die Stände sich im Falle eines „dogmatischen" Widerrufs von einer Anhörung Luthers in „andern puncten" und von dann zu treffenden Maßnahmen erwarteten, kann deshalb nicht näher festgestellt werden, weil offenbar ihr Consensus hierüber nicht weiter reichte als bis zu den sehr allgemeinen Formulierungen, die wir kennen. Auch ist zu bedenken, daß ja die Stände in ihrer Gesamtheit bei dieser Gelegenheit zum erstenmal mit der Luthersache konfrontiert waren – mit einer für ihren traditionellen Verhandlungsmechanismus ganz neuen Materie, auf die sie weder einzeln noch im Zusammenspiel vorbereitet waren. Der einzige Reichsstand, der damals schon intensivere Erfahrungen mit der Lutherfrage hatte, war Kursachsen. Die Forderung nach einem Schiedsgericht von gelehrten und unparteiischen Männern, in der sich die erasmianische Richtung mit Äußerungen Luthers und mit der kursächsischen Politik getroffen hatte, kann also durch Sachsen in die Antwort vom 19. Februar gekommen sein. Doch war sie in der Öffentlichkeit so weit verbreitet, daß es auch anders gewesen sein mag. Jedenfalls war diese Forderung in der ständischen Antwort bereits so reduziert und in Richtung auf ein bloßes Widerruf-Verhör umgeformt, daß es bei der begrenzten Basis des ständischen Consensus der kaiserlichen Verhandlungsführung nicht schwerfiel, den tatsächlichen Verlauf am 17./18. April noch weiter in eine den kirchenrechtlichen Gegebenheiten und den kurialen Wünschen entsprechende Richtung zu lenken. Allerdings gab es noch später interessante Wirkungen des ständischen Consensus. Und auch die Stellungnahme des Kaisers vom 19. April zeigt Bezugspunkte zu den Formulierungen der Stände vom 19. Februar. Eine Unzufriedenheit oder Opposition von kursächsischer Seite im Sinne einer weitergehenden „Obödienzverweigerung" oder desgleichen ist gegenüber der Antwort vom 19. Februar im übrigen nicht festzustellen[38].

III.

Von den Etappen, die auf ständischer Seite von der Februar-Antwort zum Ende der Verhandlungen mit Luther führten, sei nur einiges Wenige erwähnt. Der zweite Entwurf eines Edikts, den der Kaiser den Ständen am 2. März vorlegte[39], enthielt die von den Ständen geforderte Berufung Luthers zu einem Widerruf-Verhör. Es fehlten aber zwei wesentliche Bestandteile der ständischen Antwort: die gelehrten und unparteiischen Deputierten waren ebenso weggelassen wie die nach dem „dogmatischen" Widerruf zu erfolgende Verhandlung über die „andern puncten". Andererseits war die für den Fall der Widerrufverweigerung gegebene Zusage der Stände, mit dem Kaiser gegen Luther vorzugehen, sehr deutlich ausgeführt. Schließlich war – im Sinne der ständischen Antwort – immerhin an zwei Stellen die Rede von den „guten" Lehren Luthers, die „mit vil bosen substancien vermischt sein"[40]. Dieser Topos, der im ersten Entwurf noch nicht vorkam, war dann auch in der endgültigen Fassung des Mandats (Sequestrationsmandat vom 10./26. März) nicht mehr enthalten[41]. Die dieser Endfassung vorausgehende Antwort der Stände ist nicht erhalten. Die Vermutungen über ihren Inhalt sind vage. Die bestimmte Aussage von Wohlfeil, daß diese Antwort eine Ablehnung des zweiten Entwurfs enthalten habe[42], läßt sich meines Erachtens aus den angeführten Quellen nicht begründen. Ob man den Erlaß des Mandats als einen „politisch illoyalen Akt" des Kaisers gegenüber den Ständen bezeichnen kann, möchte ich als unsicher betrachten, solange wir keine Nachweise haben, daß die Stände ihn als solchen aufgefaßt haben. Denn Loyalität kann wohl nur von der jeweiligen Auffassung her definiert werden. Wesentlich war nun die erfolgte Berufung Luthers nach Worms mit kaiserlichem Geleit.

Während Luthers Auftreten am 17./18. April waren die Stände als solche stumm. Johann v. d. Ecken, der die Verhandlung mit Luther führte, erscheint im wesentlichen als Beauftragter und Sprecher des Kaisers, nicht der Stände. Am Rande sei darauf verwiesen, daß sich ein Nachklang des Topos vom „guten" und „bösen" Luther auch noch in der Ansprache Eckens findet, zusammen mit der Erwähnung einer Vermittlung des Kaisers beim Papst im Falle des Widerrufs (was übrigens gegen Borths Überinterpretation des Problems eines Widerrufs vor der weltlichen Instanz spricht): „Für die gesunden Dinge [sc. in Luthers Lehre] wird keine Gefahr sein. Die geheiligte Kaiserliche Majestät wird, wenn du deine Meinung änderst, beim Papst dafür sorgen, daß mit ihnen gnädig gehandelt und nicht das Rechte mit dem Unrechten zusammen vernichtet und beseitigt wird."[43] Als sich die Stände nach der kategorischen Erklärung des Kaisers gegen Luther am 20. April wieder zu Wort meldeten, griffen sie mit großer Beharrlichkeit auf den Tenor ihrer Stellungnahme vom 19. Februar zurück[44]. Sie empfahlen eine weitere Verhandlung mit Luther, ausgeführt von drei oder vier Personen „graves et instruictz en la saincte escripture", die in Gegenwart anderer „personnes de maturité" mit dem Mönche sprechen sollten. Denn Luther habe in seiner Antwort (vom 18. April) gesagt: wenn man ihm Irrtümer nachweise, wolle er sich belehren lassen. Er solle nicht sagen können, daß die Artikel, in denen er geirrt habe, ihm nicht vorgetragen worden seien. Und es solle verhindert werden, daß das gemeine Volk in seiner Unkenntnis der Vorgänge annehme, man habe Luther ungehört verurteilt. Weiter wird ein erbauliches Zitat beigebracht: Gott wünsche nicht den Tod des Sünders, sondern seine Bekehrung und sein Leben. Die Gesprächspartner sollen Luther jene Artikel vorhalten, die er gegen den katholischen Glauben geschrieben hat, sowie die (diesen entgegenstehenden) Konzilsdekrete und Konstitutionen. Und sie sollen Luther die Gründe dieser Konstitutionen darlegen. Ein Widerruf dieser Artikel und eine Verpflichtung Luthers, solche Dinge nicht mehr zu schreiben und zu predigen, würde viele Übel, die sonst entstehen könnten, verhindern. Wenn sich Luther hartnäckig zeige, könne der Kaiser nach Luthers Rückkehr mit besserem Erfolg gegen ihn als gegen einen verstockten Häretiker vorgehen. Dazu wollen die Stände dann dem Kaiser beistehen, und sie wollen keineswegs den christlichen Glauben um dieses Menschen willen verlassen.

Wie diese ständische Stellungnahme zustande kam, wissen wir nicht. Wenig klare Angaben Aleanders sprechen von einer Vorverhandlung der Kurfürsten, wo Sachsen und Pfalz opponierten, dann von einer Initiative des Mainzer Kurfürsten im Zusammenhang mit dem Auftauchen von Anschlägen mit der Unterschrift „Bundschuh" in der Nacht auf den 20. April[45]. Die Zustimmung des Kaisers zu weiteren Verhandlungen erfolgte am 22. April. In der anschließenden Ständeberatung gab es anscheinend lutherfeindliche Gegenstimmen, die sich jedoch nicht durchsetzten[46]. Nun bildeten die Stände einen Ausschuß für die Verhandlungen mit Luther (zwei Kurfürsten: Trier und Brandenburg, vier Fürsten, zwei Vertreter der Städte). Der Trierer Kurfürst war bekanntlich schon 1519 mit kurialer Zustimmung mit der Luthersache befaßt worden[47]. Die Verhandlungsführung wurde dem badischen Kanzler Hieronymus Vehus übertragen, einem im Sinne eines humanistischen Reformkatholizismus gebildeten Juristen. Diese Personalentscheidung und die von Vehus und vom Trierer Kurfürsten ohne Schwanken eingehaltene irenische Verhandlungslinie bilden erläuternde Elemente zu dem so unvermittelt erscheinenden ständischen Akt vom 20. April: Zwar war im Text dieser ständischen Stellungnahme die nach dem 19. Februar vom Kaiserhof durchgesetzte Reduktion des Lutherverhörs auf eine bloße Widerruf-Forderung nicht ausdrücklich kritisiert worden; doch in der Sache bedeutete die ständische Initiative eine erhebliche Korrekturforderung gegenüber dem vom Kaiserhof durchgeführten Verfahren vom 17./18. April. Wichtig ist des weiteren die Feststellung des Verhandlungszieles, das die Stände sich bzw. dem Sprecher des Ausschusses, Vehus, für die Neuaufnahme des Gesprächs mit Luther setzten. Die große Rede, die Vehus am Vormittag des 24. April vor dem Ausschuß und Luther hielt, verdient besonderes Interesse, weil sie zeigt, welche Form und welcher Inhalt einer Auseinandersetzung mit Luthers Theologie innerhalb des Rahmens des ständischen Consensus damals möglich war[48]. Noch wichtiger aber ist die abschließende Aufforderung, die Vehus an Luther richtete. Man kann sie wohl als unmittelbares Ergebnis der vorausgegangenen Beratungen des ständischen Ausschusses und damit als erklärtes Verhandlungsziel der Stände bezeichnen: „. . . und das er [sc. Luther] sein schriften und leren ergebe und zustelle zu erwegung, ermessung und entscheid kei. Mt. und gemeiner stende des heiligen reichs und bi irem entscheid blibe“[49]. Luther sollte also als Gerichtsinstanz über seine theologischen Lehren Kaiser und Reich anerkennen und sich im voraus ihrem Urteil für immer unterwerfen.

Man sieht, daß dies Verhandlungsziel nach zwei Seiten über die Vorschläge in der ständischen Antwort vom 20. April hinausgeht. Anstelle des unmittelbaren Vorgangs von Belehrung und – erhofftem – Widerruf wird Luther eine sofortige, dauernd bindende Unterwerfung unter eine neu konstituierte Entscheidungsinstanz zugemutet, über deren Verfahrensweise und Maßstäbe einstweilen nichts mitgeteilt wurde. Andererseits bedeutete gegenüber Karl V., der seine Sentenz ja schon am 19. April ausgesprochen hatte, dieser Verfahrensvorschlag eine Forderung auf Suspendierung des kaiserlichen Entscheids und auf Neuaufnahme der Untersuchung über Luther durch ein gemischtes kaiserlich-ständisches Gremium, mit der unausgesprochenen, aber klaren Voraussetzung, daß dieses neue Verfahren bessere Chancen für einen Widerruf Luthers und damit für eine Sicherstellung seiner „guten“ Lehren biete. Die kirchenrechtliche Situation brauchte dabei am wenigsten zu stören; hier war durch den schon am 17./18.April durch von der Ecken formulierten Vorschlag einer kaiserlichen „Vermittlung“ beim Papst im Falle des Widerrufs[50] (die wahrscheinlich vom Kaiser bei der Bewilligung der Ständeverhandlung am 22. April nochmals betont wurde[51]) eine Absicherung gegeben. Auch hatte ja der Kaiser selbst in seiner Stellungnahme vom 19. April, die das uneingeschränkte Lob der kurialen Partei fand, die päpstlichen Bullen und das Vorhandensein der päpstlichen Lehrautorität nicht erwähnt[52]. Warum sollten also die Stände päpstlicher als der Papst sein?

Man fragt sich freilich, wieweit die Stände mit realen Chancen für eine so orientierte Verhandlung rechneten. In der Tat stellte sich noch am Vormittag des 24. April heraus, daß man mit diesem Verhandlungsziel Luther gegenüber rasch an einen toten Punkt geriet. Die ausführliche und quellennahe Darstellung von A. Schmidt ist in dieser Frage nicht deutlich genug[53]. Gewiß sind auch die Quellen nicht sehr deutlich. Doch der Zusammenhang erweist, daß der Ausschuß, der ja zudem unter Zeitdruck stand und baldmöglichst den Ständen und dem Kaiser ein praktisches Ergebnis vorweisen wollte, trotz der schönen und von Luther mit Anerkennung aufgenommenen Rede des Vehus zusammen mit dem Wittenberger in einen Zustand der Ratlosigkeit geriet, der zu einem Ende der Sitzung ohne greifbares Ergebnis führte[54]. Luther hatte nicht eigentlich nein gesagt, doch hatte zuletzt ein persönliches Eingreifen des Brandenburger Kurfürsten die prinzipielle Seite mit Schärfe aufgerissen: „Her doctor, so vil ich vormerk, so habt ir gesagt, ir welt von euerm vornemen nit absten, ir werdet dan durch gegrundete schrift anders unterweiset. Darauf doctor Martinus geantwort: Gnedigster herr, ja, oder durch helle ursach."[55]

Um diesen toten Punkt zu überwinden, setzte nun eine neue Initiative ein, die anscheinend zunächst von Peutinger und dem kursächsischen Juristen Schurf ausging. Peutinger teilte Vehus mit Bezugnahme auf Schurf als seinen Informanten eine Kompromißformel mit, die es noch ermöglichen könne, zu einer Einigung mit Luther zu kommen. Laut Schurf wolle Luther seine Schriften dem Urteil von Kaiser und Ständen unterwerfen, doch mit der Bedingung, „das nichts zuwidder ewangelischer lere und dem wort gottes gehandelt wurde"[56]. Die Verlängerung der Verhandlungsfrist, die der Kaiser dem ständischen Ausschuß bewilligte, ermöglichte die Gespräche des 25. April, die nun durch Peutinger, Vehus und den Trierer Kurfürsten geführt wurden. Mit verschiedenen Motiven und Hinweisen versuchten Peutinger und Vehus Luther zum Verzicht auf diese explizite Vorbehaltsklausel zu bewegen (die ja im Grunde den toten Punkt vom Vortag nur formulierte, aber nicht überschritt). Als dies nicht gelang, griff Peutinger auf die Konzilsidee zurück und schlug Luther vor, seine Schriften einem künftigen Konzil zu unterwerfen. Luther akzeptierte – so der Bericht des Vehus[57] – mit zwei Bedingungen: baldige Abhaltung des Konzils und Aufstellung einer Liste jener für irrig gehaltenen Artikel, über die das Konzil entscheiden sollte; Vehus und Peutinger antworteten mit der Gegenforderung: Luther müsse in diesen Artikeln bis zum Konzil schweigen. Luther gestand dies – laut Vehus – zu. Die beiden Doktoren berichteten dem Trierer als Ausschußvorsitzenden. Dieser ließ sofort Luther kommen. Im Gespräch mit dem Kurfürsten bestand jedoch Luther auch dem Konzil gegenüber auf dem schon gegenüber Kaiser und Ständen formulierten ausdrücklichen Vorbehalt. Damit betrachtete der Trierer die Aufgabe des Ausschusses als beendigt. Am nächsten Tag verließ Luther Worms; das Wormser Edikt wurde ausgearbeitet.

Dieser sehr verkürzte und unvollständige Überblick über die Ergebnisse des ersten und zweiten Abschnitts der ständischen Initiative in der Luthersache zeigt immerhin, warum es so schwer ist, über die Tragweite der damaligen ständischen Absichten zu urteilen. Auf der einen Seite ist diese letzte Initiative sehr erstaunlich, auch wenn man ein taktisches Entgegenkommen des Kaisers im Hinblick auf die gleichzeitigen schwierigen Verhandlungen mit den Ständen über das Reichsregiment in Rechnung setzen will. Und man darf nicht übersehen, daß der Topos einer Entscheidung als Religionsfrage durch den Reichstag von nun an durch die ganze Reformationsepoche auf dem Programm blieb (neben Nationalkonzil, allgemeinem Konzil und Religionsgespräch). Andererseits überrascht der offenbare Gegensatz zur kaiserlichen Entscheidung. Wirkten auch auf der Seite der Reichsstände taktische und „optische" Gesichtspunkte mit? Wollte man sich den eigenen Untertanen, den Mitständen, der öffentlichen Meinung gegenüber salvieren? Daß Luther in seinem Widerstand gegen einen Widerruf – wie auch immer das ausgesehen hätte – zeitweilig hätte nachlassen können, scheint dem Leser der vorzüglichen Aufsätze, in denen jüngst K.-V. Selge die Gedankenwelt des Reformators in der Widerrufsfrage und M. Schmidt Luthers charismatischen Reformationsbegriff analysierten[58], eher unwahrscheinlich. Nach allem, was geschehen war, mußte für Luther die Alternative sehr ungleichgewichtig aussehen: auf der einen Seite ein Unterwerfungsopfer, das der Historiker mit allem Vorbehalt seiner theologischen Inkompetenz doch nicht anders denn als die Preisgabe zentraler religiöser Überzeugungen und damit als existentiellen Sinnverlust beschreiben könnte; auf der anderen Seite eine gemischte kaiserlich-ständische Urteilsinstanz, deren einer Partner sein Urteil schon negativ präjudiziert hatte, während die Stände mit ihrem begrenzten Consensus und ihrem dem Kaiser in genereller Hinsicht von vornherein unterlegenen rechtlich-kirchlichen Wirkungskreis nicht viel „versprechen" konnten. In der prinzipiellen Bindung an den Kaiser als Urteilsinstanz mit sicherem kanonischem Rückbezug lag schon auf der Verfahrensebene – ganz abgesehen von der theologischen Problematik – die größte Schwäche des ständischen Angebots an Luther. Diese Bindung ergab sich aus Verfassungsrecht und -praxis des Reiches wie aus der kirchenrechtlichen Lage. Von ihr haben sich die Stände auch in der Folgezeit nie freimachen können, solange sie eben als die Stände, d. h. in

Wahrung ihrer Solidarität und unter Vermeidung einer Spaltung, in der Luther- und Kirchenfrage handelten.

So mußten sehr bald territoriale Sonderungen auftreten. Insofern war es bezeichnend, daß die kursächsische Politik sich anscheinend schon sehr früh nicht nur auf eine öffentliche ständische Solidarität einstellte, sondern unabhängig davon geheime Sonderabsprachen mit dem Kaiser anvisierte. Der gesamte Kontext dieser Entwicklung bedürfte nach Borths anregenden interpretativen Vorstößen einer umfassenden, ausgewogenen Untersuchung. Kurfürst Friedrich hat später mehrfach erklärt, daß seine diesbezüglichen Anstrengungen gegenüber dem Kaiser nicht erst in Worms, sondern schon in Köln begonnen hatten[59]. Der nähere Inhalt und die einzelnen Ergebnisse dieser Bemühungen um eine Art von Geheim-Arrangement sind aus den bisher vorliegenden Quellen nicht mit Deutlichkeit zu entnehmen. Es sind anscheinend zwei Objekte (oder Etappen) der kursächsischen Sonderpolitik zu unterscheiden: 1. eine allgemeine Tendenz, der Kaiser möge den Kurfürsten nicht mit der Luthersache befassen oder hiefür haftbar machen: „ir Mt. wolle uns diser sachen halben, sovil den Luther und sein handlung betrifft, gnediglich verschonen“[60]; 2. eine spezielle Aktion zum Schutze Kursachsens hinsichtlich des Wormser Ediktes und seiner Durchführung. Hier scheint die Tatsache der Nichtzusendung des Ediktes an Kursachsen (dazu andere Fakten und Äußerungen) darauf hinzuweisen, daß es zu einer effektiven Absprache mit dem Kaiserhof nach dem Ende des Wormser Reichstages gekommen ist.

Schließlich verdiente in diesem Umkreis eine weitere Frage eine systematische Untersuchung: wie verhielt sich die kursächsische Umgebung Luthers und jener Personenkreis, der zwischen ihm und dem Kurfürsten vermittelte? Wie dachte man hier im Laufe des Reichstages über die Widerruffrage, und inwieweit suchte man Luther im Sinne dieser Auffassungen zu beeinflussen? Einzelne Hinweise scheinen eher für eine gewisse Unzufriedenheit mit Luthers unbeirrbarer Haltung zu sprechen[61]. Für Kursachsen war spätestens mit dem Mißerfolg der letzten ständischen Vermittlungsaktion der eigene Schutz wichtiger als eine Lutherschutzpolitik geworden. Unter diesem Vorzeichen standen offenbar die kursächsischen Besprechungen am Abend des 25. April, wo man sich darüber schlüssig wurde, daß man Luther zunächst einmal „beiseit bringen solt“[62]. Luther wurde informiert und fügte sich, wie Spalatin berichtete, nicht ohne Widerwillen der Anordnung des Kurfürsten. Die weiteren Probleme des Wartburg-Aufenthaltes und seiner eigenwilligen Beendigung durch Luther sind insofern von großem Interesse, als sie das neue, durch die Wormser Vorgänge begründete gegenseitige Verhältnis von Kurfürst und Reformator erstmals illustrieren, das für das weitere Bezugsfeld von Politik und Religion wichtig wurde.

Druck in: Beiträge zur neueren Geschichte Österreichs. Festschrift für Adam Wandruszka zum 60. Geburtstag, ed. *H. Fichtenau* und *E. Zöllner* (Wien/Köln/Graz 1974), S. 47ff. (Der Karl V. betreffende Schlußteil des Aufsatzes wurde nicht wiederabgedruckt; vgl. hiezu unten S. 133ff. den Abschnitt über die Religionspolitik des Kaisers in dem Aufsatz: Karl V. – Biographische Probleme.)

1 *R. Wohlfeil*, Einleitung zu dem von ihm herausgegebenen Sammelband: Reformation oder frühbürgerliche Revolution? (München 1972), S. 24: „Die Reformation ist als geschichtlich wirksame Bewegung nicht nur religiös zu begreifen, sondern muß in ihren Verflechtungen mit dem gesellschaftlichen Leben Deutschlands in jenem Zeitalter gesehen werden.“ Diese Forderung kann freilich nicht auf Deutschland eingeschränkt werden; sie gilt für den Gesamtbereich Europas bzw. der lateinischen Christenheit – wobei schon diese Abgrenzungsfrage mitten in die Verflechtung kirchlicher und soziokultureller Verhältnisse führt.

2 Der Reichstag zu Worms von 1521. Reichspolitik und Luthersache, ed. *F. Reuter* (Worms 1971). Weitere Publikationen zum Gedenkjahr siehe bei *Wohlfeil*, Reformation oder frühbürgerliche Revolution?, S. 25, Anm. 7. Einen wichtigen Aspekt behandelt *H. Scheible*, Die Gravamina, Luther und der Wormser Reichstag. In: Blätter für pfälzische Kirchengeschichte 39 (1972), S. 167ff.

3 *W. Borth*, Die Luthersache (Causa Lutheri) 1517–1524. Die Anfänge der Reformation als Frage von Politik und Recht (Lübeck/Hamburg 1970).

4 Ebd., S. 7.

5 Dies wurde schon kritisch bemerkt von *K.-V. Selge*, Capta conscientia in verbis Dei. Luthers Widerrufsverweigerung in Worms. In: *Reuter*, Worms 1521, S. 181, Anm. 3. Ausgewogen die jüngste Darstellung von *K. Blaschke*, Kurfürst Friedrich der Weise von Sachsen und die Luthersache. In: Ebd., S. 316ff.

6 *Borth*, Luthersache, S. 74f.

7 Gedr. in der Erlanger Lutherausgabe: Opera latina varii argumenti, Bd. 5 (Erlangen 1868), S. 244f.; deutsche Inhaltsangabe. In: Deutsche Reichstagsakten, jüngere Reihe (RTA), Bd. 2, ed. *A. Wrede* (Gotha 1896), S. 464f. Dazu *Borth*, Luthersache, S. 85ff.

8 Ebd., S. 87.

9 Ebd., S. 88.

10 Ebd., S. 102.

11 Vgl. Opus Epistolarum Des. Erasmi Roterodami, Bd. 4, ed. *P. S.* und *H. M. Allen* (Oxford 1922), S. 370f., und *H. Lutz*, Conrad Peutinger. Beiträge zu einer politischen Biographie (Augsburg 1958), S. 167f. und S. 320ff.: Exkurs I: Johann Faber und Erasmus. – Die „Axiomata pro Causa Martini Lutheri" sind vielfach gedruckt worden, zuletzt in der Erlanger Lutherausgabe, Bd. 5, S. 241f.; deutsche Übersetzung bei *K. A. Meissinger*, Erasmus v. Rotterdam (Wien [2]1948), S. 265ff.

12 Siehe Anm. 7.

13 *Allen*, Opus Erasmi 4, S. 372ff., und Konrad Peutingers Briefwechsel, ed. *E. König* (München 1923), S. 325ff.

14 *Borth*, Luthersache, S. 103. Der ebd. in Anm. 23 wenig klar zitierte Erasmusbrief (mit unklarer Zuordnung der Verweise auf die Leidener und Oxforder Ausgabe, falscher Nummer, unzutreffendem Adressat und Datum; richtig: Allen Nr. 1166, Empfänger unbekannt, erschlossenes Datum: Dezember) ist von Borth mißverstanden worden. In der Erzählung des Erasmus gehört die Forderung des Kurfürsten, „proinde rem esse differendam in Concilium Wormaciense" (*Allen*, Opus Erasmi 4, S. 399), eindeutig zu der Antwort an die Nuntien. Der gleichfalls erwähnte Brief des Erasmus an Peutinger vom 9. 11. (siehe oben Anm. 13) enthält nichts für diesen Zusammenhang. Vgl. aber unten Anm. 21 für die von Borth nicht berücksichtigte spätere Angabe des Kurfürsten über seine schon in Köln gegenüber dem Kaiser vertretene Haltung in der Lutherfrage.

15 RTA 2, S. 466ff.

16 *Borth*, Luthersache, S. 101.

17 *A. Schröder*, Die Verkündigung der Bulle „Exsurge Domine" durch Bischof Christoph von Augsburg 1520. In: Jahrbuch des historischen Vereins Dillingen 9 (1896/7), S. 144ff. Dazu *Lutz*, Peutinger, S. 164ff.

18 Vgl. die umsichtige Biographie von *I. Höss*, Georg Spalatin (Weimar 1956).

19 Siehe unten S. 133ff.

20 Siehe oben S. 55.

21 Siehe RTA 2, S. 660. Anm. 1: Kurfürst Friedrich hat später mehrfach erklärt, „wann auf dem tag zu Koln und nachfolgend zu Worms auf dem reichstag von desselben Luthers sach zu handeln furgenomen, hat sein chfl. G. sich darin nit wollen lassen ziehen, sunder kai. Mt. undertheniglichen darfur gebeten, des auch sein G. also gnediglichen erlassen worden". (Aufzeichnung vom 11. Februar 1524.)

22 RTA 2, S. 507ff. (Nr. 68 vom 15. Februar).

23 Siehe ebd., S. 514, Anm. 1., und S. 515, Anm. 1. – Für das Folgende sei insgesamt verwiesen auf die jüngste Darstellung von *R. Wohlfeil*, Der Wormser Reichstag von 1521. In: *Reuter*, Worms 1521, S. 59ff., hier S. 89ff.

24 RTA 2, S. 514ff., Nr. 69. – Das folgende Zitat S. 516.

25 *Borth*, Luthersache, S. 112. Die Depesche Aleanders vom 27. Februar bei *P. Balan*, Monumenta reformationis Lutheranae . . . (1884), S. 71ff.; *Th. Brieger*, Aleander und Luther 1521 (1884), S. 66ff.; deutsche Übersetzung bei *P. Kalkoff*, Die Depeschen des Nuntius Aleander vom Wormser Reichstage 1521 (Halle [2]1897), S. 64ff.

26 RTA 2, S. 517, Anm. 2.

27 *Borth*, Luthersache, S. 111f. Ebenso irrig ist Borths auf die Aleanderdepesche vom 27. 2. gestützte Angabe, die Stände hätten dem Kaiser gegenüber hinsichtlich des Luthermandats festgestellt: „Die ‚iura imperii' verpflichteten ihn es den Ständen vorzulegen." Borth hat hier (Anm. 87) nicht nur falsche Seitenangaben (bei Kalkoff); er hat sich auch in der Angabe des Quellenwerks geirrt (natürlich nur bei *Balan*, Monumenta . . ., S. 72, und bei *Brieger*, Aleander und Luther, S. 70, ist die unübersetzte Fassung zu finden): Die Stände „rengratiavano Sua Maestà che potendo per se mandar fuora tal mandato tamen havea voluto communicar con loro: Il che era ben fatto per servar jura Imperii". Unabhängig von der Frage der Zuverlässigkeit Aleanders ist jedenfalls festzuhalten, daß hier das Gegenteil von dem steht, was Borth behauptet. Auf weitere Beispiele der Zitierweise und Quelleninterpretation Borths wird im folgenden verzichtet.

28 RTA 2, S. 517.

29 *Wohlfeil*, Wormser Reichstag. In: *Reuter*, Worms 1521, S. 104f.

30 Ebd., S. 105.

31 *Borth*, Luthersache, S. 112.

32 Einige Anhaltspunkte zu dieser Frage ergeben sich aus den späteren Verhandlungen mit Luther. Siehe unten S. 61ff.

33 RTA 2, S. 517, Anm. 2.

34 *Wohlfeil*, Wormser Reichstag. In: *Reuter*, Worms 1521, S. 104.

35 Siehe *G. Heinrich*, Kurfürst Joachim von Hohenzollern, Markgraf von Brandenburg. In: Ebd., S. 336ff.

36 Vgl. *H. Lutz*, Das konfessionelle Zeitalter. Erster Teil: Die Herzöge Wilhelm IV. und Albrecht V. In: Handbuch der Bayerischen Geschichte, Bd. 2, ed. *M. Spindler* (München 1969), S. 295ff.

37 RTA 2, S. 483.

38 Auch die Verbindung von Lutherfrage und Gravamina kann nicht so ausschließlich der kursächsischen Politik zugeschrieben werden, wie *Borth* (Luthersache, S. 112) es tut; sie war damals der Öffentlichkeit schon geläufig.

39 RTA 2, S. 520ff., Nr. 72. Vgl. auch Nr. 70 und 71.

40 Ebd., S. 525.

41 Ebd., S. 529ff., Nr. 75.

42 *Wohlfeil*, Wormser Reichstag. In: *Reuter*, Worms 1521, S. 106. Er folgt dabei einer Annahme von Wrede (RTA 2, S. 529, Anm. 1, und S. 166, Anm. 2), die aber durch die zitierten Quellen keineswegs gedeckt wird. Die in dem Brief Herzog Wilhelms von Bayern, Augsburg, 11. März, an den Bischof von Freising (ebd., S. 820) übermittelte Information war falsch und besagt für den Inhalt der ständischen Antwort ohnehin nichts. Das Rechburger-Protokoll (ebd., S. 166) sagt nichts von einer Ablehnung des Entwurfs, es zeigt ein Beharren der Stände auf ihrer Antwort vom 19. Februar.

43 RTA 2, S. 592. – Die Übersetzung des lateinischen Textes nach *Selge*, Capta conscientia. In: *Reuter*, Worms 1521, S. 180ff., hier S. 187.

44 RTA 2, S. 598f., Nr. 84: Ständische Antwort auf die ksl. Erklärung.

45 Vgl. die Erörterungen von *Wrede* in RTA 2, S. 596, Anm. 3, und S. 598, Anm. 1.

46 Ebd., S. 601f.

47 Der Verlauf der Verhandlungen vom 22. bis 25. April jetzt bei *A. Schmidt*, Der Trierer Kurfürst Erzbischof Richard von Greiffenklau und die Auswirkung des Wormser Edikts in Kurtrier. In: *Reuter*, Worms 1521, S. 271ff., hier S. 277ff. Vgl. dazu *Lutz*, Peutinger, S. 189ff. – *Borth*, Luthersache, S. 117f., geht nur kurz auf die ständischen Verhandlungen ein. Er konstruiert eine starre Alternative zwischen dem Wunsch nach einem Widerruf Luthers und dem Ziel eines neuen Verhörs (im Sinne Luthers). Diese Voraussetzung verstellt ihm den Blick auf die eigentlichen Probleme der ständischen Initiative.

48 RTA 2, S. 613ff.

49 Ebd., S. 618.

50 Ebd., S. 590: „Quod si faceret [sc. Widerruf Luthers] promitteret Maiestas sua sibi venie et gratie spem, seque illas apud Sanctissimum pro eo facile obtentrum." Vgl. die entsprechende Passage des Wormser Edikts (ebd., S. 650), auf die schon *Borth* (Luthersache, S. 119, Anm. 137) mit Recht aufmerksam machte.

51 RTA 2, S. 601, Anm. 4. – Die Frage einer Beteiligung oder Nichtbeteiligung des Kaisers (durch Delegation) an der neuen Verhandlungsrunde war in dem ständischen Antrag vom 20. April nicht berührt worden. Der ausdrückliche Verzicht darauf und damit die Entscheidung, daß die Wiederaufnahme der Verhandlungen eine ausschließlich ständische, vom Kaiser nur tolerierte Angelegenheit sei, war anscheinend in der – nicht erhaltenen – schriftlichen Antwort des Kaisers vom 22. April enthalten.

52 Vgl. dazu unten S. 136ff.

53 *Schmidt*, Trierer Kurfürst. In: *Reuter*, Worms 1521, S. 280. – Bei S. 287, Anm. 90, liegt bei dem Verweis auf meine Darstellung (Peutinger, S. 194) offenbar ein Mißverständnis vor. Ich habe an der betreffenden Stelle ausführlich dargelegt, was sich aus einer quellenkritischen Untersuchung über die Berichterstattung Peutingers und Vehus' am 25. April ergibt. Dieses Ergebnis sieht anders aus, als Schmidt referiert.

54 Siehe RTA 2, S. 562f., 605f., 618.

55 Ebd., S. 606. – Wollte der Brandenburger damit die Verhandlung mit Luther scheitern lassen? Aufgrund der zitierten Quellenstelle ließe sich eine eindeutige Antwort auf diese Frage wohl kaum begründen.

56 Ebd., S. 618.

57 Ebd., S. 623. – Zu den quellenkritischen Problemen, die durch die Differenz zwischen dem hier angezogenen Bericht des Vehus (Nr. 86) und den Aufzeichnungen Nr. 79 und Nr. 85 sowie Luthers Aussagen in puncto der Bedingungen im Fall der Konzilsentscheidung und der entsprechenden Berichterstattung an den Trierer Kurfürst gegeben sind, vgl. *Lutz*, Peutinger, S. 194ff. *Schmidt* (Trierer Kurfürst. In: *Reuter*, Worms 1521, S. 287, Anm. 90) hat mit Recht darauf hingewiesen, daß die Randbemerkung in RTA 2, S. 565, „O iniquam dilationem" lautet. Doch ist hinsichtlich der Sinnfrage auf die Angaben in RTA 2, S. 612 und S. 623, sowie auf die Erwähnungen dieser Kontroverse bei Luther und Cochläus zu verweisen; insgesamt erscheint „delatio = Bericht" als eindeutig gegeben. Die Druckmarginalie „dilationem" (RTA 2, S. 565) kann als sprachliche Variante oder Druckfehler aufgefaßt werden.

58 *Selge*, Capta conscientia. In: *Reuter*, Worms 1521, S. 180ff.; *M. Schmidt*, Luthers charismatischer Reformationsbegriff und der Reichstag zu Worms. In: Ebd., S. 155ff. Wichtig auch M. Schmidts abschließender Hinweis auf den herkömmlichen Zusammenhang von Kirchenreform und Reichsreform als Erklärung für das Verhalten der Stände (S. 179 und ebd., Anm. 105).

59 RTA 2, S. 660, Anm. 1; *Borth*, Luthersache, S. 129ff. Vgl. oben S. 56.

60 RTA 2, S. 660, Anm. 1.

61 Vgl. u. a. Weimarer Lutherausgabe, Tischreden, Bd. 3 (Weimar 1914), S. 286: „Ita ego solus tot resistere coactus sum, ut etiam elector meus et alii amici aegre ferrent meam constantiam."

62 RTA 2, S. 871, Anm. 2 (nach Spalatins Annalen).

ALBRECHT DÜRER IN DER GESCHICHTE DER REFORMATION

Es ist ein gewagtes Unternehmen, über einen Künstler zu sprechen, ohne von seiner Kunst zu sprechen. Ob es überhaupt einen Sinn hat, in dieser Weise von Albrecht Dürer zu handeln – das ist eine Frage, die nicht vorweg beantwortet werden kann. Sie wird die folgenden Erörterungen begleiten.

Dagegen ist es nicht nur möglich, sondern sogar geboten, über die Art der Unterlagen Auskunft zu geben, die wir für diesen sozusagen außerkünstlerischen Bereich der Dürer-Biographie besitzen. Es handelt sich dabei um schriftliche Dokumente verschiedenster Art: Briefe von und an Dürer, Tagebuchaufzeichnungen, Notizen, Bildunterschriften des Künstlers und Berichte, Erzählungen, Erinnerungen Dritter über Albrecht Dürer[1]. Das Bedenkliche dieser Quellenbasis liegt einmal in ihrer Unvollständigkeit. Hans Rupprich, dem wir die sorgfältige Sammlung und Edition der erhaltenen Reste verdanken, hat sicher recht mit der Feststellung, daß der größere Teil dessen, was nachweislich an biographisch relevantem Schriftgut bei Dürers Tod vorhanden war, in den folgenden Jahrhunderten verlorenging[2]. Wir stützen uns also hier auf einen Quellenbestand, der wesentlich stärker dezimiert ist als das künstlerische Œuvre Dürers. Ein zweites Bedenken kommt dazu; es ergibt sich aus der verschiedenen Weise der Erkenntnis, welche uns hier mit dem Bildwerk, dort mit den schriftlichen Zeugnissen gegeben ist oder doch gegeben zu sein scheint. Hier die Bilder: von unmittelbarster, augenfälliger Kraft; Formen und Farben sprechen direkt – scheinbar ohne Vermittlung – über die Jahrhunderte hinweg zu uns und werden von unseren Sinnen als eine in sich schlüssige Ganzheit aufgenommen. Wie anders, wie spröde und umwegig dagegen der historische Erkenntnisprozeß an Hand schriftlicher Dokumente! Wie schwierig oft schon die bloße Entzifferung! Darauf die lange Mühe des Sammelns, der dann erst die interpretative Einordnung folgen darf – und diese wieder sucht ihren Weg schwankend und angefochten zwischen einem Untergang im Mare magnum der großen suggestiven Konstruktionen und einem Festlaufen im Sande sogenannter Tatsachen oder Tatsächlein.

Und so ist es denn auch im Falle der historischen Erforschung von Albrecht Dürers Stellung zur Reformation zu sehr widersprechenden Annahmen gekommen. Es gab und gibt auf der einen Seite eine recht bedeutende Gruppe von Forschern, die den Nürnberger eindeutig für Luther und das neu sich bildende evangelische Kirchenwesen in Anspruch nimmt. Ernst Heidrich ist 1909 in einer sehr sorgfältigen Untersuchung zu dem Ergebnis gekommen, „Dürer steht innerhalb dieser Bewegung, die einer Verengung und Festigung des Umkreises der lutherischen Kirche zustrebt“[3]. Erwin Panofsky hat diese Auffassung in einer eher vergröbernden Form aufgenommen: „Dürer never wavered for a moment in his loyalty to Luther“[4]. Und auch Fritz Saxl, der in einem Vortrag im Bedford College 1948 die Frage neuerdings untersuchte, kommt eigentlich nur dort zu weiterführenden und differenzierten Feststellungen, wo er stilkritisch untersucht. Aber – und dies ist für uns sehr wichtig – unsere vorliegende Frage scheint stilkritisch nicht beantwortbar, sondern nur historisch-quellenkritisch. Und da bleibt auch Saxl im Bannkreis der opinio recepta von Dürers „protestantischem Glauben“[5]. Ähnlich sieht es – mit umgekehrten Vorzeichen – auf der anderen Seite aus. Der Kunsthistoriker Walter Braunfels hat erst kürzlich in seinem Dürer-Artikel im Lexikon für Theologie und Kirche unmißverständlich formuliert: „Dürer selbst blieb, auch als die meisten Bürger Nürnbergs und einige seiner Schüler sich der neuen Lehre angeschlossen hatten, bis zu seinem Tod Katholik[6].“ Die Geschichte katholischer Inanspruchnahme Dürers erstreckt sich tief ins 19. Jh. zurück. Sie ist für uns insofern interessant, als wir hier mit Härte auf ein methodisches Grundproblem dieser ganzen Diskussion gestoßen werden: Was heißt damals – in dem ersten Jahrzehnt seit Luthers Auftreten und lange vor dem Augsburger Religionsfrieden und dem Trienter Konzil – „katholisch“? Was heißt damals „evangelisch“?

Genau hier scheint mir der Angelpunkt zu liegen. Doch lassen Sie mich zunächst versuchen, die Ergebnisse dieser Vorüberlegungen festzuhalten: Der bisherige Gang der

Forschung, an dem sich Kunstgeschichte, Kirchengeschichte und Profangeschichte beteiligten, hat wohl eines klar erwiesen: Alle Versuche, der Frage nach Dürers Stellung zur Reformation nachzugehen, führen mit Notwendigkeit aus dem Umkreis seines künstlerischen Werkes hinaus in den Bereich der schriftlichen Zeugnisse. Ja, diese Versuche basieren von der Sache her viel stärker auf dem schriftlichen Nachlaß als auf dem Bildwerk, das vielmehr seinerseits einer von „außen", aus dem Bereich der schriftlichen Dokumente kommenden Interpretation zugänglich, vielleicht sogar bedürftig ist. Diese Feststellung ist deshalb wichtig, weil sie erst uns das Recht und den Mut gibt, trotz der genannten Bedenken spezieller und allgemeiner Art, die sich angesichts des schriftlichen Nachlasses Dürers einstellten, mit diesen Materialien so gut und soviel wie nur möglich zu arbeiten.

Die zweite Feststellung bezieht sich auf das Wie dieses Arbeitens. Hier ist auf beiden Seiten der kirchlichen Inanspruchnahme Dürers die gleiche Neigung zu beobachten, interpretative Kriterien anzuwenden, die erst einer späteren Zeit abgeschlossener Konfessionsbildung zugehören. Es ist die Erwartung auszusprechen, daß bei Vermeidung dieser Fehler vielleicht nicht nur richtigere, sondern auch allseits einleuchtendere Einsichten zu gewinnen wären.

Nun ist es angesichts einer so gearteten Quellen- und Forschungslage freilich nicht zu erwarten, daß das alte Bild von Dürer, dem Lutheraner, oder Dürer, dem Katholiken, mit einem Mal zu überholen wäre. Vielmehr geht die Absicht dieser Untersuchungen, aus denen hier nur einige ausgewählte Beispiele vorgebracht werden können, zunächst auf eine Erneuerung des Fragens.Es müssen die Möglichkeiten und die Grenzen dessen untersucht werden, was überhaupt über Dürer und die Reformation aussagbar ist. Dabei wird zunächst vieles offenbleiben, manches wohl auf immer – gerade, wo es hier um Fragen geht, die ins Innerste der individuellen Existenz reichen. – Einleitend sind zwei historische Komplexe zu erörtern, die im Falle Dürers den Hintergrund für die biographischen Konturen abgeben. Wir haben über die Reformation als solche zu sprechen und über die soziokulturelle Bedeutung der mitteleuropäischen Stadt im Umbruch vom Mittelalter zur Neuzeit.

Was versteht die Geschichtswissenschaft heute unter „Reformation"? Luther schrieb schon 1518 in den Resolutiones über die Ablässe: „Ecclesia indiget reformatione"[7]. Und im Sinne des dann von Luther her Geschehenen und Ausgelösten war „die Reformation" im 19. Jh. und weit ins 20. Jh. hinein sozusagen eine protestantische Sprachregelung für die Vorgänge zwischen 1517 und 1555; katholische Autoren vermieden zeitweilig geradezu peinlich die Verwendung dieser Epochenbezeichnung, so, als ob schon der Gebrauch des Wortes den Häresieverdacht nach sich ziehe. Man sprach katholischerseits vom Zeitalter der Glaubensspaltung oder so ähnlich. Und erst langsam hat sich seit Joseph Greving und Lortz die heute fast überall herrschende Unbefangenheit herausgebildet. Aber wenn nun auch der katholische Forscher unangefochten die Rede vom Zeitalter der Reformation gebraucht, so ist mit diesem äußerlichen Consensus in der Epochenbezeichnung wohl noch nicht das Wesentliche des eingetretenen und weitergehenden Wandels bezeichnet. Denn schließlich hatte ja lange vor Luther das 15. Jh. um die „Reformatio ecclesiae in capite et membris" gerungen. Und neben wie nach Luther haben im 16. Jh. viele der mit Rom verbundenen Christen in Wort und Tat die „Reformatio" der Kirche angestrebt. Die zunehmende Erforschung dieser innerkatholischen Reformbewegungen vom Spätmittelalter bis zu den tridentinischen Dekreten und ihren Weiterwirkungen hat nun nicht etwa nur dazu geführt, neben der Reformation Luthers und Zwinglis das Vorhandensein einer katholischen Reformation oder Reform anzuerkennen. Vielmehr ist von hierher – wenn ich richtig sehe – nicht ohne Einwirkung des Vaticanum II ein weitgehender Prozeß historiographischer Umorientierung in Gang gekommen, dessen Wirkungen heute noch gar nicht abzusehen sind.

Mit aller gebotenen Vorsicht könnte man ihn etwa folgendermaßen beschreiben: Neben der Tatsache des damals geschehenen Bruchs und der folgenden Begründung zweier getrennter Kirchenwesen tritt – mehr oder weniger deutlich – die damalige Konvergenz der vielfachen, so oder so gearteten, da- oder dorthin führenden Reformbewegungen in den

Vordergrund des heutigen Bewußtseins. Die Fragestellungen verschieben sich. Weg von der alten Frage „Wie entstand das neuzeitliche Nebeneinander der Konfessionen?“ hin zu anderen Fragestellungen, etwa: „Inwiefern zerbrach die Einheit der Kirche an der Aufgabe der Reform?“ Ohne Zweifel sind mit einer solchen Verschiebung der Frageperspektiven zahlreiche neue Forschungsprobleme verbunden. Ich darf hier nur eine Linie andeuten, die zunächst aus einer allgemeinen kulturphilosophischen und theologischen Reflexion der Gegenwart stammt: die Frage nach der Säkularisierung des neuzeitlichen Lebens seit der Krise der mittelalterlichen christlichen Einheitskultur, die Frage nach Hominisierung der Welt, nach der „weltlichen Welt“, wie sie seit einiger Zeit Theologen beider Konfessionen stellen[8]. Unmittelbarer, als es zunächst vielleicht scheinen mag, steht diese Reflexion in Zusammenhang mit unserer reformationsgeschichtlichen Vorüberlegung. In aller Kürze angedeutet: Wenn der Weg der Menschheit aus dem Mittelalter in die säkularisierte „weltliche“ Welt auch für den Christen seinen positiven Sinn hat – und das ist es doch, was Gogarten und Bonhoeffer und Karl Rahner und J. B. Metz uns sagen –, wenn dem so ist, so erhält eo ipso das Fortschreiten des kirchlichen Lebens von einer geschichtlichen Integrationsform in die andere, von einer Reformbedürftigkeit in die andere, von einer Schwelle des Zerbrechens zu der nächsten Schwelle eine weit erheblichere Bedeutung, als es bis heute in den mannigfachen Formen gottseliger Dekadenztheorien empfunden und bedacht wurde.

Aber nicht von dem religiösen Weg der Menschheit als solchem ist heute zu handeln, sondern von den Zeugnissen und Fragen eines einzelnen Menschenlebens. Und so ist nach diesem Exkurs rasch auf festumgrenzten Boden zurückzukehren. Auf den Boden der Reichsstadt Nürnberg, die zu Dürers Zeit eine Blüte ihres wirtschaftlichen und kulturellen Lebens hatte. Die Evokation Altnürnberger Erinnerungen ist freilich seit dem butzenscheibigen Historismus des 19. Jh.s so getrübt, daß auch hier einige allgemeine Erläuterungen zweckdienlich erscheinen.

Die soziokulturelle Bedeutung des europäischen Städtewesens gehört zu den großen Themen der Geschichtsforschung[9]. Wir überblicken heute den Entwicklungsgang des Urbanisierungsprozesses von den frühen Anfängen im Vorderen Orient zur griechischen Polis und zur römischen Stadtzivilisation mit ihrem Ausgreifen über Süd- und Mitteleuropa, mit ihrem Weiterleben über den tiefen Einschnitt der Völkerwanderungszeit ins Mittelalter hinein. Die mittelalterliche Stadt stellt freilich nicht mehr – wie in der Antike – das beherrschende Organisationsprinzip des öffentlichen Lebens dar. In der agrarisch-herrschaftlich strukturierten Welt des Mittelalters hatten sich die Städte gegenüber der rustikalen Adelsherrschaft die Anerkennung ihrer besonderen Lebensform erst zu erkämpfen[10]. Mit vollem Erfolg gelang dies bekanntlich nur in Italien. In Deutschland waren die sich selbst regierenden Städte nur wie Inseln in den breiten Flächen der sie umschließenden Fürstenherrschaften verstreut. Nichtsdestoweniger haben sie allein eine Markt- und Verkehrswirtschaft aufgebaut, die teilweise den Rang einer „mittelalterlichen Weltwirtschaft“ erreichte. Das Gewerbe hatte hier seinen Sitz. Hier entwickelte sich von neuem die seit der Antike weitgehend verlorene Laienschriftlichkeit und Laienbildung. Hier kam es – denken wir an den Mainzer Patrizier Gutenberg oder an Regiomontan in Nürnberg – zu den Grundlegungen der modernen Technik und Wissenschaft, die dann bald über jene Schranken hinausführten, innerhalb welcher das antike wie das mittelalterliche Bewußtsein verharrt war.

Die soziale und kulturelle Vitalität dieser deutschen Städte an der Wende vom Mittelalter zur Neuzeit ist das eine, ihre kirchliche Verfassung und ihre religiöse Gestimmtheit das andere[11]. Überall war die Spannung zwischen den Bischöfen, die ganz überwiegend dem Adel entstammten, und dem Autonomiestreben der Bürgerschaft, die das innerstädtische Kirchenwesen selbst in die Hand bekommen wollte, zu spüren. Damit verband sich das neue und starke Laieninteresse an religiösen Fragen, sei es schon in den Gedanken der humanistischen „Eruditio Christiana“, sei es noch in der Inbrunst spätmittelalterlicher Mystik, sei es in den wuchernden Formen der Volksfrömmigkeit, auf die

Huizinga so nachdrücklich hingewiesen hat. Nicht die Fürsten, sondern diese Städte werden die ersten Anreger und Anhänger und Zentren der neuen „Reformatio" sein –, diese Städte mit ihren lesenden Handwerkern und Buchdruckern, mit ihren Winkelgemeinden und humanistischen Sodalitäten, mit ihren unruhigen Bürgerklöstern und dem Aufbegehren der Zünfte, mit der spitzen Romkritik der Gebildeten und dem dumpfen Chiliasmus der Unterschichten.

In dieser Welt lebte Albrecht Dürer, geboren als Sohn des Goldschmieds Albrecht Dürer zu Nürnberg im Jahre 1471. Zwölf Jahre vor Luther also; und als 1518 die erste Kunde von den Wittenberger Ablaßthesen nach Nürnberg kam, schon ein Mann von 47 Jahren, ein Meister auf der Höhe seines Könnens und seines Ruhms. Seine schöpferische Entfaltung in den Formen und Bindungen spätmittelalterlicher Religiösität steht außer Zweifel. Will man zu dem unendlichen Reichtum seines religiösen Bildwerkes hinzu aus den schriftlichen Zeugnissen zitieren, so stößt man etwa auf Dürers Verse zu dem Holzschnitt „Der Tod und der Landsknecht" von 1510. Da heißt es zum Schluß:

„Darumb welcher wol sterben will,
Der thue willig gueter werck vil

Und secz sein trawen gar inn gott,
So kan er nit werden zu spott.

Ihn verlest auch nimmer gotzs crafft,
Vnnd fürth in inn himlisch gsellschafft.

Albrecht Dürer hilfft den rath gebn,
Wollt gott, ich künt selbst also lebn.

Das soll wir frölich all begern
So würt vns gott erbermt gewern[12]."

Ein wenig holprig in der Metrik, aber – das ist für uns wichtiger – wohl auch im Gedankengang. Steht nicht eine Nuance von Spannung zwischen dem persönlich akzentuierten „Wollt gott, ich künt selbst also lebn" und dem unmittelbar folgenden konventionellen Schluß „Das soll wir frölich all begern"?

Doch sehen wir weiter. Ein Mittelpunkt geistigen Lebens in Nürnberg am Vorabend der Reformation war die Sodalitas Staupitziana, jener religiöse Freundeskreis, der sich um Johann von Staupitz gebildet hatte, den Generalvikar des Augustinerordens in Deutschland, Luthers väterlichen Freund und Berater. Die Predigten, die Staupitz in Nürnberg hielt, hatten stärksten Zulauf. Dürers Zugehörigkeit zum Staupitzkreis und seine tiefe persönliche Verehrung für den Augustiner sind eindeutig nachzuweisen[13]. Weniger eindeutig ist, was die Theologie der Staupitzpredigten für Dürers religiöse Entwicklung bedeutete. Staupitz predigte im Sinne der augustinischen Sündenlehre und der mystischen Verinnerlichung: „Unsere guten Werke sind nicht unser Verdienst, Gott ist es, der die Kraft dazu in uns wirkt." Das war – ex posteriori betrachtet – eine Vorbereitung auf Luther, aber noch lange nicht Luther selbst.

Ähnlich liegt das Problem hinsichtlich der engen Freundschaft, die Dürer mit Willibald Pirckheimer verband. Pirckheimer gehört zu den größten Gestalten des europäischen Humanismus, ganz aus sich heraus denkend und handelnd, selbständig auch gegenüber dem eng verbundenen Erasmus, ein Mann voll Saft und Kraft, ein lukianischer Spötter mit allen Registern von der sublimen Ironie bis zur schwarzen Galle. Dabei ein „homo vere christianus", unbeirrbar um die Erkenntnis Gottes ringend und als theologischer Schriftsteller von hoher, wenn auch schwer einzuordnender Qualität. Pirckheimer war lebenslang Dürers Freund. Für eine spätere Phase sind seine Aussagen über Dürer und die Reformation sehr wichtig. Wieweit jedoch Pirckheimers „Eruditio Christiana" Dürer auf Luther vorbereitet hat, ist kaum faßbar. Dürer konnte ja kein Latein[14]; das ist nicht nur eine Beobachtung nebenbei, sondern ein nahezu entscheidendes Moment. Erst als das neue

Wort des Mönchs aus Wittenberg *deutsch* zu lesen und zu hören war, konnte es Dürer treffen. Und wie es traf!

Aber nun, wo 1518 Luther in Dürers Leben tritt, gilt es ein wenig zu periodisieren; in dieser entscheidungsträchtigen Zeit hat ja jedes Jahr der Reformationsgeschichte sein unverwechselbares Signum. Es erscheint möglich, für das letzte Jahrzehnt von Dürers Leben in seinem Verhältnis zur religiös-kirchlichen Krise drei Abschnitte zu unterscheiden: von 1518 bis etwa 1521, sodann bis Ende 1524, schließlich die letzten Jahre bis zu seinem Tode im April 1528.

Der erste Abschnitt steht klar im Zeichen eines Mitgerissenseins durch Luthers Persönlichkeit und Werk. Und zwar scheint der Beginn der nun auch unmittelbar persönlichen Beziehungen zwischen Dürer und dem Wittenberger noch in den Umkreis des Nürnberger Staupitzkreises zu gehören, der sich jetzt allmählich in einen Kreis von „Lutheriani" wandelt. Die Zeugnisse der Jahre 1520/21 aber führen aus der Intimität dieses Freundeskreises rasch heraus. Sie zeigen Dürer durchaus ergriffen von der großen Hoffnung und Bewegung, die damals durch ganz Deutschland ging. Das persönliche Moment der Befreiung aus Gewissensnot und -angst verbindet sich mit dem universalen Aspekt der Erneuerung des christlichen Glaubens und der Kirche. Von dieser Hochflut religiöser Erwartung, die auf die ersten Schriften und das öffentliche Hervortreten Luthers folgte, wurden ja damals weiteste Kreise der Öffentlichkeit erfaßt, Juristen und Gelehrte von durchdringender Nüchternheit, Geistliche und Fürsten, an deren Zugehörigkeit zur „alten Kirche" es späterhin – nach dem Abklingen dieser Welle – keine Zweifel mehr gab.

Erst recht wird ein Künstler von dem religiösen Empfindungsvermögen Dürers in den Bann der großen Hoffnung und des tiefen Aufatmens gezogen. Er sammelt und liest Luthers deutsche Schriften. Und das deutlichste der erhaltenen Zeugnisse ist jener Absatz aus einem Brief Dürers an Luthers Freund Spalatin, den Hofkaplan des sächsischen Kurfürsten, von Anfang 1520: Spalatin soll den Kurfürsten bitten, sich um Luther anzunehmen,

> „van kristlicher worheit wegen, doran vns mer leit dan an allenn reichtumen vnd gewalt diser welt; das dan als myt der czeit vergett, allein dy worheit beleibt ewig. Vnd hilft mir got, das jch zw doctor Martinus Luther kum, so will jch jn mit fleis kunterfetten vnd jn kupfer stechen zw einer langen gedechtnus des kristlichen mans, der mir aws grossen engsten gehollfen hat[15]."

Das ist ein kapitaler Text, an dem es nichts zu rütteln und zu deuteln gibt. Ganz in die Nähe wird von der Forschung ein zweiter Text von der Hand Dürers gerückt, der nun eine explizite Darlegung gibt, aus welchen Nöten und wie diese Hilfe der neuen Theologie geschah. Ich zitiere daraus:

> „In wen Christus kumt, der ist lebendig, vnd der selb lebt jn Christo. Dorum alle ding gute ding sind Christi. Nichtz gutz ist jn uns, es werd dan jn Christo gut. Dorum welcher sich gantz gerecht will machen, der ist vngerecht. Wir künnen gutz wöllen, Christus wöls dan jn vns. Kein menschlich rew ist so gros, das sy gnug sein müg . . .[16]."

Dies entspricht doch wohl der neuen Position, wie sie Luther errang: das Ende der spätmittelalterlichen Werkheiligkeit, die in Dürers Gedicht von 1510 – zumindest als konventioneller Rahmen – noch verpflichtend war; die Paradoxie des „simul iustus et peccator", die getroste Verzweiflung des am eigenen Heilswirken scheiternden, sich in den Abgrund der göttlichen Erbarmung stürzenden Menschen. Aber sofort melden sich kritische Bedenken. Das Stück ist in Dürers Handschrift überliefert, aber stammt der Text deshalb von ihm? Tatsächlich sprechen starke Gründe dafür, daß es sich hier um eine Predigtabschrift oder dergleichen, nach Luther oder nach einem anderen Anhänger des Neuen, handelt. Sicher ist also nur eines: Dürer beschäftigte sich mit diesem Text. In positivem Sinne, wollen und dürfen wir vermuten. Mehr zu sagen wäre unvorsichtig.

Noch weit schwieriger und eigentlich schon fast aussichtslos steht es mit einem weiteren Zeugnis aus dieser Zeit, dem berühmtesten und am liebsten zitierten Zeugnis: mit der sogenannten Lutherklage in Dürers Tagebuch der Niederländischen Reise[17]. „Eines der großen, spontanen Gebete der Weltliteratur", so und so ähnlich liest man es bis heute.

Leider nur mit starken Vorbehalten – muß die historische Kritik dagegen sagen. Es gibt zu viele Verdachtsmomente dafür, daß wir es hier mit einer unechten Stelle, einer späteren Interpolation zu tun haben. Ich darf versuchen anzudeuten, warum diese Lutherklage quellenmäßig so ungesichert ist, daß wir sie aus der Reihe der interpretationsfähigen Zeugnisse bis auf weiteres streichen müssen.

Dürers Tagebuch der Niederländischen Reise, umfassend die Zeit von der Abreise im Juli 1520 bis zur Rückreise im Juli 1521, ist nicht im Original, sondern nur in zwei wesentlich später angelegten Abschriften erhalten: eine stammt aus dem späten 17. oder frühen 18. Jh., die andere sicher aus dem 18. Jh.[18]. Beide enthalten unter dem 17. Mai 1521 den Eintrag, damals habe er, Dürer, in Antwerpen die Nachricht gehört, daß Luther auf dem Heimweg vom Wormser Reichstag von unbekannten Übeltätern überfallen und verschleppt worden sei. Darauf folgt eine längere Überlegung, ob Luther wohl schon tot sei und was im Falle seines Todes nun aus den Christen werden solle. Dies mündet in eine Reihe von gebetsähnlichen Ausrufungen, die sich schließlich an Erasmus von Rotterdam wenden. Er soll mit dem Mut des Märtyrers hervortreten und die Nachfolge Luthers antreten.

Aus der Fülle der sachlichen und sprachlichen Argumente, die diesen Abschnitt verdächtig machen, sei hier nur eines genannt, nicht weil es das gewichtigste, sondern weil es das einer andeutungsweisen Mitteilung zugänglichste ist. Wir können mit präzisen Daten feststellen, wann im Mai 1521 auf die erste Alarmnachricht von Luthers Verschwinden die zweite Nachricht sich verbreitete, daß er zwar verschwunden, aber in guten Händen sei. Bekanntlich hat es sich bei diesem sogenannten Überfall um einen sehr geschickten Schachzug der sächsischen Politik gehandelt: man hatte Luther, den eben in die Reichsacht Erklärten, heimlich auf die Wartburg in Sicherheit gebracht. Aber offiziell wußte der Kurfürst davon nichts. Diese Daten – ich habe sie für Worms und für Straßburg überprüft, für Antwerpen müßte wohl Ähnliches festzustellen sein – lauten folgendermaßen[19]: Der venezianische Gesandte Gasparo Contarini berichtet am 11. Mai vom Reichstag in Worms, daß die Nachricht verbreitet werde, Luther sei gefangen. Am 18. Mai schon berichtet er: Luther ist wohlbehalten, das Gerücht von der Gefangennahme war falsch. In Straßburg ist man am 18. Mai noch unsicher und besorgt wegen der angeblichen Gefangennahme, am 25. Mai wußte man zuverlässig, daß es gut um Luther stand. Was nun mit der Lutherklage? Sie war ja jedenfalls ein oder zwei Wochen später gegenstandslos geworden, auch in Antwerpen, auch für Dürer. Sollen wir nun annehmen, er habe in seinem Tagebuch, das dann am 19. und 20. und 26. und 30. Mai mit ganz trockenen Einträgen fortfährt, viele Seiten mit der literarischen Stilisierung der so rasch widerlegten Sorge gefüllt, ohne sie wieder zurückzunehmen, als man überall ihre Unbegründetheit wußte? Solch larmoyantes Stehenlassen einer hohen Stilisierung des eigenen, schon gegenstandslos gewordenen Empfindens könnte man allenfalls einem Thomas Mann zutrauen, gewiß nicht Albrecht Dürer.

Doch genug davon. Halten wir für das Jahr 1521 die Ergebnisse dieses ersten Abschnittes, seit Luthers Auftreten 1518, fest. Das Beiseitelassen der Lutherklage im Niederländischen Tagebuch vermindert keineswegs den festen Eindruck einer tiefen Ergriffenheit Dürers von Luthers Person und Theologie. Im Zentrum seines religiösen Bewußtseins getroffen, sich befreit fühlend aus den Ängsten der vormaligen Gewissensnot, neue Zuversicht suchend in der Lehre der „sola gratia“ – so können wir Dürer damals sehen. Aber gleich ist hinzuzufügen, daß diese inneren Vorgänge anscheinend keine Konsequenzen im äußerlich faßbaren Kirchenleben Dürers hatten. Im Sommer 1520, vor Antritt der Reise in die Niederlande, wallfahrtete er mit seiner Frau im Stile der Zeit zu den Nothelfern nach Vierzehnheiligen bei Staffelstein[20]. Im Tagebuch verzeichnet er das Geld, das er für sich und seine Frau für die Beichte gab[21]. Das war im März 1521, in der Fastenzeit; es ging also um die Erfüllung der Osterpflicht. Ähnlich ist – vorausgreifend – zu bedenken, daß in der Ende 1523 abgefaßten Familienchronik ganz fraglos bei den verstorbenen Angehörigen der Empfang der Sterbesakramente als wesentlich erwähnt wird[22]. Und schließlich – ebenso vorausgreifend – ist eine dritte Feststellung zu treffen: In den erhaltenen Schriftzeugnissen

Dürers ist Luthers Name zum letztenmal im Sommer 1521 erwähnt[23], danach nicht mehr. Ein Zufall des Erhaltungszustandes? Aber sehen wir zunächst weiter.

Der nächste, zweite Abschnitt wird – wie mir scheint – dadurch von den letzten Lebensjahren abgegrenzt, daß Dürer sich 1521 bis 1524 durchaus dem Gesamtbereich dessen zuordnen läßt, was man heute „evangelische Bewegung" nennt. Das wird besonders deutlich an dem zeitlich letzten Zeugnis, welches wir für eine solche Zuordnung besitzen. Es handelt sich um einen Brief Dürers an den englischen Hofastronomen Nikolaus Kratzer, einen geborenen Münchner, der am Hof Heinrichs VIII. wie im Freundeskreis Holbeins und – was Otto Pächt scharfsinnig nachgewiesen hat – des Thomas Morus eine Rolle spielte[24]. Dürer antwortete am 5. Dezember 1524 auf einen Brief Kratzers, der sich teilnehmend und bestärkend nach der bedrängten Lage des „evangelischen" Nürnberg erkundigt hatte. Dürer schreibt:

> „Jtem des cristlichen glawbens halben müs wir jn schmoch und far sten, dan man schmecht vns, heist vns keczer. Aber gott ferleich vns sein gnad vnd sterck vns jn seinem wort, dan wir müsen gott mer gehorsam sein, den dem menschen. So ist es besser leib vnd gut ferlorn, dan das van gott vnser leib vn sell jn das hellisch fewer fersengt würd. Dorum mach vns gott bestendig jm guten vnd erlewcht vnser widerbart, dẙ armen elenden blinden lewt, awff das sẙ nit jn jrem jrsall ferderben"[25].

Dürer verwendet hier die erste Person Pluralis. Und nicht nur in diesem Fall, sondern auch bei anderen Zeugnissen dieser Jahre 1521 bis 1524 ist deutlich zu fassen, wie die religiöse Frage, die Dürer bewegt, aus dem Innenraum der Seele in die Außenwelt und in das gemeinschaftliche Schicksal jener Gläubigen, die man jetzt Ketzer nennt, reicht. Damit treten nun freilich Implikationen des religiös-kirchlichen Lebens auf, die in jenem ersten Abschnitt des individuellen Innewerdens der neuen Botschaft – noch geschützt im Gehäuse des alten Kirchenwesens – noch nicht erfahren worden waren. Es sind dies die Jahre, in denen quer durch das von Luthers Reformation erfaßte Deutschland über die Frage nach dem gnädigen Gott hinaus die ekklesiologische Frage, die Frage nach der vom neuen Glaubenserlebnis her geforderten Gemeinde- und Kirchenform sich stellte.

Wer war mit diesen „Wir" überhaupt gemeint, von denen Dürer spricht und in deren kollektives religiöses Schicksal er sich selbst deutlich engagiert hineinstellt? Der Zusammenhang der zitierten Stelle ist ziemlich eindeutig. Dürer spricht von der Stadtgemeinde Nürnberg, von jener offensichtlichen Mehrheit der Nürnberger Bürger, die in diesen Jahren daran sind, sich von den bisherigen Formen kirchlicher Ordnung und bischöflicher Jurisdiktion zu lösen, mit einem Ziel und einem Ergebnis, das damals noch keineswegs klar war. Gewiß noch nicht mit der bewußten Absicht, neben der alten, verbleibenden katholischen Kirche nun eine zweite Kirchengemeinschaft zu errichten. Der gleiche Vorgang spielt sich in den gleichen Jahren in Zürich und Basel, in Ulm und Augsburg, in Straßburg und Konstanz ab: Überall drängen in den freien Städten die von der Wittenberger Lehre, bald auch von Zwinglis Schriften bewegten Geistlichen voran. Die städtische Obrigkeit folgt vorsichtig und zögernd; sie verhandelt hinhaltend mit den Einspruch erhebenden Bischöfen, steht unter der Furcht vor einer politisch-sozialen Revolte, wenn die Predigt des Evangeliums nicht freigegeben wird. Steht angesichts des völligen Versagens der obersten Reichsgewalt, angesichts eines bewußt unklaren Reichstagsbeschlusses von 1524 letztlich ganz allein mit einer Verantwortung, wie es sie nie zuvor gegeben hatte[26].

So auch in Albrecht Dürers Stadt Nürnberg. Als er im Dezember 1524 an Kratzer nach England schrieb, war die Stadt wegen der gottesdienstlichen Neuerungen von der Reichsacht bedroht[27]. Das war die Wirkung des Bischofs von Bamberg und der anderen Fürsten, die sich mit dem päpstlichen Kardinallegaten Campeggio zusammengetan hatten. Aber in der Stadt selbst war das ganz Endgültige noch nicht geschehen. Das kam erst im Frühjahr 1525 im Gefolge einer Religionsdisputation, die der Rat veranstaltete und die mit dem Obsiegen der evangelischen Theologen endete. Von da an war Nürnberg eine evangelische Stadt. Aber als Dürer an Kratzer schrieb, war es noch nicht ganz soweit; da herrschte noch ein außerordentlich schwer beschreibbarer Schwebezustand. Vor allem war zu diesem Zeitpunkt das Problem der Spaltung noch nicht voll evident geworden. Weder nach der einen Seite hin: daß sich ein Entweder-Oder zwischen evangelisch und katholisch ergeben werde, mit allen Begleiterscheinungen des Kampfes mittels obrigkeitlicher Zwangsgewalt. Noch nach der anderen Seite: daß es zu unüberwindbaren Gegensätzen zwischen der Wittenberger und der Schweizer Richtung kommen werde, daß sich darüber hinaus mit den Täufern und Spiritualisten alsbald ein radikaler Flügel der Reformation bilden werde, zu dessen gewaltsamer Unterdrückung sich dann wieder Evangelische und Katholische zusammenfanden.

Dürer hatte in den Jahren 1521 bis 1524 nachweislich persönliche Beziehungen zu Zwingli in Zürich und Capito in Straßburg. Karlstadt, Luthers einstiger Freund, jetzt als radikaler Schwärmer bekämpft, hatte Dürer Ende 1521 eine theologische Schrift gewidmet. Das alles sagte im Rahmen des oben angedeuteten Schwebezustandes nicht viel aus. Erst seit Januar 1525 reichen die religiösen Tumulte und Konflikte in Dürers Nähe: Der Nürnberger Prozeß gegen die sogenannten „gottlosen Maler" Georg Pencz und die Brüder Hans Sebald und Barthel Beham endete mit ihrer Verweisung aus der Stadt. Bei dem Verhör der jungen Männer – „prächtig trutzige Leute" sagen die Prozeßakten – wurden Auffassungen festgestellt, die sehr weit in Richtung eines allgemeinen Agnostizismus reichten. Gleichzeitig ging der Rat gegen andere Maler wegen „neuer Sekten" vor. Auch Hans Denck, der als Pirckheimers Protegé Rektor der Sebaldusschule geworden war, wurde wegen ähnlicher Vorwürfe aus der Stadt gejagt. Und später, im Jahre 1525, inhaftierte man Dürers Formschneider Andreä wegen Konspiration mit den aufständischen Bauern, die im Namen des göttlichen Rechtes ihre Freiheit forderten[28].

Gewiß, das reicht sehr nahe an Dürer heran. Aber sein Name selbst fällt in diesen Verfahren anscheinend kein einziges Mal. Die Bedeutung der Vorkommnisse liegt wesentlich darin, daß sich die Umwelt und das religiöse Gemeinschaftsschicksal um Dürer krisenhaft wandelten. Damit befinden wir uns aber schon in dem dritten Abschnitt, der von Anfang 1525 bis zu Dürers Tod im April 1528 reicht. Um es vorweg zu bemerken: Aus diesen Jahren sind keine Äußerungen des Nürnbergers erhalten, die sich irgendwie positiv und fördernd zum Fortgang der Reformationsbewegung stellen. Dies dürfte kaum ein Zufall in der Erhaltung der Quellen sein, um so weniger, als andererseits einige Zeugnisse der Sorge und Kritik erhalten sind.

Wir greifen gleich zu dem Schärfsten, was in dieser Richtung überliefert ist. Es handelt sich dabei freilich um ein indirektes Zeugnis, das als solches von vornherein vorsichtig zu benützen ist: der bekannte Brief Pirckheimers an Dürers Freund Johann Tschertte, den Wiener Festungsbaumeister[29]. Das erhaltene Briefkonzept ist undatiert; es ist nach inneren Kriterien wohl noch bis ins Jahr 1529, also ins Jahr nach Dürers Tod, einzuordnen. Pirckheimer berichtet dem – offensichtlich zur evangelischen Lehre hinneigenden oder sich schon zu ihr bekennenden – Tschertte ausführlich und warnend von seiner und Albrecht Dürers Enttäuschung und Abwendung von den Idealen der Reformation. Die wichtigste Stelle lautet:

> „Ich weken, das ich anfänglich auch gut lutherisch gewest pin, wie auch vnser Albrecht seliger, dann wir hoften, die Römisch puberei, deß gleich der münch vnd pfaffen schalkheÿt solt gepessert werden, aber so man zusicht, hat sich die sach also geergert, das die ewangelischen puben yene puben from machen. (. . .) Die forigen haben vns mit gleyßnerey vnd listikeit wetrogen, so wollen die jetzigen offenlich ein schentlich und strefflich wesen füren vnd dapey die leut mit gesehenden augen plind reden vnd sagen, man könn sy aus den werken nit vrteilen . . .[30]."

Es stellt sich zunächst die Frage: Was ist hier Dürer, was ist Pirckheimer[31]. Von Pirckheimer wissen wir genau, wie er sich in dem Maße von der Bewegung zurückzog, als die Reformation innerhalb und außerhalb Nürnbergs Konsequenzen zeigte, die seinem aristokratischen Bildungsuniversalismus widersprachen. Seit 1525 wuchs seine Opposition gegen die nun in Nürnberg herrschende Gruppe der evangelischen Geistlichen zu einer Gegnerschaft gegen die reformatorische Theologie insgesamt. Doch trotz seiner aktiven

Verteidigung des in Nürnberg von der gewaltsamen Auflösung bedrohten Klosterwesens – man denke an seine Schwester Charitas Pirckheimer – endete diese Wendung wohl nicht mit einem vollen Anschluß an die traditionelle kirchliche Lehre. Der bittere Moralismus und Intellektualismus seiner Ekklesiologie macht Pirckheimer letztlich zu einer Figur sui generis, jenseits der konfessionellen Zurechenbarkeit[32].

Für Dürer ist von einer etwas anderen Lage auszugehen. Nicht aus der großen theologischen und politischen Übersicht wie Pirckheimer, sondern in der Unmittelbarkeit seines künstlerischen Schaffens erfuhr er den Wandel der Zeiten. Bedeutet dies, daß wir eine Einschränkung gegenüber dem Bericht an Tschertte mit seiner Solidarität und Parallelität der Abwendung machen müssen? Es ist kaum zu vermuten, daß hier Pirckheimer die Haltung seines Freundes ex posteriori falsch oder überscharf interpretiert hat. Wir müssen die Verschiedenheit der Lebenslage der beiden Freunde ins Auge fassen. Und da ergibt sich eher eine Bestätigung als eine Einschränkung. Denn Dürer bekam es von seinen ureigensten Voraussetzungen her mit Konsequenzen der Reformation zu tun, die das Fundament seines künstlerischen Schaffens bedrohten: Bilderfeindlichkeit und Bildersturm. Auch hier haben wir besonders Hans Rupprich zu danken für den Nachdruck, mit welchem er Dürers Stellung zu diesen Zeitströmungen behandelt hat[33]. Für unseren Zusammenhang muß ein Beispiel aus dem Bereich dieses defensiven Ringens der letzten Lebensjahre genügen. In der Widmung seiner 1525 erschienenen Schrift „Unterweisung der Messung“ an Pirckheimer sagt Dürer:

> Die jungen Künstler sollen durch dies Werk zum rechten Kunstverstand kommen, „vnangesehen das itzt bey vns vnd in vnseren zeyten die künst der malerey durch etliche seer veracht und gesagt will werden, die diene zů abgötterey. Dann eyn yeglich christenmensch wirdet durch gemel oder byldnüß als wenig zů einem affterglauben getzogen als ein frůmer mann zů eynem mord, darumb das er ein waffen an seiner seyten tregt[34]“.

Dürers Unterscheidung von Usus und Abusus war das eine, der Bruch und Niedergang, den die Reformation für die christliche Kunst im bildnerischen Bereich brachte, das andere. Doch bleiben wir bei Dürer und seinem Verhalten zu Entwicklungen, die er sowohl als Angriff auf seine persönliche raison d'être wie auch als Enttäuschung seiner kirchlich-religiösen Hoffnungen empfinden mußte. Damit kommen wir zuletzt zu dem großen Bildwerk der sogenannten „Vier Apostel“. Nicht von den vielfach diskutierten künstlerischen Problemen des Gemäldes, das Dürer im Herbst 1526 dem Nürnberger Rat „zu einer gedechtnus“ schenkte, sondern von den Bildunterschriften und damit vom Sinn dieser Schenkung ist zu sprechen[35]. Da scheint eine Weiterführung der Diskussion in mehrfacher Richtung nicht nur möglich, sondern auch geboten. Es wäre einmal ergänzend zu den geistvollen Untersuchungen über Altarbild, weggefallenen Mittelteil, Vorstufe protestantischer Kanzelaltäre usw. ganz nüchtern zu fragen, was denn üblicherweise in spätmittelalterlichen und frühneuzeitlichen Ratsstuben an Bildwerk mit beigegebenen Schriften zu finden war. Das ist bisher noch nicht geschehen; es ergäbe einen sehr angemessenen Interpretationsrahmen, nämlich eine breite Tradition lehrhafter Bildmotive, auch aus der Hl. Schrift. Zum zweiten wäre das konkrete Bezugsfeld der von Dürer ausgewählten Schriftzitate von neuem zu analysieren, sowohl im Hinblick auf die Nürnberger Situation als auch auf eventuelle literarische Anregungen. Für beides hier nur je ein Beispiel: Neben Dürers Eingangssatz „Alle weltliche regenten ...“[36] könnte man etwa einen Passus aus einer gleichzeitig entstandenen theologischen Streitschrift Pirckheimers setzen: „Hortor vos patres ac fratres in domino honorandi, nolite verbis credere fucatis, nolite sub specie boni seduci ...“[37].

Oder wenden wir uns dem vierten Bibelzitat zu, dem Markustext:

> „Vnnd er leret sie vnd sprach zu jnen, habt acht auff die schrifftgelertten, die gehen gern jn lanngen kleidern, vnnd lassen sie gern grussen auff dem marckt, – vnnd sitzen gern oben an in den schulen, vnd vber tisch, – die fressen der wittwen heuser, vnnd wenden langs gepet fur, die selben werden dester mehr verdambnus empfahen[38].“

Diese Stelle wird bis heute allgemein auf Hans Denck und die täuferischen Sektierer bezogen[39]. Aber wie sollte man unter diesen Schriftgelehrten, die gern oben sitzen und sich auf dem Markte grüßen lassen, Denck und die Führer der Täufergemeinden verstehen, die damals allenthalben von Stadt zu Stadt gejagt, eingekerkert, gefoltert und hingerichtet wurden? Kann man diese Stelle nicht viel ungezwungener auf die Geistlichen des ordre établi beziehen, d. h. auf die damals recht präpotenten evangelischen Prediger der Stadt? Zieht man dies ernsthaft in Erwägung, dann fällt freilich auch die Möglichkeit, die bisherige Gesamtinterpretation aufrechtzuerhalten, die nach Heidrich ein Bekenntnis zur Festigung des Umkreises der lutherischen Kirche war. Aber was dann, wenn wir annehmen, Dürer habe die „weltlichen Regenten" auch vor den Exponenten der neuen kirchlichen Institution gewarnt? Läßt dies bereits einen Rückschluß auf Dürer als „Kryptokatholiken" zu? Oder geraten wir hier in ein Niemandsland prinzipieller Skepsis gegenüber aller kirchlichen Institution?

Mit diesen Fragen ist das Ende des Überblicks über Dürers Stellung in der Geschichte der Reformation erreicht.

Als Ergebnis des Überblicks bleiben – so scheint mir – neben vielen Fragen doch einige wichtige Anhaltspunkte; von ihnen her könnten nun auch Interpretationen der Kunst Dürers ex novo wichtig erscheinen. Diese Ausgangspunkte bezeichnen keineswegs einen geradlinigen Weg von dem vorreformatorischen Staupitzkreis in den sich festigenden Umkreis der lutherischen Kirche. Im Gegenteil. Sie deuten eine komplizierte und individuelle Entwicklung an, die von der unbestimmten Erwartung der vorreformatorischen Zeit über einen anfänglichen Lutherenthusiasmus und eine länger dauernde Solidarität mit der evangelischen Bewegung zur Zurückhaltung gegenüber dem sich verfestigenden reformatorischen Kirchenwesen führt.

Was bleibt zu Ende dieses Weges? Es bleibt die Wendung an die „weltlichen Regenten", in deren Obhut die christliche Wahrheit gleichsam geflüchtet erscheint. Man könnte diese Wendung Dürers als eine Vorwegnahme jener ekklesiologischen Aporie ansehen, an welcher viele der feinsten Geister in der Neuzeit gelitten haben.

Und wenn es überhaupt erlaubt ist, im Rahmen einer wissenschaftlichen, d. h. kritisch ausweisbaren Untersuchung nach einer Botschaft Dürers an die Nachwelt zu fragen, so müßte die Antwort wohl am ehesten in dieser Richtung zu suchen sein: nicht in der Richtung einer katholischen oder evangelischen Kirchlichkeit, sondern in jener vorweggenommenen Aporie des neuzeitlichen Menschen und in der Würde dieser Aporie: daß die Möglichkeiten wahrer Kirchlichkeit mit ihren Kriterien der Universalität und Freiheit vielen Menschen der Jahrhunderte seit Dürer gleichsam verschüttet und aufgezehrt erscheinen werden.

Antrittsvorlesung an der Universität Wien am 20. Januar 1967. Druck in: Historische Zeitschrift 206 (1968), S. 22ff.

1 Zuletzt gesammelt bei: *Dürer.* Schriftlicher Nachlaß, Bd. 1: Autobiographische Schriften, Briefwechsel, Dichtungen, Beischriften, Notizen und Gutachten. Zeugnisse zum persönlichen Leben, ed. *H. Rupprich* (Berlin 1956). Rupprich hat seine monumentale Edition seither fortgesetzt: Bd. 2: Die Anfänge der theoretischen Studien, Das Lehrbuch der Malerei: Von der Maß der Menschen, der Pferde, der Gebäude; Von der Perspektive; Von Farben, Ein Unterricht alle Maß zu ändern (Berlin 1966). Daneben die ältere Ausgabe von *K. Lange* und *F. Fuhse:* Dürers schriftlicher Nachlaß auf Grund der Originalhandschriften und teilweise neu entdeckter Handschriften (Halle 1893).

2 *Rupprich,* Dürer-Nachlaß, S. 10: „Was nach Dürers Tod in Pirckheimers oder seiner Erben Verwahrung überging, ist erhalten. Verloren dagegen fast alles, was vom schriftlichen Nachlaß Dürers im Besitz seiner Frau und seines Bruders verblieb: beinah alle an Dürer gerichteten Briefe, Dürers eigene Briefe an seine Angehörigen, das ‚Schreibpüchle', das er in Venedig führte, vieles an persönlichen Aufzeichnungen, darunter das einzigartige Gedenkbuch."

3 *E. Heidrich,* Dürer und die Reformation (Leipzig 1909), S. 27.

4 *E. Panofsky,* Albrecht Dürer, Bd. 1 (Princeton ^{3}1948), S. 233.

5 *F. Saxl,* Dürer and the Reformation. In: Ders., Lectures, Bd. 1 (London 1957), S. 267ff.

6 *W. Braunfels,* Albrecht Dürer. In: Lexikon für Theologie und Kirche, Bd. 3 (Freiburg i. B. ^{2}1959), Spalte 613f.

7 Resolutiones disputationum de indulgentiarum virtute, Conclusio LXXXIX; *Luthers* Werke in Auswahl, Bd. 1, ed. *O. Clemen* (Berlin ^{5}1959), S. 145.

8 Die hier nur ganz flüchtig angedeutete Wendung von der allgemeinen „Säkularisierungs"-Diskussion zu interpretativen Fragen der Geschichtswissenschaft kann freilich nicht nur an die Historiker, sondern auch an die ursprünglichen Teilnehmer dieser philosophisch-theologischen Diskussion neue Ansprüche stellen.

9 Wertvolle Anregungen und Hinweise verdanke ich dem weitausholenden Überblick von *E. Ennen,* Die Stadt zwischen Mittelalter und Gegenwart. In: Rheinische Vierteljahrsblätter 30 (1965), S. 118ff.

10 Ebd., S. 121.

11 Wichtig die kenntnisreiche Skizze von *B. Moeller,* Reichsstadt und Reformation (Gütersloh 1962). Die sozialgeschichtliche Komponente der kirchlichen Problemlage könnte noch weiter dargelegt werden. Das stadtbürgerliche Emanzipationsstreben gegenüber den klerikalen „Strukturen" speiste sich aus den verschiedensten Motivationen, die sich von dem steuerrechtlichen Angriff auf den Besitz der „toten Hand" über die Prestigefrage städtische Oberschicht – Adelskirche bis zu dem sublimen Bereich eines „sakralgenossenschaftlichen Selbstverständnisses" erstrecken. Doch sollte man wohl diesen letzteren Ideenkreis, der seit *A. Schultze,* Stadtgemeinde und Reformation (Tübingen 1918), betont wird, insgesamt gegenüber den handfesteren Motiven nicht überschätzen.

12 Flugblatt mit Holzschnitt und Versen von Dürer. Monogramm am Ende des Gedichtes. Neudruck des Textes bei *Rupprich,* Dürer-Nachlaß 1, S. 137f.

13 Ergänzend zu den von *Rupprich,* Dürer-Nachlaß 1, S. 260ff., zusammengestellten Zeugnissen für die Freundschaft Dürer-Staupitz kann verwiesen werden auf den Brief des Christoph Scheurl an Staupitz über die Verfassung der Reichsstadt Nürnberg vom 14. Juni 1516. Scheurl schreibt: „Darumb wundert mich nit, ob du schon die geschenk unsers Albrecht Düerers, die er dir teglich auf das rainist und zirlichst ausgeputzt uberantwort, angenem heltest, die weil er ein solcher kunstner . . ."; gedr. in: Chroniken der deutschen Städte, Bd. 11 (Leipzig 1874), S. 804.

14 *Rupprich* (Dürer-Nachlaß 2, S. 19) bringt ein kennzeichnendes Beispiel aus dem außertheologischen Bereich: „Für lateinische und griechische Autoren benötigte er (sc. Dürer) die Hilfe der Humanisten. Daß er diese suchte und wie die Unterstützung speziell durch Pirckheimer in Form einer Übersetzung erfolgte, kann man aus dem folgenden Beispiel ersehen: Im Abriß der Perspectiva naturalis London 5229, fol. 212ª, nach der lateinischen Euklidausgabe, Venedig 1505, ist der Text des 17. Theorems von der Hand Pirckheimers geschrieben, während alle anderen Lehrsätze von der Hand Dürers stammen. Pirckheimer hat dem Freunde die Übersetzung offenkundig in die Feder diktiert, und während der gemeinsamen Arbeit einmal ein Theorem auch selbst niedergeschrieben."

15 *Rupprich,* Dürer-Nachlaß 1, S. 86. Undatiertes Autograph der Basler Universitätsbibliothek, von Rupprich nach äußeren Kriterien auf Januar/Februar 1520 datiert; – vielleicht schon Ende 1519?

16 *Rupprich,* Dürer-Nachlaß 1, S. 216f. Undatiertes Autograph (Londoner Manuskripte). Von Rupprich „um 1520" datiert; die Frage der Autorschaft Dürers ist weder hier noch von *W. M. Conway* (Literary remains of Albrecht Dürer. With transcripts from the British Museum Manuscripts and notes upon them by Lina Eckenstein [Cambridge 1889], S. 155 und S. 161) gestellt. *Lange/Fuhse,* Dürer-Nachlaß, S. 379, kommentieren: „. . . nach Springers Vermuthung (. . .) Ausschnitt aus einer Predigt Luthers. Herr Professor Kawerau in Kiel hatte die Güte uns mitzuteilen, daß es ihm nicht gelungen sei, das Zitat in Predigten Luthers aufzufinden, und daß er auch vom sprachlichen und sachlichen Standpunkt aus Bedenken gegen Luthers Urheberschaft hegen müsse." – Gegen die Autorschaft Dürers und für den Abschriftcharakter spricht der ausgesprochen literarische, geschliffen-antithetische Stil und Aufbau des Stückes, der es merklich von der „ungelehrten" Prosa des Nürnbergers abhebt.

17 *Rupprich,* Dürer-Nachlaß, S. 170–172. Rupprich referiert in seinem ausführlichen Kommentar (ebd., S. 196–199) zwar den Bericht von *K. Lange* (In: Festschrift für Joh. Overbeck [Leipzig 1893], S. 141), daß in seinen Göttinger Übungen „ein junger scharfsinniger Historiker" die Authentizität des gesamten Abschnittes zu bestreiten gesucht habe und ihn als eine spätere Interpolation bezeichnete, tritt aber selbst dafür ein, „daß wir es wahrscheinlich mit keiner Interpolation zu tun haben, sondern mit einem durchaus echten Gefühlserguß Dürers". – Auf die Möglichkeit bzw. die zu erschließende Gewißheit einer nachträglichen Redaktion Dürers, wie sie schon *M. Thausing,* Dürer. Geschichte seines Lebens und seiner Kunst, Bd. 2 (Leipzig ^{2}1884), S. 174f., und *F. Leitschuh,* Albrecht Dürers Tagebuch der Reise in die Niederlande ... (Leipzig 1884), S. 17, behandelt haben, ist hier nicht näher einzugehen. Vielmehr handelt es sich um die Vermutung einer wesentlich späteren Überarbeitung bzw. Interpolation.

18 Zur handschriftlichen Überlieferung des Tagebuches vgl. *Rupprich,* Dürer-Nachlaß 1, S. 146f. Die Handschrift A (Staatliche Bibliothek Bamberg, Ms. 246. J. H. Msc. art 1 III. 18) wird erstmals 1779 von *C. G. v. Murr* benutzt; sie stammt aus dem 18. Jahrhundert. Die Handschrift B (Staatsarchiv Nürnberg, S. 1, L. 79, Nr. 15, Faszikel 18) wird von Rupprich (Dürer-Nachlaß 1, S. 147) als „Mitte des 16. Jahrhunderts geschrieben" bezeichnet. Der handschriftliche Befund zeigt, daß demgegenüber der späteren Datierung bei *Lange/Fuhse,* Dürer-Nachlaß, S. 99ff., eindeutig der Vorzug zu geben ist.

19 In Wiederholung des in *H. Lutz,* Albrecht Dürer und die Reformation. Offene Fragen. In: Miscellanea Bibliothecae Hertzianae (Wien/München 1961), S. 175, Anm. 10, Gesagten verweise ich auf Deutsche Reichstagsakten. Jüngere Reihe (RTA), Bd. 2, ed. *A. Wrede* (Gotha 1896), S. 906 und S. 918f.; für Straßburg auf *Martin Luthers* Werke. Editio Weimarana (WA), Bd. 2, S. 342 und S. 343, Anm. 1.

20 *Rupprich,* Dürer-Nachlaß 1, S. 179, Anm. 12.

21 Ebd., S. 166f.

22 Dürers Familienchronik, zusammengestellt in den letzten Tagen des Jahres 1523; ebd., S. 28ff.

23 Dürer berichtet im Tagebuch der Niederländischen Reise, daß er im Juni 1521 in Antwerpen von Cornelius Grapheus Luthers Schrift von der Babylonischen Gefangenschaft der Kirche erhielt: „Mir hat geschenkt Cornelius,

secretary, die Lütherisch Gefängnus Babiloniae; dagegen hab ich ihm geschenckt meine 3 grosse bücher" *(Rupprich,* Dürer-Nachlaß 1, S. 175).

24 Außer den Angaben zu Kratzers Brief an Dürer vom 24. Oktober 1524 in *Rupprich,* Dürer-Nachlaß 1, S. 111, vgl. *O. Pächt,* Holbein and Kratzer as collaborators. In: Burlington Magazine 84/85 (1944), S. 134ff.

25 *Rupprich,* Dürer-Nachlaß 1, S. 113.

26 Einige Beobachtungen zur damaligen Situation der reichsstädtischen Obrigkeit bei *H. Lutz,* Conrad Peutinger. Beiträge zu einer politischen Biographie (Augsburg 1958), S. 222ff. Wichtig und bis heute zuwenig beachtet die Untersuchung von *H. Baron,* Religion and Politics in the German Imperial Cities during the Reformation. In: English Historical Review 52 (1937), S. 405ff. und S. 614ff.

27 RTA 4, S. 795, Anm. 1. – Für die sehr komplexen kirchlich-politischen Entwicklungen in Nürnberg 1524/25 vgl. u. a. *R. Schaffer,* A. Stoß und seine gegenreformatorische Tätigkeit (Breslau 1926); *G. Pfeiffer,* Die Einführung der Reformation in Nürnberg als kirchenrechtliches und bekenntniskundiges Problem. In: Blätter für deutsche Landesgeschichte 89 (1952), S. 112ff.; *K. Bernhard,* Die Nürnberger Deutsche Messe 1525. In: Jahrbuch für Liturgie und Hymnologie 1 (1955), S. 1ff.; *I. Höss,* Das religiös-geistige Leben in Nürnberg am Ende des 15. und am Ausgang des 16. Jahrhunderts. In: Miscellanea Historiae Ecclesiasticae, Bd. 2 (Löwen 1967), S. 17ff.

28 Vgl. in *Lutz,* Offene Fragen, S. 176ff., meine Bemerkungen zu diesen in der Dürer-Literatur teilweise überinterpretierten Bezügen. Auch *G. Krodel,* Nürnberger Humanisten am Anfang des Abendmahlstreites. Eine Untersuchung zum Verhältnis Pirckheimers und Dürers zu Erasmus von Rotterdam besonders in den Jahren 1524–26. In: Zeitschrift für bayerische Kirchengeschichte 25 (1956), S. 40ff., hat sich nicht immer von dieser Gefahr ferngehalten.

29 *Rupprich,* Dürer-Nachlaß 1, S. 283ff.; undatiertes, autographes Konzept (Stadtbibliothek Nürnberg). Zur Korrektur der Datierung vgl. *Lutz,* Offene Fragen, S. 180, Anm. 35: Der im Schreiben Pirckheimers erwähnte Reichstag kann nicht der Augsburger 1530, sondern muß der Speyrer 1529 sein. – Für Tschertte und seine Freundschaft mit Dürer vgl. jetzt außer *Rupprich,* Dürer-Nachlaß 1, S. 94, den Ausstellungskatalog „Maximilian I. 1459–1519" (Wien 1959), S. 143f. (von Dürer geschnittenes Wappen des Joh. Tschertte).

30 *Rupprich,* Dürer-Nachlaß 1, S. 285.

31 Für eine Gesamtanalyse der Haltung Pirckheimers gegenüber der Reformation ist die wichtigste Voraussetzung in der Edition des Briefwechsels erst noch zu schaffen. Die nach dem Tode von *E. Reicke* und *A. Reimann* zunächst von *S. Reicke* betreute Edition (bisher zwei Bände: 1940, 1956) wird nun hoffentlich weitergeführt.

32 Vgl. aus dem Schlußabschnitt des oben erwähnten Briefes Pirckheimers an Tschertte: „Diß alles schreyb ich aber nit darumb, das ich deß Babsts, seyner pfaffen und münch wesen loben kan, woll oder mog, dann ich weyß, das es nichts soll, vnd in fil weg streflich ist, auch wol eyner pesserung wedorft, vnangesehen das keyserliche Mt. jetzt dem Babst in allem seynem fürnemen geholt. Es ist aber leyder vor augen, das das ander wesen auch in keynem weg also daug, wie dann der Luther selbs sagt und wekent, auch fil fromer gelerter leut, so dem waren Ewangelio anhahen, mit schmerzen ires herzen for augen sehen vnd wekenen, das diß wesen keyn westand mag haben. Die papisten sind doch zu dem minsten vnder inen selbs eynß, so sind die, so sich ewangelisch nennen, mit dem höchsten vnder eynander vneyns vnd in sect zu teylt, die müssen iren lauf haben wie die schwirmenden paurn, pis sy zu letzt gar verwüeten. Gott wehüt alle frome menschen, land vnd leut for solcher lere, dann wo die hinkombt, da kan keyn frid, rue noch eynikeyt sein" *(Rupprich,* Dürer-Nachlaß, S. 286).

33 *H. Rupprich,* Dürers Stellung zu den agnoetischen und kunstfeindlichen Strömungen seiner Zeit. In: Sitzungsberichte der Bayerischen Akademie der Wissenschaften, Philosophisch-Historische Klasse, Jg. 1959, Heft 1.

34 *Rupprich,* Dürer-Nachlaß, S. 115.

35 Aus der sehr umfangreichen Literatur ist außer der jüngsten Einführung von *K. Martin,* Albrecht Dürer. Die vier Apostel (Stuttgart 1963), besonders zu erwähnen die Untersuchung von *G. Pfeiffer,* Die Vorbilder zu Albrecht Dürers „Vier Apostel" (= Wissenschaftliche Beilage zum Jahresbericht des Melanchthon-Gymnasiums in Nürnberg, Nürnberg 1960). Pfeiffer unternimmt in Anknüpfung an ältere Vorschläge den interessanten, methodisch aber wenig gesicherten Versuch, als Vorbilder Dürers vier zeitgenössische, mit der reformatorischen Entwicklung Nürnbergs verbundene Persönlichkeiten nachzuweisen: Melanchthon (Johannes), Joachim Camerarius (Paulus), Michael Roting (Petrus), Hieronymus Baumgartner (Markus).

36 Der volle Text des Eingangs der Bildunterschrift: „Alle weltliche regenten jn disen ferlichen zeitten nemen billich acht, das sie nit für das göttlich wort menschliche verfüerung annemen. Dann gott wil nit zu seinem wort gethon, noch dannen genommen haben. Darauf horent dise trefflich vier menner Petrum, Johannem, Paulum vnd Marcum ire warnung" *(Rupprich,* Dürer-Nachlaß 1, S. 210, Nr. 83).
Der zweite Satz spielt auf Apok. 22, 18f. an. – Zur Frage der ursprünglichen Verbindung von Bild und Bildunterschrift liegt das biographische Zeugnis des Nürnberger Schreib- und Rechenmeisters Johann Neudörfers vor, der in Dürers Atelier die Schrift anbrachte (ebd., S. 212, Anm. 48), sowie der maltechnische Befund, der besonders wichtig ist, da die Schriftteile nach der Überstellung der Tafeln in den Besitz des bayerischen Kurfürsten Maximilian I. (1627) entfernt worden waren und erst später wieder angefügt wurden. *Martin,* Vier Apostel, S. 23, sagt dazu: „Waren die Inschriften schon ursprünglich mit der Bildidee verbunden? Man wird mit Sicherheit annehmen dürfen, daß Dürer sie erst gegen Ende der Arbeit von Neudörfer auftragen ließ. Er hatte sie aber gewiß schon vom Beginn an im Sinn (. . .) Der maltechnische Befund verbietet jedenfalls die Annahme, daß die Bretter für die Inschriften nachträglich hinzugefügt worden seien. Die mit den anderen Querbrettern der Tafeln übereinstimmende Holzart, die gleiche Beschaffenheit und, soweit dies erkennbar ist, auch die gleiche Dicke der Grundierung, die an den Rändern über die ganzen Tafeln hin identisch verläuft – alles dies kann nur so gedeutet werden, daß die Bretter der Inschriften ursprünglich zu den Tafeln gehörten und mit ihnen auch einheitlich grundiert und bemalt wurden."

37 *W. Pirckheimer,* Responsio secunda de vera Christi carne et vero eius sanguine adversus convicia Joannis, qui sibi Oecolampadii nomen indidit (Norimbergae 1527) – Schlußwort.

38 *Rupprich,* Dürer-Nachlaß 1, S. 210f. (Markus 12, 38–40). Dieser Text ist wie die anderen nach der Septemberbibel Luthers (1522) zitiert.

39 Es kann hier nicht auf die Geschichte der Interpretation dieser Tafeln eingegangen werden, die bekanntlich mit Neudörfers These von den vier Temperamenten begann. Auf *Heidrich,* Dürer und die Reformation, S. 39ff., geht die heute im allgemeinen angenommene Deutung der Bilder und Bildunterschriften zurück: Abwehr der nicht-lutherischen Strömungen der Reformation, Bekenntnis Dürers gegen Schwärmer und Winkelprediger zur „Verfestigung der lutherischen Konfession". Wie schon in *Lutz,* Offene Fragen, S. 181f., ausgeführt, ist dies Ergebnis teilweise kritisch zu revidieren: Die Stellen aus Petrus und Johannes sind – wie Heidrich richtig zeigte – beide auf die Abwehr der „falschen Propheten" gestimmt. Diese Zitate liegen inhaltlich ziemlich parallel. Man wird sie vielleicht nicht so sehr auf Denck und diese oder jene täuferische und radikale Gruppe beziehen, sondern eher als eine generelle Warnung vor dem sektiererischen Verlust der Wahrheit von Christi Gottmenschentum verstehen können.

Das Pauluszitat hat Heidrich zunächst aus Dürers Gegenwart hinweg in die Vergangenheit gewendet. Er sieht darin in erster Linie „das Lastergemälde des Bauernkrieges", gesteht aber daneben doch die Möglichkeit zu, daß Dürer „nicht bloß am Gegner die Sündhaftigkeit" aufweisen wollte, das heißt, daß sich diese Kritik auch gegen die Mißstände innerhalb des damals in Nürnberg und anderswo entstehenden, an Luther orientierten Kirchenwesens richten mochte. Die Evidenz spricht dafür, die Akzente eher umgekehrt zu setzen. Wohl mag die Erinnerung an den Bauernkrieg mitklingen, aber sinnvoll wird diese „Warnung" erst, wenn man sie zunächst auf die gegenwärtigen Verhältnisse bezieht, im Sinne der Pirckheimerschen Theophrast-Widmung von 1527 (vgl. *Rupprich,* Dürer-Nachlaß 1, S. 118f.) und wohl auch der im Brief an Tschertte gegebenen Zeitkritik.

Das abschließende Markuszitat ist am kürzesten. Heidrich schwankte in der Interpretation dieses Zitats. Er nahm ursprünglich „eine Beziehung auf die dem Künstler verhaßten zelotischen Prediger in Nürnberg" an, kam aber dann zu dem Schluß, daß „die Einheitlichkeit der Kundgebung und einzelne Wendungen" dies unmöglich machen (S. 47), und bezog es dann – wie die beiden ersten Zitate – auf Denck und seinesgleichen. Nun ist ein solcher von Heidrich proklamierter Haß Dürers auf die lutherischen Prediger – gemeint sind wohl Osiander und Schleupner – nicht nachzuweisen. Für Pirckheimer steht eine abgründige Abneigung außer Zweifel, weil diese Prediger ihm den Freimut seiner Kritik ankreideten und ihm die Freiheit seines über den streitenden Richtungen stehenden theologischen Standpunktes verübelten und mit Denunzierungen zu beschneiden suchten. Diese unerwartete Konfrontation mit einem mit Ausschließlichkeitsanspruch auftretenden Bekenntniszwang – ob lutherischer oder sonstiger Prägung, das war von sekundärer Bedeutung – nach dem befreienden Erlebnis der Frühreformation war für einen Mann seiner Vergangenheit und Wesensart fürchterlich.

Aber Dürer? Der gallige Haß des enttäuschten und verbitterten Pirckheimer beruhte auf Voraussetzungen, die bei dem Künstler und Menschen Dürer wohl so nicht gegeben waren. Dennoch läßt die Markus-Stelle eine andere als die von Heidrich ursprünglich gemeinte Interpretation kaum zu. Man wird auch nicht einwenden können, daß es eine Verwegenheit und ein zu großes Risiko für Dürer war, einen so zu interpretierenden Text dem Rat zu überreichen. Zum ersten war die Anspielung doch recht allgemein gehalten, verbot den Predigern bei Strafe der Lächerlichkeit, sich betroffen zu fühlen, und war wohl ausponderiert mit den zwei vorausgehenden, im Sinne der Prediger opportunen Bibelstellen. Zum anderen gab es damals wie vorher und nachher harte Zusammenstöße und Spannungen zwischen den Predigern und dem Rat, der vorsichtig lavierte und sich nicht von den Theologen überspielen lassen wollte. Dies zur Charakteristik der „taktischen" Bedingungen und zur Zurückweisung von Heidrichs Argument der „Einheitlichkeit der ganzen Kundgebung" vorausgeschickt, wird man mit einem Bezug des vierten Zitats auf das Verhalten von Männern wie Osiander und Schleupner rechnen müssen.

Im Umkreis Kaiser Karls V.

KAISER KARL V., FRANKREICH UND DAS REICH

Die vorliegende Skizze gilt einer Thematik, die für den Werdeprozeß des neuzeitlichen Europa von eminenter Bedeutung ist, aber bisher noch nicht zusammenfassend behandelt wurde[1]. Ich muß mich darauf beschränken, in stichwortartiger Verkürzung einige Gesichtspunkte und Probleme hervorzuheben, die für den Fortgang der französisch-deutschen Beziehungen besondere Wichtigkeit gewannen. Zunächst ist von den Voraussetzungen zu sprechen, die der Epoche Karls V. zugrunde liegen, dann von drei Etappen in dem Dreiecksverhältnis Kaiser – Reich – französische Monarchie.

Was die geistesgeschichtlichen Voraussetzungen angeht, so mögen einige Bemerkungen über Natio-Begriff und Imperium angebracht sein. Es ist bekannt, wie sich beiderseits des Rheins vom 15. zum 16. Jahrhundert eine politische Aktivierung des älteren Natio-Begriffs vollzieht, der aus dem Universitäts- und Konzilsbereich herauswächst und zu einem konstitutiven Element des öffentlichen Bewußtseins in Frankreich wie in Deutschland wird. Diese Natio-Idee tritt nun in ein Spannungsverhältnis zu Begriff und Realität des Imperium Romanum, das ja laut der Goldenen Bulle eine Rechtsgemeinschaft „diversarum nationum" war. Zu den hier vorliegenden Forschungsproblemen einige wenige Hinweise: Einerseits tritt seit 1486 immer häufiger die Formel auf „Hl. Römisches Reich teutscher Nation"; aber es ist wohl nicht erlaubt, in dieser Entwicklung ein ganz geradliniges Fortschreiten zu einer rein nationalen Reichsgesinnung zu sehen. Denn daneben taucht die von der bisherigen Forschung anscheinend noch nicht gewürdigte Formel auf: „Heiliges Römisches Reich teutscher und welscher Nation"[2]. Diese Formel, im 14. Jahrhundert noch in der Fassung „das reich in deutschen und welschen landen", nach der Eindeutschung des Wortes Natio in der zitierten Fassung, begegnet bis über die Mitte des 16. Jahrhunderts hinaus. In den Verhandlungen zwischen Pius II., Friedrich III. und dem burgundischen Herzog Philipp dem Guten spielt das Projekt eine Rolle, die „terrae Gallicanae" des Reiches, also wohl die französischsprechenden Teile, dem Burgunder als Vicarius imperii zu unterstellen[3]. Es scheint, daß dies Spannungsverhältnis zwischen Natio und Imperium mit der Zeit stärker empfunden wurde. Als Programmpunkt der französischen Wahlpropaganda taucht der gleiche Gedanke mutatis mutandis 1519 auf; Herzog Heinrich von Braunschweig-Lüneburg wirbt bei Kurfürst Friedrich von Sachsen für die Wahl des französischen Königs: „Man mocht auch villeicht den weg treffen, das Frangreich uf das, so in Welscher nacion ist dem reiche zustendig, kaiser wurd, und das wir dennoch e.l., oder wer e.l. gfellig, uf das so in Teutscher nacion ist, zu einem Romischen kunig hetten."[4] Ähnliche Unterteilungsprojekte begegnen in den damaligen französisch-brandenburgischen Wahlverhandlungen. Und von hier reicht der Gedanke offenbar weiter zu den schmalkaldisch-französischen Bündnisgesprächen von 1546, wo dem französischen König das Reichsvikariat „in Welschlanden" zugedacht wurde, und schließlich zu dem Vertrag der deutschen Kriegsfürsten mit Heinrich II. von 1552, der hinsichtlich des französischen Vikariats über „die stett, so zum reich von alters gehöret und nit Teutscher sprach sein" mit der Besetzung von Metz, Toul und Verdun ja nur unvollständig realisiert wurde[5].

Bei dem Fragen nach der Kontinuität solcher Gedanken und Projekte geht es also nicht nur um die „Limites imperii", sondern überhaupt um die „Forma imperii" im Wachsen und Wandel des frühneuzeitlichen Nationalbewußtseins auf deutscher wie auf französischer Seite.

Damit ist aufs engste verbunden ein anderer Komplex von Voraussetzungen, den man abkürzend bezeichnen kann als die Rolle der burgundischen und der italienischen Frage im europäischen Hegemoniekampf der Häuser Valois und Habsburg. Auch der italienischen Frage – denn nur von einer Gesamtanalyse der damaligen europäischen Konstellation her können die deutsch-französischen Probleme der Epoche Karls V. in einer zutreffenden Perspektive gesehen werden. Das neuburgundische Reich war als eine Sekundogenitur des französischen Königshauses entstanden. Die habsburgischen Erben der Burgunderherzöge hatten das keinen Augenblick vergessen. Flandern und Artois gingen von der französischen Krone zu Lehen, nicht vom Reiche. Philipp der Schöne, der Vater Kaiser Karls V., war noch als erster Pair des Königreiches am französischen Hofe erschienen.

Wenn Karl V. dies nicht mehr wollte, und also aus der schwebenden lehensrechtlichen Situation heraus zu einer modernen Souveränitätsgrenze wollte, so mußte das Kampf bedeuten. Und wenn es zum Kampf kam, dann mußten von habsburgischer Seite alle alten Ansprüche gegen Frankreich erneuert werden: auf das Herzogtum Burgund, auf die Pikardie und die Sommestädte, auf ganz Navarra und Languedoc, auf die Provence und das Regnum Arelatense[6]. Also Kampf auf Leben und Tod um die Integrität der französischen Monarchie. Ähnlich schwebend waren gleichzeitig die Ausgangspositionen in Italien: Mailand war in französischer Hand, aber ohne die erforderliche Investitur, die vom deutschen Kaiser zu erteilen war. Neapel war in spanischer Hand, aber die französischen Ansprüche aus dem Anjou-Erbe mußten durch hohe Jahreszahlungen an Franz I. abgegolten werden. Wenn Karl die Investitur nicht gab und nicht mehr zahlte, also die Herrschaft über ganz Italien wollte – indem er die papierenen „Iura imperialia" mit spanischer Macht realisierte –, dann mußte wiederum auch Franz ganz Italien wollen: Kampf auf Leben und Tod um Italien als um den Schlüssel zur europäischen Suprematie.

Es lagen ja dem antagonistischen Auftreten Frankreichs und Habsburgs zu Beginn der Neuzeit eine Reihe von gemeinsamen strukturellen Voraussetzungen zugrunde. Die neue Mobilisierbarkeit staatlicher Macht eröffnete neue Perspektiven weiträumigen politischen Handelns. Die neuen Techniken im Finanz-, Transport-, Kriegs- und Nachrichtenwesen brachten beiden Herrschern das alte Traumbild der Karlskrone wieder nahe. Beide stützten sich auf die Machtquellen geschlossen organisierter „Mutterländer" – und ebenso auf italienische Besitzungen und Ansprüche –, beide suchten mit der Krone des „Sacrum Imperium" die Begründung und Rechtfertigung einer europäischen Suprematie. Erst die Niederlage in Wahl und Krieg hat dann Frankreich langfristig in die Rolle des Verteidigers der „Unterdrückten" und der von Karls Monarchia bedrohten Freiheit der Christenheit gedrängt.

War es zwangsläufig, daß dieser Kampf auf Leben und Tod ausbrach? In den Friedensjahren seit 1516 war ununterbrochen zwischen Frankreich und Habsburg verhandelt worden; in immer neuen Kombinationen hatte man den Ausgleich gesucht. Er wurde nicht gefunden. Man kann wohl soviel sagen, daß diese Aufgabe des Ausgleichs zwischen zwei mächtigen, aufsteigenden politischen Systemen überaus schwierig war. Es hätte neuer Formen staatlichen Zusammenlebens, einer unerhörten Anstrengung bedurft. Die damaligen Friedensentwürfe des Erasmus können vielleicht illustrieren, wie neuartig, wie anspruchsvoll die Alternative des Ausgleichs gewesen wäre. Aber es kam die andere Alternative zum Zuge, die nun auf dem Wege der politisch-militärischen Dialektik Europa den uns bekannten Entwicklungen entgegentrieb. So steht das Duell Kaiser – Frankreich am Anfang einer irreversiblen Ereigniskette.

Wir haben schließlich weiterzufragen nach den spezifischen Voraussetzungen, die vom Reich, von den Reichsständen her gegeben waren. Denn das machte ja den wesentlichen Unterschied aus: Auf französischer Seite ist die Identität zwischen Monarch und

Nation bei aller inneren Differenziertheit der Hofparteien nie ernstlich in Frage gestanden – der Fall des Connétable von Bourbon ist eine ausdrückliche Bestätigung dieser Identität. Aber das Reich war keineswegs identisch mit dem Kaiser, und die anfangs skizzierte Problematik von Imperium und Natio ist nun noch nach ihrer strukturellen Seite hin zu betrachten.

Stephan Skalweit hat jüngst eine gründliche Analyse der Aetas Maximilianea mit der Feststellung geschlossen, daß „das Reich des 16. Jahrhunderts eine starke Exekutive überhaupt nicht mehr vertrug“[7]. Ich zitiere weiter: „Eine wirkliche Reichsgewalt ließ sich aus den verblichenen Herrschaftsrechten des deutschen Königtums nicht mehr entwickeln, sie ließ sich aber auch nicht als ständisch-genossenschaftliches Gebilde neben und über den Territorien errichten. In jedem Falle mußte sie auf den Widerstand der stärksten geschichtlichen Macht des Jahrhunderts stoßen: den deutschen Fürstenstaat und seine selbstbewußten und eigenwilligen Träger.“ Ich bin mir nicht sicher, ob schon für den Ausgang Maximilians I. die Dinge so definitiv beschrieben werden können. Vielleicht haben doch erst die zwei formativen Entwicklungsmomente der folgenden Jahrzehnte – das Scheitern der europäischen Politik Karls V. und die Tiefenkraft der kirchlichen Fragen – die deutschen Dinge dahin gebracht, daß beide von Skalweit genannten Wege zu einer wirksamen Reichsgewalt definitiv abgeschnitten waren – will man nicht noch weiter gehen und dieses Definitivum erst in die Zeit des Dreißigjährigen Krieges legen.

Solche Überlegungen sind für eine Bestandsaufnahme der damaligen Strukturen des Reiches auch deshalb wichtig, weil mit ihnen gleichzeitig die Frage nach der Stellung der Reichsstände in Europa verbunden ist. Und hier trifft man auf eine sehr komplexe, ja widersprüchliche Situation. Einerseits waren diese Stände schon lange der Möglichkeit entwöhnt, einen der Ihren zum Reichsoberhaupt zu wählen. Vielmehr betrachteten sie es geradezu als einen Rechtsanspruch gegenüber dem Oberhaupt, daß dieses aus seinem eigenen Patrimonium für die wesentlichen Lasten der Reichsleitung aufkomme. Andererseits wachten sie eifersüchtig über ihre Rechte, seien sie nun „per privilegium“ oder „per usurpationem“ erworben. Es gab zwischen diesen Rechten der Stände (in deren Schutz der territoriale Staat sich aufbaute) und ihren Beiträgen zur Reichsleitung schon lange kein Gleichgewicht mehr, und auch die Reichsreform konnte es nicht entfernt wiederherstellen. So bestand vom Reich her eine Art von funktionalem Hohlraum, dessen Ausfüllung Sache des Reichsoberhauptes und seiner dynastischen Macht war. Je mehr man nun aus dem spätmittelalterlichen Stilleben in den schneidenden Luftzug der Neuzeit geriet – mit der burgundisch-französischen Frage im Westen, dem Kampf um Italien seit 1493, der türkischen Drohung von Osten –, desto paradoxer gestaltete sich diese Lage. Der Kaiser, den die Stände sich wünschen mußten, sollte mächtig und überlegen sein, um die Lasten der Reichsregierung selbst zu tragen, das Reich nach außen zu schützen, die „disiecta membra imperii“ zurückzugewinnen und im Innern den Frieden zu sichern. Aber zugleich sollte dieser Kaiser sich in allen Entschlüssen und Verträgen, in seiner Außenpolitik, in Krieg und Frieden nach den Wünschen der Stände richten und nichts ohne sie tun. Dieses strukturelle Dilemma reichte noch weiter. Denn das eingangs berührte Spannungsverhältnis von Imperium und Natio war ja durchaus ambivalent. Die Reste übernationaler Zusammenhänge, die sich im Imperium Sacrum erhalten hatten, konnten, ja mußten im Zuge der neuen Suprematiebestrebungen, die Frankreich und Habsburg gemeinsam waren, für *beide* Seiten interessant und der gegebene Ansatz eines dauerhaften europäischen Herrschaftssystems sein. Aber wie wollten, wie konnten die deutschen Reichsstände auf solche Herausforderungen reagieren? Überall, wo das Reich sich zu der dynamisch gewordenen europäischen Politik zu verhalten hatte, stand das Kaisertum dazwischen: zwischen dem Reich und Frankreich, zwischen dem Reich und Italien usw. Nirgendwo konnte es klipp und klar eine Konfrontation französischer und deutscher Politik geben, geschweige denn französischer und deutscher Gesellschaft oder Kultur; immer und überall waren die Bezüge durch das Kaisertum mitbestimmt und mitgestaltet. Gewiß war diese Situation nun in concreto durch die habsburgisch-burgundische Sonderentwicklung bedingt – in der Sprache der Zeit: „welchermassen weilend kaiser Maximilian ... das haus Burgund under das reich gezogen ..."[8]. Aber es ist für die historische Beurteilung doch wichtig, zu sehen, wie diese habsburgisch-burgundische Sonderentwicklung nicht ein ganz von ungefähr kommendes Geschick war, das die deutsch-französische Geschichte durch die Willkür dynastischer Zufälle in so schwierige Bahnen umgelenkt hat. Vielmehr erscheint das Grundphänomen – die durch das Kaisertum so oder so bedingte dynastische Kombination und Kontrastierung des altertümlichen Reiches mit der entwickelteren Staatlichkeit des Westens – als vorgegeben durch die damalige Struktur des Reiches, das aus sich selbst keinen Kaiser mehr hervorbrachte.

So oder so – das war nun freilich bei der Kaiserwahl von 1519 die Frage; und damit ist von der kurzen Erörterung einiger Voraussetzungen zu der noch kürzeren Erwähnung einiger Ereignisse überzugehen. Zunächst soll von den Anfängen 1519/21 die Rede sein, dann von 1534/35 als einer Art Zwischenbilanz, schließlich von dem Ausgang und Fazit der Schlußjahre ab 1552.

Eine neue Analyse der Wahlakten und des Wahlkampfes 1517/19 gibt es nicht, obwohl die hier komprimiert zutage tretenden Bestrebungen und Motive der europäischen Politik höchst interessant sind. Verhältnismäßig einfach liegen die Dinge auf französischer Seite. Franz I. hat alle seine Kräfte mobilisiert für das, was seine Wahlagenten in Deutschland „die wiederbekommung des reichs oder kaisertumbs" durch die stammesverwandte und den Deutschen seit je verbundene französische Nation nannten. Offensive und defensive Ziele der französischen Kandidatur sind eng verbunden, wobei die ersteren in der Verhüllung des Türkenkrieges und des Schutzes der Christenheit auftreten. Franz schreibt an seinen Gesandten Bonnivet: „La fin, que je tendz n'est pernicieuse ne mauvaise, ... seullement l'intencion qu'ay de fere la guerre aux Turcs que j'exécuteray plus facillement parvenu oudict cas que autrement. Et d'autrepart me semble que, si parviens à mon intencion, tiendray mes pais, terres et seigneuries en repoz et tranquilité." Der französische König erklärt, er verlange das Reich nicht „pour dominer sur les princes d'iceluy, ains pour vivre avec eulx fraternellement"[9].

Dagegen argumentiert die habsburgische Propaganda. Karls Tante Margarete läßt ihre Wahlgesandten über Franz I. sagen: „Se il estoit une fois empereur, il vouldroit user de l'empire comme il fait de son royaulme de France, qu'il exactionne par facon que tout le peuple est détruje."[10] Dagegen appelliert die pro-französische Gruppe unter den deutschen Fürsten an die schlechten Erfahrungen mit Habsburg. Der Braunschweiger schreibt an Friedrich von Sachsen: „Ewr liebe haben in vil wegen vermerkt, was großer ufrur durch die heuser Osterreich und Burgondi im reiche erwegt, darzu kei Mt. das Romische reiche zu oftmalen erfordert, doch alweg dodurch das reiche geswecht und den anhang der heuser Osterreich und Burgondi vormeret."[11] Während im Kreise der Kurfürsten und Fürsten die französische Wahlwerbung nach dem Tode Maximilians auf vergleichsweise wenig programmatischen Widerstand stieß, scheint der Reichspatriotismus mit stark antifranzösischen Akzenten in dem reichsstädtischen Bürgertum sehr gewirkt zu haben (wobei wohl auch die antirömische Komponente wichtig war). Von hier aus wäre die so wesentliche Rolle des Schwäbischen Bundes und seiner Rüstung wie des reichsstädtischen Kapitals hinsichtlich antifeudaler Hoffnungen auf einen starken deutschen Kaiser neu zu überprüfen[12].

Wie im Kreise der wählenden Kurfürsten schließlich für Karl von Spanien und gegen Frankreich argumentiert und entschieden wurde, läßt sich u. a. in konzentrierter Form aus den Aufzeichnungen des Mainzer Kurfürsten aus der Zeit unmittelbar vor der Wahl ersehen:

> „... ist von noten, daz man ein hern haben moge, der geforcht [gegen die sächsische Kandidatur].
>
> Item es keme des reichs regirung, ere und walh, als unser hochstes cleinat, von unser nacion, ...
>
> Item mit was drankseligkeit er [Franz I.] die seinen helt. Item wie die Teutschen bei inen angesehen werden, mit nemung tochter und weib etc.

Item stetz in krieg gegen seinen nackparn und wurd [im Falle seiner Erhebung zum Kaiser] nu mehr anheben als vor und sonderlich mit Hispanien, . . .

Item Osterreich, und waz daran henget, wurd vom reich abgezogen und het daz reich stets unfrieden.“[13]

Im Zeichen solcher Mischung gefühlsmäßiger und politischer Motive entschied sich das Reich für Karl von Habsburg und gegen die Personalunion mit Frankreich. Aber schon bei der ersten Konfrontation Karls V. mit den Reichsständen auf dem Wormser Reichstag 1521 zeigten sich einige Ergebnisse, die für den Fortgang der Dinge sehr wichtig wurden. Auch durch diese Wahl, die den Frieden des Reiches sichern sollte, war der europäische Friede nicht zu retten. Karl V. drängte die Stände, seinen bevorstehenden Waffengang mit Franz I. als einen Reichskrieg zu unterstützen. Es gab auf dem Reichstag einen heftigen Propagandafeldzug mit französischen und habsburgischen Darlegungen an die Stände über Vertragsbruch und Kriegsschuld. Die Stände hielten sich außerordentlich zurück, Karl erhielt schließlich nur ein verklausuliertes Hilfsversprechen für den Fall eines französischen Angriffs „im Reich“[14]. Von Reichskrieg keine Rede.

Gleichzeitig hatten die Stände in Worms im Ringen um das Reichsregiment ihre ersten, nachhaltigen Erfahrungen mit den verfassungspolitischen Zielen des Monarchen gemacht. Diese lagen offenbar viel näher bei der seinerzeit von Franz I. und dem System der französischen, zentralisierten Monarchie gefürchteten „drankseligkeit“ als bei den ständisch-föderativen Vorstellungen, wie sie durch die Wahlkapitulation von 1519 gesichert sein sollten.

Bis 1534/35 hatten sich dann im Zeichen des anhaltenden Antagonismus Kaiser – Frankreich und Kaiser – Reichsstände neue Entwicklungen und Konstellationen ergeben. Der Kaiser hatte in den Friedensschlüssen von Madrid und Cambrai das ursprüngliche, von Gattinara entworfene Konzept einer auf der Vernichtung der selbständigen staatlichen Existenz Frankreichs aufbauenden Monarchia universalis modifizieren müssen. Aber in dem einmal begonnenen circulus vitiosus ging es unaufhaltsam weiter: Die Überzeugung, daß der Kaiser Frankreich demütigen oder gar vernichten wolle, wo und wann er nur könne, wurde zum formenden Element französischer Politik[15]. Als sich nach 1530 der deutsche Protestantismus politisch und militärisch organisierte, bot sich hier für Frankreich erstmals ein fester Anknüpfungspunkt zu der deutschen Opposition gegen Habsburg. Freilich mußte der Rex Christianissimus vor allem eine konfessionell nicht festgelegte Bündnisgruppe im Reich wünschen; so war es im Mai 1532 zu dem Allianzvertrag von Scheyern zwischen Frankreich, Bayern und den schmalkaldischen Fürsten gekommen[16].

Aber die Dialektik der reformatorischen Bewegung durchkreuzte immer wieder die kalkulierbaren Kräfte und Konstellationen der von Frankreich geschürten politischen Opposition gegen Habsburg. Während Frankreich den bayerischen Bestrebungen nach der römischen Königskrone damals positiv gegenüberstand, konnte sich der sächsische Kurfürst zu einer so aktiven antikaiserlichen Politik aus inneren wie äußeren Gründen nicht entschließen; das war vom Boden der politischen Theologie des Luthertums aus offenbar nicht möglich. Dazu war ein weiteres Moment getreten, dessen ethisch-politische Wirkkraft nicht unterschätzt werden darf: die osmanische Offensive, von Frankreich alsbald in seine antihabsburgischen Berechnungen aktiv einbezogen, in Deutschland dagegen als ein Stimulans überkonfessioneller und reichspatriotischer Solidarität wirkend[17].

Das große Ausschreiben des französischen Königs an die deutschen Reichsstände vom Februar 1535 reflektiert die Summe dieser sich kreuzenden Tendenzen[18]. Der König sucht sich zu reinigen von dem Vorwurf der Protestantenverfolgung und der Deutschfeindlichkeit. Er behauptet, in Frankreich nicht etwa gegen evangelische Christen, sondern gegen „Aufrührer“ vorzugehen:

„Der Feind der Wahrheit und Vater der Lügen hat etliche nicht allein thörichte, sondern gar unsinnige Leute erwecket, die sich Aufruhrs und anderer unchristlicher Handlungen unterstanden, welche neue Artikel ich lieber will unterdrücken . . ., denn bei euch, als den obersten Ständen, ausbreiten. Denn so auch dergleichen bei euch gewest, habt ihr sonder Zweifel dieselben in Strafe genommen."[19]

Aber die antiprotestantische Wendung der französischen Innenpolitik seit der „Affaire des placards" war nicht ungeschehen zu machen[20]. Bekanntlich suchte dann Guillaume Du Bellay im Sommer 1535, mit einer Art von Flucht nach vorne die Situation zwischen Frankreich und den deutschen Protestanten zu retten: Melanchthon wurde zum Religionsgespräch nach Paris eingeladen. Aber diesmal lehnte der sächsische Kurfürst ab, mit Rücksicht auf den Kaiser und offenbar aus einer Mischung von politischer Loyalität und Hoffnung auf religionspolitische Zugeständnisse.

Noch vertrackter stand es mit der im gleichen französischen Ausschreiben behandelten Türkenfrage. Frankreich erklärte den Ständen, nur des Kaisers Streben nach der Monarchia sei ein Hindernis für den Frieden mit den Osmanen: „Es hat auch bisher nichts so viel gehindert, daß der Türke den gesonnenen Frieden nicht gar gewilligt und angenommen, denn daß er vermerkt, daß etliche über uns und andre hohe Potentaten eine Monarchie zu machen vorhaben."[21] Das konnte im Reich jedoch wenig Eindruck machen. Die Verbindung mit Konstantinopel war und blieb die Achillesferse der von Frankreich organisierten europäischen Opposition gegen Habsburg.

Wir kommen zum Ende. Auf den ersten Reichskrieg gegen Frankreich (der mit starker protestantischer Unterstützung geführt worden war) folgte 1544 der Friede von Crépy, in dem Franz I. die deutschen Protestanten preisgab[22]. 1547 folgte ihm sein Sohn, Heinrich II., zu spät, um die Schmalkaldener durch wirkungsvolles Eingreifen vor dem Untergang zu retten, früh genug, um nach Mühlberg in jahrelanger Vorbereitung den endgültigen Sturz des kaiserlichen Universalsystems von Frankreich, Italien, Deutschland und dem Osmanenreich her vorzubereiten. Die Verhandlungen mit den deutschen Protestanten, die zum Vertrag von Chambord und zur Flucht des Kaisers vor der erfolgreichen Offensive der Kriegsfürsten führten, habe ich anderweitig im Zusammenhang der europäischen antihabsburgischen Opposition ausführlich behandelt[23]. Es sollen aus diesen Abläufen nur einige Momente hervorgehoben werden.

Die *protestantische Gesinnung* war seitens der Kriegsfürsten ein starkes Movens; aber sie war zugleich ein Punkt fortgesetzter Schwierigkeiten mit Frankreich. Heinrich II. wünschte, je mehr er sich dem Papst wieder näherte und den Gedanken einer antirömischen Kirchenpolitik aufgab, desto nachdrücklicher ein konfessionell neutrales Bündnis, um auch die katholischen Reichsstände zum Beitritt zu gewinnen. Aber das scheiterte an der Natur der Dinge, obwohl der Vertragstext von Chambord schließlich in dem Sinne abgefaßt war, daß man für die deutsche Libertät kämpfe und nicht etwa für den Protestantismus[24]. Tatsächlich erfolgte das Auftreten der Kriegsfürsten überall zugunsten des Protestantismus. Damit war wieder das eigentliche Ziel Frankreichs verfehlt: es sollte eine Erhebung des ganzen Reiches gegen den Kaiser stattfinden, mit der Wahl eines neuen Kaisers nach dem Willen Heinrichs II. Das Reich jedoch trat zwar nicht für Karl V. ein, aber es schloß sich ebensowenig dem Aufstand an.

An zweiter Stelle ist auch hier wieder die *Türkenfrage* in ihrer Wirkung auf die französisch-deutschen Verbindungen kritisch zu erwähnen. Der Versuch Frankreichs, durch die Ablenkung der osmanischen Offensive von Ungarn ins Mittelmeer eine Kompromittierung seiner deutschen Bündnispläne zu vermeiden, glückte nicht. Für 1552 war mit einem großen türkischen Angriff in Ungarn zu rechnen. Der schärfste Vorwurf, der gleichermaßen aus dem Kreise des konservativen Protestantismus, der neutralen Stände und der kaiserlich Gesinnten gegen das Vorgehen der Kriegsfürsten erhoben wurde, war der der Komplizenschaft mit den Türken. Und genau dies Argument machte sich schließlich Kurfürst Moritz von Sachsen gegenüber Frankreich zu eigen, um unter Berufung auf die ihm zuvor angeblich unbekannte französisch-türkische Allianz nun die Ungültigkeit seiner eigenen französischen Bündnisverpflichtungen zu erklären: „Do man uns auch solchs anfenklich entdecket, hetten wir uns weit umbsehen wollen, ehe wir das buntnus eingangen, und musten uns ins herz schemen ...“[25] Es war nur konsequent, wenn Moritz nach dem Passauer Vertrag selbst nach Ungarn in den Türkenkrieg zog.

Ein weiteres Problem stellt die prinzipielle Seite der französischen Bindung der Kriegsfürsten dar. Was wollte Moritz von Sachsen wirklich? Den Kaiser Karl stürzen, das Reich von Habsburg trennen und mit Frankreich verbinden? Der Kaiser selbst scheint dies ernsthaft gefürchtet zu haben. Und während der Passauer Verhandlungen gab er wiederholt die Anweisung, das Wichtigste sei, die Trennung der Fürsten von Frankreich zu erreichen. Andererseits war die Verbindung zwischen Moritz und Ferdinand fortgesetzt sehr eng; vieles könnte die Vermutung stützen, daß Moritz letztlich in eine Richtung zielte, die zwar gegen Karls Kaisertum ging, aber nicht gegen jene ferdinandeische, reduzierte Lösung des Reichsproblems, wie sie sich in den Folgejahren mit dem Augsburger Reichstag 1555 und der habsburgischen Erbteilung stabilisierte[26]. Heinrich II. war der Düpierte; er hatte ganz anderes und Größeres gewollt. So blieben beide universalen Entwürfe auf der Strecke – der schon weitgehend realisierte Entwurf des Kaisers und der Gegenentwurf Heinrichs II., dessen Kernstück anscheinend die Verbindung Frankreichs mit den Reichsständen gewesen wäre.

Kaiser Karl V. schließlich hat auch nach der Niederlage vor Metz den Kampf gegen Frankreich unerbittlich fortgesetzt. Seit dem Herbst 1553 konnte er darauf hoffen, England durch die Ehe zwischen Königin Maria und dem Infanten Philipp in den Krieg gegen Frankreich einzubeziehen und damit den europäischen Hegemoniekampf letzten Endes doch noch für Habsburg zu entscheiden. Daß er diesem Endziel alle anderen Fragen noch rücksichtsloser als bisher unterordnete, macht den Inhalt seiner Reichspolitik in den folgenden Jahren aus – nicht etwa eine absichtsvolle „Lösung vom Reich“. Von Karl V. her stand alles, was er damals im Reich geschehen ließ – bis in den Augsburger Religionsfrieden hinein – unter dem Vorbehalt einer späteren Revision, wenn man mit Frankreich ins reine gekommen wäre. Dieser Vorbehalt mußte aber ständig an Kraft verlieren. Er wurde schließlich hinfällig, als der Kaiser sich 1556 nach Spanien zurückzog und den europäischen Krieg seinem Sohne Philipp hinterließ. So stehen das Scheitern der deutschen Politik Karls V. und das neue Gesicht des Reiches mit seinem territorialen und kirchlichen Pluralismus in engster Kausalverbindung mit Frankreichs defensivem wie offensivem Kampf gegen das habsburgische Universalsystem.

Der Zustand, in dem Frankreich und das Reich aus der Epoche Karls V. hervorgingen, war sehr verschieden. Je geschlossener Frankreich als politische Nation aus diesem harten Ringen hervorging, desto bunter und zentrifugaler hatte sich das Reich entwickelt. Diese Divergenz der Entwicklung war durch die Art der deutsch-französischen Beziehungen in dieser Epoche zunächst verstärkt, nicht ausgeglichen worden. Aber es war noch nicht entschieden, ob die divergierende Entwicklung so anhalten sollte. Denn folgte nicht auf die Politisierung des deutschen Protestantismus unaufhaltsam die Politisierung des französischen Protestantismus, auf die Krise des Reiches die Krise der französischen Monarchie? Und erst im Ausgang der Hugenottenkriege, der die Einheit der französischen Monarchie sicherte, und in dem durch dies Ergebnis mitbestimmten Ausgang des Dreißigjährigen Krieges vollendet sich die frühneuzeitliche Dialektik der politischen und kirchlichen Geschicke beider Völker.

Vortrag auf der 27. Versammlung Deutscher Historiker in Freiburg i. B. am 13. Oktober 1967 im Rahmen einer Sektion „Frankreich und das Reich im 16. und 17. Jahrhundert“. Druck in: *H. Lutz, F. H. Schubert* und *H. Weber*, Frankreich und das Reich im 16. und 17. Jahrhundert (Göttingen 1968), S. 7ff., 53ff.

[1] Es ist auffallend, daß weder von französischer noch von deutscher Seite eine monographische Behandlung des Themas erfolgt ist. Die Folgen für die biographische und allgemein-geschichtliche Würdigung blieben nicht aus; es gehört z. B. zu den ausgesprochen „unfesten Zonen“ im Bereich des von Karl Brandi und Peter Rassow in diesem Falle übereinstimmend kodifizierten Kaiser-Bildes, daß bei der Betonung der universalen Züge an Karl V. die fundamentalen Probleme seiner Frankreichpolitik nicht zureichend analysiert wurden. – Die im obigen Text skizzierten Auffassungen verstehen sich als Prolegomena zu einer ausführlichen Studie, die auch eine detaillierte kritische Auseinandersetzung mit den älteren Auffassungen enthalten wird. Für den Zweck der vorliegenden

Veröffentlichung mußte auf die Dokumentation dieser Auseinandersetzung verzichtet werden. Die folgenden Anmerkungen beschränken sich auf einige Quellen- und Literaturhinweise.

[2] Vgl. u. a. Maximilians Ausschreiben 1496 bei *K. Klüpfel*, Urkunden des Schwäbischen Bundes, Bd. 1 (= Bibliothek des literarischen Vereins 14, 1846), S. 210f. – Diese Formel scheint seit Maximilian I. eine Rolle im Arsenal der habsburgischen antifranzösischen Sprachregelungen zu spielen.

[3] Das Schreiben Pius' II. an Herzog Philipp von Burgund, 19. Januar 1463, bei *J. J. Müller*, Des Heiligen Römischen Reiches Teutscher Nation Reichstagstheatrum ... Zweyter Theil (1713), S. 186f.

[4] Deutsche Reichstagsakten, jüngere Reihe (RTA), Bd. 1, ed. *A. Kluckhohn* (Gotha 1893), S. 282.

[5] Für 1546: *G. Zeller*, La réunion de Metz à la France 1552–1648, Bd. 1 (1926), S. 96ff.; Politische Correspondenz der Stadt Straßburg im Zeitalter der Reformation, Bd. 4 (1931), S. 103ff. Für die Verbindungslinien von 1546 zu 1551/52 vgl. zuletzt *H. Lutz*, Christianitas afflicta (Göttingen 1964), S. 62ff. – Eine kritische Bestandsaufnahme früherer Kontroversen bei *P. E. Hübinger*, Die Anfänge der französischen Rheinpolitik als historisches Problem. In: Historische Zeitschrift (HZ) 171 (1951), S. 21ff.

[6] Für diese Forderungen vgl. die Berichte Gattinaras und seiner Mitgesandten an Karl V. von den Konferenzen zu Calais (August bis November 1521) bei *K. Lanz*, Actenstücke und Briefe zur Geschichte Kaiser Karls V. (Wien 1857), S. 272ff.

[7] *St. Skalweit*, Reich und Reformation (Berlin 1967), S. 19.

[8] Urkunden und Aktenstücke des Reichsarchivs Wien zur reichsrechtlichen Stellung des Burgundischen Kreises, Bd. 1, ed. *L. Gross* (Wien 1944), S. 310. Neue und weiterführende verfassungsgeschichtliche Analysen zum Thema Habsburg – Reich jetzt in den Schlußkapiteln von *H. Angermeier*, Königtum und Landfriede im Spätmittelalter (München 1966).

[9] RTA 1, S. 199 (Franz I. an Bonnivet und Guillart) und S. 139, Anm. 1 (Instruktion für Kurfürst Joachim von Brandenburg).

[10] Ebd., S. 342.

[11] Ebd., S. 280.

[12] Einige Hinweise bei *H. Lutz*, Conrad Peutinger. Beiträge zu einer politischen Biographie (Augsburg 1958), S. 145ff.

[13] RTA 1, S. 844.

[14] RTA 2, S. 388 (Ratschlag der Stände über das Verhältnis zu Frankreich und den Eidgenossen, 23. Mai 1521): „Wo dann der kunig von Frankreich oder die Aidgenossen E. kei. Mt., churfursten, fursten oder andere stende des reichs im reich geweltiglich uberziehen wurde, so seind die stende des reichs geneigt und willig, dem mit gepurender hilf widderstand zu thun."

[15] Zu diesen sehr komplexen Fragen vgl. die einleitenden und kritisch abgrenzenden Bemerkungen in *Lutz*, Christianitas afflicta, S. 20ff.

[16] Zuletzt *H. Lutz*, Karl V. und Bayern. In: Zeitschrift für Bayerische Landesgeschichte 22 (1959), S. 22ff. (im vorliegenden Band S. 107ff.).

[17] Die detaillierte Erforschung dieser Zusammenhänge ist auch nach der informierenden Arbeit von *St. A. Fischer-Galati*, Ottoman Imperialism and German Protestantism (Cambridge, Mass., 1959) ein Desiderat geblieben.

[18] Ausführlichste Behandlung (auch der Textüberlieferung) bei *P. Rassow*, Die Kaiseridee Karls V., dargestellt an der Politik der Jahre 1528–1540 (Berlin 1932), S. 156ff. Der Kaiser antwortete bezeichnenderweise nicht in einem gleicherweise öffentlichen Manifest, sondern nur in der Instruktion vom 19. April 1535 für den nach Deutschland entsandten Grafen Roeulx (gedr. bei *Ch. Weiß*, Papiers d'Etat du Cardinal de Granvelle, Bd. 2 [Paris 1842], S. 337ff.); Inhaltsangabe bei *K. Brandi*, Kaiser Karl V. Werden und Schicksal einer Persönlichkeit und eines Weltreiches, Bd. 1 (München [5]1959), S. 310ff.

[19] Zitiert nach der deutschen Übersetzung Melanchthons: Corpus Reformatorum, Bd. 2 (Halis 1835; Neudruck New York/Frankfurt 1963), S. 834.

[20] Im größeren Zusammenhang der Beziehung zwischen Frankreich und den deutschen Protestanten zuletzt behandelt von *St. Skalweit*. Die „affaire des placards" und ihr reformationsgeschichtlicher Hintergrund. In: Reformata Reformanda. Festgabe für H. Jedin zum 17. Juni 1965 (Münster 1965), S. 445ff.

[21] Corpus Reformatorum 2, S. 831.

[22] Geheimvertrag vom 19. September 1544; Text bei *Brandi*, Karl V. 2, S. 350f.

[23] *Lutz*, Christianitas afflicta, S. 39ff. – Ergänzend *F. Petri*, Das Jahr 1552 in der rheinischen Geschichte. In: Spiegel der Geschichte. Festgabe für Max Braubach (Münster 1964), S. 293ff.

[24] *Lutz*, Christianitas afflicta, S. 66ff.

[25] *A. v. Druffel*, Briefe und Akten zur Geschichte des 16. Jahrhunderts, Bd. 2 (München 1880), S. 633.

[26] Der Tod des Kurfürsten Moritz 1553 schließt die Möglichkeit aus, über Vermutungen im obigen Sinne hinauszugelangen; vgl. *K. E. Born*, Moritz von Sachsen und die Fürstenverschwörung gegen Karl V. In: HZ 191 (1960), S. 18ff., und die einschlägigen Kapitel in *Lutz*, Christianitas afflicta, wobei besonders auf die von Moritz abgewiesenen Vorschläge Frankreichs zu einer staatsrechtlichen Ausgestaltung des Bündnisses von Chambord hinzuweisen ist (S. 70f.).

KAISER, REICH UND CHRISTENHEIT

Zur weltgeschichtlichen Würdigung des Augsburger Reichstages 1530

Die Reichsstadt Augsburg spielte bekanntlich im 16. Jahrhundert eine hervorragende Rolle in der Reichsgeschichte und im Ringen um die Einheit und Reinheit des christlichen Glaubens. Das Innewerden der Identität des Ortes im Wandel der Zeit gehört zu den grundlegenden Erfahrungen geschichtlich denkender und fühlender Existenz. Wie bei vielen Identitätserfahrungen wird auch in diesem Falle Sinn und Kraft in dem Maße vermittelt, als es gelingt, den lebendigen und schicksalhaften Zusammenhang des Einst mit dem Heute herzustellen. Es erscheint sinnvoll, daß heute auf Augsburger Boden im Rahmen wissenschaftlicher Gespräche mit ökumenischer Orientierung und internationaler Beteiligung jenes Reichstages gedacht wird, in dessen Mittelpunkt vor nun bald 450 Jahren die Vorlage der Confessio Augustana und die Bemühungen um die kirchliche Concordia standen.

Zwei erläuternde Bemerkungen seien vorausgeschickt. Ich spreche hier als das, was ich bin: als Historiker, nicht als Kirchenhistoriker oder als systematischer Theologe. Daraus folgt, daß ich mich – bei brennendem Interesse für die eigentlich theologisch-dogmatischen Fragen von 1530 – im wesentlichen auf die politischen und politisch-kirchlichen Fragen und Entscheidungsprozesse konzentriere. Hier hat die Forschung in der Analyse der Zusammenhänge und vor allem in der Klärung der Rahmenbedingungen des theologischen Ringens noch erhebliche Aufgaben. Ich versuche, dazu einige Perspektiven vorzutragen, die sich aus einer langjährigen Beschäftigung ergeben haben.

Ein Zweites: Wenn ich als katholischer Christ Rechenschaft über unsere gemeinsame deutsche und christliche Vergangenheit geben soll, so hat auch dies eine gewisse Bedeutung für die wissenschaftliche Arbeit im Umkreis des Reichstages von 1530. Es bedeutet, daß das Bemühen um Klärung und Würdigung sich in besonderer Weise auf die katholische Seite erstreckt, auf den Kaiser, den Papst und die katholischen Reichsfürsten von damals. Die meisten Historiker, die sich bisher mit dem Augsburger Reichstag 1530 beschäftigten und an deren Ergebnisse heute dankbar angeknüpft werden kann, kamen von der evangelischen Seite. Es steht zu hoffen, daß eine kritische Verdeutlichung der altgläubigen Positionen von 1530 weiter zu einer ausgewogenen Bewertung des Gesamtgeschehens beitragen kann.

Ich versuche, mein Thema in einer dreifachen Annäherung zu behandeln. Zunächst geht es um ein einleitendes Panorama: Europa zu Beginn des 16. Jahrhunderts. Es ist dabei des näheren zu sprechen vom Humanismus, von den religiös-kirchlichen Zuständen vor der Reformation und von den politischen Strukturen der Epoche, insbesondere von der Weltreichsidee und Weltpolitik Kaiser Karls V. Auf der Grundlage dieser Analyse fundamentaler Tatbestände und Entwicklungslinien wird dann – im zweiten Teil – ein knapp akzentuierender Bericht über die Kräfte und Entscheidungsprozesse im Verlauf des Augsburger Reichstages 1530 gegeben. Daran schließt sich als Drittes eine Erörterung dessen, was die weltgeschichtliche Bedeutung dieses Geschehens ausmacht – eines Geschehens, dessen Folgen bis heute, und nun weit über die Grenzen der europäischen Christenheit hinaus, im Ringen der Menschheit um ihre politisch-sozialen und kulturellen Lebensformen zu bemerken sind.

Das europäische Leben der frühen Neuzeit entfaltet sich aus den komplexen spätmittelalterlichen Voraussetzungen in überaus spannungsreichen Wachstumsvorgängen, die weder geradlinig noch parallel verlaufen[1]. Manche Lebensbereiche erweisen sich noch auf Jahrhunderte hinaus als überwiegend statisch. Dafür verwendet man heute Stichworte wie „longue durée" und „Alteuropa". Viele andere Bereiche werden um 1500 bereits von einer Dynamik erfaßt, deren weit über das kulturelle Leben hinausreichende Bedeutung durch den klassischen Begriff „Renaissance" immerhin angedeutet, wenn auch nicht genau erfaßt werden kann. Insgesamt fährt Europa fort, in massiver und nun anscheinend unwiderruflicher Weise die Schwelle jener traditionellen Lebensformen zu überschreiten, die in anderen Hochkulturen – etwa in Indien oder China – langdauernde Gleichgewichtszustände sicherten. Doch nicht von dem Sonderweg der europäischen Gesellschaft in Wirtschaft, Technik, Kriegführung, Nautik und Astronomie sei hier die Rede, der sich um 1500 schon deutlich abzeichnet und mit Entdeckungsfahrten und Koloniegründungen für Jahrhunderte zu einer frappierenden äußeren Überlegenheit des einen Erdteils über alle anderen Kultursysteme der Welt führt. Vielmehr geht es hier zunächst um die kulturelle Bewegung im engeren Sinne, die mit der Bezeichnung *Humanismus* gemeint ist.

Auszugehen ist von einer Charakteristik des allgemeinen Bildungsstandes in einer Gesellschaft, die zwar das langwährende Bildungsmonopol der Kleriker schon durch die spätmittelalterliche Laienschriftlichkeit überwunden hatte, aber nach wie vor im Rahmen eines christlich normierten und theologisch ausgelegten Weltverständnisses lebte. Wie tief das europäische Leben an der Schwelle vom Mittelalter zur Neuzeit allerdings vom Christentum geprägt und gestaltet war, gilt heute als umstritten. Gewiß ist, daß alle Phänomene und Bewegungen im Bereich von Bildung und Kultur vor diesem Hintergrund zu sehen sind: fraglose Geltung der christlichen Einheitskultur, fragliche Tiefe und Bestimmtheit der christlichen Prägung und Motivation des Lebens.

Auf etwas festeren Boden führt die Frage nach der Alphabetisierung in Europa vor der Reformation. Man nimmt an, daß zumindest in einigen größeren Gebieten bereits die „revolutionäre Schwelle" von 10 Prozent der Bevölkerung, die lesen (meist auch schreiben) können, erreicht ist. Schwerpunkte sind die am stärksten urbanisierten Gegenden. Durch die Reformation wurde das Leseinteresse bekanntlich gewaltig verstärkt; die Buchproduktion stieg enorm an. Die Zahl der im deutschen Sprachraum im 16. Jahrhundert gedruckten Titel wurde früher auf 100.000 geschätzt, heute nimmt man das Doppelte an. Das Anwachsen der Kommunikation kam aber bereits der vorreformatorischen Bildung zugute. Die neuen Funktionsweisen eines übernationalen Bildungssystems, das von den städtischen und kirchlichen Lateinschulen bis zu den Universitäten, den gelehrten Sodalitäten und den ungekrönten „Königen" der „Res publica eruditorum" reichte und zugleich aufs nachhaltigste in die Volkssprachen wirkte, bedeuteten einen kaum zu überschätzenden „take off" für die Gesamtheit des europäischen Lebens.

Formen und Inhalte der vorreformatorischen Kultur Europas werden bei kräftigem Weiterleben der scholastischen Schultraditionen schon überwiegend von den verschiedenen Strömungen des Renaissance-Humanismus geprägt. Ausgehend von den italienischen Antizipationen des Quattrocento hatte sich der Humanismus als Bildungsbewegung in der gesamten lateinischen Christenheit etabliert. Die philologisch-antiquarischen Schwerpunkte der neuen Bildung sind eines, ein anderes ist das unaufhaltsame Ausstrahlen des Humanismus in weitere Lebensbereiche, wo die Kritik am mittelalterlichen Verfall und die Orientierung an der klassischen Vergangenheit (auch an den Idealen des frühen Christentums) sehr vieles in Bewegung bringt. Der Übergang von formalen Kulturidealen zu inhaltlichen Reformprogrammen, von der Kritik der Tradition zur Kritik der Institutionen ist in zahlreichen unterschiedlichen Anwendungsfeldern zu beobachten: Pädagogik, Theologie, Sprachpflege, Naturwissenschaften, Recht, Politik. Auch Fragen der Wirtschafts- und Sozialethik werden bereits in den Rahmen eines christlich-rationalen Reformismus einbezogen. Umstritten ist das Ausmaß der inneren Kohärenz dieser Vorgänge, denn sehr unterschiedlich sind die Stellungnahmen der Humanisten, wenn es zu echten Optionen kommt (siehe die Parteinahme pro und contra Luther). Auch waren sich wohl viele Parteigänger der neuen „Eruditio Christiana" über das volle Ausmaß des Umbruchs, den sie eingeleitet hatten, nicht klar. Jedenfalls hat der Historiker im Vorfeld der Reformation eine außerordentlich folgenreiche Bildungsbewegung festzustellen, die einerseits zum erstenmal eine gesamteuropäische reformistische Öffentlichkeit schuf, andererseits weit über den Kreis der lateinisch schreibenden (und sprechenden) Bildungselite hinaus in die Gesamtbevölkerung wirkte. Und nicht in paganisierenden, antitheologischen Tendenzen liegt das nachmittelalterlich Neue, sondern in einem weltzugewandten Reformismus, der eine entschiedene Zurückwendung zu den Maßstäben der christlichen „Ursprünge" mit einem an der vorchristlichen Antike geschulten Engagement zugunsten profaner Aufgaben verband.

Schon vor dem Auftreten Luthers und Zwinglis war also eine tiefreichende Umgestaltung der überkommenen weltlich-christlichen Symbiose im Gange, die viele Jahrhunderte hindurch die europäische Kultur und Gesellschaft gekennzeichnet hatte. Es ist müßig zu fragen, wohin diese Umgestaltung geführt hätte, wenn sie evolutionär geblieben und nicht in revolutionäre Konflikte gemündet wäre. Festzuhalten bleibt, daß gerade im kulturellen Ensemble des vorreformatorischen Europas Kräfte am Werk waren, die so oder so zu neuen Ufern strebten. Der Sonderweg, den Europa einschlug, war tief in seiner Geschichte begründet. Ausbildung der Individualität, Entdeckung der Geschichtlichkeit, radikale Kritik der Gegenwart anhand einer weit zurückliegenden Vergangenheit, das Christentum als Motiv der Innovation – dies alles war bereits entwickelt, als die Reformatoren ihre Stimme erhoben, um den Stein des Anstoßes in den religiös-kirchlichen Verhältnissen Europas zu zeigen.

Die *religiös-kirchlichen Zustände* am Vorabend der Reformation[2] wurden lange Zeit vorwiegend in aktueller Optik gesehen. Befürworter der Reformation – christliche und auch nicht mehr christliche – betonten die Mißstände; Gegner der Reformation verwiesen auf die hellen Seiten und auf den nachfolgenden Verfall. Die heutige Forschung hat sich weithin verständigt: Vieles lag im argen, die Dinge drängten auf Änderung. Es fragt sich nur, welche Änderung erwünscht, möglich und dann auch verwirklicht wurde. Denn der Begriff der „Mißstände" war sehr vieldeutig. Für die Analyse der Verhältnisse unmittelbar vor der Reformation ist es schwierig, die objektiven und subjektiven Aspekte zu trennen und jeweils richtig einzuschätzen. Manche kritisierte Mißstände hatte es schon lange zuvor gegeben, es war nur jetzt die Sensibilität gewachsen. Weiterhin ist zu bedenken: Jedes heutige Bemühen um eine Bestandsaufnahme der damaligen Zustände wird von dem Wissen um bzw. von der Identifikation mit der nachfolgenden reformatorischen (und katholisch-reformerischen) Kritik und Gegenwirkung mitgeformt. Dennoch soll mit aller gebotenen Abwägung für den vorliegenden Zusammenhang eine andeutende Klassifikation jener krisenhaften Faktoren versucht werden, deren Zusammenwirken im Leben der Zeitgenossen wir beobachten.

1. Sozialgeschichtliche Vorgegebenheiten, die den pastoralen Dienst deformieren: Dominanz des Adels in den höheren kirchlichen Stellen, weitgehend mit Beibehaltung profaner Lebensformen (Domkapitel und Klöster als Versorgung für nachgeborene Söhne: „Spital des Adels"). Damit war verbunden die Distanz zwischen hohem und niederem Klerus, auch in finanzieller Hinsicht, der Mangel an theologischer Ausbildung und die weitverbreitete Absenz auch bei Seelsorgspfründen.

2. Verformung und Verdinglichung der kirchlichen Praxis. Dies betraf nicht nur die sogenannte Volksfrömmigkeit mit Aberglauben, Wunderheilungen usw. Der Reliquienkult blühte auch an den Fürstenhöfen (siehe Luthers Landesherrn Kurfürst Friedrich). Die Verdinglichung des Sakramentenverständnisses führte zu grotesken Fehlentwicklungen u. a. bei Buße und Eucharistiefeier. Die Elevation der Hostie wurde zur magischen Handlung; die quantitative Aufrechnung des „Gnadenschatzes" des Meßopfers führte bis zum Prestigekampf der Fürsten (wieviel Zehntausende Messen werden nach dem Tod des Fürsten gelesen?). Die Verdinglichung im Bereich des Bußsakraments hatte den Ablaßhandel zur Folge.

3. Fiskalisierung und Kommerzialisierung der kirchlichen Verwaltung, insbesondere an der römischen Zentrale. Zusammen mit der Quantifizierung der Vorstellungen und Berechnungen von Gnade und Buße, mit dem gebührenpflichtigen Dispenswesen und mit dem Einsatz von Ablässen zu Zwecken des Bauwesens (u. a. Neu-St. Peter in Rom) entstand ein umfassendes fiskalisches System, das kirchenrechtlich begründbar erschien, aber starke bis stärkste antirömische Affekte erzeugte.

4. Theologische Unsicherheit und Fehlentwicklungen („Confusio opinionum"). Zentrale ekklesiologische Fragen wie etwa der Vorrang von Papst oder Konzil waren seit den Reformkonzilien (Konstanz, Basel) offenkundig unentschieden. Somit galt für einen großen, vielleicht den größeren Teil der europäischen Bildungsschicht die Stellungnahme des Papsttums gegen Luther als glaubensmäßig irrelevantes Vorgehen einer Seite in einem innerkirchlichen Parteienstreit. Die theologische Orientierungslosigkeit wirkte umso tiefer, wenn an-

dererseits der Mißbrauch des theologischen Instrumentariums im Dienste der profanen Interessen kirchlicher Stellen zutage trat. Wie groß die individuelle Gewissensnot war, die durch ein Syndrom all dieser Wirkungen entstand, wissen wir aus vielen Zeugnissen der Zeit. Albrecht Dürer will 1519/20 Martin Luther, dessen Werke er las, porträtieren, aus Dank dafür, daß der christliche Mann ihm „aus großen Ängsten geholfen hat".

5. Die Stellung des Papsttums, das die konziliare Krise des 15. Jahrhunderts überwunden hat, ohne die auf den Konzilien geforderte Reform zu leisten. Einerseits hat am päpstlichen Hof die Prunk- und Prestigeideologie der italienischen Renaissancekultur die Oberhand gewonnen. Andererseits war die Kurie als Macht unter Mächten in die Kämpfe um Italien und um die europäische Suprematie verstrickt, die seit 1494 anhalten. Das Zusammentreffen dieser politischen Selbstbehauptung und der neuen kulturellen Selbstdarstellung des Papsttums mit verschärften innerkirchlichen Zentralisierungstendenzen schuf für das Papsttum eine neuartige, folgenreiche Lage, die mit moralisierenden Kategorien wie „Verweltlichung" nicht zulänglich beschrieben werden kann. Die Einsicht, daß es sich vielmehr um strukturell bedingte Funktionslähmungen der kirchlichen Zentrale handelte, nimmt diesem Faktor „Rom" nichts von seinem Gewicht in den nun einsetzenden kirchlichen Entscheidungsprozessen und meint erst recht keine apologetische Entlastung. Sie betont gegenüber einer punktuell wertenden Auffassung, die in der Kirchengeschichte nicht selten ist, den langfristigen, tiefsitzenden Charakter wesentlicher Krankheitsursachen der vorreformatorischen Kirche.

Das Bestehen bedeutsamer Reformbestrebungen vor der Reformation wird heute allgemein anerkannt: einzelne Persönlichkeiten, Laien wie Geistliche, Klostergemeinschaften, Gruppen von Klöstern und Laienbewegungen (Windesheimer Kongregation, Devotio Moderna etc.), schließlich auch weltliche Obrigkeiten sind zu nennen. Doch fanden alle diese einzelnen Ansätze an der kirchlichen Zentrale in Rom nie wirklichen Anhalt, oft nur Entmutigung oder Widerstreben. Nur in Spanien, wo das Reformwirken des Kardinals Cisneros, eines bedeutenden Humanisten, Hand in Hand mit der weltlichen Obrigkeit ging, gelang eine wesentliche Verbesserung der kirchlichen Gesamtsituation in organisatorischer und spiritueller Hinsicht. Wir werden auf die Bedeutung dieser spanischen Reformkirche für die europäische Konstellation von 1530 zurückkommen. In Frankreich, wo das Konkordat von 1516 die Besetzung fast aller höheren kirchlichen Stellen (120 Bistümer, 600 Abteien) in die Hand des Königs gegeben hatte, war von gesamtheitlichen Reformansätzen nicht die Rede. Ähnlich im Reich, wo indessen das Fehlen solcher monarchischen Vorrechte die kirchlichen Verhältnisse dem weitgehenden Zugriff Roms freigab. Die von den Reichsständen immer wieder vorgebrachten „Gravamina nationis Germanicae contra sedem apostolicam" faßten Beschwerden vielerlei Art zusammen. Schärfer griffen volkstümliche Schriften und humanistische Pamphlete das Papsttum an; durch eine solche Extrapolierung der kirchlichen Mißstände nach Rom hin blieb einstweilen der innerdeutsche Consens geschont. Dies wurde rasch anders, als sich zeigte, daß ein entschiedenes reformatorisches Vorgehen in den kirchlichen Dingen unter den damaligen Verhältnissen in Deutschland zu einer gesamtheitlichen Krise führte, die Politik und Gesellschaft erfaßte.

Neben und mit der kirchlichen Entwicklung ist die Ausbildung des *frühmodernen Fürstenstaates* und des *europäischen Staatensystems* der wichtigste Vorgang des 16. Jahrhunderts. Dieser Werdeprozeß des zentralisierten, souveränen Einzelstaates, der sich bis heute als das maßgebende Modell des politischen Zusammenlebens in aller Welt erwiesen hat, vollzieht sich nicht einfach durch eine ständige Steigerung der zentralen, fürstlich-staatlichen Kompetenzen vom Mittelalter herauf. Wir sehen seit dem Ende des 15. Jahrhunderts Europa im Bann eines umfassenden Hegemoniekampfes. Es geht dabei um nichts Geringeres als um Weltherrschaft – „Dominium mundi" oder „Monarchia Universalis" sagte man damals. Die Kaiserkrone des Heiligen Römischen Reiches, die seit dem Sturz der Hohenstaufen nur mehr ein Ehrenvorrecht und kaum mehr eine überstaatliche Macht bedeutete, wurde auf einmal wieder zum Angelpunkt des Kampfes um Hegemonie in Europa und um Weltherrschaft.

1519 standen sich, nach dem Tode des alten Kaisers Maximilian I., zwei junge Monarchen als Rivalen im Kampf um die Kaiserkrone, um Italien und damit um die „Monarchia Universalis“ gegenüber: der Habsburger Karl, Herzog von Burgund und König von Spanien, und Franz I. von Frankreich. Die Positionen beider waren vergleichbar: Beide konnten sich auf eine „nationale“ Machtkonzentration stützen – hier Frankreich und dort Spanien und die Niederlande; beide wollten mit der Kaiserkrone die Verfügung über das Reich (mit seinem lockeren Verband von Fürsten und Reichsstädten) und über Italien, das damals als reichstes Land Europas und als Schlüssel zur Universalmonarchie galt[3].

Die Renaissance hatte Modernisierungen und Rationalisierungen im Bereich des Heerwesens, der Finanzen, des Nachrichtenwesens, der Diplomatie und der Administration gebracht. Gestützt auf diese neue, weitreichende Mobilisierung der Herrschaftsmittel, streben beide Monarchen nach einer politischen Herrschaft über die ganze Christenheit. Sie warben für diese Überwindung des einzelstaatlichen Pluralismus, wie er seit Jahrhunderten für den europäischen Kulturkreis charakteristisch geworden war, mit wirkungsvollen Argumenten: Nur die politische Vorherrschaft *eines* Herrschers kann Europa nach innen Frieden und Wohlstand sichern und nach außen die Kräfte gegen die türkische Bedrohung zusammenfassen und Konstantinopel und das Heilige Land zurückerobern.

Im Rückblick von heute sehen wir, daß diese Konzeption der Universalmonarchie, die am stärksten von Karl V. verfochten wurde, nur zu nicht endenden Kriegen führte und schließlich scheiterte. Doch muß man folgendes bedenken: Für die Zeitgenossen war der Ausgang unentschieden; der Gedanke der politischen Einheit Europas hatte damals viel für sich und entsprach offenbar weitverbreiteten Interessen. Und vor allem: Erst durch diese jahrzehntelangen Kämpfe sind die einzelnen Staaten, vor allem die führend beteiligten Kampfpartner Frankreich und Spanien, zu der neuen Form konzentrierter Staatsmacht nach innen und außen herangereift, die dann für dauernd bestimmend wurde. Erst im Durchgang durch das Ringen um Hegemonie und Weltherrschaft entwickelte sich der europäische Einzelstaat und das pluralistische System selbständiger Staaten zur vollen Reife.

Nach diesem Ausblick in die Folgezeit wenden wir uns zurück zum Wahlkampf von 1519. Der damals erst neunzehnjährige Karl von Spanien und Burgund war durch eine Kette dynastischer Heiraten und Todesfälle Erbe riesiger und zerstreuter Landgebiete geworden. Sein einflußreichster Minister war der Italiener Mercurino Gattinara, der den jungen Herrscher ermutigte, sich um die Kaiserkrone zu bewerben. Der Minister führte christlich-eschatologische und humanistisch-rationale Argumente für das Weltkaisertum an. Gattinara berichtet in seinen Memoiren, wobei er in humanistischer Manier von sich selbst in der dritten Person, als „Mercurinus“ spricht:

> „Als einige Minister da waren, die meinten, die Kaiserkrone sei eher abzulehnen als anzunehmen, indem sie behaupteten, daß die Wahl für Karl selbst und seine Königreiche eher schädlich als nützlich sein werde, da wies allein Mercurinus ihren Irrtum nach: Denn der Kaisertitel sei der allergerechteste, um den ganzen Erdkreis zu gewinnen, da er doch von Gott angeordnet, von den Propheten vorhergesagt, von den Aposteln gepredigt und von unserem Erlöser Christus in Worten und Taten bestätigt sei ... Es geht um das Gut des allgemeinen Friedens auf der Welt, das man nicht erreichen kann ohne die Weltmonarchie, zu welcher Karl, Gott dienend, leicht gelangen kann“[4].

Dieses Weltkaisertum enthält wohl mittelalterliche Züge, aber es bedeutet etwas wesentlich Neues: die Konzeption einer mit den modernen Methoden der Renaissance-Menschen zu leistenden Einheit der Welt. – Karl V. hat bekanntlich im Wahlkampf 1519 über seinen Rivalen Franz I. gesiegt. In der Folgezeit konnte er zwar die habsburgische Herrschaft über Italien erringen, Frankreich aber nur zeitweilig in die Knie zwingen. Der Kaiser scheiterte schließlich an dem Zusammenwirken der Franzosen, die in nationalem Selbstbewußtsein für ihren selbständigen Staat kämpften, mit den Türken und mit den deutschen Protestanten. Die Verteidigung des evangelischen Glaubens gegen die gewaltsame

Rekatholisierungspolitik des Kaisers – das war eine neue, aus der Tiefe der religiösen Überzeugung kommende Motivation gegen die Universalmonarchie.

In dem Jahrzehnt vor 1530 hatten sich die neuen Bewegungen – die von Luther ausgelöste Reformationsbewegung wie die von Karl V. ausgehende Politik der Weltherrschaft – ununterbrochen mit dem politischen System des altertümlichen *römisch-deutschen Reiches* auseinanderzusetzen. Was heißt das für unseren Zusammenhang? Ich skizziere in wenigen Worten das politisch-verfassungsrechtliche System des Reiches und den Stand der Dinge am Vorabend des Reichstages von 1530 – und damit schließen wir den ersten Teil ab.

Die in der Goldenen Bulle von 1356 und in einer Fülle von Gewohnheitsrechten fixierte Reichsverfassung bot der Mitte Europas einen altertümlichen, aber überaus lebenskräftigen föderativen Rahmen. Die Kurfürsten hatten das Recht, das Oberhaupt des Reiches zu wählen; im Reichstag standen sie, zusammen mit den weltlichen und geistlichen Reichsfürsten und mit den Reichsstädten, als ein mächtiger genossenschaftlicher Komplex dem Kaiser gegenüber. Die größeren Territorialfürsten hatten ihre eigene Landeshoheit längst schon ausgebaut; sie verteidigten sich gegen alle Bestrebungen des Kaisertums, die zentrale monarchische Macht im Sinne der westeuropäischen „modernen" Staatlichkeit auf Kosten des fürstlichen Partikularismus auszubauen. Dieser grundsätzliche Antagonismus von Kaisertum und fürstlichem Territorialstaat verschärfte sich noch, seit 1519 mit Karl V. ein Kaiser regierte, der sich auf ein mächtiges, außerdeutsches Herrschaftssystem (in Spanien, Italien, den Niederlanden) stützte.

Diese föderative, antizentralistische Reichsverfassung hat die Ausbreitung und Konsolidierung der Reformation wesentlich gefördert. Obwohl der Kaiser 1521 im Wormser Edikt schärfstens Stellung gegen Luther und seine Anhänger bezogen hatte, konnte sich in der Folgezeit im Schutze der lokalen Autoritäten, der Fürsten und Städte, die reformatorische Bewegung vielfach durchsetzen. Und nach der Krise des Bauernkrieges 1525 begann in der Zusammenarbeit von evangelisch gesinnten Obrigkeiten und reformatorischen Theologen der Ausbau evangelischer Landeskirchen. Der Reichstag von Speyer 1526 deckte diese Vorgänge reichsrechtlich ab. Der Kaiser war damals ganz mit dem Krieg gegen Frankreich um die „Monarchia Universalis" beschäftigt. 1529 hatte auf dem zweiten Speyrer Reichstag die altgläubige Mehrheit versucht, dem Wormser Edikt gegen Luther wieder Geltung zu verschaffen. Dagegen hatte eine Gruppe evangelischer Reichsstände, angeführt von Kursachsen, die berühmte *Protestation* formuliert. Sie protestierten gegen ein reichsrechtliches Verbot des bei ihnen nun bereits gültig eingeführten Kirchenwesens, da „in Sachen Gottes Ehre und unser Seelenheil und Seeligkeit belangend ein jeglicher für sich selbst vor Gott stehen und Rechenschaft geben muß"[5]. Während also hier ein tiefreichendes, neues Gewissensrecht (nur der Obrigkeit, noch nicht des Individuums) formuliert wird, das profanes Recht bricht, blieben die Reaktionen der katholischen Seite in Rom und in Deutschland höchst unzulänglich und unüberzeugend. So entstand damals keineswegs eine klare Frontstellung. Vielmehr gab es zwischen der Gruppe der entschieden Evangelischen und den eindeutig Römisch-Katholischen eine breite Schicht Unentschiedener oder selektiv vorgehender Anhänger eines Mittelweges; auch dies war ermöglicht durch die föderative Struktur des Reiches.

Der Reichstag begann am 15. Juni 1530 mit dem feierlichen Einzug des Kaisers in Augsburg. Der Herrscher, der im Jahr zuvor siegreich mit Frankreich Frieden geschlossen hatte, dann in Bologna von Papst Clemens VII. zum Kaiser gekrönt worden war und die habsburgische Herrschaft über Italien gesichert hatte, stand, äußerlich gesehen, auf der Höhe seiner Macht, als ihn die Augsburger Stadtväter und die bereits in der Stadt versammelten Fürsten des Reiches mit allem Prunk und Schaugepränge der Zeit vor den Toren empfingen. In einer gewaltigen Prozession zog Karl V. durch die Straßen bis zum Dom, wobei er mit geistlichen Gesängen begrüßt wurde: „Advenisti desiderabilis, quem expectamus in tenebris . . ." Gerne möchte man bei den farbenprächtigen und symbolreichen Details dieses festlichen Kaiserzuges verweilen, von dem u. a. eine wunderschöne Holzschnittserie

Jörg Breus berichtet[6]. Doch unsere Aufgabe ist heute eine andere: zu sehen, wie nun die evangelische Seite, wie die Katholiken und wie der Kaiser in die Verhandlungen eintreten und wie sich die Entscheidungen formen.

Die evangelische Seite war nicht ohne Hoffnungen zum Reichstag gekommen. Die Einladung des Kaisers zu den Augsburger Verhandlungen, schon im Januar 1530 von Bologna aus an alle Fürsten und Stände des Reiches adressiert, war auf einen sehr versöhnlichen Ton gestimmt und hatte – fern jedem kirchlichen Zwangsdiktat – eine friedliche, ausgleichende Verhandlung zur Beilegung von „Irrung und Zwiespalt" in der Religion angekündigt. Es solle in Augsburg darum gehen, „die Zwietrachten hinzulegen ..., vergangene Irrsal unserem Seeligmacher (Christus) zu ergeben ..., eines jeglichen Gutbedünken, Opinion und Meinung ... in Liebe und Gütigkeit zu hören, zu verstehen und zu erwägen, diese zu einer einigen christlichen Wahrheit zu bringen und zu vergleichen, alles, so zu beiden Teilen nit recht ist ausgelegt oder gehandelt, abzutun: – durch uns alle eine einige und wahre Religion anzunehmen und zu halten: und wie wir alle unter einem Christo sind und streiten, also in einer Gemeinschaft, Kirche und Einigkeit zu leben"[7].

Das war ein großartiges Programm kirchlicher Concordia, herbeizuführen durch den Kaiser als Schiedsrichter, ohne Erwähnung der päpstlich-kaiserlichen Verurteilung Luthers und ohne Bezug auf die päpstliche Autorität. Im Gegenteil: Der Vorschlag der gegenseitigen Verzeihung „vergangener Irrsal" konnte als Verzicht auf das Wormser Edikt etc. aufgefaßt werden. Daß dies Programm der päpstlichen Seite und der streng römischen Partei unter den Reichsständen mißfallen mußte, war klar. Daß es aber auch für den Kaiserhof selbst schon zu Beginn des Reichstages nur mehr teilweise und dann immer weniger maßgebend war, wird sich als eine der wesentlichsten Entscheidungslinien erweisen.

Die evangelische Seite, nicht ohne Hoffnung auf diesen so irenisch angekündigten Reichstag, war unter sich bekanntlich keineswegs einig. Von den weiterreichenden Differenzen in Lehre und politischer Strategie, die zwischen der Wittenberger Richtung und den Anhängern Zwinglis bei den Eidgenossen und in Oberdeutschland bestanden, ganz abgesehen, seien hier nur stichwortartig die Namen Luther und Melanchthon genannt. Luther, der in der Reichsacht war, konnte nicht nach Augsburg mitkommen. Er verfolgte von Coburg aus in intensivem Briefwechsel die Vorgänge, und er griff von dort aus schon vor Reichstagsbeginn mit der berühmten programmatischen Flugschrift „Vermahnung an die Geistlichen, versammelt auf dem Reichstag zu Augsburg" in das Geschehen ein[8].

Luther betet und hofft, daß es auf diesem Reichstag gut werde; es ist eine Gnade Gottes, daß durch Kaiser Karl hier viel Gutes geschaffen werden kann, wenn die Adressaten der Flugschrift – die katholischen Bischöfe und Geistlichen – Luthers Mahnung folgen. Denn Luther und die mit ihm sind, brauchen keinen Reichstag; sie wissen, was recht ist, und haben demgemäß bei sich die wahre Kirche wiederhergestellt. Es geht nur um die anderen, die noch unwissend unter der päpstlichen, teuflischen Herrschaft stehen. Luther redet die Bischöfe mit voller, prophetischer Überzeugung an. Er fordert sie auf, sich von des Teufels Kirche abzuwenden:

> „Ihr gebt fur, Man solle, on willigung der kirchen, nichts endern noch newern, Wer ist denn die kirchen? Seid yhrs? So zeigt siegel und briefe, oder beweisets sonst mit der that und fruchten ... Ja des teuffels kirche seid yhr, die selbige ist eine lugenerin widder Gottes wort, und eine morderin ...
>
> In Summa, wir und yhr wissen das yhr on Gottes wort lebt, Wir aber Gottes wort haben, Darumb ist unser hochste beger und demütigeste bitt, yhr wollet Gott die ehre geben, euch erkennen, bussen und bessern. Wo nicht So nemet mich hin, lebe ich, so bin ich ewr Pestilentz, Sterbe ich so bin ich ewr tod ... yhr solt doch fur meinem namen keine ruge haben, bis das yhr euch bessert odder zu grund gehet."

Ganz anders als dies drängende Entweder-Oder Luthers, dessen gewaltiges Echo man sich vorstellen kann – die 500 ersten Exemplare, die am 7. Juni nach Augsburg kamen, waren in wenigen Tagen vergriffen –, ganz anders Melanchthon. Oder doch nicht so anders? Darüber gibt es eine vielschichtige Diskussion. Sehen wir rasch zu. Melanchthon, der humanistische und ausgleichsbereite Gelehrte, ist in Augsburg als sächsischer Hoftheologe inmitten des Geschehens tätig, als Redaktor der Confessio Augustana, als Disputant in den theologischen Ausgleichsverhandlungen, die im August im kleinen Kreise geführt wurden, und als Partner verschiedener inoffizieller Vermittlungsaktionen, die ihn auch persönlich mit dem päpstlichen Legaten, Cardinal Campeggio, zusammenführten. In einem Brief an Campeggio schrieb Melanchthon Anfang Juli den berühmten Satz: „Dogma nullum habemus diversum ab Ecclesia Romana." Und dies entsprach dem gleichfalls berühmten Satz zu Ende des ersten Teils der Confessio Augustana: „Tota dissensio est de paucis quibusdam abusibus"[9]. Nach der Auffassung Heinrich Bornkamms, des hervorragenden evangelischen Kirchenhistorikers, ist dies schlechthin ein *„unwahrer Satz"*[10]. Ich belasse diese Frage für jetzt auf sich und wende mich der für den Profanhistoriker überaus wichtigen Frage nach dem politischen Bezugsrahmen und Stellenwert der Aussagen Luthers und Melanchthons zu.

Wie stand es überhaupt um die politische und reichsrechtliche Artikulation der evangelischen Bewegung 1530? Ganz abgesehen von den außerdeutschen Erfolgen der Reformation – damals vor allem schon in Skandinavien –, erstreckte sich die Bewegung im Reich bereits wesentlich weiter, als die Anzahl der offiziell die evangelische Lehre bekennenden Fürsten und Städte anzeigte. Das war allseits bekannt, nur zog man aus dem Vorhandensein und der ständigen Ausbreitung dieses evangelischen „Untergrundes" gegensätzliche Folgerungen. Die entschieden katholische Seite wollte jedenfalls den Hinzutritt weiterer Stände zu den Protestanten verhindern. Die protestantischen Politiker und Theologen – Melanchthon eingeschlossen – fühlten sich dagegen gewissermaßen als Treuhänder der ins nominell katholische Gebiet ständig weiter vordringenden Bewegung; dieser wachsende evangelische „Untergrund" sollte tunlichst in die systemstabilisierenden Bahnen der reichsständischen Autonomie gelenkt werden, um so die Gefahr eines systemsprengenden religiös-sozialrevolutionären „Aufruhrs" zu vermeiden. (Seit dem Bauernkrieg waren erst fünf Jahre vergangen.) So war das evangelische Selbstbewußtsein am Reichstag auf Hoffnung, Wachstum und – bei vielen – wohl auch noch auf eine gesamtheitliche Veränderung und Erneuerung der abendländischen Kirche im Sinne der Reformation gerichtet. Dies ist ein primärer Sachverhalt von höchster Bedeutung, ebenso wie jene andere, primäre Verhaltensweise der Protestanten: daß Sicherung und Wachstum des evangelischen Kirchenwesens mit Ausnutzung aller Chancen der reichsständischen Autonomie betrieben wurde.

Aus einer solchen interpretativen Gewichtung ergibt sich eine akzentuierte These, die von heutigen kirchengeschichtlichen Perspektiven etwas abweicht: Mir scheint, daß gegenüber diesen Primär-Anliegen der deutschen Protestanten die Frage nach einer eventuellen kirchlichen Verständigung mit der Majorität insgesamt nur sekundäre Bedeutung hatte. Ähnlich scheint mir die Lage hinsichtlich der Konzilsfrage zu sein, die ja spätestens seit 1524 für Katholiken, Evangelische, Kaiser und Papst auf der Tagesordnung stand. Auch die Konzilsfrage war für die evangelische Bewegung sekundär; sie konnte – insofern sie als Verfahrensfrage inhaltlich unbestimmt blieb – nur sekundär sein. Denn dahinter stand ja von Anfang an die Frage der konziliaren Inhalte. Noch deutlicher und nun methodisch gesichert ins Weite greifend, läßt sich wohl folgendes sagen: Was uns im Rückblick als die eigentliche Grundfrage der Epoche erscheinen möchte, begegnete ja den Protestanten weder damals noch später in einer wirklichen und deutlichen Weise. Gemeint ist die Grundfrage, wie sie sich gegenüber einer aus eigenem gründlich reformierten römisch-katholischen Kirche verhalten wollten. Um Mißverständnisse zu vermeiden: Ich spreche hier nicht von der tridentinischen katholischen Erneuerung, die schon so viele Charakteristika der Abgrenzung und des Konfessionskampfes trug. Ich spreche von einer Vision, von der Vision einer katholischen Reformkirche um 1530. Wir alle wissen, daß es dies damals nicht gab, jedenfalls nicht als gesamtheitlich überzeugende Realität. (Vom Sonderfall Spanien wird noch zu reden sein.) Diese Nichtrealität steht außer Streit, es genügt ein Blick auf das Papsttum unter Clemens VII. Und so blieb für das Verhalten der evangelischen Kräfte 1530 und später maßgebend eine Maxime, die in heutiger Sprache etwa folgendermaßen formuliert werden kann: Unzumutbar ist jede Rückkehr in ein ungereinigtes System, die der schon erreichten evangelischen Realität und den weiteren Chancen der „reineren Formen des Christentums" (um Rankes Formulierung zu benutzen) Abbruch täte. Hierin und in der als providentiell empfundenen und ergriffenen Schutzfunktion der reichsständischen Autonomie war man sich offenbar einig – von Luther bis Melanchthon!

Ganz anders lagen die Dinge bei den mit Rom verbundenen Katholiken. Auch hier muß ich mich auf thesenhaft konzentrierte Hinweise beschränken. Das „katholische" Milieu im Reich und außerhalb (das Papsttum eingeschlossen) war keine monolithische Kraft, weder dogmatisch noch spirituell noch rechtlich, noch in der nun durch die reformatorische Bewegung erfolgenden Politisierung. In der Reichsverfassung waren von zentraler Bedeutung die geistlichen Fürsten und Kurfürsten und ihre Verklammerung mit Rom. Mit ihnen stand und fiel das Kaisertum und damit das herrschende politische System Mitteleuropas. Die enorme Spannung zwischen diesem beharrenden geistlich-weltlichen System mit all seinen Mißständen und einem vertieften, an den christlichen Ursprüngen orientierten Glaubensverständnis und Bischofsideal hatte nicht erst Luther empfunden; nun aber stand nicht mehr nur literarische Kritik, sondern eine von diesem System losgelöste neue Wirklichkeit christlichen Kirchenlebens gegen Rom und gegen das kirchliche Establishment im Reich. In der politischen Konstellation von 1530 zählte sehr viel, daß der Kaiser gerade erst mit Papst Clemens VII. ausgesöhnt war. So konnte sich der volle Beharrungsdruck einer „Ecclesia Romana reformanda, sed non reformata" auf den Kaiser und auf den Reichstag auswirken. Wenig zählte gegenüber diesem Beharrungsdruck des unreformierten Systems das Vorhandensein einzelner reformbereiter und einsichtiger deutscher Bischöfe – man denke an den edlen Augsburger Bischof Christoph v. Stadion. Vom Kaiser selbst wird noch zu sprechen sein. Selbstbehauptung des Systems und nicht Reform war das Primärprinzip der katholischen Kräfte am Reichstag, zusätzlich belastet mit dem Skandal einer päpstlichen Politik, die das christliche Einheitsprinzip durch Reformverweigerung, Nepotismus und Konzilsscheu bis zur Unkenntlichkeit verdunkelte.

Was Karl V. und den Kaiserhof angeht, so ist der gegenwärtige Forschungsstand trotz vieler wertvoller Beiträge insgesamt nicht befriedigend. Ich versuche einige Aspekte deutlich zu machen, wobei das Problem der Türkenabwehr in all seiner Bedeutung nur erwähnt, nicht behandelt werden kann. Als 1527 im Sacco di Roma Clemens VII. Gefangener des Kaisers wurde, hatte Gattinara, Karls leitender Minister, empfohlen, gegen Clemens vorzugehen als gegen einen „ärgerniserregenden Pseudopapst, der den gesamten Bestand der Christenheit bedrohe und das wiederholt erbetene Generalkonzil verweigere"[11]. Karl V. hatte diesen radikalen Weg nicht eingeschlagen, obwohl er auch später immer der Überzeugung war, als „advocatus et defensor ecclesiae" besser als die Päpste zu wissen (und auch zu tun), was der Christenheit nutze. Er hatte statt dessen schon 1529 und dann 1530 in Bologna den Papst eng an sich und an seine Weltkaiserpolitik gebunden. Diese Bündnispolitik gegenüber dem Papsttum entsprach gewiß dem persönlichen Traditionalismus des Herrschers ebenso wie den politischen, finanziellen und kirchlichen Interessen seines Herrschaftssystems. Die Erhaltung des römischen Einheitsprinzips und -apparats diente dem realen Bestand und dem universalen Anspruch des habsburgischen Systems mehr als ein landeskirchlicher Zerfall der lateinischen Kirche mit kaum kalkulierbaren Risiken. Dies hatte allerdings zur Voraussetzung, daß es dem Kaiser gelang, bei sorgfältiger Schonung der kirchenrechtlichen Stellung der Päpste sie doch in eine mehr oder weniger spürbare faktische Abhängigkeit zu bringen.

Diese hier thesenhaft angedeutete Konstellation von Kaiser und Papst war das eine[12]; das andere war die Frage nach der kirchenpolitischen, kirchenreformerischen Orientierung des Kaiserhofes. Der christlich-reformistische Humanismus am Kaiserhof bleibt 1530 trotz des Papstbündnisses eine beachtenswerte Kraft. Wenn irgendwo in der Christenheit, dann gab es ja damals in Spanien einen Kirchenzustand, der tendenziell der oben genannten Vision entsprach; in Spanien gab es eine im römischen Verband lebende und zugleich durch humanistischen Reformismus *und* staatskirchlichen Eingriff erneuerte Landeskirche[13]. Die Zusammenhänge dieser reformierten kirchlichen *Realität* Spaniens mit den religionspolitischen Konzeptionen und Aktionen des Kaiserhofes sind für 1530 und für später sehr zu beachten, aber bisher kaum erforscht. Denn das bedeutet ja viel mehr, als wenn man üblicherweise davon spricht, daß es am Kaiserhof humanistische Einflüsse gab, die den Unionsverhandlungen zugute kamen. Hinter der Politik des Kaiserhofes stand die volle Geschichtsmächtigkeit einer katholisch reformierten Landeskirche. Und wenn man die damalige Landkarte Europas unter dem Gesichtspunkt der kirchlichen Erneuerung vergleichend überblickt, so wird deutlich, daß nur an zwei Stellen aus der Reformbedürftigkeit der vorreformatorischen Situation größere, geschlossene Komplexe energischer kirchlicher „Reformatio" sich heraushoben: im mittleren Deutschland, d. h. in den protestantischen Territorien (außerhalb des römischen Verbandes), und eben in Spanien (innerhalb des römischen Verbandes). Wieweit sich die Führer des deutschen Protestantismus 1530 über diese Art von partieller „Reformkonvergenz" Rechenschaft gaben, wäre des näheren zu untersuchen. Luther hat Kaiser Karl V. stets von den römischen „Bluthunden" unterschieden. Melanchthon hat in Augsburg ausdrücklich festgestellt, daß am Kaiserhof die „Spanier", d. h. eben die Exponenten jener spanischen Reform-Realität und -Mentalität, den evangelischen Anliegen verständnisvoller entgegenkamen als die deutschen Katholiken.

Und damit berühren wir wieder den zweiten, zentralen Punkt, wo Theologie und politisch-kirchliche Struktur im Umkreis des Kaisers gleichfalls aufs engste zusammenhängen. Untersucht man die Eskalation im Reich seit 1517 auf ihre strukturellen Bedingungen, so stößt man überall auf das Problem der deutschen Bischofskirche mit ihrer reichsfürstlichen Verfassungs- und Sozialstruktur. Nochmals im europäischen Vergleich gesprochen: Eine so altertümliche, so feudal zementierte, so in die politische Welt unmittelbar verstrickte, so reformwidrige Bischofskirche wie in Deutschland gab es in ganz Europa kein zweites Mal. Hier mußten sich im Ringen um eine Erneuerung und Reform gerade des bischöflichen Amtes härteste Konflikte ergeben. Damit war auch der Kaiserhof konfrontiert; Karl V. stand gewissermaßen zwischen der spanischen Reformkirche hier und dem Beharrungsdruck des deutschen Reichskirchensystems dort, der sich – bei allen Unterschieden – mit dem römischen Defensivinteresse verband.

Doch zurück zu Augsburg. Karls Großkanzler Gattinara hatte geplant, Erasmus zum Augsburger Reichstag zu berufen. Der schicksalhafte Tod des Großkanzlers unmittelbar vor Reichstagsbeginn verhinderte dies. Erasmus versuchte, durch einen intensiven Briefwechsel mit Augsburg die Dinge im Sinne seiner Hoffnungen auf Concordia und Pax zu beeinflussen. Aber nicht nur Gattinaras Tod, auch andere, längerfristig ansetzende Faktoren führten zu einem Rückgang der reformistischen Ausgleichsperspektiven am Kaiserhof. Von dem massiven Druck der Kurie sprachen wir schon: Rückkehr der Abgewichenen (eventuell mit kleinen Konzessionen) – oder Gewalt, d. h. Ketzerkrieg – das war ihr durch Kardinallegat Campeggio fortgesetzt gepredigtes Programm. Aber überaus stark wirkte auch die Polarisierung der konfessionell-politischen Kräfte im Reich: die altgläubige „Partei" unter den Reichsfürsten war zwar niemals zu einer wirksamen, politisch-militärischen Unterstützung des Kaisers bereit (daran hinderte sie ihre Sorge vor dem Anwachsen der kaiserlichen Macht und ihre Solidarität mit den anderen Fürsten); aber sie drängte, zusammen mit Rom, den Kaiser zum Verlassen seiner „unparteiischen" Schiedsrichterstellung und zum engsten Anschluß an das System traditioneller kirchlicher Interessen im Reich. Dies Zusammentreffen verschiedener antiirenischer Einflüsse am Kaiserhof schon vor der Reichstagseröffnung blieb nicht ohne Wirkung. Schon die kaiserliche Proposition, die Eröffnungsrede zum Reichstag am 20. Juni, war in Ton und Inhalt gegenüber dem toleranten Einladungsschreiben vom Januar merklich verändert: bereits hier tritt widersprüchlich neben den Kaiser als Schiedsrichter über die religiösen „Irrungen" der Kaiser als Warner vor Abfall und Uneinigkeit[14].

Damit sind die religionspolitischen Entscheidungskräfte des Reichstages in aller Kürze skizziert. Wir wenden uns nun in raschem Überblick den wichtigsten Etappen der Entscheidung zu; außer Betracht muß die Türkenfrage bleiben und die vielleicht noch wichtigere Frage der Verhandlungen des Kaisers mit den Kurfürsten über die geplante, dann im Januar 1531 durchgeführte Wahl Ferdinands zum römischen König (als Stellvertreter des Kaisers und präsumtiver Nachfolger)[15]. Die Vermutung liegt nahe, es habe der Übergang von der anfänglichen Vorsicht zu einer seit Anfang August nochmals spürbar strengeren religionspolitischen Linie des Kaisers auch damit zu tun, daß zügig alle Kurfürsten – außer Sachsen – für diese Wahl gewonnen bzw. gekauft werden konnten.

Am 22. Juni beschloß der Reichstag, die Glaubensfrage vor der Türkenhilfe zu behandeln. Am 25. Juni wurden die deutsche und die lateinische Fassung der Confessio Augustana dem Kaiser übergeben; die deutsche Fassung verlas der sächsische Kanzler Christian Beyer vor den versammelten Reichsständen im Kapitelsaal der bischöflichen Residenz. Die Confessio wurde als ein gemeinsames Glaubensdokument des Kurfürsten von Sachsen, des Markgrafen Georg von Brandenburg, des Landgrafen Philipp von Hessen, der Herzöge Ernst und Franz zu Lüneburg, des Fürsten Wolfgang von Anhalt und der Reichsstädte Nürnberg und Reutlingen überreicht. Auf die Verschärfung der religionspolitischen Situation durch den Kaiser seit Reichtagsbeginn (Proposition, Aufforderung zur Fronleichnamsprozession, Verbot der evangelischen Predigt in Augsburg) hatten die unterzeichnenden Reichsstände mit einer kurzfristigen Umarbeitung der Vorrede zur Confessio reagiert[16]. Waren die früheren Entwürfe zur Vorrede noch ganz auf die friedliche Einladung und Schiedsrichterrolle des Kaisers im Sinne des Januar-Ausschreibens abgestimmt, so zog die nun übergebene Fassung neben einem positiven Ausgang der Unionsverhandlungen am Reichstag und neben der Alternative einer Konzilslösung auch ein Scheitern der jetzigen Verhandlungen durch Schuld der katholischen Reichsstände in Betracht. Für diesen Fall solle – so sagte jetzt die Vorrede – die Confessio bezeugen, daß es nicht an den Evangelischen gelegen habe, wenn eine vor Gott und Gewissen verantwortbare Concordia nicht zustande gekommen sei.

Dieser neue Akzent, der kurzfristig in die Vorrede kam, verdient besondere Beachtung, denn er bedeutete auch für die Inhalte des Confessio-Textes und für ihre Funktionsrichtung eine mögliche neue Variante, die von der Eindeutigkeit der Unionsofferte wegführte. Wenn die Confessio als Instrument der evangelischen Ausgleichsbereitschaft erfolglos blieb, so sollte sie jedenfalls als Dokument dieser Bereitschaft und der evangelischen Rechtgläubigkeit wirken und somit die Verantwortung für das Scheitern den „anderen" zuweisen. Diese ambivalente Ausgangsposition ist nicht nur verhandlungspolitisch, sondern auch theologisch sehr zu unterstreichen. (Selbstverständlich diente die neue Vorrede auch dem innerprotestantischen Ausgleich; sie kam insbesondere der härteren Position Hessens entgegen.)

Nach der Übergabe der Confessio Augustana ging es im Juli nicht nur um die intensiven Arbeiten an der Confutatio, d. h. an der nun im kaiserlichen Auftrag von den altgläubigen Theologen abzufassenden Widerlegung des evangelischen Bekenntnisses. Es ging um die politisch höchst brisante Frage, in wessen Namen und in welcher Weise diese Gegenschrift nun vorgelegt werden solle[17]. Indem der Kaiser dem Druck der altgläubigen Stände nachgab, diese Confutatio in seinem Namen vorzulegen, verließ er in kaum widerrufbarer Weise den Standpunkt des Vermittlers und Schiedsrichters, den er ursprünglich beansprucht hatte. Er bezog Partei gegen die Protestanten. Noch mehr: Es gab in der Frage, ob die Confutatio den evangelischen Ständen nur vorzulesen oder auch auszuhändigen sei, eine überaus aufschlußreiche innerkatholische Kontroverse[18]. Die Kurfürsten empfahlen dem Kaiser bündig, die Confutatio den Evangelischen schriftlich auszuhändigen, denn diese würden sich sonst beklagen, daß ihnen das im Reichstagsausschreiben zugesagte Gehör nicht ausreichend gewährt werde. Dagegen lehnten die Katholiken im Fürstenrat (mit einer Mehrheit der geistlichen Fürsten) dies ebenso ab wie der Legat Campeggio: man dürfe keine Kopie herausgeben, denn sonst werde es eine Gegenantwort der Protestanten geben und dann eine Rückantwort des Kaisers usw.; der Kaiser könne sich nicht mit den Abgewichenen in einen theologischen Disput einlassen.

Es ist auffallend, wie sich an dieser Verfahrensfrage nun sogleich die erste tiefe Krise des Reichstags entzündete. Denn natürlich stellten die Protestanten sofort nach der Verlesung der Confutatio die naheliegende Forderung, sich anhand des schriftlichen Textes eine Meinung darüber bilden zu können, ob nun wirklich, wie Kaiser und Katholiken behaupteten, ihre Confessio dadurch theologisch widerlegt sei! Der Kaiser suchte gegenüber der prinzipiellen Forderung der katholischen Fürsten und des Legaten – keine schriftliche Übergabe, um weitere theologische Diskussionen abzuschneiden – einen Ausweg. Am 5. August bot er den Protestanten die schriftliche Übergabe an, aber mit zwei Bedingungen: Verzicht auf Abfassung von Gegenschriften und Pflicht zur Geheimhaltung der Confutatio (also kein Druck)! Dagegen erhoben die Protestanten Einspruch: sie könnten keine Gewähr übernehmen, daß die Confutatio nicht von anderer Seite gedruckt werde; dann werde man ihnen die Schuld geben. Und hinter dem Verfahrensstreit, der zunächst so sorgfältig die theologische Hauptfrage aussparen will – wer hat als Christ recht: die Confessio oder die Confutatio? –, zeichnet sich nun rasch die tieferreichende Konfrontation ab, mit einer der Öffentlichkeit gegenüber recht schiefen Stellung der katholisch-kaiserlichen Seite: hier die Veröffentlichung der Confessio, dort die Geheimhaltung der Confutatio, ohne deren schriftliche Kenntnis doch die vom Kaiser zugesagte Verhandlung über Ausgleich und Einheit des Glaubens nicht möglich sei. Ebensowenig – so argumentieren die protestantischen Stände – sei die vom Kaiser angebotene Verhandlung über die kirchlichen Mißbräuche auf einer solchen Basis möglich.

Alles Folgende war durch diese Wendung aufs schwerste vorbelastet. Vor allem die theologischen Vermittlungsversuche im August, die auf Anregung der Reichsstände, nicht des Kaisers, in einem paritätisch besetzten Vierzehner-Ausschuß, dann in einem Sechser-Ausschuß geführt wurden, sind im Kontext dieser schweren Hypothek zu sehen. Auf die theologische Würdigung der Ausgleichsverhandlungen, die dann im September in anderem Rahmen nochmals aufgenommen wurden, werde ich im Schlußteil zurückkommen. Zunächst ist festzuhalten, daß sich – abgesehen von allem Ringen um Einzelfragen wie Kelchkommunion, Priesterehe, Meßkanon, bischöfliche Jurisdiktion usw. – keine gemeinsame Ebene ergab, auf der eine Formulierung der *fundamentalen Glaubenseinheit* möglich gewesen wäre. Daß eine solche fundamentale Glaubenseinheit damals bestand,wird von heute her kaum angezweifelt. Daß ihre Formulierung damals nicht gelang, hängt gewiß mit der innertheologischen Problemlage auf beiden Seiten zusammen. Dies Nichtgelingen hat aber wohl ebenso mit den politischen Rahmenbedingungen zu tun: zunehmender Verschleiß des Vertrauenskapitals, das der Kaiser zunächst eingebracht hatte; mit dem Steigen des Mißtrauens ein desto schärferes Ringen um politisch-propagandistische Positionsgewinne für die eine und die andere Seite. Propagandistisch war dies Ringen und mußte es unter den damaligen Bedingungen sein, denn nicht nur ganz Deutschland, auch die europäische Öffentlichkeit verfolgte die Augsburger Vorgänge mit gebannter Anteilnahme.

Als Ende August die offiziellen Ausschußverhandlungen über einen kirchlichen Ausgleich ergebnislos abgebrochen wurden, traten drei Alternativen entscheidungsträchtig in den Vordergrund: ein äußerlicher, politischer *Friedstand* für die Protestanten (das war schon seit Juli Luthers Vorschlag, und nun das gemeinsame Ziel der evangelischen Stände), ein *Konzil* zur Wiedervereinigung und Reform der Kirche (das wollte der Kaiser, und mit ihm viele Katholiken; auch protestantische Konzilshoffnungen gab es damals noch) oder der Weg der *Gewalt*, d. h. der Ketzerkrieg (dahin zielte die Logik der kurialen Politik, wenn die friedliche Unterwerfung und Rückkehr der Protestanten nicht gelang).

Nach dem Scheitern der Ausgleichsverhandlungen war nun Anfang September wieder der Kaiser am Zug. Seine unmittelbaren Partner waren sowohl für die Konzilsfrage wie für den eventuellen Ketzerkrieg der Papst zu Rom und die katholischen Stände in Augsburg. Beide Partner waren durch langfristige Umstände in ihrer Fähigkeit und ihrem Willen, auf die reformatorische Herausforderung zu antworten, außerordentlich gehemmt. Papst Clemens VII. antwortete auf das wiederholte Drängen des Kaisers in Richtung der Konzilsberufung nicht ablehnend, aber stets ausweichend. Nicht nur, daß die Kurie grundsätzlich dem Konzil als einer Bedrohung des päpstlichen Zentralismus und der römischen Zustände negativ gegenüberstand. Der Medici-Papst fürchtete im Hinblick auf seine uneheliche

Abstammung darüber hinaus Maßnahmen des Konzils gegen seine Person. Der spanische Kardinal Loaysa, der ehemalige Beichtvater des Kaisers, nun aus Rom an Karl berichtend, schrieb ihm damals: Das Konzil wäre ein sicheres Mittel, aber „der Papst und die Kardinäle wünschen es zum Teufel“[19]. So blieb das Konzilsprojekt, mit welchen Bedingungen auch immer es von Papst und Kaiser verknüpft wurde, zwar weiterhin im Vordergrund der Reden und Hoffnungen, aber seine objektive Wirkung war für die nächsten Jahre weniger als Null: steigende Unglaubwürdigkeit und moralische Erosion des altkirchlichen Systems.

Der Weg der Gewalt wurde vom Kaiser in einer inhaltsschweren, persönlichen Erklärung gegenüber den katholischen Reichsständen am 11. September zur Diskussion gestellt[20]. Unüberhörbar sind in diesem Dokument die Zeichen persönlicher Erbitterung, der Groll der Enttäuschung über die dem Kaiser unverständliche Hartnäckigkeit der Protestanten: „Die Protestanten haben zu bedenken, daß des Kaisers Majestät ihr Souverain und rechter und geborener Herr ist und Beschützer der ganzen Christenheit.“ Nicht nur die Protestanten, auch der Kaiser habe ein Gewissen, und er habe von Gott mehr Autorität und Reputation als sie. Sein Gewissen lasse ihn an unserem wahren, alten christlichen Glauben festhalten. Und wenn die Güte seiner Majestät bei den anderen nichts fruchte, dann werde der Kaiser seine Person und seine Mittel und die Hilfe der katholischen Fürsten für eine entsprechende Abhilfe einsetzen. – Die Verhandlungen mit den Katholiken über die militärische Alternative zogen sich von da ab bis zum Ende des Reichstages am 19. November hin. Nach außen mochte die Haltung des Kaisers und der katholischen Mehrheit nun scharf, einheitlich und bedrohend erscheinen. Die Verlesung des sogenannten ersten Abschieds vom 23. September, die zur sofortigen Abreise des sächsischen Kurfürsten führte, zeigte das Ende der Versöhnungspolitik: Die Confessio Augustana gilt als „mit gutem Grund“ widerlegt. Das Konzil wird in Aussicht gestellt. Bis zum Konzil haben die Protestanten zu dem alten kirchlichen Zustand zurückzukehren. Nur in der Einräumung einer Bedenkzeit – bis zum April 1531 – für die Unterwerfung der Protestanten unter diese reichsgesetzlichen Bestimmungen kommt ein Rest von Flexibilität zum Vorschein. Und der endgültige Reichsabschied, der dann am 19. November in Abwesenheit der protestantischen Fürsten eigentlich nur noch als Verlautbarung des Kaisers und der Altgläubigen erging, war noch wesentlich schärfer abgefaßt.

Doch hinter dem Schein dieser Einheitsfront verbarg sich ein überaus kompliziertes Spannungsfeld zwischen dem Kaiser und den Katholiken, das nicht nur jeden Gedanken an eine künftige militärische Aktion gegen die Protestanten ausschloß, sondern bereits auf die künftige Unmöglichkeit hinweist, eine auch nur irgendwie geartete wirkungsvolle Zusammenarbeit zwischen dem Kaiser und den katholischen Kräften im Reich zustande zu bringen.

Die katholischen Fürsten, zunächst so eifrig bemüht, den Kaiser aus der Schiedsrichterrolle auf ihre Seite zu ziehen, dann wieder eifrig – wenn auch nicht im gleichen Maße –, als es um die Vermittlungsversuche im August ging, zeigten im September und Oktober die ganze Zwiespältigkeit ihrer Haltung (natürlich mit vielen internen Differenzierungen); wohl gab es eine deutliche Abgrenzung gegen die protestantische Lehre, aber keine Zusagen an den Kaiser, die die Katholiken in die Gefahr einer militärischen Parteinahme bringen konnten. Dahinter stand unverändert das grundlegende vorreformatorische Problem der Machtverteilung zwischen Kaiser und Ständen, das keinesfalls zuungunsten der ständischen Autonomie in Bewegung gebracht werden sollte. Reichsfürstliche Solidarität der Interessen verband weiterhin Katholiken und Protestanten. Noch mehr. Während der Protestantismus sich unmittelbar nach dem Reichstag im Schmalkaldischen Bund eine politisch-militärische Bastion auf der Basis eines religiös und reichsrechtlich motivierten Widerstandsrechtes schuf, ging Bayern, ein Kernland des katholischen Lagers, in seiner politischen Oppositionshaltung zu Habsburg den Weg des Bündnisses mit den Protestanten und schließlich mit Frankreich gegen die drohende *„Monarchia“* des Kaisers.

Mit diesen Perspektiven ist der allseits problematische Ausgang des Reichstages angedeutet. Was die Protestanten angeht, so bleibt noch auf Luthers Echo zu verweisen, auf die fulminante Flugschrift „Warnung an seine lieben Deutschen“[21]. Hier wird aus der schärfsten Kritik am Verfahren und Ergebnis des Reichstages die Konsequenz für einen eventuell bevorstehenden Glaubenskrieg gezogen:

„. . . O des schendlichen Reichstages, des gleichen nie gehalten und nie gehöret ist . . . und alle uns Deudschen fur Gott und aller wellt schamrot machet . . .

Denn Gott wolt Adam auch nicht verdammen, er foddert in zuvor zur Antwort. Wir aber sind jtzt zu Augspurg williglich erschienen und zur antwort uns mit aller demut und vleis erboten. Und ist uns doch mit allem frevel und mutwillen abgeschlagen. Ist auch ire widderrede, wie hoch und viel wir drumb baten, uns nicht zugestellet und sind [wir] gleichwol verdampt [worden] . . .

O feine Lerer, O schöne richter... Ich soll glauben und doch nicht wissen, was ich glauben soll, Ich mus irrig heißen. Aber man wil nicht anzeigen, warumb ich irre...“

Wenn der Teufel die Papisten – so argumentiert Luther weiter – so in seine Gewalt gebracht hat, daß sie den Kaiser zum Krieg hetzen, so darf man dem Kaiser keinen Gehorsam leisten. Denn jeder Christ muß das Evangelium halten. Nun ist die protestantische Lehre zu Augsburg öffentlich als das rechte Evangelium erfunden worden:

„Und du sollst also sagen zum Aufgebot des Kaisers oder deines Fürsten: Ja lieber Kaiser, lieber Fürst, wenn du deinen eid . . . in der Taufe getan hältst, so sollst du mein lieber Herr sein . . . Willst du aber deine Taufpflicht . . . nicht halten, sondern verfolgen, so sei dir ein Schalk an meiner stat gehorsam. Ich will um deinetwillen nicht meinen Gott lästern und sein Wort verfolgen und so frech in Abgrund der Höllen mit dir springen.“

Es gilt nun, nach der Rekonstruktion wichtiger Entscheidungsvorgänge des Reichstages, in einigen zusammenfassenden Bemerkungen seine weltgeschichtliche Würdigung und Einordnung zu versuchen.

Im Vordergrund steht die Glaubens- und Kirchenfrage. Wir haben vor Augen, unter welchen Umständen, in welcher Weise und mit welchen Folgen in Augsburg 1530 die Wege der Christen auseinandertreten. Dabei ist die nähere Ursachen-Frage: „Warum kam es in Augsburg so?“ gar nicht leicht zu beantworten. „Waren die Unionsverhandlungen des Augsburger Reichstages von vornherein zum Scheitern verurteilt, weil sich ‚Alt- und Neugläubige‘ bereits so weit auseinandergelebt hatten, daß eine Einheit im Glauben theologisch nicht mehr vorhanden war und ein Kompromiß notwendig von einer oder beiden Seiten die Aufgabe ihres damaligen Selbstverständnisses verlangt hätte?“ So hat Herbert Immenkötter die Frage gestellt und sie dann mit *Nein* beantwortet[22]. Er stellt fest: „Die Augsburger Gespräche wurden von beiden Seiten geführt in der gemeinsamen Überzeugung von der ‚Katholizität‘ der einen christlichen Kirche. Eine Glaubensspaltung hat niemand gewollt.“ Dem ist durchaus beizupflichten, ebenso, wenn der gleiche Autor fortfährt: „Und doch kann man sagen, daß mit dem Scheitern der Augsburger Ausgleichsverhandlungen die Spaltung der Christenheit in zwei getrennte Konfessionsparteien vorbereitet wurde. Der Verlauf des Reichstages gab den entscheidenden Anstoß zur politischen Einigung der Evangelischen und in diesem Schutz zur inneren Konsolidierung und zum verstärkten Ausbau eigener kirchlicher Organisationsformen.“ Aber warum dann die Wendung auseinander?

Auch Wolfhart Pannenberg hat kürzlich mit Nachdruck die „offenen Möglichkeiten des historischen Momentes“ zu Beginn der Augsburger Verhandlungen betont[23]. Er skizziert danach in knappster Form seine Meinung von den Ursachen des Nichtgelingens der Verständigung; er betont „daß es in den Verhandlungen, die sich an die Übergabe des Bekenntnisses . . . anschlossen, dann doch zu keiner definitiven Verständigung gekommen ist, weil die römische Seite zunächst bei den praktischen Fragen kein Entgegenkommen zeigte, dann aber – als sie sich durch die Neigung auch des Kaisers zur Einberufung eines Konzils bedrängt sah und nachgiebiger wurde – die Protestanten nicht mehr wollten.“ Pannenberg charakterisiert schließlich diese Kausalzusammenhänge als „mit menschlichem Versagen durchsetzte historische Banalitäten“. Dem ist zu widersprechen. Menschliches Versagen: ja, aber historische Banalitäten: nein! War es etwa eine historische Banalität, wie sich das Renaissance-Papsttum auf das Glaubensproblem der damaligen Christen auswirkte? War es eine Banalität, daß die päpstlich-katholische Seite in Augsburg den Kaiser aus einer reformkirchlichen Schiedsrichterrolle in die Rolle eines Parteigängers des unreformierten römischen Systems abdrängte, daß den Protestanten der Text der Confutatio vorenthalten wurde, weil man sie nun – im Gegensatz zum Reichtagsausschreiben – nicht mehr wirklich als Partner eines gleichberechtigten christlichen Dialogs anerkennen wollte? Schon diese Hinweise zeigen, wie tief die konkreten Details der Augsburger Vorgänge, in denen sich das Scheitern vollzog, in der allgemeinen und langfristigen Konstellation der damaligen kirchlich-politischen Kräfte begründet waren. Von größter Bedeutung erscheint dabei die tiefe Kluft zwischen dem geistlichen Reichsfürstentum und den evangelischen Bedingungen für eine Wiederanerkennung der bischöflichen Kirchenstruktur. Ich wiederhole das oben Gesagte: Unzumutbar erschien den Protestanten 1530 jede Rückkehr in ein ungereinigtes System, die der bei ihnen schon erreichten Realität und den weiteren Chancen der „reineren Formen des Christentums" Abbruch täte!

Und nun noch ein Wort zur gegenwärtigen ökumenischen Perspektive[24]. Ohne Zweifel hat die Diskussion um eine wie immer geartete „Anerkennung" der Confessio Augustana von katholischer Seite dies Positive gebracht, daß eine neue Grundlagendiskussion in Gang kam, die bereits jetzt wichtige neue Akzente und Impulse gebracht hat. Die eigentlichen Probleme und Aufgaben eines heutigen ökumenischen Engagements, zu dem ich mich hier gern bekenne, scheinen mir aber auf einer anderen Ebene zu liegen. Das neuzeitliche Auseinandertreten der Konfessionen erfolgte ohne die Formulierung einer Plattform eines christlichen Grundkonsenses und damit weithin ohne die Chance eines friedlichen Wettbewerbes und Austausches – bis ins 20. Jahrhundert. Aber dies war nicht die Folge banaler Zufälligkeiten, sondern ganz bestimmter politischer und soziokultureller Umstände, unter denen der Zerfall der christlichen Einheitskultur vor sich ging. Angesichts der so veränderten sozialen und anthropologischen Verhältnisse von heute stellen sich die Fragen kirchlicher Gemeinschaft, Autorität und Spiritualität in so neuer Form, daß nur in einem umfassendsten Prozeß von Erfahrungsaustausch, von in christlicher Liebe zu leistender Bestandsaufnahme, von gemeinsamer Bußgesinnung und gemeinsamem Gebet jene weiten Wege zueinander beschritten werden können, deren Auseinandertreten wir 1530 vor Augen haben.

Eine zweite Perspektive weltgeschichtlicher Art kann nur andeutungsweise ausgeführt werden. Bekenntnis und Gewissen bilden seit dem Augsburger Reichstag ein zentrales, kirchlich-religiöses Verhaltensmuster und Motiv. Dies war schon vorbereitet durch die Individualkultur der Renaissance. Das nun theologisch und politisch neu erkämpfte Verhaltensmuster erweist bald – auch über den kirchlichen Bereich hinaus – seine wirkende Kraft als ein Grundprinzip neuzeitlicher individueller Existenz. Gewiß, in den offiziellen Augsburger Verhandlungen war es nicht um die „Opinion und Meinung" des Individuums gegangen. Nur den Obrigkeiten war zunächst diese Frage gestellt, nur ihnen wurde dann das Recht der kirchlichen Option eingeräumt. Aber das Prinzip drängte unaufhaltsam auf Universalisierung. Es brachte eine unendliche Vertiefung und förderte – bald auch jenseits der religiös-kirchlichen Ursprünge – jene Entbindung reichster seelischer, kultureller und politisch-sozialer Gestaltungskräfte, die ein Kennzeichen der modernen Welt geworden sind.

In der heutigen Weltsituation sieht es dagegen mit diesem kostbaren Erbe individueller Bekenntnis- und Gewissenskraft in vieler Hinsicht bedenklich aus. Vielfache Bedrohungen sind am Werk. In aller Kürze gesagt: Dieser aus dem religiösen Bekenntnismut über Jahrhunderte in Kultur und Gesellschaft entfaltete Reichtum der Individualität ist heute nur zu erhalten – besser gesagt: kreativ weiterzuentwickeln –, wenn er, statt im Höllenrachen neuer Kollektivismen und Superbürokratien mit technokratischem oder kommunistischem Vorzeichen verschluckt zu werden, in eine neue Synthese mit den drängenden gesamtheitlichen Verantwortungen der Welt eingebracht werden kann.

Zuletzt sei noch ein drittes weltgeschichtliches Moment erwähnt. Auch im Bereich der politisch-sozialen Lebensformen hat der Augsburger Reichstag eine gewaltige säkulare Nachgeschichte, deren Zusammenhang allerdings dem heutigen Bewußtsein wohl weniger deutlich eingeprägt ist. Ich spreche von dem Scheitern der europäischen politischen Einheit, wie sie für Karl V. bestimmendes Ziel war. Das Scheitern dieser Politik der *„Monarchia Universalis"* war gewiß 1530 noch nicht definitiv entschieden. Aber die religiös motivierten Kräfte des Widerstandes, an denen sie später zerbrechen sollte, haben sich erstmals angesichts der Augsburger Vorgänge eindeutig formiert. Natürlich kann niemand sagen, wie es im übrigen mit der politischen Einheit Europas weitergegangen wäre, wenn nicht erst der deutsche, dann der europäische Protestantismus gegen die *„Monarchia"* Karls V. und Philipps II. aufgestanden wäre. Aber so, wie die Dinge nun historisch verlaufen sind, kam der Mobilmachung der religiösen Widerstandskräfte eine Entscheidungsfunktion zu. Dies bedeutete für das Reich, dann für Europa, langfristig den Sieg eines staatlichen Pluralismus, dessen Schutz die verschiedenen Konfessionen gesucht und gefunden haben.

Es bedeutete aber weltgeschichtlich noch mehr: für die Begegnung von Europa und Außereuropa ergab sich aus dem konfessionell untermauerten Pluralismus der europäischen Staatenwelt eine Wettbewerbssituation im Ringen um die überseeische Expansion, die anregend, aber dann auch zerstörerisch wirkte. Diese Perspektive gilt sowohl für die allgemeine Wirkung europäischer Modelle auf Außereuropa in Kultur und Politik als auch im besonderen für die christliche Mission, wo die sich steigernde Rivalität der Kolonialinteressen und der imperialistischen Mächte zusammen mit der konfessionellen Aufsplitterung die Glaubwürdigkeit der europäischen Lebensformen und der christlichen Botschaft zunehmend in Frage stellte.

Es scheint vielleicht – gerade im letzteren Falle – überzogen, die Augsburger Vorgänge mit diesen komplexen Spätfolgen allzu nahe in Zusammenhang zu bringen, wo doch soviel spätere Weichenstellungen und Schicksale der Menschheit in Rechnung zu stellen sind. Ich möchte dennoch ein weiteres Nachdenken über diese Perspektive nachdrücklich befürworten. Der Augsburger Mikrokosmos vom Sommer und Herbst 1530 war ja nicht ein beliebiger Ausschnitt aus einer Weltentwicklung, die sich im abstrakten Freiheitsraum abspielte. In Augsburg begegneten sich langfristig angelegte und gewaltig wirkende Kräfte und Konzeptionen europäischer Religion, Kultur und Politik. Das Ringen um neue Lebensformen Europas war längst vor Augsburg durch die vitale Fülle und das Konfliktpotential der spätmittelalterlichen Welt vorgegeben. Aus ihr kam Luther, kam Karl V., kamen alle Politiker und Theologen des Augsburger Reichstages. In welche Richtungen, in welche Bahnen diese flüssigen Kräfte nun strömen würden, welches neue Grundmuster sich im Ringen um politische Ordnung, kulturelle Erhellung und gläubige Existenz nun abzeichnen würde, welche Chancen humaner und christlicher Erfüllung sich der Menschheit verschließen und welche sich neu eröffnen würden – all dies läßt sich nach 1530 deutlicher absehen als vor 1530.

Wir sind am Ende unserer weltgeschichtlichen Betrachtungen angelangt. Der Historiker prüft, wägt ab und berichtet über die Begebenheiten von 1530 und ihre weiteren Perspektiven. Der gläubige Christ, der sich Rechenschaft über diese Vergangenheit gibt, tut noch ein anderes. Angesichts dieser Schicksale des gemeinsamen Glaubens, angesichts seiner Wirkungen auf die Welt und der noch heute so offenbaren „Spaltungen und Irrsale" findet sich der Christ aufgefordert, für das Anliegen der christlichen Einheit und des Friedens endlich auch zu beten. Und so möchte ich mit einem frommen, zum Gebet mahnenden Zitat aus einem Lutherbrief von 1530 schließen. Für uns hat der Friede, um den Luther damals betete und beten hieß, heute freilich einen anderen Sinn. Damals ging es um den Frieden als Schutz für die kleine, bedrohte evangelische Minderheit. Heute geht es um den Frieden zwischen den christlichen Kirchen im Sinne einer unverbrüchlichen Einheitshoffnung und um den Frieden in einer Welt voll Zwietracht und Gewalt.

So schrieb damals Martin Luther nach Augsburg[25]:

„Gottes Gedanken sind weit über unser Gedanken. – Wo wir des gewiß sind und nicht zweifeln, daß es seine Sache und Wort ist, so ist auch gewiß unser Gebet erhöret, und die Hilfe schon beschlossen und zugerüst, daß uns geholfen werde. – Nu will er selbs uns Friede schaffen, daß er allein die Ehre habe, die ihm auch allein gebührt."

Öffentlicher Vortrag im unteren Fletz des Augsburger Rathauses am 4. September 1979 anläßlich des Internationalen Symposions der Gesellschaft zur Herausgabe des Corpus Catholicorum e. V. vom 3.–7. September 1979: „Der Augsburger Reichstag 1530 und die Einheit der Kirche. 450 Jahre Confessio Augustana und Confutatio". Druck in Historische Zeitschrift 230 (1980), S. 57ff. und in dem Sammelband: Confessio Augustana und Confutatio. Der Augsburger Reichstag 1530 und die Einheit der Kirche, ed. E. *Iserloh* (Münster 1980), S. 7ff.

1 Überblick über Forschungslage und Bibliographie in den einschlägigen Bänden 9 und 10 der neuen Reihe „Oldenbourg Grundriß der Geschichte": *E. Meuthen*, Das 15. Jahrhundert (München 1980) und *H. Lutz*, Reformation und Gegenreformation (München 1979).

2 Siehe zuletzt die betreffenden Abschnitte bei *B. Moeller*, Deutschland im Zeitalter der Reformation (Göttingen 1977), *J.-C. Margolin*, L'avènement des Temps modernes (Paris 1977), und bei *Meuthen*, 15. Jahrhundert, und *Lutz*, Reformation und Gegenreformation.

3 Zur Orientierung: *A. Kohler*, Karl V. In: Neue Deutsche Biographie, Bd. 11 (Berlin 1978), S. 191ff.; *H. Lapeyre*, Charles Quint (Paris 1973); *H. Lutz*, Karl V. – Biographische Probleme. In: Biographie und Geschichtswissenschaft, ed. *G. Klingenstein, H. Lutz* und *G. Stourzh* (= Wiener Beiträge zur Geschichte der Neuzeit 6, Wien 1979), S. 151ff. [im vorliegenden Band S. 123ff.].

4 Historia vitae et gestorum per dominum magnum cancellarium (Mercurino Arborio di Gattinara), ed. *C. Bornate*. In: Miscellanea di storia italiana, 3. Serie, Bd. 17 (1915), S. 231ff., hier S. 272 (1518) und S. 406 (Gutachten vom 12. Juli 1519).

5 Normalisiert nach dem Text der (zweiten) Protestation vom 20. April 1529, gedr. in Deutsche Reichstagsakten, jüngere Reihe (RTA), Bd. 7, ed. *J. Kühn* (Göttingen 1963), S. 1277.

6 Für das Zeremoniell etc. siehe *L. Simmet*, Augsburg und der Reichstag des Jahres 1530, 4 Teile (Augsburg 1882–87); auch das betreffende Kapitel bei *R. Aulinger*, Das Bild des Reichstages im 16. Jahrhundert. Beiträge zu einer typologischen Analyse schriftlicher und bildlicher Quellen (= Schriftenreihe der Historischen Kommission bei der Bayerischen Akademie der Wissenschaften, Bd. 18, Göttingen 1980).

7 Normalisiert nach dem Druck des Ausschreibens bei *K. E. Foerstemann*, Urkundenbuch zu der Geschichte des Reichstages zu Augsburg im Jahre 1530, Bd. 1 (Halle 1833), S. 8. Vgl. zum biographischen und historischen Kontext *P. Rassow*, Die Kaiser-Idee Karls V., dargestellt an der Politik der Jahre 1528–1540 (Berlin 1932), S. 26ff.; K. *Brandi*, Kaiser Karl V. Werden und Schicksal einer Persönlichkeit und eines Weltreiches, Bd. 1 (München 1937), S. 252ff.; *H. Jedin*, Geschichte des Konzils von Trient, Bd. 1 (Freiburg 1951), S. 197ff.; *E. Iserloh, J. Glazik* und *H. Jedin*, Reformation, katholische Reform und Gegenreformation (= Handbuch der Kirchengeschichte, Bd. 4, ed. *H. Jedin*, Freiburg i. B. 1967), S. 263ff. (mit guter Bibliographie).

8 *Martin Luthers* Werke. Editio Weimarana (WA), Bd. 30/2, S. 237ff.; die folgenden Zitate ebd., S. 321, 339f.

9 Brief Melanchthons an Campeggio vom 4. Juli ; Corpus Reformatorum, Bd. 2 (Halle 1835), S. 170. Berichtigung des Datums vom 6. auf den 4. Juli in NB, Ergänzungsbd. 1, S. 76. – Das zweite Zitat vom Ende des ersten Teils der Confessio Augustana: Die Bekenntnisschriften der evangelisch-lutherischen Kirche (Göttingen [8]1979), S. 83 C.

10 *H. Bornkamm*, Art. Augsburger Bekenntnis. In: Religion in Geschichte und Gegenwart 1 (1957), S. 735.

11 Siehe *Bornate*, Historia . . ., S. 348.

12 Vgl. *H. Lutz*, Carlo V. e il Concilio di Trento. In: Il Concilio di Trento come crocevia della politica europea, ed. *H. Jedin* und *P. Prodi* (Bologna 1979), S. 33ff.

13 Siehe *P. Chaunu*, L'Espagne de Charles Quint, Bd. 2 (Paris 1973), S. 527ff.

14 Druck der Proposition bei *Foerstemann*, Urkundenbuch 1, S. 295ff. – Ein undatierter Entwurf zur kaiserlichen Proposition in Wien (Haus-, Hof- und Staatsarchiv, Wien, RK-RTA 3f. 9'–20'), auf den mich Herr Doz. Dr. Alfred Kohler aufmerksam machte, bietet im religionspolitischen Schlußabschnitt einen von der Endfassung der Proposition erheblich abweichenden Text, der aber noch genau mit dem – wesentlich irenischer gehaltenen – Wortlaut des Ausschreibens vom Januar 1530 übereinstimmt. Die Überschrift dieses Entwurfs lautet: „Ein begrif des anfang, eingangs oder vorredt zu diesem gegenwürtigen reichstag auf E. Key. Mt. verbesserung"; sie läßt also den Schluß auf eine kurzfristig, vielleicht erst in Augsburg selbst vorgenommene Abänderung im Sinne einer Verschärfung, weg vom Text des Ausschreibens, zu. Auf diesen Aktenfund beabsichtige ich an anderer Stelle näher einzugehen.

15 Eine umfassende Untersuchung der politischen Kämpfe um die Königswahl Ferdinands liegt nunmehr mit *A. Kohler*, Antihabsburgische Politik in der Epoche Karls V. Die reichsständische Opposition gegen die Wahl Ferdinands I. zum römischen König und gegen die Anerkennung seines Königtums (1524–1534) (München 1982) vor.

16 Bekenntnisschriften, S. 46f. Ebd. S. 35ff. Melanchthons Entwürfe zur Vorrede.

17 Siehe *H. Immenkötter*, Um die Einheit im Glauben. Die Unionsverhandlungen des Augsburger Reichstages im August und September 1530 (Münster 1973), S. 21ff., sowie jetzt vom gleichen Autor die Einleitung zu seiner Edition: Die Confutatio der Confessio Augustana vom 3. August 1530 (= Corpus Catholicorum 33, Münster 1979).

[18] Für diese Kontroverse vgl. u. a. *V. v. Tetleben*, Protokoll des Augsburger Reichstages 1530, ed. *H. Grundmann* (Göttingen 1958), S. 100.

[19] Briefe an Kaiser Karl V., geschrieben von seinem Beichtvater in den Jahren 1530–32, ed. *G. Heine* (Berlin 1848), S. 392 (Brief Loaysas von 30. November 1530): „Lo que yo siento es que el Papa y Cardenales dan al diablo este concilio".

[20] Französischer Text, gedr. bei *Rassow*, Kaiseridee, S. 401 ff.; ein deutscher Text, nachgewiesen von *Immenkötter*, Um die Einheit, S. 82, Anm. 7.

[21] WA 30/3, S. 252ff. – Die folgenden Zitate ebd., S. 285, 284 und 299 (das letzte Zitat etwas modernisiert).

[22] *Immenkötter*, Um die Einheit, S. 103.

[23] *W. Pannenberg*, Die Confessio Augustana im Kontext katholischen Lebens und Lehrens. In: Confessio Augustana. Hindernis oder Hilfe? (Regensburg 1979), S. 262.

[24] Aus der Fülle der einschlägigen Publikationen sei außer dem oben (in Anm. 23) zitierten Sammelband (Tagung der katholischen Akademie in Bayern und der Evangelischen Akademie Tutzing am 14./16. April 1978) verwiesen auf: Katholische Anerkennung des Augsburger Bekenntnisses? Ein Vorstoß zur Einheit zwischen katholischer und lutherischer Kirche, ed. *H. Meyer*, *H. Schütte* und *H.-J. Mund* (Frankfurt/M. 1977).

[25] WA, Briefe 5, S. 531f.: Luther an Kanzler Gregor Brück in Augsburg, 5. August 1530.

KARL V. UND BAYERN

Umrisse einer Entscheidung[1]

Die Öffentlichkeit und die Geschichtswissenschaft vieler europäischer und außereuropäischer Länder gedenken in diesen Monaten des vor vierhundert Jahren – genau gesagt: am 21. September 1558 – erfolgten Todes Karls V. Wer jemals das Glück hatte, in der Einsamkeit der Estremadura das Hieronymitenkloster von Yuste zu besuchen, das sich der Kaiser nach dem Verzicht auf alle Kronen zum Ort seiner letzten Jahre und seines Todes erwählt hatte, dem wird dieser Eindruck unvergeßlich sein: inmitten einer wald- und wasserreichen Hügellandschaft von fast toskanischer Heiterkeit das heute verlassene Kloster. Den Hochaltar der Klosterkirche schmückt nach dem Willen des Kaisers Tizians großes Gemälde „La Gloria" – heute eine Kopie, das Original wurde in den Prado gebracht: In den Wolken thront die göttliche Dreieinigkeit, umgeben von den Chören der Himmlischen Heerscharen. Mitten in der Schar der Anbetenden ist der Kaiser selbst dargestellt, von seinem Engel geleitet, entblößt von aller irdischen Herrlichkeit, im Totenhemd, kniend und die Hände in Anbetung erhoben. Zu Füßen dieses Altars wünschte Karl mit der Kaiserin bestattet zu werden.

Karl V. hatte den grandiosen Versuch unternommen, die Kräfte der ganzen Christenheit noch einmal in einem Herrschaftssystem zusammenzufassen. Dominus mundi, so nannten ihn seine Freunde. Seine Feinde aber nannten das: governo tirranico, viehische Servitut, esclavage et suppression totale. Karls Versuch einer Monarchia Universalis scheiterte. Die Widerstände, die sich dagegen erhoben, waren zu stark und zu tief in der geschichtlichen Entwicklung der pluralistischen Völkergemeinschaft und Sozialordnung des Abendlandes verwurzelt.

Was suchen wir dann eigentlich in der Erinnerung an Karl V.? Jeder Versuch, in ihm ein Vorbild für die Einigungsaufgaben zu suchen, die sich der Menschheit heute im Zeitalter der „einen Welt" stellen, wäre verfehlt und würde nur auf Abwege – und auf nicht ungefährliche Abwege – führen. Was wir heute in der Erinnerung an diesen großen Kaiser suchen, ist Rechenschaft – Rechenschaft über das Schicksal und die Entscheidungen, die Karls Herrschertum für den Fortgang des europäischen Lebens gebracht hat.

In diesem Sinne erscheint es nützlich, hier von einem Naheliegenden, Begrenzten auszugehen und zu versuchen, in einem raschen, thesenhaft zugespitzten Überblick Rechenschaft darüber zu geben, was Karl V. für Bayern bedeutet hat. Es kann sich dabei nur um ein skizzenhaftes Festhalten einiger Umrisse jener großen Entscheidung handeln, die die Epoche Karls V. für unsere bayerische Geschichte brachte: die Wendung von dem Bayern Aventins – altväterlich in die Traditionen des Heiligen Reichs eingebettet und doch zugleich voll fragender, offener Bewegung in den Gedanken des Humanismus und der Kirchenreform – zu dem Bayern des Petrus Canisius und der Gegenreformation, das als katholischer Staat, als Eckpfeiler des europäischen katholischen Staatensystems in engster Anlehnung an das Papsttum seine vielbewunderte und vielgeschmähte Stellung begreift und einnimmt.

Dieser Weg Bayerns in das europäische System der Gegenreformation ist beim Tode des Kaisers noch keineswegs ganz durchschritten. Aber die entscheidenden, nicht mehr rückgängig zu machenden Schritte auf diesem Wege geschahen unter Karl V. Oder – sagen wir deutlicher – diese Schritte tat Bayern im Ringen mit der Politik und Kirchenpolitik des Kaisers. Karl scheitert zweifach: es mißlingt ihm, die überkommene Antagonie zwischen Reichsoberhaupt und Reichsständen mit Hilfe seiner außerdeutschen Macht in seinem Sinne zu überwinden: das Reich zu einem Staat im modernen Sinne umzugestalten. Er scheitert zum anderen in seinem Versuch, die religiöse Einheit Deutschlands wiederherzustellen. Dem zweifachen Scheitern des Kaisers entspricht eine zweifache neue Bestimmung und Bestimmtheit bayerischen Schicksals. Als der Kaiser das Reich sich selbst und seinem Bruder Ferdinand überläßt, steht Bayern in gefestigter Staatlichkeit und gestärktem Selbstbewußtsein da: seine Politik wird von jetzt ab nie mehr nur die Politik eines Reichsstandes sein; im Ringen gegen die „Monarchia Universalis“ Karls hat Bayern seinerseits universale, europäische Politik gelernt. Und eng damit verknüpft das Zweite: im Widerstand gegen die religiöse Ausgleichspolitik des Kaisers, die weit ins Cäsaropapistische hineingreift, hat Bayern den engsten Anschluß an das Papsttum gesucht und gefunden, ist Bayern zum Bannerträger der Intransigenten, zur katholischen Vormacht im Reich geworden. So scheint sich die zukunftsträchtige Welt Bayerns von der Welt des niedergehenden Kaisertums Karls unversöhnlich zu scheiden.

Wir werden sehen, wie im Verhältnis Bayerns zu den großen Zielen des Kaisers Nähe und Ferne, Partnerschaft und Widerstand in sehr komplexer Weise wechseln. Wenn letztlich der Widerstand dominiert und Bayern entscheidend zum Scheitern der Reichspolitik Karls beiträgt, so ist in einer tieferen Schicht dennoch Bayerns Zukunft vom Prägestempel des kaiserlichen Wollens gezeichnet. Der politische Universalismus Karls wird weiterleben in Bayerns Teilhabe an der Politik der europäischen Gegenreformation, die nicht im Partikularen resigniert, sondern stets auf das Ganze orientiert bleibt. Der Wille des Kaisers zur Erhaltung und Wiedergewinnung der kirchlichen Einheit wird in Bayern überaus kräftig weiterleben und von hier aus erst wieder auf das Haus Habsburg übergreifen.

Wenn wir für jene Zeit von „Bayern“ sprechen, was ist das? Wir lassen hier alles beiseite, was diesen Namen lebendig ausfüllt, was die innere Struktur und Eigenart und die nach außen wirkende Kraft eines solchen Fürstentums bedeutet[2]. Wir können hier nicht sprechen von Strom und Gebirge, von Boden und Stammesart, von den Bauern, von der Agrarsituation; nicht von den Städten und ihrem Handel und Gewerbe, nicht von Adel, Geistlichkeit und Universität, nicht von den Versammlungen der Landstände, von den Finanzen und dem Verwaltungsaufbau. Wenn wir von Bayern als handelndem Subjekt sprechen, meinen wir die Fürsten und ihren Rat: Leonhard von Eck.

Die Fürsten, zwei Brüder: Wilhelm IV., der als der ältere bis zu seinem Tode 1550 die Regierung führt. Ludwig, der jüngere, 1545 gestorben, als Mitregent mit selbständiger Verwaltungs-, aber nicht Regierungskompetenz in Landshut unverheiratet Hof haltend. Als dritter Wilhelms Sohn, Albrecht V., der 1550 seinem Vater folgt[3]. Fast auf den gleichen Tag mit Wilhelm stirbt 1550 sein Rat Leonhard von Eck, in dessen Hand während eines Menschenalters die verschlungenen Fäden der bayerischen Politik zusammenliefen. Eck war berühmt und berüchtigt, gehaßt und bewundert, wie kein anderer zeitgenössischer Politiker. „Πολύτϱοπος id est vafer, astutus“ nennt ihn Hubert Leodius[4]. Eck führe den Herzog Wilhelm a bachetta – mit der Rute –, so berichtet ein päpstlicher Nuntius[5]. Endgültiges über Eck wird sich erst sagen lassen, wenn einmal seine Korrespondenz und seine Amtsakten ganz ediert sind. Wir müssen uns mit der Feststellung begnügen, daß seine Meinung und seine Aktion im Grunde – hinter und unter allen verwirrenden Winkelzügen und Täuschungsmanövern – stets mit dem Wollen des regierenden Herzogs identisch war.

Das Phänomen Eck ist ganz ungewöhnlich unter den Fürstenstaaten des 16. Jahrhunderts mit ihren schwerfälligen Ratskollegien. Man hat ihm im 19. Jahrhundert oft die Mißerfolge seiner Politik im einzelnen aufgerechnet, ganz zu schweigen von den oberflächlich-räsonnierenden Verdammungsurteilen über das „Unmoralische“ seiner Politik. Darum geht es hier nicht. Was das Besondere an Ecks Stellung ausmacht, ist eine historische Vorwegnahme. Indem er über alle persönliche Unzulänglichkeit der Herzöge hinweg weitausgreifende Politik macht, der *Staatlichkeit* Bayerns dient, stellt er einen neuen Typus des Politikers dar, wie wir ihn sonst erst aus der Epoche einer fortgeschrittenen Versachlichung des Staatsgedankens kennen: wo – wie etwa bei Richelieu – die Ziele und Interessen eines Staatsgebildes unter Abstrahierung von der Person des durch Erbfolge auf den Thron gelangten Fürsten formuliert und vollstreckt werden[6].

Die heftige persönliche Aversion des Kaisers gegen Eck mag auch hierin einen Anlaß gehabt haben. Denn Karl V. war ja die stärkste Verkörperung des entgegengesetzten Typus eines dynastisch denkenden Staatsmannes[7]. Nicht als ob ihm das Organ für die Einschätzung der realen Macht, ihrer Positionen und Quellen, gefehlt hätte. Aber da seine – des

Kaisers – Macht zunächst durch Blutsverbindungen entstanden und gewachsen war, stand der Maßstab der dynastischen Nähe und das Mittel der dynastischen Verklammerung bei ihm stets in höchster Geltung. Und im Zeichen dieses dynastischen Zusammenhanges, der ja keine Ideologie, sondern eine – wenn auch nicht die ganze – Realität der damaligen Politik war, standen denn auch die Beziehungen zwischen Karl und Bayern von Anbeginn.

Ein Blick auf die Genealogie: die Mutter der Herzöge Wilhelm und Ludwig war Kunigunde, Tochter Kaiser Friedrichs III., Schwester also des Kaisers Maximilian. Die verschiedenen Heiratsprojekte, die Maximilian in den letzten Jahren seines Lebens für seine verwaisten bayerischen Neffen erwog[8], sprechen für eine familiäre Nähe des alten Kaisers zu den jungen Fürsten, mochten diese ihrerseits auch in einer gelegentlichen Aufwallung Pläne schmieden zur späteren Rückgewinnung der im Bayerischen Erbfolgekrieg an Habsburg verlorenen Landesteile[9]. Es gibt sogar eine Nachricht, daß Kaiser Maximilian 1513 von Herzog Wilhelm als einem möglichen Nachfolger auf dem Kaiserthron sprach[10]. Viel Gewicht ist darauf nicht zu legen.

Maximilians Enkel, Karl von Burgund, stand durch Erziehung und Schicksal der Welt des oberdeutschen Fürstenlebens, der Maximilian und seine bayerischen Neffen zugehörten, politisch wie gesellschaftlich sehr fern. In den Verhandlungen, die 1517 und 1518 zwischen Großvater und Enkel über die Vorbereitung zur römischen Königswahl Karls geführt wurden, taucht der Gedanke auf, diese Ferne zwischen dem jungen Erben Spaniens und Burgunds und seinen bayerischen Vettern – eigentlich waren es ja Karls Onkel – zu überbrücken. Herzog Wilhelm sollte in den Orden vom Goldenen Vlies aufgenommen werden[11]. Neue Eheprojekte für die beiden jungen Herzöge wurden zwischen Augsburg und Spanien erörtert: Karl möge zur Beförderung seiner Wahl für Ludwig die Tochter eines spanischen Granden, für Wilhelm eine portugiesische Prinzessin oder seine eigene Schwester Eleonore gewinnen[12].

Diese Fäden, die Maximilian zwischen Karl und Bayern zu knüpfen suchte, reißen mit dem Tode des alten Kaisers Anfang 1519 anscheinend ab.

Das Interesse Karls konzentriert sich für die nächsten Monate auf die Kurfürsten, die für seine Wahl zu gewinnen waren. Für Wilhelm und Oberdeutschland war indes ein anderer Vorgang wichtig: die Verjagung Herzog Ulrichs und die Okkupation Württembergs durch das unter bayerischer Führung stehende Heer des Schwäbischen Bundes[13]. Der Sieg des Bundesheeres über den mit Frankreich verbündeten Ulrich und das Erscheinen des siegreichen Heeres vor der Wahlstadt Frankfurt war von großer Bedeutung für den Ausgang der Königswahl am 28. Juni 1519: Franz I. unterlag und Karl wurde einstimmig gewählt[14].

Als der junge Monarch 1520 endlich aus Spanien in die Niederlande zurückkehrt, um sich zur Krönung nach Aachen zu begeben, planen die Herzöge zunächst, ihm persönlich entgegenzureisen. Dann kommt nur eine Begrüßungsgesandtschaft zustande, die Bayerns Wünsche und Erbietungen präsentiert. Wilhelm möchte für den Fall einer Rückkehr Karls nach Spanien und der Aufrichtung eines Reichsregiments einen Platz in dieser Behörde. Ludwig bietet seine Dienste als kaiserlicher Feldhauptmann an, Wilhelm erinnert an die projektierte portugiesische Heirat[15].

Zum Reichstag nach Worms reiten beide Brüder mit großem Gefolge. Leonhard Eck hat dringend zugeraten, sich dem Kaiser vorzustellen: Wenn der Kaiser sich gegen Wilhelm gnädig erweist, „so megen E. F. G. ir solche gnade on des Kaisers schaden in vil weg nutz machen und ein pfeiffen ires gefallens schneiden“[16].

Das Zusammentreffen der Herzöge mit dem jungen Kaiser in Worms verläuft in gnädigen, freundlichen Formen; aber keine ihrer Hoffnungen erfüllt sich. Für die Gegenstände der Reichstagsverhandlungen braucht der Kaiser ihre Hilfe nicht. Die ihnen als jährliches Dienstgeld angebotene Summe weist Ludwig als viel zu gering zurück. Das einzige konkrete Ergebnis ist die Bestellung Wilhelms zum Kommissar des Kaisers für die Verhandlungen zur Verlängerung des Schwäbischen Bundes[17].

Dieser Bund, ein freier Zusammenschluß von oberdeutschen Reichsständen zur Wahrung des Landfriedens, war damals ein Machtfaktor ersten Ranges. Der kaiserlichen Partei im Reich war alles daran gelegen, eine Verlängerung der 1522 ablaufenden Geltungsdauer zu bewerkstelligen. Wilhelm besaß von Anfang an eine Schlüsselposition für diese Verhandlungen. Deshalb hatte Eck dem Herzog Ende 1519 geraten, sich zunächst ganz zurückzuhalten, damit Befürworter und Gegner der Bundesverlängerung „umb E. F. G. pulen wie umb ain hupsche frauen“[18]. Aber – darin lag die Wendung seit dem Eintreffen des Kaisers im Reich – diese Politik hatte Wilhelm nicht durchhalten können. In dem Wettlaufen um die Gunst des neuen Kaisers, das auf dem Wormser Reichstag eingesetzt hatte, hielt es der Herzog für gut, sich selbst dem Kaiser als Kommissar für die Bundesverlängerung anzubieten – ohne kaiserliche Gegenleistung.

Wilhelm unterzog sich dieser Aufgabe dann mit Eifer. Wir besitzen von dem Ulmer Bundestag im März 1522, der die Verlängerung auf zwölf Jahre brachte, jetzt Berichte von der Hand des Augsburger Delegierten Conrad Peutinger, die zeigen, wie sehr sich Wilhelm als kaiserlicher Beauftragter engagierte[19]. Nicht ohne im eigensten Interesse zu handeln; denn schon in Worms hatte Wilhelm dem Kaiser dargestellt, wie die Kurfürsten alles Regiment im Reich an sich ziehen wollten und wie der Schwäbische Bund als Gegengewicht gegen diese oligarchische Tendenz dienen könne.[20].

Das waren die Anfänge: eine freundschaftlich stabilisierte Übereinstimmung der Interessen zwischen den Herzögen und dem Kaiser „ihrem nechsten frund und vetter“, wie er sich in Worms nannte. Übereinstimmung auch in der Frage der Vollziehung des Wormser Edikts gegen Luthers Lehre, dem die Herzöge bald ihre eigenen Anordnungen für Bayern folgen ließen[21]. Dabei aber schon erste Enttäuschungen und Bitterkeiten: Die iberisch-burgundischen Heiratsprojekte verwirklichten sich nicht.

Der Kaiser hatte bald nach dem Reichstag Deutschland verlassen. Als er nach neunjähriger Abwesenheit 1530 ins Reich zurückkehrte, hatten die Dinge ein ganz anderes Gesicht. Ich meine, man kann das, was sich von nun an zwischen Karl und Bayern begibt, in drei zeitlichen Stufen zusammenfassen. Im ersten Abschnitt, dessen Höhepunkt das bayerische Bündnis mit den Protestanten gegen die Wahl Ferdinands zum römischen König ist, herrscht das politische Moment vor: ständische Fronde gegen die Übermacht des Hauses Habsburg. Im zweiten Abschnitt, der seinen Höhepunkt im Regensburger Reichstag 1541 hat, steht für Bayerns Verhältnis zum Kaiser das kirchliche Moment im Vordergrund: Opposition gegen Karls religiöse Ausgleichs- und Gesprächspolitik. Der dritte Abschnitt – der Schmalkaldische Krieg und was folgt – ist vom Zusammenwirken des kirchlichen und politischen Moments in der Haltung Bayerns gekennzeichnet.

Als Karl 1530 zum Reichstag nach Augsburg kam, sah er sich einem Konflikt Bayerns mit seinem Bruder Ferdinand gegenüber, der schon recht bedenkliche Dimensionen angenommen hatte[22]. Auf Einzelheiten dieses Konfliktes und seiner Genesis kann ich hier nicht eingehen. Als Wendepunkt in den Beziehungen zwischen Bayern und Ferdinand wird wohl mit Recht das Jahr 1525 angenommen[23]. Erst in diesem Jahr waren Tirol, Vorderösterreich und Württemberg auch öffentlich von Karl seinem Bruder übertragen worden[24]. 1526 fiel die ungarische Krone an Ferdinand, während gleichzeitig die Niederwerfung des Bauernaufstandes durch das von Leonhard Eck dirigierte Heer des Schwäbischen Bundes das Selbstbewußtsein und das Ansehen Bayerns stark gehoben hatte. Überall waren durch den Bauernkrieg altertümliche, unentschiedene Verhältnisse in Bewegung geraten; überall stießen jetzt die Interessen Ferdinands und Bayerns hart aufeinander. Dann war der Kampf um die böhmische Krone gefolgt[25]; er endete mit dem Sieg Ferdinands und einer Niederlage für Bayern, das nun von drei Seiten vom habsburgischen Machtbereich umklammert war.

Und nun kam zu allem die Absicht des Kaisers, seinen Bruder zum römischen König wählen zu lassen. Die Aufmunterung, die Herzog Wilhelm seit 1526 von Papst Clemens VII. erfuhr, nun seinerseits sich um die römische Königskrone zu bemühen, ist hier wichtig als erstes Beispiel für eine bayerisch-päpstliche Verbindung mit antihabsburgischer Spitze[26]. Als von 1528 an sich der Papst mit dem Kaiser aussöhnte, änderte dies die

Situation Wilhelms; er mußte nun nach anderen Verbündeten im Kampf gegen die Wahl Ferdinands Ausschau halten. Der Reichstag von 1530 brachte mit der Gewißheit von der bevorstehenden Wahl Ferdinands für Bayern die Wendung. Hilfe für den Kampf und Protest gegen diese Wahl konnte nur bei den protestierenden Fürsten, bei der evangelischen Partei gefunden werden.

Hier die Daten: Nach dem Ende des Reichstages entsteht im Dezember 1530 zu Schmalkalden das Defensivbündnis der protestantischen Fürsten; am 5. Januar 1531 wird Ferdinand in Köln – ohne die Kurstimme Sachsens – zum römischen König gewählt; am 24. Oktober wird zu Saalfeld das Bündnis der bayerischen Herzöge mit den Schmalkaldischen Fürsten abgeschlossen[27]. Gemeinsam erklären die Fürsten, „daß dergleichen fall und administracion hievor im heiligen reich nie mehr erhort . . ., sondern der guldin bullen zuwider"[28]. Deshalb können sie Ferdinands Wahl und Administration nicht anerkennen. Sie sagen sich gegenseitig Defensivhilfe zu und erwarten den Beitritt weiterer Mitglieder. Sogleich werden auch Verbindungen zum Ausland angeknüpft: nach England, Frankreich, Dänemark und zu Johann Zapolya, dem Gegenkönig der nationalungarischen Partei[29]. Am 26. Mai 1532 unterzeichnen die Vertreter der Bundesfürsten zu Scheyern einen Allianzvertrag mit Frankreich[30].

Der Protest der evangelischen Fürsten, die sich aus Gewissensgründen – um der Reinheit des Evangeliums willen – dem Speyerer und dem Augsburger Reichsabschied widersetzt hatten, wandte sich so ins Politische und verband sich mit dem Protest Bayerns, der rein politischer Natur war. Diesem Bündnis lagen zwei Faktoren verschiedener Art zugrunde. Die von Luther ausgehende religiöse Bewegung erschütterte, indem sie den Vorrang des Gewissens vor der „äußerlichen" Rechtsnorm erklärte, das Fundament allen politischen Lebens im Reiche von innen her. Die Macht des Kaisers, der kraft Personalunion über die Hilfsquellen Spaniens und Amerikas, der Niederlande, Mailands und Neapels verfügte, begann zusammen mit Ferdinands Macht von außen so auf die inneren Verhältnisse des Reiches zu wirken, wie es seit Jahrhunderten nicht mehr geschehen war. Bayerns Protest kam aus dem Alten, aus der Erinnerung an die Aetas Maximilianea und das damalige Verhältnis des Kaisers zu den Ständen[31]. Der Protest der evangelischen Fürsten ist nicht frei von diesem reaktionärständischen Element, aber er stammt ganz überwiegend aus dem Neuen, aus der neuen Erfahrung einer religiösen Absolutheit. Wird dieses seltsame Bündnis halten, wird es wachsen und Erfolg haben? Wie verhält sich der Kaiser? Was sagt die Kurie? Wird Bayern durch dieses taktische Bündnis auch zu einer grundsätzlichen Revision seiner Religionspolitik gelangen?

Der Kaiser verhandelt, unausgesetzt, nach allen Seiten. Er drängt Ferdinand zum Ausgleich mit Bayern[32]. Er behält ständige Fühlung mit Bayern. Er sucht schließlich, die bayerisch-protestantische Koalition von innen her zu sprengen, indem er 1532 den evangelischen Fürsten im Nürnberger Anstand zum erstenmal Konzessionen kirchenpolitischer Art macht. Wenn wir dem päpstlichen Nuntius Aleander glauben dürfen, so war es neben der Türkengefahr die Haltung Bayerns, die ihn zu diesem Schritt zwang[33]. Die Bayern ihrerseits wirken über den Nuntius der Gewährung dieser Konzessionen entgegen, denunzieren den Kaiser als zu nachgiebig in causa religionis, versichern Rom ihrer katholischen Standhaftigkeit[34].

Immer wieder taucht noch 1533/34 der Traum der Königskrone für Herzog Wilhelm auf. Aber immer geringer werden die Chancen für eine aktive Politik der Saalfelder Verbündeten, seit klar ist, daß Kursachsen sich jedem offensiven Vorgehen versagen wird. Der Kaiser ist nach Italien abgereist. Boten und Gesandte gehen zwischen München, Wien und Italien hin und her. Doch der Weg zur Aussöhnung Bayerns mit Habsburg wird erst offen, als im Gefolge der Württemberger Ereignisse 1534 die bayerisch-protestantische Allianz zerbricht.

Bayern wollte Restitution des seit 1519 habsburgischen Württemberg an den jungen Herzog Christoph, den Neffen Wilhelms und Ludwigs. Das sollte bedeuten: ein katholisches Württemberg unter bayerischem Protektorat. Philipp von Hessen aber will und vollführt die Restitution des alten Herzogs Ulrich. Das bedeutet: ein protestantisches, antibayerisches Württemberg[35]. Das war zuviel. Eben noch hatte Leonhard Eck im Verein mit Frankreich und den Protestanten gegen den Widerstand der Kaiserlichen das Ende des Schwäbischen Bundes bewirkt[36]. Jetzt aber ging Eck nach Linz, verhandelte einen Monat mit Ferdinands Bevollmächtigten und vollzog im September 1534 mit dem berühmten Linzer Vertrag die Aussöhnung mit Habsburg[37]. Eine Heiratsabsprache für Herzog Wilhelms ältesten Sohn mit Ferdinands Tochter Anna ergänzte die politischen Abmachungen.

Wir konnten uns der Mühe nicht entschlagen, einigen dieser labyrinthischen Gänge der damaligen Politik zu folgen; denn in diesen Ereignissen liegt der Schlüssel für das Folgende. Das Fazit aus diesem Abschnitt kaiserlich-bayerischer Beziehungen ist klar: Zu einem antikaiserlichen Bund von Protestanten und Katholiken wird es im Reich nicht mehr kommen. Zu enttäuschend waren die Erfahrungen dieser Jahre nach beiden Seiten hin. Der sächsische Kurfürst gestand sich 1533 unumwunden ein: um Bayern im Bund zu halten, müßte man sich für das angestrebte bayerische Königtum engagieren[38]. Eine solche aktive antikaiserliche Politik aber war auf dem Boden der politischen Theologie des Luthertums nicht möglich. Auf der anderen Seite hörte Bayern natürlich nicht auf, auch weiterhin die Kontakte mit den Protestanten zu pflegen, nach Gelegenheit an die ständische Solidarität gegen des Kaisers „Monarchia“ zu appellieren und sich dieser Solidarität auch zu bedienen. Im Grunde aber war Bayern von nun an sehr mißtrauisch gegenüber den evangelischen Fürsten. Zu deutlich hatte sich die Achillesferse ihrer Politik gezeigt: jederzeit mußte man damit rechnen, daß sie gegen Konzessionen des Kaisers quoad religionem ihre Opposition fallen ließen. Das waren zu unsichere Bundesgenossen. Und dazu trat mit dem Umsichgreifen der reformatorischen Bewegung immer stärker auch das religiöse Moment. Je näher die Flutwelle der Neuerungen mit dem Umschwung in Württemberg, mit den Vorgängen in Augsburg[39] und Regensburg[40] den Grenzen Bayerns kam, desto eifersüchtiger wachten die Regierenden über der Erhaltung des überkommenen Kirchenwesens innerhalb der bayerischen Grenzen. Warum taten sie das? Warum wollte Bayern katholisch bleiben? Dies ist eine große Frage, auf welche die Ereignisse des nun folgenden, zweiten Abschnittes vielleicht eine partielle Antwort geben können[41].

Das nun folgende Kapitel – Hauptschauplatz der Regensburger Reichstag 1541 – heißt in der damaligen Sprache des Kaiserhofes „la pacification de l'Allemagne“, in bayerischer Sprachregelung „Verhinderung des verderblichen Abfalls“, in der Sprache der heutigen katholischen Kirchengeschichtsschreibung „der Traum der Verständigung“.

Als sich der Kaiser nach dem Waffenstillstand von Nizza 1538 Frankreichs sicher glaubte und sich ernstlich der deutschen Kirchenfrage zuwandte[42], gab es im Reich zwei divergierende politische Systeme, die sich beide auf den Namen des Kaisers beriefen: ein System der „weichen Hand“ gegenüber den Protestanten, verknüpft mit dem Namen des Erzbischofs von Lund, eines skandinavischen Diplomaten im Dienste Karls, der im April 1539 mit den evangelischen Fürsten den Frankfurter Anstand geschlossen hatte. Die andere parallellaufende Politik der „harten Hand“, vertreten durch den Reichsvizekanzler Matthias Held, hatte im Juni 1538 in Nürnberg zu der Gründung der sogenannten „christlichen Einung“ geführt, eines katholischen Gegenstückes zum Schmalkaldischen Bund[43]. Mitglieder waren der Kaiser, Ferdinand, Bayern, Heinrich von Braunschweig, Georg von Sachsen, die Erzbischöfe von Mainz und Salzburg. Das Gewicht Bayerns im Bund verstärkte sich bedeutend durch den baldigen Tod des sächsischen Herzogs und durch die unklare, zurückhaltende Stellung der habsburgischen Brüder in allen Bundesfragen. Diese zweite Politik hatte die volle Bewilligung des Papstes, und diese Gruppe – Bayern an der Spitze – pflegte den engsten Kontakt mit der Kurie.

Wie Bayern damals seine politische Stellung begriff, findet sich klar formuliert in dem Bericht des venezianischen Gesandten in Wien über ein Gespräch mit dem bayerischen Rat Weißenfelder: Bayern betrachte als die ideale Lebensform der respublica christiana ein Triumvirat: der Kaiser, der König von Frankreich, der Papst. Wir wollen – so erklärte

Weißenfelder – „esser obedientissimi al imperatore come imperatore, ma securati et illesi li nostri privilegi“[44].

Darin lag ganz Altes neben ganz Neuem: Sicherung der alten reichsständischen Lebensform, die durch Karl bedroht war, durch den Rückhalt an zwei auswärtigen Mächten, zwei katholischen Mächten. Dies war ein Programm. Wieweit Bayern es in Richtung Frankreich erfüllte, wird sich erst nach einer systematischen Durchforschung dieser Dinge sagen lassen, über die wir heute nur wenig wissen. Von den bayerisch-römischen Beziehungen wird von hier ab stets zu reden sein. Bei der Betrachtung dieser Konstellation wird deutlich, daß nun alle Momente der politischen Selbstbehauptung Bayern in die Richtung eines Verbleibens bei dem alten Glauben wiesen.

Da das Konzil nicht zustande kam, hatte sich der Kaiser, als er im Frühjahr 1540 aus Spanien in die Niederlande zurückkehrte, zu entscheiden, wie die „pacification de l'Allemagne“ geschehen sollte: mit Härte, das hieße mit Hilfe der christlichen Einung, in Übereinstimmung mit Bayern, oder „moyennant par doulceur“; dann war mit Zurückhaltung oder Gegnerschaft Bayerns und der zugehörigen Fürstengruppe zu rechnen. Viel kam auch auf die Haltung der Kurie an.

Bald klärten sich die Fronten. Äußere und innere Gründe wirkten zusammen, um den Kaiser den Weg des Ausgleichs suchen zu lassen: Furcht vor einem Wiederaufleben der französischen Feindschaft, geringes Vertrauen zu den Mitteln des katholischen Bundes, Mißtrauen gegen dessen Anführer, schließlich der geistige Habitus der leitenden Männer am Hofe und wohl auch des Kaisers selbst.

Das in Hagenau im Sommer 1540 begonnene und in Worms im Dezember 1540 und Januar 1541 weitergeführte Religionsgespräch zeigte die bayerischen Deputierten und Johann Eck, ihren führenden Theologen, in schärfster Opposition gegen die kaiserliche Ausgleichspolitik, hiebei aufs kräftigste unterstützt und ermuntert durch Legat und Nuntius des Papstes[45]. Ein besonderes Motiv für die ganz enge bayerisch-kuriale Koalition war der Verlauf des Gesprächs selbst: unter den „katholischen“ Teilnehmern bildete sich eine Mittelgruppe: Jülich, Pfalz, Köln, die – wenn sie mit den Protestanten stimmte – den Rest majorisieren konnte[46]. Und so wie sich Granvella, des Kaisers leitender Minister, in seinen Berichten aus Worms über Bayern aufs bitterste beklagte[47], so lobte der Nuntius Morone in den höchsten Tönen: „Bavari sunt omnium potentissimi, nunquam deficient et resistent omnibus haereticis“[48].

So weit, so gut. Aber was nun plötzlich die ganze Christenheit den Atem anhalten ließ, was uns auch heute noch beim Studium der Dokumente wie ein traumhafter Schauer des Unmöglichen anfaßt, wie die nahende Wiederkehr des lang schon Verlorenen und Verspielten, das war dies: Papst Paul III. reicht dem Kaiser die Hand zu dem großangelegten Versuch einer friedlichen Verständigung mit den Protestanten. Er entsendet Kardinal Contarini zum Regensburger Reichstag, um dort im Angesicht des Kaisers das Gespräch der Theologen zur Versöhnung zu führen. Die Motive dieser Wendung in der Haltung der Kurie interessieren hier nicht. Nur zwei Worte zu Contarini, der in Regensburg – mehr noch als der Kaiser – zum Gegenspieler der Bayern wird.

Gasparo Contarini, aus vornehmster venezianischer Familie stammend, von seiner Laufbahn als Diplomat her Kenner der deutschen und europäischen Verhältnisse, als Laie zum Kardinal berufen und alsbald das Haupt der Reformgruppe an der römischen Kurie, war aus tiefster religiöser Erschütterung zu einer theologischen Konzeption der Rechtfertigung des sündigen Menschen gelangt, die man neuerdings sehr nahe an die Luthers herangerückt hat[49]. Seine Rechtfertigungslehre, seine Vorstellungen von der Reform der Kirche in capite et membris kamen den Anliegen der evangelischen Seite so nahe, wie es sich Johann Eck und die von Bayern geführte Partei der Intransigenten als eine innerkatholische Möglichkeit nicht im Traum beikommen ließen.

Auch im evangelischen Lager, erst recht bei der von Kurbrandenburg angeführten Mittelpartei gab es eine große Hoffnung auf die Concordia und auf Contarini. Die Konstellation war über die Maßen günstig.

Und Bayern? Bayern zögerte keinen Augenblick, alle seine Kräfte ebenso gegen Contarinis Bemühungen wie gegen des Kaisers Ausgleichspolitik zu wenden. Es wäre vorschnell geurteilt, hierin nur politische Motive zu sehen: Verhinderung des Machtzuwachses, den die geglückte Concordia dem Kaiser gebracht hätte. Wie die theologische Konzeption Johann Ecks, die Politik seiner Herzöge und ihre konkreten kirchenpolitischen Erfahrungen sich gegenseitig bedingten, wäre noch des näheren zu untersuchen.

Doch zurück zum Beginn des Reichstages. Am 2. März 1541 traf Herzog Wilhelm mit dem Kaiser zusammen und entwickelte ihm in einem weitausholenden, bis zum Wormser Edikt zurückgreifenden Vortrag das bayerische Programm zur Überwindung der Kirchenspaltung, nicht ohne heftige Kritik an der Nachlässigkeit und den bisherigen Versäumnissen des Monarchen. Der vollständige Text dieses Vortrags, dessen Fehlen Karl Brandi beklagte, findet sich von der Hand Leonhard Ecks im Münchener Hauptstaatsarchiv[50]: „Nun ist die sachen auf die hochst und letzt not geraten, also, wo E.Kay.Mt. auf disem reichs tag und dieweil E.Kay.Mt. im reich teutscher nation sein, dise irrung, spaltung und abfal so ietzt vor augen und kunftiglich ervolgen werden, nit gentzlich abstellen und furkomen, so ist es gewiß und gleich an der hande, das es umb die religion und cristlichen glauben nit allain in teutschen landen, sonder auch gantzer Europa gethan und gar erloschen und gefallen ist." Das Religionsgespräch ist verwerflich und verboten. Der Kaiser hat nun zwischen zwei Wegen zu wählen: sofortige Indiktion des Generalkonzils, bis zur Eröffnung Stabilisierung der deutschen Verhältnisse durch Stärkung der „christlichen Einung"; oder sofortige, gewaltsame Restitution des katholischen Glaubens. Der Kaiser antwortete generaliter[51]. Ihn festzulegen oder wenigstens seine Absichten zu klären, war dem Herzog nicht gelungen.

Der Kaiser und Granvella versäumten nun nichts, Contarini und den Nuntius Morone gegen Bayern einzunehmen: die Herzöge denken nur an Krieg, sie handeln nicht aus Eifer für die Religion, sondern „per esaltarsi sopra tutti gl'altri principi di Germania"[52]. Contarini und der Nuntius gerieten in eine schwierige Stellung zwischen der von Bayern und Mainz angeführten Gruppe der Intransigenten, die das Religionsgespräch sabotieren wollten, und dem Kaiser. Dem Legaten war es sehr wichtig, auch den Anschein zu vermeiden, daß die erstrebte Concordia an den Vertretern des Papstes scheitere[53]. Diese Überlegung führte ihn von der bayerischen Gruppe fort; das Religionsgespräch nahm im Zusammenwirken von Kaiser und Papst seinen Anfang.

Die Anfänge verlaufen hoffnungsvoll, fast begeisternd. Aber während die Musikkapelle des Brandenburger Kurfürsten nach der gelungenen Vergleichung über das Lehrstück „de iustificatione" dem Legaten ein Ständchen darbringt, hat Bayern – am Ort des Reichstages mit Mainz und Braunschweig in die Isolierung gedrängt – einen weiten Hebel angesetzt. Er reicht über Paris nach Rom. Wir können zwei Aktionen verfolgen; nur in Umrissen, Einzelheiten fehlen. Das eine ist ein politisches Projekt: Zusammenschluß der „treugebliebenen" deutschen Katholiken mit Frankreich und der Kurie gegen einen Kaiser, der die katholische Religion preisgibt[54]. Das zweite ist eine persönliche Intrige gegen Contarini, gleichfalls über Paris eingefädelt: der Legat lasse es an Eifer für den Glauben, an Zusammenarbeit mit den Katholiken fehlen[55]. Aber diese Gegenzüge, die mit Contarini den Kaiser treffen sollten, waren bald nicht mehr nötig. Im Mai scheiterte das Colloquium an den inhärenten theologisch-kirchlichen Gegensätzen. Nun scheint Bayerns große Stunde gekommen zu sein. Das bayerische Programm rückt in den Mittelpunkt der Diskussion zwischen Kaiser und Kurie: das Konzil, die Stärkung und Neuaufrichtung des katholischen Bundes unter Beteiligung des Papstes[56]. Die Berichte nach Rom sind wieder voll des Lobes über die Bayern: „. . . essendosi per loro constantia conservata la religione"[57].

Der Traum der Verständigung war zunichte geworden. Bayern hatte gegen den Kaiser recht behalten. Es war ein Sieg, aber er war bitter, ist bitter bis heute: die Spaltung war besiegelt, der ungenähte Leibrock des Herrn endgültig zerrissen. Und der Sieg war kurz und unvollständig; denn die Reichsgeschichte der folgenden Jahre und der Verfall des mühsam erneuerten katholischen Bundes zeigen, daß es dem Kaiser wie am Willen so auch an der Macht gebrach, nach dem Scheitern des Versöhnungswerkes das Programm der von Bayern vertretenen „harten“ Religionspolitik in die Hand zu nehmen[58]. Bayern wird fortfahren, dem Kaiser Verrat an der „gemeinen Wolfahrt der Christenheit“ vorzuwerfen und seine Politik als dynastischen Egoismus anzuprangern. Der Kaiser wird sein Verhalten als das dem „bien publique“ einzig dienende verstehen und darstellen und den Bayern eine hinterhältige, nur ihrem partikularen Interesse dienende Sonderpolitik vorwerfen. Wer hat recht? Beide und keiner; zu verschieden waren die Bereiche, innerhalb derer die bayerische Regierung und der Kaiser ihre Verantwortlichkeit abzumessen haben. Der Raum der bayerischen Verantwortung für das „bonum commune Christianitatis“ ist für die Herzöge und Leonhard Eck das ihnen anvertraute Teilstück der Christenheit: zwischen Donau, Lech und Alpen. Karls Herrscheridee umfaßt das Gesamte der Christenheit; um sein Verhalten in der rechten Dimension zu sehen, wenden wir für einen Moment den Blick von Bayern ab und folgen dem Weg des Imperators nach dem Ende des Regensburger Reichstages. Karl führt aus den italienischen und spanischen Häfen seine Flotte nach Algier, zum Kreuzzug gegen die Ungläubigen. Er verläßt in Eile Deutschland, verschafft sich durch ein das Reichsrecht korrumpierendes Stillhalteabkommen mit den Protestanten Rückendeckung im Reich[59], um die Türken und Araber in Afrika zu schlagen. Als vor Algier ein fürchterlicher nächtlicher Seesturm aufkommt, der dann das Fiasko der Unternehmung bedeutet, hofft der Kaiser noch in mystischer Zuversicht: wenn nur meine Galeeren bis Mitternacht aushalten; denn dann erheben sich in den spanischen Klöstern die Mönche und Nonnen, um für das Gelingen meines Werkes zu beten![60]

Kreuzzug gegen die Ungläubigen, Kreuzzug gegen die Häretiker: das Jahr 1546 bringt den Beginn der „santa impresa“, Kaiser und Papst verbinden sich zur militärischen Niederwerfung des Schmalkaldischen Bundes. Das ist nun der dritte und letzte Abschnitt in den Beziehungen Karls zu Bayern. Ich fasse mich ganz kurz. 1546 waren die Dinge im Reich dahin gekommen, daß Bayern unter den weltlichen Fürsten der einzige, letzte katholische Partner für den habsburgischen Ketzerkrieg war. Das bedeutete einerseits eine außerordentliche Chance.

Die Verhandlungen, die im Mai und Juni 1546 in Regensburg zwischen dem Kaiser und Bayern geführt wurden, zeigen Herzog Wilhelm und Eck im vollen Bewußtsein dieser Schlüsselstellung[61]. Jetzt wird in Regensburg die langgeplante Hochzeit zwischen Wilhelms Sohn Albrecht und Ferdinands Tochter Anna gefeiert. Der Vertrag, der geschlossen wird, stellt Bayern für seine Unterstützung im bevorstehenden Krieg einen hohen Lohn in Aussicht: die Pfälzer Kurwürde, Neuburg und anderen territorialen Gewinn. Aber nach dem Krieg und nach dem Sieg des Kaisers[62] verwirklichte sich weder dieser erhoffte politische Gewinn, noch kam es zu einer kirchenpolitischen Neuordnung, wie sie Bayern erwartet hatte[63]. Denn dies war die andere Seite des kaiserlichen Krieges und Sieges: die katholischen Positionen im Reich waren so schwach geworden, daß der Kaiser nur mit Hilfe protestantischer Verbündeter – in erster Linie des Herzogs Moritz von Sachsen – die Schmalkaldener angreifen und schlagen konnte. Bayern war also wider Willen zum Mitglied einer protestantisch-katholischen Allianz geworden, die dem Kaiser nun zu einer außerordentlichen, in der Geschichte des Reiches unerhörten Machtstellung gegenüber den Ständen verholfen hatte.

Alle Inkonvenienzen dieser Entwicklung traten zutage, als der Kaiser nach dem Sieg in Verhandlungen mit Bayern und den anderen Ständen die politische und kirchliche Neuordnung der deutschen Verhältnisse begann. Es ging um das Projekt der Errichtung eines Reichsbundes und um die Aufrichtung des sogenannten Augsburger Interims.

Bayern fühlte sich um den politischen Siegespreis betrogen[64]; es sah – durch die Bindung des Kaisers an seine protestantischen Siegesgefährten – den kirchenpolitischen Ertrag des Sieges ganz unsicher werden. Es sah sich als Reichsstand bedroht durch die Übermacht des Kaisers und durch die auf deren endgültige Befestigung gerichteten umwälzenden Verfassungspläne. Es war sich des gewohnten Rückhalts an der Kurie nicht mehr sicher. Das sehr hohe Spiel, das damals zwischen Karl und Paul III. um Konzil und farnesische Familieninteressen im Gange war, konnte von Bayern her im Stile von 1541 kaum mehr gestört werden.

Was blieb zu tun? Es blieb die pure, nackteste, hartnäckigste Obstruktion, wo es um die Pläne des Kaisers zur Umgestaltung der Reichsverfassung ging, dagegen eine Fülle von Vorschlägen und eine unentwegte Aktivität in den kirchenpolitischen Fragen. Das Ergebnis: das obenerwähnte kaiserliche Bundesprojekt kam zu Fall. Es hätte mit der Einbeziehung Mailands, Savoyens, der Niederlande und vielleicht auch Neapels in die politischen und militärischen Verpflichtungen der Reichsstände den auf Personalunion beruhenden Herrschaftsbereich des Kaisers in Richtung auf eine Realunion hin verfestigt, bei äußerlicher Schonung der alten Reichsverfassung[65]. Leonhard Eck war die Seele des Widerstands gegen dies Projekt. Der Kaiser versuchte in langer Unterredung, Herzog Wilhelm umzustimmen[66]. Vergeblich. Im März 1548 war der Plan begraben[67].

Das Interim, jene kaiserliche Ordnung, wie es in Sachen der Religion von den nichtkatholischen Ständen bis zum Konzil gehalten werden solle, wurde von den katholischen Ständen abgelehnt[68]; auch hier sah Karl in Bayern und Eck den Mittelpunkt des Widerstandes. In einer Ansprache vor den geistlichen Ständen brach sein ganzer Groll hervor gegen „jenen Judas, der für Geld Christus, Vaterland, das Reich und die ganze Welt verkaufen würde, der weder Luther noch dem Papst, noch irgend jemand glaube“[69]. Das Interim wurde schließlich kraft kaiserlicher Machtvollkommenheit verkündet. Von einer überzeugten Mitarbeit der katholischen Partei an der Religionspolitik des Kaisers konnte nicht die Rede sein.

Und, um die Linie noch bis zum Ende auszuziehen: Als im Frühjahr 1552 die Offensivallianz der protestantischen Kriegsfürsten mit Frankreich der Macht des Kaisers im Reich und dem Interim ein Ende bereitet, erklärt sich Bayern wie die anderen katholischen Stände für neutral[70], gewinnt durch den Passauer Vertrag seine Handlungsfreiheit gegenüber Karl zurück und versagt sich schließlich auch den letzten Werbungen des Kaisers, der 1553 von Brüssel aus durch ein neues Bündnissystem nochmals im Reich politisch Fuß zu fassen sucht[71]. Was danach kommt – Bayerns Rolle im Zustandekommen des Augsburger Religionsfriedens –, gehört nicht mehr hieher, es gehört schon in die Ära von Karls Bruder und Nachfolger, Ferdinand. Denn der Kaiser hatte, nachdem das letzte Bundesprojekt – hauptsächlich an Bayern – gescheitert war, die Reichspolitik seinem Bruder überlassen. Er selbst wartete nach der Übergabe der Niederlande und aller außerdeutschen Besitzungen an seinen Sohn Philipp nur noch auf den günstigen Fahrtwind, der ihn dann im September 1556 in die selbstgewählte spanische Einsamkeit bringen sollte.

Das ist die Schlußbilanz dessen, was sich seit dem Beginn der „santa impresa“ zwischen dem Imperator und Bayern begeben hatte.

Hätte es anders kommen können? So gestellt, ist die Frage unbeantwortbar und müßig. Sie kann uns aber auf eine Überlegung führen, die für die Beurteilung der Rolle Bayerns beim Scheitern der Reichspolitik des Kaisers wichtig ist. Diese Reichspolitik, die gipfeln sollte in der sogenannten „spanischen Sukzession“, in der Nachfolge von Karls Sohn Philipp im Kaisertum, sei es statt Ferdinand, sei es nach Ferdinands Tod, fand ja den erbittertsten Widerstand im Inneren der Habsburger Familie selbst[72]. Macht man sich klar, daß an dem Widerstreben Ferdinands und seines Sohnes Maximilian Karls Idee der habsburgischen „Monarchia Universalis“ im Grunde schon vor dem militärisch-politischen Zusammenbruch zerbrach, dann wird man auch die oppositionelle Politik Bayerns mit gerechteren Augen sehen.

Und noch an eines ist zu erinnern, um diese Schlußbilanz zu vervollständigen: Das Einströmen der neuen Kräfte der katholischen Reform nach Bayern und nach dem kaiserlichen Sieg über die Protestanten. Herzog Wilhelm holt 1549 die ersten Jesuiten nach Bayern, an die Universität Ingolstadt[73]. Leonhard Eck plant dort die Errichtung des ersten Jesuitenkollegs auf deutschem Boden [74]. Es wird in der Frage der ausschließlichen Katholizität Bayerns in den Jahren nach 1552 noch Schwankungen geben[75], aber die Verbindung mit den außerdeutschen Zentren des erneuerten Katholizismus wird nicht mehr abreißen.

Sie wird nach der Beendigung des Konzils von Trient immer stärker werden und die geistige Physiognomie Bayerns im Sinne der unter Karl V. gefallenen Entscheidung neu prägen[76].

Und ebenso wird die unter Karl V. bezogene politische Linie einer Zusammenarbeit mit den außerdeutschen katholischen Mächten weitergeführt werden. Auf die Probleme der zukünftigen Stellung Bayerns im Reich, des bayerischen „Reichspatriotismus" und des weiteren Verhaltens zum Hause Habsburg kann ich hier nicht eingehen.

So gewinnt – um nun zum Schluß zu kommen – das Bayern der Gegenreformation seine große europäische Stellung. Wilhelm IV. hatte in Partnerschaft und Ringen mit Karl V. die Fundamente gelegt. Hören wir, wie ein halbes Jahrhundert später Kardinal Baronius in der Widmungsvorrede zum 5. Band der Annales Ecclesiastici den Enkel, Herzog Wilhelm V.,anspricht[77]: „Durch dich, einen anderen Josua, sehen wir in unseren Tagen jenes göttliche Wunder erneut, das der Sonne Stillstand gebietet und ihr untersagt, sich zum Untergang zu neigen: da heller als die Sonne der katholische Glauben über dem dir unterworfenen Volk immerdar leuchtet, durch die Kraft Gottes unbeweglich festgehalten, während er in den anderen benachbarten Provinzen untergegangen ist, den Schrecken der finsteren Nacht hinterlassend. Während ringsum schwarze und dichte Finsternis herrscht, genießt in dem neuen Land Gessen, in deinem Bayern, das auserwählte Volk das süßeste Licht: die Sonne der Wahrheit erglänzt in Mittagshöhe und sendet die Strahlen der Klarheit und der Liebe aus, so daß sie den Eishauch der Gottlosigkeit nicht spüren und den Frost des Irrglaubens nicht kennen und in ewig währender Erntezeit den überquellenden Reichtum der geistlichen Früchte einbringen."

Aber wir können – von Karl V. herkommend – nicht bei dem Glanz des gegenreformatorischen und barocken Bayern innehalten. Es werden später Zeiten kommen, die zwar das Gleichnis von Tag und Nacht, von Sonne und Finsternis noch weiterhin auf Bayern anwenden, aber nun im umgekehrten Sinne. Es wird die Erhellung, die Aufklärung des über Bayern lastenden Dunkels gefordert werden. Dann werden die neuen Gesetzestafeln des nationalstaatlichen Denkens und Lebens aufgerichtet. Und so reißt der Zusammenhang des Seins wie des Bewußtseins mit dem Bayern ab, das sich unter Karl V. geformt hatte.

Heute sind die nationalstaatlichen Denk- und Lebensformen zerbrochen. Wir haben damit den Blick freibekommen für die Entscheidungen, die zwischen Karl V. und Bayern fielen. Das ist ein Fortschritt. Denn beide historische Größen – die Figur des Kaisers mit seinem weltumspannenden Herrscherethos und die Gestalt des damaligen Bayern – waren in der nationalstaatlich verengten Sicht nur verzerrt zu sehen.

Aber auch das freieste Sehen des Historikers und die unvoreingenommenste Rechenschaft über vergangenes Leben schaffen von sich aus noch kein neues Leben. Dieses Sehen und diese Rechenschaftsablage führen – im besten Falle – bis an die Schwelle, jenseits deren bewußt und unbewußt aus der Summe des Gewesenen und Gegenwärtigen die Entscheidungen über das Zukünftige fallen.

Gedenkvortrag an der Universität München am 17. Dezember 1958. Druck in: Zeitschrift für bayerische Landesgeschichte 22 (1959), S. 13ff.

1 Das weitgespannte Thema machte ein Eingehen auf Einzelprobleme unmöglich. Das Größenverhältnis der kaiserlichen und der bayerischen Politik ist so verschieden, daß genau auf die Einhaltung der richtigen Proportion zu achten war. Schließlich gehört die politische Geschichte des Reiches unter Karl V. seit dem ersten Weltkrieg zu den von der Forschung vernachlässigten Bereichen. So mußten manche Fragen offengelassen werden. In anderen Punkten, wo die Quellen heute noch unvollständig sind, wurden thesenhafte Bemerkungen gewagt, mag dann der Weitergang der Forschung auch zu modifizierten Ergebnissen und neuen Fragestellungen führen. In dieser bewußten Bescheidung mögen die folgenden Ausführungen und ihr fragmentarischer und vorläufiger Charakter verstanden werden.

2 Zur näheren bibliographischen Orientierung sei nachträglich auf Bd. 2 des Handbuchs der Bayerischen Geschichte, ed. *M. Spindler* (München 1969), S. 295ff., verwiesen.

3 Der jüngste Bruder, Herzog Ernst, Administrator des Bistums Passau und dann des Erzbistums Salzburg (bis 1551), bleibt hier außerhalb der Betrachtung. Seine politische Rolle zwischen den regierenden Herzögen und König Ferdinand und sein Verhältnis zur Kurie sind bisher viel zuwenig beachtet worden.

4 *Hubert Thomas Leodius*, Annalium de vita et rebus gestis . . . Friderici II. electoris Palatini libri XIV (1624), S. 89: „. . . Eckius vir, ut inquit Homerus, πολύτροπος, id est vafer, astutus et semper aliquid animo volutans, quo . . . duci Wilhelmo . . . nunc regiam, nunc imperialem, nunc electoralem dignitati ambientem, tandem optatam viam inveniret et aperiret.

5 Verallo an Kardinal Farnese, 14. August 1547; in Nuntiaturberichte aus Deutschland, 1. Abteilung (NB), Bd. 10, ed. *W. Friedensburg* (Berlin 1907), S. 79, Anm. 4.

6 Für die ältere Auffassung vgl. *S. Riezler*, Geschichte Baierns, Bd. 4 (Gotha 1878), S. 421: „In Leonhard von Eck auf Wolfseck und Randeck hat der an politischen Köpfen nicht fruchtbare bairische Adel den ersten bedeutenden, freilich des sittlichen Gehaltes entbehrenden Staatsmann hervorgebracht. Ein seltsames Spiel der Natur ließ diesen Meister einer machiavellistischen und perfiden Staatskunst aus dem Stamme hervorgehen, unter dessen Vorzügen biedere Treuherzigkeit obenansteht." – Für das Weiterleben dieser Auffassung vgl. den Artikel „Leonhard Eck" in *H. Rößler* und *G. Franz*, Biographisches Wörterbuch zur deutschen Geschichte (München ^{2}1973), S. 152f.; anders mein Artikel „L. Eck" in Lexikon für Theologie und Kirche, Bd. 3 (Freiburg i. B. ^{2}1959).

7 Die zweibändige Biographie Karl Brandis (1937/41), deren Bedeutung besonders in der Überwindung der Polemik des 19. Jhdts. lag, erweist sich heute immer mehr als ein Ausgangs-, nicht Endpunkt der Forschung über Karl V. Seither ist vor allem in der außerdeutschen Wissenschaft manches Neue erschienen. Einen guten, aber keineswegs vollständigen Überblick gibt *R. Tyler*, The Emperor Charles the Fifth (London 1956), S. 351ff.: Sources and Bibliography (Kritik an K. Brandis Werk auf S. 357f.: „The priority Brandi gave to German problems caused him to take what may strike non-Germans as scant interest in certain other affairs, which however were of moment to Charles").

8 *Riezler*, Geschichte Baierns 4, S. 34ff., und *A. v. Druffel*, Die bayerische Politik im Beginn der Reformationszeit 1519–1524 (= Abhandlungen der Bayerischen Akademie der Wissenschaften, Historische Klasse, Bd. 17, München 1885), S. 599ff.

9 Der Revindikationsvertrag der Brüder Wilhelm und Ludwig vom 9. September 1515 ist gedruckt bei *A. S. Stumpf*, Urkundenbuch zu Bayerns politischer Geschichte (1816), S. 3f. Dies Urkundenbuch, das noch öfter zu zitieren ist, erschien als Anhang zu Stumpfs Werk: Baierns politische Geschichte, 1. Bd. (1816/17, mehr nicht erschienen). Herrn Professor Pfeilschifter verdanken wir die freundliche Mitteilung, daß der Revindikationsvertrag von Wilhelm und Ludwig 1522 erneuert wurde. Es ist demnach damit zu rechnen, daß eine nähere Erforschung dieser Zusammenhänge zu einer Revision der oben vorgetragenen Auffassung von der politischen Tragweite des Revindikationsgedankens führen wird.

10 Deutsche Reichstagsakten, jüngere Reihe (RTA), Bd. 1, ed. *A. Kluckhohn* (Gotha 1893), S. 5; nach dem Bericht des Hubert Leodius über ein Gespräch Maximilians mit Pfalzgraf Friedrich im Jahre 1513 (Annalium . . . libri XIV, S. 47).

11 RTA 1, S. 62; ebenso *v. Druffel*, Die bayerische Politik, S. 604.

12 Schreiben Maximilians an Karl vom 18. Mai 1518 (RTA 1, S. 77f.; dazu ebd., S. 197).

13 Vgl. für die Politik des Schwäbischen Bundes in der Württembergischen Frage *H. Lutz*, Conrad Peutinger. Beiträge zu einer politischen Biographie (Augsburg 1958), S. 145ff. Für die bayerisch-württembergischen Beziehungen insgesamt bringt Neues *F. Sauter*, Herzogin Sabine von Württemberg. In: Zeitschrift für Württembergische Landesgeschichte 8 (1944/8), S. 298–355. Dieser Auszug aus einer ungedruckten Tübinger Dissertation macht zugleich deutlich, wieweit die Geschichte der württembergisch-bayerischen Beziehungen im Zeitalter der Reformation noch im dunkeln liegt.

14 Während des Feldzuges erfolgte im April/Mai der Versuch, den Bundesfeldherrn Herzog Wilhelm für Franz I. zu gewinnen. Der aus Württemberg zurückgekehrte französische Gesandte berichtete dem König über eine positive Antwort des Herzogs: „. . . que ledit duc Guillaume a délibéré de vous servir et prandre vostre party; et pour ce faire envoye ung gentilhomme devers moy avec tout povoir . . ." (RTA 1, S. 681; vgl. ebd., S. 603 und S. 633). Über den Ausgang und die tatsächliche Bedeutung dieser Unterhaltung ist weiter nichts bekannt.

15 *v. Druffel*, Die bayerische Politik, S. 613f. und S. 669ff.

16 Ebd., S. 674.

17 Die Wormser Reichstagskorrespondenz der Herzöge im Anhang zu *v. Druffel*, Die bayerische Politik und (mit Ergänzungen und Verbesserungen) in RTA 2, Abt. 11.

18 *v. Druffel*, Die bayerische Politik, S. 668; RTA 2, S. 16, Anm. 2.

19 *Lutz*, Peutinger, S. 339ff.; vgl. zu den Ulmer Verhandlungen ebd., S. 201ff.

20 Schreiben Wilhelms an Eck aus Worms vom 9./10. Februar 1521; bei *v. Druffel*, Die bayerische Politik, S. 675ff.; RTA 2, S. 796ff.

21 Siehe *Riezler*, Geschichte Baierns 4, S. 79ff.; dort weitere Angaben.

22 Für die Entwicklung der Beziehungen Ferdinands zu Bayern nach 1521 vgl. auch den Briefwechsel der habsburgischen Brüder bei *W. Bauer*, Die Korrespondenz Ferdinands I., Bd. 1 (Wien 1912), S. 116, 182, 230, 286, 350, 484. – Für die bayerische Politik im Zusammenhang mit dem unter Leitung des Legaten Campeggio 1524 veranstalteten Regensburger Konvent (die ältere Literatur bei *L. v. Pastor*, Geschichte der Päpste seit dem Ausgang des Mittelalters, Bd. 4 [Freiburg i. B. 1906], S. 399f.) vgl. den demnächst erscheinenden Bd. 1 von Pfeilschifters Editionswerk: Acta Reformationis Catholicae.

23 So *Riezler*, Geschichte Baierns 4, S. 199ff.

24 Mit Urkunde vom 15. Februar 1525; siehe *W. Bauer*, Die Anfänge Ferdinands I. (Wien 1907), S. 233.

25 Die Literatur bei *Riezler*, Geschichte Baierns 4, S. 210. Der ebd., S. 213 herangezogene Bericht des venezianischen Sekretärs Cavazza von 1538 über Angaben der bayerischen Herzöge zum Wahlvorgang von 1526 ist wohl nur mit

größter Vorsicht zu gebrauchen. Eine Klärung der damaligen Vorgänge im Zusammenhang einer Behandlung der gesamten bayerisch-böhmischen Beziehungen seit dem Ausgang des 15. Jhdts. wäre sehr erwünscht.

26 Seit *Riezler*, Geschichte Baierns 4, S. 201ff. und S. 221ff., sind die Bemühungen Herzog Wilhelms um die römische Königskrone mit neuem Material zum ersten Mal wieder behandelt bei *G. v. Pölnitz*, Anton Fugger und die römische Königswahl Ferdinands I. In: Zeitschrift für bayerische Landesgeschichte 16 (1951/2), S. 317ff. Für die bayerische Politik von 1525 bis 1535 vgl. auch ders., Anton Fugger, Bd. 1 (Tübingen 1958), passim. – Die Durchsicht der Bestände des Vatikanischen Archivs ergab für die Gesamtpolitik Clemens' VII. gegenüber Bayern einiges Neue, nichts jedoch für die Wahlfrage. Vermutlich sind die einschlägigen Akten an der Kurie post festum ebenso sekretiert worden wie in München, wo heute nur mehr Abschriften in der Sammlung des Arrodenius vorliegen (siehe *Riezler*, Geschichte Baierns 4, S. 207, Anm. 1).

27 Der Vertragstext gedr. in *Stumpf*, Urkundenband, S. 16ff. Abweichende Lesarten nach einer hessischen Kopie bei *Ch. Neudecker*, Merkwürdige Aktenstücke aus dem Zeitalter der Reformation (1838), S. 67ff.

28 Die Berechtigung dieser Bezugnahme auf den Text der Goldenen Bulle wäre erst noch des Näheren zu untersuchen. *K. Zeumer*, Die Goldene Bulle Kaiser Karls IV., Bd. 1 (Weimar 1908), S. 187, schreibt unter Bezugnahme auf die grundlegende Untersuchung *H. Ulmanns* über die römische Königswahl Maximilians I. (In: Forschungen zur deutschen Geschichte 22, 1882, S. 133ff., hier S. 150f.): „Auf eine Königswahl vivente imperatore ist die Goldene Bulle so wenig eingerichtet, daß man es begreift, wenn auf dem Reichs- und Wahltage von 1486 die Ansicht auftaucht, daß die Goldene Bulle in einem solchen Falle überhaupt keine Geltung habe." Auch die jüngste Untersuchung von *E. Bock*, Die Doppelregierung Kaiser Friedrichs III. und König Maximilians I. in den Jahren 1486–93. In: Aus Reichstagen des 15. und 16. Jahrhunderts. Festgabe der Historischen Kommission bei der Bayerischen Akademie der Wissenschaften (München 1958), S. 283ff., kommt zu keinem anderen Ergebnis.

29 Die Darstellung dieser Verhältnisse bei *Riezler*, Geschichte Baierns 4, S. 239ff., beruht überwiegend auf *Stumpf*, Baierns Politische Geschichte, S. 72ff., und auf der sehr wichtigen Quellenpublikation von *K. A. Muffat*, Correspondenzen und Aktenstücke zur Geschichte der politischen Verhältnisse der Herzöge Wilhelm und Ludwig von Bayern zu König Johann von Ungarn (= Quellen und Erörterungen zur bayerischen und deutschen Geschichte, Bd. 4, München 1857). Diese von 1527 bis 1541 reichende Sammlung ist für die Geschichte der europäischen Politik Bayerns noch wenig genützt; interessant wäre insbesondere ein Weiterverfolgen der hier gegebenen wirtschaftsgeschichtlichen Hinweise: die Bergwerksinteressen der bayerischen Herzöge in Siebenbürgen.

30 Der Text des Vertrages ist nicht publiziert. *Stumpf*, Baierns Politische Geschichte, S. 93, gibt nur eine knappe Inhaltsangabe; in seinem Urkundenband (S. 28) stehen nur die Texte anschließender Verabredungen und Ergänzungen. Die französischen Quellen sind bisher noch nicht untersucht worden. Hinweise auf Anknüpfungspunkte bietet die große gedruckte Sammlung: Catalogue des Actes de Francois I., 10 Bde. (Paris 1887–1908). Hier findet sich ab 1531 eine Reihe von Bayern betreffenden Notizen, z. B. Bd. 8, S. 637, Nr. 32581: „Traité passé entre François Ier d'une part, et les princes de Saxe, de Bavière et de Hesse d'autre. Augsburg, 28. Janvier 1534" (der „zweite" Vertrag).

31 Dies geht besonders deutlich aus den Verhandlungen der Herzöge mit einer Deputation der Landstände hervor, die nach der geschehenen Königswahl Ferdinands einsetzten: siehe *Stumpf*, Baierns Politische Geschichte, S. 65ff.

32 Das Problem Bayern nahm in der Korrespondenz zwischen Karl und Ferdinand seit 1531 einen breiten Raum ein. Dieser Briefwechsel ist zum großen Teil ediert bei *K. Lanz*, Correspondenz des Kaisers Karl V., Bd. 1 u. 2 (1844/45). Immer erweist sich hier der Kaiser als der Mäßigende, der den Bruder unter Hinweis auf die gemeinsamen Interessen des Hauses Habsburg zum Vertrag mit Bayern nötigt. Vgl. ebd., Bd. 1, S. 498 (Ferdinand an Karl, 31. März 1531): Er hat mit Kard. Matthäus Lang gesprochen, der sich als Vermittler zwischen Bayern und Ferdinand anbietet. Dieser schließt sich ganz der Meinung des Kaisers an, vor Beginn des bevorstehenden Reichstages „deua Vra. M[t] concertarse con los duques de Baujern y rreducillos a su deuocion, y tenerlos ciertos como personas que pueden en este caso aprouechar y estoruar mucho". Ähnlich ebd., Bd. 1, S. 671f. (Karl an Ferdinand, 29. Jan. 1532): „. . . Touchant ce de Bavière vous scauez, combien il empourte au bien de noz affaires de y entendre, selon que çydeuant vous ay escript." Als 1534 in Linz die Ausgleichsverhandlungen unter Mitwirkung des Erzbischofs von Lund begannen, schrieb Karl diesem (ebd., Bd. 2, S. 113f., 14. August): „. . . s'il est possible sans plus de dilacion arrester final appoinetement et bon traicte entre nostredict frere et eulx (sc. die Herzöge), lequel desirons singulierement, moyen qui soit tel qui conviengne a toutes parties, et mesmement a la satisfaction de nostredict frere, et de manière que toutes choses mal passees demeurans oblyees il y ayt doresenauvant bonne et parfaicte amytie et estroicte intelligence entre eulx."

33 Vgl. den Abschnitt aus einem Schreiben Aleanders an Sanga aus Regensburg vom 14. März 1532 [jetzt gedr. in Nuntiaturberichte aus Deutschland (NB), 2. Ergänzungsbd. 1532, ed. *G. Müller* (Tübingen 1969), S. 82ff.].

34 Vgl. das Schreiben Aleanders an Sanga vom 25. März 1532 [jetzt gedr. ebd., S. 113]: Die Gesandten der bayerischen Herzöge besuchten den Nuntius. Sie lassen im Namen ihrer Herren dem Papst sagen „che non volesse in parte alcuna consentir nè conceder quello che se diceva che la M[ta] Ces. haveva promesso alli principi Lutheriani". Sie beteuern, von der alten Religion nicht abweichen zu wollen, etc.

35 Diese Vorgänge sind zuletzt zusammenfassend dargestellt bei *J. Wille*, Philipp v. Hessen und die Restitution Ulrichs v. Württemberg 1526–1535 (1882). Für die letzten französisch-protestantisch-bayerischen Verhandlungen in den ersten Monaten des Jahres 1534 vgl. *Stumpf*, Baierns Politische Geschichte, S. 149ff., und *Riezler*, Geschichte Baierns 4, S. 263ff.

36 Siehe *Riezler*, Geschichte Baierns 4, S. 266f. In einer aus den Jahren 1541/42 stammenden bayerischen Denkschrift über die Leistungen und Aufwendungen Bayerns während der Dauer des französischen Bündnisses schreibt sich Herzog Wilhelm ausdrücklich das Verdienst an der Auflösung des Schwäbischen Bundes zu („Das französisch Geld belangendt"; München, Geh. Staatsarchiv, Kasten schw. 499/9, f. 36–40; Kanzleikonzept mit

Zusätzen von der Hand Leonhard Ecks): ... „Und noch mer, nachdem ire f. G. den schwabischen bundt in der handt gehebt, der dan ain großer trost iren f. G. wider alle ir widerwartigen gewesen, so haben si doch hochgemeltem Kunig (Franz I.) abermals zu wolgefallen und auf sein hoch ersuechen ... solichen bundt zergeen lassen ..."

37 Der Vertrag vom 11. September 1534 ist gedr. bei *J. Ch. Lünig*, Codex diplomaticus Germaniae, Bd. 2 (1733), S. 597ff. Für die Gesichtspunkte des Kaisers ist sehr aufschlußreich das bei Lanz fehlende, von Brandi nach einem Wiener Kopiar auszugsweise mitgeteilte Schreiben Karls an Ferdinand vom 14. August 1534 (*Brandi*, Kaiser Karl V. 2, S. 236f.). Lunds Schreiben an den Kaiser vom 15. September schildert die Schwierigkeiten des Vertragsabschlusses, die auch daher stammten, daß Bayern als Verhandlungsbasis die mit dem Kaiser in Bologna Anfang 1533 ausgehandelten Punkte (siehe *Stumpf*, Baierns Politische Geschichte, S. 132ff., und *Riezler*, Geschichte Baierns 4, S. 256f.) betrachtete, die Ferdinand nicht ohne weiteres anerkennen zu können glaubte.

38 Siehe *Wille*, Philipp v. Hessen ..., S. 94.

39 Die Reichsstadt Augsburg führte im Sommer 1534 in allen nicht dem Bischof oder dem Domkapitel zugehörigen Kirchen die Reformation durch; siehe *F. Roth*, Augsburgs Reformationsgeschichte, Bd. 2 (Augsburg 1904), S. 175ff.

40 Im Oktober 1534 wandte sich der Bischof an die Herzöge mit der Bitte um Hilfe gegen die lutherische Bewegung in der Reichsstadt; siehe *Riezler*, Geschichte Baierns 4, S. 315ff., und die bei *Schottenloher*, Nr. 26398ff., verzeichnete Literatur.

41 Auf die Konzilspolitik Bayerns, die sich im Verlauf der dreißiger Jahre konsequent entwickelte, kann hier nicht eingegangen werden. Ich hoffe, im Rahmen einer größeren Darstellung „Bayern und die Religionspolitik Kaiser Karls V. 1540/41" diese Konzilspolitik des näheren behandeln zu können.

42 Für die politischen und kirchlichen Probleme der Politik Karls V. in den Jahren nach 1538 vgl. *L. Cardauns*, Von Nizza bis Crépy. Europäische Politik in den Jahren 1534 bis 1544 (Rom 1923), und ders., Zur Geschichte der kirchlichen Unions- und Reformbestrebungen von 1538 bis 1542 (Rom 1910).

43 Die Diskussion um die Sendung Helds und damit um des Kaisers Stellung zur „Christlichen Einung" ist bis heute nicht zu einem befriedigenden Abschluß gekommen. Eine gute Übersicht über den Gang dieser Diskussion bei *P. Rassow*, Die Kaiser-Idee Karls V., dargestellt an der Politik der Jahre 1528–1540 (Berlin 1932), S. 393ff.; Exkurs III: Die Erforschung der Mission des Dr. Matthias Held 1536/39. Vgl. dazu *Brandi*, Karl V. 1, S. 345ff., und 2, S. 276ff. Für die Vorgeschichte wichtig *W. P. Fuchs*, Baiern und Habsburg 1534–1536. In: Archiv für Reformationsgeschichte 41 (1948), S. 1ff., eine auf Münchner Akten basierende, mit dem Linzer Vertrag einsetzende Studie.

44 Siehe *G. de Leva*, Storia documentata di Carlo V., Bd. 3 (1867), S. 291. – Für die fortgesetzten Verhandlungen Bayerns mit den protestantischen Fürsten ist eine wichtige Quelle der Briefwechsel Landgraf Philipps des Großmütigen von Hessen mit Bucer, ed. *M. Lenz*, 3 Bde. (1880/91). Für die bayerische Politik vor dem Regensburger Reichstag 1541 vgl. hier besonders Bd. 1, S. 392ff. (Anhang III: Religiöse und politische Einigungsversuche der deutschen Stände im Winter 1539 auf 1540). Für Bucers Hoffnung auf Bayern und seine Enttäuschung siehe ebd. S. 136 (Bucer an Philipp, 7. Febr. 1540: Es scheine, „Gott habe Beiern zu seinem instrument dazu verordnet, das ander leut tiranny im reich nit zu fil wachse ...") und S. 164 (Bucer an Philipp, 25. März 1540, nach der Absage Wilhelms an die protestantischen Ausgleichs- und Bündnispläne: „Baieren haben gethon, wie fleischlich leut, die sich an blöde der Kinder Gottes ergeren, allweg thun"). – Die nach dieser Edition immer wieder zitierten Verhandlungen L. Ecks und Gereon Sailers wären längst zu ergänzen und in ihre richtige Proportion zu rücken durch eine Analyse der gesamten bayerisch-hessischen Politik, wofür das Marburger Archiv reiches Material zu bieten scheint (siehe *F. Küch*, Politisches Archiv des Landgrafen Philipp des Großmütigen von Hessen. Inventar der Bestände, Bd. 2, 1910, S. 85ff.: Staatenabteilungen – Bayern; vgl. aber auch in dem von *W. Heinemeyer* bearbeiteten 3. Bd. 1954, S. 19ff.: Pfalz; S. 636ff.: Württemberg, u. a.).

45 Die jüngste Darstellung der Unionspolitik 1539/41 bei *H. Jedin*, Geschichte des Konzils von Trient, Bd. 1 (Freiburg i. B. 1951), S. 287ff. Die bayerischen Akten zu den Verhandlungen in Hagenau und Worms waren teilweise schon *B. A. Winter* bekannt (Geschichte der Schicksale der evangelischen Lehre in und durch Baiern, Bd. 2 [1810], S. 75ff.).

46 Vgl. insbesondere das Schreiben Morones an Farnese aus Speyer vom 2. Januar 1541 (NB 6, S. 102ff.); dazu die Einleitung zu NB 5, S. XCIV, und W. Friedensburgs Ausführungen in der Zeitschrift für Kirchengeschichte 21 (1898), S. 112–127. – Für Paul III. war außerdem von Anfang an ein politisches Motiv vorhanden, engen Kontakt mit den deutschen Katholiken zu halten, um dadurch gegebenenfalls in Deutschland eine vom Kaiser unabhängige Position zu gewinnen. Vgl. u. a. das Schreiben Farneses an Paul III. aus Gent von 26. April 1540: „La via de impedire questi disegni (des Kaisers) è far intelligentia particulare con li principi de Alemagna catholici" (NB 5, S. 201). Damals entstand auch der Plan, Herzog Ernst, der nach dem Tode Kardinal Langs das Erzbistum Salzburg erhielt, zum Kardinal zu erheben, um damit Bayern der Kurie weiter zu verpflichten (siehe NB 5, S. 178).

47 Vgl. etwa das Schreiben Granvellas an Karl vom 11. Januar 1541 (Haus-, Hof- und Staatsarchiv Wien, P. A. 39): „... iceulx de Mayence et Bavière en trouveront encoires dautres (incidents) pour venir au dessus de leur emprinse et fin quilz ont tousjours tenu dempecher le dict colloquio ..."

48 NB 6, S. 123, Anm. 5.

49 Vgl. die Charakteristik bei *Jedin*, Konzil 1, S. 305f. Wichtig seither für Contarinis religiöse Entwicklung *H. Jedin*, Ein „Turmerlebnis" des jungen Contarini. In: Historisches Jahrbuch 70 (1951), S. 115ff., und ders., Contarini e Camaldoli. In: Archivio italiano per la storia della pietà 2 (1953). Dazu zuletzt *R. Cessi*, Paolinismo prelutherano.

In: Atti della Accademia Nazionale dei Lincei, Rendiconti, Classe di Scienze morali, storici et filologi, Bd. 12 (1957), S. 3ff.

50 Staatsverwaltung 2730 f. 283–288 (Konz. L. Ecks); dazu Geh. Staatsarchiv, Kasten schw. 157/5 f. 401–405 (Kanzleiausfertigung). – Datierung auf den 2. März nach dem Bericht Morones an Farnese vom 4. März 1541 (*H. Laemmer,* Monumenta Vaticana historiam ecclesiasticam saeculi XVI illustrantia [1861], S. 367f.). – K. Brandi, Berichte und Studien zur Geschichte Karls V. Nr. XIX (Nachrichten von der Akademie der Wissenschaften in Göttingen, Philol.-Hist. Klasse [1941], Nr. 9), bringt auf S. 238ff. „Bayerisch-Kaiserliche Verhandlungen in Regensburg im März 1541" nach P. A. 39 des Wiener Archivs. Es handelt sich um einen kurzen Auszug des bayerischen Anbringens in französischer Sprache, der wohl zur Mitteilung an die Königin Marie abgefaßt war. Brandi erklärt eine genaue Datierung „bei dem Fehlen bayerischer Gegenakten" für nicht möglich. – Vgl. für die bayerische Stellungnahme auch die gleichfalls in den März 1541 gehörende „Consideratio, quemadmodum dieta haec imperialis per Sacram Caesaream et Catholicam M[tem] incipienda esse videatur" (NB 7/551ff.), eine bayerische an Contarini gerichtete Denkschrift zur Beobachtung des Augsburger Reichsabschieds und gegen das Colloquium.

51 Diese Antwort, die in den bayerischen Akten fehlt, ist bei *Brandi,* Berichte und Studien, S. 240f., mitgeteilt.

52 Morone an Farnese, 21. März 1541: Bericht über Ausführungen Granvellas zur Religionsfrage. In: Historisches Jahrbuch 4 (1883), S. 439f.

53 Vgl. Contarinis rückschauenden Bericht vom Juli 1541 an Matteo Dandolo. In: Zeitschrift für Kirchengeschichte 3 (1880), S. 519: „... Appena fui giunto, che alcuni Principi, li quali desideravano, che il Colloquio già principiato a Vormatia non si continuasse, ma in tutto si distruggesse, vollèro usarmi per bolzone et ascondere loro sotto di me, onde secretamente cercarono di persuadermi, che io dicessi a Cesare questo Colloquio essere vano et inutile et che si dovrebbe stare sopra li recessi già fatti. Io risposi destramente, che a me non pareva questa via essere buona, prima perchè il disturbare il Colloquio era disturbare ogni via alla concordia, della quale però con l'ajuto di Dio non era da disperare in tutto, massimamente vedendosi già buon principio, poichè questo era procurare alla Sede Apostolica una perpetua infamia, cioè ebe fosse inimica della concordia della Germania et procurare la discordia, et cosi destramente mi excusai."

54 Siehe u. a. die Berichte Morones an Farnese vom 23. Mai, 21. Juni, 4. Juli 1541 (In: Historisches Jahrbuch 4, 1881, S. 463f., 621, 628) und das bayer. Gutachten vom 1. Juni (München, Hauptstaatsarchiv, Staatsverwaltung 2731, f. 1–3; gedr. bei *L. Pastor,* Die kirchlichen Reunionsbestrebungen während der Regierung Karls V. [1879], S. 490ff.): Man muß damit rechnen, daß sich der Kaiser einem scharfen Vorgehen gegen die Protestanten versagt; „man mechte aber bey babstl. Heyligkeit und dem Kunig von Frankreich alspald guet partite finden ..."

55 Siehe *Jedin,* Konzil 1, S. 314 und S. 572, Anm. 114. Dazu das Schreiben G. Dandinos, des Nuntius am französischen Hofe, an Contarini vom 17. Mai 1541 (*Quirini,* Epistolae Reginaldi Poli, Bd. 3, 1748, S. CCLXXVIII ff.; Berichtigung des Absenders bei *W. Friedensburg* in: Quellen und Forschungen in italienischen Archiven und Bibliotheken 2 [1899], S. 214, Anm. 1).

56 Siehe zur Konzilsfrage *Jedin,* Konzil 1, S. 311ff.; zur Erneuerung des Katholischen Bundes vgl. die Einleitung von *L. Cardauns* zu NB 7, S. XXVII; ebd., S. 511ff., wichtige Aktenstücke für 1541/43.

57 Schreiben Morones an Farnese, 6. Juli 1541 (In: Historisches Jahrbuch 4, 1881, S. 631ff.). Wichtig ist auch das bisher ungedruckte Gutachten Herzog Wilhelms gegen das kaiserliche Toleranzprojekt (Rom, Arch. Vat., Arm. 64, vol. 8, S. 126ff.), das in die Mitte des Monats Juli gehört.

58 Vgl. vor allem die Darstellung von *P. Heidrich,* Karl V. und die deutschen Protestanten am Vorabend des Schmalkaldischen Krieges, Bd. 1 u. 2 (1911/12).

59 Die kaiserliche Deklaration des Regensburger Reichsabschieds vom 29. Juli 1541; vgl. ebd., Bd. 1, S. 36ff.

60 *P. Sandoval,* Historia de la vida y hechos del emperador Carlos V, Bd. 3, ed. *C. Seco Serrano* (Madrid 1956), S. 109.

61 Grundlegend *S. Riezler,* Die bayerische Politik im schmalkaldischen Kriege (= Abhandlungen der Münchener Akademie der Wissenschaften, München 1895). Der Text des zwischen Karl, Ferdinand und Herzog Wilhelm (Herzog Ludwig war am 22. April 1545 gestorben) am 2. Juni in Regensburg geschlossenen Vertrages nach Brüsseler Vorlagen bei *K. Lanz,* Correspondenz Karls V. 2, S. 647ff. Sehr wichtig für die bayerischen Verhandlungsziele, die im Vertrag nur zum Teil erreicht wurden, ist die eigenhändige Aufzeichnung Leonhard Ecks, „Was zu pessern und zu den artikeln zu setzen und zu addiren sei", gedr. bei *A. v. Druffel,* Des Viglius van Zwichem Tagebuch des Schmalkaldischen Donaukriegs (1877), S. 7ff.

62 Der Kaiser äußerte sich später in seinen „Memoires" sehr kritisch über die Haltung Bayerns bei den Verhandlungen, die zum Regensburger Vertrag führten, und während des Schmalkaldischen Krieges. Die Stelle lautet: „E visto como muito tempo antes o duque Guilhelmo de Bavera se tinha offerecido, incitando e induzindo suas Mag[s] á tomar as armas como unico remedio de tantas insolencias, suas Mag[s] fizeram trattar com elle á fim que quisesse tambem entrar no concerto ou ligua que os do Papa sollicitavam e offereciam; mas mostrandose de principio tão sollicito e quente no negocio, se esfriou de sorte que por sua causa se dilatou a conclusão mais do que convinha, e em fim se fez com elle a ligua de que pouco proveito se seguio, exceito que da suas terras foi provido o exercito imperial de vituallas." (*A. Morel-Fatio,* Historiographie de Charles-Quint [Paris 1913], S. 270.) Ohne hier in eine nähere Interpretation dieses Textes eintreten zu wollen glaube ich doch, diese Kritik des Kaisers nicht nur – wie *Riezler,* Geschichte Baierns 4, S. 394 – von der Haltung Bayerns während der Verhandlungen selbst, sondern vielleicht noch stärker von den vorausgegangenen langjährigen Differenzen in der Beurteilung der kirchenpolitischen Lage her erklären zu sollen.

63 Für die Unsicherheit der religionspolitischen Konzeption, die am Kaiserhof noch kurz vor Beginn des Schmalkaldischen Krieges herrschte, sowie für die Verzögerungstaktik des stets zum Ausgleich geneigten Granvella vgl. auch

H. Lutz, Reformatio Germaniae. Drei Denkschriften Johann Groppers (1546, 1558). In: QFiAB 37 (1957), S. 228ff.

64 Ausführliche Darstellung bei *Riezler,* Geschichte Baierns 4, S. 385ff. Die Haltung Bayerns auf dem Reichstag 1547/48 – viel gedr. Material bei *A. v. Druffel,* Briefe und Akten zur Geschichte des sechzehnten Jahrhunderts, Bd. 1 (1873) und 2 (1882) – ist noch nicht im Zusammenhang untersucht worden. – Einige in Madrid, Biblioteca Nacional, Ms. 7908, liegende eigenhändige Briefe L. Ecks an Anton Granvella, Bischof von Arras, vom Reichstag 1547/48 zeigen, wie sich die Einwirkungsversuche Bayerns auf die kaiserliche Politik durchaus nicht auf die Mobilisierung der ständischen Opposition beschränkten. U. a. griff hier Eck einen alten Gedanken der bayerischen Politik auf (siehe oben S. 110), indem er für eine Zurückdrängung der kurfürstlichen Prärogative eintrat.

65 Diese Pläne des Kaisers sind nach *D. A. Hecker,* Karls V. Plan zur Gründung eines Reichsbundes (1906) zuletzt untersucht worden von *M. Salomies,* Die Pläne Kaiser Karls V. für eine Reichsreform mit Hilfe eines allgemeinen Bundes (1953), S. 92ff. Salomies zieht hierfür auf S. 104ff. erstmals die Berichte Mesnages, des französischen Gesandten bei Karl V., heran. Diese Berichte ergeben zusammen mit den Nachrichten des Nuntius Verallo (in NB 10) und des venezianischen Gesandten Mocenigo (*G. Turba,* Venetianische Depeschen vom Kaiserhofe, Bd. 2 [Wien 1892], S. 314, 317, 322, 335, 350, 373) das oben gezeichnete Bild.

66 Siehe das hochinteressante Aktenstück bei *Druffel,* Briefe und Akten 3, S. 107f., das sich mit den von kaiserlicher Seite gegen Eck erhobenen Vorwürfen auseinandersetzt. Auf Grund des Berichtes von A. Mocenigo und L. Contarini über die Unterredung Karls mit Wilhelm wegen Eck (*Turba,* Venezianische Depeschen, S. 373f.) kann dies Stück wohl auf Mitte bis Ende Dezember datiert werden.

67 *Salomies,* Pläne für eine Reichsreform, S. 147.

68 Über die Entstehungsgeschichte des Augsburger Interims sind wir trotz der Arbeiten von G. Beutel und G. Wolf noch ungenügend unterrichtet. Auch hier wird man festen Boden erst durch G. Pfeilschifters Edition der Acta Reformationis Catholicae unter die Füße bekommen. Für die bayerische Politik wichtig das geheime Gutachten Herzog Wilhelms zur Religionsfrage vom Ende des Jahres 1547 (bei *Druffel,* Briefe und Akten 3, S. 65ff.). – Ranke hat die bayerische Interimspolitik als von Rom beeinflußt dargestellt (Reformation 5, S. 34): Wilhelm habe den Entwurf des Interim an Paul III. übersandt in der Absicht, mit der zu erwartenden abschlägigen Antwort eine Stütze für seine antikaiserliche Politik zu gewinnen. Schon Druffel (S. 75f.) hatte gegen diese Darstellung Rankes und gegen dessen Quelle (die Annales Ecclesiastici des Raynaldus) starke Bedenken. Der Nachweis dafür, daß Raynaldus eine „Responsio" Pauls IV. auf Albrechts V. Gesuch um Gewährung von Laienkelch und Priesterehe (1555/56) irrtümlich ins Jahr 1548 verlegte und daß damit auch Rankes Auffassung hinfällig ist, findet sich bei *H. Lutz,* Bayern und der Laienkelch 1548–1556. In: Quellen und Forschungen aus italienischen Archiven und Bibliotheken (1954), S. 203ff. [im vorliegenden Band S. 172ff.].

69 *F. B. v. Bucholtz,* Geschichte der Regierung Ferdinands des Ersten, Bd. 6 (1835, jetzt Neudruck Graz 1968/71), S. 240f., nach einer Vorlage in italienischer Sprache; danach *Riezler,* Geschichte Baierns 4, S. 399. Die Beziehung auf L. Eck ist nicht zweifelhaft.

70 Vgl. insbes. die bayerischen Gutachten von Anfang Juli 1552 über das Verhalten bei einem etwaigen Scheitern der Passauer Verhandlungen (*v. Druffel,* Briefe und Akten 3, S. 549ff.).

71 *Salomies,* Pläne für eine Reichsreform, S. 155ff.

72 Siehe *Brandi,* Karl V. 1, S. 506ff., und *P. Rassow,* Forschungen zur Reichsidee im 16. und 17. Jahrhundert (= Arbeitsgemeinschaft zur Forschung des Landes Nordrhein-Westfalen, Geisteswissenschaften 10, 1955), S. 8ff.

73 Siehe *Riezler,* Geschichte Baierns 4, S. 411ff., und *B. Duhr,* Geschichte der Jesuiten in den Ländern deutscher Zunge, Bd. 1 (Freiburg i. B. 1907), S. 53f.

74 Vgl. Polancos Chronicon Societatis Jesu, Bd. 1 (1894), S. 416: „Postquam autem rem deo commendassent, judicarunt nostri proponendam Cancellario Ecchio erectionem Collegii nostrae societatis in ea Universitate (Ingolstadt); cum autem Pater Claudius (Le Jay) id proposuisset, perplacuit res Cancellario ut quae perutilis in tota Bavaria futura videbatur, et se jam ante biennium ea de re cogitasse et cum Duce contulisse affirmabat, nec de eius se dubitare voluntate ... Et tunc primum tractari coeptum est in universa Germania de Collegio Societatis instituendo."

75 Siehe *W. Goetz,* Die bayerische Politik im ersten Jahrzehnt der Regierung Herzog Albrechts V. von Bayern (München 1896), und *A. Knöpfler,* Die Kelchbewegung in Baiern unter Herzog Albrecht V. (München 1891). Beide Untersuchungen bedürften heute der Überarbeitung.

76 Der enge Kontakt des gegenreformatorischen und barocken Bayern mit der romanischen Kulturwelt ist heute noch längst nicht in seiner vollen Bedeutung gewürdigt. Vgl. für diese Zusammenhänge und für die hier fällige historiographische Revision die programmatischen Ausführungen von *M. Spindler,* Der Ruf des barocken Bayern. In: Historisches Jahrbuch 74 (1955), S. 317ff. – Dabei ist zu beachten, daß diese Entwicklung sich von Anfang an durchaus nicht auf den kirchlichen Bereich beschränkte. So war z. B. der Rektor der Universität Ingolstadt, der im November 1549 die drei Jesuiten Salmeron, Le Jay und Canisius begrüßte, der italienische Jurist Francesco Zoanetto, den Herzog Wilhelm 1548 aus Bologna berufen hatte (siehe *C. Prantl,* Geschichte der Ludwigs-Maximilians-Universität, Bd. 1 [1872], S. 222).

77 Freie Übersetzung aus der Epistula dedicatoria von 1594 (zweite Widmung nach der an Papst Clemens VIII.), gedr. in C. Baronii epistulae et opuscula, ed. *R. Albericus,* Bd. 1 (1759), S. 372ff. Für die handschriftliche Überlieferung vgl. *G. Calenzio,* La Vita e gli scritti del Cardinale Cesare Baronio (1907), S. 348.

KARL V. – BIOGRAPHISCHE PROBLEME

Angesichts all dessen, was über Kaiser Karl V. geforscht und geschrieben wurde, liegt die Versuchung nahe, sich mit jener Inschrift zufrieden zu geben, die Luis de Avila, General und Geschichtsschreiber des Kaisers, in seinem Palazzo zu Plasencia unter einer Marmorbüste des Kaisers angebracht hatte:

„Carolo Quinto. Et è assai questo
Per chè si sa per tutto il mondo il resto.“[1]

Andererseits wäre es gewiß von hohem Interesse, den Wegen der Interpretation und den methodischen Fragen der überaus unterschiedlich ansetzenden und wertenden Beschäftigung mit Karl V. systematisch nachzugehen. Die vorliegende Skizze hat keine andere Absicht, als einige Gedanken und Hinweise, die sich aus einer langjährigen Beschäftigung mit der Person und der Epoche ergeben haben, in der Richtung dieser Desiderate der Forschung vorzubringen. Dabei stehen die besonderen Aufgaben der Karl-V.-Biographie im Vordergrund; allgemeinere Aspekte der biographisch-historiographischen Arbeit, die sich natürlich auf Schritt und Tritt ergeben, können nur gestreift werden[2]. Am Anfang stehen aperçuhafte Bemerkungen zur Frage des biographischen Materials und der zeitgenössischen Perspektiven (I.). Es folgen Hinweise zu den Fragen von Person und Sache in der neueren Forschung (II.) und schließlich einige Detailuntersuchungen zur Religionspolitik des Kaisers (III.), die der exemplarischen Erläuterung des heutigen Horizontes von Forschung und Interpretation dienen möchten.

I.

Das Material zur biographischen Würdigung liegt in großer Fülle in den zeitgenössischen Quellen, in Akten und Erzählungen, in Liedern, Flugschriften und Denkmalen der bildenden Kunst vor[3]. Dem Beobachtungsstil der Zeit entsprechend, richteten vor allem die ausländischen Gesandten schon früh ihre Aufmerksamkeit auf den Charakter des Heranwachsenden: Der Venezianer Vincenzo Querini nennt 1506 (?) den Knaben „assai animoso e crudele“[4]. Giustiniani äußert sich im März 1517 skeptisch über den jungen König von Kastilien: „Esso re per la qualità soa non e hom di far molto conto.“[5] 1515 betont Gasparo Contarini die „complessione in radice melanconica“[6]. Federico Badoer beschreibt im Rückblick von 1557 Karls Neigung zu den Frauen: „E stato nei piaceri venerei di non temperata volontà in ogni parte dove s'è ritrovato con donne die grande ed anche di piccola conditione.“[7] Ähnlich sammelten die Zeitgenossen Notizen über Gesundheit, Kleidung, Aussehen, Essen und Trinken des Kaisers: 1529 ließ sich Karl V. wegen dauernder Kopfschmerzen die langen Haare abschneiden, wie sie seine Großväter Ferdinand von Aragon und Maximilian und sein Vater Philipp der Schöne getragen hatten – sehr zum Leidwesen der Großen des Hofes, die nun seinem Beispiel folgten[8]. Karls Unmäßigkeit im Essen und Trinken, Streit und mangelnde Durchsetzungsfähigkeit der Ärzte und seine Gichtanfälle (seit dem Alter von 30 Jahren) wurden genau registriert.

Die meisten dieser zahlreichen Beobachtungen und Erzählungen zu Charakter und Alltagsleben des Monarchen sind von den Berichterstattern nicht naiv oder „objektiv“, sondern im Kontext ihrer politischen Bedeutung gesammelt worden. Wie sehr charakterologische und politische (und moralisch wertende) Erzählabsicht zusammengehörten, mag ein kurzer Passus aus Sandoval erläutern, der – nun freilich schon in der gegenreformatorisch-hagiographischen Stilisierung des beginnenden 17. Jahrhunderts – die erstmalige Ankunft des Kaisers in Italien 1529 und den positiven Eindruck seiner Persönlichkeit auf die Italiener schildert[9]:

„Dió les grandísimo contento a los ginoveses y a todos los démás de Italia, ver y conocer al Emperador y desengañarse de la figura en que antes le tenián, viendo su rostro hermoso, su condicíon blanda y apacibles y católicos costumbres, que le habían imaginado muy diferente, inquieto, cruel, amigo de guerras, áspero, intratable, y que sería como un Totila o alguno de aquellos bravos godos, que en los siglos pasados habían destruído a Italia . . .“

Lassen wir das hier begegnende allgemeine Problem der nachträglichen Veränderung von Perspektiven beiseite (es wäre im Falle Sandovals zu spezifizieren im Hinblick auf einen gewissen spanisch-italienischen „Interessenausgleich“ mit entpolitisierendem posttridentinischen Vorzeichen . . .). Erst recht ist bei dem zeitgenössischen biographischen Material die politisch-moralische Dimension der Charakterstudien überall mit Händen zu greifen. Eindeutig sind die Kennzeichnungen von seiten der Opposition gegen Karl V. im Reich und in Europa. Von dem populären oder höfischen Spott, der sich in den französischen und italienischen Quellen so häufig findet, etwa im Stile des Bonmots „Charles d'Autriche, Charles qui triche“ (bei Brantôme), reicht die Skala über die massive Polemik gegen die „spanische Servitut“ des Tyrannen bis zu der sublimen Entlarvungspropaganda, die sich gegen die „Hypocrisia“ des Kaisers richtet, das heißt gegen seine vorgespiegelte katholische und friedensstiftende Mission, hinter der sich bloße Machtgier und Unterdrückung der Freiheit der Völker verberge[10].

Bei internen Urteilen der unmittelbaren Mitarbeiter des Kaisers sieht es anders aus. Hier treten andere Charakterzüge in den Vordergrund, oft gerade solche Eigenschaften, die den Ministern den Geschäftsverkehr mit dem Monarchen erschweren, beziehungsweise Gesichtspunkte, in denen wir qualitative Unterschiede zwischen dem Verhaltensmodus des Kaisers und den praktischen Bedürfnissen der Mitarbeiter finden. So wirft der ältere Granvella im Zusammenhang mit dem Frieden von Crépy 1544 dem Kaiser vor: „adventurer et hazarder pour crainte de scrupules non fondéz“[11]. Der jüngere Granvella, der seinem Vater 1550 als leitender „Minister“ Karls V. folgte, beschreibt ein Verhaltensmuster in ähnlicher Weise: „Resurgevano come i capi della hydra le riprensioni et avvertimenti della conscienza.“[12] Hier treffen wir auf zwei Leitmotive in der Verhaltensbeschreibung und in der Selbstdeutung des Kaisers, die eine genaue Analyse verdienten: „conscience“ und „scrupules“, wobei letzterer Begriff – zumindest in der Spätzeit – häufig in der aufschlußreichen Verbindung „scrupules de la réligion“ auftritt.

Wieder anders sehen und beschreiben neutrale Beobachter den politisch-ethischen Habitus und Verhaltenskodex des Kaisers. 1548 resümiert der venezianische Gesandte Alvise Mocenigo: „che Cesare è giusto imperatore, ove non intervengono rispetti di stato“[13]. Nicht nur, daß mit der Wendung „rispetti di stato“ jenes überaus wichtige Begriffsfeld angesprochen wird, in welchem in der Spätzeit Karls V. und offenbar in Auseinandersetzung mit seiner Politik die so folgenreiche Formel „Ragione di stato“ ausgebildet wird[14]. Mocenigos Bemerkung führt darüber hinaus zu einem zentralen Problem der heutigen Forschung: die Gemengelage – abgekürzt ausgedrückt – traditionaler und „moderner“ Züge im Verhalten des Kaisers.

Von besonderem Interesse für eine biographietheoretische Untersuchung sind Karls V. unmittelbare Einwirkungen auf die seiner Person geltende Werbung und literarisch-historiographische Arbeit. Die zahlreichen Übergänge von dokumentarischer und propagandistischer Aktenstilisierung durch die kaiserliche Kanzlei und von rhetorischer Selbstdarstellung des Kaisers zu den Aufträgen und speziellen Weisungen an Hofhistoriographen und ad hoc gewonnene Schriftsteller (wie etwa Giovio) sind noch nicht zusammenhängend gewürdigt. Die historiographischen Abrisse bei Morel-Fatio, Brandi und Rassow bieten einige Ansatzpunkte[15]. Auch hier muß ich mich auf wenige Hinweise beschränken. Daß sie vor allem der Spätzeit des Kaisers angehören, dürfte vielleicht kein Zufall sein. Doch wäre auch für die vorhergehende Zeit intensiv zu suchen und zu sammeln.

Ein eindrucksvolles Beispiel ist die „Epistula de Bello Tunetano“, die im Namen des Luis de Avila 1550 von Karls Gentilhomme de chambre Guillaume van Male an Paolo Giovio gerichtet wurde[16]. Giovio hatte den Abschnitt über die Eroberung von Tunis durch

Karl V. 1535, die für den Druck in den „Historiarum sui temporis libri 45" vorgesehen war, an den Kaiser mit der Bitte um Durchsicht und Verbesserung geschickt. Karl gab die Sache an Luis de Avila und dieser an Guillaume van Male, der nun – unter Berufung auf sonstige Teilnehmer, aber auch auf persönliche Mitteilungen des Kaisers – fast eine Art von Gegendarstellung an Giovio übersandte. Dies hinderte im übrigen den Monarchen nicht, Giovio und Sleidan – bei dem die Dinge freilich anders lagen – als „seine zwei Lügner" zu bezeichnen[17]. – Sepulveda, der seit 1536 offizieller Hofhistoriograph war, besuchte 1557 den Kaiser in Yuste, um ihm Fragen zu seinem in Ausarbeitung befindlichen Werk „De rebus gestis Caroli Quinti" zu stellen. Der Kaiser bestritt die Wahrheit eines von dem Hofhistoriographen schön und sehr ehrenvoll dargestellten Geschehnisses. Sepulveda versuchte seine Darstellung zu retten, indem er sich die Erlaubnis erbat, den Sachverhalt bei Granvella oder Cobos zu verifizieren. „Laßt das sein", entgegnete ihm Karl, „die Sache ist unwahr, eine reine Erfindung."[18] Noch kurz vor seinem Tod gab der Kaiser Anweisung, man solle für den Fall, daß Sepulveda vor dem Druck seines Werkes sterbe, Sorge für die posthume Veröffentlichung tragen[19].

Die Motive des Kaisers, die sein Interesse an der literarischen Darstellung und „Verewigung" seiner Taten begründeten, waren Gegenstand polemischer und rechtfertigender Erörterungen. Dies läßt sich schon vom Beginn der Tätigkeit Sepulvedas an verfolgen. Unmittelbar nach der Ernennung zum Hofhistoriographen (Rom, 15. April 1536) erläutert Sepulveda in einem Brief an Gian Matteo Giberti, daß dem Kaiser jede Ruhmbegierde fernliege; er folge bei der Bestellung eines Geschichtsschreibers nur dem Brauch seiner Vorfahren: „nec id ambitioso eius [sc. Karls] consilio, quo nihil est, uti scis, *ἀφιλοτιμότερον*, sed more maiorum"[20].

Noch einen Schritt weiter führt die Frage nach den autobiographischen Aufzeichnungen des Kaisers, die heute meist unter dem Namen „Commentaires" zitiert werden (verfaßt wohl in der Hauptsache 1550 in französischer Sprache, erhalten nur eine portugiesische Übersetzung); van Male plante im Sommer 1550 eine Übersetzung ins Lateinische, was im Zusammenhang mit einem Publikationsinteresse in der Umgebung des Kaisers – damals nicht beim Kaiser selbst – zu sehen ist: „Caesar indulsit mihi libri sui versionem, ubi fuerit per Granvellanum et filium recognitus. Statui novum quoddam scribendi temperamentum effingere, mixtum ex Livio, Caesare, Suetonio et Tacito"[21]. Das Begleitschreiben, mit welchem Karl den Text der Autobiographie im Frühjahr 1552 aus Innsbruck an seinen Sohn Philipp nach Spanien sandte, setzt sich vor allem mit dem möglichen Einwand auseinander, er habe sie aus Eitelkeit verfaßt und Gott könne ihm dafür zürnen: „Diese Historia ist nicht so, wie ich gewünscht hätte. Und Gott weiß, daß ich sie nicht aus Eitelkeit verfaßte. Und wenn ich ihn dadurch gekränkt habe, so geschah meine Kränkung mehr aus Ignoranz als aus böser Absicht . . ."[22].

Warum sollte Gott durch das Verfassen der autobiographischen „Commentaires" gekränkt sein? Fünf Jahre später, in der Zurückgezogenheit von Yuste (wo der Kaiser freilich seiner Absicht, „se desnuer de tout", nur sehr unvollkommen nachkam), führte er ein Gespräch mit dem Jesuitenpater Francisco Borgia, der zuvor als Herzog von Gandia eine der Stützen des spanischen Herrschaftssystems gewesen war. Die Gewissensskrupel hinsichtlich der Autobiographie scheinen Karl V. verfolgt zu haben; Sandoval berichtet[23]:

„Der Kaiser fragte ihn [sc. Borgia], ob ihm scheine, daß ein Vorwurf der Eitelkeit bestehe, wenn jemand seine eigenen Taten beschreibe; denn er habe all seine Unternehmungen (jornadas) beschrieben und die Ursachen und Motive, die ihn dazu veranlaßt haben. Und daß ihn nicht Ruhmgier noch Eitelkeit bewogen habe, sondern nur die Absicht, die Wahrheit bekanntzumachen (sino sólo porque se supiese la verdad); denn die Historiker dieser Zeit, die er gelesen habe, verdunkeln die Wahrheit, weil sie sie nicht kennen oder infolge ihrer Affekte oder ihrer persönlichen Parteinahme (pasiones particulares)."

Die Antwort des Paters ist nicht überliefert; gegenüber einer solchen Äußerung des Kaisers mochte sie wohl auch nicht mehr viel bedeuten. – Die Einschätzung und Interpretation der Autobiographie des Kaisers ist im übrigen umstritten. Karl Brandis Bestreben, dem Aufsuchen bestimmter Tendenzen (Förderung der spanischen Sukzession oder Rechtfertigung der kaiserlichen Politik vor Spaniern und Niederländern) mit dem Stichwort der „Unbefangenheit, mit der Karl auf sein Leben und die jüngsten Kriege zurückblickte", entgegenzutreten[24], dürfte wenig überzeugen. Ohne ins Detail zu gehen, sei das außerordentliche Interesse an einer neuerlichen Analyse dieses Textes betont, dessen Sprödigkeit jede rasche Intuition abweist. Nur durch umfassende Vergleiche mit den sonstigen Selbstaussagen des Kaisers in Testamenten, Denkschriften, öffentlichen Erklärungen (mit ihren Konstanten und Varianten) wird man dem Kern der Sache näherkommen. Es scheint in diesem Text ein totaler Dualismus zu herrschen, wo der böse Zustand der Welt – Ungehorsam, Treulosigkeit, Widerstand Frankreichs oder der deutschen Fürsten und Städte oder der italienischen Mächte und der Päpste – und der gute Zustand der Welt in einem einfachen Schema kontrastiert werden. Und die Wendung vom Bösen zum Guten geschieht durch den bewaffneten Kampf und Sieg des Kaisers an der Spitze seiner Heere. Wohl nicht zufällig liebte er es in jenen Jahren, sich aus dem Alten Testament vorlesen zu lassen. Van Male, sein nächtlicher Gesprächspartner und Vorleser, berichtet davon: „Theologamur valde serio in psalmodia, spiritus ille Davidicus videtur prorsus in Caesare resuscitatus."[25]

II.

Die moderne wissenschaftliche Biographik und Historiographie zum Thema Karls V. war sich wohl von Anfang an des besonderen Bezuges zwischen Person und Sache bewußt. Die wesentlichen Unterschiede treten deutlich hervor, wenn man darauf sieht, wie die Person thematisiert und „behandelt", wie die Sache entfaltet und angefaßt wird und – vor allem – wie die Bezüge zwischen Person und Sache hergestellt werden. Dazu einige Beispiele.

Was die Sache angeht, so gibt es einen erheblichen Unterschied zwischen einer *südeuropäischen* und einer *mitteleuropäischen* Interpretation Karls V. Letztere hat in diesem Jahrhundert mehrere Vertreter im deutschen Sprachraum aufzuweisen. Aber gerade Forscher wie etwa Cardauns, Friedensburg, Walser, Brandi und Rassow[26] gingen angesichts der Sachlage von der Einsicht aus, daß die südeuropäische Komponente bei Karl V. sorgfältig einzubeziehen ist. Dies erforderte freilich eine enorme Spannweite der Forschung, wie sie bei dem heutigen Trend und Druck zur Spezialisierung immer seltener wird. Zu beachten ist weiterhin, daß diese weiten Forschungsperspektiven – Karl V. sowohl mitteleuropäisch als auch südeuropäisch zu fassen – Neigungen zu konstruktivistischem Vorgehen förderten. (Das ist deutlich bei Peter Rassow; aber auch hinter der epischen Erzählweise Karl Brandis steht viel mehr Konstruktion, als der Leser zunächst vermuten möchte!) Im angelsächsischen Bereich, etwa bei Armstrong, Merriman, Tyler und Lynch[27], finden wir die mitteleuropäische Komponente verhältnismäßig schwach entwickelt, was wohl auch durch die Sprachbarriere hinsichtlich des Frühneuhochdeutschen bedingt ist. Erst recht zeigt sich dies bei den meisten spanischen, italienischen und französischen Forschern, die der südeuropäischen Interpretation zuzurechnen sind. Gelehrte wie Fernández Alvarez, Vincens Vives, Chaunu, Lapeyre[28] kreisen mit ihren Arbeiten vor allem um Spanien. Diese Konzentration brachte überaus wertvolle Fortschritte. Aber die südeuropäische Interpretation tendiert – wohl mehr als die von Mitteleuropa ausgehende Forschung – zu einer vorschnellen Eingrenzung. Das bedeutet jedoch für die Interpretation Karls V. nicht nur eine Vernachlässigung der Probleme des römisch-deutschen Reiches, die spätestens seit 1543 so entscheidend wurden. Auch das Verhältnis des Kaisers zu Nord- und Osteuropa, zur Türkenfrage, zur Reformation, zu Papsttum und Konzil und zum Sukzessionsproblem kann ohne gründliche Einbeziehung der mitteleuropäischen Fragen nicht zutreffend erfaßt werden. Dies ist für die heutige Forschungssituation von besonderer Bedeutung. Es wäre eine umfassendere Koordination der südeuropäischen Perspektiven mit den mitteleuropäischen zu wünschen, wie sie unter den heutigen Forschern für den kirchengeschichtlichen Bereich Hubert Jedin vorbildlich durchgeführt hat[29].

Wie verbindet man Person und Sache? Karl Brandi bietet ein eindrucksvolles Beispiel. Er gibt im Untertitel seines Werkes den Parallelismus an, der eine umfassende und ausgeglichene Behandlung ermöglichen soll: „Werden und Schicksal einer Persönlichkeit und eines Weltreiches“. Dieser harmonisierende Ansatz, der die dynastische Wurzel betont und im übrigen auf einer immensen, lebenslänglichen Quellenarbeit beruht, setzt deutlich Traditionen des 19. Jahrhunderts fort. Dies gilt sowohl für das „klassische“ Modell von Persönlichkeit wie für die politische Ebene. Das Stichwort von Karls Ziel „à organiser politiquement l'Europe“ findet sich 1843 in der Würdigung, die der belgische Baron Reiffenberg schrieb[30]. Etwas später sprach Kervyn de Lettenhove von der „tardive rehabilitation“, die dem Kaiser seit einiger Zeit zuteil werde. Gewiß hatte der deutsche Historiker Brandi in der Überwindung der konfessionellen Polemik, die sich gerade in der zweiten Hälfte des 19. Jahrhunderts an die Person und Wirkung Karls V. geknüpft hatte, weit mehr zu leisten als die älteren flämischen Wiedererwecker des kaiserlichen Ruhmes. Dennoch scheint – gerade in der epischen Form und der unproblematischen Konzeption des Zusammenklangs von „Persönlichkeit und Weltreich“ – bei Brandi der Rückgriff auf das vormärzliche Lob Karls V. deutlich. Gewiß hat Brandi in der ausgedehnten und differenzierten Quellenarbeit, vor allem in dem Authentizität suchenden Zugriff auf die „persönlichen“, eigenhändigen Aufzeichnungen des Herrschers, enorme methodische Fortschritte gebracht[31]. Aber wie nahe liegt doch seine biographische „Grundstimmung“ bei dem erwärmenden Text, mit welchem Reiffenberg 1843 die Edition der Briefe des kaiserlichen Kammerherrn van Male einleitete[32]:

„Charles-Quint est du petit nombre des princes qui contre les lois de l'optique vulgaire, grandissent en avançant dans la postérité. A mesure que l'histoire du seizieme siècle se recompose sur des données nouvelles, que les erreurs convenues s'effacent devant des faits pris à la source, on admire davantage le génie de ce monarque qui créa la politique d'équilibre; fit participer au mouvement général plusieurs nations naguerè à peine connues de nom; travailla toute sa vie à repousser la domination ottomane . . .; maintint l'Eglise romaine . . .; fonda, malgré ses fortunes diverses, la puissance de l'Empire et de l'Espagne, et porta sans fléchir la meilleure partie du monde.“

Ganz anders sehen die Zusammenhänge von Person und Sache, die Kriterien und die Urteile aus, wenn nicht das „Ganze“ als Ziel und Ausgangspunkt genommen wird, sondern bestimmte Teile, etwa Spanien oder Deutschland oder der deutsche Protestantismus. Auf die Religionspolitik Karls V. ist im folgenden Abschnitt zurückzukommen. Was die Bezüge zum protestantischen Deutschland angeht, so ist etwa Hermann Baumgarten repräsentativ für die schlüssigen Aussagen in der Bismarckschen Epoche. Die Tatsache, daß es in dem neugegründeten kleindeutschen Reich zwei verschiedene Bekenntnisse gibt, wird Karl V. als persönliche Leistung beziehungsweise Schuld angelastet[33]. Diese Sicht lenkte den Blick nicht nur von den europäischen Perspektiven ab, sie verfehlte durch personalisierende Engführung auch die Sache der Reformation. – Im Falle Spaniens sind die Urteile nicht einheitlich. Einsichten, daß der Aufstieg Spaniens im 16. Jahrhundert nicht zu trennen ist von der habsburgischen Integrationspolitik, stehen zum Teil apodiktische Urteile über die Schädlichkeit der Verbindung mit der habsburgisch-burgundischen Erbmasse gegenüber. Merriman ging schließlich so weit, zu sagen: „The Burgundian inheritance, with all that it implied, was full of evil portent for the future of the Spanish Empire.“[34]

Die neuere Diskussion, die auf das Ganze in der Person und der Wirkungen des Kaisers zielt, hat einen ihrer Brennpunkte in der Frage nach der „Kaiseridee“ Karls V. Hier wird die Vermittlung zwischen Person und Sache von einem zunächst geistesgeschichtlichen Ansatz her untersucht (entsprechend dem Beginn dieser Diskussion in den zwanziger und dreißiger Jahren). Dieser geistesgeschichtliche Vermittlungsversuch erwies sich insofern als fruchtbar, als er zahlreiche verschiedene Interpretationsfragen und -faktoren zu verbinden imstande war. Mit erheblichem Gewinn konnte von hier aus auch in die strukturgeschichtlichen Fragen vorgedrungen werden: Fragen nach der typologischen Einordnung des Herrschaftssystems Karls zwischen Mittelalter und Neuzeit, nach den Folgen seiner imperialen Politik für den Werdeprozeß des frühneuzeitlichen Staates und für den Wandel beziehungsweise die Formierung des europäischen Staatensystems. Einen knappen, gut zusammenfassenden Überblick über diese Kaiseridee-Diskussion findet man bei Henry Lapeyre[35].

Peter Rassow hat die Klammerfunktion der Kaiseridee im mittelalterlichen Sinne stark betont: „Das *Reich* Karls V. war das im Erbgang ihm zugefallene Konglomerat von Staaten und Herrschaften in Burgund und Spanien und in Österreich, hinübergreifend nach Italien, Afrika und den neuen Reichen jenseits des Ozeans. Die *Reichsidee* aber war die mittelalterliche Idee des Kaisertums, die dem Papsttum zugeordnete Führungsaufgabe in der Christenheit.“[36] Dagegen stand für Brandi die dynastische Idee im Mittelpunkt, und zwar verbunden mit einer modernisierenden Wirkung auf das Staatsleben: „Er [Karl V.] bildete zugleich aus der Summe der von ihm ererbten Herrschaftstitel einen neuen europäischen und in gewissem Sinne überseeischen Imperialismus, ein Weltreich, das zum ersten Male nicht auf Eroberung, noch weniger auf einer zusammenhängenden Ländermasse aufgebaut war, sondern auf der dynastischen Idee und der Einheit des Glaubens . . . Die unvermeidlich überterritoriale Kabinettspolitik Karls führte seine Reiche aus den veralteten Staatsformen des aufgelösten Ritter- und Städtestaates mit ihren Privilegien, lokalen Fehden und Machtverschiebungen zu einer höheren Stufe der Staatsidee . . . Die letzte Wirkung der dynastischen Weltmachtspolitik Karls lag deshalb überraschend genug doch wieder in der Richtung der beherrschenden Idee des Jahrhunderts aufsteigender moderner europäischer Staaten.“[37] Gegenüber diesen abgestuft universalen Interpretationen nahm Menéndez Pidal den Kaiser für eine eindeutig national-spanisch geprägte „Idea imperial“ in Anspruch[38].

Der Verklärung und Überhöhung von Karls Politik, die den Interpretationen dieser Autoren in gewisser Hinsicht gemeinsam waren und auch in manchen Beiträgen zu dem Gedenkjahr 1958 zum Ausdruck kamen[39], standen schärfere Urteile entgegen, die vor allem das zentrale politische Problem des Kaisers, den Dauerkonflikt mit Frankreich, kritisch unter die Lupe nahmen. Cardauns hatte schon früher das große italienische Konfliktpotential zwischen Habsburg und Frankreich betont, das für Karl V. und Franz I. gewissermaßen einen Systemzwang zur dauernden Rivalität bedeutete. Neuerdings unterstrich Tyler von der burgundischen Frage her die Konfrontation mit Frankreich und schrieb Karl V. 1519/1521 den Abbruch der vorausgegangenen Befriedungspolitik zu: „So hatte Karl im europäischen Konzert eine Aktienmehrheit erworben. Aber dafür verließ er die Befriedungspolitik mit Frankreich, welche es bisher erlaubt hatte, die verbliebenen burgundischen Länder nach dem Verlust des Herzogtums selbst zusammenzuhalten. Die Wiedergewinnung dieses Herzogtums . . . war nun ein Kriegsziel geworden und würde die nationale Einheit Frankreichs zerstören, an der schon eine lange Reihe französischer Könige gearbeitet hatte und die gerade erst vollendet worden war. Nur eine vernichtende Niederlage, besiegelt durch militärische Besetzung, wie Frankreich sie bereits vor hundert Jahren erlebt hatte, würde diesem Staat die Opferung des Herzogtums Burgund aufzwingen können.“[40] Interessanterweise hat auch Peter Rassow in seiner zuletzt erschienenen biographischen Skizze seine früheren Auffassungen von dem „überstaatlichen“ Charakter der Reichsidee Karls V. und seine davon abgeleiteten Bewertungen etwas modifiziert. Nicht nur die Spannungen zwischen den subjektiven Anschauungen Karls V. und der politischen Realität als solche, sondern auch die Schärfe und die Konsequenzen der Frankreichpolitik des Kaisers werden deutlicher gezeigt, so etwa am Beispiel Mailands, das der Mittelpunkt der habsburgisch-französischen Ausgleichsbemühungen der späten dreißiger Jahre war: „Wir wissen, daß er [Karl V.] nun seit 1536 entschlossen war, einen französischen Prinzen mit Mailand zu belehnen, wenn auch gewiß unter den stärksten Sicherungen. Dies war seitdem der Ausgangspunkt für alle Verhandlungen mit Frankreich gewesen. Plötzlich – im Oktober 1540 – stürzte er selbst diesen Grundpfeiler des europäischen Friedenszustandes um, indem er seinen eigenen Sohn, den dreizehnjährigen Prinzen Philipp, mit Mailand investierte.“[41]

Als ein Angelpunkt der Beurteilung erweist sich die Einschätzung der Ideen und des Einflusses von Karls Großkanzler Mercurino Gattinara († 1530), der – begünstigt durch den Tod des profranzösischen Chièvres (1521) – in den zwanziger Jahren der eigentliche politische „Ideologe" des Kaiserhofes wurde. Gegen Brandis harmonisierende Darstellung habe ich den radikalen und offensiven Charakter von Gattinaras Programm des „Dominium mundi" betont[42]. Die Konzeption des Piemontesen Gattinara beruhte auf ghibellinischer Tradition, römisch-rechtlichem Denken und den Erfahrungen der labilen politischen Kleinwelt Italiens. Sie setzte als ein neuartiges rationales Einheitsprogramm den absoluten Weltherrschaftsanspruch des Kaisers dem spätmittelalterlichen Staatenpluralismus entgegen. Die Prämisse Gattinaras, Italien zu befrieden und zum Zentrum der kaiserlichen Herrschaft zu machen, konnte nur gegen Frankreich durchgesetzt werden. Es ist offenkundig, daß Gattinara in diesem Sinne seit 1521 das Ziel verfolgte, die Existenz Frankreichs als selbständige Großmacht zu zerstören. (Eine Variante in diesem Programm war die Errichtung eines südfranzösischen Satellitenstaates unter dem Connétable von Bourbon.) Doch wieweit hat Gattinara sich bei Karl V. durchgesetzt? Die Frage der konkurrierenden Einflüsse, der hieraus folgenden Kompromisse und der Ergebnisse für die europäische Politik hat jüngst Alfred Kohler in komprimierter Form behandelt: „Die Frage nach der Bedeutung von Gattinaras Konzeption hängt aufs engste zusammen mit der Einschätzung der strukturellen Voraussetzungen und Möglichkeiten sowie der Spannungsverhältnisse, die in Karls Umgebung zwischen dynastischer Tradition und neuem Einheitsprogramm bestanden. Die Forschung stellte mit Recht fest, daß der junge Monarch nicht bedingungslos folgte, sondern sich im Sinne der monarchischen Solidarität (1525/26) gegen die Errichtung eines französischen Satellitenstaates unter Bourbon entschied ... Der Weg des Kompromisses zwischen Dominium mundi und christlicher Solidarität der Monarchen war eingeschlagen ... Karl ist an diesem System gescheitert; er konnte den irreversiblen Hegemoniekampf zwischen Habsburg und Valois nicht beenden."[43]

In dieser Perspektive ergeben sich zahlreiche weitere Fragen, die sowohl das Verhältnis von Konzeption und Trägergruppen wie die wechselnden Bündniskonstellationen und Kräftereserven, den legitimierenden Appell an die Öffentlichkeit und die Gruppierungen innerhalb der beiden rivalisierenden Dynastien betreffen. Die schlichte Gegenüberstellung von mittelalterlichem Universalismus (bei Karl V.) und modernem französischen Nationalstaat hat gewiß ausgedient. Schwieriger ist es, ein neues Interpretationsmuster zu entwickeln, das nicht nur die relative Vergleichbarkeit der beiden Konfliktpartner deutlich macht, sondern auch die jeweils spezifische Mischung traditionaler und moderner Elemente im Selbstverständnis und im politischen System der beiden Seiten und das allgemeine Vorangetriebenwerden der politischen „Modernisierung" Europas durch den Dauerkonflikt zeigt. Ein anregendes Beispiel strukturgeschichtlicher Betrachtungsweise bietet Pierre Chaunu, der die habsburgisch-spanische Heiratspolitik und ihre Konsequenzen während der Regierung Karls V. als den Versuch einer „Gegengewichtung" gegen die demographisch-staatliche „Verdichtung" in Frankreich erklären will[44]:

„Die Heiratspolitik der Häuser Burgund, Habsburg, auch der Trastamare in Kastilien und in Aragon, die in Frankreich als eine Einkreisung des Königreiches aufgefaßt wurde, kann vielleicht ebensogut als Versuch einer Gegengewichtung (rééquilibrage) verstanden werden. Es fällt auf, daß in der Mitte Europas eine Achse mit dichter Bevölkerung besteht, die von Südengland bis zur südlichen Toscana auf etwas mehr als einer Million qkm an der Wende vom 13. zum 14. Jahrhundert 40 Einwohner pro qkm erreicht. Das französische Königreich vereinigt auf 450.000 qkm etwas mehr als die Hälfte der Bevölkerung dieses Bereiches mit dichter Besiedlung. Entlang dieser Achse, im Süden, Osten und Norden des Königreiches, ist der Prozeß der Ausbildung des Territorialstaates gegenüber dem französischen Modell weit zurück; noch mehr ist dies der Fall jenseits der Pyrenäen, wo die Bevölkerungsdichte der iberischen Halbinsel zwischen 5 und 10 Einwohnern pro qkm schwankt (mit einigen Verdichtungen nur bis 20 pro qkm). Die Heiratspolitik, die seit 1516 unter der Herrschaft Karls V. ihre Früchte trägt, tendiert zum Ausgleich eines Ungleichgewichts, dessen Ursache im Zentrum sitzt – infolge des Gewichtes des französischen Königreiches. Indem der habsburgische Herrschaftsverband Kronen, Staaten und Königreiche rund um das Regnum Francorum sammelte, hat er die geographische Ausdehnung Frankreichs blockiert. Die Macht Karls V., die Frankreich aus Italien vertrieb und das geographische Wachstum des Königreiches abschnitt, hat à la longue Frankreich mehr genützt, als irgendeinem der habsburgischen Staaten, inbegriffen – an erster Stelle – Kastilien."

Man fragt sich: Wie passiert so etwas? Haben die Initiatoren und Vollstrecker dieser habsburgisch-spanischen Heiratspolitik das so ähnlich gewußt und gesehen wie Pierre Chaunu; wohl ohne die genauen Zahlen, aber doch ungefähr so? Oder müssen wir mit anderen Motivationen beziehungsweise mit einer Mehrzahl von Motivationen und Intentionen rechnen? Und wenn dann die anfänglichen Erfolge Karls V. später zum Schaden Habsburgs ausschlugen und zum Vorteil Frankreichs – wie und warum kam es dazu? War hier – nach Chaunu – eine höhere „List der Vernunft" am Werk, die erst mit dem Schein einer rationalen Politik der „rééquilibrage" zur Einkreisung Frankreichs verlockte und dann im Sinne von „Weltgeschichte als Weltgericht" gegen die anmaßende Länderhäufung Karls V. für die wahre Rationalität in Gestalt des französischen Nationalstaates entschied? Man sieht, welch anregendes Neuland von Sachfragen, Methodenreflexion und Wertfragen sich auftut, sobald eine unkonventionelle Perspektive für die Bezüge von Person und Sache gewählt wird.

Die Frage nach den Gründen für das Scheitern Karls V. wird manchmal naiv gestellt, manchmal doch auch mit der wichtigen Vorfrage verbunden, ob und inwiefern überhaupt Chancen einer geringeren Differenz zwischen Wollen und Ergebnis bestanden haben. In jedem Fall sind Analysen des Scheiterns (das ja kein totales, sondern ein partielles war) deshalb von Bedeutung, weil sie auch die Bedingungen des partiellen Nicht-Scheiterns erhellen: etwa die Aussonderung und Konsolidierung des ferdinandeischen Teilsystems[45] oder die dauerhafte Befestigung der spanischen Herrschaft in Italien oder den Stand, der 1556/1558 gegenüber dem Islam zu Land und im Mittelmeer erreicht war. H. G. Koenigsberger geht in umsichtiger Weise den strukturellen Bedingungen nach[48]: „The emperor's failure to develop a nonpersonal institutional organization for this empire was not, however, the result only of the personal view he took of his office, but also of the attitude of his different dominions. He was no Alexander or Napoleon who had conquered his empire, but the hereditary and legitimate ruler of each of his states whose laws and customs he had sworn to maintain." Die Stärke der innerdeutschen Opposition als negativer Faktor auch von der Seite der katholischen Stände her erweist sich bei einer Analyse des Verhältnisses von Bayern zu Karl V.[47] In andere Richtung weist die Annahme, die politischen Widerstände im Reich und in Europa – ganz abgesehen von den strukturellen Hemmnissen der Machtmobilisierung – allein böten keine hinreichende Erklärung für das Scheitern; der Einsturz des 1547/48 Erreichten sei erst durch das Dazutreten der religiösen Widerstandskräfte bewirkt worden. Ob es sich bei dieser Annahme um eine Überschätzung der innerdeutschen und der kirchlichen Perspektiven handelt oder nicht, kann nur im Zusammenhang mit der Diskussion über die Religionspolitik Karls V. erörtert werden.

III.

Person und Sache: Etwas näher sollen heutige Fragen und Möglichkeiten der biographischen Annäherung an einem besonders wichtigen und kontroversen Bereich erläutert werden – an der Religionspolitik Karls V. Insgesamt stehen auf dem Gebiet der kirchlichen Vorstellungen und Maßstäbe des Kaisers und ihrer strukturellen Bedingungen in den verschiedenen Teilen seines Weltreiches noch wichtige Klärungen aus. Die folgende Untersuchung konzentriert sich auf drei Abschnitte: auf den Wormser Reichstag, wo Karl V. zum ersten Mal in der großen Öffentlichkeit auf die Herausforderung durch Luther zu antworten hatte; auf die Eröffnung des Trienter Konzils 1545, mit den konfliktträchtigen Verhandlungen zwischen Kaiser und Papst über Konzil und Krieg gegen die Protestanten; schließlich auf die Wiedereröffnung des Konzils 1550/51 in der Zusammenarbeit von Karl V. und Julius III. Überaus wichtige andere Fragen, etwa die kirchliche Unionspolitik des Kaisers (1530, 1540/41) und die Probleme um die zwangskirchlichen und reformkatholischen Maßnahmen im Reich nach dem Sieg gegen die Schmalkaldener, müssen außer Betracht bleiben. – Drei Vorfragen verdienen eine kurze Behandlung:

Wie war Karls V. persönliche Stellung zu Kirche, Papsttum und Konzil?

Was bedeutete Karls jeweilige Funktion als „Landesherr" für seine Religions- und Konzilspolitik?

Wie sah das Verhältnis der europäischen Politik des Kaisers zu seiner Religions- und Konzilspolitik aus?

Als Ausgangspunkt für die erste Frage können Formulierungen Hubert Jedins dienen:

„Wie der Kaiser sich als weltliches Haupt der Respublica Christiana und als Schutzherr, als Advokat und Protektor der Kirche fühlte, so sah er im Konzil die Repräsentation eben dieser Christenheit, die, weil zugleich Kirche, unter der geistlichen Leitung des Papstes stand, aber als Versammlung der Christenheit der Mitwirkung des weltlichen Hauptes bedurfte . . . Während Franz I. von Frankreich konziliaristisch dachte, d. h. den Papst dem Konzil unterordnete, hat der Kaiser in dieser für das Papsttum lebenswichtigen Frage niemals geschwankt."[48]

Von dieser Position der Forschung aus ist nun Zug um Zug weiterzufragen, um den Bezugsrahmen des Problems zu zeigen. Was tritt ein, wenn der Kaiser als Schutzherr den Anspruch stellt, daß der Ort des Konzils nur mit seinem Einverständnis festgesetzt werden kann? Was geschieht, wenn der Kaiser verlangt, daß hinsichtlich des Programms der Konzilsarbeit (Dogmen und/oder Reform) seine Hinweise und Wünsche beachtet werden, da ja er für die „Exekution" des Konzils zuständig sei? Was bedeutet es, wenn der Kaiser es als sein Recht, vielmehr als seine Pflicht ansieht, die Konzilsteilnehmer aus seinen Landen erst einmal auszuwählen und zu entsenden und sie dann durch seine Konzilsgesandten laufend zu dirigieren? Was ergibt sich, wenn der Kaiser eine Politik betreibt, die den Papst in Sachen des Konzils durch vertragliche Abmachungen (hinter denen eine politische Übermacht steht) nicht nur punktuell, sondern längerfristig gefügig machen soll?

Man könnte die Aufzählung dieser Modalitäten fortsetzen. Überall zeigt sich das Bestreben des Kaisers (dem offenbar eine tiefe persönliche Überzeugung zugrunde lag), ohne die kirchenrechtliche Position des Papstes formal anzufechten, nun doch sehr weitgehende Lenkungsfunktionen gegenüber dem Konzil wahrzunehmen. Für diesen Tatbestand scheint mir der Begriff „Mitwirkung" zu harmlos und zu eingeschränkt. Wenn man bedenkt, wie angesichts der damals durchaus fließenden Grenze zwischen Christenheit (Respublica Christiana) und Kirche der Kaiser gewissermaßen als „Laie von oben" seine Rechte und seine Macht zur Geltung bringt, dann erscheint auch die weitergehende Formel „Mitbestimmung" vielleicht noch ungenügend, um den Sachverhalt zwischen Karl V., Papst und Konzil auszudrücken. Denn eine weitere Beobachtungsreihe schließt sich an: Angesichts dieser teils pragmatischen, teils auch theoretisch begründeten Politik des Kaisers wird nämlich die reale Autonomie des Konzils als korporatives Organ der Kirche/Christenheit von Anfang an in Frage gestellt. Weiter sind Zeitfaktoren und Entwicklungsmomente zwischen Kaiser, Papst und Konzil in Rechnung zu setzen. Gewiß fällt der Höhepunkt der Kritik Karls V. am Papst erst in die Spätzeit Pauls III. Aber diese Kritik hat sehr interessante und weitreichende Züge. Wenn der Kaiser äußert, daß er besser weiß als der Papst, was der Christenheit frommt, so zeigt diese Aussage, als Erfahrungssatz vorgebracht, schon transpersonale Züge und richtet sich an die Institution des Papsttums.

Dies alles dürfte viel wichtiger sein als das gelegentliche Reden in der Umgebung des Kaisers: Karl V. werde ein Konzil ohne den Papst machen. Ohne Zweifel haben wir es bei der persönlichen Stellung Karls V. zu Papsttum und Konzil mit sehr komplexen Fragen zu tun, die noch weit über die klaren Loyalitätsgrenzen der posttridentinischen Kirchlichkeit hinausgreifen. Sie sind mit posttridentinischen Kategorien nicht zu fassen; ebensowenig lassen sie sich allein auf der Ebene kanonistischer Doktrin zureichend behandeln, denn es dürfte sich um ein vielschichtiges Konglomerat von politischen Ansprüchen, Theorien, Erfahrungen, Stimmungen und vor allem von regionalen staatskirchlichen Traditionen handeln.

Die zweite Frage lautet: Was bedeutete Karls jeweilige Funktion als „Landesherr" für seine Religions- und Konzilspolitik? Hier ist die Forschungslage weit schlechter als im Bereich der ersten Frage. Denn hier ist das feine Netzwerk der Kommunikation von unten nach oben und von oben nach unten, von Pfarreien, Bistümern, Orden, staatlichen Behörden, Predigt, Büchern, Flugschriften, Memoranden, Konferenzen, Synoden in Sachen Protestantismus, Konzil und Reform systematisch zu erforschen, wie es seit dem Beginn der Reformation auf den Kaiser wirkte und vom Kaiser – direkt und indirekt, intentional und nichtintentional – beeinflußt wurde. Wohl gibt es eine Reihe von regionalen Untersuchungen verschiedener Güte. Aber für unsere Frage: die kirchlich-administrative Basis mit all ihren Mißständen, Wünschen, Nöten, Reformansätzen etc. in ihrer Wirkung auf Karls Religions- und Konzilspolitik und umgekehrt – für diese Frage stehen wir in der Forschung noch sehr am Anfang. Einige Rahmenbedingungen lassen sich vielleicht andeuten. Auszugehen ist von der sehr unterschiedlichen, teilweise widersprüchlichen Situation in den einzelnen Gebieten. Die burgundische Heimat des Kaisers, das heißt der niederländisch-burgundische Länderkomplex, tritt unter dem Gesichtspunkt der allgemeinen religionspolitischen Entscheidungen eher etwas zurück. In Spanien wird die sachliche und personelle Orientierung am ehesten faßbar; wir sehen die staatskirchenrechtliche Situation (ähnlich Frankreich), dazu eine bedeutende Reformtradition. Aber die Frage, welchen Stellenwert diese spanische Basis und ihre Artikulation für Karls Religions- und Konzilspolitik jeweils hatte, ist keineswegs leicht zu beantworten. An sich wäre ja die Situation ähnlich der italienischen gewesen (nur mit viel eindeutigerem staatskirchenrechtlichen Zuschnitt); hätte dies nicht schließlich in Richtung der bekannten Konzeption des Konzilslegaten Cervini wirken sollen: Verzicht auf die Rückgewinnung der Häretiker, Konzentration auf die Bewahrung und Stärkung der treugebliebenen Katholiken? Aber bei Karl V. zeigt sich das Gegenteil. Er wollte das Konzil unbedingt offenhalten für die Protestanten. Der Angelpunkt gerade dieses Programms lag bekanntlich nicht in Spanien, sondern im deutschen Bereich. Und hier stößt jeder Versuch, die Zusammenhänge Basis–Kaiser–Basis zu analysieren, auf besonders komplizierte Verhältnisse.

In Deutschland war der Kaiser nirgendwo unmittelbar Landesherr. Die Basis-Probleme in Hinsicht auf Protestantismus, Konzil und Reform konzentrierten sich einerseits bei Ferdinand (der aber kirchenpolitisch nicht wirklich selbständig auftreten konnte, sondern seine, wiederholt von Karl abweichenden Gesichtspunkte nur mühsam und partiell oder gar nicht in die Zieldefinitionen und Praxis der kaiserlichen Politik einbringen konnte; man denke an sein Widerstreben gegen die Koppelung von Krieg und Konzil!). Andererseits standen die deutschen Territorialgewalten, geistliche und weltliche, Fürsten und Städte, dem Kaiser in der föderativen Verfassung des Reiches, im Reichstag, gegenüber. Über alle konfessionelle Parteibildung hinweg gab es hier dauerhafte, tiefe politisch-konstitutionelle Gegensätze. Der Kaiser wollte von Anfang an eine wesentliche Stärkung seiner Exekutivgewalt im Reich im Sinne moderner monarchischer Zentralisierung. Die Reichsstände wollten Bewahrung ihrer Rechte und Ausbau ihrer Eigenstaatlichkeit. So ist es zu erklären, daß der Kaiser nie eine wirkliche Partei unter den bedeutenderen katholischen Ständen hatte. Und weiter: Die deutschen Bischöfe konnten sich gegenüber der kaiserlichen Protestanten- und Konzilspolitik niemals direkt und frei im kirchlichen Sinne, sondern stets nur im politischen Kontext artikulieren: Sorge vor der Monarchie des Kaisers, Verteidigung ihrer landesfürstlichen Selbständigkeit, Rücksicht auf ihre protestantischen Standesgenossen. Dem entsprach andererseits die letztlich totale Politisierung der kirchlichen Bestrebungen des Kaisers gegenüber den Ständen: Statt eines Freiraumes für authentische Formulierung von Konzils- und Reformanliegen (von Katholiken und Protestanten) bietet die Reichspolitik fast immer das Bild eines mit allen taktischen Finessen durchgespielten Machtkampfes zwischen Kaiser und Ständen, wo Hilfe gegen die Türken und gegen die Franzosen mit religionspolitischen Konzessionen verrechnet wurde, ganz abgesehen von dem verfassungspolitischen Grundkonflikt, der immer wieder über die Konfessionsgrenze hinweg viele der größeren Reichsstände gegen den Kaiser zusammenführte. Nicht, daß Karl hier prinzipiell gewissenlos gehandelt, gespielt und seinen Auftrag – was immer man subjektiv und objektiv darunter verstehen will – verraten hätte. Aber das Spielsystem war so, daß der Kaiser immer weiter auf die Bahn gefährlicher taktischer Züge und Konzessionen geriet. Er meinte, alles in puncto religionis Zugestandene später wieder zurücknehmen zu können. Aber im Schatten dieser über Jahrzehnte geübten *Wechselreiterei* ergab sich Unwiderrufliches: Die zeitbedingten und befristeten religionspolitischen Konzessionen verwandelten sich in unbefristete; die Wechsel waren nicht mehr gedeckt.

Und nun zur dritten Frage: Wie gestaltete sich bei Karl V. das Verhältnis von europäischer Politik und Religionspolitik? Die Erläuterung hat auszugehen von dem Blick auf die Stellung und die Ziele des Kaisers in Europa. Die Konfliktträchtigkeit der europäischen Konstellation, innerhalb welcher Karl das Programm eines Dominium mundi zu realisieren suchte, kann gar nicht hoch genug eingeschätzt werden. Dieser Anspruch mußte ja unter anderem bedeuten, daß der staatlichen Selbständigkeit Frankreichs ein Ende zu setzen war. Nachdem im ersten Krieg 1521–1526 sich gezeigt hatte, daß die Absicht einer Zerstörung der staatlichen Selbständigkeit Frankreichs unter anderem an der in Jahrhunderten gewachsenen inneren Kohärenz dieses Staates scheiterte, blieb doch bis zu Karls Abdankung und darüber hinaus der einmal beschrittene Circulus vitiosus unauflösbar in Kraft: Überall, in Italien, Deutschland, Osteuropa, selbst in Amerika standen sich das habsburgische und das französische System in einem Kampf auf Leben und Tod gegenüber. Karl konnte anscheinend nicht lockerlassen; Frankreich (und die anderen europäischen Mächte) anders zu sehen als in der Funktion von Satelliten, die sich nach dem Kaiser zu richten hatten, hätte für Karl offenbar den Verzicht auf den zentralen Sinngehalt seines politischen Lebenswerkes bedeutet.

Was dies für die Religionspolitik und für die Konzilspolitik im besonderen bedeutete, liegt auf der Hand. Es zeigt sich schon 1521 im Verzicht auf eine Durchführung des Wormser Ediktes zugunsten des Krieges gegen Frankreich. Noch deutlicher wird die Problematik 1544/45. Der Geheimartikel des Friedens von Crépy, der Franz I. zu einer mit Karl gemeinsamen Konzils- und Religionspolitik verpflichtete, war das eine. Das andere war die Realisierung des politischen Kompromisses, den Karl und Franz I. in Crépy ins Auge gefaßt hatten: Dem zweitgeborenen Sohn Franz' I. wurde mit der Hand einer habsburgischen Prinzessin die Herrschaft über Mailand zugesagt. Als der Prinz im September 1545 starb, herrschte am Kaiserhof große Erleichterung. Die französischen Forderungen auf eine Ersatzlösung wurden vom Kaiser abgewiesen. So wurde die politische Substanz des Friedenssystems von Crépy bald zerstört, die Arbeit des Trienter Konzils begann im Zeichen neuer Spannungen (und bald schon neuer Kriegsvorbereitungen). Paul III. versuchte, vom Boden der politischen Neutralität aus, einen neuen Frieden zu vermitteln. Ohne Erfolg. Und 1550 will dann der neue Papst, Julius III., zeitweilig das Problem Konzil–Kaiser–Frankreich durch einen Gewaltakt lösen: Die Parteinahme für den Kaiser soll sich nicht nur in der Neuberufung des Konzils, sondern auch in einer politisch-militärischen Wendung des Papstes gegen Frankreich erweisen. Karl lehnte ab; aber der Krieg mit Frankreich, das die deutschen Protestanten stützte und mit den Türken verbündet war, kam rasch und führte im Frühjahr 1552 zur Suspension des eben erst neu versammelten Konzils. So hat der Circulus vitiosus, 1519 mit dem Wahlkampf zwischen Karl und Franz I. begonnen, auch die Glaubens- und Konzilsfrage aufs tiefste in Mitleidenschaft gezogen.

Wir wenden uns nun, nach der skizzenhaften Behandlung dieser Vorfragen, einem ersten Knotenpunkt der Religionspolitik Karls V. zu. Für den Umkreis *des Wormser Reichstages 1521* sind zwei besondere Schwierigkeiten der biographischen Analyse zu nennen. Die Quellenlage ist für die Vorgänge am Kaiserhof außerordentlich dürftig und prekär; dazu kommen die Jugend des Kaisers, die mangelnde Kenntnis der deutschen Verhältnisse und die Neuheit der kirchlichen Fragen[49]. Durch all dies wird das allgemeine methodische Problem noch weiter verschärft: Wie kommen die Entscheidungen jener Instanz, von der wir zu oft unreflektiert sagen: „der Kaiser beschloß", im konkreten Zusammenspiel der verschiedenen Personen, Gruppen, Konzeptionen und Taktiken zustande? Wirkungen der außerdeutschen Herrschaftsgebiete Karls in der Lutherfrage liegen vor (Edikte in den Niederlanden, Schreiben des kastilischen Staatsrates vom April mit der Aufforderung zum Vorgehen gegen Luther[50]); sie sind aber in ihrem Stellenwert für die Wormser Entscheidungsprozesse ebenso schwer bestimmbar wie die sicher vorhandenen Rücksichten auf die europäische Situation und die öffentliche Meinung, insbesondere auf den englischen und französischen Hof (wo ja eine Art von Wettbewerb hinsichtlich der Bezeugung antilutherischer kirchlicher Loyalität eingesetzt hatte). Daß schließlich die Politik gegenüber der Kurie in ihrer Mischung aus kirchlichen und nichtkirchlichen Elementen (Bündniswerbung gegen Frankreich) eine erhebliche Rolle spielte, ist noch von keinem ernsthaften Forscher bestritten worden. In ihrer näheren Bewertung bestehen aber erhebliche Unklarheiten.

Gegenüber einem starken Schwanken – „Zick-Zack-Politik" sagt Wohlfeil im Anschluß an Formulierungen Aleanders[51] – bis zum Januar 1521 macht das Verhalten des Kaiserhofes im Februar/März den Eindruck einer überlegten Kompensationspolitik. Das den Ständen zugestandene Widerruf-Verhör für Luther wird nach der anderen Seite kompensiert durch das scharfe Sequestrationsmandat vom 10./26. März[52]. Der kaiserliche Beichtvater Glapion nannte es seinem sächsischen Gesprächspartner gegenüber eine „Spiegelfechterei" des Kaisers. Solche Äußerungen wie überhaupt die Aktionen Glapions müssen mit großer Vorsicht analysiert werden. Immerhin verdienen sie jene Aufmerksamkeit, die allen Exponenten der Institution „Kaiser Karl V." zukommt, auch und gerade wenn Glapions Stellung im Rahmen dieser Institution relativ selbständig war. Die Versuche Glapions vor Mitte Februar, Kursachsen für die aktive Mitwirkung bei einem Arrangement mit Luther außerhalb des Reichstags zu gewinnen – der Kurfürst als Helfer und Pate beim Widerruf –, sind sehr aufschlußreich für den damaligen Stand der Dinge. Ihr Scheitern scheint zeitlich dem Entschluß des Kaiserhofes zu jener Kompensationspolitik vorausgegangen zu sein.

Unabhängig von diesem faktischen Verlauf, der dann nach einer nochmaligen Sonderinitiative Glapions folgerichtig in die Ereignisse vom 17./18./19. April einmündet, ist zu beachten, was in Glapions Gesprächen mit dem kursächsischen Kanzler Brück über die Stellung des Kaisers zu Luther und über die Bereitschaft des Kaisers zu einer Kirchenreform zur Sprache kommt. Es besteht kein Anlaß, solche Äußerungen a limine als „sicher unwahr" zu bezeichnen[53]. Es hat sich ja nicht nur um mündliche Äußerungen Glapions gehandelt. Vielmehr hat der Beichtvater Karls V. dem Kanzler des Kurfürsten (da Kurfürst Friedrich sich geweigert hatte, selbst mit Glapion zu sprechen) eine schriftliche Aufzeichnung übergeben, die den Passus enthielt: „Cesarem optare, immo cesaream M^tem^ suam de hoc esse sollicitam, ut possit vir tam doctus reduci ad gremium sancte matris ecclesie, et quod recipiatur cum misericordia."[54] Im Gespräch, über das wir einen detaillierten Bericht Brücks haben, wird diese Feststellung noch durch einen retrospektiven Bericht begründet: „... wie kei. Mt. hoch dornach bestanden und begerte, das solcher mann mit der cristenlichen kirchen versünt und ad ordinem unitalem gebracht mocht werden; dan seine kei. Mt. hette vorhin, eher die Babilonica [sc. die Schrift Luthers „De captivitate Babylonica"] ausgangen, seins schreibens etzlicher maß auch gefallen gehabt."[55] Diese Äußerungen Glapions sind in Verbindung zu bringen mit dem, was er über seine eigene positive Stellung zu Luthers früheren Schriften, über seine negative Reaktion auf die „Babilonica", über seine Hoffnungen und schließlich über des Kaisers Absichten in Sachen der Kirchenreform Brück berichtete: Die „endreformacio sancte Ecclesie" erscheint in Glapions Ausführungen als das gemeinsame Ziel, worin eine Übereinstimmung zwischen Glapion, Brück, Kurfürst Friedrich, Luther und dem Kaiser vorausgesetzt wird. Dieses gemeinsame Ziel sei durch Luthers übertriebene Schärfe, insbesondere durch die „Babilonica", nun gefährdet. Insofern als Glapions Forderungen nach Verhör (außerhalb des Reichstags) und nach partiellem Widerruf in den verschiedenen erörterten Varianten diesen gleichbleibenden Kontext haben, konnte sich der Beichtvater zur Bekräftigung des gemeinsamen Zieles, das durch Luther zuletzt gefährdet sei und nun durch Luthers Widerruf neuerdings gesichert werden sollte, auf den Kaiser als Reformator beziehen: „. . . reformirung der kirchen, dorzu wir iczund, gott hab lob, ein loblich haubt haben."[56] „Man wurde sehen, was sein kei. Mt. bei der reformacion thun wurden, wo sein Mt. 5 jar noch erreichen wurden."[57]

Die hier nur flüchtig angedeutete Perspektive: Kaiser und Kirchenreform, müßte umfassend untersucht werden. Die Frage nach der Zuverlässigkeit von Glapions Aussage über frühere Sympathien des Kaisers für Schriften Luthers könnte nur in diesem größeren Rahmen sinnvoll behandelt werden. Der Zusammenhang von Kirchenreform und Lutherfrage in seiner Bedeutung für den Kaiserhof scheint für die Wormser Öffentlichkeit ganz evident gewesen zu sein; man vergleiche etwa die Berichte über die Predigt Johann Fabers am 22. Januar vor dem Kaiser und den Fürsten. Faber forderte, „daß man gegen diesen Martin Luther einschreite, da es einem einzelnen Manne nicht zukomme, den Papst zu meistern, wohl aber dem Kaiser und den Kurfürsten, die er bat, dies selbst zu tun und nicht einen anderen darüber schreiben zu lassen"[58].

Daß diese Perspektive in der modernen Historiographie meist übersehen wird, mag damit zusammenhängen, daß sie im offiziellen Verhandlungsgang zwischen Kaiser und Ständen, Kaiser und Nuntien, Kaiser und Luther so gut wie nicht zur Sprache kommt[59]. Ein Consensus hinsichtlich einer weitgehenden Kirchenreform, wie ihn Glapions Geheimgespräche bei Karl V. und Friedrich v. Sachsen voraussetzten und thematisierten, wurde in den Reichstagsverhandlungen zwischen Kaiser und Ständen nicht angesprochen. Immerhin sind wichtige Passagen der kaiserlichen Stellungnahme vom 19. April[60] zu beachten, die sowohl positiv als auch „per silentium" der ekklesiologischen communis opinio und Sprachregelung der Stände entsprachen. Das im ersten Teil durch Karl behandelte Thema vom katholischen Glauben als Erbe der Vorfahren war vorgegeben in der Erklärung der Stände vom 19. Februar: eine Definition der Orthodoxie, die von jedem Bezug auf Papsttum und päpstliches Lehramt absah[61]. Einheit und Kontinuität der Kirche konstituieren sich aus der Treue dynastischer Abfolge. Mit der folgenden Erwähnung des Konstanzer Konzils durch den Kaiser wird diese ekklesiologische Orientierung noch deutlicher: Nicht was das Konzil „angeordnet" hat, wird als bindend erklärt, sondern was die Vorfahren des Kaisers sowohl auf dem Konzil von Konstanz als auch auf anderen Konzilien angeordnet haben. Dies geht noch über ein konziliaristisches Verschweigen der päpstlichen Lehrautorität hinaus und betont die kirchliche Kompetenz des Kaisertums in einer Weise, die durch die anschließende Selbstbezeichnung mit den traditionellen Titeln als „defensseur" und „protecteur" des Glaubens nicht gemildert wird. Ob mit den anderen Konzilien, die als Orte kaiserlicher „Anordnungen" ohne Namensnennung erwähnt sind, auf die Spätantike und das damalige Verhältnis von Kaiser und Konzil zurückverwiesen werden soll?

War in bezug auf Kaisertum und Konzil eine Position angesprochen, die von der Natur der Sache her noch über die Position der Stände hinausreichte (wenn sie auch mit der Betonung der Laienkompetenz in der Kirche auf Sympathie stoßen konnte), so wird im abschließenden Teil der kaiserlichen Erklärung gegen Luther in auffallender und mit der ständischen Haltung ganz übereinstimmender Form jede Erwähnung der römischen Lehrentscheidungen gegen Luther vermieden. Die Qualifikation Luthers als eines notorischen Ketzers wird nicht von dem römischen Prozeß und der kirchenrechtlichen Lage abgeleitet, sondern von der „hartnäckigen Antwort" Luthers vom Vortag, als deren Zeugen Kaiser und Reichsstände gemeinsam apostrophiert werden[62].

Die sorgfältige Übersetzung und Besprechung, die Hans Wolter der kaiserlichen Erklärung jüngst gewidmet hat[63], ist auf diese Aspekte, die hier nur angedeutet wurden, nicht eingegangen. Es gibt in der Auffassung und Beurteilung dieses wichtigen Dokuments auch noch andere Fragen, auf die ich schon früher hingewiesen habe[64]. Eine gewichtige interpretative Tradition, die zuletzt von Brandi, Gerhard Ritter und Joseph Lortz vertreten wurde und der sich nun Wolter anschloß, würdigt Karls V. Auftreten gegen Luther vor allem unter den Gesichtspunkten des persönlichen Glaubensbekenntnisses und der weltgeschichtlichen Bedeutung[65].

Weiterhin gilt es, auch von der europäischen Wirkung einer solchen Entscheidung her ihrer Entstehung und ihren Intentionen nachzugehen. Daß nach dem langen Hin und Her in der Lutherfrage, das die europäische Öffentlichkeit mit großem Interesse verfolgte, die schließliche Entscheidung des Kaisers nicht nur innenpolitische, sondern auch außenpolitische Relevanz besaß – insbesondere gegenüber der Kurie –, kann wohl nicht bezweifelt werden. Eine andere Frage ist es, wieweit im einzelnen Rücksichten auf die Aufnahme in Rom, Paris, London etc. bei der Abfassung des Textes und der Kalkulation des ganzen Vorgangs eine Rolle spielten. Das positive Echo bei Aleander, bei Leo X. und im römischen Konsistorium war anscheinend durch die Nichterwähnung des Papstes in der kaiserlichen Erklärung nicht getrübt. Bei der näheren Untersuchung dieser Sonderfrage müßte freilich sogleich die folgende Ausarbeitung des Wormser Edikts mit berücksichtigt werden: Dort stand dann alles, was der Papst erwartete, daß es über die Autorität Roms und die päpstlichen Bullen gesagt werde.

Wichtiger erscheint die Frage nach der Bereitschaft zur Last der Konsequenzen dieser Entscheidung, der gegenüber dem üblichen Vergleich zwischen Luther und Karl V. eine kritische Funktion zukommt. Diese Frage zielt dahin, die Ebene eines nur „ideengeschichtlichen" Vergleichs der beiden Positionen zu transzendieren und die konkreten Voraussetzungen, Bedingtheiten und Prioritäten des beiderseitigen Verhaltens ohne falsches Heroisieren und Moralisieren aufzuzeigen. Auf der Seite des Kaisers treten dabei sogleich Widersprüche in den Blick, die jedoch weder zufällig noch „naturgegeben" sind, noch aus Charakterschwäche hervorgehen. Schon die sofortige Zustimmung (mit einer weiteren Verlängerung) zu den erneuten Verhandlungen der Stände mit Luther steht in formalem und inhaltlichem Widerspruch zu der kaiserlichen Erklärung, die unter anderem eine sofortige Entfernung des Mönches gefordert hatte. Und was ist von den Sonderverhandlungen mit Kursachsen zu halten, die doch offenbar zu einer Nichtexekution des Wormser Edikts, im zentralen Falle des Heimatterritoriums des Ketzers, führten? Und wie steht es mit der gesamten Richtung der Politik Karls V. nach Worms? Er wendet sich für viele Jahre dem Krieg gegen Frankreich, das heißt dem Kampf um die europäische Hegemonie, zu.

Ein Vierteljahrhundert lag zwischen Worms und der *Konzilseröffnung 1545.* Nach dem Stillstand unter Clemens VII. hatte der Pontifikat Pauls III. einen vielversprechenden Neuansatz in der Konzilsfrage gebracht. Aber seither waren schon wieder zehn Jahre vergangen, während derer das Reich und die Christenheit auf das Konzil warteten. Konnte man diese zehn ergebnisvollen Jahre auslöschen, dort wieder anknüpfen, wo man in den hoffnungsvollen Anfangsjahren des Farnese-Pontifikats gestanden hatte? Seit 1538 war Karls Konzilsengagement mehrfach auf die Probe gestellt worden. Diese Probe war nicht günstig ausgefallen. Das ist zu Karls fortgesetzten Vorwürfen gegen die Lauheit und Selbstsucht Pauls III. zu sagen. Die Konzilssache hatte in der Politik des Kaisers keineswegs dominiert. Korte sagt im Hinblick auf die Jahre vor 1545: „Die Konzilssache hatte bei dem Kaiser doch mehr die Rolle eines Aschenbrödels gespielt, das gerufen oder zurückgesetzt wurde, je nachdem es die politische Situation erheischte."[66] Würde dies nun, mit dem Zusammentritt des Konzils, anders werden?

Ich kann mich zwar der Meinung nicht anschließen, daß Karl das Konzil insgesamt nur politisch gesehen habe. Aber was nun die praktische *Handhabung,* die durch Karls politisches Gesamtsystem bedingte *Verfahrensweise* angeht, so ist Kortes weiterer Aussage schwerlich zu widersprechen, der im Rückblick vom Jahre der Konzilseröffnung her sagt: „Es hatte sich gezeigt, daß auch er [der Kaiser] die religiösen und kirchlichen Fragen nur als Politiker aufzufassen und zu behandeln verstand . . . Man konnte mit Recht bezweifeln, ob hierin mit dem wirklichen Zusammentreten der Versammlung eine Änderung eintreten werde."[67] – Nun endlich konnte im Dezember 1545 das Konzil eröffnet werden. Schon zuvor, auf dem Hintergrund des Friedens von Crépy und angesichts der politisch-militärischen Macht der deutschen Protestanten, kam es im Mai/Juni 1545, während sich die Teilnehmer bereits am Konzilsort Trient versammelten, zu jener denkwürdigen Absprache zwischen Kaiser und Papst, die Ketzerkrieg und Konzil zusammenband. Wir nehmen unter die Lupe jene neue Etappe der Konzilsfrage, die seit Ende Juni 1545 einsetzte, als sich herausstellte, daß der Kaiser den Ketzerkrieg in diesem Jahr nicht mehr beginnen wird. Eine scheinbar banale Wendung – und doch tritt damit die innerste Problematik im Dreiecksfeld Kaiser–Konzil–Papst hervor.

Es scheint, daß Karl, als er Mitte Mai 1545 zum Reichstag nach Worms kam, den Kriegsplan gegen die Schmalkaldener fertig hatte. Es leuchtet ein, daß ihn damals unter anderem die unmittelbare Bedrohung seiner Niederlande von Köln her sehr stark berührte[68]. Jedenfalls war, während in Trient Legaten und Konzilsväter auf das Signal zur Eröffnung warteten, die entscheidende Einigung zwischen Karl und Kardinal Farnese erfolgt, die alsbald Paul III. bestätigte: sofortiger Ketzerkrieg, von Papst und Kaiser gemeinsam geführt, um dem Konzil, das einstweilen im Wartestand bleibt, Gehorsam in Deutschland zu verschaffen. Wie prekär nach vielen Richtungen hin dieses plötzliche Zusammengehen von Kaiser und Papst nach zehn Jahren erfolgloser Konzilspolitik war, mußte sich sofort zeigen, als sich Ende Juni herausstellte, daß der Kaiser den Krieg in diesem Jahr nicht mehr führen werde. Hier setzt nämlich das ein, was der keineswegs papstfreundliche Historiker Joachim Müller „die Vergewaltigung des Konzils" durch den Kaiser nannte[69]. Und aus diesem *Konfliktzwang* kamen die beiden Häupter der Christenheit in den nächsten Jahren nicht mehr heraus, zum größten Schaden des Konzils und der Christenheit – wie immer man diesen Begriff definieren will.

Was bedeutete die Verschiebung des Kriegsbeginns auf 1546 für das in Trient wartende Konzil? Zunächst hatte die Kurie, noch im Hinblick auf den sofortigen Kriegsbeginn, den Eröffnungstermin schon verlegt. Dann deutete, bereits am 19. Juni, Karls Beichtvater, Pedro de Soto, dem Nuntius Mignanelli an, wie die Sache jetzt nach Meinung des Kaisers weiterzugehen habe[70]: „. . . quando questo anno per qualsiasi rispetto non si potesse far l'impresa contra Lutherani, che almeno saria bene veder non perder tempo et dar principio al concilio con ordine che degli articuli che toccano il Lutheranesmo, non se ne parli al principio, ma se aspetti tempo d'essere a ordine contra di loro . . . et in questo mezzo proporre di altri capi a benefitio delle nationi, sicondo che a Sua Santità paresse et al concilio medesimo."

So rechtfertigte sich aus der nur politisch bedingten Verschiebung des Kriegstermins die maßgebende Programmforderung des Kaisers für Trient: Ihr dürft anfangen, aber keine Dogmen, sondern nur Reformen beraten und beschließen. Natürlich saßen die Wurzeln tiefer. Für den Kaiser war dies die logische und selbstverständliche Folge seiner Abrede mit dem Papst: Wenn er – der Kaiser – für die „executione" des Konzils die Verantwortung hatte, mußte er den Anspruch vertreten, daß seine Gesichtspunkte vor allen anderen Vorrang hatten. Was für das Konzil auf dem Spiel stand, hatten die Legaten, vor allem Cervini, schon gleich nach der Verständigung zwischen Karl und Farnese im Mai bemerkt. Ihre Warnungen an den Papst wirken fast verzweifelt. Aber was hatten die Konzilslegaten der drohenden Vorhand des Kaisers entgegenzusetzen? Konnten sie den von außen kommenden Sachzwängen von Krieg und Politik eine innere Geschlossenheit konziliarer, pastoraler Gesinnung entgegensetzen oder die Kraft einer korporativen Autonomie des Konzils, wie sie noch die Konzilien des Spätmittelalters besessen hatten? Ganz abgesehen davon, daß das Konzil im Sommer 1545 ja noch nicht formal eröffnet war, zeigt sich im Verhalten der Legaten damals und später, was sie als einziges Rezept gegen das Abhängigwerden des Konzils vom Kaiser betrachteten. So schreibt Cervini am 20. Juni 1545 an Farnese beschwörend: „. . . ch'il concilio resti liberamente in la dispositione di S.S^{tà} . . . che S.S.^{tà} remanghi padrona assoluta del concilio."[71] Auf diese Weise ging die Autonomie, eine wie auch immer zu sehende, relative Autonomie des Konzils zwischen Kaiser und Papst (und ihren politischen Anliegen), verloren, bevor sie sich noch gebildet hatte. Denn das dauernde Vorherrschen des Fluchtgedankens bei den damaligen Legaten in Trient (Translation oder Suspension) war ja nicht etwa ein Symptom von schlechtem Charakter, sondern es mußte sich bei dieser Lage der Dinge entwickeln. In bezug auf die Selbstbestimmung des Konzils ergaben sich dabei geradezu bizarre Konsequenzen, so wenn etwa die Legaten am 19. Juli 1545 Farnese den möglichst raschen Abbruch der Wartestellung in Trient empfahlen: „Quanto più induciaremo, tanto haveremo maggior fatiga a disporre del concilio senza consenso di esso concilio e lo Imperatore tanto manco condescenderà in la volontà di N.S. quanto più si troverà di haver conseguito da S.S^{t}."[72]

Totale Abhängigkeit des Konzils vom Papst als einziges Mittel, die weitgehende Abhängigkeit des Konzils vom Kaiser zu vermeiden – so stellte sich das Problem von nun an bis zum Ende der ersten Sessionsperiode. In diese Perspektive ordnen sich all die vielen großen und kleinen Einzelzüge ein bis zum bitteren Ende von Translation, kaiserlichem Protest und Ablehnung der Rückkehr nach Trient. Um Hubert Jedin zu zitieren: „Ohne die Translation des Trienter Konzils nach Bologna konnte die deutsche Glaubensspaltung einen anderen Ausgang haben."[73] Wir fügen hinzu: nicht nur die Glaubensspaltung in Deutschland, sondern das religiöse Schicksal ganz Europas und schließlich der Welt.

Um diese Perspektive – konziliarer Konfliktzwang zwischen Kaiser und Papst von den Ausgangspositionen des Jahres 1545 her – weiter zu erläutern und zu begründen, müßten zahlreiche weitere Faktoren und Ereignisketten behandelt werden: etwa das Netzwerk Basis–Kaiser–Basis, wo Karl durch die Verlagerung auf die militärische Entscheidungsebene zunächst ein enormes Maß an Manövrierfähigkeit gewinnt, während ihn aber als erstes die Reaktion der deutschen Katholiken schon bald (auf dem Reichstag 1548) höchst störend einzuholen beginnt. Oder: die innere Schwäche, theologische Unausgearbeitetheit und taktische Oberflächlichkeit des materialen kaiserlichen Eingreifens in den Konzilsverlauf (die Hubert Jedin deutlich gezeigt hat). Oder – ganz abgesehen von dem persönlichen Drama zwischen Karl und Paul III., gipfelnd in der Ermordung des Papstsohnes Pier Luigi – die wechselnden Konstellationen der europäischen Politik von 1545 bis 1548: u. a. die päpstlichen Bemühungen um den „neuen Frieden" zwischen Kaiser und Frankreich, gewiß ernst gemeint, aber in den Augen Karls sehr rasch als Erpressungsversuch kompromittiert. Und in der Tat versuchte ja Paul III., der hinsichtlich des Konzils und des Ketzerkrieges seit dem Sommer 1545 von Karl in der Klammer der Vertragsabrede festgehalten wurde, diese Bindung an den Kaiser und an dessen militärisch-politischen Aufstieg zur faktischen Suprematie in Europa zu lockern beziehungsweise durch eine Einbeziehung Frankreichs die neue Situation zu entschärfen. Dies war der Sinn der päpstlichen Politik im Herbst 1546 und Winter 1546/47; der Papst junktimierte die Verlängerung des Kriegsbündnisses gegen die Schmalkaldener mit dem Ausgleich mit Frankreich (was Karl entrüstet abwies).

Doch wir lassen all dies und wenden uns jener *neuen Situation von 1550/51* zu, wo Pauls Nachfolger Julius III. sich bemühte, den Circulus vitiosus der bisherigen Konzilsgeschicke zu sprengen; er versuchte einen erfolgreichen Neuansatz der Konzilspolitik durch den engsten Anschluß an Karl V.[74] Der del-Monte-Papst war als Konzilslegat in Trient 1545–1547 gewiß kein Parteigänger des Kaisers gewesen, und seine Wahl verdankte er der französischen Partei im Konklave. Aber nun ging er im Laufe des Jahres 1550 ohne Übereilung, aber ohne Schwanken den Weg zur Wiedereröffnung des Konzils in Trient gemäß den Wünschen des Kaisers. Julius III. hat von sich gesagt, seit Konstantin und Sylvester habe kein Papst so loyal zum Kaiser gestanden wie er. In der Sprache der Verhandlungen über die Konzilseröffnung hieß dies – und das Folgende ist keine Beschreibung, sondern die direkte Willensäußerung des Papstes in Form eines Briefes seines Sekretärs, Dandino, an den Nuntius Pighino (vom 13. Oktober 1550): Der Papst . . . „si contenta di dare il concilio a S.M^{tà} et che se ne serva a benefitio della religione, come S.M^{tà} giudicherà opportuno . . ."[75] Bedingungslos stellt der Papst dem Kaiser das Konzil zur Verfügung, ob die Protestanten kommen oder nicht, ob sie sich nun wirklich auf dem Reichstag dem Konzil unterworfen haben – wie der Kaiser behauptet – oder nicht: das spielt alles keine Rolle. Nur eine Bedingung stellt Julius III.: Karl V. muß während des Konzils in Deutschland bleiben. Am besten wäre es, Papst und Kaiser begäben sich persönlich zum Konzil . . .

„Unitissimo con l'imperatore" – das war nun das päpstliche Konzilsprogramm für die zweite Sessionsperiode. Wenn auch der tatsächliche Verlauf 1551/52 nicht ohne Schwierigkeiten war (Vorbehalt der kurialen Selbstreform, Frage der Behandlung der protestantischen Teilnehmer etc.), so hat doch Julius III. dies Programm im Prinzip durchgehalten, bis unter dem Eindruck des deutschen Fürstenaufstands im Frühjahr 1552 das Konzil auseinanderging. Andererseits hat sich auch Karl V. an seine anfänglichen Zusicherungen gehalten, die päpstliche Autorität zu respektieren – aber dies war ja eigentlich nie das Problem gewesen. Das Problem der zweiten Tagungsperiode lag anderswo. Da war einmal die Person und die persönliche Entscheidung des neuen Papstes. Sein Charakter und seine Befähigung sind umstritten. Eindeutig ist dagegen der Quellenbefund, daß er es ernst meinte mit dem Programm der *„unione et pace della Christianità"*. Der neue Papst wollte es anders und besser machen als Paul III. Er war davon überzeugt, der Sache der Christenheit und dem Konzil durch den engsten Anschluß an den Kaiser, der damals auf der Höhe seiner europäischen Macht stand, besser zu dienen als durch eine Balancepolitik mit so starkem nepotistischen Einschlag, wie sie Paul III. geführt hatte.

Es wurde die Frage gestellt, ob Julius III. an den Erfolg dieses engsten Anschlusses an den Kaiser glaubte. Jedin sagt: „Daß die Kircheneinheit durch das Konzil wiederhergestellt werden könnte, hat er, der Realist, schwerlich geglaubt . . . Anders als sein Vorgänger, gab er dem Kaiser nach, weil er keinen anderen kirchlich und politisch gangbaren Ausweg sah."[78] Ich möchte den Akzent hinsichtlich des Zusammengehens von Kaiser und Papst 1550/51 etwas anders setzen. Zum ersten sollte man die enorme Machtstellung des Kaisers 1550 nicht nur ex post sehen, sondern mit den Augen der Zeitgenossen; man sollte auch die kirchlich-politischen Zukunftserwartungen würdigen, die damals gegeben waren. Niemand wußte, niemand konnte damals wissen, wie rasch das stolze Gebäude der kaiserlichen Macht einstürzen wird. Denkt man sich eine Konfessionskarte 1550, so war ja durch die Interimsregelung von 1548 der Protestantismus im Reich offiziell so gut wie ausgelöscht. Daß diese Interimsgebiete wenige Jahre später wieder eindeutig protestantisch zu zeichnen sein werden, wissen wir; aber die Zeitgenossen von 1550 wußten es nicht. Auch sollte man den Grad konfessioneller Unabgeschlossenheit in weiten Gebieten Europas nicht unterschätzen. Es ist nicht so, daß der damalige kirchliche Status Europas mit den einfachen Kriterien zweier scharf gesonderter Kirchenwesen beschrieben werden kann. Breite Zonen befanden sich in einem unentschiedenen Zustand. So schreibt der Nuntius am 20. April 1551 aus Augsburg: „molti sono in verità, che desiderano il concilio per sapere quello che hanno a credere"[77]. Die gewichtige Gegenkonzeption Marcello Cervinis, der 1545/46 – vor dem Sieg des Kaisers über die Protestanten – die Hoffnungslosigkeit der Lage in Deutschland betonte und die Konzilsarbeit ganz auf die Bewahrung des außerdeutschen Katholizismus richten wollte, trat demgegenüber zeitweilig zurück. So bezeichnete damals der führende Konzilswille des Kaisers (dem nun auch am Konzil selbst ein beginnender spanisch-deutsch-niederländischer Basiskonsens zu entsprechen schien) eine Situation, die den Papst in *positiver* Richtung zu Hoffnungen berechtigte, wenn nur der Anschluß an Karl ein rückhaltloser war.

Daß die Fundamente der kaiserlichen Weltmonarchie, denen sich Julius III. mit der Konzilseröffnung 1550/51 anvertraute, Sprünge hatten, zeigte sich wohl schon im Laufe des Jahres 1551. Während das Konzil sich versammelte und seit 1. Mai 1551 arbeitete, bereitete der junge Herrscher Frankreichs, Heinrich II., den großen Krieg vor, als Vorkämpfer der Freiheit Europas gegen die „spanische Servitut" und als Vollstrecker einer weltgeschichtlichen Rache gegen den Kaiser[78].

Inwiefern der Kaiser die Gefahren unterschätzte, die seiner Konzilspolitik und seiner Monarchia damals von Frankreich drohten, ist schwer auszumachen. Tief durchdrungen von der Gerechtigkeit seiner Sache in jeder Hinsicht, wies er zahlreiche Warnungen zurück. Es ging – so meinte er offenbar – nun um die konziliare Krönung seines kirchlichen und politischen Lebenswerkes. So sehen wir ihn in einem Inmobilismus sondergleichen. Er verfolgt weiter die festgesteckten Ziele, klammert sich bis zuletzt an den Schein, daß alles gutgeht, schließt die Augen vor allen Alarmsymptomen und gerät so unvorbereitet in die Katastrophe des Frühjahrs 1552: Das französisch-protestantische Bündnis führt zum Zusammenbruch der kaiserlichen Autorität im Reich und zur Suspension des Konzils – schließlich zur reichsrechtlichen Legitimierung des Protestantismus, unwiderruflich geworden mit dem Augsburger Religionsfrieden von 1555.

Doch greifen wir noch einmal auf 1550/51 zurück. Heinrich II. hatte damals wohl gehofft, daß Julius III., vor die Entscheidung gestellt zwischen dem Verzicht auf das Konzil und der Feindschaft mit Frankreich, das erstere vorziehen würde. Er täuschte sich jedoch. Gegenüber den Zeiten Pauls III. sehen wir auch in dieser Grundfrage eine andere Konstellation. Julius III. geht gegenüber der französischen Konzilsfeindschaft und angesichts der Drohung eines gallikanischen Schismas sehr weit mit dem Kaiser. Er bietet ihm den radikalen Einsatz der päpstlichen Autorität für ein gemeinsames Vorgehen gegen das konzilsverweigernde Frankreich an. Der Papst schlägt dem Kaiser insgeheim vor, Heinrich II. der Herrschaft zu entsetzen und Karl oder den Infanten Philipp mit der französischen Krone zu investieren[79]. Dies wie auch alle näherliegenden Ratschläge des Papstes zum erfolgreichen, rechtzeitigen Kampf gegen Frankreich lehnt der Kaiser ab. Und Julius III. entscheidet sich dann im Frühjahr 1552, in der Katastrophe des Kaisers, allerdings für eine Politik der Neutralität. Heinrich II. bleibt zwar für den Papst weiter der große Zerstörer des Friedens und Schädiger der katholischen Kirche. Aber jeden Gedanken an ein neuerliches Konzilsbündnis mit dem Kaiser weist Julius III. seither entschieden ab[80]. Nicht minder groß war die Enttäuschung und Bitterkeit auf kaiserlicher Seite nach diesem Ausgang.

Abschließend ist zu fragen, wie sich in der Umgebung des Kaisers nach dem Ende der zweiten Konzilsperiode und nach dem Zusammenbruch der auf das Konzil abgestellten Religionspolitik im Reich die Dinge darstellten. Im Auftrag Karls V. erstellte der Reichsvizekanzler Georg Sigmund Seld Ende 1553 eine umfassende Denkschrift, die im Hinblick auf den bevorstehenden Reichstag die Gesamtheit der anstehenden politischen und religionspolitischen Fragen erörterte. Die Denkschrift enthält auch einen Rückblick auf das Konzil; er ist voll Kritik an dem Konzilsverlauf, am Verhalten der Kurie und der Legaten wie an der mangelnden Mitarbeit der deutschen Prälaten[81]. Eines wird indessen in dieser für Karl V. bestimmten Denkschrift klar: Dem Kaiser wird nicht nur das Recht, sondern die eindeutige Pflicht vor Augen gestellt, zusammen mit den anderen Herrschern der Christenheit „in tanta oscitantia ecclesiasticorum" auf dem Konzil die „authoritas dirigendi negocii" auszuüben. Diese rückblickende Feststellung bedeutet eine selbstkritische Rechenschaft über die gesamte Konzilspolitik Karls V. Sie zeigt einerseits den zentralen Anspruch, wie er sich nach den Erfahrungen eines Menschenalters für den Kaiserhof darstellte: Im Versagen der kirchlichen Instanzen ist die Autorität der politischen Häupter aufgerufen, die Dinge „volente vel nolente pontifice" in die Hand zu nehmen. Sie enthält andererseits eine selbstkritische Korrektur, die der Reichsvizekanzler (ein Mann aus dem Umkreis des alten schwäbischen, katholischen Humanismus) dem Kaiser vor Augen hält: Nicht der Kaiser allein, sondern die *kooperierende Macht der christlichen Monarchen* kann die erforderliche Autorität ausüben. Dies war eine wesentliche Korrektur im Umkreis Karls V. Den Nachweis, daß ein solches Prinzip durchführbar sei, hatte die Epoche Karls V. allerdings nicht erbracht. Es hatte sich vielmehr gezeigt, daß gerade Karls Suprematiepolitik das Zusammengehen der christlichen Fürsten im Sinne einer gemeinsamen „authoritas dirigendi negocii" am Konzil und gegenüber dem Papsttum verhindert hatte. – Mit dem Hinweis auf die Notwendigkeit dieses Zusammengehens antizipierte der Reichsvizekanzler Seld schon 1553 das politische Programm für die dritte Konzilsperiode. Nach dem Scheitern von Karls Universalmonarchie werden Kaiser Ferdinand I., Spanien und Frankreich gemeinsam die Geschicke des Konzils 1560/61 in die Hand zu nehmen versuchen.

Das Scheitern auch dieses letzten, gewissermaßen verbesserten Ansatzes der Konzilssteuerung durch die Laiengewalt kann hier nicht beschrieben werden. Der Vorgang selbst ist aber deshalb so wichtig für unser Thema, weil er eines zeigt: Nicht nur die europäische Politik (id est die Hegemoniepolitik) war schuld an dem Scheitern von Karls Religions- und Konzilspolitik; abgesehen von dieser großen, besonderen Schwierigkeit war es offenbar auch auf der Ebene der eigentlichen kirchlichen und konziliaren Verfahrensweise sehr schwierig, den Willen der „Laien von oben" (über den landeskirchlichen Bereich hinaus) einheitsstiftend zur Wirkung zu bringen. Damit kommen wir zuletzt zurück auf die Frage: Karl V., das Konzil und die Trennung von Katholiken und Protestanten. Hätten hier die Dinge anders laufen können?

Diese Schlußfrage, auf die hier nicht eingegangen wird, soll zu einem vorläufigen Fazit der zuletzt vorgelegten exemplarischen Einzeluntersuchungen überleiten. Karls V. Religionspolitik steht am Ende einer mehr als tausendjährigen Epoche. Die Einheit von Herrschaft, Theologie und Recht, die seit Konstantin galt, bricht unter Karl V. zusammen. Die Etappen des Widerstandes gegen diesen Zusammenbruch machen die Etappen seiner Religionspolitik aus. Daß sich Religionspolitik als Widerstand gegen den Zusammenbruch einer millenaren Ordnung zu cäsaropapistischen Ansprüchen steigert und daß dabei Selbstdeutungen im Sinne des alttestamentarischen Priesterkönigtums eine Rolle spielen können[82], ist verständlich. Sogleich stellt sich die Frage nach dem Zusammenhang der offensiven Hegemoniepolitik des Kaisers mit dieser religionspolitischen Konstellation: Trotz aller gegenseitigen Hinderung im konkreten Vollzug spricht doch vieles dafür, daß bei Karl V. die weltpolitische und die religionspolitische Dimension nicht „zufällig" zusammentrafen, sondern sich gegenseitig bedingten.

Dominium mundi als politischer Bezugsrahmen einer Herrscherbiographie ist das Eine. Damit verbindet sich eine metapolitische, kirchliche Einheitsperspektive, wie man sie etwa bei A. Valdés 1525 nach Pavia im Auftrag des Kaiserhofes für die gedruckte Siegespropaganda formuliert findet: „. . . damit, wie es soviele Propheten ankündigen, die ganze Welt unter diesem überaus christlichen Herrscher unseren katholischen Glauben aufnehme, und damit sich die Worte unseres Erlösers erfüllen, Fiet unum ovile et unus pastor."[83] Beides zusammen ergibt extreme Bedingungen für die wissenschaftliche biographische Arbeit in diesem Bereich.

Der Bezugsrahmen von Person und Sache könnte quantitativ und qualitativ nicht umfassender sein. Diese extremen Bedingungen fordern zu einer ganzen Reihe methodischer Reflexionen heraus; eine Fülle von einschlägigen Sachbezügen ist in der obigen Skizze noch gar nicht erwähnt: die Fragen der gesellschaftspolitischen Optionen und Wirkungen, von Wirtschaft und Finanz, Administration und Diplomatie, Heer und Marine, Krieg und dynastischer Politik etc.

Überblickt man nochmals die begrenzten, unterschiedlichen Aspekte und Fragen, die in der vorliegenden Skizze berührt werden, so ergeben sich immerhin einige zusammenfassende Feststellungen, die vom Fall Karls V. her ins Allgemeine führen.

1. Was die Form der biographischen Darstellungen angeht, so ist die humanistische Fortbildung antiker Vorbilder mit ihrem starken Einschlag epischer Gestaltungsfreude – „arma virumque cano . . ." – bis heute nachwirkend, trotz Marx und Sigmund Freud. Ganz abgesehen von der unter anderem bei Ranke vorkommenden Unterscheidung von „historischer" und „biographischer" Betrachtung, auf die hier gar nicht eingegangen wurde, sollten Werke wie das von Brandi, wo die epigonenhafte „klassische" Form die Fülle weiterführender Erkenntnisse eher verdeckt als entfaltet, eindringlich zur Entwicklung neuer Modelle biographischer Analyse und Darstellung herausfordern. Die Arbeit an solchen Modellen wird, so lassen die bisherigen Erfahrungen auf diesen Wegen vermuten, so wenig auf die sozialen und anthropologischen Einsichten seit Marx und Freud wie auf die „vitale" Erzähl- und Schilderungsfreude aus umfassender literarischer Tradition verzichten können.

2. Was die Frage der Person angeht, so steht der biographisch arbeitenden Geschichtswissenschaft ein weites, noch zu wenig genütztes Arsenal näherer Bestimmungen und „Rahmenbezüge" zur Verfügung, um ein solches Fürstenleben der frühen Neuzeit zu fassen: Vergleich mit anderen Formen personaler Herrschaft (auch außerhalb Europas) hinsichtlich der anthropologischen Voraussetzungen und Konsequenzen, systematische Ausarbeitung der Kategorien und Analyse der Verhältnisse im Bereich von Hof und Dynastie, Familientradition und Gruppenbewußtsein, europäischer höfischer Konkurrenz und Fürstenerziehung mit ihren weltlichen und kirchlichen Komponenten etc. Auf diesem allgemeinen Hintergrund gewinnen dann die besonderen Fragen nach den menschlichen und politischen Chancen, nach Werdegang und Profil eines einzelnen Herrschers schärfere Umrisse. Andererseits sind mit großer Vorsicht die Möglichkeiten der Weiterentwicklung bestimmter Persönlichkeitsmodelle des 19. Jahrhunderts – man denke etwa an die Schlüsselrolle des Biographischen bei Dilthey – zu prüfen; die unbesehene Verwendung altbewährter anthropologischer Vorstellungsweisen führt eher zu Enge und Verarmung als zur „Rettung des Individuellen".

3. Die Herstellung der Bezüge von der Person zur Sache erweist sich als wesentlicher Gradmesser für das Gelingen biographischer Arbeit. Die extreme Fülle der Sachbezüge im Falle Karls V. verweist uns – falls das „Ganze" ernsthaft mitbedacht wird – unter anderem auf eine gestufte Methode der Integration. Angesichts der Vielfalt der Faktoren, Prozeßverläufe und Verlaufsebenen könnte sich in erster Instanz ein Aufsuchen und Auswählen verschiedener geeigneter Integrationslinien oder Integrations-„Nester" von begrenzter Reichweite empfehlen. Ein anderer Weg kann wohl auch über die Analyse der Verknüpfung bestimmter Sachprobleme mit bestimmten Reaktionsweisen und Bewußtseinsinhalten des Fürsten führen. Erst auf einer zweiten oder dritten Stufe wäre dann eine weiterreichende Integration der einzelnen analytischen Plattformen oder „Nester" anzustreben[84]. Daß ein solches Vorgehen nur in Arbeitsteilung (international, interdisziplinär) sinnvoll ist, versteht sich von selbst. Demgegenüber bleibt jedoch die stimulierende Wirkung der Einzelforschung unersetzbar, insofern es dem einzelnen gelingt, vorausgreifend und in persönlicher Vertiefung Zusammenhänge zu zeigen und analytische Wege zum „Ganzen" eines Lebens voll Weltgeschichte zu zeigen: Die Sache erhellt die Person und die Person erhellt die Sache.

Druck in: Biographie und Geschichtswissenschaft. Aufsätze zur Theorie und Praxis biographischer Arbeit, ed. *G. Klingenstein, H. Lutz* und *G. Stourzh* (= Wiener Beiträge zur Geschichte der Neuzeit 6, Wien 1979), S. 151ff.

1 *M. Mignet,* Charles Quint. Son abdication, son séjour et sa mort au monastère de Yuste (Paris [5]1862), S. 282.

2 Vgl. hiezu *H. Lutz,* Biographie und Geschichtswissenschaft von der Renaissance bis zum Ausgang des 18. Jahrhunderts. In: XIII Mezdunarodnyj Kongress istoricestich nauk. Doklady Kongressa, Bd. 1/2 (Moskau 1973), S. 227ff. [im vorliegenden Band S. 240ff.].

3 Zur Quellenkunde und Historiographie siehe außer den unter Anm. 15 genannten Arbeiten von *Morel-Fatio, Brandi* und *Rassow* die einschlägigen Abschnitte bei *K. Schottenloher,* Bibliographie der deutschen Geschichte im Zeitalter der Glaubensspaltung 1517–1585, 7 Bde. (Stuttgart [2]1956/1966); *G. Wolf,* Quellenkunde der deutschen Reformationsgeschichte, 3 Bde. (Gotha 1915/1922, Neudruck 1966); *F. Schnabel,* Deutschlands geschichtliche Quellen und Darstellungen in der Neuzeit. Erster Teil: Das Zeitalter der Reformation 1500–1550 (Leipzig-Berlin 1931, Neudruck 1972). Zur Aktenüberlieferung zuletzt: *H. Rabe, H. Stratenwerth, Ch. Thomas,* Stückeverzeichnis zum Bestand Belgien PA des Haus-, Hof- und Staatsarchivs Wien. In: Mitteilungen des Österreichischen Staatsarchivs 29 (1976), S. 436ff., 30 (1977), S. 346ff. – Auswahlbibliographie und Forschungsberichte jetzt in *H. Lutz,* Reformation und Gegenreformation (= Oldenbourg, Grundriß der Geschichte 10, München 1979), S. 142ff., 218ff.

4 *E. Albèri,* Le Relazioni degli ambasciatori Veneti . . ., Ser. I, Bd. 1 (Florenz 1839), S. 16.
5 Siehe auch *M. Sanuto,* Diarii, Bd. 24 (Venedig 1899), S. 89.
6 *Albèri,* Relazioni I/2, S. 60.
7 *Mignet,* Abdication, S. 18.
8 Ebd., S. 21.
9 *P. de Sandoval,* Historia de la vida y hechos del emperador Carlos V., Bd. 2 (Madrid 1955), S. 359. Für den Zusammenhang mit Paolo Giovios Schilderung in der „Historia sui temporis" vgl. *A. Morel-Fatio,* Historiographie de Charles-Quint, Bd. 1 (Paris 1913), S. 106.
10 Die antikaiserliche Propaganda ist bis heute so wenig wie die prokaiserliche Propaganda systematisch untersucht. Für die Polemik der Jahre 1551/52 einiges bei *H. Lutz,* Christianitas afflicta. Europa, das Reich und die päpstliche Politik im Niedergang der Hegemonie Kaiser Karls V. 1552–1556 (Göttingen 1964), S. 38ff.
11 *Ch. Weiss,* Papiers d'Etat du Cardinal de Granvelle, Bd. 3 (Paris 1842), S. 27.
12 Bei *L. v. Ranke,* Deutsche Geschichte im Zeitalter der Reformation, Bd. 5, ed. *P. Joachimsen* (Berlin 1926), S. 84, Anm. 1.
13 *J. Fiedler,* Relationen venetianischer Botschafter über Deutschland und Österreich im 16. Jahrhundert (Wien 1870), S. 16.
14 Siehe jetzt den knappen Hinweis bei *Lutz,* Reformation und Gegenreformation, S. 162.
15 *Morel-Fatio,* Historiographie; *K. Brandi,* Kaiser Karl V. Werden und Schicksal einer Persönlichkeit und eines Weltreiches, Bd. 2 (München 1941), S. 14ff.; *P. Rassow,* Das Bild Karls V. im Wandel der Jahrhunderte. In: Karl V. Der Kaiser und seine Zeit, ed. Ders. und *F. Schalk* (Köln 1960), S. 3ff.
16 Lettres sur la vie interieure de l'empereur Charles-Quint, écrites par Guillaume van Male, ed. *Reiffenberg* (Brüssel 1843), S. 95ff.; dazu kommentierend van Males Brief an de Praet vom 4. November 1550, ebd., S. 59ff.
17 *Mignet,* Abdication, S. 279.
18 *G. de Sepulveda,* Opera, Bd. 2 (Madrid 1780), S. 534.
19 *P. L. Gachard,* Rétraite et mort de Charles-Quint au monastère de Yuste, Bd. 1 (Brüssel 1855), S. 310.
20 *Morel-Fatio,* Historiographie, S. 46.
21 Der portugiesische Text (mit französischer Übersetzung) ebd., S. 186ff., oft zitiert die Erstpublikation in französischer Übersetzung von *K. de Lettenhove,* Commentaires de Charles-Quint (Brüssel 1862). Die Mitteilung van Males als Postscriptum zu einem Schreiben an de Praet aus Augsburg vom 17. Juli 1550 (*Reiffenberg,* Lettres par van Male, S. 13).
22 *Lettenhove,* Commentaires, S. 5; *Morel-Fatio,* Historiographie, S. 184.
23 *de Sandoval,* Carlos V. 3, S. 504f.
24 *Brandi,* Karl V. 2, S. 51f.
25 *Reiffenberg,* Lettres par van Male, S. 44 (Augsburg, 5. Mai 1551).
26 Siehe u. a. *L. Cardauns,* Von Nizza bis Crépy (Rom 1923); *W. Friedensburg,* Kaiser Karl V. und Paul III. (Leipzig 1932); *F. Walser/R. Wohlfeil,* Die spanischen Zentralbehörden und der Staatsrat Karls V. (Göttingen 1959); *Brandi,* Kaiser Karl V. Werden und Schicksal einer Persönlichkeit und eines Weltreiches, 2 Bde. (München 1937/1941); *Rassow,* Die Kaiser-Idee Karls V., dargestellt an der Politik der Jahre 1528 bis 1540 (Berlin 1932). Vgl. zuletzt die ausgewogene Skizze von *A. Kohler,* Karl V. In: Neue Deutsche Biographie 11 (Berlin 1978), S. 191ff.
27 *E. Armstrong,* The Emperor Charles V. (London ²1910); *R. B. Merriman,* The Rise of the Spanish Empire, Vol. 3: The Emperor (New York 1925); *R. Tyler,* Kaiser Karl V. (Stuttgart ³1961); *J. Lynch,* Spain under the Habsburgs, Vol. 1 (Oxford 1964).
28 *M. Fernández Alvarez,* Politica mundial de Carlos V y Felipe II (Madrid 1966); *ders.,* Imperator mundi. Karl V. Kaiser des römischen Reiches Deutscher Nation (Stuttgart-Zürich 1977); *P. Chaunu,* L'Espagne de Charles Quint, 2 Vol. (Paris 1973); *H. Lapeyre,* Charles Quint (Paris ²1973).
29 *H. Jedin,* Geschichte des Konzils von Trient, 4 Bde. (Freiburg i. B. 1949–1974). Vgl. auch die Ansätze von „Jüngeren" im Sinne einer Verbindung mitteleuropäischer und südeuropäischer Komponenten: *H. Rabe,* Reichsbund und Interim. Die Verfassungs- und Religionspolitik Karls V. und der Reichstag von Augsburg 1547/48 (Köln/Wien 1971); *Lutz,* Christianitas afflicta.
30 *Reiffenberg,* Lettres par van Male, S. VIII; ebd., S. VII das folgende Zitat.
31 *Brandi,* Karl V. 2, S. 28: „Der entscheidende Grund für meine eigene Arbeit lag . . . in meinem Verhältnis zu den Quellen, insbesondere zu den Briefen und Akten, wodurch ich mir neue Einsichten in das Spiel der Kräfte, ja in das Wesen der Persönlichkeit und damit ein neues in sich geschlossenes und innerlich verstandenes Bild des Kaisers versprach."
32 *Reiffenberg,* Lettres par van Male, S. VIIf.
33 *H. Baumgarten,* Karl V. und die deutsche Reformation (Halle 1889), S. 88.
34 *Merriman,* Rise of the Spanish Empire 3, S. 406.
35 *Lapeyre,* Charles Quint, S. 15 ff.
36 *P. Rassow,* Die politische Welt Karls V. (München 1942), S. 39.
37 *Brandi,* Karl V. 1, S. 13f.
38 *R. Menendez Pidal,* La idea imperial de Carlos V. (Madrid 1945).
39 Karl V. Der Kaiser und seine Zeit. Kölner Colloquium 26.–29. 11. 1958, ed. *P. Rassow* und *F. Schalk* (Köln/Graz 1960). Weitere Publikationen zum Gedenkjahr bei *Lutz,* Christianitas afflicta, S. 22, Anm. 14.
40 *Tyler,* Karl V., S. 21.
41 *P. Rassow,* Karl V. Der letzte Kaiser des Mittelalters (Göttingen ²1963), S. 55.

42 *Lutz,* Christianitas afflicta, S. 20ff.
43 *Kohler,* Karl V., S. 192.
44 *Chaunu,* L'Espagne de Charles Quint 1, S. 24.
45 Siehe zuletzt *E. Laubach,* Karl V., Ferdinand und die Nachfolge im Reich. In: Mitteilungen des Österreichischen Staatsarchivs 29 (1976), S. 1ff.
46 *H. G. Koenigsberger,* The Habsburgs and Europe 1516–1600 (Ithaca/New York 1971), S. 19.
47 *H. Lutz,* Karl V. und Bayern. Umrisse einer Entscheidung. In: Zeitschrift für Bayerische Landesgeschichte 22 (1959), S. 13ff. [im vorliegenden Band S. xxxff.].
48 *Jedin,* Konzil 1, S. 108.
49 Zur Orientierung: Der Reichstag zu Worms 1521. Reichspolitik und Luthersache, ed. *F. Reuter* (Worms 1971); *W. Borth,* Die Luthersache (Causa Lutheri) 1517–1524. Die Anfänge der Reformation als Frage von Politik und Recht (Lübeck 1970); *H. Lutz,* Das Reich, Karl V. und der Beginn der Reformation. In: Beiträge zur neueren Geschichte Österreichs, ed. *H. Fichtenau* und *E. Zöllner* (Wien 1974), S. 47ff. – Die Quellentexte in RTA 2.
50 Das Schreiben des kastilischen Staatsrates vom 13. April; siehe Deutsche Reichstagsakten, jüngere Reihe (RTA), Bd. 2, ed. *A. Wrede* (Gotha 1896), S. 637, Anm. 1.
51 *R. Wohlfeil,* Der Wormser Reichstag von 1521. In: *Reuter,* Worms 1521, S. 99.
52 RTA 2, S. 529ff., Nr. 75.
53 *Wohlfeil,* Wormser Reichstag, S. 101.
54 RTA 2, S. 478, Anm. 1.
55 Ebd., S. 479.
56 Ebd., S. 482.
57 Ebd., S. 490.
58 Bericht des venezianischen Gesandten Corner bei *P. Kalkoff,* Briefe, Depeschen und Berichte über Luther vom Wormser Reichstag 1521 (Halle 1898), S. 30.
59 *H. Lutz,* Conrad Peutinger. Beiträge zu einer politischen Biographie (Augsburg 1958), S. 168ff.
60 RTA 2, S. 594ff., Nr. 82; Wiederabdruck und wortgetreue Übersetzung bei *H. Wolter,* Das Bekenntnis des Kaisers. In: *Reuter,* Worms 1521, S. 222ff., hier 226ff.
61 Siehe *Lutz,* Das Reich, Karl V. und der Beginn der Reformation, S. 54f. [im vorliegenden Band S. 53f.].
62 RTA 2, S. 595.
63 Siehe Anm. 60.
64 Vgl. *H. Lutz,* Luther und fünfhundert Jahre deutscher Geschichte. In: 1521 – Luther in Worms – 1971. Ansprachen, Vorträge, Predigten und Berichte zum 450-Jahresgedenken, ed. *F. Reuter* (Worms 1973), S. 33, Anm. 9 [im vorliegenden Band S. 52].
65 Vgl. dazu *H. Lutz,* Der politische und religiöse Aufbruch Europas im 16. Jahrhundert. In: Propyläen Weltgeschichte, Bd. 7, ed *G. Mann* (Berlin 1964), S. 27ff., hier S. 40.
66 *A. Korte,* Die Konzilspolitik Karls V. in den Jahren 1538–1542 (Halle 1905), S. 71f. Seither die umfassende Darstellung dieser Vorgänge bei *Jedin,* Konzil 1, S. 232ff. – Zur Konzilspolitik Karls V. vgl. *H. Jedin,* Die Päpste und das Konzil in der Politik Karls V. In: *Rassow/Schalk,* Der Kaiser und seine Zeit, S. 107ff. Kritisch weiterführend *G. Müller,* Zur Vorgeschichte des Tridentinums. Karl V. und das Konzil während des Pontifikats Clemens' VII. In: Zeitschrift für Kirchengeschichte 74 (1963), S. 83ff. Siehe auch *H. Lutz,* Carlo V e il Concilio di Trento. In: Il Concilio di Trento come crocevia della politica europea, ed. *H. Jedin* und *P. Prodi* (Trient 1979), S. 33ff.
67 *Korte,* Konzilspolitik, S. 71f.
68 Siehe Nuntiaturberichte aus Deutschland (NB), Bd. 8, ed. *W. Friedensburg* (Gotha 1898), S. 35.
69 *J. Müller,* Die Politik Karls V. am Trienter Konzil 1545. In: Zeitschrift für Kirchengeschichte 44 (1925), S. 353.
70 Nuntiaturberichte aus Deutschland, 1. Abteilung (NB), Bd. 8, S. 721.
71 Concilium Tridentinum. Diariorum, actorum, epistolarum, tractatuum nova collectio, Bd. 10 (Freiburg i. B. [2]1965), S. 124.
72 Ebd., S. 151f.
73 *Jedin,* Konzil 2, S. 376.
74 Zum Folgenden siehe die grundlegende Abhandlung von *C. Erdmann,* Die Wiedereröffnung des Trienter Konzils durch Julius III. In: Quellen und Forschungen in italienischen Archiven und Bibliotheken 20 (1928/29) sowie *Jedin,* Konzil 3, S. 219ff.; politische Aspekte bei *Lutz,* Christianitas afflicta, S. 29ff., und *ders.,* Karl V. und die Kurie 1552–1556. In: Rivista di Storia della Chiesa in Italia 13 (1959), S. 32ff.
75 *Erdmann,* Wiedereröffnung, S. 302.
76 *Jedin,* Konzil 3, S. 394.
77 *Erdmann,* Wiedereröffnung, S. 317.
78 Hiezu und zum Folgenden *Lutz,* Christianitas afflicta, S. 29ff. und S. 62ff.
79 Siehe *Erdmann,* Wiedereröffnung, S. 274f., und die Erwähnung in NB 13, S. 186 und S. 199, die den Ernst des damaligen Angebotes unterstreicht. Erdmann hat angenommen, daß dies Angebot Julius' III. dem Kaiser im April 1551 durch Dandino mündlich unterbreitet wurde. Gegenüber der Skepsis Jedins (Konzil 3, S. 488, Anm. 53) ist nachdrücklich auf das Schreiben Julius' III. an den Nuntius Camaiani vom 3. Februar 1553 zu verweisen (NB 13, S. 181ff., hier S. 186), das dem Antwortschreiben Camaianis vom 25. Februar (ebd., S. 196ff., hier S. 199) erst das volle Gewicht verleiht.
80 Siehe die Instruktion für Muzzarelli, der im Januar 1554 als Nuntius zu Karl V. entsandt wurde: NB 14, S. 5.
81 Das Reichstagsprotokoll des kaiserlichen Kommissars Felix Hornung vom Augsburger Reichstag 1555, mit einem

Anhang: Die Denkschrift des Reichsvizekanzlers Georg Sigmund Seld für den Augsburger Reichstag, ed. *H. Lutz* und *A. Kohler* (Wien 1971), S. 166ff. Selds Vorstellungen von einer kooperierenden Konzilspolitik der christlichen Fürsten hatten eine historische Perspektive (Verweis auf das beabsichtigte Zusammenwirken von Kaiser Maximilian I., Ludwig XII. und Ferdinand dem Katholischen im Falle des Pisanums) und einen kritischen Akzent gegenüber dem Papsttum: „. . . facile res venire posset in eum statum, ut volente vel nolente pontifice labenti tamen ecclesiae subveniretur." – Für radikalere kirchenpolitische Tendenzen im Umkreis Karls V. vgl. u. a. die Denkschrift des kaiserlichen Gesandten in Venedig, Francisco Vargas, vom November 1552 (gedr. in Concilium Tridentinum 13, S. 178ff.). Siehe auch *Jedin,* Ein spanischer Epilog zur zweiten Tagungsperiode des Konzils von Trient. In: Gregorianum 31 (1950), S. 100ff., und *H. Lutz,* Ein Rückblick des Reichsvizekanzlers Georg Sigmund Seld auf die zweite Tagungsperiode des Konzils von Trient. In: Kirche und Staat. Festschrift für Ferdinand Maaß (Wien/München 1973), S. 213ff. [im vorliegenden Band S. 159ff.].

82 Siehe oben S. 126.

83 Zitiert bei *M. Bataillon,* Erasme et l'Espagne. Recherches sur l'histoire spirituelle du XVIe siècle (Paris 1937), S. 243ff.

84 Einige Aufgaben und Vorschläge aus dem Bereich einer solchen integrativen Methodik am Beispiel Karls V. hoffe ich demnächst an anderer Stelle vorlegen zu können.

Papsttum, europäische Politik und Kirchenreform

PAPSTTUM, EUROPÄISCHE STAATENWELT UND KIRCHENREFORM UM DIE MITTE DES 16. JAHRHUNDERTS

I.

Wer sich heute der neueren Papstgeschichte zuwendet – sei er nun Fachhistoriker oder nicht –, wird dabei auf eine historiographische Situation stoßen, die von zwei Namen beherrscht wird: Leopold v. Ranke und Ludwig v. Pastor. Es steht so, daß der forschende Blick, der in dieser gewaltigen Geschichtslandschaft Überschau, Rechenschaft oder auch nur einfache Information sucht, ganz unversehens der von Ranke und Pastor gewiesenen Perspektive folgt. Die suggestive Wirkung dieser Perspektive ist um so stärker, da beide Historiker trotz tiefer Gegensätze des Glaubens, des Stiles und der Arbeitsweise in dem Ansatz ihres Werkes, in der lautlos wirkenden und leitenden Perspektive viel mehr gemeinsam haben, als wir uns für gewöhnlich klarmachen. Dabei ist natürlich Ranke als der frühere, intuitivere und originellere Geschichtsschreiber der Gebende, Pastor bewußt und unbewußt der Nehmende, der sich die Gesetze seines Handelns von seinem großen Rivalen weitgehend vorschreiben ließ.

Je deutlicher wir uns über die durch Ranke-Pastor vorgegebene Führung unseres Blickes auf die Papstgeschichte Rechenschaft geben, desto eher kann es gelingen, die ganz unbestreitbaren und unentbehrlichen Leistungen, die sich aus dieser bestimmten Blickrichtung ergaben, aufzuheben – sie aufzuheben im Hegel'schen Doppelsinne des Wortes. Da es aber hier und heute nicht in erster Linie um eine historiographische und methodologische Betrachtung über Papstgeschichte als solche gehen soll – was übrigens eine ungemein reizvolle Aufgabe wäre –, sondern um die Erörterung bestimmter, genau abgegrenzter Sachfragen, so muß ich mich einleitend auf ganz knappe Andeutungen beschränken.

Was der junge Berliner Universitätslehrer in der Begegnung mit den originalen Quellen zur Papstgeschichte des 16. und 17. Jahrhunderts erlebte, war ein Akt tiefer Befreiung und ein bewußt vollzogenes Heraustreten aus Fragestellungen und Urteilen, die sich in Jahrhunderten deutsch-protestantischer Geschichte verhärtet hatten[1].

Ranke will zunächst nur die Geschichte der „Fürsten und Völker Südeuropas" weiter darstellen; er will einen Band über Italiens staatliche Verhältnisse im Cinquecento schreiben, vor allem über Venedig und Florenz, in etwa auch über den Kirchenstaat. Aber die Entdeckungen, die er im geschichtlichen Umkreis Roms macht, werfen seine Publikationspläne immer wieder über den Haufen. Fast atemlos, bedrängt von der Intensität dieser römischen Überraschungen, schreibt er im Februar 1827 an seinen Bruder Heinrich, den Theologen: „... Von Pius V. weißt Du vielleicht? Oder kennst Du ihn nicht? Du sollst ihn durch mich kennenlernen. Ich habe Relationen über ihn, wie er leibte und lebte. Ein so frommer Mensch: einfältig wie ein Kind und der strengste Inquisitor und Verfolger der Protestanten, die doch in dem, was das Wesen seiner Gesinnung war, mit ihm ganz übereinkommen. So sehr dem Irrtum unterworfen ist der Mensch: gebrechlich, ein Tor – und in seinem Gebrechen groß; zuweilen edel noch dann, wenn er Verabscheuungswürdiges tut. Doch vor allen Dingen geziemt uns, mild und gut zu sein. Der Irrtum ist allenthalben um uns ...“[2] Man sieht, wie sich hier die Gedanken und Gefühle überstürzen, wie die Entdeckung der Frömmigkeit und der „Gesinnungsgleichheit“ des Papstes gleich einem befreienden Windstoß alte Grenzmarken – das Schwarzweiß des Altprotestantismus und der Aufklärung – hinwegfegt. Unwiderruflich bleibt das Verlangen nach neuer, reinerer Anschauung des Papsttums.

Die folgenden biographischen Etappen sind bekannt. Es hält Ranke nicht mehr in Berlin. Es zieht ihn in den nächsten Jahren immer tiefer in die historischen Quellen und in die reale Anschauung der katholischen Welt: nach Wien, dann nach Venedig, Florenz und schließlich nach Rom. In Wien taucht alsbald das Gerücht auf, er, der preußische Beamte und Universitätslehrer, wolle zur katholischen Kirche übertreten. Diesem Gerücht verdankt man ein briefliches Dementi Rankes, das eine Antwort auf die Frage gibt, wie er nun diese neuen Einsichten persönlich und wissenschaftlich zu bewältigen und zu ordnen gesonnen war. Er schreibt an Rahel Varnhagen von Ense: „Wissen Sie, daß, wenn irgendein Mensch jemals davon entfernt gewesen ist, katholisch werden zu wollen, so bin ich es. Nie ist es mir, auch nicht im mindesten, in den Sinn gekommen. ... Wie sollte ich an meinem Teil dazu helfen, dem Gegensatz zwischen Protestantisch und Katholisch, den ich schlechterdings für den heutigen Tag, das ist für die Entwicklung unsers Anteils an dem allgemeinen Leben der Welt, von keiner Bedeutung finde, sondern eine vergangene Sache – wie sollte ich daran denken, dem, soviel an mir, ein imaginäres Gewicht beilegen zu helfen? Dies würde gegen Vernunft und Gewissen sein.“[3]

Diese Standortbestimmung – nicht ohne Schärfe in der Abweisung einer als recht störend empfundenen Fama – bedürfte nun freilich einer genaueren Analyse vor dem Hintergrund der zeitgenössischen Geistigkeit zwischen Romantik und Idealismus, liberalem Fortschritt und restaurativem Denken. Eines tritt aber hier schon ohne weiteres hervor: die theologische Dimension im Verhältnis Protestanten – Katholiken ist für Ranke fern und fremd. Ihre Negation wird für ihn zur Voraussetzung einer Teilhabe am eigentlichen geistigen Leben der Zeit, das zu einer höheren Einheit führt, als sie von den christlichen Bekenntnissen her erreichbar scheint. Was das Papsttum und die historiographische Konsequenz des hier angedeuteten Weges betrifft, so besitzen wir ein Selbstzeugnis Rankes aus wenig späterer Zeit, das den Vorzug öffentlicher und programmatischer Mitteilung aufweist.

Im ersten Band der von ihm selbst herausgegebenen „Historisch-Politischen Zeitschrift“ veröffentlichte Ranke 1832 einen etwas fragmentarischen Aufsatz: „Rom 1815–1823. Staatsverwaltung des Cardinals Consalvi“[4]. Hier schrieb er bei der ersten Erwähnung des von ihm besonders hoch geschätzten Pius' VII.:

„Man hat uns so viel davon gesagt, wir haben so oft davon gelesen, daß wir am Ende fast unwillkürlich mit dem Gedanken eines katholischen Priesters die Idee von Verschlagenheit und Herrschsucht, von Heuchelei und Aberglauben zu verbinden gelernt haben.

Es gibt gewiß viele Beispiele von dieser Mißbildung.

Sollte aber wohl die christliche Religion, so ganz unweltlich in ihrem Wesen, von einer so inneren Lauterkeit, daß sie von selbst zur Nachahmung erzieht, nicht auch da, wo sie in minder reinen Formen erscheint, ihre ursprüngliche Wirkung entwickeln können? Sollte nur die Ausartung wirken, und niemals die innere Kraft, um welche sich jene nur angelegt hat?

Ich bekenne, daß ich in diesem Stande so gut als in irgendeinem andern, Männer von dem reinsten und kindlichsten Sinn, ohne Anspruch an die Welt, bescheiden und duldsam, glückselig in ungestörtem Herzensfrieden, voll wahrer Frömmigkeit gefunden habe. Welch ein Abstand zwischen jener Verdorbenheit, von der man uns erzählt, und dem Ideal von Güte und innerm Adel, das in ihnen lebt.“[5]

Damit ist die moralische Rehabilitierung des katholischen Priestertums, gipfelnd im Papsttum, öffentlich in einer Berliner Zeitschrift verkündet. Aber es ist zugleich die Grenze dieser Rehabilitierung deutlich bezeichnet; die kollektive Verdächtigung und Verdammnis ist aufgehoben. Mit der Wendung „in diesem Stande so gut als in irgendeinem anderen“

ist sozusagen die Gleichheit der Chance hergestellt. Diese Einreihung des Papsttums in ein soziologisch wertfreies bzw. gleichwertiges Schema menschlicher Haltung und Möglichkeiten zum Guten und Bösen ist sehr bezeichnend. Einerseits steht Ranke in der Nachfolge Luthers mit der Negation sakramentalen Priestertums und der prinzipiellen Gleichstellung alles menschlichen „Berufs". Andererseits trennt er sich weit von Luther, für den ja die fraglichen Institutionen als solche ausdrücklich unter die theologische Kategorie der Verderbnis und des Bösen fielen. Und vor allem wird, je länger man das positiv wertende Vokabular Rankes ansieht, desto deutlicher, wie stark diese ganze Begriffswelt bereits säkularisiert und auf ein innerweltliches Humanum eingeschränkt sein mußte, um Raum für eine freiere Bewertung des Papsttums zu bieten. Nebenbei war in alledem doch der erhebliche Vorbehalt der „minder reinen Formen" aufrechterhalten, der vielleicht zugleich eine Konzession an das Publikum und eine unaufhebbare persönliche Verankerung im norddeutsch-protestantischen Leben verriet.

Diese Erklärung von 1832 – zwei Jahre vor dem Erscheinen des ersten Bandes der Papstgeschichte – entwirft noch keine eigentlich historiographische Perspektive für Rankes Umgang mit den Päpsten, sie begründet und erläutert nur die Voraussetzungen einer solchen Perspektive. Dennoch ist das hier auftretende Problem der Säkularisierung von Rankes Anschauung theologischer und kirchlicher Fragen[6] so zentral, daß es wenigstens noch an einem zweiten, sachlich verschiedenen Beispiel beobachtet werden soll.

Das berühmte, bekanntlich erst posthum veröffentlichte „Lutherfragment" Rankes von 1816/17 zeigt den Prozeß des jugendlichen Ringens um eine Umwandlung der orthodox-lutherischen Themenwelt in einen philosophischen Panentheismus mit geradezu erregender Unmittelbarkeit. Der zweiundzwanzigjährige Student sucht, sich die Frage nach der einzigartigen Wirkung Luthers zu beantworten:

„Darum allein (sc. wirkte Luther), weil das Bauernkind ein glühendes Herz hatte, und von der eingebornen Gluth seines Herzens alles zeugte, was er dichtete und trachtete; so daß das lebendige Wort seines Geistes den innersten Geist überall anzuregen vermochte, den Geist, der sich gleich ist, und in uns allen lebt, und nur getroffen werden muß, um im selben Funken zu sprühen und zu flammen wie der göttliche flammt." Dem stand das Papsttum gegenüber. „Der Mensch vergißt das Leben seines Geistes, das umgebende Element nimmt ihn gefangen, er fällt ab von dem Göttlichen und wird zum Sünder. So war es geschehen zu den Zeiten des Pabstthums. Die Verfassung, die Kirche selbst war eine Sünderin, sie hatte das ursprüngliche, religiöse, menschliche Leben vergessen und verlassen."[7]

Erst wenn man sich den hier nur beispielhaft angedeuteten Prozeß einer idealistischen Umdeutung aller Theologumena wie Sünde, Erlösung, Offenbarung vergegenwärtigt, den Ranke zunächst am Gegenstand Luthers und der protestantischen Bewegung vollzogen hatte, werden die Bedingungen einsichtig, unter welchen er sich in den folgenden Jahren der Geschichte der Päpste näherte. Mit einer solchen Konzeption, die von platonisch-neuplatonischem Denken, von Fichte und Schelling, Herder und Goethe in verschiedenem Ausmaße befruchtet war, verbanden sich starke Eindrücke der äußeren Welt, der politisch-gesellschaftlichen Realität im Zeitalter der Restauration[8].

Dieses Element einer aktuellen, politisch-geistigen Erwartung in Rankes Denken über das Papsttum ist auch schon im „Lutherfragment" zu finden: „Es könnte ein Pabstthum geben, das durch sanftes Halten an dem Alten im Gegensatz des schroffen Neuen, dem Genius still nachgebend die Bewegungen der Zeit mäßigte und lenkte."[9]

Man wird dies politische Interesse an einem gemäßigt konservativen, evolutionären und antirevolutionären Papsttum nicht zu grob in Rechnung stellen dürfen. Daß es die Ausarbeitung der „Römischen Päpste" begleitet, ist nicht zu bestreiten. –

Bei Pastor sieht der Ausgangspunkt zunächst ganz anders aus. Als Gymnasiast erhält er 1873 – mitten in den höchsten Wogen des Kulturkampfes – von seinem Lehrer Johannes Janssen Rankes „Römische Päpste" zu lesen: „Er gab mir" – so schreibt Pastor selbst –

„damit den Anstoß zu meinem Lebenswerk."[10] Ganz deutlich werden die Motive ausgesprochen in einer Aufzeichnung des 20jährigen:

„Wie eigentümlich ist es doch, daß die Kirchenrestauration im 11. Jahrhundert ihre Geschichtsschreiber gefunden, während die ungleich großartigere Restauration der Kirche im 16. und 17. Jahrhundert, die für uns alle von weit größerem und einschneidenderem Interesse ist, noch immer ihres katholischen Bearbeiters harrt. Es ist eine Schande, daß wir dieses Territorium den Protetanten Ranke, Macaulay und Maurenbrecher überlassen haben. Ich kann es nicht aussprechen, wie sehr es mich schmerzt, alle die herrlichen Triumphe der Braut Christi im 16. und 17. Jahrhundert aus protestantischer Feder kennenlernen zu müssen. Ich finde, daß die Kirche gerade da besonders groß und gewaltig erscheint, wo sie gegen das Böse und Unheilige kämpft, das sich in ihrem eigenen Bereich im Innern eingeschlichen hat. – Was wird erst ein Katholik bei Durcharbeitung jener Zeiten finden, wenn schon Preußen und Protestanten . . . in begeistertes Lob ausbrechen! Möge Gott mir einst die Gnade geben, zur Abtragung dieser Schuld, die alle studierenden Katholiken tief fühlen sollten, mein Scherflein beizutragen!"[11]

Das sieht also ganz anders aus als bei Ranke. Da ist nichts mehr von der schwebenden Feinheit, von dem „Auslöschen" des eigenen Seins, um den „geistlich-weltlichen Tendenzen" der vergangenen Welt in jenem silberfarbenen Hauch zu begegnen, der für die Reduktion des Objektiv-Theologischen in der Geschichtsauffassung der späten Goethezeit so typisch war. Statt dessen setzt Pastor ein eisern gefügtes Programm, erfüllt von der Verteidigungskraft und der fast kindlich unreflektierten Kirchentreue der Kulturkampfzeit. Dieses Programm führt er über 50 Jahre hinweg mit stupender Entschlossenheit aus; er verfügt über die neuentwickelten Mittel einer unendlich in die Breite gewachsenen Geschichtswissenschaft. Aber was er schreibt, trägt das unverkennbare Signum des ursprünglichen Verteidigungsprogramms.

Wo soll hier – so wird man fragen – zwischen Ranke und Pastor jene eingangs erwähnte Gemeinsamkeit papstgeschichtlicher Perspektiven zu finden sein? In kürzester Andeutung: ich sehe drei besonders wichtige und eben bis heute stark nachwirkende Übereinstimmungen. Ranke wie Pastor isolieren die Papstgeschichte von der allgemeinen Kirchengeschichte, indem sie zwar die Wirkung der Päpste auf die Kirche, kaum aber die Wirkungen der Kirche auf die Päpste zeigen. Zweitens: Beide personalisieren die papstgeschichtlichen Fragen in einer so weitgehenden Weise, daß viele durchgehende Sach- und Strukturprobleme undeutlich bleiben. Und schließlich noch eines, was zunächst am wenigsten auffällt, aber vielleicht das Gravierendste ist: beide lassen ihre zusammenhängende Darstellung von der Renaissance nur bis zur Französischen Revolution reichen. Diese unwichtig scheinende Begrenzungsfrage hat aber eine ganz enorme Folge: auf diese Weise wird die Papstgeschichte aus der eigentlich schicksalhaften Gesamtentwicklung der modernen Welt, die von der Aufklärung über die Revolutionsepoche in die sozialen und geistigen Umwälzungen des 19. und 20. Jahrhunderts führt, künstlich herausgenommen. Sie wird extrapoliert und damit sozusagen durch einen „cordon sanitaire" von all den drängenden Fragen abgehoben, die der neuzeitliche Wandel von Autorität und Freiheit, von Denk- und Lebensformen, ja schließlich unsere gesamte, seit der Französischen Revolution unwiderruflich veränderte „conditio humana" an die vorausgegangenen Inkarnationsformen des Gotteswortes stellt.

Dies alles, worauf hier knapp, aber nicht leichtfertig hingewiesen sei, findet sich bei Ranke freilich noch mehr angedeutet und elegant, bei Pastor aber dann sehr ins Breite, Selbstgewisse und Abschließende entwickelt. Gab es – das ist nun die Frage – in der Papstgeschichtsschreibung seither keine korrigierenden und aufbrechenden Fortschritte? Gewiß, hier ist in erster Linie das gewaltige Werk der Erforschung des Trienter Konzils und der Kirchenreform im 16. Jahrhundert zu nennen[12]. Diese Arbeiten haben nicht nur stofflich Großartiges geleistet, sondern vor allem einem neuen, innerkirchlichen Bewußtsein den Weg gebahnt: das Vaticanum II und alles, was an Neuwerden damit zusammenhängt, wäre meines Erachtens – menschlich gesehen – ohne diese historiographische Wiederbelebung des Trienter Konzils- und Reformgedankens kaum denkbar!

Wenn darüber hinaus noch anderes zu leisten ist, um unser papstgeschichtliches Bewußtsein aus den zeitbedingten Verengungen der Ranke-Pastorschen Perspektive zu befreien, so liegt es für den Profanhistoriker nahe, seine Aufmerksamkeit auf einen ganz bestimmten, in sich begrenzten Fragenkomplex zu richten. Ich meine die jeweilige Begegnung und Auseinandersetzung des Papsttums mit der jeweiligen Struktur der europäischen Staatenwelt und ihren sowohl unmittelbar politischen wie auch geistesgeschichtlichen Herausfoderungen. In den letzten Jahren haben Arbeiten von Konrad Repgen und Dieter Albrecht gezeigt, wie fruchtbar hier neue Fragestellungen sein können[13]. Ich selbst möchte nun an einigen Beispielen aus dem Jahrzehnt zwischen der 2. und der 3. Sessionsperiode des Tridentinums, also aus den Pontifikaten Julius' III., Marcellus' II. und Pauls IV., diesen Gesichtspunkt erläutern. Diesen Beispielen liegt ein ausgedehntes, größtenteils noch ungedrucktes Quellenmaterial zugrunde, das ich für die Edition der Nuntiaturberichte vom Kaiserhof 1552–1556 sammelte. Eine zusammenfassende Darstellung dieses Zeitabschnittes ist eben erschienen[14].

II.

Die Bedingungen der päpstlichen Politik in der Mitte des 16. Jahrhunderts waren verschiedener Natur. Der Kirchenstaat in seiner langen Erstreckung von der Romagna bis Terracina besaß ganz ungeschützte Landgrenzen und offene Küsten zur Adria und zum Tyrrhenischen Meer. Trotz aller verwaltungsmäßigen Konsolidierung unter den vorausgegangenen Päpsten war der staatliche Charakter dieses geistlichen Territoriums im Vergleich zu den umliegenden Gebieten nur schwach entwickelt. Die Eigenart des Kirchenstaates als eines Wahlreiches mit häufigem Regierungswechsel hatte die Ausbildung einer starken Zentralgewalt erschwert. Der heterogene Charakter der in diesem Staatsgebilde zusammengefaßten Landschaften, die chronische Schwäche der päpstlichen Finanzen und die Eigenart des durch Geistliche der verschiedensten Ränge besorgten Verwaltungssystems machten den Kirchenstaat sehr anfällig für alle politischen Erschütterungen Italiens. Er war den Anstrengungen, die eine bewaffnete Neutralität erfordert hätte, nicht gewachsen. Im Inneren existierten nach wie vor die gegensätzlichen Cliquen und Faktionen des mächtigen Adels; die Parteinamen der Ghibellinen und Guelfen lebten weiter und gewannen bei einer Verschärfung der französisch-kaiserlichen Beziehungen außerordentliche Wirksamkeit und Aktualität.

Die Kurie selbst war durch die wechselnde Zusammensetzung des Kardinalskollegiums politischen Einflüssen aufs äußerste ausgesetzt. Das erbitterte Ringen der Monarchen um die Nominierung ihrer Kandidaten zum Kardinalat hatte nicht nur das Ziel einer Einflußnahme auf die zukünftigen Papstwahlen, sondern auch auf die laufende Geschäftsführung an der Kurie in politischen wie kirchlichen Fragen. In den Konsistorialverhandlungen wie in den Arbeiten einzelner Kardinalskongregationen und in dem Geschäftsgang und der Personalpolitik unterer Kirchenbehörden standen politische Gruppierungen gegeneinander. Vielfach waren es Interessengegensätze geringerer Ordnung, inneritalienische Rivalitäten etwa. Aber mit dem Wiederbeginn des epochalen französisch-habsburgischen Konflikts trat diese *eine* Frontstellung in den Vordergrund. Zahlreiche an der Kurie residierende Kardinäle und Prälaten faßten ihre Aufgabe zu allererst als die von Parteigängern ihres jeweiligen Monarchen auf, dem sie oft ihren Aufstieg und ihr Einkommen mehr oder weniger ausschließlich verdankten. Wie sich von Konstantinopel bis Lissabon die politischen Kräfte, Wünsche und Leidenschaften um die beiden Gegenpole Heinrich II. und Karl V. sammelten, so wirkte die magnetische Kraft dieses Gegensatzes mit zerreißender Macht bis in die innersten Gemächer des Palazzo Apostolico. Während die Heere der beiden verfeindeten Monarchen sich zum Kampf entgegentraten, begann in Rom im innersten Kreis der Kurie ein Kampf der Parteien mit anderen Waffen. Dabei war unter den Kurienkardinälen von dem

Pontifikat Pauls III. her die französische Partei stärker als die kaiserliche. Deshalb riet Julius III. im Frühjahr 1551 dem Kaiser, Kardinal Caraffa für sich zu gewinnen und damit eine Bresche in die geschlossen antikaiserliche Gruppe der vier Kardinalbischöfe zu schlagen (Trani, Salviati, Caraffa, Tournon), die im Konsistorium das Vorstimmrecht hatten. Der Kaiser scheint darauf nicht eingegangen zu sein. – Es bildete sich im Laufe des fortdauernden Konfliktes ein Zustand heraus, wo die beiden feindlichen Kardinalsfraktionen mit den jeweils zugehörigen Prälaten, Diplomaten und den Exponenten des französisch bzw. kaiserlich gesinnten Adels des Kirchenstaates sich wie zwei feindliche Hauptquartiere in der gleichen Stadt Rom installierten.

Es gab wohl eine Gruppe, die sich nicht ohne weiteres in diese der Kirche so überaus schädliche Kampfsituation schickte und einreihen ließ. Die Vertreter der Kirchenreform, die sich unter Paul III. zu einer einflußreichen Gruppe an der Kurie zusammengefunden hatten, erkannten die unendlichen Gefahren, die nicht nur der Verwirklichung ihrer Reformideen, sondern auch dem bloßen Fortbestand der kirchlichen Substanz aus dem Wiederausbruch des europäischen Konflikts und aus der Verwandlung der Kurie in einen Kriegsschauplatz erster Ordnung drohten. Aber auch diese Gruppe – angeführt von den Kardinälen Cervini, Pole, Morone, Caraffa –, die man in Rom als die „Astratti" verspottete, unterlag doch in sich selbst zu sehr der politischen Situation, als daß sie in völliger Abstrahierung von der geschilderten Lage auf die Dauer ein bestimmendes Gegengewicht rein kirchlicher Integrität hätte bilden können. Dazu war die Verflechtung der kirchlichen und der politischen Belange in der Gesamtstruktur und in den Einzelschicksalen zu eng und unauflösbar: Caraffa haßte als neapolitanischer Patriot den Kaiser wie einen persönlichen Feind; Morone war als Mailänder den Franzosen zutiefst verdächtig. Dazu kamen innere Gegensätze. Caraffa vertrat ein schroffes disziplinäres Reformprogramm; er betrachtete den versöhnlichen Engländer Pole, der die Fragen der evangelischen Theologie ernst nahm und einen ähnlichen Standpunkt wie einst Contarini einnahm, als verkappten Häretiker und hatte durch seine Angriffe im Conclave 1549 dessen Wahl zum Papst verhindert. Pole selbst hat die durch den Kampf des Allerchristlichen Königs mit dem Kaiser heraufbeschworenen politischen und kirchlichen Konsequenzen vielleicht am tiefsten durchdacht und durchlitten. Er wird von 1553 an zur leitenden Figur der päpstlichen Friedensvermittlung. Die Mißverständnisse, Enttäuschungen und Erniedrigungen, die ihm dabei widerfuhren, werden uns noch beschäftigen.

Paul III. hatte die politische Basis des Papsttums im Streit der Mächte durch einen wohldurchdachten Nepotismus zu sicheren gesucht. Seinem Nachfolger fehlten dazu nicht etwa nur die Söhne und Enkel; er verwarf aus inneren Erwägungen dies System des Farnesepapstes. Die Persönlichkeit und das Wirken Julius' III. hat unterschiedliche Beurteilung gefunden. Über einige vorherrschende Züge seines Charakters herrscht Übereinstimmung. Er war von großer Güte und Freigebigkeit, in seinen Entschlüssen rasch, heftig und unberechenbar. Er liebte scharf gewürzte Speisen und Späße, heitere Feste, Theaterspiel und die Freuden des Landlebens. Ein Zeugnis dieser Neigungen sind heute noch die Reste der großen Villenanlage, die er vor den Toren Roms in der nach ihm benannten Valle Giulia errichtete. Hier setzten die Vorwürfe ein: „Jules III. scandalisa Rome par la mollesse de sa vie, exempte de tout travail et livrée aux excès de la bonne chère."[15]

Demgegenüber steht der unermüdliche Fleiß, mit dem Julius III. den Aufgaben seines Amtes nachkam, für jeden Kenner der einschlägigen kurialen Aktenbestände außer Zweifel. Es bleibt die Frage nach den Maßstäben, an denen sich das Urteil über Lebensführung und Wirken eines Papstes zu orientieren hat. Dabei wird sich der Historiker weniger bei den unbekleideten Frauengestalten der Villa Giulia und den hohen Spieleinsätzen des Papstes aufhalten. Wenn dieser Papst in seiner Lebensführung den gesellschaftlichen und künstlerischen Formen seiner Zeit verhaftet ist, so tritt diese Feststellung doch zurück hinter der zentralen Frage: Wie hat er als servus servorum Dei der kirchlichen Aufgabe gedient, die seine Zeit ihm stellte?

Hier hat u. a. Ludwig v. Pastor als Zeugnis für die „Gegensätze, in denen sich das Tun Julius' III. bewegte", die dunkle Geschichte des Innocenzo del Monte angeführt[16]. Dieser Innocenzo taucht wenige Jahre vor dem Conclave von 1549 in der „famiglia" des damaligen Kardinals Giovan Maria del Monte auf. Er soll als vaterloses, streunendes Kind bei dem Einfangen eines dem Kardinal entlaufenen Affen solchen Mut gezeigt haben, daß ihn Monte zu sich nahm und bald durch seinen Bruder Baldovino adoptieren ließ. Zum Papst erhoben, verlieh er gegen heftigen Widerstand seitens der älteren Kardinäle Innocenzo, der damals höchstens siebzehn Jahre alt war, den Purpur und übertrug ihm im Herbst 1551 offiziell die Leitung des Staatssekretariats. Seitdem lief – soweit der Papst nicht selbst als Adressat oder Absender in Erscheinung trat – die gesamte politische Korrespondenz der Kurie unter Innocenzos Namen. Abgesehen von dem nicht endenwollenden Klatsch, den dieses Vorgehen auslöste, war Innocenzo einer solchen Stellung weder geistig noch charakterlich gewachsen. Nach dem Tode seines Protektors machte er „propter scandalum publicum" Bekanntschaft mit dem Gefängnis.

Ein öffentliches Ärgernis war dieser Adoptivneffe des Papstes von Anfang an, und man wird die Geschichte nicht mit leichter Hand beiseite schieben können. Sie wirft einen Schatten über das ganze Pontifikat. Aber bei einer kritischen Analyse der Regierungshandlungen Julius' III. wird man trotz ausgiebigen Suchens kein Seitenstück zu einem solchen Vorgehen finden. Man trifft auf Wankelmut und Schwäche im einzelnen. Aber insgesamt trägt dies Pontifikat eine Signatur, die von der Geschichte Innocenzos ganz verschieden ist. Carl Erdmann und H. O. Evenett haben Julius III. unter dieser Perspektive gewürdigt und sind dabei zu einem weit positiveren Urteil gekommen – zu einem Urteil, das Julius III. näher als Paul III. an das spätere Reformpapsttum heranrückt.[17]

Julius III. hatte sich zu Beginn seines Pontifikats Kaiser Karl V. zu einer sehr engen Zusammenarbeit mit dem Ziele der Wiederherstellung der kirchlichen Einheit des Abendlandes zur Verfügung gestellt. Er hatte das Konzil in Trient wiedereröffnet, und er war dafür das Risiko einer tiefen Feindschaft Frankreichs eingegangen, das dem Konzil fernblieb und mit dem Schisma drohte. Er war so weit gegangen, dem Kaiser die Absetzung des französischen Königs durch päpstlichen Richterspruch anzubieten. Der Kaiser hatte von diesem Angebot keinen Gebrauch gemacht, er hatte aber auch die folgende Warnung des Papstes vor einem Krieg mit Frankreich während des Konzils mißachtet. Julius III. hatte dem Kaiser gesagt, er solle sich davor hüten, sonst gebe er „un giudice d'appellatione a Luterani"[18].

Genau dies trat nun im Frühjahr 1552 ein, als die Rebellion der „Kriegsfürsten" in Deutschland den Kaiser zur Flucht und den Papst zur Suspendierung des Konzils zwang. Der nun sichtbar werdende Niedergang der europäischen Hegemonie Karls V. stellte das Papsttum in der Fortdauer des französisch-habsburgischen Endkampfes vor überaus schwierige Probleme. Julius III. versuchte dem unausweichlichen Übergang zur politischen Neutralität einen positiven und pastoralen Aspekt abzugewinnen, indem er sich fortgesetzt um Ausgleich und Frieden für die Christenheit bemühte, damit das Konzils- und Reformwerk wiederaufgenommen werden könne.

Ohne Zweifel handelte der Papst im Sinne seines allgemeinen Hirtenamtes, wenn er sich von dem zusammenbrechenden System der kaiserlichen Universalherrschaft löste und Rücksicht auf Frankreich und die anderen Gegner Habsburgs nahm. Das päpstliche Amt war auf anderem Boden gegründet als die Herrschaft des Kaisers. Das Papsttum hatte über den Zusammenbruch wechselnder politischer Systeme hinweg seinen universellen Aufgaben zu dienen. Aber wie nahm der Kaiser diese Wendung und die nachfolgenden Vermittlungsversuche des Papstes auf? Als im Juli 1552 ein päpstlicher Sondernuntius den Gedanken der Friedensvermittlung vorbrachte, erwiderte ihm der Kaiser: „Er sehe nicht, daß es jetzt an der Zeit sei, hiervon zu sprechen; denn er habe zu großen Schaden erlitten an seinen Staaten und an seiner Ehre. Er wolle nicht, daß es ihm ergehe wie zu Zeiten Pauls III., der es so machte wie jene Manteldiebe in Spanien, die zu dritt oder viert ausziehen. Einer versetzt dem, der den Mantel hat, einen Schlag und nachdem er ihm den Mantel genommen hat, kommen die anderen und mischen sich ein ‚per fargli fare la pace', nachdem er geschlagen worden ist und den Mantel verloren hat. Für jetzt könnte man es beim Fortgang des Krieges bewenden lassen; man werde weiter sehen, gemäß dem Verlauf der Dinge."[19]

Brüsker konnte das päpstliche Angebot kaum zurückgewiesen werden. Zugleich zeigten die vom Kaiser gebrauchten Wendungen, ähnlich wie schon frühere Äußerungen, daß er aufgrund seiner bisherigen Erfahrungen das Papsttum a priori für unberufen und unfähig zur Aufgabe einer europäischen Friedensstiftung hielt. Es wäre eine Sache für sich, zu zeigen, wie und mit welchem Recht der Kaiser zu dieser Überzeugung gekommen war. Sie bildete jedenfalls einen festen Bestandteil seiner Maximen und setzte daher dem päpstlichen Friedenswirken der folgenden Jahre die größten Schwierigkeiten entgegen.

Aber Julius III. ließ sich nicht entmutigen. Mit einer Zähigkeit ohnegleichen rang er um die Wiederherstellung des Friedens in Europa und in Italien, wo durch den sogenannten Siena-Krieg Rom selbst unmittelbar in Mitleidenschaft gezogen war, während in Deutschland mit jedem weiteren Kriegsjahr die Chancen der kirchlichen Reunion weiter verblaßten. Als der Papst im März 1555 die Augen schloß, schien sein unermüdliches Friedenswirken endlich Früchte zu tragen. In seinem Auftrag war es dem Kardinallegaten Reginald Pole gelungen, von England aus, dessen Herrscherpaar Philipp v. Spanien und Maria Tudor eben die Wiedervereinigung des Inselreiches mit Rom vollzogen hatte, eine europäische Friedenskonferenz einzuberufen: Eine päpstlich-englische Doppelvermittlung sollte die alten Streitfragen zwischen dem Kaiser und Frankreich ausräumen und damit den Weg für das Konzil frei machen.

Der neue Papst, der am 10. April 1555 gewählt wurde, hieß Marcello Cervini. Seine Erhebung auf den Stuhl Petri bedeutete bekanntlich den erstmaligen völligen Durchbruch des Reformgedankens an der Kurie. Maßloses Erstaunen klingt aus den Berichten der in Rom akkreditierten Diplomaten über die einschneidenden ersten Regierungshandlungen Marcellus' II. Er verkündete nicht nur den Beginn der Reformatio in capite, er verwirklichte sie auch. Der neue Papst gehörte einer ganz anderen Generation an als noch Julius III., der sich nur mühsam von der Erdenschwere der alten, untheologischen Routine der Kurie freigerungen hatte. Marcellus war aber nicht nur ein durch und durch von der Reformaufgabe erfüllter Theologe, er war politischer Realist. Und so verbindet sich in seinen Regierungshandlungen aufs engste die Bemühung um den europäischen Frieden – um das Zustandekommen und den Erfolg der Friedenskonferenz – mit dem Wirken für die Reinigung der Kirche.

Doch Marcellus verzehrt sich in der übermenschlichen Anstrengung dieses Neubeginns. In dem ersten Konsistorium nach den Osterfeiertagen soll die unter Julius III. vorbereitete Reformbulle verabschiedet werden; ein Sondergesandter wird sie sogleich dem Kaiser überbringen. Der Papst erkrankt jedoch während der Liturgie der Ostertage, es wird kein Konsistorium gehalten, kein Reformbeschluß verkündet, keine Sondergesandtschaft an die Monarchen abgefertigt, um sie in das Reformwerk mit einzubeziehen. Die delikate Gesundheit Cervinis bricht rasch zusammen.

In der Nacht zum 1. Mai stirbt der Papst nach einem Pontifikat, das kaum drei Wochen währte. Noch während der Agonie schreibt Kardinal Farnese nach Frankreich: „Über den Verlust, der eintritt, seid ihr Euch im klaren: nie wurde ein Papst gewählt, der größere Hoffnung verhieß, der in so wenigen Tagen eine größere Probe von Güte und Klugheit gab, als dieser es tat."[20]

Wir kommen zum Nachfolger, zum dritten und letzten der Päpste, die uns hier beschäftigen. Er und sein unglückseliges Wirken stellen die schwierigsten Probleme im Sinne der eingangs skizzierten Frage: Papsttum und europäische Politik. Nach dem Conclave, aus dem der 79jährige Gian Pietro Caraffa als Papst Paul IV. hervorging, schrieb Kardinal Truchseß v. Waldburg: „Ich habe einen frommen Papst helfen erwählen." Nicht hier lag das eigentliche Problem, nicht in der Frömmigkeit und in dem Ernst der Reformgesinnung.

Die fürchterliche Enttäuschung und die Summe der Verirrung und des Mißlingens, die der Pontifikat Pauls IV. für die katholische Kirche brachte, könnte niemand schärfer formulieren, als es der Papst selbst tat, der 1559 nach dem Sturz seiner Nepoten sagte, dies Jahr solle das erste seines Pontifikats sein. So wünschte er alles ausgelöscht, was in seinem Namen seit 1555 geschehen war. Forscht man nach den Gründen für das erschütternde Fazit dieses Pontifikats, so wird man sie mehr als bisher geschehen in der politischen Vorstellungswelt Caraffas suchen müssen, wie sie sich im Laufe der Jahrzehnte ausgebildet hatte. Der Papst gehörte der gleichen Generation wie Julius III. an, hatte wie jener aus seiner Jugend das Idealbild eines freien Italien in sich bewahrt. Dieses Italien des Quattrocento, das er mit einem rein gestimmten Instrument verglich, dessen vier Saiten der Kirchenstaat, Neapel, Mailand und Venedig waren, sah er durch die tyrannische Herrschaft Karls V. vernichtet. „Einst" – so erklärte er im Juli 1556 dem venezianischen Gesandten Navagero – „haben wir die Oltramontani in Italien nur als Köche, Bäcker und Stallknechte erblickt, jetzt sind sie die Gebieter, zu unserm Ruin und zu unserer Schmach. Wo sie, wie in Neapel und Mailand, herrschen, sehen wir jammervolle Tragödien. Der Kaiser, der Tyrann, Häretiker und Schismatiker, strebt nach der Universalmonarchie. Die Häresien hat er gefördert, um das Papsttum niederzudrücken und sich zum Herrn Roms, d. h. zum Herrn Italiens und der Welt zu erheben."[21]

Auch Julius III. hatte unter dem Eindruck des Siena-Krieges über das Heraufkommen der „tempi dei tiranni" geklagt, denen die alte Freiheit Italiens zum Opfer fiel, wie auch er gegen Ende seines Pontifikats nach dem Scheitern seiner italienischen Neutralitätspolitik die Auslieferung Italiens an die Oltramontani als eine unerträgliche Fesselung des Papsttums empfand. Die gleiche Situation wirkte auf die folgenden Päpste ein. Marcellus II. hatte einer um vieles jüngeren Generation angehört. Er schien entschlossen, frei von politischen Wunschträumen und ungehemmt von Erinnerungen an ein vergangenes Bild politisch-kirchlicher Lebensformen der gewandelten Gegenwart ein Bestes abzugewinnen. Gerade diese Zuordnung von starkem Wirklichkeitssinn und tiefer Spiritualität, die jene jüngere Reformgruppe um Pole, Morone und Cervini auszeichnete und die ihnen schon Contarini vorgelebt hatte, fehlte Caraffa. Julius III. hatte dem Papsttum den Weg der Neutralität, der von früheren Realisierungsstufen kirchlichen Lebens fortführte, in seiner ganz persönlichen, im Einzelvollzug noch stark der Vergangenheit verhafteten Weise empirisch und tastend eröffnet und gewiesen. Marcellus II. wollte hier bewußt und mit der ganzen Spannkraft seines Reformwillens weiterschreiten. Die Spiritualisierung der Kirchenleitung, zu der er ansetzte, um das Papsttum aus der Verstrickung in den politischen Kampf der europäischen Mächte zu lösen, hätte vielleicht zur Erringung neuer moralischer Positionen führen können, von denen aus das politische Problem des Kirchenstaates als Basis päpstlicher Handlungsfreiheit zweitrangig erschienen wäre.

Aber Paul IV. brachte gegenüber diesen Ansätzen einen schweren und weit über seinen Pontifikat hinaus folgenreichen Rückfall. Er setzte das Ideal einer erneuerten spirituellen Kraft des Papsttums und der Kirche kurzschlüssig in eins mit der Negation der politischen Umgestaltung Italiens und Europas, die sich in den vorausgehenden Jahrzehnten im Heraufkommen der „tempi dei tiranni" vollzogen hatte. Er sah schließlich keinen anderen Weg, der Erneuerung und der Befreiung der Kirche zu dienen, als den der physischen Gewalt – den Waffengang gegen Habsburg. Diese erschreckende Kurzschlüssigkeit seines Denkens war – so will uns scheinen – keineswegs akzidentiell. Sie kam aus der Tiefe einer Ideenwelt, die auch im innerkirchlichen Bereich durch die schroffste Anwendung von Repressivmaßnahmen und die Vorherrschaft des disziplinären Aspektes der Reform gekennzeichnet war. Von Ignatius, der Caraffa in langen Jahren kennengelernt hatte, wird glaubwürdig berichtet, daß ihn die Nachricht von Caraffas Wahl aufs tiefste erschreckt habe: es war ihm, als ob sich ihm alle Knochen im Leibe umdrehten.

Es mag mitgewirkt haben, daß Caraffa seit einer vorübergehenden Tätigkeit als Nuntius unter Leo X. – damals hatte er in den Niederlanden durch Charakter und Gelehrtheit auf Erasmus Eindruck gemacht – keinen Kontakt mehr zu der politischen Seite des Kirchenlebens gesucht oder gefunden hatte. So scheinen die politischen Erfahrungen von mehr als einem Menschenalter bewegtester Papstgeschichte an ihm vorübergegangen zu sein. Daß Paul IV. alsbald in die Hände eines ebenso skrupellosen wie ehrgeizigen Nepoten fiel, der ihn täuschte und mißbrauchte und der Tragödie seines Pontifikats den widerlichen Beigeschmack durchtriebener Interessenpolitik gab, war ebenfalls kein Zufall. Der Riß zwischen der Ideenwelt des Papstes und der Realität der politischen und kirchlichen Aufgaben und Möglichkeiten der Zeit war zu tief, als daß sich hier nicht Heuchelei, Lüge und Verrat hätten einnisten können.

So bahnte sich noch im Jahre 1555 in Rom in einem Dunstkreis von künstlich erzeugter und sich selbst fortzeugender Panik, in der Betörung eines weltfremden Greises jene Entscheidung an, die Frankreich seit dem Ausbruch des Krieges 1551 vergebens herbeizuführen gesucht hatte: der Übertritt des Papsttums in das Lager der Feinde des Kaisers. Darüber scheiterte natürlich der noch unter Julius III. und Marcellus II. eingeleitete Versuch, durch die Friedenskonferenz von Marcq den europäischen Ausgleich zu finden. Darüber verstrich der Augsburger Reichstag und kam der Religionsfriede zustande, ohne daß die Kurie sich zu einem kohärenten Verhalten gegenüber diesen Fragen entschloß. Darüber gelang es Kardinal Carlo Caraffa, die zwischen dem Kaiser und Frankreich eintretende unmittelbare Verständigung zu sabotieren, den Bruch des bereits zustande gekommenen Waffenstillstands von Vaucelles herbeizuführen und seit dem Herbst 1556 der Welt das Scandalum eines Krieges des Papstes gegen das Erzhaus Habsburg zu bieten.

Diesen raschen Überblick hier abbrechend, sei nur noch ein Phänomen in Kürze erläutert: die Umbildung und Verzerrung des Reformgedankens im Umkreis einer so geführten päpstlichen Politik. Paul IV. sprach von Reformprojekten, von einem römischen Reformkonvent, vor allem aber von einer „riforma dei principi". Aber hier steigerte er sich in ausweglose Verirrungen, so, wenn er dem venezianischen Gesandten Navagero über das Verhältnis des Papsttums zu den Fürsten berichtete:

„Wir haben keinen von ihnen zum Gefährten gewollt, wir wollen sie als Untertanen und unter diesen Füßen, wie es sich gehört und wie es jener wollte, der diese heilige Kirche errichtete und uns an diesen Platz stellte. Und bevor wir eine Feigheit begehen, wollen wir sterben und alles zugrunde richten und alle vier Weltteile in Brand setzen. Unsere Vorgänger haben diesen Heiligen Stuhl nur allzusehr erniedrigt und aus Furcht vor den Fürsten haben sie unwürdig gehandelt und daraus folgten unendliche Mißstände."[22]

Damit sind wir am Ende unseres Überblickes. Und das Fazit aus diesem Jahrzehnt Papstgeschichte?

Der Pontifikat Pauls IV. endete mit einem Fiasko. Ansehen und Glaubwürdigkeit des Papsttums hatten einen erschreckenden Tiefstand erreicht. So schrieb der Reichsvizekanzler Seld 1558 in einer Denkschrift für Kaiser Ferdinand I.:

„Das man vormahls den Röm. Stuel gar nahend angebettet und für Gott gehalten, da wird derselbe jetzund von einem großen theil der Christenheit verachtet; und da man vormals den Bäpstlichen Bann ubler, dann den zeitlichen tod gefürchtet, da lachet man jetzunder desselben; und da mann vormals, was von Rom kommen, für göttlich und heilig gehalten, da ist das Römische wesen und leben jetzund der gantzen welt dermaßen bekant, das schier menniglich, er sey, wer er wolle, der Alten oder Newen Religion, dafür außspeyet."[22]

Die europäische Staatenwelt suchte ihren Weg zum Frieden ohne den Papst. Der Friedensschluß von Cateau-Cambrésis, der 1559 das epochale Ringen zwischen Frankreich und Habsburg beendete, wurde unter ausdrücklicher Ausschließung der diskreditierten päpstlichen Diplomatie herbeigeführt. Und der politische wie kirchliche Wiederaufbau der Folgezeit – man denke an die Wiedereröffnung und den glücklichen Abschluß des Konzils von Trient 1562/63 – litt weiter unter den Konsequenzen der verfehlten Caraffapolitik: der Kirchenstaat blieb in die Abhängigkeit von Spanien gebannt; die konziliare Reform konnte gegenüber dem tiefen Mißtrauen der katholischen Mächte nur in unvollendeter Form unter Dach und Fach gebracht werden. Diese beiden Faktoren – politische Abhängigkeit des

Kirchenstaates und Unabgeschlossenheit der tridentinischen Reform – haben über Jahrhunderte hinweg den pastoralen Weg des Papsttums mit schweren bis schwersten Hypotheken belastet.

Blicken wir nun zurück auf die eingangs festgestellten Beschränkungen der von Ranke und Pastor her gegebenen papstgeschichtlichen Optik: *Personalisierung, Isolierung, Extrapolierung,* so ist die Richtung, in welcher eine Korrektur und Erweiterung der papstgeschichtlichen Perspektive gesucht werden kann, durch die angeführten Beispiele zwar nicht ausdrücklich erörtert, aber doch wohl andeutend illustriert worden. Es kann sich dabei zunächst wohl weniger um positive Ergebnisse handeln als um eine Erneuerung des Fragens; diese neuen Fragen werden sich sehr viel stärker als bisher an die strukturellen Vorgegebenheiten richten. Etwa: Was ist das Renaissancepapsttum? Wie entsteht der Nepotismus? Wieso diese Verstrickung in den europäischen Hegemoniekampf seit 1496? Unser Fragen wird sich dabei nicht mehr mit Antworten in Form allgemeiner Psychologismen und Moralismen zufriedengeben können wie „Pflichtverletzung", „Ausbleiben der Selbstbesinnung", „profane Interessen", „unkirchliche Epoche". Wir werden in einer radikalen Weise in die innerweltlichen Vorgegebenheiten der Papstgeschichte einzudringen haben und die *Geschichtlichkeit* dieser Institution in vielfacher Hinsicht neu zu überdenken haben. Aber wir können das tun in dem sicheren Bewußtsein, daß jeder Erkenntniszuwachs hinsichtlich der innerweltlichen Seite des Papsttums dem gläubigen Innewerden der überweltlichen Kraft des Testamentum fidei neuen Raum schaffen wird.

Vortrag auf der Jahrestagung der Görres-Gesellschaft 1964. Druck im Jahres- und Tagungsbericht der Gesellschaft für 1964 (Köln 1965), S. 13ff.

1 Vgl. zum Folgenden *H. Tüchles* Artikel „Papstgeschichtsschreibung" in: Lexikon für Theologie und Kirche, Bd. 8 (Freiburg i. B. ²1963), S. 49–53, und *H. Lutz*, Ranke e il papato. In: Rivista di storia della chiesa in Italia 16 (1962), S. 439–450. Die biographischen und historiographischen Probleme behandelt ausführlich *F. Baethgen* in seiner Einleitung zu *L. v. Ranke*, Die römischen Päpste in den letzten vier Jahrhunderten (Stuttgart 1953). Nach dieser Ausgabe wird im folgenden zitiert. Wichtig auch die kenntnisreiche und anregende „Presentazione" von *D. Cantimori* zur italienischen Übersetzung: L. v. Ranke, Storia dei Papi (Florenz 1959). – Eine historisch-kritische Edition der Ranke'schen Papstgeschichte mit Angabe der Textvarianten in den verschiedenen Auflagen, Ergänzungen des Anmerkungsapparates usw. – etwa entsprechend der von P. Joachimsen besorgten Ausgabe der „Deutschen Geschichte im Zeitalter der Reformation" – wäre sehr erwünscht. Wie mir Herr Professor W. P. Fuchs, der im Auftrage der Historischen Kommission bei der Bayerischen Akademie der Wissenschaften die Bearbeitung von Rankes Nachlaß leitet, liebenswürdigerweise mitteilte, ist eine solche Edition von dieser Seite her zunächst nicht vorgesehen. Dabei spielt wohl die Tatsache eine Rolle, daß in Rankes Nachlaß zur „Geschichte der Päpste" wohl Sammlungen von Notizen und einzelne Vorarbeiten vorliegen, aber kein zusammenhängendes Manuskript. Vgl. *W. P. Fuchs*, Der Nachlaß Leopold von Rankes. In: Historische Zeitschrift 195 (1962), S. 63–89, und *L. v. Ranke,* Aus Werk und Nachlaß, Bd. 1: Tagebücher, ed. *W. P. Fuchs* (München/Wien 1964), S. 13–38.

2 *L. v. Ranke*, Das Briefwerk, ed. *W. P. Fuchs* (München/Wien 1949), S.105.

3 Ebd., S. 157. Zu der Frage, ob dieser Brief vielleicht an Bettina von Arnim gerichtet war, vgl. ebd., Anm. 1.

4 Historisch-Politische Zeitschrift 1 (1832), S. 624–774. Für die erste Gesamtausgabe seiner Werke, in deren Rahmen 1874 die 6. Auflage der „Päpste" erschien, hat Ranke diese Abhandlung stark umgearbeitet und erweitert und sie im Anschluß an die eigentliche Papstgeschichte unter dem Titel „Cardinal Consalvi und seine Staatsverwaltung unter dem Pontifikat Pius' VII." abgedruckt. Sie findet sich seitdem in neueren deutschen Ausgaben der „Päpste" öfters in dieser erweiterten Form als Appendix; sie wird im folgenden nach der von *F. Baethgen* eingeleiteten Neuausgabe zitiert.

5 Historisch-Politische Zeitschrift 1 (1832), S. 629; *Ranke*, Päpste 2, S. 335f. (dieser Passus unverändert mit Ausnahme einer stilistischen Korrektur: „zur Nachfolge in derselben erzieht" statt „zur Nachahmung erzieht").

6 Dem entspricht, vom gleichen, panentheistischen Ausgangspunkt her, die entgegengesetzte Denkbewegung. Ein Beispiel für viele: „Oft erhebt sich aus einem abgerissenen verlorenen Wort eine ganze Gestalt in glänzender Schönheit. Und alle Tage nur ein Gedanke, der auf das eigentliche Leben der Welt, auf das Innere der Nationen, mithin auf Gott wahrhaftigen Bezug hat." (Brief an Karl August Varnhagen von Ense, November 1827; Briefwerk, S. 128). Also Mystifizierung und Theologisierung profaner Stoffe. Aber vermutlich ist mit diesen Worten die Eigenart des Vorganges bei Ranke noch keineswegs adäquat angedeutet. Es handelt sich eben nicht um eine bewußte und gewollte Zwangskonstruktion, sondern – wie er es erlebte – um die Wahrnehmung der ursprünglichen Transparenz historischer Phänomene. Ob Ranke sich über die Kühnheit dieser Wendung Rechenschaft gab, die eine bestimmte Art idealistischer Spekulation von ihrem traditionellen, kosmologischen Gegenpol weg zu definiten politisch-kirchlichen Institutionen hin wandte, ist nicht klar.

[7] *L. v. Ranke*, Deutsche Geschichte im Zeitalter der Reformation, Bd. 6, ed. *P. Joachimsen* (Berlin 1926), S. 360, 362.
[8] Vgl. die sehr anregende Untersuchung von *C. Hinrichs*, Ranke und die Geschichtstheologie der Goethezeit (1954).
[9] *Ranke*, Reformation 6, S. 351. Es ist außerordentlich wichtig, festzustellen, wie noch in der 3. Auflage der „Päpste" 1845 das Gesamtwerk mit einem wesentlich anderen Akzent ausklang, als sie der in allen Ausgaben seit 1874 vorliegenden Schlußtext bietet. [Siehe unten, S. 221.]
[10] *L. v. Pastor*, Tagebücher – Briefe – Erinnerungen, ed. *W. Wühr* (Heidelberg 1950), S. 47.
[11] Ebd., S. 35f.; 29. April 1874.
[12] Vgl. *H. Jedin*, Der Abschluß des Trienter Konzils 1562/63. Ein Rückblick nach vier Jahrhunderten (Kathol. Leben und Kämpfen im Zeitalter der Glaubensspaltung, Bd. 21, 1963), 83ff. Der Autor, der selbst so wesentlich zur Erforschung des Trienter Konzils und der tridentinischen Reform beigetragen hat, gibt hier auf knappstem Raum eine ausgezeichnete Übersicht über die wichtigsten Quellen und Untersuchungen.
[13] *D. Albrecht*, Die deutsche Politik Papst Gregors XV. Die Einwirkung der päpstlichen Diplomatie auf die Häuser Habsburg und Wittelsbach 1621–1623 (= Schriftenreihe zur bayerischen Landesgeschichte, Bd. 53, München 1956); *K. Repgen*, Die römische Kurie und der Westfälische Friede, Bd. 1, 1. Teil: Papst, Kaiser und Reich 1521–1644 (= Bibliothek des Deutschen Historischen Instituts in Rom, Bd. XXIV, Münster 1962).
[14] *H. Lutz*, Christianitas afflicta. Europa, das Reich und die päpstliche Politik im Niedergang der Hegemonie Kaiser Karls V. (Göttingen 1964). Auf diese Darstellung sei für die Einzelbelege des Folgenden verwiesen. Von den oben erwähnten Nuntiatureditionen ist bereits erschienen: Nuntiaturberichte aus Deutschland nebst ergänzenden Aktenstücken. Erste Abteilung, 13. Bd. (1552–1553), im Auftrage des Deutschen Historischen Instituts in Rom, bearbeitet von *H. Lutz* (1959).
[Seither sind zwei weitere Bände erschienen: 1971 der 14. Bd. (1553–1556), 1981 der 15. Bd. (Friedenslegation des Reginald Pole 1553–1556).]
[15] *L. Romier*, Les origines politiques des guerres de religion, Bd. 1 (1913), S. 221.
[16] *L. v. Pastor*, Geschichte der Päpste seit dem Ausgang des Mittelalters, Bd. 6 (Freiburg i. B. 1913), S. 53.
[17] *C. Erdmann*, Die Wiedereröffnung des Trienter Konzils durch Julius III. In: Quellen und Forschungen aus italienischen Archiven und Bibliotheken 20 (1928/29), S. 283. Die kirchliche Bedeutung der päpstlichen Neutralitätspolitik wurde hervorgehoben von *H. O. Evennett*, The cardinal of Lorraine and the Council of Trent (Cambridge 1930), S. 43.
[18] Nuntiaturberichte aus Deutschland, 1. Abt., Bd. 13, ed. *H. Lutz* (Tübingen 1959), S. 185.
[19] Ebd., S. 61f.
[20] *A. Caro*, Lettere scritte a nome del Card. A. Farnese, Bd. 2 (1807), S. 180.
[21] *Pastor*, Päpste 6, S. 412.
[22] Ebd., S. 663; Bericht Navageros vom 18. Januar 1556.
[23] *M. Goldast*, Politische Reichshändel (1614), S. 169.

EIN RÜCKBLICK DES REICHSVIZEKANZLERS GEORG SIGMUND SELD AUF DIE ZWEITE TAGUNGSPERIODE DES KONZILS VON TRIENT

I.

Der Reichsvizekanzler Georg Sigmund Seld hat gegen Ende des Jahres 1553 für Kaiser Karl V. eine große Denkschrift ausgearbeitet, die der Vorbereitung des Augsburger Reichstages galt, der dann erst 1555 stattfand und mit dem Religionsfrieden einen gewissen Abschluß der Reformationsepoche für Deutschland brachte. Diese Denkschrift ist 1971 im Anhang zu dem Reichstagsprotokoll des kaiserlichen Kommissars Felix Hornung erstmals vollständig ediert worden[1], nachdem A. v. Druffel Ende des 19. Jahrhunderts Teile bekannt gemacht hatte[2]. Die religionspolitischen Erörterungen, die Seld im Hinblick auf den kommenden Reichstag anstellte, enthalten auch einen bemerkenswerten Abschnitt über die Konzilsfrage im allgemeinen mit einem Rückblick auf die zweite Tagungsperiode des Trienter Konzils 1551/52. Dieser kritische Rückblick verdient besondere Beachtung, da wir in ihm – in einer noch näher zu erläuternden Weise – eine authentische Stellungnahme des Kaiserhofes sehen dürfen.

Georg Sigmund Seld wurde 1516 in Augsburg als Sohn einer Goldschmiedefamilie geboren[3]. Er studierte an italienischen und französischen Universitäten die Rechte, wirkte seit 1547 in der Reichskanzlei, hatte schon 1547/48 an den Verhandlungen des Augsburger Reichstages Anteil[4] und wurde 1551 Reichsvizekanzler. Als solcher gewann er in den letzten Jahren der Herrschaft Karls V. eine bedeutende Stellung und erheblichen Einfluß auf die Reichsangelegenheiten. In bildungs- und sozialgeschichtlicher Hinsicht ist er dem Bereich des oberdeutschen reichsstädtischen Humanismus zuzuordnen; hier führt eine deutlich erkennbare Entwicklungslinie von dem vorreformatorischen Humanismus, wie er im Augsburger Umkreis Conrad Peutingers zu finden ist, zu späthumanistischen Kultur- und Lebensformen. Dieser Zusammenhang, den man mit Werner Kaegi „humanistische Kontinuität im konfessionellen Zeitalter" nennen kann, hatte auch eine deutliche politische Komponente; Kaiser- und Reichsidee behielten dort, wo man sich der Reformation nicht anschloß, eine eindeutig prohabsburgische Richtung. Hinsichtlich der kirchenpolitischen Ideen, die in dem soziokulturellen Milieu, dem Seld entstammte, lebendig waren, sei hier nur en passant auf jene Konzeption der „via media" (zwischen Rom und Luther) hingewiesen, wie wir sie im Denken und Wirken Peutingers beobachten können[5].

Nach dem Ende der Regierung Karls V. zog sich Seld aus Brüssel auf seine Besitzungen bei München zurück. Er stand in dieser Zeit in enger Verbindung mit Herzog Albrecht V. von Bayern. Schließlich wurde er 1559 von Kaiser Ferdinand I. nach Wien geholt und wieder zum Reichsvizekanzler ernannt. Obwohl seine wichtige Tätigkeit im Zusammenhang mit der Schlußperiode des Trienter Konzils seit langem bekannt ist (Reformlibell Ferdinands I.), hat diese Wiener Zeit seines staatsmännischen Wirkens noch keine detaillierte Würdigung erfahren. Seld starb 1565, nachdem er schon 1563 das Amt des Vizekanzlers niedergelegt hatte.

Es gehört zu den Charakteristika des Aufgabenkreises und der Arbeitsweise Selds, daß er immer wieder in groß angelegten schriftlichen Ausarbeitungen – die man im 19. Jahrhundert „Staatsschriften" genannt hätte – aktuelle Entscheidungssituationen in ihren politischen und verfassungsrechtlichen Perspektiven analysiert hat. Um die Denkschrift von Ende 1553, die hier im Ausschnitt zu behandeln ist, wenigstens andeutungsweise in diesen größeren Zusammenhang einzuordnen, seien in chronologischer Abfolge einige solcher „Staatsschriften" Selds aus den fünfziger Jahren aufgezählt:

1552 (Ende): Entwurf einer kaiserlichen Revokation des Passauer Vertrages und des im Oktober 1552 mit Markgraf Albrecht Alcibiades vor Metz abgeschlossenen Vertrages[6].

1553 (Mai): Denkschrift zum Bundestag von Eger[7].

1551/58: Gutachten zu reichsrechtlichen Problemen in Italien[8].

1558 (vor März): Denkschrift für eine geplante Friedensvermittlung zwischen Philipp II. und Heinrich II.[9].

1558 (August): Denkschrift für Ferdinand I. über Kaisertum und Papsttum aus Anlaß des Wahlprostestes Pauls IV.[10].

II.

Selds Reichstags-Denkschrift von Ende 1553 ist von Karl Brandi in ihrer Bedeutung an zwei Stellen in verschiedener Weise gewürdigt worden. Im ersten Band der Biographie Karls V. schrieb er: „Die Denkschrift entwickelte aus enger Verbundenheit mit dem Kaiser und doch nicht ohne Kritik in großen Zügen noch einmal die Gesichtspunkte, unter denen Karl V. die Reichssachen, insbesondere die Kirchenfrage, betrachtete. Sie ist also für uns auch eine Art von politischem Testament für Deutschland, von Epilog auf diese Reichsregierung[11]." Vier Jahre später kam Brandi im zweiten Band nochmals auf die Denkschrift zurück und modifizierte sein Urteil hinsichtlich des Nahverhältnisses der Seldschen Ausarbeitung zu den Ansichten des Kaisers: „Die sehr umfangreiche eigenhändige Denkschrift des Reichsvizekanzlers Seld für den kommenden Reichstag . . . ist gewiß nach allgemeinen Weisungen des Kaisers gehalten, repräsentiert aber im einzelnen nur die Auffassung dieser kaiserlichen Räte, vor allem Selds, von dessen historisch-politischer Bildung und Kenntnis der staatsrechtlichen Fragen sie dem Leser eine sehr vorteilhafte Vorstellung hinterläßt[12]."

Hatte Brandi zuerst in einer emphatisch-undifferenzierten Form Seld und Karl V. nahezu identisch gesetzt, so scheint er bei der späteren Korrektur doch ins entgegengesetzte Extrem geraten zu sein. Eine nähere quellenkritische Begründung fehlt übrigens bei Brandi sowohl für die eine wie für die andere These. Diese Untersuchung kann hier, wo es nur um einen sehr speziellen Teil der Denkschrift geht, nicht geliefert werden. Immerhin können sich aus Bemerkungen zu der nachweislichen Funktion der Ausarbeitung Selds einige Hinweise zu der durch Brandis Schwanken artikulierten Frage ergeben.

Jenes Stadium der Reichstagsvorbereitungen, in der die Denkschrift entstand, war formal in erster Linie durch einen Meinungsaustausch zwischen Karl V. und Ferdinand, inhaltlich vor allem durch die Frage nach dem Verbindlichkeitsgrad der Passauer Vereinbarungen (für den Kaiser)[13] bestimmt. Beide Aspekte waren insofern eng verbunden, als Ferdinand für die volle Verbindlichkeit des Passauer Vertrages einstand; wenn der Kaiser den Reichstag nicht selbst besuchen, sondern ihn durch Ferdinand leiten lassen wollte, mußte er Ferdinands Gesichtspunkten ganz anders Rechnung tragen, als wenn er noch weiterhin an dem Gedanken des persönlichen Erscheinens in Augsburg festhielt.

Für welche Instanz, für welchen Beratungsmodus war die lateinische Denkschrift Selds, die uns im halbbrüchig geschriebenen Autograph vorliegt, eigentlich abgefaßt? Formal gesehen haben wir keinen Anhaltspunkt dafür, daß der Kaiser sie gelesen oder gar zu ihr Stellung genommen hat. In einem anschließenden Arbeitsprozeß, den man wohl bis Ende Januar 1554 ansetzen kann, wurde die Denkschrift auf Befehl des Kaisers in eine deutschsprachige Instruktion für die Reichstagskommissare, die man aus Brüssel nach Augsburg schicken wollte, umgearbeitet. Diese Instruktion wurde am 3. Februar 1554 an Ferdinand geschickt, und nun setzte ein weiterer komplizierter Umarbeitungsprozeß ein, der durch die weitgehend differierenden Ansichten Ferdinands bedingt war. Schließlich wurde durch die im Juni 1554 erfolgte „vollmechtige heimstellung" der Reichstagsleitung an Ferdinand de iure auch die letzte, zwischen Brüssel und Wien vereinbarte Fassung der

Instruktion außer Geltung gesetzt; das verhinderte aber nicht, daß ihr Inhalt de facto auch weiterhin gewisse Wirkungen hatte.

Diese späteren Vorgänge sind für die Würdigung des Konzilsabschnittes der Denkschrift insofern von Bedeutung, als sie etwas – nicht viel – Aufschluß über die Verfahrens- und Beratungsmodalitäten geben, in deren Kontext wir die Arbeit Selds von Anfang an sehen müssen. Dazu kommt, was man sonst für damals über Form und Umstände der Beratungen und Entscheidungen am Kaiserhof weiß[14]. Man sieht, daß eine kollegiale Beratung stattfand: „deliberatio dominorum[15]". Wer diese „domini" waren, welche formale oder faktische Kompetenz sie hatten, wird nicht gesagt. Der Aktenbefund zeigt, daß neben Seld Felix Hornung, ein kaiserlicher Hofrat, an der Beratung über Denkschrift und Instruktion beteiligt war. Eine allgemeine Ingerenz des jüngeren Granvella, Bischof von Arras, ist anzunehmen[16], aber weder aktenkundlich noch aus sonstigen Nachrichten zu erheben. Arras war damals der für alle nichtspanischen Agenden zuständige oberste „Consiliarius" des Kaisers. Er war dem Vizekanzler übergeordnet. Ein formales Tätigwerden des an sich zuständigen „Consilium imperii", für den es ja seit 1550 einen neugefaßten „Ordo" gab[17], läßt sich nicht nachweisen. Die Tatsache der Abfassung in lateinischer Sprache kann einerseits auf den Kaiser als potentiellen Leser, anderseits auf die Mitberatung nichtdeutscher „domini" hinweisen; das war auch sonst in solchen Fällen üblich.

Will man über die Dürftigkeit dieser Hinweise hinaus zu einer umfassenden Vorstellung von den Entstehungs- und Wirkbedingungen der Denkschrift gelangen, so ist auf den Text selbst zu verweisen: auf den Ductus ihrer Argumentation, wenn vom Kaiser und seinen Ansichten usw. geredet wird. Nach sorgfältiger Durchsicht und unter Berücksichtigung der Begleitumstände möchte ich dafür eintreten, daß die Denkschrift von Seld ohne Zweifel zur Lektüre des Kaisers – und zur *Einflußnahme* auf den Kaiser abgefaßt wurde. Insofern erscheint Brandis erste Interpretation zu weitgehend, die zweite aber zu zurückhaltend und dem Sachverhalt nicht angemessen. Was sich aus alledem für den Abschnitt über das Konzil und für die Frage ergibt, wieweit Selds Text den Ansichten des Kaisers entsprach, soll weiter unten besprochen werden.

III.

Dem Abdruck der einschlägigen Passagen der Denkschrift soll eine kurze Inhaltsangabe der übrigen Teile vorausgehen, um den argumentativen Zusammenhang des Ganzen zu zeigen. Ein Einleitungsabschnitt gilt dem Proömium der vom Kaiser zur Eröffnung des Reichstags vorzulegenden Proposition[18]. Daran schließt sich – stets in direktem inhaltlichen Bezug zu der voraussichtlichen Proposition, doch in der Form von Erörterungen, die das Pro und Kontra verschiedener Positionen und Verfahrensweisen abwägen – ein längerer Abschnitt über die religionspolitischen Fragen[19]. Nach einem Rückblick, der auf die seit 1530 zwischen Karl V. und den Ständen erfolgten Auseinandersetzungen eingeht und die religionspolitischen Festlegungen des Passauer Vertrages würdigt, folgt im einzelnen die Besprechung der vier in Passau genannten und für den kommenden Reichstag wahlweise zur Erörterung stehenden Modalitäten einer Überwindung der konfessionellen Spaltung: allgemeines Konzil, Nationalkonzil, Religionsgespräch, Reichstag. Ein eigener Abschnitt ist weiterhin dem Interim von 1548 gewidmet, das Seld negativ beurteilt und von dessen Fortführung er dem Kaiser dringend abrät. Im Gegensatz dazu betont Seld die positive Bedeutung der Formula Reformationis von 1548, für deren weitere Durchführung er nachdrücklich eintritt. Der religionspolitische Teil der Denkschrift schließt mit einem nachträglich eingeschobenen Abschnitt „De aliis quibusdam remediis accessoriis", der Vorschläge Selds zur Entschärfung der Probleme des konfessionellen Zusammenlebens für den Fall einer längeren Dauer des „unverglichenen" Zustandes enthält. Der gesamte religionspolitische Teil ist von Anfang an auf einen wenig optimistischen Ton gestimmt:

„Nulla profecto aut perexigua spes est, Caes. M^tem hoc dificillimo tempore alliquid boni in negocio religionis vel statuere vel impetrare posse[26].“ Was die verschiedene Akzentsetzung Selds hinsichtlich der vier Modalitäten der Religionsvergleichung betrifft (die ja nicht erst in Passau auftauchten, sondern schon auf vorausgehenden Reichstagen in dieser Zusammenstellung genannt wurden), so äußert er sich am hoffnungsvollsten zu dem Projekt eines Religionsgespräches: sowohl der Rückblick auf die Vorgänge in Deutschland seit 1530 wie die Kenntnis der alten Kirchengeschichte zeigen – so argumentiert Seld –, daß solche Spaltungen nicht mit einem Male, sondern eher durch eine langsame, stufenweise Entwicklung (innerhalb deren Seld offenbar die positive Funktion der Religionsgespräche sieht) beigelegt werden können. – Es mag hier dahingestellt bleiben, wo die Wurzeln dieser für Seld charakteristischen und von der weiteren Entwicklung nachdrücklich widerlegten Sehweise lagen: ob mehr in einem intellektuell-humanistischen Optimismus, mehr in einem Mißtrauen gegen Rom und in der Erfahrung des bisherigen Procedere. Jedenfalls stellt Seld in dem Abschnitt über das Religionsgespräch als Mittel der Concordia ganz klar das Konzil und die gewaltsame Unterdrückung in negativer Weise dem langsamen Weg (allmähliche Überzeugung und stufenweises Abrücken vom Radikalismus) gegenüber: „Consideratur autem praecipue hoc loco, si memoria veterum repetatur, vix reperiri, quod haeresis aliqua notabilis sive per viam conciliorum universalium, seu per severitatem iustitiae et armorum unico ictu conciderit, sed paulatim ab extremis ad media procedendo ita fuerit repressa et quasi in angustias coniecta, ut quasi evanuerit[21].“ Die anschließenden Teile der Denkschrift, die für die Reichsgeschichte und das Verhältnis des Kaisers und des Reichsvizekanzlers zu den Verfassungsproblemen und politischen Fragen der Zeit nicht minder wichtig sind, können hier nur noch kursorisch aufgezählt werden. Breiten Raum nimmt die Frage des Landfriedens ein, mit Einzelerörterungen über Markgraf Albrecht von Brandenburg und über die Stellung der Niederlande zum Reich. Das Reichskammergericht wird ebenso ausführlich behandelt wie der Reichstagsabschied von Speyer 1544, der im Hinblick auf die sehr weitgehenden Zugeständnisse des Kaisers an die Protestanten schon in Passau 1552 eine Rolle im ständischen Programm spielte. Neben einer detaillierten Behandlung der in Passau gegen den Kaiser und seine Regierungsweise erhobenen Gravamina werden weiterhin noch Einzelfragen der Reichspolitik, der Gesetzgebung und der Reichsstände behandelt. Insgesamt bietet also die Denkschrift eine höchst aufschlußreiche tour d'horizon, deren aktueller Bezug auf den bevorstehenden Reichstag, auf die vom Kaiser zu erstellende Proposition und auf die einzuschlagende Verhandlungsweise jederzeit deutlich ist.

Zur leichteren Orientierung folgt nun die Wiedergabe des Abschnittes „De concilio universali“ der Seldschen Denkschrift[22], wobei der erste, dem unmittelbaren Rückblick auf die Trienter Tagungsperiode 1551/52 gewidmete Teil im lateinischen Original mitgeteilt wird, während der zweite Teil, mit den aktuellen Überlegungen zur Frage: Reichstag und Konzil, in deutscher Zusammenfassung gegeben wird.

> „Circa hoc expeditum plane est, nisi alia obstarent, nullam vel esse vel excogitari posse viam, quae magis apta et ordinaria sit ad tollendas religionis discordias, quam universalis seu oecumenici concilii celebrationem. Ita enim semper et in omnibus retroactis comitiis a 30 annis citra tam Caes. M^ti quam omnibus fere statibus maxime sanioribus visum fuit. Et ipsa rei natura expostulat ut, cum religionis negocium non hanc vel aliam provinciam sed universum omnino orbem christianum respiciat, juxta vulgatam regulam quod omnes tangit, ab omnibus debeat approbari.
>
> Quare, cum nuper iterum Tridenti concilium celebrari ceptum ac paulo post propter interturbationem bellicorum motuum suspensum sit, siquis vellet directa via ingredi et reliqua omnia corresponderent, forte tam Caes. M^tas quam status imperii in eam deberent inclinare sententiam, ut prosecutio illius concilii viribus promoveretur. Sed ego suspicor, status per se non facile in id conventuros, maxime quia non est obscurum, concilium illud Tridentinum quemadmodum inceptum fuit, nullam unquam spem boni successus habuisse.

Tractata ibi sunt omnia (ut refertur) per pontificios valde negligenter et remisse; imo multa, quae videbantur ad repurgandam ecclesiam pertinere, ab illis summo studio impedita sunt. Multis quoque piis ac integris viris visum fuit valde ineptum et a negocio alienum, ipsum summum pontificem Romae interea desidentem totius tractationis habenas tenere in manibus omnesque patres ac totum concilium non aliter quam consultorum seu potius ministrorum loco habere.

Alii reges ac potentatus totius Christianitatis dedita opera se ab illo concilio subtraxere, maluerunt enim alienarum contentionum esse ociosi spectatores, quam uni vel alteri parti sese addicere. Et sic in solis caesarianis non fuit illa authoritas dirigendi negocii, quae alias in tanta ecclesiasticorum oscitantia esset necessaria. Praelati nostri ex Germania parvo numero illic confluxere et ex iis, qui adfuerunt, omnes fere sive timore seu quodam quasi contemptu et indignatione domi se continuerunt, nec magnopere voluerunt manus admovere negocio. Adversae factionis homines, qui illic comparuere, statim visi sunt iugulum negocii petere eamque controversiam in medium revocare, super qua fundamentum omnium conciliorum consistit, videlicet utrum papa sit supra concilium vel non. Quam quidem satis sciebant non posse determinari ex una parte sine manifesta offensione pontificis, ex altera sine elevatione authoritatis veterum conciliorum ac universalis ecclesiae et consequenter perturbatione totius negocii.

Incidit deinde gravissimum bellum, cuius occasione archiepiscopi nostri visi sunt, nisi illis celeriter domum redeundi concederetur licentia, de salute ecclesiarum suarum penitus desperare. Eam licentiam Caesar tandem, ne audiret eas ecclesias a se prodi velle, concedere coactus est, et sic paulatim dissipatum est concilium."

Voraussichtlich werden die Lutheraner auf dem Reichstag das Konzil mit allen Kräften ablehnen. Die geistlichen Reichsstände, die es früher immer wünschten, werden jetzt, im Hinblick auf das vorliegende Ergebnis, wohl auch kein Interesse mehr zeigen. Andererseits kann der Kaiser als katholischer Herrscher nicht umhin, auf das Konzil als das einzige und richtige Mittel von sich aus hinzuweisen. Bei mangelndem Interesse der Stände sollte er aber für jetzt nicht insistieren. Denn es bestehen derzeit zwei gewichtige Hindernisse: „Das erste ist, daß der Papst und das Kardinalskollegium ... die Sache Christi und der Kirche nicht ernsthaft betreiben zu wollen scheinen, wenn Gott ihnen nicht eines Tages eine bessere Gesinnung gibt oder wenn sie nicht, was leicht geschehen kann, durch ihre eigene Gefährdung dazu veranlaßt werden." Zweitens ist für die Dauer des Krieges zwischen dem Kaiser und Frankreich nicht damit zu rechnen, daß ein Konzil die nötige Autorität gewinnen könne. Wenn jedoch ein fester Friede zustande kommt, könnte auch für die erste Schwierigkeit Abhilfe gefunden werden: „volente vel nolente pontifice" könnte man dann der schwankenden Kirche zu Hilfe kommen, wie es einst Ludwig XII., Maximilian I. und Ferdinand der Katholische mit dem Pisaner Konzil beabsichtigten. Da aber die Beseitigung dieser Schwierigkeiten nur in der Hand Gottes liege, solle vom Kaiser her die Sache so angefaßt werden, daß einerseits die Hoffnung auf ein Konzil nicht aufgegeben, andererseits das Eintreten für das Konzil auf ruhigere Zeiten verschoben werde.

IV.

Bei der Erläuterung dessen, was Seld hier für die Adresse des Kaisers und seiner Räte über das Konzil sagt, ist von einer fundamentalen Tatsache auszugehen. Der Kaiser wie der übrige in Frage kommende Personenkreis wie der Verfasser der Denkschrift selbst hatten in einer noch sehr nahen Vergangenheit aus nächster Nähe (zuerst Augsburg, dann Innsbruck) und an Hand eines sehr engen Kontaktes brieflicher und persönlicher Art den Konzilsverlauf und den Ablauf der kaiserlich-päpstlichen Parallelverhandlungen miterlebt. Hubert Jedin hat in seiner Geschichte des Konzils von Trient auf die Bedeutung dieser Nähe des Kaiserhofes für die kaiserliche Konzilspolitik hingewiesen[23]. Mitten unter den „Tätern" dieser Konzilspolitik befand sich 1551/52 der Reichsvizekanzler Seld, und eben im Kreis und für den Kreis dieser Männer entstand die vorliegende Denkschrift. Die einschlägigen Korrespondenzen zwischen Trient und dem Kaiserhof, die vor allem von G. Buschbell in Band II des Concilium Tridentinum ediert wurden, zeigen eine Fülle von Gesichtspunkten und auch Formulierungen, deren meinungsbildende Fortwirkung man im einzelnen in Selds sehr konzentrierten Bemerkungen nachweisen könnte. Dabei sind nicht nur die offiziellen kaiserlichen Vertreter in Trient (Francisco de Toledo, Walter von Poitiers, Graf Montfort, Francisco Vargas) in Betracht zu ziehen, sondern auch sonstige Korrespondenzen und späterer persönlicher Erfahrungsaustausch der Angehörigen des Kaiserhofes mit deutschen, niederländischen oder spanischen Konzilsteilnehmern. Das Echo der kritischen Kommentare eines Francisco Vargas oder Pedro Malvenda dürfte in diesem Umkreis nicht gering veranschlagt werden. Wenn Seld in seiner Denkschrift zum Thema der Religionsgespräche ausdrücklich Julius Pflug im positiven Sinne als Gewährsmann nennt, so kann etwa darauf hingewiesen werden, daß der in Trient anwesende Bischof von Naumburg schon im Dezember 1551 für die Herbeiführung der Concordia einen Konvent von Katholiken und Protestanten in Deutschland (statt des Konzils) vorgeschlagen hatte[24]. Und der pessimistische Ton, den etwa Ruard Tapper, der führende niederländische Theologe in Trient, am 20. Januar 1552 gegenüber Viglius van Zwichem anschlug („... nec video magnam spem futurae reformationis per hoc concilium faciendae[25]"), entspricht ganz dem Tenor der Konzilskritik, die Seld ex posteriori lieferte. Ein Konzentrat aus all diesen Berichten, Stimmungen und Gesprächen haben wir in dem Seldschen Text vor uns. Kein Zweifel an dem guten Gedächtnis des Kaiserhofes in Konzilssachen ist angebracht. Mochten auch in manchen Einzelheiten divergierende Tendenzen und Erinnerungen vorliegen, mochten sich auch aus dem Abstand von mehr als eineinhalb Jahren (voll umstürzender Ereignisse) veränderte und vielleicht verschärfte Akzentuierungen ergeben haben: generell ist davon auszugehen, daß Selds Ausführungen über das Konzil gar nicht anders konnten, als dem Consensus der „Eingeweihten" am Kaiserhofe voll zu entsprechen. Von Karl V. selbst wird noch die Rede sein.

Nun zum Text selbst, der nicht nur daraufhin zu untersuchen ist, was Seld sagt, sondern auch daraufhin, was er nicht sagt. Das ökumenische Konzil wird gleich zu Beginn des Abschnittes in einer charakteristischen Betrachtungsweise eingeführt: es ist „im Prinzip" das geeigneteste Mittel zur Beseitigung religiöser Zwietracht. Nicht von Ketzerei oder Abfall spricht Seld, sondern von „discordia". Nicht von der päpstlichen Lehrautorität, von ihrer Stellungnahme und ihrer Durchsetzbarkeit ist die Rede, sondern von einer allgemeinen kirchlichen Notlage, nach deren Überwindung mit den geeigneten Mitteln zu suchen als Sache des Kaisers und der Reichsstände gilt. Weiterhin wird dies grundsätzlich konziliare Programm einerseits aus seiner Verankerung in den Reichstagsverhandlungen seit 1530 und andererseits an Hand der traditionellen Rechtsregel „quod omnes tangit ..." begründet. Allerdings übergeht Seld bei der Erwähnung der Reichstage, des Kaisers und der Reichsstände mit der eleganten Formel „omnibus fere statibus maxime sanioribus" die zwei grundlegenden Probleme der kaiserlichen Konzilspolitik seit Beginn der Konzilsfrage: die Haltung der protestantischen Stände (und des Schmalkaldischen Bundes) zum Konzil und die damit zusammenhängende Problematik der zwischen Kaiser und Ständen verhandelten Konzilsbedingungen („ein frei, gemein, christlich Konzil in deutschen Landen"), deren weithin taktisch bedingte Ambivalenz bekanntlich so sehr zu den Schwierigkeiten seit 1545 beigetragen hat.

Im nächsten Absatz wird auf die Suspension vom April 1552 Bezug genommen und in dieser konkreten Anknüpfung die schon zuvor formulierte Bedingung und Sentenz wiederholt: Fortsetzung des Konzils als Forderung des Kaisers und der Stände wäre die optimale Vorgangsweise, „wenn alle anderen Umstände dem entsprächen". Mit der Formulierung „prosecutio illius concilii" scheint Seld hier weitere Spekulationen über einen radikalen Neuansatz der kaiserlichen Konzilspolitik abzuschneiden, wie sie 1551/52 zeitweise mit der Forderung eines „papstfreien" Gegenkonzils auch im habsburgischen Umkreis laut geworden waren. Doch ist diese Pointe gewiß nicht zu überschätzen, da sogleich im folgenden Satz die entscheidende kritische Wende einsetzt, die überhaupt von einer ernsthaften Erwägung der „prosecutio" fortführt. Dieser Satz wird eingeleitet durch eine den Kaiser in seiner Verantwortung entlastende Aussage über die vermutliche Ablehnung des Konzils seitens der Stände, doch wird die nun formulierte pauschale Verurteilung der zweiten Konzilsperiode nicht etwa durch eine weitere Berufung auf die Reichsstände relativiert und vom Kaiser ferngehalten; vielmehr erfolgt die Fundamentalkritik am Konzil unter Berufung auf eine allgemeine Meinung, von welcher der Kaiser weder explicit noch implicit ausgenommen wird: „da es nicht verborgen ist, daß jenes Trienter Konzil, so wie es begonnen wurde, niemals eine Aussicht auf guten Erfolg hatte." Es könnte zunächst zweifelhaft sein, ob Seld hier das Trienter Konzil insgesamt (ab 1545) meinte oder nur die Tagungsperiode von 1551/52. Doch vorausgehende Wendungen („nuper iterum . . .) und nachfolgende Passagen zeigen, daß es sich in der Tat nur um die kritische Auseinandersetzung mit 1551/52 handelt, mag der eben in Übersetzung zitierte Satz auch allgemeiner klingen. Der pauschalen Kritik folgt nun die ins einzelne gehende Begründung, wobei sogleich deutlich wird, daß Selds Urteile sich bewußt pragmatisch geben: Es werden die verschiedenen Bedingungen und Verhaltensweisen gezeigt, auf Grund derer von Anfang an nichts Gutes zu hoffen war. Wieweit in einem so kategorischen Urteil auch eine Kritik an den – nach Seld – a limine unbegründeten Konzilshoffnungen (also auch an einer unzureichenden Konzilspolitik von seiten des Kaisers) steckt, soll einstweilen offen bleiben.

Zunächst bekommt die päpstliche Seite ihren Teil. Der Konzilslegat Crescenzio, seine Kopräsidenten Pighino und Lippomani und ihre Helfer werden zunächst generell großer Nachlässigkeit in der Amtsführung bezichtigt. Dann kommt mit beißender Ironie der spezifizierte Vorwurf der Reformfeindlichkeit: dort haben sie größte Mühe aufgewandt, wo es um die Verhinderung von geeigneten Mitteln zur Reinigung der Kirche ging. Man braucht dabei nicht nur an die große Reformschrift zu denken, die der kaiserliche Gesandte Toledo im Oktober 1551 Crescenzio vorgelegt hatte[26]; Seld bezieht sich hier offenbar insgesamt auf die Unzufriedenheit der Spanier, Deutschen und Niederländer mit dem Vorgehen der Konzilsleitung in der Reformfrage. Das Verhältnis des Konzils zum Papst und die Frage der päpstlichen Autorität gegenüber dem Konzil behandelt Seld unter Ausklammerung der prinzipiellen Seite; er betont die Abhängigkeit der Konzilsleitung von Rom, wodurch das Konzil in die Rolle von Beratern oder vielmehr von ausführenden Untergebenen des Papstes geraten sei; dies kritisiert Seld in vorsichtiger Weise als unpraktisch und der Sache wenig dienlich. Auch hier kann man gerade in der kritischen Hervorhebung der pragmatisch-funktionalen Aspekte – von Dogma oder Kirchenrecht ist nicht die Rede – den Argumentationsstil Selds feststellen: ein starker antikurialer und konziliaristischer Grundzug ist erkennbar, und die im folgenden Abschnitt enthaltene Formulierung von einer Kirchenreform „volente vel nolente pontifice" unter Anspielung auf das Pisanum macht diesen Grundzug noch deutlicher. Doch vermeidet es die Denkschrift, die prinzipiellen Fragen in den Vordergrund zu rücken und die volle Schärfe der möglichen Konsequenzen in kanonistischer Hinsicht zu entwickeln.

Sodann geht Seld auf die weltlichen Instanzen ein, auf die Fürsten und Mächte der Christenheit, denen ja in einer so gesehenen Konstellation von kirchlicher Krise, Papsttum und Konzil eine unvergleichliche Verantwortung zufallen mußte. Ohne Heinrich II. von Frankreich ausdrücklich zu nennen, wird doch sein Fernbleiben vom Konzil in erster Linie getadelt. In einer Wendung, die entfernt an die Probleme der kirchenpolitischen Neutralität der ersten Hälfte des 15. Jahrhunderts erinnert, unterstreicht Seld insgesamt den Mangel an Solidarität seitens der weltlichen Obrigkeiten. Denn die angesichts der Pflichtvergessenheit der kirchlichen Stellen erforderliche maßgebende Einflußnahme der weltlichen Instanzen auf das Konzil – „authoritas dirigendi negocii" – konnte beim Fernbleiben der anderen Fürsten allein von kaiserlicher Seite her nicht geltend gemacht werden. Diese Darlegung Selds impliziert zwei wichtige Gedanken in unterschiedlicher Deutlichkeit. Eindeutig wird ein sehr weitgehender Leitungsanspruch der weltlichen Instanzen gegenüber dem Konzil vorausgesetzt. Dieser Anspruch wird aber nicht als eine Prinzipienfrage behandelt, sondern aus der Notsituation der Kirche, aus dem Versagen der Geistlichen, abgeleitet. Schließlich wäre auch noch zu fragen, ob angesichts der Einführung des Begriffes „Christianitas" gerade an dieser Stelle die von Seld postulierte „authoritas dirigendi negocii" der Fürsten als eine im modernen Sinne eindeutig „weltliche" Ingerenz verstanden werden darf. Weniger deutlich, aber doch zwischen den Zeilen zu lesen – wenn man durch die Analyse anderer Passagen der Denkschrift den Blick dafür geschärft hat, wie Seld höfischen Takt mit Kritik an Handlungen des Kaisers zu verbinden weiß –, ist ein indirekt ausgesprochener Vorwurf an die Adresse Karls V.: Eine erfolgreiche Konzilspolitik hätte die Zusammenarbeit des Kaisers mit den anderen Fürsten erfordert. Der Krieg mit Frankreich, der ja auch weiter unten in der Denkschrift als Haupthindernis einer konziliaren Kirchenreform erscheint, hat – das setzt Seld voraus – die Bemühungen des Kaisers um eine zweckmäßige Gestaltung und Leitung des Konzils durchkreuzt.

Während über die Konzilsteilnehmer anderer Nationen kein Wort fällt, richtet sich die Kritik Selds nun auf das Verhalten der deutschen Kirchenfürsten. Nur wenige kamen nach Trient. Den in Trient Anwesenden werden Zurückhaltung und mangelnde Aktivität vorgeworfen. Wenn man diese Charakteristik trotz ihrer pauschalen Art als zutreffend annehmen könnte, so bleibt doch die Frage nach der Motivierung dieses Verhaltens der deutschen Bischöfe in Trient. Seld bringt eine wenig stringente Erklärung; er nennt Angst und eine Art von Mißachtung und Ungehaltenheit als Motive. Es erscheint angebracht, hinter diesen psychologisierenden Wendungen jenes politische und kirchliche Problem erster Ordnung zu sehen, das Seld schon zu Anfang des Abschnittes elegant übergangen hatte: das außerordentlich problematische Verhältnis der meisten geistlichen Reichsstände zu Karl V., zu seiner Religionspolitik wie zu seinen verfasungspolitischen und dynastischen Zielen insgesamt. Zu keinem Zeitpunkt ist es zu einer vertrauensvollen Zusammenarbeit dieser Stände mit dem Kaiser gekommen, nie hat sich der Kaiser auf sie als auf eine geschlossene „katholische Partei" im Reich stützen können. Die Ursachen hiefür waren komplex. Auf dieses Problem, das von sehr großer, aber traditionellerweise oft unterschätzter Bedeutung für die Reichsgeschichte der Reformationszeit ist, kann hier jedoch nicht weiter eingegangen werden.

Die Protestanten nennt Seld, wenn er nun von ihrem Auftreten in Trient spricht, „homines adversae factionis": die Menschen der anderen Partei oder Richtung. Daß schon in dieser Sprachregelung eine weitreichende ekklesiologische Konzeption zum Ausdruck kommt, ist für den Kenner der damaligen terminologischen Auseinandersetzung keine Frage. Obwohl es bei der vorliegenden Studie sonst mit Absicht vermieden wird, Selds wichtige konzilspolitische Ausarbeitung von 1561/62 zur Kommentierung des Textes von 1553 heranzuziehen – vieles hatte sich in der Zwischenzeit geändert –, scheint es doch bei dieser Einzelfrage sinnvoll, auf eine explizite Darlegung des Reichsvizekanzlers von 1562 zurückzugreifen. In einer Reihe von kritischen Anmerkungen hat damals Seld zu dem Entwurf des Reformlibells Kaiser Ferdinands I. Stellung genommen. Zu Paragraph 7 des Entwurfs, wo der Ausdruck „haeresiarchae" vorkam, bemerkte er:

> „Hoc loco et aliis, in quibus de haereticis fit mentio, consultius esset mitiori aliquo vocabulo uti, ut puta sectariorum vel adversae partis. Cum enim scriptum hoc [sc. das Reformlibell] procul dubio per universum orbem christianum divulgabitur, nollem adversariis dari ansam vociferandi, quasi eos haereseos condemnaremus, antequam fuissent auditi[27]."

Seld plädiert also mit der Verwendung des Ausdrucks „adversae factionis" dafür, daß die „Gegner" noch nicht als Ketzer bezeichnet werden dürfen, solange sie nicht vom Konzil gehört (und in angemessener Weise verurteilt) worden sind. Man sieht, wie auch hier Seld als Erbe von Gedanken erscheint, die in die Frühzeit der Reformation zurückreichen, wo gegenüber der römischen Verurteilung Luthers von Humanisten und Reichsständen ein gerechtes Gehör und ein nochmaliges Urteil gefordert wurden[28].

Die vorsichtige ekklesiologische Einordnung der Protestanten bedeutet aber nicht, daß Seld ihr Verhalten in Trient (und auch sonst) mit Sympathie oder Nachsicht beurteilt. Im Gegenteil. Gerade weil er vermeidet, die dogmatischen Fragen, die mit dem Auftreten der protestantischen Gesandten aus Württemberg, Straßburg und Sachsen vor dem Konzil gegeben waren, überhaupt zu erwähnen, konzentriert er seine Kritik auf die Verfahrensfrage. Die Protestanten haben sofort die alte Streitfrage der Superiorität von Konzil oder Papst aufgeworfen. Sie haben damit – so sieht es Seld – mit voller Absicht eine verfahrensmäßige Obstruktion betrieben, die eine ausweglose Situation herbeiführen mußte („perturbatio totius negocii"). Man fragt sich, ob es Naivität oder Berechnung war, daß Seld das Auftreten der Protestanten vor dem Konzil in einer so verkürzten Perspektive darstellte. Wußte er nicht, was heute jedermann sogleich einwenden würde: daß die protestantische Lehrentwicklung ebenso wie die kirchliche Verfaßtheit die betreffenden Reichsstände und ihre Sprecher in Trient mit Konsequenz auf die zentrale Frage der Superiorität hinweisen mußte? Meinte Seld wirklich, wollte Seld wirklich dem Kaiser die Meinung zumuten, daß es damals noch einen innerprotestantischen Spielraum gab, groß genug, um bei gutem Willen (oder entsprechendem politischen Druck) die Dinge auf dem Konzil anders anzufassen? Bedenkt man einerseits die Geschichte des Interims und andererseits Selds generelle Auffassung von der möglichen Beendigung einer „discordia religionis", so wird man die letzte Frage nicht ohne weiteres mit Nein beantworten.

Das Ende der Konzilsperiode 1551/52 stellt Seld in einer vereinfachten Weise dar. Der Fürstenaufstand erscheint als ein Elementarereignis, das keinen Zusammenhang mit einer so oder so gearteten Politik des Kaisers hatte. Die Abreise der deutschen Kurfürsten-Erzbischöfe, die Karl V. nicht verhindern konnte, gab das Signal zur allmählichen Auflösung des Konzils. Und dieser Ausgang erscheint deshalb als besonders bedauerlich, weil er nun wohl auch den geistlichen Reichsständen Anlaß zu einer konzilsfeindlichen Haltung geben wird.

Überblickt man noch einmal den vorliegenden Abschnitt im Kontext der gesamten Denkschrift und ihrer Entstehungs- und Wirkungsgeschichte, so zeigen sich deutliche Ergebnisse auf zwei verschiedenen Interpretationsebenen. Auf der Ebene der *unmittelbaren politischen und kirchenpolitischen Strategie* des Kaiserhofes erscheint die Wiederaufnahme des Konzils als die optimale Vorgangsweise, wenn zwei Bedingungen, die in der Vergangenheit fehlten, geschaffen werden können: wahre kirchliche Gesinnung und Reformbereitschaft auf seiten Roms und Friede und Eintracht zwischen Karl V. und Frankreich. Die Haltung der deutschen Protestanten und der Reichsstände insgesamt erscheint demgegenüber sekundär. Im Reich – dies setzt Seld voraus – sind Lösungen im kaiserlichen Sinne noch jederzeit möglich, wenn Karl V. den Rücken gegen Frankreich frei hat. Und auch die Bedingung hinsichtlich des Papstums scheint in gewisser Weise untergeordnet. Denn dies Hindernis läßt sich überwinden: wenn nämlich die künftige Solidarität der befriedeten christlichen Monarchen weit genug reicht, um „volente vel nolente pontifice" die Reform der Kirche in die Hand zu nehmen. Für den Fall, daß diese Hauptbedingung nicht bald eintritt, empfiehlt sich ein vorsichtiges kirchenpolitisches Vorantasten mit Religionsgespräch, Toleranzmodalitäten und weiteren innerdeutschen Provisorien rechtlicher Art.

Auf einer anderen Ebene werden die *Hauptzüge des Kirchenbildes* erkennbar, die dieser Denkschrift zugrunde liegen. Auf ihre genetische Herleitung und ihre systematische Einordnung in die Geschichte des abendländischen Kirchenbildes und -bewußtseins muß hier verzichtet werden; einzelne Hinweise wurden schon oben gegeben, ein paradigmatischer Ausblick folgt unten bei der Frage nach der Haltung Karls V. – Die allgemeine Kirche hat schweren Schaden erlitten, sowohl durch kirchliche Mißstände und reformfeindliches Verhalten (besonders des Papstes und der Kardinäle) als auch durch die wirren Lehren und die kirchenpolitische Obstruktion der „homines adversae factionis". Das einzig maßgebende Organ der Kirche ist das ökumenische Konzil. Ohne durch päpstliche Lehrentscheidungen präjudiziert zu sein, kommt es ihm zu, die notwendigen Maßnahmen zur Reform der Kirche und zur Beilegung der „discordia religionis" zu ergreifen. Die Autonomie des Konzils gegenüber dem Papsttum schließt nicht aus, ja sie erfordert geradezu eine kräftige und solidarische Tätigkeit der christlichen Monarchen im Konzilsbereich. Sie sind verpflichtet, jene „authoritas dirigendi negocii" auszuüben, die von den geistlichen Instanzen der Christenheit infolge ihrer Nachlässigkeit nicht wahrgenommen wird. Dem Kaiser steht hiebei eine führende Rolle zu. Er darf und soll auch bei dem Ausbleiben gesamtkirchlicher Lösungen im regionalen Bereich die Verantwortung für provisorische kirchliche Regelungen übernehmen. Ebenso gehört es zur Aufgabe des Kaisers, in seinem Bereich mit Religionsgesprächen und konfessionell entspannenden Maßnahmen auf die Concordia hinzuarbeiten.

V.

Zum Schluß dieser kleinen Studie stellt sich in verschärfter und spezieller Form die Frage, die im allgemeinen schon Karl Brandi beschäftigt hat: Wieweit entsprechen die kirchenpolitischen Ansichten und das Kirchenbild dieser Denkschrift auch den Ansichten und Überzeugungen des Kaisers? Zur Beantwortung stehen zwei verschiedene Wege offen. Im einen Fall ginge es darum, in einer umfassenden Übersicht zusammenzustellen, was man über die Kirchenpolitik und das Kirchenbild Karls V. im Wandel und in der Kontinuität seines Lebens weiß. Eine solche Übersicht böte dann Kriterien zu einer Beurteilung der Denkschrift, wobei zusätzlich anspruchsvolle methodische Probleme – z. B.: der Kaiser als Persönlichkeit und als „Institution" – ins Spiel kämen. Eine solche Übersicht hat die Forschung aber noch nicht erarbeitet, es gibt nur einzelne, wertvolle Vorarbeiten[29]. Ein anderer Weg könnte im näheren Umkreis unseres Dokumentes ansetzen; es wäre, anknüpfend an oben über die kaiserlichen Räte Gesagtes, aus der Situation und dem Inhalt und Stil der Denkschrift zu erheben, was sich an Anhaltspunkten zur Beantwortung der Frage ergibt. Hiezu mögen einige Überlegungen angebracht sein.

Als Ganzes hat bekanntlich Seld die Denkschrift entworfen und ausgearbeitet, um eine Diskussionsgrundlage für den Text der im Namen des Kaisers zu erlassenden Instruktion und Proposition zum Reichstag zu schaffen. Man kann also davon ausgehen, daß es Seld im allgemeinen darum ging, von vornherein Positionen zu formulieren, die möglichst mühelos in einen „kaiserlichen Text" umgeformt werden konnten. Im einzelnen kann verfolgt werden, wo Unterschiede im Ductus der Darlegungen gegeben sind: in manchen Fällen war anscheinend der Consensus (mit dem Kaiser und den zuständigen Räten) eindeutig, in anderen Fällen gab es Spielraum, wo mit Einwänden zu rechnen war und wo Seld einen Entscheidungsprozeß in dieser oder jener Richtung argumentativ zu beeinflussen versuchte. Innerhalb der kirchenpolitischen Abschnitte fallen solche „Entscheidungskomplexe" schon bei der ersten Lektüre auf: die Frage nach der Verbindlichkeit der Passauer Vereinbarungen (die Seld bejaht) und die Frage nach einem Insistieren auf dem Fortbestand des Interim (die Seld deutlich verneint). Auf die sichtliche Sympathie, mit der Seld dem Kaiser das Religionsgespräch empfahl, war schon oben hingewiesen worden[30]. Im engeren Bereich der Konzilsfrage finde ich keinen vergleichbar deutlichen „Entscheidungskomplex". Dies mag auch damit zusammenhängen, daß die vermutete negative Haltung der Reichsstände zum Konzil dieser Frage von Anfang an politische Aktualität nahm und ihr eine mehr theoretische Richtung gab. Eine Tendenz Selds, die im Konzilsabschnitt wie in anderen Teilen der Denkschrift zu bemerken ist, gilt dem europäischen Frieden: Konzil und Krieg schließen sich aus. Doch diese Tendenz berührt die eigentliche, das Konzil betreffende Argumentation nicht. Sie impliziert eine gewisse, sehr vorsichtige Kritik an der kaiserlichen Politik, die eine Koinzidenz von Konzilsbeginn und Neubeginn des Krieges mit Frankreich und in Italien nicht hatte verhindern können. Diese Beobachtungen dürften bei dem Konzilsabschnitt für einen erheblichen Grad von Consensus zwischen Autor und kaiserlichem Adressaten sprechen[31].

Schließlich soll im Hinblick auf die bis heute noch fehlende Übersicht zu Kirchenpolitik und Kirchenbild Karls V. doch noch ein kurzer Hinweis gegeben werden. Er führt in den Beginn der Auseinandersetzung des Kaisers mit der Reformation. Die berühmte Stellungnahme Karls V. gegen Luther auf dem Wormser Reichstag 1521 (19. April) ist oft erwähnt und als weltgeschichtliches Dokument gewürdigt worden: eine klare Entscheidung gegen Luther und für den alten Glauben[32]. Aber wie sieht die institutionelle Seite dieses alten Glaubens aus, zu der sich der Kaiser in dem eigenhändigen Schriftstück von 1521 vor aller Welt bekannte? Angesichts der entscheidenden Tatsache, daß Karl V. damals Luther eindeutig verurteilt und die reichsrechtlichen Konsequenzen aus den päpstlichen Zensuren gezogen hat, übersieht man leicht, daß in der Erklärung selbst vom Papst und den Bullen keine Rede ist. Vielmehr wird das Konzil als Organ der Christenheit genannt und das, was die Vorgänger des Kaisers auf früheren Konzilien „verordnet" haben. Die fragliche Stelle lautet:

> „A ceste cause je suis délibéré d'entretenir tout ce que mesdits prédécesseurs et moy avons entretenu jusques au présent et par espécial ce que a esté ordonné par lesdits mes prédécesseurs, tant au consille de Constence que autres[33]."

Gewiß darf man bei einem so weiten Sprung, von 1553 bis 1521, nicht vorschnell verallgemeinern. Gewiß haben wir auch bei der Stellungnahme des Kaisers von 1521, trotz der Eigenhändigkeit der Aufzeichnung, das methodische Problem von Persönlichkeit und Institution. Trotz alledem erscheint es angebracht, an einem solchen Beispiel zu zeigen, wie in der Frage nach dem Konzil und nach der kaiserlichen Kompetenz in Konzilsfragen eine weitreichende Kontinuität zu verfolgen ist: Nicht an das, was das Papsttum erklärt hat, sondern an das, was seine Vorfahren auf dem Konzil „verordnet" haben, will sich im Jahre 1521 der junge Kaiser halten, als er gegen Luther entscheidet.

Mit aller gebotenen Vorsicht möchte ich die Möglichkeiten zur Beantwortung der oben formulierten letzten Frage folgendermaßen zusammenfassen: Selds Ausführungen über das allgemeine Konzil können sicherlich nicht beanspruchen, eine vollständige und authentische Wiedergabe dessen zu sein, was des Kaisers Meinung war. Zu deutlich bleiben der persönliche Stil und die Sicht des humanistisch gebildeten, vortridentinisch-katholischen Juristen Seld. Auch ist auf jene wenig deutliche, doch immerhin bemerkbare Tendenz Selds zu einer Kritik der kaiserlichen Konzilspolitik im Hinblick auf die Bedingung des europäischen Friedens hinzuweisen. Andererseits scheint mir in Anbetracht der oben erörterten Umstände die Annahme begründet, daß Selds Darstellungen zur Konzilsfrage im allgemeinen und in der Kritik der Tagungsperiode 1551/52 nichts enthielten, was der Kaiser für sich selbst nicht gebilligt hat.

Weitere Fragen reichen in verschiedener Richtung über den Rahmen dieser Studie hinaus. Wie sahen zur gleichen Zeit Konzilsidee und Kirchenbild bei den Partnern und Gegenspielern des Kaisers aus: in Rom, bei Heinrich II. von Frankreich, bei den katholischen Reichsständen, bei den Protestanten hier und dort? Und welche Kräfte waren es, die diese Ideen trugen, ihre Macht oder Ohnmacht bedingten? Aus welchen strukturellen Verhältnissen, aus welchen Traditionen und „Vermittlungen" nährten sich diese Ideen und Kräfte? Wie wirkten sie im wechselnden Spiel der europäischen Konstellationen weiter, vor allem auf den konziliaren Neuansatz nach 1560? Was war an diesen Ideen und Kräften „weltlich", was war „geistlich"? Und wie stand es um das jeweilige Verhältnis der formulierten Ziele und Motivationen zu den nicht formulierten (und teilweise nicht bewußten) Bedingungen und Tendenzen des Geschehens? Fragen über Fragen, deren Formulierung immerhin den Sinn hat, die Einordnung spezieller Untersuchungsergebnisse, die noch dazu einen besonders hohen Grad personaler Voraussetzungen haben, in allgemeinere Zusammenhänge nahezulegen.

Druck in: Kirche und Staat in Idee und Geschichte des Abendlandes. Festschrift zum 70. Geburtstag von Ferdinand Maass SJ, ed. *W. Baum* (Wien/München 1973), S. 213ff.

1 *H. Lutz* und *A. Kohler,* Das Reichstagsprotokoll des kaiserlichen Kommissars Felix Hornung vom Augsburger Reichstag 1555, mit einem Anhang: Die Denkschrift des Reichsvizekanzlers Georg Sigmund Seld für den Augsburger Reichstag (= Denkschriften der Philosophisch-Historischen Klasse der Österreichischen Akademie der Wissenschaften 103, Wien 1971), S. 163–208.

2 *A. v. Druffel* und *K. Brandi,* Briefe und Akten zur Geschichte des sechzehnten Jahrhunderts, Bd. 4 (München 1896), S. 411ff.

3 Siehe die Einleitung zu *Lutz-Kohler,* Reichstagsprotokoll, S. 22ff.; *A. v. Druffel* in: Allgemeine Deutsche Biographie, Bd. 33 (1891), S. 673ff.; *W. Vogel,* Der Reichsvizekanzler Georg Sigmund Seld, sein Leben und Wirken (Leipzig 1933); *N. Lieb,* Die Augsburger Familie Seld. In: Lebensbilder aus dem Bayerischen Schwaben, Bd. 6 (München 1958), S. 38ff.

4 Vgl. *H. Rabe,* Reichsbund und Interim. Die Verfassungs- und Religionspolitik Karls V. und der Reichstag von Augsburg 1547/48 (Köln/Wien 1971), passim.

5 Vgl. *H. Lutz,* Conrad Peutinger. Beiträge zu einer politischen Biographie (Augsburg 1958).

6 Gedr. bei *G. Turba,* Beiträge zur Geschichte der Habsburger, Teil 3: Zur deutschen Reichs- und Hauspolitik der Jahre 1553 bis 1558. In: Archiv für Österreichische Geschichte 90 (1901), S. 286ff. Zur Datierung und für den Nachweis des Nichtvollzugs der Revokation siehe *H. Lutz,* Christianitas afflicta. Europa, das Reich und die päpstliche Politik im Niedergang der Hegemonie Karls V. (Göttingen 1964), S. 495ff.

7 Gedruckt bei *v. Druffel/Brandi,* Briefe und Akten 4, S. 144ff.

8 Ungedruckt; siehe *G. Rill,* Reichsvikar und Kommissar. Zur Geschichte der Verwaltung Reichsitaliens im Spätmittelalter und in der frühen Neuzeit. In: Annali della Fondazione italiana per la storia amministrativa 2 (1965), S. 173ff.

9 Ungedruckt; siehe *Lutz,* Christianitas afflicta, S. 482, Anm. 228.

10 Gedr. bei *M. Goldast,* Politische Reichshändel (Frankfurt/M. 1614), S. 167ff. Für die Datierung siehe *Vogel,* Seld, S. 36, Anm. 2.

11 *K. Brandi,* Kaiser Karl V. Werden und Schicksal einer Persönlichkeit und eines Weltreiches, Bd. 1 (München 1937), S. 536.

12 Ebd., Bd. 2, S. 399.

13 Detaillierte Darstellung, auch für das Folgende, bei *Lutz,* Christianitas afflicta, S. 217ff. und S. 497ff.: Exkurs III – Zu Selds Denkschrift und der kaiserlichen Reichstagsinstruktion 1553/54. Vgl. auch die Einleitung zu *Lutz/Kohler,* Reichstagsprotokoll, S. 12ff. und S. 22ff.

14 Vgl. *Lutz,* Christianitas afflicta, S. 183ff.

15 Ebd., S. 498.

16 Vgl. die Charakteristik des Bischofs von Arras, die Pandolfini in einem Bericht an Herzog Cosimo gab; ebd., S. 184, Anm. 11; dazu *Lutz/Kohler,* Reichstagsprotokoll, S. 24.

17 *G. Winter,* Der Ordo consilii von 1550. In: Archiv für österreichische Geschichte 79 (1893), S. 101ff.

18 *Lutz/Kohler,* Reichstagsprotokoll, S. 163f.

19 Ebd., S. 164–173 (Kapitel [2] bis [9]).

20 Ebd., S. 164.

21 Ebd., S. 170. – Auf die naheliegende Frage, inwieweit Seld hier in der höflichen Form eines kirchengeschichtlichen Rückblicks die gesamte Protestantenpolitik des Kaisers seit der Mitte der vierziger Jahre (Kombination von Konzil und Ketzerkrieg) kritisiert, kann hier nicht eingegangen werden.

22 Ebd., S. 166f.

23 *H. Jedin,* Geschichte des Konzils von Trient, Bd. 3 (Freiburg i. B. 1970), S. 538ff. Auf die umfassende und quellennahe Darstellung, die Jedin in diesem Band der zweiten Trienter Tagungsperiode gewidmet hat, sei auch für das Folgende hingewiesen.

24 Ebd., S. 528, Anm. 8.

25 Nach *v. Druffel,* Akten und Briefe 2, S. 43; zitiert bei *Jedin,* Konzil 3, S. 528, Anm. 10.

26 Ebd., S. 293.

27 *Th. Sickel,* Das Reformations-Libell des Kaisers Ferdinand I. vom Jahre 1562 bis zur Absendung nach Trient. In: Archiv für österreichische Geschichte 45 (1871), S. 1–96, hier S. 88.

28 Für diesen Zusammenhang vgl. zuletzt die einschlägigen Abschnitte des Sammelbandes: Der Reichstag zu Worms von 1521. Reichspolitik und Luthersache, ed. *F. Reuter* (Worms 1971); anregend *W. Borth,* Die Luthersache (causa Lutheri) 1517–1524. Die Anfänge der Reformation als Frage von Politik und Recht (Lübeck/Hamburg 1970). Kritische Hinweise zu Borths Thesen demnächst in meiner Untersuchung: Das Reich, Karl V. und der Beginn der Reformation. Bemerkungen zu Luther in Worms 1521 [im vorliegenden Band S. 53ff.].

29 Siehe *H. Jedin,* Die Päpste und das Konzil in der Politik Karls V. In: Karl V. Der Kaiser und seine Zeit. Kölner Colloquium 1958, ed. *P. Rassow* und *F. Schalk* (Köln 1960), S. 104ff.; *I. Ludolphy,* die Voraussetzungen der Religionspolitik Karls V. (Stuttgart 1965). Wertvoll die sehr nuancierten Darlegungen in der jüngsten Gesamtdarstellung der Epoche: *St. Skalweit,* Reich und Reformation (Berlin 1967).

30 Siehe oben S. 162ff.

31 Am Rande sei noch verwiesen auf die Frage der Korrekturen, die bei diesem Abschnitt anläßlich der Umarbeitung der lateinischen Denkschrift zur deutschen Reichstagsinstruktion auftraten. Das im Wiener Haus-, Hof- und Staatsarchiv liegende Konzept der Instruktion (Reichskanzlei, RTA 28 IV; zwei Fassungen, siehe *H. Lutz,* Christianitas afflicta, S. 497f.; gedr. nur Teilabschnitte, siehe *Lutz/Kohler,* Reichstagsprotokoll, S. 32, Anm. 2)

weist in den Passagen über das allgemeine Konzil drei inhaltlich relevante Korrekturen auf. Der ursprüngliche Text der Instruktion, der sich in diesem Fall als eine vereinfachte und gekürzte Übersetzung der Denkschrift darstellt (von Schreiberhand), wurde an drei Stellen abgeändert, wobei die Tendenz gleicherweise entschärfend ist. Jener antikuriale Absatz, der dem Text der Denkschrift von „Tractata sunt..." bis „... loco habere" entspricht (siehe oben S. 163), wurde gestrichen und durch einen von Selds Hand eingetragenen Satz ersetzt: „Dann neben dem, das villeicht in vilen wichtigen stucken etwas hinlessig gehandlet, so hat auch in sonderheit der reformation der kirchen halben allerley verhinderung wollen eingeworfen werden" (f. 19r). Im folgenden Absatz wurde in dem Satz, der von den deutschen Prälaten in Trient handelt, der zweite Teil mit der Kritik ihres Verhaltens gestrichen (f. 19^{v}, 20^{r}; entsprechend dem lateinischen Text von „ex iis..." bis „... negocio"). Die dritte Korrektur bezog sich auf die nochmalige Kritik an der Kurie, die Seld bei der Aufzählung der fortbestehenden Hindernisse für das Konzil anbrachte. Der betreffende Satz der Denkschrift („Primum est..." bis „... compellantur"; *Lutz/Kohler,* Reichstagsprotokoll, S. 167, vgl. oben S. 163) war im Text der Instruktion bereit stark vereinfacht: „Dann furs erst so lassen laider B.[äpstliche] H.[eiligkei]t und das collegium der cardinel inen die sachen allgemeiner cristlichen kirchen mit gepurlichem ernst gar wenig angelegen sein" (f. 21^{r}). Dieser Satz ist im Konzept durch eine sehr vage Wendung (wieder von Selds Hand) ersetzt: „neben andern ursachen, die ain jeder vernünftiger bey ime selbs bedencken mag." Der aktenkundige Befund ergibt eindeutig, daß diese Korrekturen vor der Übersendung der Instruktion an Ferdinand (3. Februar 1554) erfolgten. Ihr die Kritik an Papst, Kardinälen und deutschen Prälaten abschwächender Tenor ist deutlich. Diese Vorsicht kann mit dem Unterschied zwischen der für den internen Gebrauch des Kaiserhofes bestimmten Denkschrift und der an den Wiener Hof übersandten und für den Augsburger Gebrauch der kaiserlichen Reichstagskommissare bestimmten Instruktion hinlänglich erklärt werden. Am Wiener Hof gab es starke Kräfte und Stimmungen, die den Brüsselern keineswegs wohl wollten. Und an der Spitze der Reichstagskommissare stand ein Kardinal, der Augsburger Bischof Otto Truchseß v. Waldburg. Die Frage ist, ob die genannten Korrekturen für die Beurteilung des Verhältnisses der Denkschrift zu den Ansichten des Kaisers etwas aussagen: War die Kritik Selds an der kurialen Konzilspolitik und am Verhalten der deutschen Prälaten in Trient als solche dem Kaiser zu scharf gewesen? Eine direkte Antwort ist nicht möglich. Die Tatsache, daß zunächst die einschlägigen Passagen der Denkschrift ohne Abschwächung ins Deutsch der Instruktion übertragen worden waren und dann erst abgeändert wurden, spricht dafür, daß diese Korrekturen nichts mit dem Kaiser zu tun haben, sondern durch die „Umfunktionierung" der internen Denkschrift zur einem weiteren Personenkreis zugänglichen Instruktion bedingt waren.

32 Vgl. zuletzt *H. Wolter,* Das Bekenntnis des Kaisers. In: *Reuter,* Worms 1521, S. 222ff. Für meine abweichende Interpretation siehe *Lutz*, Das Reich, Karl V. und der Beginn der Reformation [im vorliegenden Band S. 53ff.].

33 Deutsche Reichstagsakten, Jüngere Reihe, Bd. 2, ed. *A. Wrede* (Gotha 1896), S. 594ff., Nr. 82; Wiederabdruck mit sorgfältiger deutscher Übersetzung bei *Wolter,* Bekenntnis, S. 227.

BAYERN UND DER LAIENKELCH 1548–1556

G. Constant verdanken wir eine ausführliche Darstellung der Auseinandersetzungen, die um Gewährung und Verbot des Laienkelches für deutsche Diözesen innerhalb der katholischen Kirche im 16. Jahrhundert geführt wurden[1]. Der französische Gelehrte hat in diesem Werk, das in Deutschland nicht recht bekannt geworden ist[2], auf Grund einer minutiösen Kenntnis der Literatur und umfangreicher archivalischer Forschungen ein Bild jener höchst verwickelten kirchenpolitischen Vorgänge gezeichnet, das unsere Anschauung außerordentlich bereichert. Constant läßt die eigentliche Darstellung erst mit dem Pontifikat Pius' IV. beginnen. Die Ereignisse, mit denen sich die vorliegende Untersuchung beschäftigt, gehören für ihn zur Vorgeschichte des Problems. Er hat sie nur kurz behandelt und den Raum für weitere Erörterungen freigelassen.

Der Laienkelch ist nicht die einzige Konzession, die die katholischen Fürsten Deutschlands seit der Mitte des Jahrhunderts für ihre Gebiete von der Kurie zu erlangen suchen. Es geht daneben auch um Priesterehe und Aufhebung bzw. Milderung des Fastengebots. Doch die Communio sub utraque specie wird stets in erster Linie gefordert. Demgemäß hat Constant seine Darstellung um diese Frage gruppiert, und auch die hier angestellte Untersuchung legt den Nachdruck auf diese eine Forderung.

Hinsichtlich der Stellung, die die bayerischen Herzöge zur Frage der Gewährung des Laienkelches einnahmen, heftet sich das Interesse zunächst an eine Angabe, die Constant für das Jahr 1548 macht: In diesem Jahre habe sich Herzog Wilhelm von Bayern – gleichzeitig mit Kaiser Karl V. – an Papst Paul III. gewandt, um Laienkelch, Priesterehe und Abschaffung der Fastengebote für sein Gebiet zu erwirken[3]. Auf die langwierigen Unterhandlungen, die der Kaiser damals mit dem Farnesepapst führte, um dessen Sanktion für das Interim und die darin enthaltenen kirchlich-disziplinären Zugeständnisse zu erlangen, braucht hier nicht eingegangen zu werden. Für Karl war die Ausstattung der nach Deutschland zu entsendenden päpstlichen Beauftragten mit ausreichenden Fakultäten in bezug auf Laienkelch und Zulassung verheirateter Priester eine Kernfrage seines nach dem Sieg über die Protestanten begonnenen religiösen Einigungswerkes. Den bayerischen Herzog aber zeigen die zeitgenössischen Dokumente durchwegs als einen entschlossenen Gegner der genannten Konzessionen wie der gesamten kaiserlichen Interimspolitik, als Vertreter einer Richtung, die die Wiedergewinnung der religiösen Einheit nur in strenger Behauptung aller von der neuen Lehre angegriffenen Punkte verwirklichbar und verwirklicht sehen wollte.

Woher hat nun Constant die Nachricht von dem genannten Antrag Herzog Wilhelms an die Kurie? Er zitiert Le Plat und Raynald als Gewährsmänner, nicht für den Antrag selbst, sondern für die ablehnende Antwort des Papstes[4]. Le Plat hat das betreffende Stück von Raynald; so bleiben also nur die Annales Ecclesiastici, die – in jedem Jahrhundert neu aufgelegt – jedesmal als Nummer 58 des Jahres 1548 bieten: Responsio Pauli petitionibus iniquis cuiusdam ducis Germaniae. Daß Raynald trotz dieser unklaren Überschrift das Stück zuverlässig auf den Herzog von Bayern bezog, geht aus seiner Schlußbemerkung hervor: „Paruit Pontificis monitis dux ille, ac tumultuantes novatores repressit, quem de iisdem Concilium Tridentinum sub Pio IV consuluisse visuri sumus." Hier verweist also der Verfasser der Annales auf die 1562 von bayerischer Seite wieder aufgenommenen Versuche, den Laienkelch konzediert zu erhalten. Daß er den 1550 verstorbenen Herzog Wilhelm mit seinem Sohn und Nachfolger Albrecht gleichsetzt, ist dabei nicht von Bedeutung. Dieser Umstand führt allenfalls dazu, das bei näherer Prüfung des hier mitgeteilten Dokumentes entstehende Mißtrauen noch zu verstärken. Es genügt hier, auf die Bedenken hinzuweisen, die schon August v. Druffel zu diesem Stück geäußert hat[5].

Als Herausgeber der Akten, aus denen die oben skizzierte Haltung des allen Konzessionen abgeneigten Herzogs Wilhelm am deutlichsten hervorgeht, stand Druffel vor der Schwierigkeit, ein solches in seiner Tendenz völlig entgegengesetztes Gesuch um Laienkelch, Priesterehe und Milderung des Fastengebotes in den Zusammenhang der bayerischen Politik des Jahres 1548 einzuordnen. Weiter machte ihn stutzig die in der Antwort des Papstes erwähnte Türkengefahr. Diesen Hinweis fand er unbegreiflich angesichts des damals mit der Pforte geschlossenen Waffenstillstandes. Vor allem aber erregte sein Mißtrauen die Geheimnistuerei Raynalds, der sich in der Überschrift mit dem „dux quidam" herumschlägt: „Ich muß gestehen, daß mir das Verfahren Raynalds den Eindruck macht, als sei er selbst nicht ohne Bedenken gewesen über den Ursprung jenes Dokumentes, und als habe er dasselbe ohne genügende Gründe in diesen Zusammenhang gebracht[6]."

Folgt man Raynalds Quellenangabe und untersucht man den von ihm zitierten Band „Concilio 11" des Vatikanischen Archivs, so findet man Druffels Vermutungen durchaus bestätigt. Es handelt sich um einen Sammelband mit dem Borghesewappen auf der Vorderseite; er gehört zu den Akten des Konzils von Trient, die seit dem Pontifikat Pauls V. (1605–1621) in den Armarien 62 und 63 zusammengefaßt sind[7]. Der Band enthält neben Materialien, die der Sessio XXI (de usu eucharistiae etc.) gelten, auch frühere und spätere Stücke (1547–1576). Als Raynalds Vorlage fand sich ein doppelseitig von eiliger Hand nachlässig und mit starken Kürzungen beschriebenes Blatt, das weder mit den vorausgehenden noch den nachfolgenden Stücken in einem ersichtlichen unmittelbaren Zusammenhang sachlicher oder chronologischer Art steht (fol. 71). Es ist für sich eingeheftet, hat weder Überschrift noch Datum und trägt auch keinen späteren Vermerk. Der Text beginnt sofort in der von Raynald mitgeteilten Weise: „Petitiones ducis tres . . ." Der Name Pauls III. wird an keiner Stelle genannt. Das Stück bietet weder äußere noch innere Indizien, die die Zuweisung in den vom Herausgeber behaupteten Zusammenhang rechtfertigen könnten. Im übrigen nehme ich nach sorgfältigem Vergleich mit anderen gesicherten Autographen mit Bestimmtheit an, daß das Blatt von der Hand des Kardinals Morone stammt.

Der Vergleich mit Raynalds Druck zeigt, daß dieser die handschriftliche Vorlage nicht ohne Veränderung übernahm. Seine Auslassungen, Zusätze und Vertauschungen von Wörtern und Endungen finden ihre Erklärung einerseits in der schlechten Lesbarkeit, andererseits in dem Bestreben des Editors, den vorgefundenen Text seiner über die Bedeutung dieses Textes gefaßten Ansicht gelinde anzupassen. Diese Abweichungen hier zum Zwecke einer richtigeren Einordnung dieses Blattes näher ins Auge zu fassen, ist nicht nötig. Denn der Vergleich mit einem neuaufgefundenen Aktenstück aus dem Jahre 1556, von dem nun zu handeln ist, macht es gewiß, daß diese notizenartige Aufzeichnung über die abschlägige Antwort auf die Anträge eines ungenannten deutschen Herzogs in den Pontifikat Pauls IV. oder in noch spätere Zeit gehört, jedenfalls nicht früher als 1556 anzusetzen ist. Damit ist der einzige Anhaltspunkt für das angebliche Gesuch Herzog Wilhelms an Paul III. vom Jahre 1548 um Gewährung von Laienkelch usf. als irrig erwiesen. Ein solches Gesuch hat es nie gegeben.

Nur in einem Punkt hat sich Raynald nicht geirrt: Die schroffe päpstliche Zurückweisung, von der das Notizblatt Morones spricht, hat tatsächlich einem bayerischen Herzog gegolten. Dieses Blatt enthält – um dies vorwegnehmend festzustellen – ein Résumé der durch den Nuntius Zaccaria Delfino im Februar/März 1556 in München an Herzog Albrecht V. von Bayern übermittelten Antwort Pauls IV. – einer Antwort auf die im Herbst 1555 durch den herzoglichen Sekretär, Heinrich Schweicker, in Rom vorgebrachte Bitte um Bewilligung des Laienkelches, Zulassung der Priesterehe und Milderung des Fastengebotes.

Diese Verhandlungen von 1555/1556 sind zwischen Rom und München in solchem Geheimnis geführt worden, daß die Aufdeckung der näheren Umstände mehr als 300 Jahre auf sich warten ließ. Einer der wenigen Außenstehenden, die damals mehr von der Sache erfuhren, war Andreas Masius. Er hatte sich im Auftrag des Herzogs von Cleve einige Monate nach Schweicker nach Rom aufgemacht, um mit einem Bündel anderer Geschäfte auch die Konzession des Laienkelchs für Cleve an der Kurie zuwege zu bringen. Masius berichtete damals aus Rom von dem eklatanten Mißerfolg Bayerns nicht nur an seinen Fürsten, sondern auch an Abt Gerwig Blarer von Weingarten[8]. So wurde M. Lossen bei der Edition der Masiusbriefe zuerst wieder auf diese Sendung eines bayerischen Agenten aufmerksam. In München waren die Spuren dieser kirchenpolitischen Verhandlungen anscheinend so gründlich verwischt, daß A. Knöpfler in seiner wenig später erscheinenden Studie „Die Kelchbewegung in Bayern unter Herzog Albrecht V.“, die ganz auf dem Münchner Archivmaterial aufbaut, nichts davon zu berichten wußte, was über Freybergs altes Werk hinausging[9]. Wichtige Aufschlüsse brachte dagegen W. E. Schwarz, der aus dem Vatikanischen Archiv die Instruktion Albrechts für Schweicker an Paul IV. veröffentlichte, sowie den Bayern betreffenden Teil der Instruktion Zaccaria Delfinos[10]. Dieser Nuntius, der Ende 1555 nach Deutschland zurückkehrte, sollte dem Herzog die dem bayerischen Agenten vorenthaltene Antwort des Papstes überbringen. Bald darauf stieß A. Pieper in der Barberini-Bibliothek, die damals noch nicht in den Vatikan überführt worden war, auf einen Codex aus dem Caraffa-Archiv[11], der unter anderem zwei Berichte Delfinos aus München vom 26. Februar und 6. März 1556 enthielt[12].

Aus dem Inhalt dieser Schreiben wurde schon Pieper bekannt, daß der Nuntius sich auf das Drängen des Herzogs schließlich dazu herbeilassen mußte, die ihm von Paul IV. aufgetragene Antwort in schriftlicher Form zu übergeben.

Diese schriftliche Antwort hat sich nun in einem Sammelband der Varia Miscellanea des Vatikanischen Archivs gefunden[13]. Ich hielt es seinerzeit für zweckmäßig, dieses Dokument als Beilage I ungekürzt mitzuteilen; denn erst der ins einzelne gehende Vergleich mit Raynalds oben besprochenem Stück, der dadurch möglich wird, bekräftigt die Hinfälligkeit der früheren Datierung. Dieser Vergleich macht es deutlich, daß die Aufzeichnung in Concilio 11 die schriftliche Antwort Delfinos voraussetzt. Der umgekehrte Fall, daß nämlich dieses Notizblatt ein Entwurf zu der Antwort des Nuntius gewesen wäre, scheidet bei näherem Zusehen sogleich aus. Nicht nur durch die äußeren Umstände, sondern auch durch den Text des Blattes selbst, der eindeutig den Charakter einer Zusammenfassung der umfangreicheren Antwortschrift aufweist – und zwar einer erstaunlich präzisen und geschickten Zusammenfassung des weitläufigen Responsum. Zu welchem näheren Zeitpunkt und zu welchem unmittelbaren Zweck Morone sich mit Delfinos Antwort an Herzog Albrecht beschäftigt hat, wird später noch zu untersuchen sein.

Darüber hinaus erscheint dies Responsum als ein wertvolles neues Zeugnis für das Verhältnis Pauls IV. zu Deutschland und zu den durch die Reformation aufgeworfenen Fragen überhaupt. Um dem Dokument seinen Platz in diesem Zusammenhang und zugleich in der Entwicklung der bayerischen Religionspolitik anzuweisen, ist eine kurze zusammenfassende Darstellung der vorausgehenden Ereignisse und der allgemeinen Zeitumstände von Nöten. –

Herzog Wilhelm von Bayern – davon kann jetzt ausgegangen werden – dachte nie daran, für sein Land den Laienkelch und die Priesterehe von der Kurie sich konzedieren zu lassen. Er wandte sich vielmehr noch im Sommer 1549, als das kaiserliche Interim längst in Kraft getreten war, unmittelbar an Paul III., um ihm jede derartige Konzession energisch zu widerraten[14]. Zwar hatte schon 1542 Vauchop, Erzbischof von Armagh, aus Regensburg an Kardinal Farnese berichtet: „... populum Bavaricum, invito principe Guilelmo, velle communicare sub utraque specie“[15]. Aber auch für Herzog Albrecht, der seinem Vater 1550 in der Regierung gefolgt war, lag zunächst in der politischen Gesamtsituation keine Notwendigkeit und kein Anreiz, auf solche Neigungen und Wünsche seiner Untertanen mehr einzugehen, als es Wilhelm getan hatte. Erst mit den umstürzenden Ereignissen von 1552 entstand eine neue Lage, als mit der Macht Kaiser Karls jede Aussicht auf die schließliche Rückführung der protestantischen Stände zur alten Lehre zusammengebrochen war, als gleichzeitig das Konzil in Trient sich aufgelöst hatte und keine Wiederaufnahme seiner Beratungen abzusehen war.

Dieser neuen Lage sah sich der bayerische Herzog auf dem Landshuter Ständetag im Dezember 1553 gegenüber. Man habe bis jetzt immer vergebens auf Vergleichung in den Religionssachen gewartet – so leiteten die Stände ihr Anbringen ein um Gewährung des Laienkelches an die vielen von Adel und Bürgerschaft, die ihr Gewissen zum Empfang des Sakramentes unter beiden Gestalten zum Höchsten dränge. Die abschließende Antwort

Albrechts an die Stände war zugleich abweisend und dilatorisch: In Religionssachen habe es bis zur künftigen Synode und bis zum nächsten Reichstag sein Bewenden[16].

Die angekündigte Provinzialsynode, die der Salzburger Erzbischof im Einvernehmen mit König Ferdinand und Herzog Albrecht ausgeschrieben hatte, trat noch Ende 1553 in Mühldorf zusammen. Dort wirkte die herzogliche Politik dahin, daß entgegen den Forderungen des Metropolitans eine mildere Form des Vorgehens gegen die im Glauben Irrenden vereinbart wurde[17]. Nicht den Kampf gegen die Ketzerei, sondern die Reform des Klerus betrachtete man auf bayerischer Seite als dringendste Aufgabe.

Albrecht ließ es in den Jahren 1554 und 1555 nicht an deutlichen Willenserklärungen gegen eigenmächtige religiöse Neuerungen fehlen. Doch wie er auf der Mühldorfer Synode ein scharfes Vorgehen gegen die sub utraque kommunizierenden Untertanen abgelehnt hatte, so wirkte der Gedanke einer zeitlich begrenzten Toleranz in dieser Frage weiter in dem Gedankenaustausch, der vor dem Augsburger Reichstag von 1555 zwischen den katholischen Höfen geführt wurde. Dabei wurde in der Umgebung Albrechts der Vorschlag gemacht, in Anbetracht der schwierigen Zeitumstände sich an den Papst zu wenden: er möge den katholischen Reichsständen gestatten, bis zur endgültigen Festlegung durch das Konzil ihren „widrigen, abfälligen Untertanen" einige Konzessionen zu machen, die sich kirchlich vertreten ließen. In erster Linie war die Communio sub utraque angeführt[18].

Es war das kaiserliche Interim, das ohne Zweifel in solchen Überlegungen nachwirkte. Wenn der Kaiser damals vom Papst derartige Konzessionen erlangt hatte, warum sollten sie dann jetzt in ungleich schwierigerer Lage den darum nachsuchenden Fürsten vorenthalten werden? Dazu kam die beispiellose Verwilderung des Klerus, der Verfall des Gottesdienstes und des gesamten religiösen Lebens, dem die Regierungen der katholisch gebliebenen Territorien sich gegenüber sahen, ohne sich im Besitz ausreichender Mittel zu befinden, hier von sich aus Ordnung zu schaffen. Zu alledem herrschte eine Stimmung der Müdigkeit und der Enttäuschung, die frische Erfahrung des mißglückten Versuchs einer gewaltsamen Rekatholisierung des Reiches beherrschte die Gemüter. Doch wenn sich bei den weltlichen Häuptern der katholischen Partei, bei Ferdinand bald ebenso wie bei den Herzögen von Bayern und von Cleve, die Überzeugung von der Möglichkeit und Notwendigkeit solcher päpstlicher Konzessionen festzusetzen begann, dann konnte es nicht ausbleiben, daß sie auch immer tiefer in die theologische und kirchengeschichtliche Diskussion um Laienkelch und Priesterehe sich hineinbegeben mußten. Auf diesem Wege gab es kein Zurück. Im Jahre des Religionsfriedens noch als taktisches Manöver zur Beschwichtigung der Untertanen gemeint, ist die Kelchgewährung 1562, als der bayerische Gesandte Paumgartner seine große Rede vor dem Konzil in Trient hält, zu einer zentralen Frage für den katholischen Rest Deutschlands geworden, zu der entscheidenden Probe auf den guten Willen Roms. In dieser Auseinandersetzung übernahmen die Räte der katholischen Fürsten immer mehr Argumente aus der Beweisführung der gegnerischen, der protestantischen Seite.

Noch ganz am Anfang dieser Entwicklung steht die Instruktion, die dem herzoglichen Sekretär, Heinrich Schweicker, am 21. September 1555 von München nach Rom auf den Weg gegeben wurde[19]. Der Ausgang des Augsburger Reichstags hatte offenbar Herzog Albrecht in der Absicht bestärkt, unter dem Vorwand der Gratulation den neuerwählten Papst Paul IV. um Bewilligung des Laienkelchs, Zulassung der Priesterehe und Milderung des Fastengebotes für die bayerische Bevölkerung anzugehen. Hinter dieser Sendung stand die Absicht, sich für den bevorstehenden Landtag zu rüsten, mit dem der Herzog wegen Übernahme der enormen Schuldenlast seines Vaters zu verhandeln hatte.

1553 hatte Albrecht in Landshut das Verlangen der Stände nach dem „vielhundertjährigen Brauch" des Laienkelches abgewiesen. Jetzt heißt es in Schweickers Instruktion: Der Herzog kann gegen seine von den Irrlehren angesteckten Untertanen nicht mit Gewalt vorgehen, sonst gibt er ihnen Anlaß, sich bewaffnet gegen ihn zu erheben und sich mit der Gegenpartei zu verbünden. Der einzige Weg, sie bis zur Entscheidung durch das Konzil in der katholischen Religion und der kirchlichen Zucht zu erhalten, ist die Gewährung dreier „articula", die dem Evangelium und den Überlieferungen und der Ordnung der alten Kirche nicht so widersprechen, daß Kirche und Papst sie nicht – da sie positiven Rechtes sind – in Ansehung der Zeit und der Personen zugestehen könnten. Weiter heißt es dann: Eine solche päpstliche „relaxatio" widerstreite den göttlichen und apostolischen „Anordnungen" keineswegs. Bekanntlich sei die „communio sub utraque" an sich keine Häresie, ihr Gebrauch sei in der alten Kirche bezeugt. Der Papst möge nur jetzt gestatten, was in den Anfängen der Kirche erlaubt war: die Freiheit, zwischen dem Gebrauch der Eucharistie unter einer oder beiden Gestalten zu wählen[20].

Eine solche Sprache war nun freilich keineswegs dazu angetan, auf Paul IV. den gewünschten Eindruck zu machen. Zu verschieden war der Gedankenkreis, in dem sich die bayerischen Räte einerseits und der Caraffapapst andererseits bewegten. War doch der Kelch, dessen Ausspendung an die Laien gegen Ende des 13. Jahrhunderts ganz in der Stille außer Gebrauch gekommen war, seit der Hussitenzeit zum kämpferischen Symbol der Auflehnung gegen die römische Priesterkirche, zum Inbegriff der mit Gewalt zu ertrotzenden Mündigkeit des Laien und Freiheit des Christen geworden[21]. Luther mochte sich anfangs wohl dagegen wehren, in der Äußerlichkeit einer solchen Übung ein unterscheidendes Merkmal des neuen gereinigten Christentums zu sehen. Später mußte er sich doch zu einer Festlegung auf den Laienkelch entscheiden. Denn nicht nur für die Masse des Volkes, sondern auch für die geringe dogmatische Unterscheidungskraft adeliger Patronatsherren und städtischer Magistrate heftete sich vielerorts an den Laienkelch wie an die Priesterehe das Bewußtsein des Abschieds von obsolet gewordenen Frömmigkeitsformen und der Befreiung von papistischer Willkür.

Dabei hatte es beide umstrittenen Einrichtungen offenbar in früheren Zeiten der Kirche gegeben. Und hatte nicht sogar ein so kirchenfrommer Mann wie Kardinal Contarini schon die Kelchkonzession an Deutschland für zweckmäßig gehalten? Von der herrschenden Unklarheit und Grenzverwischung in diesen Fragen hatten zunächst nur die Protestanten zu profitieren gesucht. Doch während sich bei ihnen im Gefolge des Interims der Streit um die Adiaphora verhärtet hatte, begann nun für das katholische Lager gleichsam im Wellental zwischen Reformation und Gegenreformation eine neue Art von Adiaphorastreit. Diese Auseinandersetzung zwischen deutschen Fürsten und Kurie empfing ihre Impulse einerseits von der Sorge um Frieden und staatliche Wohlfart, andererseits von dem Willen zur unerschütterlichen Behauptung aller Bastionen des alten Glaubens.

Daß Herzog Albrecht mit seinen Wünschen und seiner Argumentation bei dem Caraffapapst kein geneigtes Ohr finden konnte, mußte sein Sekretär Schweicker in Rom bald erfahren. Es scheint, daß er während seines kurzen Aufenthaltes dort mit den Kardinälen Morone, Truchseß und Caraffa verhandelte. Er fand die Stimmung am päpstlichen Hofe offenbar so ungünstig, daß er schon nach kurzem Aufenthalt Rom wieder verließ. Es scheint, daß man sich an der Kurie schon im November 1555 entschlossen hatte, die Schweicker eben vorenthaltene definitive Antwort durch Zaccaria Delfino überbringen zu lassen.

Delfino, Bischof von Lesina (Hvar), zählte damals 28 Jahre. Auf Drängen König Ferdinands sollte er als Nuntius an den Wiener Hof zurückkehren[22]. Dieser junge Mann aus vornehmer venezianischer Familie war 1550 in die famiglia Julius' III. eingetreten und hatte sich rasch die Gunst des Papstes zu erwerben vermocht. Seit 1554 als Nuntius am Hofe Ferdinands, hatte er sich auch bei diesem außerordentlich beliebt zu machen gewußt. Paul IV. hatte ihn vom Augsburger Reichstag im Juli 1555 zur Berichterstattung nach Rom abberufen. Sein Credentialbreve für die Rückkehr zum römischen König ist am 18. Dezember dieses Jahres ausgestellt, doch traf er von München kommend erst im März 1556 in Wien ein. Dieser zweite Aufenthalt war schon von dem Konflikt des Papstes mit dem Hause Habsburg überschattet. Bereits im September verließ Delfino den Hof Ferdinands wieder und kehrte erst 1560 im Auftrage Pius IV. zu einem nunmehr fünfjährigen Aufenthalt als Nuntius nach Wien zurück[23].

Die Galerie der im 16. Jahrhundert von der Kurie nach Deutschland entsandten Prälaten weist einige große und viele ehrenhafte Männer auf. Delfino ist zu ersteren sicherlich nicht und zu letzteren nur mit recht erheblichen Einschränkungen zu rechnen. Wir sind zur Charakteristik des ebenso fähigen wie ehrgeizigen und in der Wahl seiner Mittel unbedenklichen Diplomaten nicht auf das höchst boshafte Urteil Vergerios angewiesen[24]. Die Akten seiner Tätigkeit sprechen für sich. Für den vorliegenden Zusammenhang ist es weniger erheblich, daß der Nuntius lange Zeit Herzog Cosimo von Florenz regelmäßig mit den Duplikaten seiner vertraulichen Berichte an die Kurie versorgte, um seinen durch allzu großartiges Auftreten zerrütteten Finanzen aufzuhelfen. Auch die Geschichte des gerissenen Doppelspiels zwischen Pius IV. und dem kaiserlichen Hof, das ihm durch Verwendung des Kaisers den Kardinalat einbrachte, ist nur deshalb zu erwähnen, weil es dabei um die Fragen des Laienkelches und der Priesterehe ging[25]. Der Nuntius hat in den entscheidenden Verhandlungen des Jahres 1564 nicht nur durch offensichtlich falsche Berichte an die Kurie der Religionspolitik des Wiener Hofes ständig Vorschub geleistet, er hat sich auch geradezu in ihren Dienst gestellt und den Erzbischof von Salzburg förmlich gezwungen, den Kelch einzuführen[26]. Auch in der Forderung der Priesterehe, die Maximilian II. von seinem Vater übernommen hatte, trat er ganz auf die Seite seines kaiserlichen Gönners und handelte den Weisungen und Interessen des Papstes, der in dieser prekären Frage einer Entscheidung ausweichen wollte, ständig zuwider. Der Entlarvung dieses ebenso gewandten wie unloyalen Spieles folgte dann allerdings seine Abberufung auf dem Fuße.

Doch kehren wir zum Dezember 1555 zurück. Als Delfino damals nach München aufbrach, war die Konstellation, mit der sein Ehrgeiz und sein Opportunismus zu rechnen hatte, eine ganze andere. Er kannte die Empörung Pauls IV. über die Zustimmung der katholischen Fürsten zu den Bestimmungen des Augsburger Religionsfriedens, die schließlich so weit ging, daß der Papst von einer Absetzung Karls V. und Ferdinands sprach[27]. Er wußte, daß der Gedanke der kirchlichen Reform sich in dem 80jährigen Hierarchen zu solcher Schroffheit ausgebildet hatte, daß ihm auch das geringste Nachgeben auf dem Gebiet der kirchlichen Disziplin als ein Verrat an seinem Hirtenamte – daß ihm jeder Versuch, hier eine Unterscheidung zwischen institutiones divinae und ius positivum zu treffen, als eine Fallgrube des Satans erscheinen mußte. Diese Gesinnung des Papstes mußte in voller Stärke maßgebend sein für den ersten Nuntius, den er nach dem Abschluß des verwerflichen Religionsfriedens auf deutschen Boden entsandte.

Die Instruktion für Delfino, an deren Abfassung Morone entscheidenden Anteil hatte, hält sich im allgemeinen in gemäßigtem Tone[28]. Der Nuntius solle dem bayerischen Herzog von der Genugtuung des Papstes berichten, daß Albrecht sich in diesen den Heiligen Stuhl betreffenden Angelegenheiten an ihn gewandt habe, zugleich aber von seiner Verwunderung und seinem Schmerz, da er bisher Bayern für ein katholisches Land gehalten habe. Er habe bisher von Albrecht wie von dessen Vater nur das Beste gehört und sich von ihm weit mehr für die Erhaltung des Glaubens erhofft als von irgendeinem anderen deutschen Fürsten. Die drei Forderungen des Herzogs, Laienkelch, Priesterehe und Milderung des Fastengebotes, werden nur kurz behandelt, indem ihre Unzulässigkeit festgestellt wird. Denn die Menschen, die diese Forderungen stellen, werden von falscher und häretischer Gesinnung geleitet. Im übrigen verweist die Instruktion auf den Rat der den Nuntius begleitenden Theologen und auf die einschlägigen Werke von Eck, Faber etc. Auf die bayerischen Argumente vom ius positivum und dem usus ecclesiae primitivae wird nicht eingegangen.

Hinsichtlich des Augsburger Religionsfriedens erhält Delfino Anweisung, dem Herzog bescheiden, aber freimütig vorzustellen, welchen Irrtum er mit seiner Zustimmung zu diesem Rezeß begangen habe. Hier kommt ein schärferer Ton in die Instruktion: „Et sebene alleghi la necessità et la potentia de Lutherani, nondimeno bisogna raccordarli, che Dio è quello che da et conserva li dominii, et che, se S. E. mancarà a Dio, al quale debbe esser suddito et obediente fino alla morte, i suoi sudditi mancaranno à lui, et dove crederà per tolerare le heresie restarne piu padrone, ne seguirà, che per la medesima causa lo stimaranno molto meno"[29]. Wenn in Schweickers Instruktion Gründe der Staatsräson für die Notwendigkeit der geforderten Konzessionen geltend gemacht wurden, so wendet man an der Kurie diesen Gedanken geschickt in die entgegengesetzte Richtung: Die Reputation und Machtstellung des Fürsten wird durch ein solches Nachgeben nur geschwächt.

Zaccaria Delfino war kein Theologe, weder seiner Veranlagung noch seinem Bildungsgang nach. Er fühlte sich nach dieser Seite hin den schwierigen Verhandlungen, die ihn in München und Wien erwarteten, keineswegs gewachsen. Man war in Rom der Ansicht, daß ihn mindestens ein Theologe aus der Gesellschaft Jesu und einer aus dem Dominikaner- oder Franziskanerorden zu begleiten habe. Besonderen Wert legte man darauf, für diese schwierige Mission P. Laynez S.J. zu gewinnen. Doch als der Nuntius Rom verließ, befand sich unter seinem Gefolge anscheinend doch kein Theologe. Jedenfalls schrieb er am 11. Januar 1556 aus Bologna an Kardinal Caraffa, daß der Dominikaner, den er von hier nach Deutschland mitzunehmen gedachte, infolge einer schweren Erkrankung nicht verfügbar sei. Er habe sich deshalb bei dem Ordensgeneral um einen gleichwertigen Ersatz bemüht und hoffe, diesen Pater in Trient anzutreffen[30].

Am 30. Januar mußte der Nuntius von Trient aus nach Rom berichten: „... Se ben fin'hora non è arrivato il theologo, me n'andarò diritamente in Baviera non mancando perhò di fare in ogni particolar luoco dove capitarò qualche opera conforme a la santa intentione di S. B[ne] et al bisogno di questi disviati cuori, con animo poi di valermi in Baviera, fino al'arrivo del theologo d'un dottore de li Jesuiti, il quale ho inteso hoggi ch'è la d'intorno"[31]. Es kann sich bei diesem Jesuiten, auf dessen Mitwirkung bei den Münchner Verhandlungen Delfino rechnete, nur um Petrus Canisius handeln[32]. Aber während Braunsberger die Frage nach dessen Beteiligung noch offenließ, kann sie heute auf Grund sicherer Daten verneint werden. Canisius war schon Mitte Februar von Ingolstadt kommend in Wien eingetroffen[33], der Nuntius am 6. Februar erst in Innsbruck.

Von hier aus richtete Delfino ein kurzes Schreiben an den Grafen von Montorio, den ältesten der Nepoten Pauls IV. Er wurde sich scheinbar hier beim Betreten deutschen Bodens zum erstenmal der Schwierigkeit seiner Mission voll bewußt. Er begann Rom auf das Eintreffen schlechter Meldungen und das Eintreten von Mißerfolgen vorzubereiten: „... Non m'ocorre che altro scrivere a V. Ecc[a] se non che quanto io vado scoprendo maggiori le difficulta, tanto m'acendo piu di disiderio d'affaticare per ben servire a S. Sta. Se ben certo mi da gran noia, l'essere in paese dove non odo ne veggo cosa che d'haverla udita et veduta non mi dispiaccia ..."[34]

Delfino war vom Augsburger Reichstag her mit Albrecht in brieflicher Verbindung geblieben. Er hatte ihm am 7. Dezember 1555 von Rom aus mitgeteilt, warum es ihm nicht möglich gewesen war, Schweicker alsbald nach München zu folgen[35]. Damals hatte der Nuntius gehofft, bereits Mitte Januar in der bayerischen Hauptstadt eintreffen zu können. Als er sich dann mit etwa einmonatiger Verspätung in München einfand, geriet er unerwartet mitten in den Fastnachtstrubel, der damals „per l'usanza de la cità" erst mit dem Sonntag Invocavit endete. Wohl oder übel mußte sich Delfino dem Wunsche des Herzogs fügen, solange mit der Aufnahme der Verhandlungen zu warten. Sein erster Bericht aus München vom 21. Februar, der sich auf diese Wartezeit bezog, hat sich leider nicht erhalten. Aber sein nächstes Schreiben vom 26. des gleichen Monats zeigt, daß der 28jährige Prälat die Aufforderung der herzoglichen Familie, mit ihr zusammen die Fastnacht festlich zu beschließen, keineswegs abgelehnt hat[36]. Dabei scheint man an der Gesellschaft des stets großzügig und elegant auftretenden Venezianers rasch Geschmack gefunden zu haben. Jedenfalls wurde der Dank, den er der herzoglichen Familie nach Ende des Karnevals abstattete, sogleich damit erwidert, daß sich Albrecht mit seiner Frau und der Herzoginmutter auf den nächsten Tag zum Essen bei Delfino einlud: „Conclusero che come io havea da finire il carnovale con loro, intendevano di cominciare la quadragesima con me." Und nicht ohne Stolz berichtete er nach Rom, er könne versprechen, daß er seine Gäste so traktiert habe, daß sie ganz und gar zufrieden waren.

Doch die heitere Bonhomie, in der sich dieses Vorspiel vollzog, konnte das Zutagetreten ernster Schwierigkeiten nicht hintanhalten, sobald man an die Geschäfte ging. Am 26. Februar empfing Albrecht in Beisein seiner Räte den Nuntius. Dieser gab mit ausführlichen Worten die ihm aufgetragene ablehnende Antwort auf den herzoglichen Antrag bezüglich Laienkelch, Priesterehe und Milderung des Fastengebotes wieder. Der Herzog erwiderte, daß ihm niemals etwas mißfallen könne, was dem Papst gefalle. Doch halte er es für nötig, daß diese Antwort durch den Nuntius schriftlich gegeben werde, damit er sein Land zufriedenstellen könne, dessen Stände sich eigens dieser Frage wegen am 2. März hier versammeln werden. Der Nuntius erbot sich darauf mit liebenswürdigen Worten, seine Antwort mündlich zu wiederholen oder auch schriftlich niederzulegen.

In seinem unmittelbar nach der Audienz an Kardinal Caraffa erstatteten Bericht äußerte sich Delfino sehr zuversichtlich über die Aussichten, diese ihm wie der Kurie offenbar recht unbequeme schriftliche Fixierung umgehen zu können. Er werde den Herzog morgen wieder aufsuchen, um ihn mit allen ihm zur Verfügung stehenden Mitteln von dieser Forderung abzubringen. Wegen der „bona natura" des Fürsten und wegen des guten Einvernehmens, das zwischen Albrecht und ihm herrsche, sei er sich seines Erfolges so gut wie gewiß.

Doch Delfino hatte sich sehr getäuscht. War es das Bestreben der Kurie gewesen, durch die Entsendung des Nuntius an den Münchner Hof der Notwendigkeit einer schriftlichen Ablehnung der herzoglichen Anträge wegen der dabei so leicht sich einstellenden Mißhelligkeiten aus dem Wege zu gehen, so konnte Albrecht angesichts des für die kommende Woche nach München angesagten Landtages sich mit mündlichen Äußerungen des Nuntius keineswegs zufrieden geben. Länger als eine Stunde – so berichtete Delfino über seine zweite Audienz – habe der Herzog auf ihn eingeredet: Man müsse die Antwort sehen können – um so mehr, da er wünsche, einem jeden zeigen zu können, daß der Papst das Gegenteil von dem wolle und befehle, was seine Untertanen zu erreichen suchten[37]. Es scheint weniger dies Argument einer Stützung des Herzogs gegenüber seinen Ständen gewesen zu sein, das den Nuntius schließlich veranlaßte, sich dem Verlangen des Herzogs zu fügen. Offenbar merkte der päpstliche Diplomat, daß die Verstimmung Albrechts im Falle der Ablehnung ein größeres Risiko bedeutete als die Schriftlichkeit der Antwort, für die er nicht instruiert war.

Das gleiche Schreiben vom 6. März, in dem dieser Ausgang der zweiten Audienz nach Rom berichtet wurde, bietet auch einige beachtenswerte Hinweise für das Verständnis des Responsum selbst: Der Herzog habe gebeten, bei der Abfassung doch ja die „miseria" dieses Landes recht vor Augen zu stellen und den Nachdruck weniger auf theoretische Erörterungen als auf die Bewegung der Gemüter zu legen. Mit letzterer Angabe – ob sie nun in dieser oder jener Form vom Herzog vorgebracht wurde – ist das literarische Genos der Antwortschrift festgelegt: nicht disputatio oder consilium, sondern exhortatio. Den Hinweis auf die „miseria" seines Landes hat Herzog Albrecht vermutlich anders gemeint, als Delfino ihn verstanden bzw. verwertet hat. Was für den Landesherrn das bedrückende Bewußtsein des Verfalls allen Kirchenwesens war, wird im Munde des Nuntius zum selbstgerechten Urteil über die Irrtümer einer in ihrer Verblendung von den klaren und einsichtigen Lehren der Kirche abweichenden Bevölkerung, für deren Verhalten kein anderes Motiv zu finden ist als ein vom Satan entfesseltes selbstsüchtiges Begehren.

Delfino hat sogleich eine Kopie seiner Antwort an Kardinal Caraffa übersandt. Er fügte hinzu, der Kardinal könne dies Dokument von Theologen begutachten lassen und ihm darauf mitteilen, was er hätte weglassen oder hinzufügen können. Er wisse nämlich genau, daß er sich hier mit Dingen zu befassen habe, die weit über sein Vermögen gingen. Man kann auf Grund dieser Bemerkung vermuten, daß der Nuntius in München keinen Theologen bei sich hatte und also allein der Verfasser des Responsum ist. Wichtiger aber ist für die rechte Würdigung dieser Schrift eine andere Überlegung, die sich beim Lesen des genannten Berichtes aufdrängt.

München war für Delfino nur eine Durchgangsstation. Daß der noch während seiner Anwesenheit zusammengetretene Landtag mit der Forderung auf Gewährung der drei umstrittenen Artikel als Voraussetzung jedweder ständischer Gegenleistung nichts Gutes verhieß, mußte der Nuntius gleichfalls am 6. März nach Rom vermelden. Wenn auch der Herzog, von dem durch diese Nachricht alarmierten Nuntius sogleich aufs heftigste bearbeitet, sich bei Gefahr des Verlustes von Land und Leben gegen jede solche Konzession verschwor, so mochte doch der durchreisende Prälat das Gefühl nicht loswerden, sich hier auf einem recht schwankenden Boden zu befinden. Fest war als Richtpunkt für den Ehrgeiz des jungen Diplomaten in diesem ganzen Deutschland von 1556 nur eines: der Wille und die Gesinnung, die in Rom herrschten. Vergleicht man unter solchem Blickpunkt die gemäßigte Form der dem Nuntius unter Morones Mitwirkung ausgestellten Instruktion mit dem äußerst schroffen Ton der schriftlichen Antwort, so möchte man zu der Annahme neigen, daß dies wortreiche Schriftstück mindestens ebensosehr für die Leser in Rom wie für die in München abgefaßt wurde[38]. Nachdem sich der Nuntius einmal die Schriftlichkeit der Antwort hatte abringen lassen, mußte es ihm sehr darauf ankommen, sich zum beredten Anwalt jener Intransigenz zu machen, die (gerade zu dieser Zeit) in der Umgebung Pauls IV. gegenüber den Angelegenheiten Deutschlands herrschte. Seine Antwort auf den Antrag Herzog Albrechts spiegelt die unbeugsame Härte und grandiose Einseitigkeit im Kirchenbild und Reformwillen des Caraffapapstes aufs stärkste wider. Doch die Reinheit des kirchlichen Wollens, die dem Papa terribile die Nachwelt trotz allem zugute hält, erscheint in dem Responsum für uns getrübt durch das Wissen um den wendigen Arrivismus seines Abgesandten. So steckt auch in diesem Dokument etwas von der Tragik dieses Pontifikates.

Und auch die Signatur der Erfolglosigkeit, ja des Umschlagens in ein dem Wollen entgegengesetztes Ergebnis, die sich an so manche Unternehmungen Pauls IV. heftet, fehlt hier nicht: Die Akten des Münchner Landtages vom März 1556, die wohl wegen der dort stattgefundenen Religionsverhandlungen nach Rom gelangten, sprechen davon deutlich genug[39]. Die ablehnende Antwort des Papstes wurde nur in der ersten herzoglichen Replik auf die am 7. März übergebene Petition der Stände kurz erwähnt[40]. In der Erwiderung der Stände wurde auf sie ganz flüchtig eingegangen als auf ein weiteres Zeugnis für die Ergebnislosigkeit aller bisherigen Religionsverhandlungen und für die Notwendigkeit eines selbständigen Vorgehens des Herzogs[41]. Der Landtag endete bekanntlich mit der berühmten Deklaration Albrechts vom 31. März 1556, die den Empfängern der Communio sub utraque und den Übertretern der Fastengebote Straffreiheit zusicherte, ohne jedoch beides förmlich zu konzedieren[42].

Delfino hatte damals München schon verlassen. Wohl gegen Mitte März war er über Salzburg nach Wien aufgebrochen, wo kurz zuvor die auf einem Ausschußlandtag vereinigten österreichischen Stände König Ferdinand zu einer ähnlichen Toleranz hinsichtlich des Laienkelches gezwungen hatten[43]. –

Noch ist kurz einzugehen auf die Frage, wann Morone sich den Auszug aus der nach Rom übersandten Antwortschrift Delfinos anfertigte. Man könnte an den Mai 1563 denken, als Staphylus im Auftrage des bayerischen Herzogs den Kardinal aufgesucht hatte, um ihn für die Konzession des Laienkelches zu gewinnen[44]. Morone hat damals Borromeo gegenüber an die Verhandlungen von 1556 und an die durch Delfino überbrachte Ablehnung erinnert. Doch zu dieser Zeit befand sich der Kardinal in Trient bzw. in Innsbruck; es ist unwahrscheinlich, daß er den Text des 8 Jahre zuvor abgefaßten Responsum zur Hand hatte. Eher möchte ich das erwähnte Notizblatt in den Zusammenhang der Beratungen bringen, die im Frühjahr 1556 Masius als Gesandter des Herzogs von Cleve mit Morone führte. Es war schon oben die Rede davon, daß Masius den Auftrag hatte, sich in Rom um die Gewährung des Laienkelches an Cleve zu bemühen. Um den Herzog von diesem aussichtslosen Vorhaben abzubringen, das die Erledigung der anderen Aufträge nur wieder in Frage stellte, berichtete ihm der Gesandte aus Rom von dem Mißerfolg Bayerns. Sein

Vertrauensmann im Kardinalskollegium (es kann sich dem Zusammenhang nach nur um Morone handeln) habe ihm die abschlägige Antwort des Papstes „muntlich und aussdrugklich“ mitgeteilt. Man kann wohl annehmen, daß Morone zum Zwecke dieser Mitteilung den uns in Concilio 11 vorliegenden Auszug aus dem umfangreichen Antwortschreiben Delfinos verfaßte.

Druck in Quellen und Forschungen aus italienischen Archiven und Bibliotheken (QF) 34 (1954), S. 201ff.

1 *G. Constant,* Concession à l'Allemagne de la Communion sous les deux Espèces (= Bibliothèque des Écoles francaises d'Athènes et de Rome 128, Paris 1923).

2 Soweit sich feststellen läßt, fand dieses Werk in den deutschen Fachzeitschriften keine Beachtung, ausgenommen eine kurze Anzeige durch *N. Paulus* in: Historisches Jahrbuch 47 (1927).

3 *Constant,* Concession, S. 64.

4 *Le Plat,* Monumentorum ad Historiam Concilii Tridentini... spectantium amplissima Collectio, Bd. 4 (1784), S. 26; Annales Ecclesiastici... auctore Odorico *Raynaldo* (1548), Nr. 58.

5 *A. v. Druffel,* Briefe und Akten zur Geschichte des sechzehnten Jahrhunderts, Bd. 3 (München 1882), S. 75f.

6 Ebd., S. 76.

7 Vgl. *S. Merkle* in: Concilium Tridentinum, Bd. 1 (1901), S. XXf., CVII, CXXI und die bei *K. A. Fink,* Das Vatikanische Archiv (Rom [2]1951), S. 33f. angegebene Literatur.

8 *M. Lossen,* Briefe des Andreas Masius und seiner Freunde 1538–1573 (Leipzig 1886), S. 255ff.

9 *A. Knöpfler,* Die Kelchbewegung (München 1891), S. 19; *M. v. Freyberg,* Geschichte der baierischen Landstände, Bd. 2 (Sulzbach 1829), S. 326.

10 *W. E. Schwarz,* Der erste Antrag Albrechts V. von Baiern an den apostolischen Stuhl auf Bewilligung des Laienkelches, Zulassung der Priesterehe und Milderung des Fastengebots (1555). In: Historisches Jahrbuch 13 (1892), S. 144–157.

11 *L. v. Pastor,* Geschichte der Päpste seit dem Ausgang des Mittelalters, Bd. 6 (Freiburg i. B. 1913), S. 699.

12 *A. Pieper,* Die päpstlichen Legaten und Nuntien (Münster 1897), S. 111f.; die Delfino-Instruktion vom Dezember 1555 ist hier vollständig abgedruckt (S. 198–205). [Die hier benützten Quellen für die Aussendung und Tätigkeit des Nuntius Delfino sind seither von *H. Goetz* ediert in: Nuntiaturberichte aus Deutschland, 1. Abteilung, Bd. 17 (Tübingen 1981); S. 194ff. die Instruktion, S. 214ff. und S. 217ff. die Berichte vom 26. Februar und 6. März 1556.]

13 Arch. Vat., Varia Misc., Arm. II, Vol. 16. Ein Sammelband, wie die meisten des Bestandes, in dem von der Hand des gleichen Schreibers Kopien von Dokumenten zur Geschichte des 16. Jahrhunderts ziemlich wahllos aneinandergereiht sind. Die Schrift ist gut lesbar, dagegen weist der Text eine Reihe grober Fehler auf. Soweit es sich um sinnstörende Fehler handelt, habe ich den Text nach Möglichkeit wiederherzustellen versucht. [Der Text des Aktenstückes als Beilage I zum Erstdruck des vorliegenden Aufsatzes in: QF 34 (1954), S. 221ff.]

14 Vgl. NB 11, S. 645ff. – Die ebd., S. 135, Anm. 3, als nicht vorliegend vermerkte Korrespondenz Wilhelms mit den Nuntien Lipomano und Pighino in Arch. Vat., AA Nr. 5385 (Cop.).

15 In: Zeitschrift für Kirchengeschichte 23 (1902), S. 467. – Zum Folgenden vlg. *Knöpfler,* Kelchbewegung, S. 1–27; *S. Riezler,* Geschichte Baierns, Bd. 4 (Gotha 1878), S. 494ff.; *Constant,* Concession, S. 51ff.

16 *Knöpfler,* Kelchbewegung, S. 4ff.

17 *v. Druffel,* Briefe und Akten 4, S. 342ff.

18 Ebd., S. 553; Perbingers Gutachten (Januar 1555).

19 *Schwarz,* Antrag auf Bewilligung des Laienkelchs, S. 147ff.

20 Vgl. *Constant,* Concession, S. 1ff.

21 Vgl. *Schwarz,* Antrag auf Bewilligung des Laienkelchs, S. 146; *v. Druffel,* Briefe und Akten 4, S. 756; *Steinherz* in Nuntiaturberichte aus Deutschland (NB), Serie 2, Bd. 1, S. XXXIIff.; *Pieper,* Päpstliche Legaten und Nuntien, S. 110f.

22 Die Berichte der beiden ersten Sendungen sind seither von *H. Goetz* in NB 17 ediert worden. Für 1560–1565 vgl. die von *Steinherz* herausgegebenen NB, Serie 2, Bd. 1–4.

23 „Dii boni, quam ardebat supra modum amore et veluti rabie quadam cardinalatus! Cum tamen esset pene puer atque indoctus, sed parvula spe (scio omnem practicam) a Julio III ea de re iniecta, ita coepit insanire, ut omnia tum sua tum fratrum atque amicorum bona in luxum et pompas profuderit.“ (NB, Serie 2, Bd. 1, S. 369).

24 NB, Serie 2, Bd. 4, S. LVIIIff.

25 Ebd., S. LXIVf.

26 *Pastor,* Päpste 6, S. 569.

27 *Schwarz,* Antrag auf Bewilligung des Laienkelchs, S. 155ff. – [Vollständiger Druck jetzt in NB 17, S. 194; dazu ebd., S. 355f., die Anweisungen Morones.]

28 *Schwarz,* Antrag auf Bewilligung des Laienkelches, S. 156 [NB 17, S. 199].

29 Arch. Vat., Arm. 64, vol. 1, f. 179.

30 Bibl. Vat., Cod. Barb. lat. 5714, f. 14 (Or.)... „Questo accidente m'ha posto in dubbio et travagliata la mente, premendomi da l'un canto l'arrivare per tutto il presente mese in Baviera, et non mi sentendo da l'altro sufficiente ad entrare o parlare o trattare cose pertinenti a la fede senza la compagnia et consiglio di chi sappia molto piu di quel poco che so io...“ [NB 17, S. 205].

[31] Ebd., f. 27 (Or.). – Auszug bei *Braunsberger,* B. Petri Canisii Epistulae et Acta, Bd. 1 (Freiburg i. B. 1896), S. 719 [NB 17, S. 210].

[32] Ebd. Daß Canisius von dem bevorstehenden Eintreffen Delfinos unterrichtet war und ihn erwartete, geht aus seinem Schreiben vom 10. Januar an H. Schweicker hervor (ebd., S. 590f.).

[33] Ebd., S. 800.

[34] Cod. Barb. lat. 5714, f. 35 (Or. eighd.) – 1556 Februar 6. [NB 17, S. 211.]

[35] *v. Druffel,* Briefe und Akten 4, S. 756.

[36] [Siehe NB 17, S. 214ff.]

[37] [Siehe NB 17, S. 217ff.]

[38] Von den Gegenschreiben Carlo Caraffas an Delfino konnte ich bisher nur eines nachweisen, das wohl in den Mai 1556 gehört und ohne Zusammenhang mit den Verhandlungen in München ist: Cod. Vat. lat. 12282, f. 445v (Cop. s. d.). [Siehe NB 17, S. 239f. und S. 242.] Auch die spärlichen Reste der Korrespondenz Herzog Albrechts mit C. Caraffa in Cod. Barb. lat. 2150, f. 14ff. geben über das Echo in Rom keinen Aufschluß.

[39] Arch. Vat., Arm. 64, vol. 27: Akten der bayerischen Landtage von 1553 und 1556. Ein näheres Eingehen auf diesen Band behalte ich mir vor. Hier sei nur erwähnt, daß die Akten von 1553 den Hinweis enthalten, daß die erste Ständepetition um Laienkelch etc. unter dem Einfluß des Vorgehens der oberösterreichischen Stände erfolgte: „... Und dieweil ain copei ainer schrift, wie die ober österreichischen land bey der Röm. Ku. Mt. in gleicher sachen underthenigst gepeten haben, gemeltem grossen ausschuß fürgelegt worden, ist der haubt articul desselben aus bevelch des ausschuß ausgezogen und von wort zu wort in die schriftlich antwort, welche unserm genedigen herren hernach gegeben, inseriert und verleibt ... worden." (fol. 14).

[40] Ebd., fol. 97v.

[41] Ebd., fol. 105v.

[42] *Knöpfler,* Kelchbewegung, S. 21.

[43] *K. Eder,* Glaubensspaltung und Landstände in Österreich ob der Enns 1525–1602 (Linz 1936), S. 77f.

[44] NB, Serie 2, Bd. 3, S. 289ff.

KARDINAL MORONE: REFORM, KONZIL UND EUROPÄISCHE STAATENWELT

Über Kardinal Morone zu sprechen, in Trient vierhundert Jahre nach dem Abschluß des Konzils, stellt eine Aufgabe dar, die ebenso ehrenvoll wie schwierig ist. Die imponierende Fülle gedruckten und ungedruckten Quellenmaterials, die der Forschung für die Biographie dieses großen Mannes zur Verfügung steht, ist ebenso evident wie die spürbare Unsicherheit der historiographischen Kriterien, mittels deren eine Gesamtwürdigung von Morones Lebenswerk versucht werden könnte. Es gibt bis heute keine unseren Ansprüchen genügende Biographie Morones. Hubert Jedin hat auf eine Ursache dieses Mangels hingewiesen: „Die Schwierigkeit liegt darin, daß fast kein großes kirchenpolitisches Ereignis von Paul III. bis Gregor XIII. ohne seine Mitwirkung vor sich gegangen ist.“[1]

Es gibt aber darüber hinaus wohl noch andere, weniger quantitative als vielmehr qualitative Schwierigkeiten, die diesen Mangel erklären können. Morone, der in dem sprachgewaltigen und mitteilungsfreudigen 16. Jahrhundert einer der großen Meister diplomatischer Berichterstattung war, hat über sich selbst und über die inneren Motive und Peripetien seines Lebens kaum je gesprochen. Nur dort, wo er als Gefangener der Inquisition 1557/59 zu seiner eigenen Verteidigung die Feder ergreifen mußte, gab er tiefere Einblicke von hohem biographischem Aussagewert. Es kommt ein Drittes hinzu: Die Stellung Morones in der theologischen und vor allem in der ekklesiologischen Entwicklungslinie, die von dem Biblizismus des Contarinikreises zum nachtridentinischen Reformpapsttum führt, ist bis heute noch nicht genügend erhellt. Diese Schwierigkeit kann wohl am deutlichsten durch eine negative Abgrenzung erläutert werden. Die Art und Weise, wie etwa Ludwig v. Pastor vor 50 Jahren bei der Behandlung von Morones Inquisitionsprozeß die Dinge sah[2], muß uns heute als eine starke Vereinfachung und Verzeichnung sehr differenzierter religiöser Entwicklungsprobleme erscheinen. Pastor fehlte das Wahrnehmungsorgan für die Tiefe und Schicksalhaftigkeit innerer Entwicklungen. Wo er in Morones frühen theologischen Positionen nur „Unvorsichtigkeiten“ sah, die dann psychologisch durch die „edle konziliante Natur“ des Kardinals erklärt wurden, da öffnet sich uns heute der Blick auf ein gewaltiges geistiges Ringen um Grundfragen des Glaubens und der Kirche – auf einen zentralen und objektiv bedeutsamen Reifeprozeß von Morones Religiosität, der in unmittelbarem Zusammenhang mit der Gesamtheit seines späteren kirchenpolitischen Wirkens steht.

Als eine vierte Schwierigkeit für die biographische Würdigung Morones sei die fundamentale Frage nach dem Verhältnis von Religion und Politik im 16. Jahrhundert erwähnt. Es möge dem Laien und Profanhistoriker gestattet sein, in unserer katholischen Gegenwart, die erfüllt ist von einem großartigen Fortschritt der innertheologischen Einsichten und Forschungen, mit besonderem Nachdruck die eigenartige Verflochtenheit von Welt und Kirche im Jahrhundert des Trienter Konzils zu betonen. Jene Begriffe von „res publica Christiana“ oder „orbis christianus“ oder „Christianitas“, in denen sich das Leben und Denken der Menschen des 16. Jahrhunderts vielfach vollzogen, sind für den heutigen Theologen wie für den heutigen politischen Historiker gleicherweise schwer faßbar. Es sind Komplexbegriffe, die ebenso die europäische Staatenwelt als solche wie die innerstaatlich-soziale Ordnung meinen wie auch die kirchlich-religiöse Sphäre des europäischen Lebens. Wenn Morone von der „Respublica christiana“ spricht und sein Handeln und seine Verantwortung innerhalb dieses Bewußtseinshorizontes abmißt, so haben wir stets mit der ungeschiedenen Ganzheit eines solchen weltlich-überweltlichen Erfahrungs- und Daseinskreises zu rechnen. Demgegenüber sind Begriff und Wirklichkeit der „Ecclesia" keineswegs immer klar herausgehoben und unterschieden.

Zur Erläuterung möge ein Zitat aus der berühmten Ansprache dienen, die Morone am 13. April 1563 unmittelbar nach seiner Ankunft in Trient vor den Konzilsvätern hielt. Der Kardinal begann seine Antrittsrede mit folgenden Worten, die die zentrale Funktion und komplexe Bedeutung des Begriffes „Respublica Christiana" beispielhaft zeigen[3]: „Quo in statu sit Respublica Christiana, patres Reverendissimi, omnibus perspicuum est. Nullus enim ignorat, quanta sit religionis perturbatio, quam neglecta, immo prorsus contempta sit omnis ecclesiastica disciplina, quae bella, quae seditiones populorum fuerint atque etiam nunc sint, quas clades a potentissimo ac perpetuo Christiani nominis hoste Turca superioribus annis terra marique acceperimus, quam ingens denique periculum nobis ab eius potentia et dissidiis nostris semper immineat."

Nach der andeutenden Aufzählung solcher tiefgehender Schwierigkeiten könnte einem fast der Mut vergehen, über Kardinal Morone in der so weit gegriffenen Form des angekündigten Themas zu sprechen: Reform, Konzil und europäische Staatenwelt. Aber vielleicht liegt gerade in der beschriebenen schwierigen historiographischen Situation eine Rechtfertigung für den weitgespannten Rahmen der folgenden Bemerkungen. Denn die Absicht des Versuches liegt darin, die Dimensionen von Morones Gestalt und Werk anzudeuten, sie anzudeuten innerhalb der vielfältigen und unser Sein bis heute betreffenden Fragestellungen des 16. Jahrhunderts. Man wird dabei von einer Periodisierung ausgehen können, die einige biographische Schwerpunkte heraushebt. Einen ersten Abschnitt bildet die Zeit von Morones deutschen Nuntiaturen (1536–42), welche die Begegnung mit den Sachproblemen Deutschlands und der Reformation brachte. Dann tritt heute, teilweise aufgrund neuer Quellen, die Tätigkeit unter Julius III. hervor. Als päpstlicher Beauftragter für die englische Frage (seit 1553) und zuletzt als Legat auf dem Augsburger Reichstag 1555 war Morone unmittelbar mit den eng verflochtenen Fragen der europäischen Politik und der kirchlichen Wiedervereinigungsbestrebungen befaßt. Es folgt die – dank Constant, Evenett und Jedin – am besten erforschte Periode der Konzilstätigkeit von 1563. Aber auch die spätere Tätigkeit Morones im Zusammenhang mit der englischen Frage, der Reform in Deutschland, der Lepantoliga, der Genuakrise und der versuchten Annäherung an Zar Iwan IV. verdient hohes Interesse. Der spannungsreiche Umkreis von Reformwillen und politischer, von der Staatsräson bestimmter Wirklichkeit, in dem das nachtridentinische Papsttum steht, läßt sich an dem letzten Lebensabschnitt des 1580 gestorbenen Kardinals besonders eindrucksvoll beobachten.

Giovanni Morone, geboren 1509 in Mailand als Sohn des dortigen Kanzlers Girolamo Morone, mit 20 Jahren Bischof von Modena und im gleichen Jahre von Papst Clemens VII. schon mit einer diplomatischen Sendung an den französischen Hof betraut, nimmt unter den großen Gestalten der Reformgruppe, die seit Paul III. das Angesicht Roms zu verändern begann, eine Sonderstellung ein.[4] Generationsmäßig gehört er weitaus zu den Jüngsten dieser Gruppe. Der Herkunft nach und der frühen und langen diplomatischen Tätigkeit entsprechend war er mehr „Weltkind" als die meisten seiner theologisch orientierten und wirkenden Gesinnungsgenossen. Er selbst hat diese Eigenart einmal formuliert – in seiner Verteidigungsschrift während der Gefangenschaft 1557.[5] Da betont er eingangs nachdrücklich „che io non era né teologo né canonista, ma più presto ignorante . . ." Tiefer führt eine weitere Bemerkung an der gleichen Stelle, wo Morone seinen Freund, den englischen Kardinal Reginald Pole, charakterisiert und sich mit ihm vergleicht: „Se occorreva qualche volta di ragionare delle cose del mondo, esso (Pole) sempre mostrava una grande fede nella providenza divina, e si riponeva tanto in quella ne' fatti proprii, che mi faceva stupire, non trovando in me tale affetto."

Es ist klar, daß so etwas nur ein Mann schreiben kann, der einerseits die volle Meisterschaft der Renaissancediplomatie als Erbe eines weltlichen Jahrhunderts besaß, der aber andererseits von dem Geiste vertiefter persönlicher Frömmigkeit und Gläubigkeit ganz erfaßt war, der die edelste Frucht jener frühen italienischen Reformkreise der dreißiger Jahre war. Diese Spannung zwischen „prudentia humana“ und „providentia divina“ gehört sehr tief zum Wesen und zum Lebensweg Morones. Wer sich über die formative Bedeutung dieser frühen religiösen Impulse informieren will, lese in der von Cesare Cantù publizierten „Difesa“ Morones von 1557 den Abschnitt, wo er sich über das berühmte „Libro del benefizio di Cristo“ gegenüber der Inquisition äußerte.

Will man versuchen, die biographische und geschichtliche Bedeutung der deutschen Jahre Morones an einem Beispiel zu analysieren, so richtet sich der Blick auf den berühmten Regensburger Reichstag von 1541. Die einschneidende Bedeutung dieses Wendepunktes in dem Ringen um die Einheit der christlichen Welt ist bekannt[6]: Kaiser Karl V. findet die Unterstützung Papst Pauls III. und vieler deutscher Fürsten für den Versuch, durch eine Kommission von evangelischen und katholischen Theologen die Beilegung der dogmatischen und kirchlichen Kontroversen zu bewerkstelligen. Dieser großangelegte Versuch der „Concordia di Germania“ hatte nicht nur weitestgehende religiöse Perspektiven, sondern auch sehr erhebliches Gewicht für die europäische Politik. Die Gegner des Kaisers, die von einem Gelingen der kirchlichen Versöhnung eine weitere Machtsteigerung Habsburgs, einen weiteren Schritt zur Monarchia universalis Karls fürchteten, suchten mit allen Mitteln das Regensburger Gespräch zu sabotieren. Zu diesen Gegnern gehörte ebenso Frankreich wie eine oppositionelle katholische Fürstengruppe im Reich. Beide suchten für diese Gegnerschaft Anlehnung bei der Kurie.

Morone, als Nuntius bei König Ferdinand akkreditiert, erlebt die Vorstufen, die zum Regensburger Colloquium führten, aus nächster Nähe. Er ist in Wien, in Gent, in Hagenau und in Worms dabei, als die Weichen für den Versuch der Concordia di Germania gestellt werden. Er warnt die Kurie unausgesetzt vor den Gefahren dieser kaiserlichen Religionspolitik; er ist der Vertrauensmann der intransigenten Katholiken, an deren Spitze die bayerischen Herzöge und der Mainzer Kurfürst stehen. Noch unmittelbar vor dem Regensburger Reichstag faßt Morone seine Berichterstattung und sein Urteil dahingehend zusammen, daß eine Politik der Härte, d. h. der möglichst rasche Beginn des Ketzerkrieges, die Pflicht des Kaisers und das einzige Heilmittel sei. Nicht als ob die Aufgabe der innerkatholischen Reform und die Idee des Konzils nicht damals schon von Morone sehr tief erfaßt worden wären. Indessen ist für ihn als Diplomaten inmitten der Aporien von kirchlichem Zerfall, politischer Räson und kurialer Selbstbehauptung der Ketzerkrieg das zwar nicht erwünschte, aber rebus sic stantibus einzig mögliche Auskunftsmittel. Man kann sich diese gedankliche Situation etwa so vorstellen, daß die beiden Perspektiven – hier die religiösen Erneuerungsimpulse und der Konzilsgedanke, dort die politischen Aspekte der deutschen Lage und der kurialen Aufträge – bis dahin für Morone gewissermaßen nebeneinander existierten und nicht zu einer vollen Durchdringung und Integration gelangt waren.

Das ändert sich nun im Laufe der Regensburger Verhandlungen. Die dortigen Erfahrungen bedeuten für Morones Gedankenwelt und Aktion – so will mir scheinen – ein Umdenken und einen Durchbruch neuer Vorstellungen von den Möglichkeiten und Unmöglichkeiten kirchlich-religiöser Verwirklichung. Eine wesentliche Rolle bei dieser Wandlung ist Kardinal Contarini zuzumessen, der als päpstlicher Legat nach Regensburg entsandt worden war und während dieser entscheidungsvollen Monate in engstem Kontakt mit Morone stand, dem als Nuntius in etwa die Funktion eines politischen Referenten des Legaten zufiel. Contarini bedeutete ein Programm; es ist in Morones Regensburger Depeschen geradezu von Tag zu Tag abzulesen, wie sich der damals erst 32jährige, politisch höchst versierte und aktionsfreudige Nuntius einerseits unter dem Einfluß Contarinis und andererseits unter dem Eindruck der höchst delikaten politisch-kirchlichen Gesamtlage von früheren Ansichten trennt. Noch Anfang 1541 hatte er geschrieben: „Debet Caesarea Majestas absque ulla temporis amissione via ordinaria procedere contra Protestantes[7].“ Jetzt distanziert er sich von den katholischen Intransigenten, die zum Ketzerkrieg treiben, und beginnt ihre Motive skeptisch zu betrachten. Er schreibt an Kardinal Farnese: „Tutte le parti attendono sotto pretesto della religione alli soi privati interessi et commodi.“[8] Das ist nun dieselbe Gedankenrichtung wie bei Contarini, wenn dieser die gleichen Versuche der Intransigenten zur Sabotage des Colloquiums zurückweist: das wäre eine „perpetua infamia della Sede Apostolica, come di quella che procuri di poner l'armi in mano delli christiani fra loro et che sia nemica d'ogni concordia et bene de' christiani".[9] Sechzehn Jahre später, in der Anklage der Inquisition gegen Morone, wird es einer der Belastungspunkte sein, daß er behauptet habe: „non esse bellandum contra Christianos".

Es ist hier nicht möglich, auf die Details im Verhältnis Contarini–Morone während der Regensburger Verhandlungen und nach ihrem Scheitern einzugehen – nach jenem schicksalhaften Scheitern, aus dem nun unmittelbar die Wiederbelebung des Konzilsgedankens und die ersten Konzilsverhandlungen zwischen dem Kaiser, Contarini und Morone erwuchsen. Es möge hier der Versuch genügen, zusammenfassend einige Merkmale jener gewandelten, seit Regensburg sich befestigenden kirchenpolitischen Ideen Morones zu benennen. Das Neue und von nun an Charakteristische, das sich freilich schon länger vorbereitet hatte, scheint mir von allem in folgendem faßbar zu sein:

Zunächst ist bei Morone von nun an ein verstärktes Hervortreten des Gesichtspunktes der *Glaubwürdigkeit* festzustellen, der Glaubwürdigkeit Roms und des Papsttums, der Glaubwürdigkeit seiner religiösen Absichten und Entscheidungen, seines guten Willens, seiner Anteilnahme an den deutschen Dingen. Das war ein Gesichtspunkt, der gerade auch für Contarini vorherrschende Bedeutung besaß. Weiterhin kann bei Morone seither – bei aller Schärfe und Schlüssigkeit seines politischen Handelns und Berichtens – eine immer stärkere Distanz von jeder vordergründigen Verbindung von Religion und Politik beobachtet werden. Diese Distanz bedeutete nicht nur eine Ablehnung jener älteren Vorstellungswelt eines Aleander oder Campeggi, sondern anscheinend auch eine Abgrenzung gegen jenes wendigere Kalkulieren jüngeren Stils, wie es weitgehend für die zweite Hälfte des Farnesepontifikats kennzeichnend war.

Drittens ergab sich für Morone als eine zwingende Konsequenz aus dem Vorhergesagten der absolute Primat des unmittelbaren kirchlichen Reformwirkens: die direkte Einwirkung auf die Bischöfe und Geistlichen, die Neuordnung der Ausbildung und Seelsorge etc. Hierfür setzen unmittelbar nach Regensburg die Nachweise ein, beginnend mit dem großen Reformgutachten, das Morone im Herbst 1541 für Paul III. ausarbeitete.[10] Und dem Gedanken folgte unmittelbar die Tat, so daß seine Tätigkeit in Deutschland 1542 als der tatsächliche Beginn einer von Rom kommenden Reformbewegung bewertet werden kann.

In den folgenden Jahren hatte Morone, der im Sommer 1542 zum Kardinal ernannt und Ende 1542 mit Pole und Parisio als Konzilslegat nach Trient entsandt worden war, unausgesetzt die tragischen Folgen vor Augen, die sich aus der Fortdauer des europäischen Hegemoniekampfes zwischen Frankreich und Habsburg für das kirchliche Erneuerungswerk ergaben. Die tatsächliche Eröffnung des Konzils verschob sich Jahr um Jahr, und schließlich endete die erste Sitzungsperiode mit dem schrillen Mißklang eines nicht mehr überbrückbaren Konfliktes zwischen dem Kaiser und Papst Paul III. Wir überspringen diese Jahre und wenden uns dem Pontifikat Julius' III. zu, das für Morone einen ersten Höhepunkt aktiver und weitreichender Wirkung brachte.

Die Gesamtbewertung dieses Pontifikats ist seit einiger Zeit in einem Wandel begriffen; schon 1930 hat Evennett den Weg für eine positivere Würdigung der Neutralitäts- und Reformpolitik Julius' III. gewiesen.[11] Der Papst selbst kam aus der alten, erdenschweren Routine der kurialen Verwaltungspraxis, aber er wuchs unter der schweren Last seiner Verantwortung zur Höhe einer Konzeption päpstlicher Politik, die sich von dem Schwanken des Farnesepontifikats rühmlich unterscheidet. Wichtig war dabei der starke Einfluß, den Julius III. der Gruppe der Reformkardinäle einräumte. Caraffa, Reginald Pole, Cervini und Morone – das waren die Namen, die an der Wiederaufnahme der Reformarbeit und der Konzilspolitik maßgebenden Anteil hatten. Dabei stand die zweite Sessionsperiode des Trienter Konzils 1551/52 von Anfang an im Schatten des wiederaufflammenden weltweiten Kampfes zwischen Habsburg und Valois. Frankreich fehlte am Konzil, und im Winter 1551/52 begann der junge französische König, Heinrich II., im Bunde mit den Türken und den deutschen Protestanten von neuem den Krieg. Er fühlte sich als Rächer seines Vaters und als Vorkämpfer der Freiheit Europas gegen die Tyrannei Karls V. Morone war unter den ersten, welche die Gefahren der neuen Krise in vollem Ausmaße sahen. Im Januar 1552 unternahm er den Versuch, Herzog Cosimo von Florenz zu einer Friedensvermittlung zwischen dem Kaiser und Frankreich zu veranlassen.[12] „Io vedo apparecchiarsi una gran ruina a' Christiani ...“; wenn der europäische Ausgleich jetzt nicht gelinge, werden die Folgen für die Christenheit und für das Konzil vernichtend sein. Aber die Initiative des Kardinals kann den Gang der Ereignisse nicht aufhalten. Vor dem Sturm der siegreichen Rebellion der „Kriegsfürsten“ muß Karl V. fliehen, seine politische Herrschaft und sein Reunionswerk im Reich bricht zusammen, das Konzil muß suspendiert werden, an allen Fronten wird mit steigender Erbitterung um die europäische Hegemonie gekämpft.

Morone und die Freunde der Reform in Rom können einzelnes retten, erhalten und neu begründen; so gelingt zum Beispiel die Gründung des Collegium Germanicum in Rom über die Krise von 1552 hinweg. Aber die Wiederaufnahme des Konzilswerkes und das religiöse Gesamtschicksal der „Respublica christiana“ sind nun völlig von dem Ausgang des politisch-militärischen Ringens der beiden katholischen Hauptmächte abhängig. In die Ausweglosigkeit der Jahre 1552/53 mit dem Scheitern päpstlicher Friedensvermittlungsversuche kommt eine neue hoffnungsvolle Bewegung, als in England Königin Maria „die Katholische“ den Thron besteigt. Morones Freund Reginald Pole wird nach Norden entsandt. Er soll als Legat „pro restauranda fide in Regno Angliae“ und gleichzeitig als Legat „pro pace“ die Rückführung Englands und den europäischen Frieden – als zwei sich bedingende und sich stützende Werke – in die Hand nehmen. Morone wird seit dem Herbst 1553 von Julius III. zum römischen Sachwalter und Referenten der Doppellegation Poles bestimmt – in einer ganz ungewöhnlichen und gegenüber dem Staatssekretariat völlig unabhängigen Sonderstellung.[13]

Das nun einsetzende Zusammenspiel der beiden, durch so viel gemeinsame Ideale verbundenen Freunde ist von sehr hohem politischen, kirchlichen und auch menschlichen Interesse. Pole, dessen religiöse Unbedingtheit dazu neigt, die „prudentia humana“ rasch zu verachten, steigert dadurch gelegentlich noch die enormen Schwierigkeiten, die seinen beiden Aufgaben entgegenstehen. Denn der Kaiser mißtraut dem englischen Kardinal, weil er Englands Königin mit seinem Sohn Philipp verheiraten will. Erst nach der Eingliederung Englands in den habsburgischen Machtbereich soll über die Kirchenfrage und die Aufhebung des Schisma verhandelt werden. Und weder der Kaiser noch Frankreich sehen in der englischen Kirchenfrage einen Grund zum Frieden. Im Gegenteil: solange das Ringen um die Hand Marias unentschieden scheint (und auch noch später), versucht die französische Politik, die Person Poles wider dessen Willen im Sinne einer nationalenglischen Opposition gegen die habsburgische Englandpolitik auszuspielen.

In all diesen Auseinandersetzungen ist Morone der treue und kluge, der ausgleichende und oft auch wegweisende römische Partner Poles. Morone gelingt es, für die heikelsten Probleme der englischen Restauration – die Stellung des Episkopats und die Frage des beschlagnahmten Kirchenguts – bei Julius III. so großzügige Lösungen zu erwirken, daß Ende 1554 die Wiedervereinigung der englischen Kirche mit Rom zur Tatsache wird. Hand in Hand damit geht Morones Tätigkeit in der Friedensfrage. Mit Nachdruck vertritt er den Gedanken einer aktiven Einbeziehung der englischen Königin in die päpstliche Friedensvermittlung. So utopisch sich dieses Projekt anfänglich ausnehmen mochte, so richtig erwies sich bald die politische Berechnung, die zugrunde lag: Philipp II. griff in Wahrnehmung der englischen Interessen und im Hinblick auf seine eigenen Nachfolgechancen im gesamthabsburgischen Bereich den Gedanken der englisch-päpstlichen Doppelvermittlung auf, der auch in Frankreich positives Echo fand. So konnte im Frühjahr 1555 in Ausführung dieses von Morone geförderten Planes unter Leitung Poles die Friedenskonferenz von Marcq (bei Calais) zusammentreten.

Gleichzeitig schienen sich auch in Deutschland die verwirrten politischen und kirchlichen Verhältnisse einer Klärung zuzuwenden, an der Morone mitzuwirken berufen war. Es gab verschiedene Linien, die auf den denkwürdigen Augsburger Reichstag 1555 und auf den dort beschlossenen Religionsfrieden hinführten. Da war der Wille der protestantischen Fürsten, für ihr Kirchenwesen eine dauerhafte reichsrechtliche Sicherung zu erhalten. Da war die Absicht König Ferdinands, nach dem Zusammenbruch der kaiserlichen Religionspolitik eine neue Plattform für Reunionsverhandlungen zu gewinnen. Die römische Linie, die zum Augsburger Reichstag und zur Entsendung Kardinal Morones als Legat führte, war vor allem von dem tiefen Eindruck bestimmt, den die Wiedervereinigung der englischen Kirche an der Kurie gemacht hatte. Das „miracolo d'Inghilterra“ sollte – so hoffte man – auch in Deutschland Schule machen. Diese Hoffnungen begleiteten Morones Aussendung nach Deutschland: „Er wird bald abreisen in der Hoffnung, daß die göttliche Güte und Barmherzigkeit, die in den Herzen der Engländer wirkte, das gleiche in den Herzen der Deutschen bewirke“ – so schrieb damals Kardinal Dandino an Damula nach Venedig.

Die Friedenskonferenz von Marcq und die Sendung des Legaten nach Augsburg bildeten für Julius III., Morone und Pole einen durchdachten Zusammenhang: war der europäische Konflikt beigelegt, so stiegen die Hoffnungen auf eine Reunion in Deutschland gleichzeitig mit der Chance einer Neuberufung des Konzils. – Es ist bekannt, daß alles anders kam. Morones Legation blieb ohne Frucht, der Reichstag brachte statt einer Annäherung eine Verfestigung der konfessionellen Fronten. Die Friedenskonferenz wurde ergebnislos abgebrochen, und im Laufe des Jahres 1555 verschärfte sich der europäische Konflikt weiter. Die Gründe dafür waren verschiedener Art; uns geht hier vor allem eine negative Kausalkette an, die von dem seit Mai 1555 regierenden Papst Paul IV. ausgelöst wurde. Der 79jährige Caraffapapst war der erklärte Feind der von Pole und Morone verfolgten irenischen Linie in Politik und Kirchenreform. Er lehnte eine Erneuerung der deutschen Legation Morones ab und beraubte später Pole seiner englischen Legation. Sein Reformideal war an der hochmittelalterlichen Plenitudo potestatis des Papsttums orientiert, er betrachtete Morone und Pole als verkappte Ketzer, und er ließ sich zum Verzicht auf die päpstliche Neutralität und zum Offensivbündnis mit Frankreich gegen Habsburg hinreißen. Das war so ziemlich das Schlimmste, was der päpstlichen Politik damals zustoßen konnte. Aus den Trümmern des habsburgischen Weltreiches sollte – so hoffte Paul IV. – die Christenheit politisch befreit und kirchlich gereinigt hervorgehen. Man muß zur gerechten Würdigung dieser Konzeption Pauls IV. viel stärker als bisher die damals in Italien und an vielen Stellen des außeritalienischen Europa wirkende antihabsburgische „Befreiungsidee“ in Rechnung setzen, wie sie etwa in den Schriften des Annibale Caro und Giovanni della Casa zum Ausdruck kam. Morone versuchte bis zuletzt, dem Ausbruch des päpstlich-habsburgischen Krieges Einhalt zu gebieten. Bis zuletzt – das heißt bis zu jenem 31. Mai 1557, als ihn der Papst wegen Häresieverdachtes festnehmen und in die Engelsburg überführen ließ. „Nihil Roma umquam vidit indignius“ ... so kommentierte Pole das Schicksal seines Freundes, der nun bis zum Tode Pauls IV. in Gefangenschaft blieb.[14]

Wir müssen darauf verzichten, auf die höchst interessanten Fragen einzugehen, welche der gegen Morone geführte Inquisitionsprozeß aufwirft. Wir müssen uns mit der Feststellung begnügen, daß sofort nach dem Tode Pauls IV. ein Rehabilitationsverfahren mit vollem Erfolg durchgeführt wurde: „declaramus innocentem ut innocentissimum“. An dem Conclave, aus welchem Pius IV. hervorging, konnte der Kardinal bereits wieder teilnehmen. Morone wurde der nächste und angesehenste Berater des neuen Papstes, der ihm sofort die Leitung des Staatssekretariats anbot, so wie er ihm später, als die Wiedereröffnung des Trienter Konzils in Aussicht stand, als erstem die Stelle eines Konzilslegaten anbot.[15] Aber nun reagierte Morone negativ. Er wollte die Führung der kurialen Politik nicht übernehmen, und er lehnte die päpstliche Aufforderung zur Übernahme der Konzilslegation im Dezember 1560 förmlich ab.

Wie ist das zu erklären? Die Antwort ist schwierig; wir besitzen so gut wie keine unmittelbaren Anhaltspunkte für die Motivation. Und doch wäre diese Haltung des „gran rifiuto“, die sich mutatis mutandis von nun an bis zum Lebensende des Kardinals verfolgen läßt, in biographischer Hinsicht besonders erforschenswert. Lag hier eine innere Gebrochenheit vor, eine durch keine Rehabilitation zu tilgende psychische Folge der Gefängnishaft? War es die kluge Überlegung, den Neuaufbau der päpstlichen Politik nach dem Schiffbruch des Caraffapontifikats zunächst anderen Kräften zu überlassen? War es die Scheu vor dem insgeheim weiterwirkenden Vorwurf der Häresie, die ihn von der Übernahme führender Stellungen abhielt? Vermutlich wirkten einige dieser verschiedenen Momente zusammen. Immerhin mag es geboten erscheinen, im Zusammenhang dieser die Verantwortung abweisenden Haltung Morones wohl von „rifiuto", aber doch nicht von einem „gran rifiuto" zu sprechen. Denn als es zum Äußersten gekommen war, als sich im Frühjahr 1563 nach dem Tode der Kardinallegaten Mantua und Seripando das Konzil in einer fast ausweglos scheinenden Krise befand, da gehorchte Morone ohne Aufschub dem Ruf des Papstes, der ihn zum Retter und Vollender des Trienter Konzils bestimmte.

Einige skizzenhafte Bemerkungen sollen versuchen, diesen Abschnitt in den Zusammenhang von Morones Biographie einzuordnen. Die europäische Gesamtsituation war im Frühjahr 1563 gegenüber der Zeit von Morones letzter Legation 1555 von Grund auf verändert. Zwar war der Hegemoniekampf, der Europa fast vierzig Jahre lang in Atem gehalten hatte, seit der Resignation Karls V., dem Frieden von Cateau-Cambrésis und dem Tode Heinrichs II. einstweilen zur Ruhe gekommen. Frankreich hatte wieder den Weg zum Konzil gefunden und an die Stelle des habsburgischen Universalreiches war die differenzierte Politik der Wiener Linie – vertreten durch Kaiser Ferdinand – und Spaniens unter Philipp II. getreten. Stark verändert hatte sich auch der Aspekt des Protestantismus. Während 1555 nach dem Vorbild Englands eine Wiedervereinigung in Deutschland (und damit eine Rückgewinnung des ganzen Nordens) vielen Katholiken noch möglich erschien, hatte inzwischen mit der Neubegründung der anglikanischen Kirche durch Königin Elisabeth, mit der Befestigung des neuen Konfessionsrechtes im Reich und mit dem ersten Hugenottenvertrag in Frankreich die europäische Konfessionskarte neue Züge erhalten. Aber nicht nur die Ausdehnung des Protestantismus, sondern vor allem seine resolute und durchgehende Absage an die Konzilswerbungen 1560/61 hatten die neue Lage der verschärften Abgrenzung geschaffen.

Im innerkatholischen Bereich hatte das Débacle Pauls IV. die schon länger bestehende Vertrauenskrise zwischen den „Oltramontani" und dem Papsttum weiter verschärft. Die kirchlichen Verhältnisse hatten sich fast überall zum Schlimmeren gewandt. Das bittere Erbe dieses Pontifikats hatte Pius IV. trotz großer Anstrengungen nicht ganz zu überwinden vermocht; die Krise, die Morone im März 1563 nach Trient rief, resultierte u. a. daraus, daß die drei katholischen Hauptmächte – Spanien, Frankreich, der Kaiser – daran waren, gegenüber Kurie und Konzil eine weitzielende, gemeinschaftlich abgestimmte kirchenpolitische Pression zu entwickeln. Gemeinsam war den Mächten vor allem das Motiv des Mißtrauens in die Ernsthaftigkeit des römischen und des in Trient wirkenden Reformwillens; die Zielvorstellungen blieben im einzelnen uneinheitlich und nur in der Gesamttendenz ähnlich: spanisches Staatskirchentum, Gallikanismus und Konziliarismus von Frankreich her, die Tradition der deutschen Gravamina mit einem starken Einschlag von Irenismus und Wiedervereinigungshoffnungen durch weitgehende Kurial- und Kirchenreform auf seiten des Kaiserhofes. Das waren die Kräfte, mit denen Morone zu rechnen hatte. Wohin ein Sieg dieser vereinigten Bestrebungen der Mächte geführt hätte, ist schwer zu sagen. Selbst bei wohlwollendster Beurteilung der hier zweifellos auch wirkenden echten Impulse zur Reinheit und Einheit kirchlichen Lebens ist kaum einzusehen, daß eine Niederlage der kirchlichen Zentrale zunächst mehr bedeutet hätte als ein Chaos ungeklärter Rivalitäten zwischen den siegreichen staatlichen Instanzen und innerhalb ihrer Bereiche.

Morone begegnete dieser Situation mit jener Mischung von politischer Kaltblütigkeit und religiösem Engagement, die ihm zu eigen war.[16] Da der jüngste und schärfste Vorstoß von Kaiser Ferdinand ausgegangen war, sollte und mußte hier der gordische Knoten durchhauen werden. Morone hielt sich – von Rom angekommen – zunächst nur kurz in Trient auf und reiste dann zum Kaiser, der sich in Innsbruck mit seinen Theologen und Räten fast wie zu einem Gegenkonzil installiert hatte. Der glänzende Erfolg dieser persönlichen Entrevue

Morones mit Ferdinand machte bekanntlich rasch den Weg frei für einen produktiven Neuansatz der Konzilsarbeit. Das Geheimnis dieses Erfolges, dem später eine ähnlich erfolgreich befreiende Aktion gegenüber dem Kardinal von Lothringen und Frankreich folgte, lag zuallererst in einer großartigen Anwendung jenes Prinzips des „hostaggio", wie es Contarini schon 1541 in Regensburg gezeigt hatte. Es gelang Morone, sich durch die Überzeugungskraft seiner Persönlichkeit dem Kaiser als glaubhaften Bürgen für den Ernst der päpstlichen Konzils- und Reformpolitik zu präsentieren. Man lese dazu Morones berühmten Schlußbericht: „Tutti credevano che a Roma non si volesse alcuna reforma . . . Per rimediar a questi disordini, il cardinale, con publica oratione et con privati ragionamenti, assicurò che il Papa voleva da vero reformatione, et esso se ne costituì hostaggio . . .".[17] Morone machte den Reformwillen und die Reformkraft Roms und der päpstlichen Konzilsleitung so glaubhaft, daß der Weg frei wurde für den eigenständigen Fortgang und Abschluß des Konzils. Damit und mit einem vergleichbaren Verhalten gegenüber den Konzilsvätern war jener Weg gewonnen, den wir als ein zweites Grundprinzip von Morones Konzeption seit 1541 beobachten: der Weg der kirchlichen Eigenständigkeit und Unmittelbarkeit in allen Gebieten der Reformfrage.

So gesehen, erwuchs die epochale Leistung Morones – Überwindung der Konzilskrise, glücklicher Abschluß des Konzils – nicht nur aus einem diplomatischen Ingenium, wie die Kurie damals kein anderes aufzubieten hatte, sondern ebenso aus der Kraft eines zutiefst religiös erfahrenen und gelebten Lebens.

Hier ist nun abzubrechen – die Zeit erlaubt es nicht mehr, auf jene eingangs hervorgehobene Spätzeit Morones einzugehen, jene Zeit, da er – zweimal im Conclave als kommender Papst gesehen – nun als alternder und durch seine Ärmlichkeit auffallender Kardinal in Rom lebt – „et tutte le cose difficili et faticose che occorreno se gli adossano a lui" – wie ein Bericht von 1574 sagt.[18] Wir versagen uns ein Eingehen auf Morone und England, Morone und Rußland, Morone und die deutsche Kirchenreform, Morone als Baumeister der Türkenliga von 1571 – lauter biographische Kapitel dieser Spätzeit, die noch ungeschrieben sind. Wir verweilen nur einen Augenblick bei seinem Tod, der ihn am 1. Dezember 1580 ereilte. Ein zeitgenössisches Diarium berichtet, wie der Kardinal vor seinem Tode mit dem Kruzifix in Händen dem Herrn die Kirche, den Papst, alle Christgläubigen und die Einheit des Glaubens anempfahl, „protestatus se in eadem unitate catholica semper vixisse ac mori velle; quod si umquam secus opinati essent, eisdem parcebat ipsumque Deum rogabat, ut illis ignosceret".[19]

Als Federico Sclopis 1869 eine Biographie Morones veröffentlichte, da schrieb er im Vorwort: „Au moment de l'ouverture du nouveau concile faisons des voeux pour que des hommes égaux en intelligence et en piété aux Contarini, aux Pole, et aux Morone remplissent la grande tâche dévolue a cette vénérable Assemblée, celle de sortir victorieusement de l'épreuve intérieure, que traverse le Christianisme".[20] Die Versuchung, heute für das gegenwärtige Konzil in Anknüpfung an Morones Biographie ähnliche Vota zu formulieren, wie Sclopis es 1869 für das I. Vaticanum tat, ist – wie ich gestehe – gering. Jene gewisse Naivität, mit der Sclopis die „moderati" von Trient mit den „moderati" von 1869 gleichsetzte und ihnen den Sieg über die „zelanti" wünschte, könnte eher von einem solchen aktuellen Ausklang einer historischen Betrachtung abschrecken.

Indessen ist – gerade nach den Worten, die Kardinal Bea hier gesprochen hat – der innere Zusammenhang unserer historischen Forschungen mit den gegenwärtigen und zukünftigen Wegen der Kirche doch überaus deutlich geworden. Es wäre eine künstliche Amputation, unseren Gedanken die freie Hin- und Herbewegung zwischen Vergangenheit und Zukunft versagen zu wollen. Eine solche Absperrung bärge ja sogar die Gefahr in sich, durch ihre Unnatur den methodischen Prozeß der innerhistorischen Wahrheitsfindung zu stören. So sehr wir uns vor allen vorschnellen und kurzschlüssigen Nutzanwendungen des „Historia docet" zu hüten haben, sosehr ist andererseits der seinsmäßige Zusammenhang unseres historischen Forschens mit unserer gegenwärtigen und die Zukunft gestaltenden Verantwortung zu betonen.

Für den vorliegenden Gegenstand – die Biographie Morones – könnten sich aus dieser Überlegung drei abschließende Gedanken ergeben:

Erstens: Die Reform und Erneuerung der Kirche ist als eine in der Geschichte sich ereignende Tat jeweils mit dem Wandel der Reformaufgaben konfrontiert. So glücklich wir heute sind, mit Kardinal Bea das Verschwinden der kaiserlichen Oratoren vom Konzil und die Sicherung des rein geistigen-innerkirchlichen Aufgabenfeldes feststellen zu können, so sehr werden wir uns hüten vor jeder Selbstgerechtigkeit beim Anblick der weithin gelungenen tridentinischen Reform. Die damaligen Leiden und Schwächen der Christenheit, mit denen Morone und seine Zeit zu schaffen hatten, waren meist unmittelbar einsichtig: discordia et avaritia principum, ignorantia, crapula, impudicitia clericorum etc. Entsprechend dem Strukturwandel der modernen Gesellschaft sind die Schäden und die Reformaufgaben der Gegenwart vielfach gewandelt; sie sind dabei oft weniger rasch sichtbar und weniger leicht formulierbar.

Zweitens: Der Lebensweg Morones zeigt, wie langfristig und mit welch bitteren Erfahrungen versehen der menschliche und religiöse Reifeprozeß eines wahrhaften „Riformatore" war. Auch hier hat sich bis heute manches geändert, vom Grob-Einsichtigen zum Sublimen und wenig Sichtbaren hin. Es gibt keine Verließe der Inquisition in der Engelsburg mehr. Geblieben ist aber der lange und erfahrungsreiche Weg jedes individuellen Schicksals, das dann erst gestaltend und tragend in das Werk der Erneuerung einmünden kann.

Und schließlich ein Drittes: Das Prinzip der Glaubwürdigkeit der Kirche, dem Morone 1563 mit der Formel des *„hostaggio"* klassischen Ausdruck verlieh, scheint für den Gesamtbereich christlicher Verwirklichung und christlicher Einheit noch immer größere Bedeutung zu gewinnen.

Vortrag auf der Internationalen Historikertagung in Trient, 2. bis 6. September 1963: „Il Concilio di Trento e la Riforma tridentina." Druck in: Atti del Convegno storico internazionale, Trento 2–6 sett. 1963 (Rom 1965), S. 363ff.

1 *H. Jedin,* Krisis und Wendepunkt des Trienter Konzils (Würzburg 1941), S. 74, Anm. 1.

2 *L. Pastor,* Geschichte der Päpste seit dem Ausgang des Mittelalters, Bd. 6 (Freiburg i. B. 1913), S. 534f.

3 *Johannus Moronus,* Verba prolata ... (Ripae 1563). Für das Problem der „Respublica Christiana" vgl. zuletzt die Bemerkungen und Literaturangaben in den Einleitungskapiteln von *H. Lutz,* Christianitas afflicta (Göttingen 1964).

4 Zusammenfassende biographische Überblicke zuletzt von *W. Friedensburg,* in der Einleitung zu NB 2, und von *G. Constant,* La legation du Cardinal Morone près l'empereur et le concile de Trente, avril–décembre 1563 (= Bibliothèque de l'Ecole des Hautes Etudes 233, Paris 1922), S. IXff. Vgl. zuletzt den Artikel „Morone" von *R. Bäumer* in: Lexikon für Theologie und Kirche, Bd. 7 (1962), S. 641.

5 *C. Cantù,* Gli Eretici d'Italia, Bd. 2 (Turin 1866), S. 176ff.

6 Vgl. *H. Jedin,* Geschichte des Konzils von Trient, Bd. 1 (Freiburg i. B. 1951), S. 287ff.; in Nuancen der politischen Beurteilung abweichend *H. Lutz,* Karl V. und Bayern. In: Zeitschrift für bayerische Landesgeschichte 22 (1959), S. 28ff. [im vorliegenden Band S. 107ff.].

7 NB 6, S. 123, Anm. 5.

8 17. März 1541; gedr. von *V. Schultze.* In: Zeitschrift für Kirchengeschichte 3 (1879), S. 613ff.

9 Contarini an Farnese, 30. März 1531; gedr. von *V. Schultze.* In: Ebd., S. 164ff.

10 Gedr. bei *L. Cardauns,* Zur Geschichte der kirchlichen Unions- und Reformbestrebungen 1538/42 (Rom 1910), S. 205ff.

11 *H. O. Evenett,* The cardinal of Lorraine and the Council of Trent (Cambridge 1930), S. 43: "He (sc. Julius III.) had come to the papal throne with a keen desire to preserve his political neutrality, and it seems fairly certain that the influence of Cardinal Pole and Cardinal Morone strengthened him in the deliberate conclusion that the Papacy must avoid further political entanglement. His attempted resumption of the traditional papal rôle of peacemaker, his endeavour to lift the Papacy out of the ruck of sordid secular controversies into which is had sunk, was one of the first victories of the counterreform spirit, though it was a victory doomed to transiency and robbed of permanent fruit by Paul IV's disastrous return to the old passionate partisanship."

12 Morone an Paolo Giovio, 7. Januar 1552; gedr. in: Lettere di principi (Venedig 1570), S. 165ff.

13 Der Beginn dieser Stellung und Tätigkeit wird bezeichnet durch das Schreiben Morones an Pole vom 9. November 1553 [jetzt gedr. in NB 15, S. 87ff.].

14 Vgl. *Pastor,* Päpste 5, S. 528ff. Die Äußerung Poles in seiner (ungedruckten) Verteidigungsschrift gegen Paul IV., in London, Inner Temple Library Nr. 528, Bd. 46f., Bl. 391^v–426^v; vgl. *W. Schenk,* Reginald Pole and Gianpietro Caraffa (An unpublished document). In: Historisches Jahrbuch 71 (1952), S. 354f.

15 *Pastor,* Päpste 7, S. 81 und S. 188. Dort auch die Einzelnachweise für das Folgende.

16 Gute Einführung in die Quellenlage für Morones Legation von 1563 bei *H. Jedin,* Krisis und Wendepunkt des Konzils von Trient (Würzburg 1941). Vgl. dazu jetzt auch die einschlägigen Abschnitte bei *P. Prodi,* Il cardinale Paleotti, Bd. 1 (Rom 1959), und *H. Jedin,* Der Abschluß des Trienter Konzils 1562/63. Ein Rückblick nach vier Jahrhunderten (Münster 1963), passim.

17 Gedr. bei *G. Constant,* La légation, S. 436ff.

18 „Relation über Papst Gregor XIII., seinen Hof und das Kardinalskollegium", bei *Pastor,* Päpste 9, S. 862ff., hier S. 869.

19 Diarium des Franciscus Mucantius; *Pastor,* Päpste 9, S. 877.

20 *F. Sclopis,* Le cardinal Morone. Étude historique (Paris 1869).

KARDINAL IPPOLITO II. D'ESTE: BIOGRAPHISCHE SKIZZE EINES WELTLICHEN KIRCHENFÜRSTEN

Es ist verständlich, daß das Leben italienischer wie außeritalienischer Kardinäle und Bischöfe des 16. Jahrhunderts katholischerseits vor allem unter dem Gesichtspunkt der jeweiligen positiven Bedeutung für die Fragen nach Konzil und Reformbewegung erforscht wurde und wird. Dabei ergibt sich freilich die Gefahr, daß die sogenannten „Gegenkräfte", welche das Konzil und die Reform hemmten, nur in dieser hemmenden Funktion und nicht in den vollen Konturen ihrer geschichtlichen Gewordenheit gesehen werden. Indessen erscheint es von großer Wichtigkeit, solche Gestalten nicht nur moralisch, sondern historisch aufzufassen und ihren strukturellen Vorgegebenheiten wie ihrem oft überraschend nüancenreichen persönlichen Profil Aufmerksamkeit zu widmen[1]. Denn gerade die Kenntnis solcher „Gegenbilder" wird der Anschauung des tiefreichenden und vielschichtigen Neuwerdens im kirchlichen wie kulturellen Leben des Cinquecento zugute kommen.

Die Biographie des Kardinals Ippolito II. d'Este, der die folgende Skizze gilt, kann als ein Fall „par excellence" im oben angedeuteten Sinne gelten[2]. Man sieht die soziologischen, politischen und kulturellen Faktoren, die seinem Lebensweg zugrunde lagen. Aber man sieht ebenso, wie selbst dies „mondäne" Leben schließlich dem allgemeinen Wandel der kirchlich-kulturellen Atmosphäre seit dem Tridentinum auf seine Art Rechnung trägt.

I.

Die Rolle des Hauses Este und des ferraresischen Hofes in der Kultur der italienischen Renaissance bedarf nach Boiardo, Ariost und Torquato Tasso keiner hervorhebenden Epitheta mehr. Ebenso bekannt ist die abwägende Klugheit, mit der die Fürsten dieses Hauses ihr Land regierten und politische wie wirtschaftliche Macht schufen und gebrauchten.

Weniger bekannt, aber nicht minder kennzeichnend sind die dunklen Kapitel der Familiengeschichte: Ercole I., der Großvater des Kardinals Ippolito II., erringt nur über die Leiche des Vetters hinweg die Herrschaft in Ferrara. Nach Ercoles Tod sieht sich dessen Sohn und Nachfolger Alfonso I. einer Verschwörung seiner Brüder Ferrante und Giulio gegenüber. Er schlägt sie mit eiserner Faust nieder. Ferrante und Giulio werden „aus brüderlicher Nachsicht" zu lebenslänglicher Haft begnadigt und leben jahrzehntelang eingeschlossen in einem Turmgelaß des Castel Vecchio. Die Chronisten berichten dazu, daß ein Anlaß zu dieser Verschwörung der Haß Giulios auf seinen anderen Bruder Ippolito, den ersten Kardinal aus dem Hause Este, gewesen sei, der ihm die Augen hatte ausstechen lassen, da die von beiden geliebte Dame die Augen Giulios als die schönsten bezeichnet hatte[7].

Jener Kardinal Ippolito I., der Onkel des Erbauers der Villa d'Este, war im Alter von sieben Jahren durch seine Tante, Königin Beatrice von Ungarn, zum Erzbischof von Esztergom und Primas von Ungarn berufen worden. Später vereinigte er außerdem die Bistümer von Ferrara, Modena und Narbonne und die Erzbistümer Capua und Mailand in seiner Hand.[4].

Am 3. April 1519 erhielt der neunjährige Ippolito, zweiter Sohn des Herzogs Alfonso d'Este und der Lucrezia Borgia, im Palast zu Ferrara die niederen Weihen[5]. Damit war die kirchenrechtliche Voraussetzung geschaffen, um dem Knaben die Administration des Erzbistums Mailand zu übertragen, auf das sein Onkel, Kardinal Ippolito I. d'Este, eben verzichtet hatte. Dieser Onkel starb im folgenden Jahre, doch – wie Muratori bedauernd berichtet – ohne daß es Herzog Alfonso gelungen wäre, dem jungen Ippolito „auch nur eine von den anderen Pfründen zu verschaffen, die der Kardinal genossen hatte"[6]. Solche Vorgänge waren Regel, nicht Ausnahme. Die Weitergabe der Erzbistümer, Bistümer und Abteien vom Onkel auf den Neffen war eine jener Praktiken, deren sich damals die Gesellschaft ruhig bediente: scheinbar unentbehrliches und meist unangefochtenes Mittel der Übertragung politisch-ökonomischer Macht und kirchlicher Herrschaft.

Über den Knaben Ippolito – der übrigens sein Erzbistum ein Menschenalter lang nicht betreten sollte[7] – berichtet der Chronist: „Da er von melancholischem und ernstem Aussehen war, gab er schon von zarter Jugend an Anlaß zu der Meinung, weise sein zu müssen"[8]. Die Jahre, in denen er heranwuchs und die gelehrte und höfische Bildung seiner Zeit empfing, waren erfüllt von den wechselnden Konstellationen der Kämpfe Karls V., Franz' I. und Klemens' VII. um die Gestaltung der italienischen Verhältnisse. Die verschlagene Politik des Herzogs Alfonso suchte und fand schließlich ihren Vorteil an der Seite des Kaisers, der die estensischen Ansprüche auf Modena gegen den Papst stützte. Aber Alfonso ließ gleichzeitig die Verbindung mit Frankreich nicht abreißen. Während sein erstgeborener Sohn, der zukünftige Herzog Ercole II., trotz oder gerade wegen seiner Ehe mit der französischen Prinzessin Renée de Valois im Bannkreis habsburgischer Loyalität verbleiben sollte, wurde Ippolito dazu ausersehen, die Fäden zum Hofe Franz' I. enger zu knüpfen.

Seit 1531 lassen sich die Pläne einer Reise des jungen Erzbischofs nach Frankreich verfolgen, sogleich verbunden mit der Hoffnung auf französische Pfründen[9]. 1534 starb Alfonso in Ferrara. Der Regierungsantritt des Bruders Ercole führte Ippolito zwar tiefer in die Arcana der estensischen Schaukelpolitik zwischen Kaiser, Papst und allerchristlichstem König. Aber er änderte nichts an dem gewohnten höfischen Treiben mit Jagden, Turnieren, Festen und nochmals Festen, deren Mittelpunkt Ippolito mit einer Schar von jungen Edelleuten und von „queste più vistose signore" bildete.

Die von beiden Seiten lang erwünschte Reise nach Frankreich kam erst im Frühjahr 1536 zustande. Mit einem Gefolge von hundertdreißig Personen brach Ippolito auf. Er begegnete Franz I. im gleichen Augenblick, als durch den Tod des letzten Herzogs von Mailand der Kampf gegen den Kaiser von neuem entbrannte. Ohne zu zögern schloß sich der junge italienische Prälat dem König an, folgte den französischen Fahnen ins Feld und ritt im April 1537 mit den Generalen Franz' I. im Triumph durch die Bresche in die eben eroberte Festung Sedan ein[10]. Der französische Hof, der glänzendste seiner Zeit, zog Ippolito in seinen Bann. Er wurde der Vertraute der Madame d'Étampes, der Konkubine des Königs; der König selbst überhäufte ihn mit Geschenken und Pfründen: eine Abtei mit 4000 Dukaten jährlicher Einkünfte, das Erzbistum Lyon, eine andere Abtei in Soissons usw. usw.[11].

Aber das alles genügt dem Ehrgeiz Ippolitos keineswegs. Seit Jahren wartet er auf den Purpur. Hemmnisse kommen aus Rom, wo Paul III. erst eine schwebende Streitfrage mit Herzog Ercole beigelegt sehen will. Franz I. hört nicht auf, dem Papst die Promotion Ippolitos nahezulegen. Anläßlich der Waffenstillstandsverhandlungen zu Nizza, wohin sich der Papst und beide Monarchen persönlich begeben hatten, wird nun von Ferrara her auch die Intervention des Kaisers herbeigeführt. Schließlich wird Ippolito im Konsistorium vom 20. Dezember 1538 von Paul III. in pectore promoviert[12], aber erst nach der Regelung des päpstlich-ferraresischen Rechtsstreites (um die Investitur mit Modena und Reggio) kann am 5. März 1539 die Ernennung Ippolitos zum Kardinal publiziert werden.

Am 6. August 1539 hält Ippolito – in Eile aus Frankreich zurückgekehrt – seinen triumphalen Einzug in Ferrara. Im Oktober reist er mit einem ganz in Purpur gekleideten Gefolge weiter nach Rom, um aus den Händen Pauls III. den Kardinalshut zu empfangen. „Abbasserò il capo a tutti per servizio del re", das ist das römische Programm Ippolitos, der sich nun mit königlicher Pracht in der ewigen Stadt niederläßt. Die politische Konstellation ist ihm günstig: Paul III. sieht nach Frankreich; das Verhältnis des Farnesepapstes zu dem Kardinal d'Este gewinnt bald einen ungewöhnlich freundschaftlichen Zuschnitt. Benvenuto Cellini schildert in seiner Autobiographie eine Episode aus dem Zusammensein des alten Papstes mit dem jungen Kardinal, dem großen Gönner und Förderer des Künstlers, dem er dann seine Befreiung aus der Haft in der Engelsburg verdankte[13]:

„Nun war der Papst ein sehr kluger Mann und wollte bequem mit dem Kardinal über die Franzosereien sprechen, weil man bei solchen Gelegenheiten sich freier über viele Dinge als sonst herausläßt. Der Kardinal, indem er von der großmütigen und freigebigen Art des Königs, die er genugsam kannte, sehr ausführlich sprach, gefiel dem Papste außerordentlich, der sich, wie er alle Woche einmal tat, bei dieser Gelegenheit betrank, von welchem Rausch er sich denn gewöhnlich sogleich befreite, indem er alles wieder von sich gab.

Da der Kardinal die gute Disposition des Papstes bemerkte, bei welcher wohl eine gnädige Gewährung zu hoffen war, verlangte er mich von seiten des Königs auf das nachdrücklichste und versicherte, daß Seine Majestät auf das lebhafteste nach mir begehre. Da nun der Papst sich nahe an der Zeit fühlte, wo er sich zu übergeben pflegte, auch sonst der Wein seine Wirkungen äußerte, so sagte er mit großem Lachen zum Kardinal: Nun sollt Ihr ihn gleich mit Euch nach Hause führen! Darauf gab er seinen besonderen Befehl und stand vom Tisch auf . . . Es kam der Befehl des Papstes und zwei der ersten Edelleute des Kardinals Ferrara; nach vier Uhr in der Nacht befreiten sie mich aus dem Gefängnisse und führten mich vor den Kardinal, der mich mit unschätzbarer Freundlichkeit empfing, mich gut einquartieren und sonst aufs beste versorgen ließ."

Dies dem Kardinal Ippolito zugewandte Gesicht des Politikers und Bonvivant war indes nur eines der Gesichter Pauls III. Das andere Gesicht des Papstes war jener Gruppe von Kardinälen zugewandt, die unter Contarinis Führung aus tiefer Einsicht in die kirchlichen Mißstände zur gleichen Zeit die Grundlagen für den geistigen Wiederaufstieg des Papsttums und der Kirche legten. Dies Gesicht scheint Ippolito damals ganz fremd geblieben zu sein; es mußte ihm eher feindlich erscheinen, wenn er es erkannt hätte. Denn das, was die Reformkardinäle im „Consilium de emendanda ecclesia" damals forderten, war nichts weniger als die Negation der Lebensform, die Ippolito repräsentierte.

Kaum war der Karneval 1540 vorbei[14], als der Kardinal Rom schon wieder verläßt und sich nach Frankreich begibt, diesmal für einen Aufenthalt von neun Jahren, nur unterbrochen durch eine diplomatische Sendung nach Venedig und Rom im Jahre 1544. In Fontainebleau bereitet ihm Franz I. und der ganze Hof einen stürmischen Empfang. Und wieder beginnt jener ausgelassene Reigen von Festen, Jagden, Maskeraden und Turnieren. Die Berichte der ferraresischen Gesandten in Frankreich verwandeln sich zeitweilig ganz in Gesellschafts- und Ballchroniken: Ippolito mit dem König von Navarra als Darsteller einer mythologischen Scharade mit einem Emblem auf der Brust: Lors est amour sans pouvoir de ce voir; Ippolito mit Franz I. auf der Wildschweinjagd; Ippolito lädt Madame d'Étampes zu Gast in sein neues „Schlößchen" in Fontainebleau (von Bastian Serlio errichtet); Ippolito besucht mit dem König und dem Kardinal von Lothringen Madame d'Étampes und ihre Damen im Bade „. . . e le trovarono ignude et li stettero gran pezzo a scherzare"[15].

So vergehen in Sorglosigkeit die kurzen Jahre des Friedens. Aber mit dem Herannahen des Jahres 1544, mit dem Wiederausbruch des Hegemonie-Kampfes der alten Rivalen Franz I. und Karl V., gewinnt alles ein anderes Gesicht. Der König braucht den Papst und braucht italienische Bundesgenossen, um von Italien her die Frankreich umklammernde Macht des Kaisers zu sprengen. Ippolito, Kardinal und italienischer Fürst, ist der Mann seines Vertrauens, den er im Frühjahr 1544 nach Venedig und Rom sendet, um die Serenissima und Paul III. zur Aufgabe ihrer Neutralität und zum Anschluß an die Sache Frankreichs zu bewegen.

Der Empfang, den die Republik Ippolito bereitet, ist wahrhaft fürstlich. Die Fahrt der Barken von Chioggia durch die Lagune bis nach Venedig gleicht einem Triumphzug; der Vicedoge auf dem Bucintoro holt den hohen Gast ein. Aber die Verhandlungen lassen sich nicht gut an. Es ist der Text der Rede erhalten, mit der Ippolito zuletzt am 19. Mai 1544 die Republik zum Krieg gegen den Kaiser zu bewegen sucht[16]. Diese Rede scheint von Bartolomeo Cavalcanti ausgearbeitet worden zu sein, einem Florentiner Exulanten, der sich 1537 in Frankreich Ippolito angeschlossen hatte. Aber dessen ungeachtet dürfen wir in den hier vorgetragenen Überlegungen wohl ohne Einschränkung die damalige politische Gedankenwelt des Kardinals sehen.

Der Kardinal wundert sich, daß das Anwachsen der Macht des Kaisers von der Mehrzahl der italienischen Mächte zur gleichen Zeit gesehen, gefürchtet und doch geduldet worden ist. Genua, Mailand, Siena seien die jüngsten Etappen der kaiserlichen Unterdrückungspolitik in Italien. Die Venezianer müßten doch wissen, „daß der Kaiser als Kaiser jeden anderen Herrscher für einen Untertan hält und daß er meint, ihm fehle an der Macht und an kaiserlicher Majestät alles, was anderen an Herrschaft und Vermögen noch geblieben sei". Dazu komme im Falle Venedigs die natürliche und tiefe Feindschaft jedes Tyrannen gegen die Republiken und ihre freiheitlichen Einrichtungen. Frankreich allein sei Schild und Vorkämpfer der Freiheit Italiens. Die Lage werde bedrohlich. Der Kaiser habe heute auch England und Deutschland auf seiner Seite. Die Neutralität sei gefährlich, und der Krieg werde kurz und siegreich sein. Jetzt sei die beste Gelegenheit zum Eintritt in den Krieg. Gemeinsam werde man Neapel angreifen. Der Herzog von Orléans werde die Unternehmung anführen, Venedig solle seine alten Besitzungen in Apulien zurückerhalten. Orléans werde in Italien zum Italiener werden und auf den väterlichen Rat der Venezianer hören. Neapel sei der schwächste und abgelegenste Teil von Karls Reich. Wenn Venedig sich dem Kampf anschließe, werde auch Paul III. aus seiner Neutralität heraustreten und den Angriff auf Neapel unterstützen.

Freiheit und Recht sieht Kardinal Ippolito auf der Seite des Allerchristlichen Königs:

> „Der Kaiser greift ihn an, der König verteidigt sich nur. Der Kaiser zielt dahin, jenen zu vernichten, der König sucht nur, sich zu erhalten. Der Kaiser verweigert den Frieden, der König hat den Frieden immer gewünscht und angestrebt. Der Kaiser zielt dahin, den König zu unterwerfen, um dann Italien zu unterjochen und die ganze Christenheit unter seine Gewalt zu bringen, der König aber verteidigt sich und damit gleichzeitig die Freiheit und Wohlfahrt aller."

Die Serenissima läßt sich Ippolitos Angebot schriftlich geben, berät lang und eingehend und läßt ihm schließlich lakonisch antworten: Der König von Frankreich sei ein großer König und das vorgeschlagene Bündnis eine sehr schöne Sache. Aber die Republik könne leider nur dann teilnehmen, wenn der Papst sich zuvor zur aktiven Teilnahme entschlossen habe.

Von Venedig abgewiesen, reist Ippolito seinem Auftrag gemäß weiter nach Rom, um Paul III. zu gewinnen. Paolo Giovio berichtet am 7. Juni 1544 von dort an Herzog Cosimo: „Übermorgen wird der Kardinal von Ferrara hier sein und an eine Tür klopfen, welche sich nicht öffnet. Seine Heiligkeit wird sich verhüllen und Blei an seine Füße heften, um nicht der Versuchung zu verfallen; ... der heilige Petrus will ebenso wie San Marco neutral bleiben."[17]

Giovio behält recht. Der Kardinal wird aufs ehrenvollste empfangen und als Gast des Papstes im Palast der Cancelleria beherbergt. Aber die jüngsten Mißerfolge der französischen Waffen in Oberitalien und die beunruhigenden Meldungen vom nordfranzösischen Kriegsschauplatz erleichtern dem Papst die Weigerung, auf Ippolitos Anerbieten einzugehen. Er tut gut daran, denn kurz nach der enttäuschten Rückkehr des Kardinals nach Ferrara kommt am 18. September in Crépy der Friede zwischen dem siegreichen Kaiser und Franz I. zustande.

Er bedeutet den Verzicht Frankreichs auf seine italienischen Aspirationen. Damit sinkt die Bedeutung, die Ippolitos Figur im Spiel der europäischen Politik bislang besessen hatte.

Wohl kehrt der Kardinal im Frühjahr 1545 wieder an den französischen Hof zurück und glaubt, sein dortiges Leben unverändert fortführen zu können. Aber die goldenen Tage von einst kehren nur mehr in flüchtigem Schein zurück. Der Tod Franz' I. am 31. März 1547 beraubt Ippolito seines mächtigsten Gönners und Freundes. Die Parteiungen – persönliche wie politische Gegensätze –, die alsbald den Hof des jungen Heinrich II. zerklüften, ziehen auch den italienischen Kardinal in Mitleidenschaft. Ippolito hatte ganz auf die Partei der Guisen gesetzt und er hatte diese Parteiverbindung durch eine Familienverbindung zu befestigen gewußt: 1548 fand die Hochzeit zwischen seiner Nichte Anna d'Este und François de Guise statt. Aber es zeigte sich, daß diese Partei keineswegs im Stande war, den Hof zu regieren. Die Königin Katharina von Medici suchte in dem Connétable von Frankreich, Anne de Montmerency, und seiner Partei ein Gegengewicht. Es ist bekannt, wie aus diesen, hier noch politisch-persönlichen Gegensätzen nach dem Tod Heinrichs II. die Fronten der Religionskriege erwuchsen.

Während so in Frankreich die Konstellation zu Ende geht, unter der Ippolito groß geworden war, bereiten sich zwischen Rom und dem in Trient zusammengetretenen Konzil Dinge vor, die den Kardinal alarmieren. Diese Entwicklungen, die wir als bedeutend und notwendig in jener Zeit zu sehen gewohnt sind – das wenn auch zögernde Beginnen einer katholischen Reform von der Mitte der Kirche aus –, kann Ippolito nur als einen Angriff auf seine persönliche Lebensform sehen.

So verweigert er schon früher jede Intervention bei Franz I. zugunsten der Konzilseröffnung[18]. Im Sommer 1546 beklagt er sich bei dem Nuntius Dandino über die geplanten kirchlichen Reformen, die die Pfründenakkumulation hindern sollten[19].

Und wenn bald darauf Giovio gegenüber Pier Luigi Farnese die geplanten Reformen Pauls III. in seiner Weise apostrophiert, so sieht er den Kardinal von Ferrara an der Spitze der Leidtragenden, die ihre Pfründenkollektionen aufgeben müssen: „Der großmütige Papst Paul will die Lästermäuler zum Schweigen bringen, indem er die heilige Reform der Kirche durchführt: ein sehr wichtiger Schritt, der die Mißgunst dieser überheblichen Zensoren der Welt auslöscht, die so barbarisch mit dem Heiligen Stuhl umgehen, der doch alle großen Geister fördert. Und so werden ... Ferrara ... und Konsorten mit *einer* legitimen Braut zufrieden sein müssen und ihre Konkubinen an würdige Männer verheiraten müssen, die geeignet sind, ihr Hirtenamt zu erfüllen und ihre Schafe zu weiden."[20]

Ippolito war am 27. April 1548 nach dem Tode des Kardinals Trivulzio zu dessen Nachfolger als „Protector Galliae" ernannt worden[21]. Die Gründe, die ihn bewegen, im Sommer 1549 aus Frankreich nach Rom zu übersiedeln, mochten sehr verschiedener Natur sein: neben der Ausübung des sehr einträglichen Protektoramtes diplomatische Aufträge Heinrichs II.[22], neben der schwierig gewordenen Situation in Frankreich wohl auch die Hoffnungen, die der schwache Gesundheitszustand Pauls III. erweckte.

Am 13. Juli trifft der Kardinal in Rom ein und nimmt Wohnung im Palazzo Orsini (Montegiordano). Die folgenden Wochen und Monate sind erfüllt von fieberhafter Tätigkeit. Paul III. soll für eine neue antikaiserliche Liga mit Frankreich gewonnen werden; die Pläne des Kardinals Alessandro Farnese zu einem Ausgleich mit dem Kaiser auf der Basis einer Entschädigung des Hauses Farnese mit Castro und Camerino sind zu durchkreuzen[23]. Der Tod des Papstes am 10. November schließt diese Verhandlungen und öffnet die Tür zu den größten Aussichten: Ippolito will als französischer Kandidat Papst werden.

Das Conclave wird eines der längsten der ganzen Kirchengeschichte. Es beginnt am 29. November 1549 und endet am 8. Februar 1550 mit der Wahl del Montes, der als Julius III. den Stuhl Petri besteigt. Es ist hier nicht der Ort, die verschlagene Taktik, die phantastischen Angebote, Bestechungen und Bestechungsversuche Ippolitos und die Gründe seines Mißerfolges im einzelnen zu verfolgen[24]. Festzuhalten bleibt nur, daß der Kardinal der Tiara sehr nahe gekommen war und daß die entscheidenden Hemmnisse rein politischer Art waren: entschiedene Gegnerschaft der kaiserlichen Kardinäle und der Farnese-Gruppe, dazu wohl auch ein gewisser Mangel an Einigkeit auf französischer Seite, Reflex der höfischen Gegensätze zwischen dem Hause Guise und dem Connétable[25].

II.

Es folgt, was einer großen Anstrengung und Enttäuschung zu folgen pflegt: bittere Auseinandersetzungen innerhalb der französischen Partei in Rom, als deren Haupt nun Ippolito in dem Palazzo von Montegiordano residiert. Der Kardinal verlangt von Heinrich II. die gleiche Autorität, die er 1544 besaß, als er allen französischen Gesandten und Agenten in Italien übergeordnet war. Schließlich wird der Gesandte d'Urfé, den Ippolito haßt, nach Paris zurückberufen[26]. Aber der Kardinal bleibt unzufrieden; nach dem Fehlschlag im Conclave fühlt er sich nun von Frankreich verkannt und vernachlässigt. Voll bitterer Resignation schreibt er am 9. August 1550 von Rom aus seinem Bruder: er werde sich auf die Rolle eines Zuschauers zurückziehen und sich die Zeit vertreiben, indem er jetzt nach Tivoli gehe[27].

Hier taucht in der Korrespondenz des Kardinals zuerst der Name Tivoli auf. Julius III. hatte im Februar 1550, unmittelbar nach dem Conclave, Ippolito auf Lebensdauer das Governatorat über Stadt und Festung Tivoli übertragen. So betritt er am 9. September 1550 zum ersten Mal als Herr den Boden der Stadt und empfängt beim Dröhnen der Salutschüsse die Schlüssel der Tore. Dieser erste Aufenthalt dauert bis Ende Oktober; Ippolito lobt die gute Luft Tivolis, die ihm Genesung und Erholung gebracht habe. Er beginnt schon damals mit Ausgrabungen im Gelände der Villa Adriana und gleichzeitig setzen in diesem Oktober 1550 die Grundstückskäufe ein, die für die Ausgestaltung der späteren Villa d'Este Raum schaffen[28].

Das Intermezzo von Enttäuschung und Resignation, dem die erste Begegnung Ippolitos mit Tivoli zu verdanken ist, dauert nicht lange. Je mehr sich die Beziehungen Heinrichs II. zu Julius III. und zu Karl V. im Winter 1550/51 verschlechtern, desto höher beginnt der Stern des Kardinals wieder zu steigen. Der offene Krieg beginnt in Oberitalien. Auf der einen Seite steht Ottavio Farnese, der Parma unter den Schutz Heinrichs II. gestellt hat und sein Heer mit französischen Hilfstruppen vereinigt. Dazu kommt als zweites Widerstandszentrum Mirandola, wo im Einverständnis mit dem Conte Galeotto Pico die italienischen „Fuorusciti", leidenschaftliche Parteigänger Frankreichs aus allen Teilen der Halbinsel, ihr Hauptquartier errichten. Dagegen steht ein kaiserlich-päpstliches Belagerungsheer. Aber die Krise zwischen Papst und Frankreich zieht viel weitere Kreise. Der König versagt sich dem in Trient wiedereröffneten Konzil und droht mit Schisma und Nationalkonzil. Julius III. droht, den König abzusetzen und die französische Krone dem Infanten Philipp oder Karl V. selbst zu übertragen.

Ippolito verläßt Rom gerade zur rechten Zeit, am 3. Juni 1551, einige Wochen bevor mit der Abberufung der diplomatischen Vertreter der Bruch zwischen der Kurie und Frankreich definitiv wird[29]. Von Ferrara aus spinnt der Kardinal die Fäden der französischen Politik zu jenem engmaschigen Netz, in dem sich Julius III. nach einem Herbst und Winter voll militärischer Mißerfolge gefangen sieht: am 20. April 1552 muß der Papst durch einen Waffenstillstandsvertrag den Parmakrieg beenden, im gleichen Augenblick, da der kombinierte Angriff des französischen Königs und der aufständischen protestantischen Fürsten in Deutschland den Kaiser an den Rand des Abgrundes bringt[30].

Nun scheint der Zeitpunkt gekommen, der kaiserlich-spanischen Herrschaft in Italien den tödlichen Stoß zu versetzen. Unter dem Präsidium Ippolitos treten am 17. Juli in Chioggia die französischen Diplomaten und die italienischen Parteigänger des Königs zu einer Geheimkonferenz zusammen. Drei Pläne stehen zur Diskussion: Angriff auf Mailand, Angriff und Revolte in der Toscana, Angriff auf Neapel. Ippolito will das Projekt von 1544, die „impresa di Napoli" durchsetzen, aber es gelingt ihm nicht; statt dessen wird der Handstreich auf Siena beschlossen. Am 29. Juli wird unter dem Ruf: „Francia, Vittoria, Libertà" die dortige kaiserliche Besatzung verjagt. Es folgt die Wiederherstellung der Republik und die Aufnahme einer französischen Garnison[31].

Ippolito, der zuvor Gegner des Siena-Unternehmens gewesen war, erscheint nun zunächst als der große Gewinner. Heinrich II. ernennt ihn zu seinem Statthalter in Siena, mit einer Provision von 12.000 Scudi jährlich und einer Schutztruppe von 4500 Mann[32]. Damit ist ihm wieder die Führung der französischen Politik in Italien übertragen, diesmal in einem Augenblick offensiven Voranschreitens dieser Politik in ganz Europa. Warum war der Kardinal gegen die Unternehmung in der Toscana gewesen? Die Geschichte der Statthalterschaft in Siena, die von seinem triumphalen Einzug am 1. November 1552 bis zum 13. Mai 1554 reicht, dem Tag seiner verbitterten Abreise, zeigt, wo die Grenzen von Ippolitos politischer Kraft und Kunst lagen.

Was er als italienischer Fürst französischer Obödienz sich in Siena vornimmt, ist die Erhaltung des Status quo einer französischen Machtstellung im Zentrum der Halbinsel. Das freie Italien, wie er es sieht und will, ist eine Fürstenoligarchie, frei von der Herrschaft des Kaisers durch das Gegengewicht Frankreichs. In diese Fürstenoligarchie könnte sich ein von Spanien befreites Neapel unter einem französischen Prinzen wohl einfügen. Aber die Kräfte, denen der Erfolg von Siena verdankt wird, sind andere: Die republikanische Hoffnung und Kampfesfreude der „Fuorusciti" kann und will bei dem Status quo nicht halt machen. Piero Strozzi, ihr bedeutendster Exponent, der im Herbst 1553 als Gegenspieler des Kardinals in Siena eintrifft, will die Offensive gegen Florenz, die Vernichtung der mediceischen Herrschaft und die Wiederherstellung der Republik am Arno. Mit diesen Kräften hat Ippolito in Siena auszukommen. In einem Schreiben an Heinrich II., das von der Hand seines politischen Beraters Bartolomeo Cavalcanti stammt, versucht der Kardinal aus Anlaß der ihm aufgegebenen Verfassungsreform in Siena einen Kompromiß mit dem Republikanismus zu finden, der Frankreichs antikaiserlicher Verbündeter in Italien ist. Er schildert die Grundzüge der neu ausgearbeiteten republikanischen Verfassung der Stadt und fährt begründend fort:

„Mir schien, daß ich einen Weg einschlagen sollte, der entgegengesetzt ist dem von den Kaiserlichen stets befolgten: die Kaiserlichen haben stets die bürgerliche Zwietracht genährt und die Freiheit und das Gemeinwohl unterdrückt mittels oligarchischer und tyrannischer Regierungsformen (governi stretti e tirannici). So kann man hoffen, in dieser Stadt die Ergebenheit zu befestigen, die sie Euerer Majestät schuldet."[33]

Dieser politische Kompromiß hat nur Aussicht auf Erfolg, wenn es gelingt, die französische Hegemonie in Italien durch friedliche Vereinbarungen zu befestigen. Daher kommt Ippolito den Vermittlungsabsichten des Papstes entgegen. Er trifft sich mit Julius III. und Vertretern Herzog Cosimos im Juni 1553 in Viterbo und Bagnaia. Die Umstände, unter denen diese Verhandlung scheitert, ehe sie noch recht begonnen hat, ist charakteristisch für Ippolitos Lage: Die kaiserliche Armee, die mit Cosimos Unterstützung in der Toscana zum Angriff gegen das rebellische Siena aufmarschiert ist, wird plötzlich nach Neapel zurückberufen, weil an der unteritalienischen Küste die mit Frankreich verbündete türkische Flotte erscheint. Damit ist das militärisch-politische Gleichgewicht in der Mitte Italiens so zugunsten Frankreichs verschoben, daß die Kriegspartei Oberwasser erhält und Ippolitos Wunsch nach friedlicher Befestigung des Errungenen zurücktreten muß[34].

In Siena wächst indes die Unzufriedenheit mit der Statthalterschaft des Kardinals, dem einseitige Bevorzugung des Patriziats gegenüber dem „Popolo" und verräterische Beziehungen zu Cosimo vorgeworfen werden. Die Spannungen wirken zurück an den französischen Hof, wo sich nun gegen die mit Ippolito verschwägerten Guisen der Connétable und Katharina von Medici mit den „Fuorusciti" verbinden, die Florenz angreifen wollen. Vergebens versucht Ippolito durch die von ihm angeregte Unternehmung Frankreichs gegen Korsika den Offensivgeist der „Fuorusciti" von Florenz abzulenken. Seine Motive sind dabei zu durchsichtig, um nicht bald durchschaut zu werden: Er will sich die Freundschaft mit Cosimo erhalten, um beim nächsten Conclave auch von Florenz Unterstützung zu erhalten.

Als dann Ende 1553 Piero Strozzi, der umjubelte Sieger von Metz, als militärischer Kommandant aus Frankreich nach Siena entsandt wird, wird die Stellung des Kardinals in der von innerer Zwietracht zerrissenen Stadt immer unhaltbarer. In dem Augenblick, da sich Cosimo Anfang 1554 endgültig zum Angriff auf Siena entschließt, ist das Schicksal von Ippolitos Statthalterschaft besiegelt, aber zugleich auch das Schicksal der letzten großen Stadtrepublik Mittelitaliens. Am 13. Mai verläßt der Kardinal die Stadt und zieht sich nach Ferrara zurück, am 2. August wird Strozzis Armee bei Marciano von Cosimo vernichtend geschlagen und nach einem schlimmen Winter muß sich die hungernde und von allen Seiten eingeschlossene Stadt am 17. April 1555 den Belagerungstruppen Cosimos und des Kaisers ergeben.

Die letzte Etappe des Todeskampfes der Republik erlebt der Kardinal von Rom aus, wohin ihn der französische König Ende 1554 gerufen hatte, um der durch die toskanischen Mißerfolge desorientierten französischen Partei wieder Einheit und Festigkeit zu geben[35]. So hatte der unglückliche Verlauf des Sienakriegs zu einer gewissen Rehabilitierung Ippolitos geführt, der nun als „superintendant général" des Königs für ganz Italien in Rom residiert. Dort wartet er auf den Tod des schwer erkrankten Julius III. und tut alles, um den Sieg des weißen Este-Adlers im bevorstehenden Conclave zu sichern.

Julius III. stirbt am 23. März 1555. Das Conclave beginnt am 5. April und endet am 10. April mit der Wahl Marcello Cervinis, der als Marcellus II. nach dreiwöchigem Pontifikat am 30. April stirbt. Am 15. Mai beginnt das nächste Conclave, und am 23. Mai wird der 79jährige Gian Pietro Caraffa als Paul IV. auf den Stuhl Petri erhoben. Diese Daten umreißen den eigentlichen Wendepunkt im Leben des Kardinals von Ferrara. Wohl wird er auch in späteren Sedisvakanzen nicht aufhören, offen und verdeckt seine Wahl zum Papst zu betreiben. Aber niemals wieder war er so mächtig und der Tiara so nahe, niemals war seine Niederlage so öffentlich und der Sturz von der Höhe der Hoffnung so tief, wie bei den zwei Papstwahlen des Frühjahrs 1555.

Man muß in Berichten der Zeitgenossen, etwa bei Panvinio[36], nachlesen, wie nah durch die rückhaltlose Unterstützung Heinrichs II. und durch die eigene „incredibilis diligentia" Ippolito am 8. April dem Papsttum gekommen war. Man muß die Vollmacht nachlesen, die der König für Ippolito ausgestellt hatte; in seinem Namen soll er über französische Pfründen im Wert bis zu 25.000 Écus Jahresertrag disponieren, um damit die Stimmen neutraler Kardinäle zu kaufen[37]. Und wenn im letzten Augenblick durch einen beherzten Gegenzug Alessandro Farneses die Wahl Ippolitos verhindert wird und schließlich Cervini als Neutraler und als Kandidat der Reformpartei siegt, so wird man in diesem Ergebnis mehr als den Sieg einer politischen Taktik über eine andere sehen dürfen: Wir dürfen durchaus unter den Motiven, die gegen Ippolito entschieden, das Verlangen nach einem „papa santo" feststellen, nach einem Papst, der vor den neuen Maßstäben der kirchlichen Reform bestehen konnte. Daß die Niederlage Ippolitos ein Sieg der Kirchenreform über die „mondanità" war, zeigt sich noch deutlicher beim folgenden Conclave, aus dem Paul IV. hervorgeht: ein Verteter der Reformidee in ihrer schärfsten Ausprägung und erbitterter Gegner des „Simonisten" Este.

Ippolito hat sich bald nach dem Regierungsantritt des neuen Papstes nach Tivoli zurückgezogen. Er sieht, daß die Politik Pauls IV. sich unter dem Einfluß des Kardinalnepoten Carlo Caraffa eindeutig antikaiserlich und profranzösisch zu orientieren beginnt. Er kann hoffen, daß diese politischen Umstände sein Verhältnis zu Paul IV. verbessern werden. So trifft ihn das Verbannungs- und Verdammungsurteil des Papstes vom 5. September wie ein Blitz aus heiterem Himmel. Wegen „simonistischer Praktiken zur Erreichung des Papsttums" wird Ippolito das Governatorat von Tivoli entzogen, er selbst aus Rom nach Oberitalien verbannt, jeder Versuch einer persönlichen Rechtfertigung beim Papst unterbunden und die Abreise aus Tivoli nach Norden innerhalb von drei Tagen – ohne Rom zu betreten – befohlen[38].

Über die Gründe, die Paul IV. zu diesem unerhörten Schritt veranlassen, hat sich der Papst damals und später deutlich genug ausgesprochen. Er wirft dem Kardinal „la vita licenziosa e dissoluta" vor. Er beschuldigt ihn der Sodomie. Er brandmarkt ihn als „Simon Magus" mit dem mythischen Namen des großen Verführers[39]. Es hilft kein Beschwichtigungs- und Vermittlungsversuch des Kardinalnepoten Carlo Caraffa, der durch das Vorgehen des Papstes die eben entstehende französisch-päpstlich-estensische Allianz gefährdet sieht. Paul IV. bleibt unerbittlich. Ippolito geht nach Ferrara. Es bleibt ihm nichts, als den Tod seines Gegners abzuwarten. Bis dahin findet die Welt- und Kurienpolitik ohne ihn statt. Eine merkwürdige Ironie der Geschichte, daß die letzte große Stunde der französischen Italienpolitik, der Krieg Pauls IV. und Frankreichs gegen Habsburg, an Ippolito vorübergeht.

Am 18. August 1559 schließt Paul IV. die Augen. Während das Volk in Rom die Statue des verhaßten Papstes zertrümmert und die Gebäude der Inquisitionsbehörde stürmt, bricht Ippolito in Ferrara auf. Er kehrt nach fast vierjähriger Verbannung nach Rom zurück, um wieder – zum vierten Mal – als Kandidat der französischen Krone das Conclave zu beziehen. Er hatte mit den Nepoten des Caraffa-Papstes schon seit 1556 heimlich verhandelt, um sich die nötigen Wahlstimmen zu sichern. Aber die politische Konstellation ist ihm nicht günstig: wenige Wochen vor Paul IV. war Heinrich II. gestorben. Die Regentschaft der Königinmutter Katharina von Medici für ihren unmündigen Sohn Franz II. bezeichnet den Beginn der Ohnmacht Frankreichs für lange Jahrzehnte. Im Zeitalter der Religionskriege vermochte Frankreich seine bisherige Machtstellung an der Kurie nicht mehr aufrechtzuerhalten. Das lange Conclave 1559 läßt diese Entwicklung erst in den Anfängen erkennen. Aber für den politischen Aspekt der weiteren Schicksale Ippolitos, der im Zeichen der französischen Machtentfaltung emporgestiegen war, wird dieser Machtverfall Frankreichs bestimmend.

Daß die Wahl schließlich nach einem wechselvollen und langen Conclave auf Medici fällt, der den Namen Pius IV. annimmt, ist in gewissem Sinne ein Sieg des Kardinals von Ferrara und der französischen Gruppe. Sie waren, als sich die Unmöglichkeit der Wahl eines französischen Kandidaten erwiesen hatte, für diesen politisch eher neutralen Kardinal eingetreten[40]. Ippolito läßt sich seine Wahlhilfe alsbald honorieren. Ganz abgesehen von seiner eigenen, sofortigen und vollständigen Rehabilitierung – natürlich inbegriffen die Rückgabe von Tivoli – gelingt es ihm, für seinen ganz und gar unwürdigen Neffen Luigi d'Este die Kardinalswürde zu erwirken[41].

III.

Mit der Wahl Pius' IV. war ein neues, unbeschriebenes Blatt in der Geschichte der Kirche aufgeschlagen. Sollte – wie dieser estensische Auftakt zu verheißen schien – nach dem strengen Zwischenspiel Pauls IV. ein Rückfall in jene unkirchlichen Lebens- und Denkformen stattfinden, die das Papsttum in der Vergangenheit so sehr kompromottiert hatten und die während der Jugend- und Mannesjahren Ippolitos zum Verlust der kirchlichen Einheit so sehr beigetragen hatten? Die Person Pius' IV. bedeutete bekanntlich noch keineswegs ein entschiedenes Programm der Kirchenreform. Daß der Papst einen Mann wie Ippolito mit einer der wichtigsten diplomatischen Aufgabe des ganzen Pontifikats – der Legation nach Frankreich 1561/63 – betraute, enthüllt den Übergangscharakter seiner Amtszeit. Aber die Art und Weise, wie sich der Kardinal seiner Aufgaben entledigte und der verwickelten Lage in Frankreich begegnete, zeigte mit großer Deutlichkeit, daß der Ernst der neuen religiösen und kirchenpolitischen Situation eine Rückkehr zu der heiteren Gewissenlosigkeit und dem politisch-höfischen Spiel früherer Zeiten ausschloß.

Es kann hier der Verlauf dieser Legation mit ihren für Ippolitos Biographie wichtigen Einzelzügen nicht näher verfolgt werden[42]. Als der Legat Rom verließ – mit einer Kavalkade von 400 Pferden, eigener Musikkapelle, aber auch mit einem respektablen Stab von Theologen unter Führung des Jesuitengenerals Laynez –, war er der anerkannte politische Vertrauensmann der Kurie für Frankreich. Pius IV. hoffte – wie Ippolito – durch ein Herüberziehen des Anton von Bourbon von der Seite der Hugenotten ins katholische Lager die kirchlich-politische Krise Frankreichs lösen zu können, ohne auf die Partei der Guisen oder auf eine spanische Intervention angewiesen zu sein[43]. Als der Legat im Sommer 1563 nach Italien zurückkehrte, war diese Hoffnung zunichte geworden: Anton von Bourbon war als Calvinist gestorben, der erste Religionskrieg verwüstete Frankreich, die französische Beteiligung am Trienter Konzil war nur um den Preis einer offenen Spaltung des Landes in zwei sich befehdende kirchlich-politische Lager möglich geworden.

Ippolito war auf der ihm geläufigen Bahn höfisch-konziliianter Verhandlung so weit gegangen, daß er als Legat in Poissy einer calvinistischen Predigt beiwohnte[44]. Er schlug dem Papst im Januar 1562 als Ausgleichsmittel den Laienkelch für Frankreich und einen sehr weitgehenden Verkauf des Kirchengutes vor. Er veranstaltete von sich aus Konferenzen über eine Kirchenreform, aus denen eine Denkschrift hervorging, welche Katharina von Medici dem Papst zuzuschicken beabsichtigte. Laynez äußerte schärfste Kritik und der französische Kardinal Tournon nannte dieses Konferenzergebnis „schlimmer als das Interim Karls V."[45].

In Rom deckten der Kardinalnepot Carlo Borromeo und Pius IV. ihren Legaten, so gut es ging. Schließlich gelang Ippolito hier und dort noch ein politischer Schachzug, der das völlige Scheitern seiner Ausgleichsmission verdeckte. Aber dies änderte nichts daran, daß er nach dieser Legation für die maßgebenden Kreise der Kurie ein erledigter Mann war[46]. Ippolito hatte die Tiefe und die elementare Kraft der aufgerissenen kirchlichen Gegensätze weit unterschätzt. Er erlebte das Fiasko seiner Ausgleichspolitik, während sich gleichzeitig in dem zu Trient zu Ende geführten Konzil die Kräfte der kirchlichen Erneuerung und Gegenwehr formierten.

Hat der Kardinal aus den Erfahrungen seiner französischen Legation Konsequenzen gezogen? Im Bereich seiner persönlichen Lebensführung gibt es eine Notiz, die – unabhängig von den Faktoren des Alterns und der Krankheit – eine veränderte Situation bezeichnen kann. Diese Notiz gehört dem Jahre 1567 an und besagt, daß Ippolito auf der Reise von Ferrara nach Rom in Loreto halt machte und dort am Altar der „Vergine di Loreto" eine Messe zelebrierte (für Barbara, die Frau seines Neffen Alfonso, der als regierender Herzog bisher ohne männlichen Erben war). Es ist das erste Mal, daß in der Biographie Ippolitos sich eine priesterliche Funktion nachweisen läßt[47]. Die Priesterweihe hat er wohl 1564, als er Kardinalpresbyter wurde, erhalten. Aus diesen letzten Jahren vor seinem 1572 erfolgten Tod liegen dann häufigere Nachrichten vor über erbauliche Lektüre und geistliches Gespräch, über den Umgang mit Theologen und Beichtvätern.

Die Messe in Loreto – auch diese ja vollzogen im Umkreis dynastischer Sorge – gehört schon in die Zeit nach der letzten großen Enttäuschung im Conclave von 1566. Hier hatte Kardinal Ippolito zum fünften und zum letzten Mal versucht, die dreifache Krone der Päpste zu gewinnen[48]. Giovanni Michiel, der venezianische Gesandte in Rom, gab einen Bericht über die damalige Wahlpolitik Ippolitos, der deutlich die veränderten Maßstäbe zeigte, die nach dem Tridentinum an der Kurie galten. Ihrer Wirkung vermochte sich selbst der Sohn der Lucrezia Borgia nicht zu entziehen[49]:

> „Ferrara wird von der französischen Partei in den Vordergrund gerückt; aber sie ist nicht stark genug, ihm zum Sieg zu verhelfen. Deshalb strengt er sich an, um allerseits Gunst zu gewinnen ... Er verfügt über eine so unglaubliche Geduld in allen Dingen, daß man nichts ähnliches kennt. Aber zwei Dinge schaden ihm; das eine ist, daß er zu hoch geboren ist; das andere ist das zu große Verlangen nach dem Papsttum, das er seit längerer Zeit gezeigt hat. Daher sind die Menschen leicht zu der Annahme geneigt, er habe zu hohe Pläne im Kopf. Um diesem Verdacht zu entgehen, gibt er sich Mühe, glauben zu machen, daß er sich mit seinem Neffen, dem Herzog [Alfons II. von Ferrara], nicht gut verstehe und daß er nur einen Gedanken kenne: das Verlangen nach dem Wohl der Kirche, und daß die Kirche reformiert werde; nicht mit Engherzigkeiten (strettezza), die man doch nicht durchführen könne, sondern mit einem mittleren Maß (mediocre misura), von dem aus man dann zu einer größeren Vollkommenheit gelangen könne. Und er zeigt sich darin so entschlossen, daß weder ein Gewinn an Größe für seine Dynastie noch irgendein anderer Erfolg ihm mehr am Herzen liegen könnte als die Verwirklichung dieser seiner Gedanken."

Wir werden diesem Programm einer Kirchenreform „con mediocre misura" bei Ippolito nochmals begegnen[50]. Und es wird gut sein, diese Gedankengänge, die bei einem Mann seiner Vergangenheit auf den ersten Blick überraschend, vielleicht sogar unglaubwürdig wirken, über den taktischen Zusammenhang der Papstwahl hinaus ernst zu nehmen. Verfolgt man die geistige Entwicklung anderer Kardinäle ähnlicher Herkunft – eines Alessandro Farnese etwa, oder eines Gonzaga –, so wird man der gewaltigen Wirkung inne, die im nachtridentinischen Rom der Reformgedanke in unterschiedlichen Formen und Graden auf fast alle Zeitgenossen ausübte.

Im Conclave allerdings war Ippolito mit seinem Programm einer „wohltemperierten" Kirchenreform kein Erfolg beschieden. Es siegt Ghislieri, ein Mann der strengsten Richtung, der als Großinquisitor Paul IV. gedient hatte. Der Anlaß zu dem rasch einsetzenden Konflikt zwischen Pius V. und Kardinal Ippolito war nicht weit hergeholt[51]. Der Papst warf ihm simonistische Umtriebe während des letzten Conclave vor; jener versuchte sich zu rechtfertigen und zu entschuldigen. Dann kam es zum Bruch über den aktuellen Fragen der Frankreichpolitik, die Ippolito als „Protector Galliae" an der Kurie zu vertreten hatte. Pius V. warf dem Kardinal Abhängigkeit von der Königinmutter Katharina von Medici vor, die mit den Hugenotten zusammengehe; er machte ihn verantwortlich für den immer verwirrteren und für die katholische Sache nachteiligen Verlauf der Dinge in Frankreich. Der Papst ging schließlich so weit, den Kardinal im November 1567 ausdrücklich von der Behandlung aller Frankreich betreffenden Fragen auszuschließen. Ippolito zog sich verbittert und resigniert nach Tivoli zurück. Das war das Ende seiner politischen Laufbahn, die ein Menschenalter zuvor am Hofe Franz' I. so glänzend begonnen hatte.

Die Kunst des Regierens, die Ippolito ererbt und in großen Verhältnissen geübt hatte, wandte sich nun der Kleinwelt der ihm untergebenen Stadt Tivoli zu: Neubegründung des städtischen Marktes, Regelung der Lebensmittelzufuhr, Fassung der Wasser der „Aquae Albulae". Wenn er in diesen Fällen und bei anderen, recht modernen Projekten – Aufforstung der entwaldeten Höhenzüge, Errichtung großer Werkstätten für Wollverarbeitung – eher auf Widerstand als auf Mitarbeit der Bevölkerung stieß, so setzte er doch dort mit unaufhaltsamer Energie seine Pläne durch, wo es um sein Eigenstes, um den Ausbau der Villa d'Este ging. In Tivoli waren seit 1560 die unter Paul IV. unterbrochenen Arbeiten wieder kräftig aufgenommen worden. Garten und Palast, die der Kardinal als Prunkstück großen Mäzenatentums und als Spielplatz fürstlicher Repräsentation entworfen und gebaut hatte, wurden nun zur Zuflucht enttäuschter Hoffnung[52]. Was Ippolito in diesen letzten Jahren nach dem Abschied von der großen Welt noch blieb, war wenig und viel zugleich: die Gesellschaft der Künstler und der Gelehrten[53].

IV.

Sein Leben lang war Ippolito als Auftraggeber, Sammler und Kenner mit Malern, Bildhauern, Goldschmieden und Architekten umgegangen. Viele der bedeutenden Schriftsteller und Dichter, Forscher und Philologen seiner Zeit hatten seinen Weg gekreuzt, manche jahrelang seinem Hofstaat zugehört[54]. Von seinem Lehrer Celio Calcagnini angefangen, über Luigi Alemanni, Bernardo Tasso, Bartolomeo Cavalcanti, Umberto Foglietta, Paolo Manutio reicht die Kette erlauchter Namen bis zu Marcantonio Muret, dem großen französischen Gelehrten, der 1558 zu Ippolito kam und bis zu dessen Tode 1572 zur „famiglia" des Kardinals gehörte[55].

Wenn nun versucht werden soll, von Muret her einen Blick auf die geistige Welt des alternden Kardinals und auf jenes „cenaculum philosophorum" zu tun, das sich um ihn in Tivoli versammelte – es fand schließlich 1571 durch den Erzbischof Bandini Piccolomini in der „Academia degli Agevoli" eine dauerhafte Form –, so ist eine Vorbemerkung angebracht: keinesfalls darf man das gelehrt-gesellschaftliche Leben in der Villa d'Este in den blassen Farben späterer Jahrhunderte sehen. Wohl war es Palestrina, der Chor und

Orchester des Kardinals leitete und mit seiner Musik den Palast in Tivoli erfüllte. Aber ebenso muß man die Akrobatenvorführungen im Garten vor Augen haben, die Künste der Negersklaven, die Ippolito aus Venedig bezog, wie die bunte Skurrilität nächtens aufgebauter Holz- und Papiermontagen und vieles andere mehr.

Die heutige Forschung weist Muret eine bedeutende geistesgeschichtliche Stellung zu am Anfang des „Tacitismo" – des in der Entwicklung der politischen Ideen so wichtigen Tacituskultes –, der in der zweiten Hälfte des 16. Jahrhunderts an die Stelle der Liviusbegeisterung trat, mit dieser Ablösung der republikanischen Ideale durch einen Schriftsteller der Selbstbehauptung in despotischer Zeit eine Wende europäischen Bewußtseins bezeichnend[56]. Doch nicht von diesem Muret ist hier zu reden, so verlockend es wäre, der Entstehung jener taciteischen Strömung in dem antispanisch orientierten, aber politisch entmachteten Milieu um Ippolito nachzugehen[57].

Wenn wir die Werke Murets nach Mitteilungen über den Kardinal durchsehen, finden wir hie und da unter philologischen Erörterungen versteckt eine Stelle, die der Erinnerung an die Tage in der Villa d'Este gilt[58]:

> „Wir lasen in Tivoli in den Sommermonaten nach dem Mahle, bis sich die Hitze brach ... die Oden des Horaz und jene am liebsten, die von der seit alters her heilsamen und anmutigen Beschaffenheit dieses Ortes sprechen."

Der hier erinnerte örtliche Zusammenklang von Gegenwart und antiker Vergangenheit war ein starkes Element humanistischen Bewußtseins, das auch in der Anlage der Villa überall zu spüren ist.

Oder hören wir Murets Bericht über die Unterhaltung, die er mit dem Kardinal in der Villa führte[59]:

> „Besonders wenn wir uns nach Tivoli zurückgezogen hatten, wo jener alljährlich die Sommermonate zu verbringen pflegte, verging kaum ein Tag, an dem wir nicht einige Stunden mit den angenehmsten Gesprächen verbrachten. Hätte ich doch die Aufzeichnungen darüber sorgfältiger geführt und besser aufbewahrt!"

Die meisten der Aufzeichnungen über diese Gespräche hat Muret verloren. Manchmal jedoch – so berichtet er später – fällt ihm noch eines dieser Blätter in die Hände:

> „Beim Mahle hatte es eine Unterhaltung gegeben über einen sehr hochgestellten und mächtigen Fürst, der, nachdem er durch alle Altersstufen eine wunderbare Unbescholtenheit und Unbeflecktheit bewiesen hatte, als Greis zur höchsten Herrschaft gelangt war. Da konnte er die Sünden der Menschen nicht ertragen und gebot ihnen Einhalt durch Gesetze, die für die langeingerissene Laxheit der Zeit zu hart und zu streng waren. – Es gab viele unterschiedliche Reden, wobei die einen jene eisige und einschneidende Schärfe empfahlen: denn anders könnten die Laster nicht ausgetilgt werden. Andere erhoben Vorwürfe: vor solchen plötzlichen Veränderungen schrecke auch die Natur selbst zurück, die uns nicht sogleich vom Winter zum Sommer oder vom Sommer zum Winter führe, sondern den Frühling und den Herbst dazwischen lege. Auch die Entzündungen und Geschwüre des Leibes pflegten von den Ärzten zunächst durch sanfte Mittel und Umschläge behandelt zu werden; erst wenn sie eiterten, pflege man sie aufzuschneiden. Der Kardinal, der liebenswürdig alle zum Sprechen aufgefordert hatte und gespannt zuhörte, sagte: Die seien ob ihrer Härte zu tadeln, die selbst nicht nach ihrer Vorschrift lebten, vielmehr in ihren Taten sich von dem unterschieden, was sie der Öffentlichkeit vorschrieben. Jener könne nicht getadelt werden, der den anderen nur das gleiche Gesetz auferlege, dem er sich selbst schon lang zuvor unterworfen habe. – Nach dem Mahle entfernten sich die anderen, Ippolito aber ließ mich zu sich rufen. Dort äußerte er sich in einer Weise über das Thema des Tischgesprächs, die zeigte, daß auch er die übergroße Strenge nicht billige, auch wenn sie der Ausfluß der besten Gesinnung sei. Und er sprach dabei folgende Sätze aus, die ich mir sogleich danach notierte: ‚Nichts hindert, daß einer ein ausgezeichneter Mann und kein ausgezeichneter Herrscher ist. Man wünscht sich einen Arzt, der auch selbst einmal krank war. Zum Herrschen über Menschen ist der nicht ganz geeignet, der von den Menschen

Übermenschliches verlangt ...' – Dann sagte er, als ob er den, von dem die Rede war, selbst anspräche: ‚Quod tu alios praestare non posse miraris, id te alii praestare posse mirantur. Wenn auch du einst fehltest, verzeihe auch den anderen, wie dir verziehen ist. Wenn nicht, dann denke daran, daß nicht allen von Gott die gleiche Festigkeit des Geistes gegeben ist. Wer gegen geringere Sünden nicht zuweilen nachsichtig ist, zwingt die Menschen zu größeren Sünden. Eines ist die Rache, ein anderes die Zurechtweisung. Wer rächen will, handelt im Zorn; wer zurechtweist, handelt als Freund. Jener will, daß, wer gesündigt hat, nicht mehr weiterlebe. Dieser will, daß er zwar weiterlebe, aber als ein Gewandelter. Die Laster sollen nicht geduldet werden. Sed qui nullum vitium fert, nullum hominem feret'."

In diesen zu Tivoli aufgezeichneten Gesprächen tritt nicht nur das persönliche Drama Ippolitos gegenüber Männern vom Schlage Pauls IV. und Pius' V. deutlich hervor. Vielmehr fassen wir hier etwas Allgemeineres und Weiterreichendes, das dem Einzelschicksal des Este eine stellvertretende Bedeutung – wenn wir wollen, sogar Größe – gibt: die Auseinandersetzung der alten höfisch-humanistischen Lebensweisheit mit dem radikalen Anspruch der neuen kirchlichen Ideale.

Es hat nach Ippolito noch mancher Este den Kardinalshut getragen: sein Neffe Luigi[60], der mit dem Ausbau und weiteren Schicksal der Villa ebenso eng verbunden war wie Kardinal Alessandro, der 1624 in Tivoli beigesetzt wurde; dann der ältere Rinaldo, von Urban VIII. 1644 zum Kardinal erhoben, und schließlich der jüngere Rinaldo, der 1695 auf die Kardinalswürde verzichtete „ad conservandam familiam Estensem". Aber keiner von diesen Kirchenfürsten ist mit Ippolito vergleichbar in der Größe des auferlegten und durchlebten Schicksals.

Wenn es ihm auch nicht gegeben war, in seiner öffentlichen Wirksamkeit noch zu einer schöpferischen Erfüllung der neuen Maßstäbe zu kommen (wie es etwa dem nur wenig jüngeren Kardinal Alessandro Farnese gelang), so kann Ippolito doch für sich in Anspruch nehmen, das Maß seiner Herkunft und seines Mannesalters nicht nur erfüllt, sondern letztlich wohl auch im Hegelschen Doppelsinn des Wortes „aufgehoben" zu haben.

Als der Kardinal am 2. Dezember 1572 nach Empfang der Sterbesakramente entschlief, wurde mit ihm sein Jahrhundert zu Grabe getragen[61]. Und wenn wir in ihm den späten Repräsentanten einer zu Ende gehenden Epoche und Lebensform sehen, der weltliche Größe nicht abgesprochen werden kann, so mögen in diesem Sinne auch die antik stilisierten Worte zu recht bestehen, mit denen der getreue Muret die Leichenrede auf den Kardinal beschloß[62]:

„Nun geht nach Hause, ihr Bürger von Tivoli, und berichtet euren Kindern, daß weder sie selbst noch ihre Kinder jemals mehr eines größeren oder hervorragenderen Kardinals Leichenfeier sehen werden."

Druck in: Reformata Reformanda. Festgabe für Hubert Jedin zum 17. Juni 1965, Bd. 1, ed. *E. Iserloh* und *K. Repgen* (Münster 1965), S. 508 ff.

1 Für das methodologische Problem der moralischen und historischen Behandlung kirchengeschichtlicher Fragen der Renaissanceepoche vgl. *H. Lutz,* Christianitas afflicta (Göttingen 1964), S. 486, Anm. 3.

2 Kardinal Ippolito II. wird als eindrucksvolles Beispiel für das Gravamen der Nichtresidenz übereinstimmend angeführt von *H. Jedin,* Geschichte des Konzils von Trient, Bd. 2 (Freiburg i. B. 1957), S. 272, und *G. Alberigo,* I vescovi Italiani al concilio di Trento (1959), S. 93 f. Letzteres Werk gibt einen überaus instruktiven Überblick über das italienische Episkopat um die Mitte des 16. Jahrhunderts.

3 „Il cardinale Ippolito fece cavare entrambi gli occhi al fratello don Giulio per gelosia di Angela Borgia, che li aveva chiamati bellissimi" (Atti e memorie della deput. di storia patria per le prov. Mod. e Parm., Bd. 3, 1865, S. 495, Anm. 1).

4 Vgl. *C. Marcora,* Il Cardinale Ippolito I d'Este, Arcivescovo di Milano. In: Memorie storiche della Diocesi di Milano, Bd. 5 (Mailand 1958), S. 325–520.

5 Grundlegend für die biographischen Angaben ist *V. Pacifici,* Ippolito II. d'Este, Cardinale di Ferrara (1920).

6 Antichità Estensi 2 (1740), S. 324.

7 *Gulik-Eubel,* Hierarchia Catholica 3 (1923), S. 240.

8 *B. Pistofilo,* Vita di Alfonso I. In: Atti e memorie ... 3, S. 493.

9 *Pacifici,* Ippolito II, S. 19.

10 Ebd., S. 35.

11 Ebd., S. 41 f.

12 *L. v. Pastor*, Geschichte der Päpste seit dem Ausgang des Mittelalters, Bd. 5 (Freiburg i. B. 1910), S. 121.

13 Nach der Übersetzung Goethes, Großherzog-Wilhelm-Ernst-Ausgabe: Kunstschriften, Bd. 1 (1910), S. 247; der italienische Text am besten in der Edition von *O. Bacci*, S. 238. – Die Freilassung Cellinis geschah am 24. Dezember 1539. Vgl. im übrigen *V. Campori*, Notizie inedite delle relazioni tra il card. Ippolito d'Este e Benvenuto Cellini (1882).

14 Abreise am 22. März; *Pacifici*, Ippolito II, S. 62.

15 Bericht Carlo Sacrates vom 18. Juni 1540; ebd., S. 63, Anm. 1.

16 Die Rede ist handschriftlich weit verbreitet; hier nach Bibl. Vat., Cod. Urb. lat. 1028, Arm. I, f. 139–153. Ein Druck in Bibliografia italiana (Parma ^{2}1829) – so die Angabe bei *Pacifici*, Ippolito II, S. 84, Anm. 2 – war mir nicht erreichbar. Vgl. im übrigen zu den Verhandlungen Ippolitos in Venedig außer *Pacifici*, Ippolito II, S. 77, die bei *L. Cardauns*, Von Nizza bis Crépy (Rom 1923), S. 336, Anm. 1, und S. 337, Anm. 1, angegebene Literatur.

17 *A. Desjardins*, Négociations diplomatiques de la France avec la Toscane, Bd. 3 (Paris 1865), S. 49f.; jetzt auch in *P. Jovii*, Opera omnia, Bd. 2 (1958). *Pastor*, Päpste 5, S. 502f.

18 Siehe *Pacifici*, Ippolito II, S. 73.

19 Arch. Vat., Nunz. Francia 2, f. 227f., Dandino an Farnese, 1546 Juli 17. Von *J. Lestocquoy* wird die Edition der Berichte Dandinos 1546/47 vorbereitet; siehe Acta Nuntiaturae Gallicae, Bd. 3: Correspondance des Nonces en France Capodiferro, Dandino et Guidiccione 1541–1546, ed. *J. Lestocquoy* (Rom 1963), S. LV, Anm. 34, und S. LIX, Anm. 49.

20 *Jovii*, Opera omnia 2, S. 71; 21. Februar 1547.

21 Concilium Tridentinum, Bd. 1 (1901), S. 762.

22 *Pacifici*, Ippolito II, S. 102ff.

23 Ebd., S. 105f.; *Pastor*, Päpste 5, S. 671ff.

24 Ausführliche Behandlung in Massarellis Diarium (Concilium Tridentinum 1, S. 26ff.) und bei *F. Petruccelli della Gattina*, Histoire diplomatique des Conclaves, Bd. 2 (1864), S. 39ff. Vgl. hier u. a. S. 51, Anm. den Bericht von Ippolitos Krankheit und Haarausfall im Conclave: man hielt die Krankheit für venerisch und wollte nicht „fare un papa che avesse la pelara". Auch in den zeitgenössischen Pasquinaten wird auf die Krankheit Ippolitos während des Conclaves angespielt (Biblioteca Vaticana, Cod. Pal. lat. 1913 f. 3^{r}): „Che Ferrara si peli che ognun lo sa / Si che puo dirsi pur che glie palese / Tal che per haver tanto del Francese / A questa volta papa non sarà." Diese Art von aggressiver Metaphorik gehörte übrigens zum festen Bestand der politischen Propaganda Habsburgs. Für Ippolito vgl. etwa die Charakteristik von 1555 bei *J. J. I. Döllinger*, Beiträge zur politischen, kirchlichen und Culturgeschichte der sechs letzten Jahrhunderte, Bd. 1 (München 1862), S. 582f.: „Esto lleno de mal Frances en el alma y en el cúerpo . . ."

25 *L. Romier*, Les origines politiques des guerres de religion, Bd. 1 (1913), passim.

26 *Pacifici*, Ippolito II, S. 115f.

27 Ebd.

28 Für die Baugeschichte der Villa vgl. *D. R. Coffin*, The Villa d'Este at Tivoli (1960). Wichtig dazu die ausführliche Rezension von *K. Schwager*, in: Kunstchronik 15 (1962), S. 6–20. Im Zusammenhang unserer biographischen Skizze interessiert vor allem die Programmidee der Villa und das Verhältnis antiker Mythologie zu christlicher Bildwelt. *Schwager* (S. 17) bezeichnet es als zweifelhaft, ob „christliche Gedanken im Sinne einer bindenden Programmidee auch hinter dem Villenganzen zu finden sind". [*C. Lamb*, Die Villa d'Este in Tivoli. Ein Beitrag zur Geschichte der Gartenkunst (München 1966).]

29 Siehe *Romier*, Origines politiques 1, S. 245ff.

30 Für die politisch-kirchliche Entwicklung der folgenden Jahre vgl. *Lutz*, Christianitas afflicta.

31 Vgl. ebd., S. 149ff.; *Romier*, Origines politiques 1, S. 317ff.

32 *Pacifici*, Ippolito II, S. 210f.

33 Gedr. als Anhang zu *B. Cavalcanti*, Trattati sopra gli ottimi reggimenti delle republiche antiche et moderne (Venedig 1571), S. 83.

34 *Pastor*, Päpste 6, S. 112; *Pacifici*, Ippolito II, S. 222ff.; *Romier*, Origines politiques 1, S. 367ff. Neues Quellenmaterial zu diesen Verhandlungen und zum Sienakrieg 1552/53 in Nuntiaturberichte aus Deutschland, erste Abteilung, Bd. 13, ed. *H. Lutz* (Tübingen 1959).

35 *Pacifici*, Ippolito II, S. 250.

36 Concilium Tridentinum, Bd. 2, S. 253ff.

37 *Romier*, Origines politiques 2, S. 3., nach *G. Ribier*, Lettres et Memoires d'Estat des roys, princes . . ., Bd. 2 (1666), S. 605.

38 Siehe den Bericht Massarellis in Concilium Tridentinum 2, S. 281; dazu *Pastor*, Päpste 6, S 390, und *Pacifici*, Ippolito II, S. 268ff.

39 Ebd., S. 270, und *M. Lossen*, Briefe von Andreas Masius und seinen Freunden 1538 bis 1573 (Leipzig 1886), S. 222. Der Bericht bei *P. Nores* (In: Archivio Storico Italiano 13 [1847], S. 28) erwähnt neben den Vorwürfen gegen Ippolitos Lebensführung auch die Erbitterung Pauls IV. wegen der „opposizione" des Kardinals im letzten Conclave.

40 Für die Vorgänge im Conclave siehe *Pastor*, Päpste 7, S. 11f.

41 *Pacifici*, Ippolito II, S. 286ff.

42 Vgl. *Pastor*, Päpste 7, S. 402ff., und *Pacifici*, Ippolito II, S. 296ff. Für das Gefolge des Kardinals vgl. die Angaben des Avviso vom 2. Juli 1561 in Bibl. Vat., Cod. Urb. lat. 1039; ähnlich *J. Šusta*, Die römische Kurie und das Konzil

von Trient unter Pius IV., Bd. 1 (Wien 1904), S. 41f., 63, 234. Für das Religionsgespräch von Poissy und die Vermittlungsversuche des Legaten vgl. jetzt auch *H. Meylan/A. Dufour*, Correspondance de Théodore de Bèze, Bd. 3 (1963), S. 146ff. Hier S. 147 Anm. 8 eine Erörterung der bis heute ungeklärten Frage nach einem Zusammentreffen Ippolitos mit Calvin (circa 1548), das letzterer in einem Brief an Bèze vom 3. September 1561 ausdrücklich zu erwähnen scheint: „Caeterum ne te amicitia Lotharingi (sc. des Kard. von Lothringen) lautum nimis reddat, te in tempore admoneo, me quoque esse fratrem Ferrariensis. Nam quum me hic ante annos tredecim amplecteretur, promisit se mihi semper fore optimum fratrem. Cave igitur ne in me superbias, quia facultas retaliandi in manu esset, praesertim quum legatus omnes Cardinales superet." Diese Briefstelle gilt als einziger Nachweis einer solchen Begegnung. Der vorliegende Text könnte zu folgender Hypothese anregen: „hic" bezieht sich nicht auf Kardinal Ippolito, sondern auf den zuvor genannten Kardinal von Lothringen. Als „frater" dieses Kardinals könnte sich dann Calvin scherzhaft auch „frater" Ippolitos nennen (was durch die sonst etwas schwierige Passage „me quoque" unterstützt würde). Es bliebe dann also nur die Frage nach einer Begegnung Lothringen-Calvin. Einer solchen Interpretation steht aber bereits innerhalb dieser Quelle eine Schwierigkeit entgegen: an zwei Stellen des folgenden Briefwechsels mit Calvin (S. 195, 242) nimmt Bèze Calvins Scherz auf, und zwar in ausdrücklichem Bezug auf Ippolito: „frater tuus, tuus fraterculus". Schließt dieser Bezug die Interpretation Calvin-Lothringen aus? Eine eindeutige Entscheidung der Frage auf Grund dieser drei Briefstellen scheint mir nicht möglich.

43 Siehe *Šusta*, Kurie und Konzil, S. 189.

44 Quellenangaben bei *Pastor*, Päpste 7, S. 411, Anm. 5. Interessant die Darstellung des Vorfalls in dem Schreiben Ippolitos an Alfonso, bei *Pacifici*, Ippolito II, S. 302, Anm. 1.

45 Siehe *Šusta*, Kurie und Konzil 2, S. 371ff. Laynez war gegen den Kardinal von Beginn der Legation an kritisch eingestellt; vgl. Epistolae et Acta *Jacobi Lainii*, Bd. 5 (1916), S. 608, und öfter.

46 Vgl. u. a. *Šusta*, Kurie und Konzil 4, S. 372ff. und S. 574ff.

47 *Pacifici*, Ippolito II, S. 331f.

48 Ebd., S. 327ff.; *Pastor*, Päpste 8, S. 6ff.

49 *E. Albèri*, Relazioni degli ambasciatori Veneti al Senato durante il secolo decimosesto, Ser. 2, Bd. 4 (Venedig 1838), S. 143.

50 Siehe unten S. XXXf.

51 Das Folgende nach *Pacifici*, Ippolito II, S. 335ff., und nach den dort, S. 434ff., mitgeteilten Schreiben Ippolitos.

52 Für Baugeschichte und Programm der Villa vgl. oben Anm. 28.

53 Die heftige Kritik Pius' V. an dem Antikenkult, wie ihn Ippolito und andere Zeitgenossen betrieben, ist bekannt. Es wäre erst noch näher zu untersuchen, welches Verhältnis der Papst zu den Zeugnissen der christlichen Antike hatte. Daß er sich für die Gestalt Konstantins besonders interessierte, zeigt u. a. der Bericht des venezianischen Gesandten Paolo Tiepolo (*Albèri*, Relazioni . . . 2/4, S. 179): „M'allegò [Pius V.] un giorno San Tommaso, che diceva in certo luogo che Costantino imperatore non avave donato alla chiesa, ma restituitogli quello che era suo, volendo inferire che non v'è cosa al mondo che non sia della chiesa." Wenn also die Gestalt Konstantins damals einen Berührungspunkt zwischen dem Antikenkult und dem neuen kirchlichen Geist bot, können wir die Aufstellung einer Konstantinsbüste durch Ippolito an hervorragender Stelle des Palastes in Tivoli vielleicht in diesen Zusammenhang einordnen.

54 Eine recht summarische, aber zur ersten Orientierung nützliche Zusammenstellung in *Pacifici*, Ippolito II, Appendice I: „Letterati, scienziati ed artisti alla Corte d'Ippolito."

55 Vgl. *Ch. Dejob*, Marc Antoine Muret (1881), S. 113f. Einiges aus der Korrespondenz Murets mit Ippolito in: Miscellanea Lazzari, ex Mss. libris bibl. Collegii Romani SJ., Bd. 2 (Rom 1757), S. 365ff. Neueste Übersicht über biographische Arbeiten bei *R. Trinquet*, Recherches chronologiques sur la jeunesse de Marc-Antoine Muret. In: Bibliothèque d'Humanisme et Renaissance 27 (1965), S. 272–284.

56 Über die umfangreiche Diskussion zum „Tacitismo" orientiert *J. v. Stackelberg*, Tacitus in der Romania (Tübingen 1960).

57 Auch Justus Lipsius, der niederländische Wiedererwecker des Tacitus, stand während seines römischen Aufenthaltes in Verbindung mit Murets Freundeskreis in Tivoli. Vgl. u. a. das Schreiben des Lipsius an Muret vom August 1568 (Rom) in Miscellanea Lazzari, S. 468: „. . . Me ipsum mihi restituisti paucis illis horis, quibus tecum fui . . . Quod si mihi Tyburi, in illo ocello Italiae, in illo nitido sole tuo, aliquot horas eiusmodi tecum ponere liceret, quae ego regna et quas beatorum insulas' prae una ambulatiuncula nostra non contempserim?" Lipsius weilte damals als Sekretär des Kardinals Granvella in Rom.

58 *Mureti* Opera, Bd. 2 (1789), S. 98.

59 Ebd., S. 382; die obige Übersetzung ist an einigen Stellen gegenüber dem lateinischen Original etwas gekürzt. Nach *Dejob*, Muret, S. 369, Anm. 1, kam nach Murets Tod dessen Bibliothek an die Jesuiten in Rom. Vielleicht ließen sich unter den heute der Biblioteca Vittorio Emanuele gehörigen „Manoscritti Gesuiti" noch Reste der von Muret oben erwähnten Aufzeichnungen über die Gespräche mit Ippolito finden.

60 Vgl. für diesen Kardinal und seine Tätigkeit in Tivoli *V. Pacifici*, Luigi d'Este. In: Atti e Memorie della Società Tiburtina di Storia e d'Arte, Bd. 9–19 (1929–1941).

61 Für die letzten Intrigen des Neffen, Kardinal Luigi d'Este (der dann als Nachfolger Ippolitos die Bauarbeiten in Tivoli zu Ende führte), vgl. *Pacifici*, Ippolito II, S. 354ff. – Ebd., S. 352f., Schilderung des Besuches von Papst Gregor XIII. in der Villa d'Este im September 1572, was eine öffentliche und äußerst ehrenhafte Rehabilitierung Ippolitos bedeutete.

62 *Mureti* Opera, Bd. 1 (1789), S. 353; Nachahmung der Leichenrede des Metellus Macedonius für Scipio Aemilianus, bei Plinius, naturalis historia VII, 44.

METHODENFRAGEN
UND
GESCHICHTSSCHREIBUNG

„URSPRUNG DER SPALTUNG IN DER NATION“

Bemerkungen zu einem Kapitel aus Rankes Reformationsgeschichte

I.

Je radikaler heute eine Veränderung der Fragen und der Methoden unserer Wissenschaft gefordert wird, desto lohnender erscheint es, die Eigenart älterer Geschichtsauffassungen nicht nur in der horizontalen Erstreckung ihrer Konzeptionen, sondern auch in ihrer vertikalen Begründung zu verfolgen. Dies gilt erst recht, wenn es sich um Entscheidungssituationen der deutschen Vergangenheit handelt, deren Interpretation umstritten ist, deren bis heute nachwirkende Bedeutung aber außer Zweifel steht. Es war die Absicht Rankes, im 5. Kapitel des 3. Buches seiner Reformationsgeschichte einen solchen Wendepunkt der deutschen Geschichte darzustellen[1]. Unter der markanten – fast allzu markanten – Überschrift „Ursprung der Spaltung in der Nation“ werden hauptsächlich Ereignisse des Jahres 1524 behandelt; im Mittelpunkt steht der Regensburger Konvent. Grundlinien des künftigen Verhältnisses der beiden Konfessionen im Reich, der Beziehungen des Papsttums zu Deutschland und der Schicksale Bayerns im Rahmen der deutschen Geschichte werden von den Entscheidungen dieses Jahres hergeleitet.

Unter den vielen Fragen, die heute die Lektüre dieses Kapitels aufgibt, steht ganz im Vordergrund das Problem von Rankes Begriff der Nation. Nur wenn man diesen Begriff Rankes, der hier zu einer straffen und nahtlosen Totalität von politischen, religiösen und kulturellen Wertbezügen und Lebensformen entwickelt ist, voll in Rechnung setzt, erschließt sich der Zugang zu seiner Scheidung von inneren Kräften und „auswärtigem Einfluß“ auf die Schicksale der deutschen Nation. Zu einer Unterscheidung, die sonst leicht als willkürliche Annahme, ja als gewalttätige Konstruktion erscheinen könnte. Gleich zu Anfang des Kapitels spricht Ranke es aus: die Summe der religiösen Bewegung, die Luther heraufführte, lag darin, „daß der in die Tiefe des germanischen Wesens gesenkte Geist des Christenthums nach und nach zu dem Bewußtseyn seines von allen zufälligen Formen unabhängigen Selbst gereift war, sich nach seinem Ursprung zurückwandte, ...“[2]

Dieser religiösen Befreiung und Selbstfindung im nationalen Rahmen entsprach – so sieht es Ranke – in der Situation von 1524 noch die Wirklichkeit der politischen und kulturellen Einheit. Das Prinzip der Einheit der Nation schien damals noch anerkannt zu werden, die Mehrheit der politischen Kräfte Deutschlands schien einen neuen, aber geordneten Weg zu suchen, der „den Bedürfnissen der Nation und den Forderungen des Evangeliums“ angemessen war; die Haltung des Reichsregiments und die Beschlüsse zweier Reichstage wiesen in diese Richtung:

„Gewiß gab es für die Einheit der Nation, für die Fortentwicklung der Deutschen auf dem einmal eingeschlagenen Wege niemals eine großartigere Aussicht.“[3]

Nun kann es keineswegs die Aufgabe dieser kleinen Skizze sein, den Rankeschen Begriff der Nation mit all seinen wissenschaftstheoretischen, politischen, sozialen und religiös-weltanschaulichen Implikationen kritisch zu untersuchen. Er bleibt im folgenden in seiner Eigenart und Kraft gewissermaßen naiv vorausgesetzt, während sich die Betrachtung drei speziellen Gesichtspunkten des Kapitels zuwendet: der Frage nach der Bestimmung des Zeitpunktes für den „Ursprung der Spaltung", der Frage nach Rankes Sicht des Papsttums und nach seiner Auffassung von der Rolle Bayerns beim Verlust der Einheit der Nation. Hierfür werden einige bruchstückhafte Beobachtungen gesammelt.

II.

In allen späteren Ausgaben der „Deutschen Geschichte im Zeitalter der Reformation" hat Ranke das vorliegende Kapitel, das 1839 erstmals erschienen war, nicht mehr eigentlich verändert. Die Varianten, die man im 6. Band der von Joachimsen betreuten Ausgabe bequem nachlesen kann[4], haben nur stilistischen Charakter. Auch die Funktion und Stellung des Kapitels im Rahmen des Gesamtwerkes blieb unverändert die gleiche. Interessant ist es dagegen, in den Jahren vor 1839 Rankes Auffassungen von dem Zeitpunkt nachzufragen, bis zu welchem eine Einheit der deutschen Nation im Geschehen der Reformation möglich schien. Dabei verschiebt sich freilich die Fragestellung sogleich. Nicht nur hinsichtlich der zeitlichen Bestimmung, sondern auch im Kontext und in den Kriterien der Frage nach dem Verlust der Einheit der Nation gibt es wichtige Nuancen, die es nahelegen, sie als Entwicklungsstufen der 1839 definitiv gewordenen Konzeption aufzufassen.

Bekanntlich hat Ranke erstmals 1832 in der von ihm geleiteten Historisch-Politischen Zeitschrift eine Abhandlung veröffentlicht, die sich mit Fragen der konfessionellen Spaltung Deutschlands im 16. Jahrhundert befaßte: „Über die Zeiten Ferdinands I. und Maximilians II."[5] Die zwei Seiten der Vorbemerkung formulieren mit aller wünschenswerten Deutlichkeit seine damaligen Ansichten zum Thema: Reformation und Einheit der Nation. Die Fragestellung sieht hier wesentlich anders aus, als 1839 in der Reformationsgeschichte. Ranke geht von dem Stande der Dinge zu Ende der Regierung Karls V. aus und richtet seine Frage an die Entwicklungen und Entscheidungen der Folgezeit; er setzt die kirchliche Trennung als geschehen voraus und will vor allem die Möglichkeit einer Rettung der politischen Einheit und die Gründe ihres Verlustes untersuchen:

> „Nicht als wäre zu erforschen, ob die Reformation von Anbeginn einen andern Gang nehmen, zu einer andern Entwickelung hätte können geführt werden, ob etwa eine Vereinigung des Glaubens möglich gewesen wäre. Diese Untersuchung würde nicht sowohl deutsch und politisch, als universal und theologisch sein.
>
> Setzen wir vielmehr, daß es dahin gekommen war, wohin es unter Carl V. kam. War es dann bereits um die Einheit unsers Vaterlandes geschehen? Oder, in wie fern war es möglich, eine solche auch damals noch zu behaupten, nachdem die Reformation vollbracht war, ohne ganz Deutschland umfaßt zu haben? Und wenn dies nicht geschehen ist, woran hat dies wesentlich gelegen?
>
> Fragen, die in gar manchem Bezug an unsere Zustände und die Bedürfnisse der Gegenwart erinnern. Die Zeiten Ferdinands I. und Maximilians II. sind für den damaligen Gang der Dinge entscheidend . . ."[6]

Verfolgt man des weiteren die Gründe, die Ranke in dieser Abhandlung für den Weg Deutschlands in die Katastrophe des Dreißigjährigen Krieges findet, so trifft man wohl auf die „von außen" kommenden Wirkungen der in Trient und Rom erneuerten katholischen Kirche; doch erheblich stärker erscheint die Bedeutung der innerprotestantischen Gegensätze und Streitigkeiten. Sie erst ermöglichen die neuen Siege der Katholiken. Wohl findet sich schon hier der später bei Ranke vorherrschende Gedanke einer prinzipiellen Scheidung der „inneren" von den „auswärtigen" Wirkkräften – zumindest in einer formalen Weise angedeutet, verbunden allerdings mit der Idee von jener großen, gemeinsamen und die Parteien verbindenden Unternehmung des Reiches gegen die Türken. So heißt es von

Kaiser Maximilian II.: „Es fragte sich nun, ob er stark genug sein würde, die entzweite Nation von dem Ausland abzuschließen, ob er ihr vielleicht sogar durch eine große Unternehmung einen den Entzweiungen überlegenen Schwung mitzutheilen vermöchte."[7] Aber offenbar stand Ranke damals noch überaus stark unter dem Eindruck der besonders nach dem Scheitern Karls V. hervortretenden protestantischen Lehrstreitigkeiten. In einer Bemerkung zum Tode Melanchthons stimmt er offen in dessen Klage über die Rabies Theologorum ein: „Ich kann nicht anders finden, als daß diese gewaltsame Behauptung theologischer Theoreme, die doch zu Gottesfurcht, Frömmigkeit und Religion bei weitem nicht einen so unmittelbaren Bezug hatten, als sie vorgaben, der großen Sache, die man verfechten wollte, nachtheilig und zu der unglücklichen Wendung, welche die deutschen Dinge nahmen, eine Hauptursache wurde."[8]

Die Geschichte der Päpste, deren erster Band 1834 erschien, bietet – wie immer wieder mit einem gewissen Erstaunen festgestellt wurde – verhältnismäßig wenig Ausblicke auf die Geschichte der Reformation in Deutschland. Es braucht hier nicht nochmals dargelegt zu werden, inwiefern dies mit der inneren und äußeren Genese des Werkes zusammenhängt, dessen erste Auflage ja noch als zweiter bis vierter Band im Rahmen der „Fürsten und Völker von Süd-Europa" erschien[9]. Wichtig ist darüber hinaus der Hinweis auf die prononciert irenische Gesamtkonzeption (deren schrittweise Veränderungen anhand der späteren Umarbeitungen der Schlußteile verfolgt werden kann). Davon wird noch zu berichten sein. Für unsere Frage besitzt zentrale Bedeutung ein Kapitel des Zweiten Buches: „Versuche innerer Reformen und einer Aussöhnung mit dem Protestantismus."[10] Das Religionsgespräch auf dem Regensburger Reichstag 1541, das Ranke aus den Briefen Poles, aus den Viten von Beccadelli und della Casa wie aus anderen Quellen lebhaft darstellte, erschien ihm als ein Höhepunkt der Hoffnung auf Wiedervereinigung: „Niemals aber war man näher bei einander . . ."[11] Das Ganze ist, dem Charakter des Werkes entsprechend, universal gesehen und gewertet. Immerhin wird die Reflexion über die möglichen Folgen einer Einigung in Regensburg doch auch stark von der Frage nach dem Schicksal Deutschlands getragen. Bemerkenswert bleibt bei alledem der positive Gefühlston einer Einheitshoffnung. Erst im folgenden Bericht über den aufhebenden Widerspruch Luthers wie Roms und über die scharfe politische Opposition der Feinde des Kaisers lenkt die Darstellung von der Vision einer Möglichkeit auf den Boden der historischen Realität zurück. Die Vision der Möglichkeit:

> „Ein Moment, wenn ich nicht irre, für Deutschland, ja für die Welt von wesentlicher Bedeutung. Für jenes: die Punkte, die wir berührt haben, schließen die Absicht ein, die gesammte geistliche Verfassung der Nation zu ändern, und ihr dem Papst gegenüber eine freiere, seiner weltlichen Eingriffe überhobene, selbständige Stellung zu geben. Die Einheit der Kirche, und mithin der Nation wäre behauptet worden. Unendlich viel weiter aber würde der Erfolg nachgewirkt haben: wenn die gemäßigte Partei, von welcher diese Versuche ausgingen und geleitet wurden, in Rom und Italien die Oberhand zu behaupten verstand, welch eine ganz andere Gestalt hätte auch die katholische Welt annehmen müssen!"[12]

Aus der Fülle der interpretativen Bezüge, welche der durch dies Zitat bezeichnete Abschnitt der „Päpste" anbietet, sei hier nur ganz weniges herausgegriffen. Die Einheit der Nation erscheint in engster Verbindung mit der Einheit der Kirche; letztere wird geradezu als Bedingung der ersteren formuliert. Die „gemäßigte katholische Partei" ist zur Hoffnung Deutschlands und der Welt geworden. Zum Vorkämpfer dieser Partei machte sich der Kaiser selbst – dies wird in den folgenden Passagen sehr deutlich; ebenso deutlich aber auch, daß mit dem Nichtgelingen der Regensburger Concordia sich – in Rankes Darstellung – der „nahe Ruin" sowohl dieser Meinung und Partei wie auch des Kaisers selbst abzeichnet[13].

So hat sich Rankes Fragestellung von 1832, wo es nur um die politische Einheit der Deutschen nach 1555 ging und der theologische und universale Aspekt einer „Vereinigung des Glaubens" noch ausgespart blieb, in einem konsequenten Zurückgehen auf die Entscheidung von 1541 verändert und erweitert. Damit ist verbunden die Formulierung zweier prononcierter Sonderprobleme: die Rolle Karls V. und die Bedeutung jener „gemäßigten katholischen Partei", die Ranke mit so sichtlicher Sympathie zeichnet und so großzügig mit der Position des Kaisers in eins setzt. – Im Vergleich mit diesen vorausgegangenen Annäherungen an das historische Problem von Reformation und deutscher Einheit (zu deren voller Analyse freilich noch ein weites Feld historiographischer Implikationen zu durchmessen wäre) sollen nun spezifische Züge des vorliegenden Kapitels der Reformationsgeschichte näher bestimmt werden. Es ist möglich, daß die genaue Durchsicht der Vorlesungsnachschriften und -manuskripte zu Rankes Lehrtätigkeit aus den dreißiger Jahren weitere Anhaltspunkte für die angedeuteten Änderungen und Übergänge ergibt[14]. Einstweilen haben wir von dem auszugehen, was gedruckt vorliegt.

Da ist vor allem auf das sogenannte „Frankfurter Manuskript" hinzuweisen, das Joachimsen unter Bezugnahme auf einen Brief Rankes an seinen Bruder Heinrich vom April 1837[15] in die ersten Monate dieses Jahres datiert[16]. Joachimsen fiel sogleich auf, daß in diesem Entwurf die Darstellung des Nürnberger Reichstages 1524 wie der Folgezeit bis zum Bauernkrieg wesentlich anders konzipiert war, als sie dann in der Reformationsgeschichte 1839 ausgeführt wurde[17]. Der Beschluß des Reichstages, eine Nationalversammlung abzuhalten, wird – in Anlehnung an Luthers damaligen Widerspruch – durchaus kritisch beurteilt: „Ein Beschluß, der, wie er widersprechende Tendenzen vereinigt, so auch keinem Menschen genug tat." Der Regensburger Konvent wird überhaupt nicht erwähnt. Die Aussicht, mit der dieser ganze Abschnitt schließt, ist – so referiert Joachimsen den Inhalt – nicht die auf ein Nationalkonzil, auf dem die Nation ihre volle kirchliche Autonomie erweisen will (was dann durch Bayern und die anderen Verbündeten Roms verhindert wird), sondern viel eher die auf einen Kampf aller gegen alle. Der Herausgeber fragte sich angesichts dieser überraschenden Sachlage, „ob Ranke auch schon in dem Stadium seiner Erkenntnisse, das unser Manuskript zeigt, hier den Ursprung der Spaltung in der Nation gesehen hat"[18]. Er bezeichnete dies als nicht wahrscheinlich. So können wir – trotz mancher Fragen, die das „Frankfurter Manuskript" und seine Stellung in der Genese der Reformationsgeschichte weiterhin aufgeben[19] – davon ausgehen, daß diese wichtige Quelle die Annahme einer verhältnismäßig kurzfristigen Ausarbeitung der Konzeption unseres Kapitels eher nahelegt als widerrät[20].

Mit dem Erscheinen der Reformationsgeschichte seit 1839 zeigt sich in der Tat eine wesentlich gewandelte und seitdem bleibende Konzeption. In der Chronologie der kirchlich-politischen Ereignisse ist die Entscheidungsfrage nach Einheit oder Spaltung der Nation jetzt noch viel weiter nach vorne gerückt; dabei verfährt Ranke freilich mit gewohnter Umsicht, indem er durch Einführung des Wortes „Ursprung" in die Kapitelüberschrift jeden vorschnellen Determinismus zugunsten einer Kette möglicher weiterer Entscheidungssituationen abweist. Zugleich wird aber – auch schon von der Überschrift her – mit dem Wort „Spaltung" ein schärferer und unmittelbar nach den moralisch verantwortlichen Kräften suchender Blickwinkel eingeführt.

Faßt man die wesentlichen Momente zusammen, welche die Fragestellung dieses Kapitels im Unterschied zu Rankes früheren Ansätzen bestimmen, so ergibt sich folgendes Bild: Ausgehend von dem Projekt einer Nationalversammlung zu Martini 1524, das der dritte Nürnberger Reichstag beschlossen hatte, werden die Ursachen der Verhinderung dieses Konvents gesucht, der für Deutschlands kirchliche Fragen eine einstweilige Regelung bringen sollte: „Fragen wir nun, wer in diesem entscheidenden Momente sich von der Einheit der Nation losgerissen hat, so müssen wir untersuchen, wie es geschah, daß die bereits so ernstlich vorbereitete Versammlung doch unterblieb."[21] Da nun Rom als der erste und entschiedenste Gegner des Projektes genannt wird, stellt sich weiterhin die Frage nicht eigentlich nach den innerdeutschen Hemmnissen und Gegnern des Projekts und nach den Motiven ihres Widerspruchs, sondern nach den „Verbündeten in Deutschland", mit denen Rom rechnen konnte, und nach den Motiven dieser Bündnisse. So kommt Ranke auf

Bayern, auf die Herzöge Wilhelm und Ludwig, auf ihre Beziehungen zur Kurie und auf ihren finanziellen und jurisdiktionellen Gewinn aus der immer engeren Verbindung mit Rom. Von Bayerns romorientierter Haltung her sieht Ranke den weiteren Aufbau der altgläubigen Oppositionsgruppe; „das Beispiel einer erneuerten vorteilhaften Verbindung mit Rom" mußte von München her auf alle Nachbarn wirken[22]. Erzherzog Ferdinand wird jetzt erst genannt, geistliche Fürsten treten zu der neuen Partei, der Legat Campeggio wirkt umsichtig im römischen Sinne, schließlich findet die Parteibildung in dem Regensburger Konvent ihren wirkungsvollen Abschluß. Rankes Kommentar läßt an Deutlichkeit nichts zu wünschen übrig: „Der nationalen Pflicht, die Verhandlungen einer bereits beschlossenen großen Versammlung [sc. Speyer] zu erwarten ... zog man die Verbindung mit Rom einseitig vor."[23]

Die durchgehende Scheidung von „inneren" und „auswärtigen" Wirkkräften, von genuiner Entwicklung und berechnender Veranstaltung, die dieser Gesamtkonzeption zugrunde lag, wird auch bei der Charakteristik der kirchlichen Reformberatungen in Regensburg und der entsprechenden katholischen Bemühungen im allgemeinen scharf durchgeführt:

„Die Arbeiten der Wittenberger Lehrer waren in dem naturgemäßen Laufe ihrer innern Entwickelung, aus dem Bedürfniß ihres auf eigner Bahn vorwärts schreitenden Geistes hervorgegangen, voll ursprünglicher, die Gemüther hinreißender Kraft: diese katholischen Werke verdankten ihre Entstehung äußern Veranlassungen, Berechnungen einer nach allen Mitteln des Widerstandes greifenden gefährdeten Existenz."[24]

Erst nachdem dies alles geschehen und gesagt ist, kommt die Rede auf den fern in Spanien weilenden Kaiser und auf sein Verhalten zu dem Projekt der Nationalversammlung in Speyer. Gewiß fügt Karl V. sich, von Rom alsbald auf dessen Seite gezogen, ohne Zögern in die neue Konstellation ein. Aber für den primären Vorgang der von Rom aus nach Deutschland importierten Parteibildung erscheint sein Verhalten unerheblich; fast noch auffallender ist im Gesamtbild die zweitrangige Rolle Ferdinands, umsomehr als dessen hervorragende Bedeutung für das Zustandekommen des Regensburger Konvents nicht verschwiegen wird. Letztlich bleibt Bayern der deutsche Protagonist der Spaltung in der Nation. Und der Schlußsatz des Kapitels eröffnet mit einer großangelegten Überschau die zeitgeschichtliche Dimension dieser historischen Auffassung:

„Dies ist der Ursprung der Spaltung, die seitdem noch nicht wieder hat beigelegt werden können: immer in Folge desselben auswärtigen Einflusses, der sie damals hervorrief. Höchst merkwürdig, daß sich schon in jener Zeit alle die Hinneigungen offenbarten, die hernach Jahrhunderte lang ausgehalten haben: ihre Festsetzung, ihren Fortgang werden wir noch weiter zu beobachten haben; – gleich im ersten Momente aber zeigte sich die ganze Unermeßlichkeit der Gefahr, die man damit über sich hereinzog."[25]

In aller Kürze sei noch ergänzend auf den entsprechenden Wandel verwiesen, der sich mit besonderer Deutlichkeit beim Vergleich der Darstellung des Regensburger Religionsgespräches 1541 in der Papstgeschichte (1834) und in der Reformationsgeschichte (1839) feststellen läßt. Schon der Rückverweis, den Ranke im betreffenden Kapitel 1839 auf seine frühere Behandlung der römischen Reformpartei und ihres Exponenten, des Legaten Contarini, gibt, bedeutet genau genommen eine Retractatio: „Ich habe ein ander Mal ausgeführt, wie viel sich von dieser Annäherung für eine innere Wiedergeburt der römischen Kirche erwarten ließ."[26] Nichts mehr von der Hoffnung auf die Einheit Deutschlands, als deren Bedingung noch 1834 die Einheit der erneuerten Universalkirche erschien[27]. Nicht mehr ist die Rede von der Bedeutung einer „gemäßigten katholischen Partei", als deren Vollstrecker der Kaiser auftrat. Karls V. Verhalten wird nur mehr aus politischen Motiven erklärt; bei der Schilderung des Colloquiums („noch einmal ein dialektisch-dogmatisches Gefecht") wird das entschiedene Übergewicht der genuin protestantischen Ideen betont. Das Papsttum erscheint durchgehend als eine Macht, deren Eingreifen in das Problem der Einheit Deutschlands nicht durch Versöhnung, sondern nur durch Kampf entschieden werden kann: „Viel zu tief hatte diese Gewalt in Deutschland

Wurzel geschlagen, als daß ihr ohne den entschlossensten Gegensatz etwas abgewonnen werden konnte."[28]

Ähnliche Beobachtungen hinsichtlich des Wandels der Fragestellung würde ein Vergleich der Schlußabschnitte der Reformationsgeschichte (1843) mit dem oben herangezogenen Aufsatz von 1832 ergeben; die Frage nach einer möglichen politischen Einheit der Nation nach 1555 ist nicht mehr gestellt. Auf die Reformation folgen sogleich die Gegenreformationen. Der Westfälische Friede gestattete dann von neuem auswärtigen Mächten Einfluß auf Deutschland; erst seit der Mitte des 18. Jahrhunderts konnte dieser als abgewehrt gelten.

III.

Von Ranke und dem Papsttum zu handeln, kann im vorliegenden Zusammenhang nur bedeuten, einige wenige Momente hervorzuheben, die für dieses Kapitel der Reformationsgeschichte unmittelbare Bedeutung haben. Die Ansichten des Berliner Historikers über die Institution des Papsttums und seine Rolle im Leben Europas haben sich seit dem ersten Erscheinen seiner Papstgeschichte tiefer und rascher geändert, als man nach dem ausgereiften und wahrhaft irenischen Ductus seiner Darstellung eigentlich vermuten möchte. In einer bedeutenden Anmerkung, die der Autor seiner unveränderten Vorrede von 1834 in der 6. Auflage (1874) beigab[29], kann nachgelesen werden, was der damals fast achtzigjährige Gelehrte über den Wandel seiner Auffassungen mitzuteilen für gut fand. Zugleich hat aber diese Anmerkung auch eine etwas verschleiernde und verdeckende Wirkung ausgeübt. Es trifft nämlich keineswegs zu, daß der Verfasser seit der ersten Auflage kein Wort geändert habe. Es ist bis heute meist übersehen worden, daß die tiefgreifenden, stufenweisen Umarbeitungen der Schlußabschnitte der Papstgeschichte wesentliche Aufschlüsse sowohl über den Wandel der Stellung Rankes zum Papsttum wie über die Anlässe und Motive dieses Wandels geben. Die erste Fassung der Schlußpassagen (erschienen 1836)[30] atmet noch den gleichen Geist einer zuversichtlichen Irenik, wie er schon für Rankes 1832 erschienene Untersuchung über Consalvi[31] charakteristisch war und sich anscheinend seit dem Lutherfragment von 1816/17[32] über eine Reihe von bekannten Briefstellen hinweg[33] in persönlicher wie historisch-sachbezogener Hinsicht kontinuierlich feststellen läßt. Es mag nun überraschend erscheinen, daß schon drei Jahre nach dem letzten Band der Papstgeschichte sich in unserem Kapitel der Reformationsgeschichte eine so andere Betrachtungsweise findet. Der gewandelte kompositorische Kontext, die neuerliche Vertiefung in die Zeugnisse evangelischer Frömmigkeit und Politik – das alles sind gewiß gewichtige Momente, die an diesem Umschwung teilhatten. Aber auch wenn man dazu als einen allgemeinen Faktor das tiefere Einwurzeln Rankes in die konkrete Welt der preußisch-protestantisch-deutschen Werdeprozesse während dieser Jahre in Rechnung setzt, scheint doch die Schärfe des Umschlags noch weiterer Erklärung zu bedürfen. Es liegt nahe, an jene Ereignisse zu denken, die unter dem Namen der „Kölner Wirren" mit der Zuspitzung kirchenpolitischer Konflikte, der Verhaftung des Kölner Erzbischofs, der Allokution Gregors XVI., der Athanasius-Broschüre Joseph Görres' und den vielfältigen Bewegungen in der katholischen Bevölkerung des nichtösterreichischen Deutschlands 1837/38 einen irreversiblen Wendepunkt in den Beziehungen Roms und der katholischen Kirche zum preußischen Staat und insgesamt zur Staatenwelt und Gesellschaft des 19. Jahrhunderts darstellten[34].

Es ist davon auszugehen, daß die Zeit der unmittelbaren Arbeit Rankes an der Niederschrift der ersten Teile der Reformationsgeschichte (wohl seit Herbst 1837) mit diesen Kölner Wirren zusammenfiel, die am 20. November 1837 mit der Verhaftung des Erzbischofs Droste einen ersten Höhepunkt hatten. Seit der überaus wertvollen Publikation von Rankes Tagebuchnotizen durch W. P. Fuchs kann man erstmals verfolgen – und unter

Berücksichtigung des vielen, was verlorenging, weitergehend erschließen –, wie unmittelbar und geradezu engagiert der Historiker an diesen Vorgängen Anteil nahm[35]. Schon zuvor hatte ihn das Vorgehen Gregors XVI. im Hermesianismus-Streit (gegen die Anhänger des Bonner Dogmatikers und Philosophen Georg Hermes) sehr beschäftigt. Während Ranke sich hierzu noch in einer Art von unentschiedener Verwunderung äußerte – „Man begreift doch eigentlich die Stellung der katholischen Rechtgläubigkeit nicht recht“[36] –, werden der Ton und Inhalt seiner Kommentare ganz anders, seit mit der Verhaftung Drostes alte Grundfragen von Kirche und Staat wieder ins Spiel kamen, die er bis dahin anscheinend für überwunden gehalten hatte. Es kommen andere Gesichtspunkte dazu: revolutionäre Aspekte des Vorgehens der päpstlich-katholischen Partei gegen die staatliche Autorität, auch der Versuch Rankes, zwischen dem Papst und „den Katholiken“ zu unterscheiden. Im November 1838 notiert er sich Gründe für eine Abberufung des preußischen Gesandten Bunsen aus Rom: „Man würde dem Papste die Spitze bieten und dabei den Katholiken mehr Gerechtigkeit widerfahren lassen.“[37]

Von der zeitgeschichtlichen zur historiographischen Betrachtung zurückkehrend, ist darauf hinzuweisen, daß bei aller Deutlichkeit des Umschwungs in der Sicht des Papsttums Ranke diese Veränderung doch nur zurückhaltend und vorsichtig in die Schlußabschnitte der Neuauflagen seiner „Päpste“ einbrachte. Zu sehr war die irenische Grundidee für das Werk als solches konstitutiv, als daß er sie bereits vor dem Syllabus (1864), vor der Infallibilitätserklärung des 1. Vatikanischen Konzils und vor dem preußischen Kulturkampf in so direkter Weise dementiert hätte, wie es dann 1874 geschah. Als Vergleichsstück für die allmähliche Reduktion der großen, irenisch-ökumenischen Menschheitshoffnung, mit welcher die Erstausgabe der „Päpste“ ausgeklungen war, sei auf den Schluß der dritten Auflage (1845) hingewiesen[38]. Für die Reformationsgeschichte hingegen sah die Sache von Anfang an anders aus. Hier wurde der kompositorisch-dialektische Umschwung vom römischen zum deutsch-protestantischen Gesichtspunkt wohl sehr verstärkt durch das Erleben des Zeitgeschehens. Hier gab es gleichsam ein Aufbrechen alter Wunden, eine aus dem Wissen von Jahrhunderten aufsteigende Sorge vor den Gefahren, die eine Entwicklung à la Gregor XVI. für die erst so spät gewonnene Einheit der deutschen Nation neuerdings bedeuten konnte. Dazu kam die Vorstellung einer revolutionär-demokratischen Bedrohung der Grundlagen des deutschen Lebens – vom zeitgenössischen Papsttum nicht bekämpft, sondern direkt und indirekt gefördert. All das wirkte in die Abfassung der Reformationsgeschichte mit hinein.

IV.

Ranke und Bayern – ein reizvolles Thema, das bis heute nicht im Zusammenhang behandelt worden ist. Während Wien (und überhaupt der Umkreis der Habsburger) trotz vieler Kenntnisse und Kontakte für Ranke immer den Charakter eines „ausländischen“ und dem eigenen Wesen allzu entgegengesetzten Phänomens behielt, stand er zu Bayern und München in einem viel näheren Verhältnis, das aus vielerlei Sympathien und Erlebnissen, aus historisch-politischen Vorstellungen und persönlichen Schicksalen pulsierend lebte. Von dem Wunsche des jungen Gelehrten nach einer dauernden Tätigkeit in Bayern (1822) über die ersten Versuche zu einer Berufung an die Universität München 1826/27 und die neuerliche Anfrage Thierschs von 1837 bis zu den sehr ernsthaften Verhandlungen über die Münchner Professur 1852/53, von den ersten Begegnungen mit dem bayerischen Kronprinzen bis zu der dauerhaften freundschaftlichen Verbindung mit König Max II., von dem frühen, romantischen Freundeskreis in München bis zur Gründung und Ausgestaltung der Historischen Kommission und darüber hinaus wäre eine Fülle wesentlicher Bezüge zu verfolgen. Wesentlich nicht nur für die deutsche Kultur und Wissenschaftsgeschichte, sondern auch für die Politik jener Zeit, wo Ranke von dem Beitritt Bayerns zum Zollbund an[39] mit großer Aufmerksamkeit den Weg dieses stärksten Mittelstaates im Ringen um die Zukunft und Einheit Deutschlands verfolgte und auch auf ihn einzuwirken suchte. Wenn Ranke etwa 1845 dem Kronprinzen zur Geburt des ersten Sohnes gratuliert, so gerät das Glückwunschschreiben einerseits zu einer politischen Erklärung (im kleindeutschen Sinne, könnte man sagen); andererseits spricht es das konfessionelle Problem an, das damals so eng mit der politischen Frage verbunden war: blieb doch Bayern im nichtösterreichischen Deutschland, das einer nationalen Einigung mit oder unter Berlin zustreben konnte, der einzige katholisch regierte und mehrheitlich katholisch bevölkerte Staat. Ranke schrieb aus Berlin nach München:

> „. . . Ein Ereignis von Bedeutung nicht allein für Ihr Königl. Haus, Ihre eigene Stellung, das bayrische Volk, sondern für alle Deutschen. Man hat so viel von einer imaginären Einheit Deutschlands geredet, daß man das Nötigste, Eintracht, darüber zuweilen vergessen hat. Ein Pfand dieser Eintracht sehe ich in dem Neugeborenen, der den Häusern Hohenzollern und Wittelsbach zugleich angehört. Sei Gott, der ein Gott ist der Katholischen und der Protestantischen, dafür gepriesen. Er hatte einst Ew. Königl. Hoheit nicht umsonst auf unsere Universität geführt . . .“[40]

Es wäre ganz einseitig, in solchen bemerkenswerten Erklärungen Rankes nur eine preußisch-protestantische Proselytenmacherei sehen zu wollen. Wie aus manchen anderen Zeugnissen dieser Jahre, so spricht auch hier der tiefe Ernst, mit welchem sich Ranke im Falle Bayerns und des Hauses Wittelsbach zugunsten einer nationalpolitischen und kulturellen Zukunftshoffnung engagierte. Die deutsche Frage wie die konfessionelle Frage der Zeit trafen sich im Falle Bayerns; so wurde Bayern für Ranke zum Schnittpunkt der bewegendsten Motive seiner Zeit, eine große gesammelte Herausforderung an den Historiker wie an den verantwortlichen und einflußreichen Zeitgenossen.

Dies gilt gewiß für die vierziger Jahre, als überhaupt die Beziehungen zwischen Berlin und München im Zeichen neuer Einheitsgedanken an Interesse gewannen; galt es in dieser Weise auch schon für die Jahre 1837 bis 1839, als der uns interessierende Teil der Reformationsgeschichte konzipiert, verfaßt und veröffentlicht wurde? Zur Beantwortung stehen eher indirekte Quellenaussagen und Schlußfolgerungen als direkte Nachweise zur Verfügung. Geht man von Rankes Anteilnahme an den „Kölner Wirren“ und an dem Hervortreten einer neu sich formierenden päpstlich-katholischen Bewegung in Deutschland 1837/38 aus[41], so wird sogleich deutlich, was diese gewandelte Situation insbesondere im Hinblick auf Bayern und München bedeuten mußte. Görres, der seinerzeit Ranke bei der Besetzung des Münchner Lehrstuhles vorgezogen worden war, hatte sich ja mit seiner Athanasius-Schrift an die Spitze der neuen Bewegung gestellt. 1838 wurden von Görres und Jarcke in München die „Historisch-Politischen Blätter“ gegründet, als ein Gegenunternehmen zum „Berliner politischen Wochenblatt“, das im Kölner Kirchenstreit die Haltung der Preußischen Regierung unterstützte und so seine katholischen Mitarbeiter verloren hatte. In der Polarisierung der öffentlichen Meinung Deutschlands wurde München gerade damals zum Gegenpol Berlins, zum Mittelpunkt der neuen, sich eng an Rom anlehnenden Richtung. Seit dem Herbst 1837 (Berufung Karl v. Abels ins Ministerium) schlug auch die Politik der bayerischen Regierung einen entschiedeneren Kurs in der Verteidigung des „Katholischen Prinzips“ ein. Die Beziehungen zu Rom wurden seitdem noch besser, die Lage der evangelischen Kirche in Bayern verschlechterte sich. Kann man annehmen, daß diese Vorgänge ohne Einfluß auf Ranke blieben? Zumindest ist die Vermutung angebracht, daß jene für die vierziger Jahre festgestellte engagierte Aufmerksamkeit Rankes auf die Münchner Situation sich schon seit der Wende von 1837/38 abzeichnete. Gewiß machte es für Rankes historisch-politisches Bewußtsein viel aus, wie sich die Situation in der bayerischen Hauptstadt seit 1828 verändert hatte – und wie sich in dieser Veränderung der geistigen Physiognomie einer Hauptstadt oder eines Landes der Umschlag allgemeiner Tendenzen widerspiegelte. 1828 hatte er über München geschrieben: „Daß der König mir einen Mann wie Görres vorgezogen hat, finde ich sogar billig und höchst vernünftig . . . Ich kann nicht fürchten, daß seine Wirkung phantastisch oder fanatisch werden sollte.“[42] Diese friedlichen Zeiten waren nun vorbei. Wie hätte wohl zehn Jahre später ein Kommentar Rankes über München und das dortige Wirken Görres' und seiner Freunde ausgesehen? Wir haben diesen Kommentar nicht; wir haben nur den Text der Reformationsgeschichte und was Ranke dort über Bayern schrieb. Darauf ist nun zurückzukommen.

Ist es eine eigentliche Sündenbock-Rolle, die Bayern in der Darstellung des „Ursprungs der Spaltung“ zugeschrieben wird? Ohne Bayern keine Spaltung der Nation? Doch wohl nicht. Zwar geht es um eine Verantwortung ersten Ranges, die Ranke auf das Haupt der Herzöge Wilhelm und Ludwig legt. Aber die Besonderheit und die führende Bedeutung dieser bayerischen Politik, die ihre „nationale Pflicht“ verletzte, liegt – so Rankes Darstellung – weniger in der eigenen Initiative, als vor allem in dem bereitwilligen Eingehen auf die Versuche einer auswärtigen Macht, nämlich des Papsttums, sie zum Verbündeten einer den Gesamtinteressen und Gesamttendenzen der deutschen Nation feindlichen Richtung zu machen. Also als anfälligstes, am leichtesten vom Nationalinteresse wegzulockendes, von der Einheit absprengbares Glied im Kreis der deutschen Mächte, als Einfallstor und Brückenkopf auswärtiger Kräfte hat Ranke damals Bayern in der Frühreformation gekennzeichnet. „Immer in Folge desselben auswärtigen Einflusses“, „alle die Hinneigungen ... die hernach Jahrhunderte lang ausgehalten haben“ – so schließt das Kapitel. Nicht Habsburg, Bayern steht am Ursprung der Spaltung, die bis heute nicht beigelegt ist, und begründet damit „die ganze Unermeßlichkeit der Gefahr“. Es ist keine Überinterpretation, in dieser aktuellen Wendung am Ende des Kapitels 1839 einen speziellen Bezug zum zeitgenössischen Bayern, zu Görres, Jarcke, zu den „Historisch-Politischen Blättern“ zu sehen. Es fragt sich nur, ob die neue interpretative Akzentuierung, die Ranke im Zeichen solcher zeitgenössischen Motive vornahm, der historischen Wahrheit näher oder ferner lag als seine früheren Auffassungen.

V.

Sollte es nun die Aufgabe des heutigen Historikers sein, am Schluß klipp und klar zu sagen, was Ranke im vorliegenden Kapitel aus diesen oder jenen Gründen falsch dargestellt hat und wie das Kapitel richtig aussehen müßte? Wäre es Zeichen einer kraftvoll und umsichtig die historische Wahrheit liebenden Wissenschaft, dies zu tun – und Symptom einer relativierenden, dekadenten und sich selbst diskreditierenden Wissenschaft, dies nicht zu tun? – Wie eigentlich bei jedem ernsthaften Griff in die Geschichte der Geschichtsschreibung, so stellt sich diese „Petitio principiorum“ erst recht bei der Beschäftigung mit Ranke ein, dessen Namen heute nicht minder als früher für ein ganzes Programm von Grundsätzen und Methoden steht. Und so führt die Konsequenz des Fragens sogleich noch tiefer an die Fundamente unserer Wissenschaft heran. Wenn es zutrifft, daß Ranke – offenbar auch unter dem Eindruck zeitgenössischer Ereignisse – so rasch und erheblich seine Auffassung zentraler Probleme der deutschen Geschichte geändert hat – welche Folgerungen ergeben sich dann für die vieldiskutierte Frage der Objektivität und für das Programm der Darstellung, „wie es eigentlich gewesen“?

Der erste (pragmatische) wie der zweite (theoretische) Fragenkomplex hängen sichtlich aufs engste zusammen. Beiden scheint unter anderem gemeinsam zu sein, daß sie entsprechend den Erkenntnis- und Arbeitsmöglichkeiten unserer Wissenschaft nicht auf Anhieb und frontal, sondern nur in einem sehr mühsamen und umwegigen Verfahren durch Untersuchung eines breiten Feldes einschlägiger Subjekt-Objekt-Bezüge Antwort finden können. Der Beginn dieses Antwortverfahrens müßte in der Formulierung der Bedingungen der Möglichkeit der Antworten liegen. Nur mittels der zusammenhängenden Analyse wesentlicher historiographischer Etappen in der Behandlung der Fragen nach dem „Ursprung der Spaltung“ von Ranke bis heute, nur in der kritischen Aufarbeitung jener in wechselnden gesellschaftlichen Konstellationen immer neu und anders vermittelten Wertsysteme und

Bewußtseinsinhalte nationalpolitischer, kultureller und religiöser Art, die hinter dem wechselnden Bild der Reformationsgeschichte standen und stehen, können solche Antworten gesucht werden. Die Quellenfrage und die Frage nach Motiven und Wirkungen der jeweiligen Erweiterung und Akzentuierung der Quellenbasis gehören ebenso zu dem komplexen Umkreis dieser Aufgabe und verlangen gebührende Beachtung, gleichgültig, wie hoch oder niedrig die Autonomie dieses Bereiches im allgemeinen und im besonderen angesetzt wird.

Von den mannigfachen Schwierigkeiten auf diesem Wege sei hier nur eine hervorgehoben. Wenn wir heute in selbstkritischer Bescheidenheit rasch bereit sind, bei der Beobachtung differierender Geschichtsbilder verschiedener Gruppen und Zeiten die vorwissenschaftlichen und außerwissenschaftlichen Bedingungen historischer Erkenntnis stark in Rechnung zu setzen, so ist das zweifellos ein wertvoller methodischer Gewinn. Es kann dabei jedoch zu sehr bedenklichen Reduktionen, ja zu schwer aufhebbaren falschen Fixierungen kommen. Dann nämlich, wenn man a limine die in der unmittelbaren Arbeit an dem historischen Stoff, an den Quellen und Darstellungen gegebenen Möglichkeiten weitgehender Selbstkorrekturen der Geschichtswissenschaft unterschätzt[43]. Die Erfahrung solcher gewissermaßen systemimmanenter, von keinen außerwissenschaftlichen Bedingungen her zureichend ableitbarer Fortschritte und Klärungen begegnet auch im Bereich unserer Thematik, die schon bei Ranke so tief mit Zeitfragen und Gruppenentscheidungen verbunden war.

Ein Beispiel soll den Abschluß dieser höchst fragmentarischen Überlegungen bilden. Überspringt man viele interessante Etappen des Weiterarbeitens an der von Ranke formulierten These (die besonders im Umkreis der Münchner Forschung[44] Bedeutung hatten) und fragt man nach der gewissenhaftesten und verständnisvollsten Wiederaufnahme der reformationsgeschichtlichen Fragestellungen Rankes, so trifft man auf Paul Joachimsen. Seine 1930 fertiggestellte Darstellung „Die Reformation als Epoche der deutschen Geschichte“ kann als die Summe einer unvergleichlich tiefen Beschäftigung mit Ranke besondere Beachtung beanspruchen[45]. Es braucht nicht aufgezählt zu werden, wo überall Joachimsen an Rankes religiöse und nationale Überzeugungen, an seine Methoden und Stilmittel anknüpfte und was hinsichtlich der zeitgeschichtlichen Bedingungen der „Rankerenaissance“ weiter von Wichtigkeit wäre. Liest man jedoch nach, wie Joachimsen die Ereignisse und Entscheidungen von 1524 behandelt, so wird rasch deutlich, daß hier – ausgehend von den genuinen Fragestellungen Rankes – eine tiefgehende Korrektur zustande kam. Der Beschluß des Nürnberger Reichstages, auf Martini 1524 eine Nationalversammlung einzuberufen, wird zunächst gewichtig kommentiert: „Noch einmal schien sich der Nation die Möglichkeit zu bieten, die religiöse Frage selbständig zu ordnen.“[46] Aber dann geht es anders weiter. Joachimsen schildert die Unentschiedenheit der Zustände, den Kompromißcharakter der Reichstagssituation und der Beschlüsse; man wollte dem Wormser Edikt nachleben „soweit als möglich“. „Im Zusammenhang mit der Forderung einer Nationalversammlung, auf der die Nation selbst bestimmen wollte, was in den kirchlichen Dingen rechtens sei, und vor allem im Zusammenhang mit der Forderung der freien Predigt des Evangeliums, die auch der Reichstagsabschied von 1524 wiederholte, konnte das nicht anders heißen, als daß man die religiöse Bewegung auf der Stufe festhalten wollte, die sie erreicht hatte. – Aber dies war längst nicht mehr möglich.“[47]

Es schließt sich bei Joachimsen begründend ein substanzieller Abschnitt an über die Dynamik des Neuen, über Prediger, Flugschriften, sozialrevolutionäre Ideen etc. Der Regensburger Konvent folgt erst nach der Behandlung von Luthers Schicksalen 1521/22 und von Sickingens Aufstand. So steht das Zusammenwirken von Campeggio und Ferdinand, dem sich Bayern anschließt, im Zeichen eines antirevolutionären Programms gegenüber der Erschütterung der religiösen *und* der sozialen Ordnung. – Auch wenn man Joachimsens Darstellung rückwärts zum Wormser Reichstag 1521 verfolgt, zeigt sich die gleiche differenzierte Auffassung: der Widerstreit der Kräfte und Absichten in Deutschland und das Hereinwirken der Weltreichspolitik des Kaisers entzog allen enthusiastischen nationalen Hoffnungen den Boden – im Falle Luthers wie in anderen Fragen. Eine Einheit der

Nation im Sinne der Konzeption Rankes war auch hier nicht möglich. So entwirft Joachimsen vom Zentrum der Rankeschen Fragestellung her ein wesentlich anderes – ein den Quellen, wie sie 1930 bekannt waren, angemesseneres Bild. Er hält sich dabei nicht mit sekundären Einwänden auf, wie sie etwa von katholischen Historikern gegen Ranke geltend gemacht wurden: daß die bayerischen Herzöge ja aktiv an dem Nürnberger Beschluß zur Nationalversammlung mitgewirkt hätten, daß die päpstlichen Bewilligungen der antireformatorischen Wendung Bayerns gefolgt und nicht vorausgegangen seien etc. Joachimsen faßt die Frage nach Einheit und Spaltung in der Mitte an, er hebt ihre von Ranke stammende Fassung auf im Hegelschen Doppelsinn des Wortes.

Es bleibt die Frage nach der jeweiligen Relevanz einer Revision. Kommt die richtige Darstellung erst dann, wenn das historisch-politische Problem weniger wichtig geworden und in die Hände der Epigonen geraten ist? Sehr unvorsichtig wäre es, in diesem Falle generalisieren zu wollen. Denn Relevanzprobleme sind ja zugleich Qualitätsprobleme. Und historiographische Qualitätsprobleme haben einen überaus komplexen Charakter. Gilt es doch, neben manchem anderen die jeweilige Spannungssituation zwischen der Relevanz des Themas und der Treffsicherheit der Behandlung gerecht abzuschätzen.

Anhang:

Synopse der Schlußpassagen der „Geschichte der römischen Päpste"

1. Auflage (1836)

„... Daß die religiösen Meinungsverschiedenheiten nicht mehr einen so vollständigen Gegensatz in sich schließen wie ehedem, ist ein Moment der Weltentwickelung, der dieß gebieterisch erheischt.

Aus diesen Verhältnissen, diesem Gange der Dinge geht aber auch schon eine weitere Wahrnehmung hervor.

Der Friede ist geschlossen: die Umstände haben ihn herbeigeführt. Nach der Betrachtung der jahrhundertelangen Entzweiung, welche die Seele mit Schmerz erfüllt, erhebt sie sich zur Aussicht der Versöhnung, des Verständnisses.

3. Auflage (1845)

„... Das hat man wohl nicht zu erwarten, daß die hierarchischen Bestrebungen die Welt wieder einzunehmen, eine Art von Priesterherrschaft aufzurichten fähig seyn werden: allzu gewaltige mit der Tiefe des innern Lebens verbündete Kräfte stehn ihr entgegen. Aber bei dem Gange welchen die kirchlichen Dinge genommen, sieht es auch nicht so aus, als wenn der negative, besonders die Religion verneinende Geist so bald überwältigt werden sollte. An der hierarchischen Anmaßung nährt sich vielmehr der Unglaube. Man könnte wohl überhaupt nicht sagen, daß der römische Stuhl, während er sich gegen die protestantischen Grenzen hin schlagfertig aufstellte und die alten Streitfragen zwischen Kirche und Staat wieder erneuerte, zur Bändigung des revolutionären Geistes viel beigetragen habe. In der unmittelbarsten Nähe, zu den Füßen des Vaticans hat derselbe sich mehr als einmal geregt, und nur durch fremde Gewalt niedergedrückt werden können. Zwischen diesen entgegengesetzten Einflüssen wird sich die Bildung der persönlichen Gesinnungen der Menschen wohl noch eine Weile bewegen. Das religiöse Gemüt nicht allein, auch schon die zusammenfassende Betrachtung der Dinge hat indeß das Bedürfnis, noch eine Aussicht jenseits des Haders zu fassen.

Wie ist, wenn nicht überall in den Schulen, doch desto unzweifelhafter im Leben, die Heftigkeit der frühern Polemik zurückgewichen, aufgegeben worden! – Nicht durch bloße Gleichgültigkeit ist es geschehen: es wäre ein Irrthum dieß anzunehmen; es ist augenscheinlich, daß man auf beiden Seiten angefangen hat, immer bewußter, eindringender, freier von den Fesseln beschränkender Kirchenformeln auf die ewigen Principien der echten innern Religiosität zurück zu gehn. Unmöglich kann das ohne Folgen bleiben.

Täuschen wir uns nicht wenn wir wahrzunehmen meinen, daß demselben zum Trotz die tiefern Geister auf der einen und der andern Seite immer bewußter, eindringender, freier von den Fesseln beschränkender Kirchenformeln auf die ewigen Principien der echten innern Religiosität zurück gehn?

Die vollkommenere Auffassung des Geistig-positiven, das allen Formen zu Grunde liegt, und durch keine in seinem ganzen Inhalte auszusprechen wäre, muß endlich alle Feindseligkeiten in einer höheren Einheit versöhnen. Auch den Unglauben muß sie überwinden. An dem minder Wesentlichen mit unbeugsamer Starrheit festzuhalten würde denselben unaufhörlich wecken: dem lebendigen Christenthume in freier Darstellung kann er auf die Länge nicht widerstehn.

Die vollkommenere Auffassung des Geistig-positiven, das allen Formen zu Grunde liegt, und durch keine in seinem ganzen Inhalte auszusprechen wäre, wenn sie gelingt, müßte wohl endlich die alten Feindseligkeiten versöhnen.

(Siehe oben: An der hierarchischen Anmaßung . . .)

Über alle Gegensätze erhebt sich die Einheit eines reinen und darum seiner Sache nicht minder sichern Gottesbewußtseyns."

Über alle Gegensätze – wir können die Hoffnung nicht aufgeben – erhübe sich dereinst noch, aus dem Meere der Irrungen aufsteigend, die Einheit eines reinen und darum seiner Sache nicht minder sichern Gottesbewußtseyns."

Druck in: Festschrift für Hermann Heimpel zum 70. Geburtstag am 19. September 1971, Bd. 1 (Göttingen 1971), S. 140ff.

1 Reformation-Erstausgabe 2, S. 145–181; Reformation 2, S. 111–137. – Die von *P. Joachimsen* besorgte Akademie-Ausgabe der Deutschen Geschichte im Zeitalter der Reformation, 6 Bde., 1926, wird als „Reformation" angeführt. Dazu wird stets die Seitenzahl der Erstausgabe (Berlin 1839ff.) angegeben – „Reformation-Erstausgabe" –, deren Wortlaut die Zitate folgen. Die „Römischen Päpste" werden gleichfalls doppelt nachgewiesen: nach der Neuausgabe von *F. Baethgen* (Stuttgart 1953) – „Päpste" – und nach der Erstausgabe (Berlin 1834/36) – „Päpste-Erstausgabe" –, nach welcher im Wortlaut zitiert wird. Die „Tagebücher" wurden als erster Band einer gemeinsam mit *Th. Schieder* besorgten Nachlaßedition 1964 von *W. P. Fuchs* herausgegeben, das „Briefwerk" von *W. P. Fuchs* 1949.

2 Reformation-Erstausgabe 2, S. 146; Reformation 2, S. 112.

3 Reformation-Erstausgabe 2, S. 147 f.; Reformation 2, S. 113.

4 Reformation 6, S. 514 f.

5 Wiederabdruck im Bd. 7 der Zweiten Gesamtausgabe (1874), S. 1–97.

6 Ebd., S. 4 – Diesen Gesichtspunkt hat Ranke überaus deutlich gemacht in einer skizzierten Vorschau auf den Inhalt der Abhandlung: „Ein Aufsatz ‚Fragment deutscher Geschichte'; aus dem 16. Jahrhundert, über die Möglichkeit, die Einheit von Deutschland zu behaupten, nach der Reformation; wie man sich aber in die Parteyung religiöser Theorien warf und Deutschland zu grunde richtete." Ranke an Friedrich Perthes, 15. März 1832; gedr. bei *H. Oncken*, Aus Rankes Frühzeit (Berlin 1922), S. 119.

7 Über die Zeiten Ferdinands I. und Maximilians II. (siehe Anm. 5), S. 64.

8 Ebd., S. 59.

9 Vgl. u. a. die informative Einleitung von *F. Baethgen* zu Päpste; die „Presentazione" von *D. Cantimori* zu der ersten italienischen Übersetzung (Storia dei Papi, Florenz 1959); einige Notizen aus Anlaß dieser Ausgabe bei *H. Lutz*, Leopold von Ranke e il Papato. In: Rivista di Storia della chiesa in Italia 16 (1962).

10 Päpste-Erstausgabe 1, S. 144–181; Päpste 1, S. 103–137.

11 Päpste-Erstausgabe 1, S. 151; Päpste 1, S. 108.

12 Päpste-Erstausgabe 1, S. 162; Päpste 1, S. 115.

13 Päpste-Erstausgabe 1, S. 168; Päpste 1, S. 119.

14 Vgl. die Zitate bei *G. Berg*, Leopold von Ranke als akademischer Lehrer. Studien zu seinen Vorlesungen und seinem Geschichtsdenken (Göttingen 1968), S. 124ff.

15 Briefwerk, S. 287 – Dresden, 8. April 1837.

16 Reformation 1, S. XXIX.

17 Reformation 6, S. 429f.

18 Ebd., S. 430.

19 Siehe *Berg*, Ranke als akademischer Lehrer, S. 110ff., der sich kritisch sowohl mit Joachimsens Einleitung (In: Reformation 1, S. XIIff.) als auch mit *K. Brandi*, Die Entstehung von Leopold Rankes Deutscher Geschichte im Zeitalter der Reformation (In: Nachrichten der Akademie der Wissenschaften in Göttingen, Philosophisch-Historische Klasse 1946/47), auseinandersetzt. Eine eingehende epikritische Einordnung meiner oben skizzierten Überlegungen in die von Berg kräftig erneuerte Diskussion ist an dieser Stelle nicht möglich.

20 Wichtig ist auch die von *K. Brandi* (ebd., S. 20) gegen Joachimsen hervorgehobene Beobachtung, daß Ranke bei seinen zahlreichen Mitteilungen über das entstehende Werk bis zum Frühjahr 1838 nur von Reichsgeschichte, Reichstagsakten, Deutscher Geschichte spricht. Erst in einem Brief an Waitz ([31. März 1838] Briefwechsel, S. 296) fällt zum erstenmal das Stichwort „Reformation": „Die Periode der Bildung der spätern Reichsverfassung und der Reformation, die ich zunächst behandle, wird wenigstens viel Neues ans Licht bringen." – Von der Wirkungsgeschichte des Werkes her gibt es andererseits Hinweise darauf, daß die deutlich „evangelische" Grundhaltung unerwartet war und Überraschung hervorrief. Das gilt selbst für den engsten Familienkreis, vgl. den Brief Heinrich Rankes an seinen Bruder aus Thurnau, 17. Dezember 1839 (gedr. bei *W. P. Fuchs*, Heinrich Ranke, in: Jahrbuch für Fränkische Landesforschung 25 [1965], S. 200): „Von der Trefflichkeit Deines Buches hatte ich schon so viel gehört; aber das schöne, evangelische Bekenntnis hatte ich nicht darin erwartet. Ich bin ganz glücklich darüber. Siehe, lieber Bruder, so geht es in Erfüllung, was ich Dir einmal in Leipzig in der Zeit meines Unglaubens in lebendigster Ahnung sagte, Du würdest eine Stütze der Kirche werden."

21 Reformation-Erstausgabe 2, S. 149; Reformation 2, S. 114.

22 Reformation-Erstausgabe 2, S. 156; Reformation 2, S. 119.

23 Reformation-Erstausgabe 2, S. 164; Reformation 2, S. 124f.

24 Reformation-Erstausgabe 2, S. 163; Reformation 2, S. 124.

25 Reformation-Erstausgabe 2, S. 181; Reformation 2, S. 137.

26 Reformation-Erstausgabe 2, S. 206; Reformation 4, S. 164f.

27 Siehe oben S. 213ff.

28 Reformation-Erstausgabe 4, S. 220; Reformation 4, S. 176.

29 Päpste 1, S. 6, Anm. 1. Die Anmerkung knüpft an den unveränderten Text der Vorrede von 1834 an, wo Ranke sagt: „Denn was ist es heutzutage noch, das uns die Geschichte der päpstlichen Gewalt wichtig machen kann? Nicht mehr ihr besonderes Verhältnis zu uns, das ja keinen wesentlichen Einfluß weiter ausübt, noch auch Besorgnis irgendeiner Art; die Zeiten, wo wir etwas fürchten konnten, sind vorüber; wir fühlen uns allzugut gesichert." Dazu der Text der Anmerkung: „So schrieb ich im Jahre 1834, einer Zeit, in welcher zwischen Rom und Deutschland Friede war oder doch zu sein schien. Die Vorrede, die ich hier reproduziere, wohl auch das Buch selbst, enthält den

Ausdruck der Stimmung jener Epoche. Aber wie sehr hat sich seitdem alles verändert! Indem ich 40 Jahre nach dem ersten Erscheinen eine 6. Auflage veranstalte, ist der Streit, der damals ruhte, wieder in volle Flammen ausgebrochen. Es versteht sich von selbst, daß in dem Buche deshalb kein Wort geändert werden durfte; aber ich kann mir doch auch nicht verhehlen, daß eine neue Epoche des Papsttums eingetreten ist. Ich habe den Fortgang derselben nur im allgemeinen andeuten können, immer unter Wahrung des objektiven Standpunktes, den ich von Anfang an einzunehmen gesucht hatte, und es selbst ratsam gefunden, dem gegenwärtigen Pontifikate in demselben Sinne meine Aufmerksamkeit zuzuwenden . . ."

30 Päpste-Erstausgabe 3, S. 222 f. Siehe Anhang S. xxx ff. = Synopse der Schlußpassagen der 1. und der 3. Ausgabe (1845).

31 Historisch-Politische Zeitschrift 1 (1832), S. 624–774. In erweiterter und umgearbeiteter Fassung in den späteren Auflagen der „Päpste" als Appendix abgedruckt. Wichtig die Stelle bei der ersten Erwähnung Pius' VII.: Historisch-Politische Zeitschrift 1, S. 629; Päpste 2, S. 355f. – [siehe das Zitat oben S. xxx].

32 „Es könnte ein Pabstthum geben das durch sanftes Halten an dem Alten im Gegensatz des schroffen Neuen, dem Genius still nachgebend die Bewegungen der Zeit mäßigte und lenkte." (Reformation 6, S. 351)

33 Besonders aufschlußreich der Brief an seinen Bruder Heinrich, Berlin, Ende Febr. 1827 (Briefwechsel, S. 103ff.).

34 Abgewogen dargestellt bei *F. Schnabel*, Deutsche Geschichte im Neunzehnten Jahrhundert, Bd. 4 (München 1955), S. 106ff. Wichtig seither *J. Grisar*, Die Allokution Gregors XVI. vom 10. Dez. 1837. In: Gregorio XVI. Miscellanea commemorativa, Bd. 2 (Rom 1948), S. 441–560. Einige Hinweise auf die zu Gregor XVI. führenden Entwicklungen bei *H. Lutz*, Die Sicht der päpstlichen Autorität im ersten Drittel des 19. Jahrhunderts. In: Die päpstliche Autorität im katholischen Selbstverständnis des 19. und 20. Jahrhunderts, ed. *E. Weinzierl* (Salzburg 1970). Eine Untersuchung, welche die innerkatholische Kritik an dem verschärften Papalismus und die weiteren ekklesiologischen und zeitgeschichtlichen Probleme dieses „Neuen Kurses" mit der Haltung des protestantisch-spätidealistischen Irenismus, dem Ranke ursprünglich zuzurechnen ist, vergleicht, gibt es nicht. Es finden sich überraschende Affinitäten und erhebliche Unterschiede. Ranke schrieb 1817: „Das Pabstthum ist auf der Gewalt der Ideen gegründet. Seitdem es sich auf physischen Boden begab (und alles Wachsthum durchaus nur positiv begünstigte) verlor es den rechten Standpunct, und ward wie die übrigen Herren." (Reformation 6, S. 351 – anschließend das in Anm. 32 gebrachte Zitat). *F. Heyer*, Die katholische Kirche von 1648 bis 1870 (Die Kirche in ihrer Geschichte, Bd. 4, Lieferung N – 1963), S. 120 verweist auf Äußerungen Franz v. Baaders, die in mancher Hinsicht vergleichbar sind.

35 Tagebücher, S. 299ff.

36 Ebd., S. 298.

37 Ebd., S. 305.

38 Eine Synopse der Schlußpassagen der „Päpste" in der 1. und in der 3. Auflage ergibt (unter Vernachlässigung der Unterschiede in den vorausgegangenen Abschnitten) interessante Vergleichsmomente. Siehe unten Anhang S. 221ff.

39 Siehe Tagebücher, S. 285f.

40 Briefwerk, S. 329f.

41 Siehe oben S. 215f. – Für die Vorgänge in Bayern vgl. auch *R. Hacker*, Die Beziehungen zwischen Bayern und dem Hl. Stuhl in der Regierungszeit Ludwigs I. (Tübingen 1967), S. 104ff.

42 Briefwechsel, S. 142 (an Heinrich Ranke, 24. Februar 1828).

43 Es bedarf keiner wissenssoziologischen Theorien, um zu bemerken, daß in der Geschichtswissenschaft gewiß auch jene Art von Korrektur, Revision und Fortschritt sehr häufig und wichtig ist, die mehr oder weniger deutlich, mehr oder weniger bewußt im Zusammenhang mit Veränderungen der außerwissenschaftlichen Lebensbedingungen und -fragen steht. Gerade das Nebeneinander und Ineinander dieser verschiedenen Möglichkeiten gilt es zu beachten; das Wissen um sie gehört zum Rüstzeug des Historikers, wie immer er auch im übrigen die Theorie seiner Wissenschaft orientieren will.

44 Mit Döllinger, S. Riezler u. a. könnte zu diesem Thema eine „Genealogie der herausgeforderten Bayern" gezeichnet werden, die bis zu der Edition „Acta Reformationis Catholicae" von *G. Pfeilschifter* reicht (1960ff.), deren erster Band wichtigstes Quellenmaterial zu Bayerns antireformatorischer Politik ab 1522 enthält. Einige mehr allgemeine Hinweise habe ich in meinem Beitrag zum Handbuch der Bayerischen Geschichte, Bd. 2, ed. *M. Spindler* (München 1969), S. 332ff., gegeben.

45 *P. Joachimsen*, Die Reformation als Epoche der deutschen Geschichte. In vollständiger Fassung erstmals aus dem Nachlaß herausgegeben von *O. Schottenloher* (1951); gekürzte Fassung in Bd. 5 der Propyläen-Weltgeschichte, ed. *W. Goetz* (Berlin 1930).

46 *Joachimsen*, Reformation als Epoche, S. 122.

47 Ebd., S. 123.

ZUM WANDEL DER KATHOLISCHEN LUTHERINTERPRETATION

Die Frage, die mir gestellt wurde, „ob hier ein zunehmender Objektivierungsprozeß vorliegt oder ob alle Urteile über Luther methodisch gleicherweise als parteilich zu definieren sind“[1], ist in etwas einfacherer Form schon von der Aufklärungshistorie gestellt worden. Vor zweihundert Jahren warf Johann Matthias Schröckh in seiner Lutherbiographie die Frage auf, ob man von Luther und der Reformation überhaupt unparteiisch reden könne.

Ich werde zunächst die Begriffe Objektivität und Parteilichkeit ganz beiseite lassen und im diachronischen Durchgang an einigen Beispielen zu zeigen versuchen, was sich im Horizont unserer Frage mit dem reichen Quellenstoff und dem gewöhnlichen Instrumentarium des Historikers ausmachen läßt. Erst am Schluß werden einige thesenhafte Zusammenfassungen folgen.

Die Beispiele betreffen vier besonders interessante Abschnitte der katholischen Lutherhistoriographie:

1. den Aufbau des polemischen, antiprotestantischen Lutherbildes zu Luthers Lebzeiten; dabei geht es vor allem um die „Commentaria de actis et scriptis M. Lutheri“ des Johann Cochlaeus,
2. die Ansätze zum Abbau des polemischen Lutherbildes in der katholischen Aufklärung,
3. die neue Verfestigung eines polemischen Lutherbildes im 19. Jahrhundert im Zeichen von Ultramontanismus und Kulturkampf und
4. die irenischen Tendenzen der Lutherforschung seit den dreißiger Jahren – mit einem Ausblick auf die jüngsten Tendenzen zu einer konservativen Instrumentalisierung des positiven Lutherbildes in den innerkatholischen Auseinandersetzungen der Gegenwart.

Dabei steht die Historiographie des deutschsprachigen Bereiches durchaus im Vordergrund. In Sachen Luther haben die Wandlungen der Interpretation im außerdeutschen Bereich meist sekundären Charakter, so interessant und aufschlußreich auch manche Aspekte der hier anzutreffenden Verbindung nationaler und konfessioneller Bewertungen sind.

Einige kurze methodische Hinweise sind vorauszuschicken. Jeder Kenner der Geschichte der Historiographie weiß, daß wir hier bis heute im Banne einer ganz überwiegend nur ideengeschichtlichen Betrachtungsweise stehen. Den Wandel historiographischer Konzeptionen im Wandel des Totums menschlicher Lebensbedingungen und Lebensformen unverkürzt aufzuzeigen – das ist ein weithin unerfülltes Desiderat. In verschärfter Form gilt diese Feststellung für den Bereich von Religion und Kirche. Einen augenfälligen Aspekt dieser Problematik hat kürzlich ein junger Missionshistoriker folgendermaßen bezeichnet: „Es soll . . . auf die im kirchlichen Selbstverständnis aller christlichen Konfessionen vorherrschende Bereitschaft, die historische und soziale Bedingtheit des Handelns der Kirchen und der in ihrem Auftrag agierenden Individuen zu negieren, hingewiesen werden.“[2] Wir haben es auf beiden Seiten unseres Themas mit kirchlichen Phänomenen zu tun, die unter diese Kritik fallen: auf der Objektseite Luther, der Reformator und Begründer des evangelischen Kirchenwesens, auf der Subjektseite die katholische Kirche bzw. die kirchlich verfaßten Katholiken. Es geht um einen Fragenbereich, der inmitten der heute so eifrig betriebenen Methodendiskussion in zweifacher Hinsicht vernachlässigt ist und infolgedessen durch eine doppelte Unsicherheit gekennzeichnet wird: 1. durch die allgemeine Unsicherheit hinsichtlich einer über die bloße Ideengeschichte hinausgreifenden, gesamtgeschichtliche Zusammenhänge erfassenden Methode der historiographischen Forschung, 2. durch die spezifische Unsicherheit, die in der heutigen Geschichtswissenschaft über den Gegenstandsbereich von Religion und Kirche herrscht, mit welchem wir auf der Objekt- wie auf der Subjektseite befaßt sind. Auf beide Probleme kann hier nur in knappster Form eingegangen werden.

Ad 1: Die Interpretation eines historischen Œuvres aus den zeitgenössischen Konfliktsituationen verschiedenster Art (national, sozial, kirchlich, kulturell) ist das eine – der historiographische Traditionszusammenhang, in dem der Autor steht, seine persönliche Lebenserfahrung und seine spezifische Forschungs- und Formkraft sind andere Faktoren, deren Beachtung nicht minder wichtig erscheint. Wir wissen heute im allgemeinen, wie sehr jede Geschichtsschreibung Konstruktion ist, die für ihre jeweilige Deutung des Geschehenen mit allen verfügbaren Mitteln des sprachlichen Konsensus, der kulturellen, sozialen und politischen Evidenz beim Publikum wirbt. Es tritt also zu der „Seinsgebundenheit" des Historikers, die er in seinem Werk reflektiert, die weiterreichende Deutungsabsicht, die ihrerseits in einem komplizierten Vermittlungsvorgang an der Veränderung von Bewußtseinsstrukturen und dementsprechend sogar an der Formierung von handlungsorientierten Gruppen mitwirken kann. Die Verschränktheit dieser rezeptiven und aktiven Faktoren in der Geschichtsschreibung ist mit gleicher Aufmerksamkeit zu beachten wie die Vielfalt ihrer individuellen und gruppenmäßigen Voraussetzungen. Aber dabei sollte eine andere Perspektive nicht zu kurz kommen: die Frage der Gültigkeit und Anwendung spezifischer wissenschaftlicher Regeln, die das Genus der Geschichtswissenschaft und Geschichtsschreibung als solches erst konstituieren und damit den formalen Rahmen jeder Deutungsabsicht bieten.

Bei den Wandlungen einer historiographischen Konzeption kommen also, vereinfacht gesagt, drei verschiedene Ebenen in Betracht: die Ebene eines vorausgegangenen oder gleichzeitigen Wandels der „Lebenswelt", wodurch der Historiker veranlaßt wird, seine Perspektiven nach- oder mitvollziehend zu ändern; die Ebene eines Wandels der Deutungsabsichten, sie hat gegenüber dem Wandel der Lebenswelt eine relative Autonomie: hier kann es antizipierende und damit eventuell richtungweisende Deutungen geben, übrigens auch gegensätzlich auf den realhistorischen Wandel antwortende Konzeptionen; schließlich die Ebene der eigentlichen „Wissenschaftlichkeit". Dabei sollte nicht übersehen werden, daß der wissenschaftliche „Regelzwang" auch bei gleichbleibendem Regelsystem im Sinne von Korrektur, Ausgleich, Konvergenz verändernd wirksam werden kann (wobei freilich jeweils auch nach dem Einfluß lebensweltlicher Veränderungsfaktoren auf die Ermöglichung oder Motivation des Ausgleichswillens zu fragen ist). Erst recht kann ein Wandel des wissenschaftlichen Regelkanons auf die Deutungsabsichten Einfluß haben oder auch unmittelbar zu Wandlungen einer historiographischen Konzeption führen.

Ad 2: Religionen und Kirchen können einerseits als gesellschaftliche Subsysteme aufgefaßt werden, mit besonderer Wirkweise in Kommunikation und Sozialisation. Andererseits gibt es – vor allem im Bereich des Christentums – Historiker in nicht geringer Zahl, die den von ihnen persönlich anerkannten Absolutheitsanspruch eines religiösen Systems unmittelbar in ihre Geschichtsbetrachtung einbringen wollen. Da es sich hierbei meist um großkirchlich orientierte Forscher handelt, also um Forscher mit einem beschränkten, aber absolut gesetzten religiösen Erfahrungsbereich, ergeben sich bei einer so konzipierten Historiographie auch im Bereich der empirischen Geschichte der Kirchen große methodische Schwierigkeiten. Auf die Diskussion der einschlägigen Theorien von Heilsgeschichte, Kirchengeschichte etc. will ich nicht eingehen, auch nicht auf die noch interessantere Frage nach der jeweiligen Praxis dieser oder jener „kirchengeschichtlichen" Forschungsrichtung. Schließlich gibt es heute die Meinung, daß zwar jede Art von traditioneller „Historia ecclesiastica" als unwissenschaftlich abzulehnen sei, daß aber die eigenartige Valenz der religiös-kirchlichen Phänomene einer methodologischen Durcharbeitung bedarf, die über die landläufige Klassifizierung als gesellschaftliches Subsystem hinausgeht. In diese Richtung zielen neuere Ansätze einer Religionsgeschichte. In diesem Umkreis scheinen mir vernünftige und weiterreichende Möglichkeiten zu liegen[3].

Doch was heißt das in concreto? Der Blick auf die Diskussion über das Protestantismus-Kapitalismus-Modell Max Webers oder auf die jüngste, noch wesentlich unbefriedigendere Debatte „Reformation oder frühbürgerliche Revolution" zeigt, wie weit wir heute noch von einer angemessenen Methodik in Sachen Geschichte der Religion und des

Christentums entfernt sind. Überaus anspruchsvoll stellt sich die Aufgabe dar, einerseits die theologisch-kirchlichen Selbstaussagen und Motivationen der Zeitgenossen ernst zu nehmen und andererseits den Fragen nach den nichttheologischen Bedingungen und Kräften ihres Handelns und der jeweiligen Entscheidungsprozesse nicht auszuweichen. Da hilft es nicht viel, allgemein zu reden von der geschichtlichen Totalität als einem „interdependenten Regelsystem, in dem sich Veränderungen in einem Bereich auf zahlreiche andere Bereiche auswirken" (Hans-Ulrich Wehler).

Wenigstens ein näherer Hinweis zu den Methodenproblemen einer modernen Reformationsforschung sei hier angebracht. Wir kennen den Tatbestand, daß die Menschen des 16. Jahrhunderts für ihre – wie auch immer gestalteten und bedingten – Lebensfragen überwiegend nur eine theologisch-religiöse Artikulation finden. Unter den Erklärungen für diesen Tatbestand erscheint mir eine besonders wichtig und hervorhebenswert: Das Prinzip einer intendierten Veränderung und Verbesserung der „Zustände" war aufgrund der mittelalterlichen Voraussetzungen (institutioneller und bewußtseinsmäßiger Art) vor allem im religiös-kirchlichen Bereich beheimatet. Nur hier waren Forderung, Motivation, Methoden und Ziele einer „Veränderung" in direkter Weise ausgearbeitet (profectus ecclesiae, reformatio Christianitatis). In diesem Rahmen stellen allerdings die vorreformatorischen Ansätze eines humanistisch-rationalen Reformismus ein besonders wichtiges Sonderproblem dar, auf das ich hier leider nicht eingehen kann[4]. Auch diese Ansätze waren jedoch im allgemeinen von der christlichen Ethik her motiviert. Sie wurden im konfessionellen Zeitalter alsbald umgeformt – retheologisiert und entsäkularisiert, wenn man so sagen will. Sprache, Bewußtsein, deklarierter Wille bleiben also weitgehend innerhalb des theologisch-kirchlichen Horizontes, die dahinterstehenden „objektiven" Probleme reichen natürlich viel weiter. Und diese scharfe und spezifische Heteronomie von Subjektivität und objektiver sozialer und kultureller Problemlage gilt es bei der Reformationsgeschichte stets im Auge zu behalten.

Soweit ad 2. Weitere einführende Bemerkungen – etwa zum Thema Biographie und Geschichtswissenschaft oder zur Frage der Nachwirkung der antiken Historiographie und Biographik auf Form und Inhalt des neuzeitlichen historischen Instrumentariums – bleiben beiseite. Schließlich soll am Rande darauf hingewiesen werden, daß die Unmöglichkeit einer entsprechenden Berücksichtigung des Wandels der evangelischen Lutherinterpretation im vorliegenden Zusammenhang besonders bedauerlich ist.

Wir wenden uns der ersten „Fallstudie" zu: Aufbau des polemischen, antiprotestantischen Lutherbildes zu Luthers Lebzeiten. Das maßgebende Werk stammt von Johannes Cochlaeus (Dobeneck), einem 1479 in Franken geborenen Humanisten (also fast gleich alt mit Luther), der zunächst mit Pirckheimer und anderen humanistischen Freunden Luthers Auftreten begrüßt, dann aber seit 1521 ihn theologisch und publizistisch im engsten Anschluß an die römische Kurie bekämpft. Seine „Commentaria de actis et scriptis Martini Lutheri" waren bereits 1536 nahezu vollendet, als Cochlaeus noch Hofkaplan des katholischen Herzogs Georg von Sachsen war[5]. Sie erschienen 1549, als Luther schon drei Jahre tot war und Kaiser Karl V. nach dem Sieg über die politisch-militärisch organisierten Protestanten die Szene beherrschte und mit reichsrechtlichen Mitteln die Rückführung des deutschen Protestantismus zur alten Kirche betrieb. Dies Werk des Cochlaeus blieb – wie der katholische Kirchenhistoriker Adolf Herte 1943 in einem dreibändigen Werk selbstkritisch nachwies[6] – bis tief in unser Jahrhundert innerhalb und außerhalb Deutschlands die maßgebende Grundlage einer durchaus polemischen, persönlich verunglimpfenden Lutherliteratur.

Dem Druck von 1549 ist interessanterweise ein ad hoc verfaßtes geschichtstheoretisches Prooemium vorausgeschickt: die Abhandlung „De ratione scribendi historias" des Konrad Braun. Der Verfasser ist ein bekannter Jurist und Schriftsteller der Epoche, bekannt vor allem als katholischer Ultra und Scharfmacher. Als Kanzler des Augsburger Kardinals, Otto Truchseß von Waldburg, hat er später an dessen Protest gegen den Religionsfrieden von 1555 mitgewirkt. Braun entwickelt zunächst die klassische humanistische Theorie der Geschichtsschreibung: „quod ex historia, tamquam vitae magistra, certas actionum humanarum formas et exempla, tum varia consilia, depromimus.“ Dann wendet er die allgemeine Erörterung zu der Geschichte der Häresien, schließlich zu dem besonderen Nutzen der Werke des Cochlaeus über Hus und Luther. Hier sehe man, wie gegen Häresien erfolgreich und wie ohne Erfolg vorgegangen wurde, hier lerne man also die zweckmäßige Art der Vertilgung der Häresien.

Der Seitenblick auf die geschichtstheoretische Einleitung der Luther-Kommentare des Cochlaeus ist in mehrfacher Hinsicht für dies Werk selbst aufschlußreich. Er zeigt die volle Inanspruchnahme des alten antiken und humanistischen Regelkanons der Historiographie für eine neuartige Wendung: für die Wendung zur Damnatio Luthers und seiner Anhänger. Luther ist für Cochlaeus aus dem Konsensus der Menschenwelt ausgetreten: „Unicus iste, non homo: sed malus inimicus, sub specie hominis.“[7] Diese Formel – Luther non homo – stammt bezeichnenderweise nicht von Cochlaeus noch von einem anderen katholischen Kontroverstheologen oder Historiker der Zeit. Sie stammt unmittelbar aus dem reichsrechtlichen Urteil, mit welchem der Kaiser 1521 die Reichsacht über Luther erklärte, aus dem Wormser Edikt: „Und damit alle ander des Luthers unzalpar bossheiten umb kürze willen unerzelt beleiben, so hat diser ainiger, nit ain mensch, sonder als der böß veinde in gestalt eins menschen ... (viele frühere Ketzereien) ... in ein stinkende phützen zusamen versamelt ...“[8] Entsprechende Wendungen, wo rechtliche Zensuren mit archaisch ritualisierten Beschimpfungen und Verwünschungen vermischt werden, finden sich auch in den päpstlichen Dokumenten zu Luther. Beide Traditionsstränge führen zurück zu den Topoi der mittelalterlichen Ketzerpolemik.

Gesamtgeschichtlich gesprochen: Das historiographische Grundkonzept des katholischen Lutherbildes orientiert sich an den normativen Stellungnahmen der obersten Instanzen des aus dem Mittelalter überkommenen katholischen Systems: Kaiser und Papsttum. Ein anderes ist die Frage, wie Form und Inhalt dieser Normentscheidungen zustande gekommen sind; sie reicht tief in die politisch-kirchlichen Entscheidungsprozesse und Konsensprobleme der Zeit[9]. Um den Konsens der Gebildeten und der Fürsten gegen Luther herzustellen, muß Cochlaeus dem Wittenberger bei jeder Gelegenheit die Qualitäten eines Menschen absprechen. Wenn einmal feststeht, daß Luther kein Mensch ist – und Cochlaeus scheint subjektiv davon überzeugt gewesen zu sein: wie hätte auch ein Mensch soviel Unheil anrichten können? –, dann gibt es kein Halten mehr auf dem Wege der anschwärzenden, finstersten Interpretation und der in die Geschichtserzählung eingeflochtenen Ratschläge, wie man mit einem solchen „Non homo“ und seinen Anhängern umgehen müsse, um eine weitere Zerstörung der Menschenwelt zu verhindern: Noch niemals in der Geschichte war das Menschengeschlecht so bedroht wie jetzt durch Luther und seine Anhänger. Dazu tritt bei Cochlaeus der verletzte Stolz und die Scham des nationalbewußten Deutschen, der dieses Unglück der Welt gerade von Deutschland seinen Ausgang nehmen sieht. Doch auch dieses Motiv ist keine persönliche Erfindung des Cochlaeus. Seit dem Beginn der Diskussion über Luther spielt es in der deutschen und europäischen Öffentlichkeit eine große Rolle.

Nun bietet sich eine Fülle von bezeichnenden Einzelheiten des Werkes zur Analyse an, von Einzelzügen, die aber in einem konsequenten Zusammenhang stehen: die Schilderung der Psyche Luthers, der Motivationen seiner Anhänger, des Räderwerks in dem stadtbürgerlichen reformatorischen Milieu, der Vorgänge in der literarischen Kriegsführung etc. Ein sozial- und kulturgeschichtlich interessantes Panorama, aber wir lassen all dies hier beiseite. Besondere Beachtung verdient der Übergang von der humanistischen zur konfessionellen Historiographie, der sich am Werk des Cochlaeus verfolgen läßt. Angesichts der Konzeption „Luther – non homo“ schrumpfen auch die an sich begrenzten Möglichkeiten einer humanistisch-rationalen Ursachenerklärung dahin. Die mit und seit Cochlaeus sich bildende konfessionelle Historiographie fällt weitgehend in die eben erst überwundene mittelalterliche Ketzertopik und Dämonologie zurück. Darin bleibt die protestantische Seite der katholischen nichts schuldig. Der Einfluß der grobianistischen

Tagespolemik beider Seiten, dann das Hervortreten neuer Aspekte der Spiritualität und der Hagiographie (wovon hier nicht zu sprechen ist) und schließlich das bedrängte, aber zähe Weiterleben gewisser humanistischer, auf „Objektivität“ zielender Kanones kennzeichnen diese Historiographie. Hier schneidet übrigens die protestantische Seite – jedenfalls innerhalb des deutschen Bereiches – besser ab als die katholische: Der hemmungslosen Polemik der „Magdeburger Zenturien“ steht im evangelischen Umkreis die wohl engagierte, doch humanistisch gemessene Leistung Sleidans gegenüber. Cochlaeus aber bestimmt auf katholischer Seite ohne spürbares Gegengewicht die Szene. Die Gründe hierfür sind mehrfacher Art; eine bedeutende Rolle spielte – wie oben angedeutet – der langfristige Zusammenbruch des katholischen Systems in Deutschland, der erst gegen Ende des 16. Jahrhunderts nach einer personellen und soziokulturellen Zäsur ohnegleichen zum Stillstand kam.

Ein heute vielfach diskutiertes Sonderproblem sei am Ende des Cochlaeus-Abschnittes noch kurz gestreift: Luther, der Bauernkrieg und die Fürsten. Cochlaeus hatte schon im Herbst 1525 eine antilutherische Flugschrift zum Bauernkrieg herausgebracht, die mit vielen Auflagen sein größter buchhändlerischer Erfolg wurde. Die hier vorgetragene Auffassung findet sich wenig verändert in den „Commentaria“ wieder: mit eindeutiger Bestimmtheit wird Luther die Hauptschuld an dem Bauernaufstand zugeschrieben (der in sich als ein völlig unsinniges Unternehmen erscheint). Die armen Bauern, die von Luther verführt wurden, werden von Cochlaeus bedauert, die Niederwerfungsstrategie der Fürsten kritisiert er aber keineswegs. Die Haltung Luthers nach dem Sieg der Fürsten wird als nackter, höhnischer Opportunismus hingestellt: „Nach dem er syhet, daß die Bawrn vnterligen, auff das er gnade fynde bey den Fursten, vbergibtt er nit allein leib und seel der armen und yemerlich verfurten Bawrn dem Teufel und ewigen todt, sonder schilt und schmehet auch die todten auffs aller vnerlichst.“[10] In der Schrift von 1549 wird diese Darstellung aus dem Jahr 1525 ergänzt durch eine akzentuiert obrigkeitsfreundliche Polemik gegen Luther: der Wittenberger hat nicht nur die Bauern aufgehetzt, er hat auch die Fürsten immer wieder in schändlicher Weise angegriffen, so daß es zu den furchtbaren Folgen kommen mußte. Doch bezeichnenderweise geht Cochlaeus schon 1525 einen wesentlichen Schritt über die wie auch immer einseitige und falsche Sachinterpretation hinaus. Er muß Luther persönlich verleumden, wo es nur geht. Und so mischt er die Eheschließung des Mönches – am 13./27. Juni, unmittelbar nach den großen Bauernmassakern – sogleich aufs böseste in den Bauernmord mit ein: „Vnd das man mog mercken vnd erkennen, das er (Luther) in solchen iamer vnd blutvergiessen hertzliche freud habe, hat er in kurtz, do der iamer am grosten was, ein Jungs weib offentlich tzu der ee genomen, triumphyrt, vnd hochtzeyt gehalten . . .“

„Luther – non homo“ – dies bleibt in teils gröberer, teils feinerer Weise der bestimmende Rahmen der katholischen Interpretation[11]. Demgegenüber kam die Auffassung versöhnlicherer katholischer Gruppen, angefangen von den „liberalen“ Reformern um Contarini, nicht zum Zuge und meist schon nicht zur Sprache. Die Person Luthers blieb als negativer Bezugspunkt der katholischen nachtridentinischen Identität auch dort fixiert, wo ansonsten, in Fragen der allgemeinen Beurteilung der Reformation und ihrer Ursachen und in dem Festhalten an ökumenischer Hoffnung, mildere Töne erklangen.

Einem erheblichen Wandel des Lutherbildes begegnet man – nach einigen Vorstufen, etwa bei Bossuet und Dufrène – erst im Umkreis der deutschsprachigen katholischen Aufklärung. Bekanntlich sind Begriff und Reichweite dieser katholischen Aufklärung bis heute nur ungenügend geklärt; ebensowenig haben wir eine differenzierte Vorstellung von ihren sozialen und kulturellen Voraussetzungen und Folgen. Das Moment des aufsteigenden Bürgertums wird wohl oft zu unvorsichtig betont. Im deutschsprachigen Raum spielt – wie im Falle Josephs II. – der aufgeklärte Absolutismus eine kaum zu überschätzende Rolle. Ein zweites Moment ist leichter zu fassen: die soziokulturelle Dynamik der zweiten Hälfte des 18. Jahrhunderts führt zur partiellen Wiederherstellung der seit zweihundert Jahren unterbrochenen Einheit deutscher Kultur und Sprache. Erstmals gibt es wieder breitere Ansätze zu einem freien literarischen Austausch zwischen dem protestantischen und dem katholischen Deutschland – mit komplizierten Umstellungs- und Zurechnungsprozessen auf katholischer Seite, wo das Ende von zwei Jahrhunderten romanischer Kulturdominanz mit der Krise der nonverbalen barocken Formkultur zusammenfiel. In diesen Umkreis gehören die Ansätze zu einer neuen, gerechteren Würdigung Luthers. Daß es nur Ansätze blieben, aus denen keine dauerhafte Revision hervorging, ist sehr zu betonen. Ob dies mehr aus dem raschen Wechsel der politisch-sozialen Gesamtkonstellation (Französische Revolution, Restauration in Staat und Kirche) oder mehr aus vorgegebenen inneren Problemen dieser katholischen Aufklärungspositionen zu erklären ist, scheint schwer zu entscheiden.

Ich komme auf drei Autoren zu sprechen, die bezeichnenderweise alle in den achtziger Jahren publizierten und deren Tätigkeit mit Josephs II. Wien zu tun hat. Zunächst das offizielle kirchengeschichtliche Lehrbuch der josephinischen Monarchie: Matthias Dannenmayers „Institutiones Historiae Ecclesiasticae" von 1788. Seit den siebziger Jahren des 18. Jahrhunderts hatte der österreichische Staat die Regelung des akademischen Unterrichts auch in der Theologie in die Hand genommen. Dannenmayers Lehrbuch bot also die vom Staat obligatorisch gemachte Norm der kirchengeschichtlichen Lehre, verbindlich für die Ausbildung aller Geistlichen von Freiburg im Breisgau bis Lemberg, von Prag bis Mailand. Dannenmayers Bild der Kirchengeschichte war für das Mittelalter ghibellinisch-antipäpstlich geprägt (wie schon bei den deutschen Humanisten, von wo diese Konzeption dann über Melanchthon und andere in das protestantische Geschichtsbild übergegangen war). In der Neuzeit sind für ihn einige durchgehende Gesichtspunkte maßgebend: das Kirche-Staat-Problem, das er in der Gegenwart durch das Engagement der christlichen Fürsten für eine aufgeklärte Kirchenreform positiv gelöst sieht: „religionis incrementa, salva conscientiae libertate, promovent."[12] Daneben steht das Interesse an einer Wiedervereinigung der Konfessionen, die infolge der Mißstände in der spätmittelalterlichen Kirche auseinandergeraten sind, und an dem allgemeinen Fortschritt der Bildung und Philosophie bei Protestanten und Katholiken. In diesem Bezugsrahmen wird Luther in kurzer, aber bezeichnender Weise gewürdigt. Zunächst erscheint er in ganz positiver Bewertung in der Ahnenreihe der heute endlich zum Siege gelangten „liberior philosophandi methodus", die von Reuchlin, Erasmus, Luther, Melanchthon über Bacon, Descartes, Pufendorf, Leibniz, Newton bis zu Christian Wolff heraufführt. Zum anderen figuriert Luther in der Geschichte des Ringens der christlichen Völker gegen die Mißstände in der Kirche; nachdem dies Ringen lange und erfolglos geführt wurde, „res tandem in apertum bellum erupit"[13]. Anlaß bot Leo X. mit dem Ablaß für St. Peter. Dagegen erhob sich der Augustinermönch Martin Luther, „vir ab ingenio, doctrina, eruditione, eloquentia et laborum patientia laudatus, propter vehementiam vero, et proclivititatem ad iram ab amicis etiam suis reprehensus". So erscheint Luther ohne weitere Verurteilung als Glied in einer dialektischen Bewegung, durch Umstände und Persönlichkeit zu einer Rolle bestimmt, auf die der heutige Katholik ohne jede Bitterkeit, mit Verständnis sogar, zurückblickt, aber doch von oben, von der fortschrittsfrohen Höhe seiner josephinischen Gegenwart aus.

Viel entfalteter ist das Lutherbild in der „Geschichte der Deutschen" des Michael Ignaz Schmidt. Das zwölfbändige Werk erschien 1778 bis 1793. Der Autor war Weltgeistlicher, zuerst Professor der Reichsgeschichte in Würzburg, dann wurde er als Leiter des kaiserlichen Archivs nach Wien berufen. Die „Geschichte der Deutschen" war zu ihrer Zeit bei Katholiken und Protestanten hoch angesehen, Schiller nannte sie „ein unendlich schätzbares Werk". Schmidt gab keine Kirchengeschichte, sondern politische Geschichte; so traten die Fragen nach den politischen und sozialen Wirkungen von Luthers Reformation in den Vordergrund. Und hier werden rasch die Grenzen der von Schmidt begonnenen Revision des katholischen Lutherbildes deutlich. Das seit Cochlaeus herrschende Prinzip der persönlichen Verleumdung des Reformators verläßt der Autor ohne Zögern. Er findet in ihm einen „denkenden Kopf und Mann von großem Muthe" und rühmt die „Unerschrockenheit sowohl als seinen Eifer für die gute Sache", nämlich im Kampf gegen die religiös-kirchlichen Mißbräuche, die Schmidt deutlich zeigt und verurteilt. „Redlichkeit,

Uneigennützigkeit und eine mit so vestem Muth verbundene Vaterlands- und Religionsliebe", das gefällt an Luther[14]. Aber in die eigentlichen Anliegen der Theologie und Existenz Luthers dringt Schmidt nicht ein. Er will es nämlich gar nicht. In eigenartiger Weise verbinden sich neue Maßstäbe der Aufklärung (besser: des aufgeklärten Absolutismus) mit weitergeführtem antilutherischen Traditionsgut zu einer erheblichen Kritik an Luther.

Die Freiheit: „Luther selbst, der nichts als christliche Freyheit im Munde führte, der die Untrüglichkeit der Kirche und der Koncilien für ein Unding hielt . . . war, ungeachtet seiner jedermann angebotenen Prüfung, nicht fähig, die geringste Abweichung von seiner Meinung zu ertragen. Man hat Widersprüche aus seinen Werken zusammen gesucht; der größte war aber ganz sicher, daß er keinen von andern leiden konnte. Wenn er demnach seine Lehre nach der Bibel wollte geprüfet haben, so geschah es bloß mit der Bedingung, eben das in derselben zu finden, was er fand."[15] Und weiter: „Die von Luthern so sehr gepriesene christliche Freyheit war bereits in ihren Ländern wahrer Zwang. Der Unterthan mußte sich wohl gefallen lassen, auf Luthers Art frey zu seyn, wenn er auch nicht wollte."[16] So spielt Schmidt in katholischer Tradition den Freiheitsbegriff gegen Luther aus, ohne jedoch selbst die katholischen Implikationen des Problems von Freiheit und Autorität zur Sprache zu bringen.

Ähnlich das für Schmidt als Aufklärer so wichtige Sprach- und Kommunikationsproblem. Luthers Bibelübersetzung wird gelobt und die kirchliche Erziehung der Vorreformation kritisiert: „Zuvor hatte man die Erziehung des gemeinen Manns fast gänzlich versäumt."[17] Aber es wird sogleich Luther vorgeworfen, daß es „ein Blendwerk war, und noch ist, dem gemeinen Mann zuzumuthen, sich ein Religionssystem" aus der Bibel zu bilden. Schärfer noch trifft Luther der Vorwurf, durch überflüssige theologische Spekulationen (Willensfreiheit) und durch Abweichen vom gewohnten Sprachgebrauch unüberwindbare Verwirrung gestiftet zu haben: „Das Schlimmste bey der Sache war, daß er sogleich von den bis daher gewohnten Redensarten abgieng, und sich neue schuf, dadurch aber nicht allein sich selbst einiger Maaßen den Rückweg verlegte, sondern für allzeit zwischen ihm und seinen Gegnern gewisse Gränzsteine und Schranken setzte, so daß man sich von dieser Zeit an einander weder mehr verstehen wollte noch konnte."[18]

In Sachen Bauernkrieg bleibt Schmidt ziemlich nahe bei Cochlaeus. Er erzählt seinen Lesern, wie Luther die Fürsten zwar schließlich aufgefordert habe, das Schwert gegen die Bauern zu ergreifen: „Allein, daß wenigstens mittelbar alle dieser Unfug von seiner angefangenen Neuerung und von seinen Deklamationen von der christlichen Freyheit herrührte, konnte er wohl keinem Vernünftigen ausreden."[19] Am Rande sei hier auf die von einem anonymen evangelischen Autor 1783 veranstaltete kommentierte Ausgabe der Luther betreffenden Abschnitte aus der „Geschichte der Deutschen" hingewiesen. Dieser Kommentar druckte zu dem zitierten Satz Schmidts folgende Entgegnung: „Anm. des Herausgebers: Vernünftigen Leuten, die hierüber unparteyisch nachdachten, konnte doch nicht einfallen, daß Luthers Reformation zu diesem Unheil Anlaß gegeben habe. Blödsinnige und boshaftige Leute, dergleichen es ohne Zweifel unter den Bauern genug gab, misbrauchen und verkehren alles, auch die heiligste und unschuldigste Dinge."[20] Man sieht, wie einig man sich bei beiden Konfessionen hinsichtlich des Bauernkrieges war. Mir ist nicht bekannt, ob es in der Aufklärungshistorie sonstwo ernsthafte Ansätze zu einer Revision dieser Wertungen gab.

Doch kehren wir abschließend zum Zentrum der Lutherfrage zurück, wie sie sich für Schmidt stellte: Was bedeutete Luthers Auftreten für den Fortschritt der Aufklärung? Schmidts Antwort ist typisch und klar, mit scharf zutreffender katholischer Selbstkritik verbunden, aber dennoch entfernt von einer gerechten Würdigung Luthers. Ich zitiere: „Wenn im Ganzen genommen, die Aufklärung durch Luthers Dazwischenkunft eher gehemmt, als befördert ist worden, so trifft dieses doppelt in Ansehung derjenigen zu, die dem alten Religionssystem anhängig geblieben sind, als welche nun auf einmahl so sehr in die Enge getrieben wurden, daß mehr als zwey Jahrhunderte nöthig waren, bis sie sich wenigstens in Deutschland etwas freyer zu athmen getrauten."[21]

So führt die geschichtliche Rechenschaft über das in Schmidts Lebensbereich noch tief hineinragende Zeitalter konfessioneller Intoleranz zwar zu einer neuen, selbständigen Betrachtungsweise der Reformation. Aber gerade aus der Annahme einer aufklärerischen Idee des kirchlich-religiösen Fortschritts ergeben sich in puncto Luther schiefe Urteile neuer Art.

Als dritte Stimme aus der katholischen Aufklärung sei der Piaristenpater Johann Siegfried Wiser zitiert, Professor der Pastoraltheologie an der Universität Wien. Wiser, der Luthers Frömmigkeit bewunderte und eine dreibändige Übersetzung von Lutherbriefen herausgab, hat dies bis ins 20. Jahrhundert büßen müssen. Für den Jesuiten Hartmann Grisar gilt er noch 1912 als ein „sehr zweifelhafter Katholik" und wird der „seichtesten Aufklärung" zugerechnet[22]. Wiser hat das gewiß nicht verdient. Er ist wohl insofern ein Außenseiter gegenüber Dannenmayer und Schmidt, als er Luther von der Seite des religiösen Gefühls nahekommt. Diese Werte will er für die Katholiken erschließen und zur Überwindung der konfessionellen Spaltung einsetzen. Weit entfernt von einer theologischen oder historischen Würdigung Luthers lebt Wiser von Liebe und Hoffnung. Der Überschwang seines Gefühls für Luther, wie es in der Einleitung des 1783 erschienenen Briefwerkes zur Sprache kommt, läßt sich übrigens unschwer mit ähnlichen Phänomenen der Zeit in Verbindung setzen. Wiser würde eine ausführliche Würdigung verdienen. Ich gebe nur ein Zitat aus seiner „Vorerinnerung": „... Ich wüßte auch nicht, woraus man den Charakter dieses Paulus ähnlichen Mannes besser lernen kann, als aus seinen Briefen, in denen sein Herz ohne Heel da liegt, die uns ganz mit dem Geiste der Reformation bekannt machen, und, wenn sie auch zuweilen an Heftigkeit grenzen, den Leser nie ohne Erbauung lassen. Der Übersetzer hat das Vergnügen genossen, dieß alles aufs neue und lebhafteste zu erfahren; und hat daher denen, die ihn verstehn, nichts anders zu sagen, als daß er mit einer Glaubensfreutigkeit, die über alle Weltgröße oder Stürme erhaben ist, und die nichts zu erschüttern vermag, und mit aller der Hochachtung, die er für ein so theures Rüstzeug Gottes immer hatte, aber bey der Arbeit selbst noch inniger einsog, diese Übersetzung dem besser denkenden Theil des Publikums übergebe."[23]

Der dritte Abschnitt gilt der neuen Ausarbeitung eines polemischen Lutherbildes im 19. Jahrhundert im Zeichen von Ultramontanismus und Kulturkampf. Es handelt sich um sehr paradoxe Vorgänge. Inmitten des Jahrhunderts der Mobilität, der Öffentlichkeit, der Wissenschaftlichkeit geht der Katholizismus in Deutschland und in Europa einen Weg, der weithin in die politisch-soziale Absonderung und in das kulturelle Ghetto führt[24]. Am Anfang des 19. Jahrhunderts steht noch die Toleranz der Aufklärung, wirken die Gedanken des Idealismus und der Romantik auch bei den Katholiken – bei allem Unterschied – noch in die gleiche Richtung von Versöhnung und Ausgleich und Einheitshoffnung. Am Beginn des 20. Jahrhunderts bringt das deutsche katholische Milieu mit den großen Lutherarbeiten des Dominikaners Heinrich Suso Denifle (1904–07) und des Jesuiten Hartmann Grisar (1911–12) inmitten einer liberalen, wissenschaftlich geprägten Kultur neue Höhepunkte intoleranter und verzeichnender Lutherdarstellung hervor. Dabei ist nicht zu vergessen, daß die Arbeiten von Grisar und ganz besonders die Studien von Denifle gelehrt und in mancher Hinsicht wissenschaftlich weiterführend waren.

Paradoxe Erscheinungen erfordern eine besonders genaue und eingehende Behandlung. Doch kann ich hier nur ganz skizzenhafte Bemerkungen bieten. Es war wohl schon bei der einleitenden Thematisierung zu bemerken, daß mir in diesem Abschnitt die soziokulturelle und politische Gesamtentwicklung des Katholizismus eher als primär, der Wandel im Bereich der Historiographie eher als ein sekundäres Phänomen erscheint. Diese Gesamtentwicklung hat im deutschen Bereich zwei Phasen. Mit dem Stichwort Ultramontanismus wird die Entstehung eines neuen kirchlichen Selbstbewußtseins bezeichnet: stark an der römischen Zentrale orientiert, kritisch gegen die Ideen von 1789 und gegen den

Liberalismus in seinen prinzipiellen Ansprüchen, aber sich stützend auf die neuen Mittel der Presse, des Vereinswesens, der Mobilisierung und Solidarisierung großer Massen auch gegen die staatlichen Autoritäten.

Die zweite Phase – Kulturkampf – bringt vor allem in Mitteleuropa eine weitere Verschärfung der Konfliktsituationen zwischen Katholizismus und moderner Welt: einerseits das Ende der großdeutschen Hoffnungen und die erstmalige Minoritätssituation der deutschen Katholiken in dem protestantisch dominierten Kaiserreich von 1871, andererseits die Verfestigung des römischen Zentralismus und einer neuscholastischen Theologie (nicht zuletzt durch das I. Vatikanum). Bekanntlich behaupteten die nun in der Zentrumspartei auch politisch zusammengefaßten deutschen Katholiken sich im Kulturkampf. Sie faßten diese Kämpfe als Versuch auf, sie ihrer Identität zu berauben, und leisteten entschlossenen und erfolgreichen Widerstand. Aber auch die Negativbilanz dieses Verteidigungssieges war weitreichend: soziale, politische und kulturelle Isolierung, Mentalitäten einer belagerten Festung, Bildungsdefizit, schließlich Minderwertigkeitskomplexe allgemeinster Art samt der daraus folgenden Neigung zu politisch-kirchlichen Kompensationsgeschäften mit den Herren des Wilhelminischen Reiches.

Doch zurück zur Lutherhistoriographie. Auch hier müssen Stichworte genügen. Neu war nun das Stichwort „Revolution“. Die Französische Revolution und Zug um Zug die weiteren Veränderungsprozesse der alten Gesellschaft und die Bestrebungen der Linken – all das wurde auf katholischer Seite eingebaut in ein zunehmend eindeutiges Geschichtsbild welthistorischer Dekadenz: Luthers Reformation wurde zur Vorstufe der roten Revolution, zum Ausgangspunkt der Entchristlichung der modernen Welt. Dem entsprach die immer enger werdende Bindung an das Papsttum und der Ausbau der defensiven Massenorganisationen; frühere innerkatholische Freiheitsräume wurden eingeengt; einfache und undifferenzierte Urteile wurden wieder gefragt, wie im 16. Jahrhundert. Diese Entwicklungen verliefen im Bereich der Lutherinterpretation mit manchen Varianten und Zögerungen, insgesamt aber erwiesen sie sich bis ins 20. Jahrhundert als irreversibel. 1809 konnte der Konvertit Friedrich Leopold Graf zu Stolberg noch an einen protestantischen Freund schreiben: „Wider die Person Luthers, in welchem ich nicht nur einen der größten Geister, so je gelebt haben, sondern auch große Religiosität, die ihn nie verließ, ehre, werde ich nie einen Stein aufheben.“[25] Das änderte sich bald. Seit den zwanziger Jahren schrieb man wieder tapfer gegen Luther: auch bedeutende Köpfe, wie Möhler und Döllinger, konnten oder wollten sich dem Zug der Zeit nicht entziehen, katholische Selbstbehauptung an der Lutherkritik festzumachen. Und aller neue Reichtum empirischer Forschung, der die deutsche Geschichtswissenschaft dieser Jahrzehnte kennzeichnet, änderte nichts an der Grundposition. Die unendlich detailreiche Reformationsgeschichte des spätromantisch inspirierten Johannes Janssen ist ein besonders eindrucksvolles Beispiel[26]. Eine stupende Gelehrsamkeit wird in den Dienst einer ebenso einfachen wie falschen These gestellt: Die vorreformatorische Welt war im wesentlichen in Ordnung, erst durch Luther kam die Katastrophe, der Zusammenbruch auf allen Lebensgebieten. Einige der besten Köpfe unter den katholischen Historikern, die sich vor allem mit der Reformation beschäftigten, trennten sich 1870/71 aus Protest gegen das Erste Vatikanische Konzil von der Kirche: Döllinger, Cornelius, August von Druffel, Moriz Ritter. Bei den Übriggebliebenen sieht man, wie dort, wo die Richtung noch nicht ganz stimmte, im Laufe der Zeit Korrekturen in einer abweisenden Richtung erfolgen. Spätere Auflagen werden in lutherfeindlichem Sinne umgearbeitet. Franz Xaver Kraus schrieb 1875 in der ersten Auflage seines „Lehrbuchs der Kirchengeschichte“ über Luther: „In ihm fand die Nation mit ihren Klagen und Forderungen einen Sprecher, der Geist, Kraft und Kühnheit in großartigster Weise verband: dem sie vertrauensvoll sich hingab, in dem sie ihr eigenstes Ich verkörpert sah – den populärsten und gewaltigsten Volksmann, der seit Jahrhunderten in der Kirche aufgestanden.“ „Ein tiefreligiöses Gefühl, das unablässig nach Befriedigung rang, eine offene Seele voll Großartigkeit und Kraft darf ihm nicht abgesprochen werden.“ Diese und ähnliche

Äußerungen stießen auf heftigste Kritik bei katholischen Fachkollegen, in der dritten Auflage von 1887 fehlen sie ganz[27].

Die Spätfrüchte dieser Epoche neukonfessioneller Polemik wurden schon genannt: Denifles „Luther und Luthertum in ihrer ersten Entwicklung" und Grisars dreibändiger „Luther". Beide Forscher haben auf anderen Gebieten Erhebliches und dauerhaft Anerkanntes geleistet, Denifle auf dem Gebiet der mittelalterlichen Philosophiegeschichte, Grisar u. a. mit seinen antiquarischen Arbeiten zur älteren Geschichte Roms. Mit Luther aber war es etwas anderes. Jedin nennt Denifles Arbeit ein Werk, „das durch seine Problemstellungen die Lutherforschung bis in die Gegenwart in Atem gehalten hat und das zugleich das erbittertste und wuchtigste Pamphlet gegen Luther war, das die katholische Literatur seit Pistorius (1600) aufzuweisen hat"[28]. Ich weiß nicht, ob dies Urteil auch der Wirkungsgeschichte von Denifle gerecht wird. Denn was wir mit Jedin forschungsgeschichtlich positiv zu bewerten haben – die expliziten Fragen nach dem „jungen Luther" und nach Luther und der Scholastik –, das wird doch bei Denifle selbst und nach Denifle auf weite Strecken kompromittiert durch das massive Wiederaufleben der alten Polemik. Kurz gesagt: Luther wird bei Denifle insgesamt von seinen „fleischlichen Begierden" her gedeutet; eine pansexuelle Interpretation, wie ein heutiger katholischer Kritiker es nennt. Eines ist also der gelehrte Fortschritt: Luther kann seit Denifle nicht mehr anders als vor dem mittelalterlichen Hintergrund gewürdigt werden. Ein anderes ist der polemische Rückfall in die Kategorien eines Cochlaeus.

Grisar will als rheinischer Jesuit den Grobianismus des Tirolers Denifle vermeiden. Aber er steht mutatis mutandis im gleichen schiefen und polemischen Bezugssystem. Abnorme seelische Veranlagung und psychosomatische Leiden sollen den Schlüssel zu Leben und Werk des Reformators abgeben. Und dementsprechend wird auch die Reformation als solche nicht zum Gegenstand katholischer Selbstkritik. Nebenbei: die internationale Wirkung beider Autoren war durch Übersetzung und Popularisierung groß, sie reicht bis in unsere Tage.

Zum Schluß dieses Abschnittes bleibt die Frage: Wie war so etwas möglich? Die Antwort hat sehr verschiedene Faktoren zu berücksichtigen, nicht zuletzt die Summe der Verfolgungen und Erniedrigungen, die der deutsche Katholizismus im Kulturkampf erlitt. Verfehlte Abwehrreaktionen gegen das bildungsstolze liberalprotestantische Establishment verstärkten nur noch den circulus vitiosus, aus dem erst spät und mühsam ein Ausgang gefunden wurde. Die Lutherwerke Denifles und Grisars sind auch als Antworten auf die nationalprotestantische Lutherheroisierung dieser Zeit zu verstehen (die ja ihrerseits gleichfalls von den Möglichkeiten einer wissenschaftlichen Konvergenz wegführte). Ja, noch mehr: Denifles und Grisars Lutherbücher können in gewissem Sinne als Werke der Exilliteratur betrachtet und mit den entsprechenden Kriterien gewürdigt werden – was bisher noch nicht geschehen ist. Beiden Autoren war a limine ein Platz im wissenschaftlichen Establishment deutscher Zunge verwehrt: Grisar wurde als Jesuit gezwungen, Deutschland zu verlassen; der Dominikaner Denifle konnte an keiner deutschsprachigen wissenschaftlichen Institution zu Stuhle kommen, er fand schließlich eine Stelle als „sottoarchivista" des Vatikanischen Archivs.

Der vierte Abschnitt unserer Bemerkungen zieht zwei Aspekte in Betracht: zunächst den Durchbruch irenischer und wissenschaftlich ausgleichender Tendenzen in der katholischen Lutherinterpretation. Hier gibt es Vorläufer seit der Jahrhundertwende: Sebastian Merkle, Franz Xaver Kiefl; es gibt die zentrale Leistung von Joseph Lortz, 1931 in nuce vorgetragen[29], 1939/40 in dem zweibändigen Werk „Die Reformation in Deutschland" breit entfaltet. Diese um Gerechtigkeit für Luther ringende Konzeption ist heute wohl zum Allgemeingut auf katholischer Seite geworden. Neben und nach Lortz stehen andere Forscher, die in ähnlicher Richtung arbeiten. Dieser Aspekt ist – trotz verschiedener Fragezeichen – im allgemeinen freundlich, er wird von protestantischer Seite positiv gewürdigt, er paßt gut in die ökumenischen Tendenzen unserer Zeit und scheint wissenschaftsgeschichtlich eine wenigstens partielle Konvergenz zu beweisen: schließlich trifft man sich doch; auch beim treuen Festhalten an den unterschiedlichen außerwissenschaftlichen Voraussetzungen der beiden kirchlichen Großgruppen scheint eine geschichtswissenschaftliche Übereinstimmung weitgehend möglich.

Der zweite Aspekt, weniger augenfällig, erst seit Ende der sechziger Jahre bemerkbar, paßt nicht in diese Konvergenztheorie, wirkt beunruhigend und wirft neue Fragen auf; ich meine die Tendenzen zu einer konservativen Instrumentalisierung des positiven Lutherbildes in den innerkatholischen Auseinandersetzungen der Gegenwart. Zu beiden Aspekten ganz kurze Hinweise.

Die Lutherinterpretation von Lortz und ihre Rezeption ist einerseits zu sehen vor dem soziokulturellen Hintergrund: langsame Auflösung des Blockcharakters und der Isolierung des deutschen Katholizismus (mit allen Implikationen der präfaschistischen, der faschistischen und der Adenauerschen Wirklichkeit). Sie ist andererseits zu sehen im Rahmen einer bemerkenswerten theoretischen Ausarbeitung, die sich freilich schon vor Lortz anbahnte und die von einer größeren Gruppe katholischer Gelehrter mitgetragen wurde: der faktische „Weg aus dem Ghetto“ wurde begleitet von der mühsamen, aber ergebnisreichen Arbeit an einem überkonfessionellen wissenschaftlichen Plafond. Ohne Zweifel halfen auch dabei außerwissenschaftliche Faktoren: nationale und bürgerliche Solidarität (schon im Wilhelminischen Deutschland ging das wesentlich national- und gesellschaftspolitisch zu verstehende Schlagwort von der „gemeinsamen christlichen Weltanschauung“ um), Krise der liberalen Kultur.

Die selbständige Qualität dieser theoretischen Ausarbeitung nach langen Jahrhunderten der Polemik und der als nationales Unglück empfundenen konfessionellen Trennung kann ich hier nicht darlegen, sondern nur andeuten, vielleicht am einfachsten durch ein Zitat aus der Einleitung, die Lortz 1939 der ersten Auflage seiner Reformationsgeschichte vorausschickte:

> „Nur eine naive materialistische und fatalistische Geschichtsdeutung vereinfacht das Problem in der Weise, als ob große Ereignisse der Menschheitsgeschichte ihre absolute, metaphysische Rechtfertigung immer schon in sich selber trügen. Lediglich eine relativistisch erweichte, der eigenen Kraft nichts zutrauende Haltung glaubt, die Ehrfurcht vor jedem Großen in der Geschichte nur durch vorbehaltloses . . . Bejahen erreichen zu können. Im Gegensatz zu solchen Auffassungen läßt eine christliche und damit tief menschliche Beurteilung im geschichtlichen Faktum durchaus Raum für subjektives Verdienst oder subjektive Schuld des Menschen, und sie gibt infolgedessen die Möglichkeit, in voller Ehrfurcht, ja in bewußter Schicksalsgemeinschaft auch vor einer Vergangenheit zu stehen, mit der sie ins Gericht geht. *Die Aufweisung eines tiefen historischen Sinnes entscheidet noch nicht über Wahrheit und Irrtum, Verdienst oder Schuld.* Die entgegenstehende Behauptung gehört zum Wesen des dogmenlosen und deshalb ewig schwankenden Liberalismus. Vielmehr, weil auch der Irrtum seine große positive Rolle in der Geschichte spielt, weil die ‚felix culpa‘ sogar zu den *tragenden* Kräften der Geschichte gehört, ist zu bekennen, daß es historische Sinnerfülltheit gibt, die inhaltlich *nicht* die Wahrheit vertritt. Ursache und Schuld sind nicht dasselbe. Schuld schließt immer die Ursache ein. Ursache kann die Schuld einschließen, sie muß es nicht. – Erst von dieser Plattform aus wird eine *wesentliche* Kritik an weltumstürzenden, siegreichen Bewegungen möglich. Zu ihnen gehört die Reformation. Umgekehrt: Wer die Reformation allein schon durch ihr Dasein für gerechtfertigt im letzten Sinne ausgibt, liefert das Christentum an den ewigen Wandel des Geschichtlichen aus, muß auf seine Absolutheit verzichten.“

Die Eigenart dieser theoretischen Prämissen liegt auf der Hand: sie sind antiliberal (und so wird Erasmus buchstäblich preisgegeben, um Luther gerecht zu werden); sie sind vitalistisch beeinflußt (was dem Verständnis der Person Luthers zugute kommt); Wertung und Faktizität werden in sehr persönlicher Weise getrennt und neu verbunden. Auf dieser Basis gelang es Lortz, nicht nur für Deutschland, sondern für den Weltkatholizismus erstmals ein Lutherbild auszuarbeiten, das mit der alten Polemik entschieden aufräumte. Fragen blieben genug, etwa der zentrale Begriff des „Subjektivismus", mit dem Lortz Luthers Psyche zu deuten versuchte („psychologisierende Fehldeutung" sagten hierzu selbst wohlmeinende Protestanten), oder die Unklarheiten der ekklesiologischen Fragestellungen, oder die fast völlige Vernachlässigung der außerkirchlichen Faktoren. Doch das Entscheidende war: die Ebene einer wissenschaftlichen Diskussion war gesichert, ohne Mißachtung der glaubensmäßigen Kontroverse. An die Stelle von „Luther – non homo" war Luther als homo religiosus getreten.

Das war ein großes Ereignis, und es wirkte auch weiter über die wissenschaftliche Welt hinaus auf den Fortgang der ökumenischen Bestrebungen. Diese Weite der Wirkung war beabsichtigt und wurde von klugen Beobachtern rasch bemerkt. So schrieb Ricarda Huch 1940: „Dem Verfasser ist es gelungen, seiner Darstellung vorbildliche Objektivität zu geben und sie doch mit dem Feuer persönlicher Überzeugung zu beseelen. Ich glaube, Katholiken wie Protestanten werden eine neue Einstellung zu Luthers Person und innerem Leben gewinnen; beide werden, wenn sie sich von der sicheren Hand des Verfassers führen lassen, dem tragischen Problem der Kirchenspaltung mit gereiftem Verständnis gegenüberstehen."[30]

Ich überspringe die Etappen der weiteren Diskussion und Revision, die Beiträge anderer Autoren zu dem neuen katholischen Lutherbild, auch die Frage der korrigierenden Wirkung auf das römische Lehramt (wo die Erklärung von Kardinal Willebrands vor dem Lutherischen Weltbund in Evians 1970 einen Höhepunkt freundlichen Entgegenkommens bildete). Ich illustriere zum Abschluß den anderen Aspekt der jüngsten Entwicklung, die konservative Instrumentalisierung des neugewonnenen Lutherverständnisses: Luther als Eideshelfer katholischer Konservativer gegen neue Tendenzen in der katholischen Kirche und Theologie.

Schnell ändern sich in unseren Tagen die Positionen und die Bündnisse. Die tiefgreifenden Wandlungsprozesse in der postkonziliaren Kirche brachten Konflikte hervor, die um so tiefer reichen, als die an sich schon verspätete Rezeption exegetisch-hermeneutischer Methoden nun mit unmittelbarer Wucht ins Kirchenverständnis und Kirchenleben einschlug. Hand in Hand mit der Annäherung zwischen konservativen Protestanten und konservativen Katholiken (oder solchen, die sich postkonziliar in dieser Richtung entwickelten) ging die innerkatholische Polarisierung zwischen Konservativen und „Progressiven", wobei es sich übrigens auf beiden Seiten keineswegs um einheitliche Gruppen handelt. Und progressive Katholiken nähern sich entsprechenden protestantischen Gruppen[31]. Dieser Prozeß geht vor unseren Augen vor sich; ob die in diesem Zusammenhang beginnende Instrumentalisierung eines positiven Lutherbildes eine eigenartige Episode bleibt oder ein Zeichen für mehr – das wird man abwarten müssen.

Lortz, der sich noch 1965 zu den „Fortschrittlichen" rechnete[32], nahm bereits 1973 eine andere Stellung ein. In bitterer Polemik wendete er sich in diesem Jahr in einem Lutheraufsatz[33] gegen das damals erschienene Memorandum ökumenischer Universitätsinstutute, das der Frage der gegenseitigen Anerkennung kirchlicher Ämter galt. Das „großartige Ringen des Theologen Luther" wird warnend der heutigen Selbstzerstörung des Christentums gegenübergestellt. Diese Selbstzerstörung sieht Lortz gegeben „durch einen mehr oder weniger radikalen Adogmatismus auf katholischer und evangelischer Seite, so daß sich das Gegeneinander selbst aufzuheben droht, dadurch, daß die sakramentale Wirklichkeit des kirchlichen Amtes auch auf katholischer Seite so weit reduziert wird, daß der Unterschied zu den evangelischen Auffassungen nicht überwunden, sondern zum Verschwinden gebracht wird." Schließlich richtet der 80jährige Lortz einen leidenschaftlichen Aufruf an die Katholiken. In der umfassenden Kirchenkrise der Gegenwart sollen – so Lortz – die Katholiken und gerade die so staunenswert gelehrten Theologen von Luther lernen: radikale Demut, nicht nur vor dem Gotteswort, sondern auch vor der „in Sätzen formulierten . . . Kraft des Wortes Gottes im Katechismus".

Ähnlich heute die Stellung Erwin Iserlohs, der in einem jüngst erschienen Lutherband schreibt: „Für Luther kann die Frage, ob und wie das Evangelium dem Menschen in seiner

Existenznot heute helfen kann, nicht die erste sein ... Moderner Relativismus und Existenzialismus können sich nicht auf den Reformator berufen. Für ihn gibt es Wahrheit und ein für allemal Festgelegtes ... In diesem Festhalten an den Heilstatsachen, an der Gottheit Jesu Christi und an seiner Auferstehung, am Sakrament der Taufe und des Abendmahls steht heute der katholische Christ auf der Seite Luthers gegen viele, die sich auf den Reformator meinen berufen zu können."[34] Auch hier wäre weiter zu fragen, vor allem nach dem Einfluß der neo-orthodoxen Tendenzen auf evangelischer Seite und noch allgemeiner nach der Bedeutung neokonservativer Strömungen.

Wir kommen zum Schluß. Hier sind einige zusammenfassende Feststellungen zu treffen:

1. Das Vorgetragene war nicht nur fragmentarisch, sondern auch in sich ungesichert, weil die entsprechende Berücksichtigung des Wandels der evangelischen Lutherinterpretation fehlte und weil das kategoriale Problem der „Kirchengeschichte" zwar berührt, aber nicht schlüssig abgehandelt wurde. Auch konnten innerhalb des hier gewählten Rahmens – Vorrang der informierenden und kommentierenden Darlegung – die Objektivitätskriterien, von denen die Weise der Darlegung selbst bestimmt war, nur implicite zur Sprache kommen.

2. Es handelt sich bei unserem Thema um einen Extremfall innerhalb des Problemfeldes Objektivität und Parteilichkeit. Bis weit ins 20. Jahrhundert hinein bestand ein ungewöhnlich enger Zusammenhang zwischen der Lutherhistoriographie und der lebensweltlichen Situation der diese Historiographie tragenden Gruppen. Insbesondere hat das 19. Jahrhundert in Deutschland – trotz der neuen Chancen distanzierter Wissenschaftlichkeit – ein engagiertes und politisches Nahverhältnis zur Reformationsepoche gebracht. Dies ist wohl aus den besonderen nationalpolitischen und soziokulturellen Werdeprozessen der Epoche zu erklären.

3. In dem Maße, wie die lebensweltliche Relevanz des Bezugspunktes „Luther" sinkt, steigen anscheinend die Chancen einer wissenschaftlichen Konvergenz. Diese Konvergenz vollzieht sich in der eigentümlichen Form von Aufteilungs- und Ausscheidungsvorgängen: der größere Teil des Phänomens Luther wird wissenschaftlich insofern außer Streit gestellt, als nun hier ein Konsensrahmen funktioniert, der lebensweltlich oder glaubensmäßig engagierte Parteilichkeit abwehrt und eine „normale" wissenschaftliche Diskussion sichert. Die übrigen Teile bzw. Aspekte des Phänomens Luther bleiben einem unterschiedlichen Glaubensverständnis vorbehalten, das infolge einer spiritualisierten Kirchen- und Glaubenskonzeption keine grundsätzlichen Schwierigkeiten für den wissenschaftlichen Diskurs bringt, der „nebenan" geführt wird[35].

4. Offen bleiben die erst jüngst aufgetauchten Fragen, die im Zusammenhang mit einer konservativen Instrumentalisierung des Lutherbildes in den heutigen innerkatholischen Kontroversen stehen. Möglicherweise handelt es sich hier um neuartige, nicht mehr an die Konfessionsgrenzen gebundene, aber dennoch – oder gerade deshalb – lebensweltlich konstituierte Abgrenzungsprozesse. Es ist jedenfalls abzuwarten, ob die unter 3. angeführte Form der wissenschaftlichen Konvergenz nochmals ernsthaft erschüttert werden kann.

5. In methodologischer Hinsicht verdient die Tatsache Beachtung, daß diese Konvergenz von der Forschung beider Seiten unter Vernachlässigung der Frage nach den außertheologischen Faktoren in der Reformationsgeschichte und im Werk Luthers erreicht wurde. Die Konvergenz bezieht sich auf Luther als „homo religiosus", aber nicht eigentlich auf Luther als „homo sui temporis". Das ist kein Zufall und keine beiläufige Schwäche; denn man bräuchte ja im letzteren Falle einen Konsens der weltgeschichtlichen Interpretation oder wenigstens eine übereinstimmende Perspektive der neuzeitlichen Geschichte. Diese Beobachtung steht möglicherweise im Zusammenhang mit der bei 4. angesprochenen Problematik.

Referat bei einer Tagung der Studiengruppe „Theorie der Geschichte“ in Bad Homburg 1975. Druck in: Theorie der Geschichte. Beiträge zur Historik, Bd. 1: Objektivität und Parteilichkeit, ed. *R. Koselleck, W. J. Mommsen* und *J. Rüsen* (München 1977), S. 173ff.

1 Für die freundliche Durchsicht des Manuskriptes und eine Reihe wichtiger Hinweise habe ich Herrn Kurt-Victor Selge, Heidelberg, herzlich zu danken.

2 *Robert Hoffmann,* Zur missionarischen Aktivität der christlichen Kirchen seit dem Ende des 18. Jahrhunderts. In: Zeitgeschichte 1 (1974), S. 133.

3 Für die innerkatholische Diskussion vgl. u. a. Kirchengeschichte heute. Geschichtswissenschaft oder Theologie?, ed. *R. Kottje* (Trier 1970). Anregende Gesichtspunkte jetzt bei *Cochrane,* What is Catholic historiography? In: The Catholic Historical Review 61 (1975), S. 1969ff. Kritische Übersicht bei *E. Saurer,* Kirchengeschichte als historische Disziplin? In: Denken über Geschichte (= Wiener Beiträge zur Geschichte der Neuzeit 1, ed. *F. Engel-Janosi, G. Klingenstein* und *H. Lutz,* Wien 1974), S. 157ff.

4 Vgl. dazu den betreffenden Abschnitt meines Referates auf dem Braunschweiger Historikertag 1974: Normen und gesellschaftlicher Wandel zwischen Renaissance und Revolution. Differenzierung und Säkularisierung. In: Saeculum 26 (1975), S. 166ff. [im vorliegenden Band S. 279ff.]. Ergänzende historiographische Bemerkungen in *H. Lutz,* Biographie und Geschichtswissenschaft von der Renaissance bis zur Aufklärung. In: XIII Meždunarodnyj Kongress istoričestich nauk. Doklady Kongressa, Bd. 1/2 (Moskau 1973), S. 227ff. [im vorliegenden Band S. 240ff.].

5 Siehe *A. Herte,* Die Lutherkommentare des Johannes Cochläus. Kritische Studie zur Geschichtsschreibung im Zeitalter der Glaubensspaltung (Münster 1935).

6 *A. Herte,* Das katholische Lutherbild im Bann der Lutherkommentare des Cochläus, 3 Bde. (Münster 1943).

7 *Johannes Cochlaeus,* Commentaria . . ., Praefatio (unpaginiert, letzte Seite).

8 Deutsche Reichstagsakten, jüngere Reihe (RTA), Bd. 2, ed. *A. Wrede* (Gotha 1896), S. 648.

9 Vgl. *H. Lutz,* Das Reich, Karl V. und der Beginn der Reformation. In: Beiträge zur neueren Geschichte Österreichs. Festschrift für Adam Wandruszka, ed. *H. Fichtenau* und *E. Zöllner* (Wien/Köln 1974), S. 47ff. [im vorliegenden Band S. 53ff.].

10 *J. Cochlaeus,* Wider die Reubischen und Mordischen rotten der Bawren . . . (1525); zitiert nach *Herte,* Lutherkommentare, S. 178f.

11 Neuere historiographische Übersichten findet man, außer in *Herte,* Lutherbild, bei *H. Jedin,* Wandlungen des Lutherbildes in der katholischen Kirchengeschichtsschreibung. In: Wandlungen des Lutherbildes (Würzburg 1966); *R. Stauffer,* Die Entdeckung Luthers im Katholizismus (Zürich 1968); *W. Beyna,* Das moderne katholische Lutherbild (Essen 1969); *E. Iserloh,* Luther und die Reformation (Aschaffenburg 1974), S. 106ff.; *H. Jedin* und *R. Bäumer,* Die Erforschung der kirchlichen Reformationsgeschichte (= Erträge der Forschung 34, Darmstadt 1974); *G. Ph. Wolf,* Das neuere französische Lutherbild (Wiesbaden 1974).

12 *M. Dannenmayr* (sic!), Institutiones Historiae ecclesiasticae N. T. (Viennae 1788), S. 235.

13 Ebd., S. 195.

14 *M. I. Schmidt,* Geschichte der Deutschen, Bd. 5 (Ulm 1783), S. 53, und Bd. 6 (Wien 1785), S. 86. Dieser Band 6 wird auch zitiert als Band 1 der mit verändertem Titel erscheinenden Fortsetzung: Neuere Geschichte der Deutschen. Dazu *Herte,* Lutherbild 2, S. 118ff. Das zusammenfassende Urteil Schmidts in Bd. 6, S. 86f., ist so bezeichnend, daß die volle Wiedergabe lohnt: „Unter andern guten Eigenschaften Luthers war diese nicht die geringste, daß er den Krieg verabscheute, und, so viel man immer wissen kann, nie dazu rieth. Indessen mußte ein Mann, der eine solche Rolle gespielt, wie er, nothwendig die ungleichesten Urtheile über sich ergehen lassen. Wie konnte es aber auch anders seyn, da man einen so unläugbar großen Fond von Redlichkeit, Uneigennützigkeit, und einer mit so festem Muth verbundenen Vaterlands- und Religionsliebe auf der einen Seite, auf der andern aber so starke und unbändige Leidenschaften, so viel Dreistigkeit in seinen Behauptungen, so viel Unversöhnlichkeit, Ungestümme und Heftigkeit gegen alle jene, die nicht seinen Meinungen folgten, wahrnimmt. Daß er gerührt ward von den Mißbräuchen, die sich zu seiner Zeit in die Religion eingeschlichen hatten, daß er eben diese Religion von dem zu vielen Außenwerke, mit dem sie besonders durch die Mönche war überladen worden, auf das Innere, auf Empfindung und Verstand zurück zu führen suchte, daß er die Quellen der christlichen Religion gemein zu machen, und jedem, der Willen und Anlage hatte, selbst in die Hände zu geben sich bestrebte, hatte er mit allen rechtschaffenen und denkenden Leuten gemein. Daß er Hand anlegte, wo die übrigen meistens nur fromme Wünsche äußerten, macht der ihm eigenen Unerschrockenheit so wohl als seinem Eifer für die gute Sache Ehre. Daß er aber gleich, nachdem er seinen Wunsch wegen der Verbesserung der Kirche an den Tag geleget, dogmatisirte, und anstatt des Aristotelisch-scholastischen Thomismus und Scotismus, die doch nie als die Lehre der Kirche anzusehen waren, seinen in dem Kloster eingesogenen Augustinismus, wenn er auch mehr psychologisch und in mancher Rücksicht auch schriftmäßig wahres, als der Thomismus und Scotismus, enthielt, auf den Thron zu erheben, für pure Schriftwahrheit auszugeben, und jedermann mit einer Zuversicht, die ihres gleichen nicht hat, aufzudringen suchte; daß er dasjenige, was er stäts in dem Munde führte, nähmlich Prüfung und Untersuchung, doch niemanden in der That gönnte; daß er in den meisten Fällen, anstatt den Baum von geilen Auswüchsen oder verdorrten Aesten zu säubern, lieber die Axt an die Wurzel setzte, daß er durch seine Heftigkeit und die gehässigsten, selbst mit in seine neue Dogmatik verwebten Aufburdungen den Samen zu einer Erbitterung und zum wechselsweisen Hasse austreute, der des Christenthums Schande ist, und die Menschheit entehrt; er, der doch seinen ersten Grundsätzen nach der toleranteste Mann der Welt hätte seyn sollen; daß er glaubte nicht die geringste Rücksicht auf Zeit und Umstände nehmen zu dürfen, sondern vielmehr, was er einmal als wahr angenommen, in die Welt schreiben und predigen zu müssen, sollte auch alles darüber zu Grunde gehen, dieses

wird wohl niemand entschuldigen, als den Vorurtheile und Parteygeist außer Stande setzen die Sache in ihrem wahren Gesichtspuncte zu fassen."

15 *Schmidt*, Geschichte der Deutschen 5, S. 139.

16 Ebd., S. 203f.

17 Ebd., S. 138f.

18 Ebd., S. 66.

19 Ebd., S. 186.

20 *M. I. Schmidt*, Luther und die Reformation (1783); Sonderausgabe mit Vorwort und Kommentar eines (anonymen) evangelischen Autors, hier S. 100.

21 *Schmidt*, Geschichte der Deutschen 6, S. 309.

22 *H. Grisar*, Prinzipienfragen moderner Lutherforschung. In: Stimmen aus Maria Laach 83 (1912); Hinweis bei *Beyna*, Das moderne katholische Lutherbild, S. 14.

23 Die dreibändige Briefedition erschien anonym (Johann Siegfried Wisers „Vorerinnerung" ist am Beginn des 3. Bd. abgedruckt): D. Martin Luthers bisher großentheils ungedruckte Briefe. Nach der Sammlung des Hrn. D. Gottf. Schütze aus dem Latein übersetzt (Leipzig 1784). Zu Wiser vgl. *Herte*, Lutherbild 2, S. 288, Anm. 322.

24 Angemessene Darstellungen dieser Sonderentwicklung des deutschen und europäischen Katholizismus im 19. Jh. fehlen. Einige Hinweise in meinem Versuch: Das Christentum im Werden der modernen Welt. In: Wort und Wahrheit 26 (1971). Für den heutigen Diskussionsstand vgl. die beiden Sammelbände: Die päpstliche Autorität im katholischen Selbstverständnis des 19. und 20. Jahrhunderts, ed. *E. Weinzierl* (Salzburg/München 1970); Deutscher Katholizismus und Revolution im frühen 19. Jahrhundert, ed. *A. Rauscher* (Paderborn 1974).

25 Zitiert nach *Herte*, Lutherbild 2, S. 289.

26 *J. Janssen*, Geschichte des deutschen Volkes seit dem Ausgang des Mittelalters, Bd. 2 (Freiburg i. B. 1889), S. 3.

27 Hinweise bei *Herte*, Lutherbild 2, S. 40ff.

28 *Jedin*, Wandlungen des Lutherbildes, S. 89.

29 *J. Lortz*, Geschichte der Kirche für die Oberstufe Höherer Schulen, 3. Teil (Münster 1931). Vgl. *Beyna*, Das moderne katholische Lutherbild, S. 94f.

30 Brief an den Verlag Herder vom 11. 3. 1940, zitiert als Klappentext der 3. Auflage 1949.

31 Es versteht sich von selbst, daß die hier berührten innerkatholischen und zwischenkonfessionellen Vorgänge nur in einer sehr differenzierten Analyse angemessen erfaßt werden können. Die verschiedenen Ebenen der Theologie, der Gemeindepraxis, der Kirchenpolitik bis hinein in parteipolitische Konstellationen wären ebenso in Betracht zu ziehen wie alte und neue soziokulturelle Bedingungen.

32 *J. Lortz*, Martin Luther. Grundzüge seiner geistigen Struktur. In: Reformata Reformanda. Festgabe für Hubert Jedin zum 17. Juni 1965, Bd. 1 (Münster 1965), S. 217. Dieser Aufsatz verdient auch hinsichtlich der Korrekturen des Autors zu seinem Lutherbild von 1939 Aufmerksamkeit.

33 *J. Lortz*, Luther und wir Katholiken heute. In: Kirche und Staat in Idee und Geschichte des Abendlandes. Festschrift zum 70. Geburtstag von Ferdinand Maass (Wien–München 1973).

34 *E. Iserloh*, Luther und die Reformation. Beiträge zu einem ökumenischen Lutherverständnis (Aschaffenburg 1974), S. 120.

35 Am Rande sei auf meinen früheren Versuch verwiesen, im Rahmen eines damals noch nicht problematisierten Ökumenismus über Luther zu sprechen: Luther und fünfhundert Jahre deutscher Geschichte. In: 1521 – Luther in Worms – 1971. Ansprachen, Vorträge, Predigten und Berichte zum 450-Jahrgedenken, ed. *F. Reuter* (Worms 1973) [im vorliegenden Band S. xxxff.].

BIOGRAPHIE UND GESCHICHTSWISSENSCHAFT VON DER RENAISSANCE BIS ZUR AUFKLÄRUNG

Der hier behandelte Zeitraum kann für den Bereich der europäischen Kultur in historiographischer Hinsicht bezeichnet werden durch den von Cantimori geprägten Begriff einer humanistischen Kontinuität von Petrarca bis Goethe. Die Stufen der biographischen Darstellungsweise im Zuge der Entwicklung der Geschichtswissenschaft sind mannigfaltig. Zu dem immer reicher werdenden Strom der biographischen Produktion tritt schon seit der Frühzeit des Renaissance-Humanismus die Reflexion über Aufgaben, Mittel und Arten der Lebensbeschreibung; die spezielle Theorie der Biographie entwickelt sich in ständiger Bezugnahme zur allgemeinen Theorie der Geschichtsschreibung, wobei eine prinzipielle Scheidung im Gegensatz zu manchen modernen Theoretikern der Biographie im allgemeinen nicht vorgenommen wird. So unterscheidet etwa Bodin die „historia propria" (Geschichte eines Menschen oder eines Volkes) von der „historia communis" (Geschichte mehrerer Menschen oder Staaten).

Das starke moralisch-pädagogische Element, von der antiken Biographie übernommen und in mannigfaltigen Abwandlungen weiterentwickelt, legt die Frage nach dem jeweiligen Wertsystem und seiner Gruppenbezogenheit nahe. So ist die These Romeins, „Biographie und Krise", nach der Seite der Publikumssoziologie hin im Sinne einer maßstabbildenden und gruppenintegrierenden Wirkung zu ergänzen. In diesem Zusammenhang ist auch nach der besonderen Rolle des Formprinzips für die Biographie zu fragen; die überschaubare und kohärente Form der Vita entspricht ihrer vorbildhaften und sinngebenden Funktion. Auch von der Diskussion über „Persönlichkeit und Strukturen" her ergeben sich Fragen an die Biographik dieser Jahrhunderte, wobei der genaueren Untersuchung des Nachwirkens der antiken Modelle gerade im Bereich der Analyse personaler Autonomie und überindividueller Vorgegebenheiten Wichtigkeit zukommt. Hier stellt sich auch die Aufgabe einer Untersuchung astrologischer und kosmologischer Theorien der Biographie im anthropologischen wie auch sozialgeschichtlichen Sinne. Für den Übergang aus der christlichen Einheitskultur des Mittelalters in die Moderne hat die Frage nach der Säkularisierung besondere Bedeutung. Wenn es gelingt, dieses „Leitmotiv" geschichtswissenschaftlich zu präzisieren, so ist seine interpretative Fruchtbarkeit gerade für die Geschichte der Biographie kaum zu überschätzen. Solche Präzisierungen erscheinen in mehr als einer Hinsicht angebracht: in der Abkehr von einem starren Stufensystem nach der Art Comtes, in dem Rechnen mit einer keineswegs geradlinigen, sondern im Vor und Zurück unter verschiedenen Konstellationen verlaufenden und zu nicht a priori determinierten Ergebnissen führenden Entwicklung. Unter diesen methodologischen Bedingungen kann auch die Unsicherheit in der Analyse und Bewertung der religiösen Faktoren im biographischen Bereich seit der Renaissance verringert werden.

Es scheint erlaubt, innerhalb der kontinuierlichen Entwicklung des biographischen Genres für die hier zu behandelnden Jahrhunderte eine Markierung dreier Abschnitte vorzuschlagen. Auf die Entfaltung des Renaissance-Humanismus und seiner Biographik seit Petrarca folgt im sechzehnten Jahrhundert eine Neuorientierung im Zeichen der religiösen Krise und der konfessionellen Kämpfe, welche auf katholischer und protestantischer Seite teils ähnliche, teils unterschiedliche Ergebnisse hervorbringt. Schon im 17. Jahrhundert beginnt dann mit dem Zurücktreten der kirchlich-religiösen Momente einerseits und mit gewissen Wandlungen in der humanistischen Kontinuität andererseits ein Übergang zur biographischen Darstellungsweise der Aufklärung mit ihren neuen Kriterien moralischer, sozialer und stilistischer Art.

I.

Der Aufstieg der Renaissancekultur Italiens wurde auch auf dem Gebiet der Lebensbeschreibung bahnbrechend für Europa. Die von Fueter in einer Polemik gegen Voigt kurzerhand beiseite geschobene Frage nach einem Zusammenhang von „eifriger Pflege der Biographie" und „Hervortreten der Persönlichkeit" in jener Epoche begegnet dennoch auf Schritt und Tritt. Seit Petrarca erscheint individuelle Introspektion mit der Wiedererweckung der antiken Kultur und ihrer Ausdrucksformen unauflöslich verbunden. Umstritten ist, inwiefern die Modelle der antiken Biographie helfend oder auch hemmend als Paten an der Wiege des nachmittelalterlichen Selbstverständnisses standen. Unbestritten sind die neue biographische Sensibilität des Zeitalters und auch die neue Zusammenschau von individuellem Schicksal und geschichtlichem Epochenbewußtsein. In seiner Vita Aristotelis geht Leonardo Bruni davon aus, daß die Werke des Philosophen allen bekannt sind. „Quis vero fuerit . . . nemo vere cognovit." Und wenn Bruni in seiner Doppelbiographie Dantes und Petrarcas Boccaccios Vita di Dante kritisiert, dann entwirft er zugleich ein neues Programm der Lebensbeschreibung als solcher, „con maggior notizia delle cose estimabili". Bei Dante zeigt er vorbildhaft die Verbindung der bürgerlich-politischen Existenz mit den privaten Schicksalen und dem poetischen Werk. In Petrarcas Biographie wird deutlich, wie es Bruni darum geht, Gestalt und Werk dieses einen Mannes im Rahmen einer großen Konzeption der politischen und Kulturgeschichte seiner Welt darzustellen, im „Parallelismus von Blüte und Verfall der Studien und des staatlichen Lebens . . . seit der Zeit der römischen Republik" (H. Baron): mit Petrarca beginnt der Wiederaufstieg.

Bei all den Einzelbiographien und Sammlungen „De viris illustribus", die damals entstanden, ist die Wirkung von Sueton und Plutarch und vielen anderen antiken Autoren stark. Nicht zu übersehen ist aber auch der unmittelbare Einfluß der bildenden Künste, der zeitgenössischen Werke wie der antiken, auf die Renaissancebiographien. Platina spricht im Vorwort zu seiner Papstgeschichte von dem Brauch der Antike, die Vorfahren durch Statuen auf öffentlichen Plätzen zu ehren: Wie hoch müsse dagegen die Historie geschätzt werden, die nicht stumm, wie die Statuen, nicht vergänglich, wie Gemälde, das wahrhafte Leben hervorragender Männer darstellt, mit denen man wie mit Lebenden sprechen und sich beraten kann! Ähnliche Topoi sind damals weit verbreitet in Italien und später überall in Europa, wo die humanistische Biographie und Geschichtsschreibung Fuß faßten und ältere regionale Überlieferungen rasch integrierend sich ein gemeinsames Publikum schufen.

Die Universalität der humanistischen „respublica eruditorum" bedeutete keinesfalls ein Überdecken regionaler und nationaler Bewußtseinsformen. Vielfach wurde nun das neue, aus Italien überkommene biographisch-historiographische Instrumentarium in den Dienst nationaler Gemeinschaften und ihres sich in großen Vorbildern reflektierenden Selbstbewußtseins genommen. Aber dies fruchtbare Spannungsverhältnis kam nicht voll zur Wirkung. Es wurde in ganz Europa früher oder später überdeckt durch die neuen kirchlich-konfessionellen Probleme und Abgrenzungen.

II.

Im Gefolge der Reformation wie der katholischen Reform kam es zu tiefgreifenden Veränderungen der biographischen Darstellungsweise. Hagiographische Züge, die man meinte, mit dem Mittelalter überwunden zu haben, treten in den Biographien der Vorkämpfer des Protestantismus wie der erneuerten katholischen Kirche von neuem hervor. Gewiß bleiben viele Errungenschaften der humanistischen Lebensbeschreibung erhalten. Aber Gott und Satan, Wunder und heroische Tugenden bestimmen das neue biographische Genus, das auf katholischer Seite noch im 19. Jahrhundert weiterlebt.

Innerhalb der lutherischen Orthodoxie wird Luther in die Reihe der Propheten und Apostel eingeordnet und mit dem Engel der Apokalypse identifiziert. Diese biographische

Literatur geht in ihren heilsgeschichtlichen Vergleichen und im Hervorheben der außerordentlichen Gaben und Taten des Reformators sehr weit. Im Umkreis Calvins ist einerseits der biographische Stil gemäßigter, andererseits ist die aus dem irdischen Bereich herausführende Polarisierung von Gottes Wirken und Satans Widerstreben nachdrücklich durchgeführt. Dagegen sind die Anfänge der biographischen Darstellung im Bereich der katholischen Reform in Italien noch stark der humanistischen Form und Gesinnung verhaftet. Indessen ist der Übergang zum neuen, religiös-erbaulichen Stil schon in den Umarbeitungen der berühmten Ignatius-Vita des Ribadeneira zu beobachten: antiprotestantische Greuelpropaganda steht neben einer faszinierenden Zusammenschau von Weltentdeckung und Weltmission, in deren Zentrum der Ordensgründer providentiell gestellt erscheint.

Von der Uniformität der posttridentinischen, hagiographisch orientierten Biographik (die auch weltliche Große einbezieht, vgl. Sandovals Werk über Karl V.) unterscheidet sich die entsprechende Gattung auf protestantischer Seite durch eine regionale Differenzierung, die das Einströmen nationaler Eigentümlichkeiten und das Zurücktreten des kirchlichen Rahmens erleichtert. Gemeinsam ist zunächst der stark gruppenbezogene Charakter; diese konfessionell bestimmte Biographik wirkt kräftig mit an der Spaltung des europäischen Lesepublikums. Es konnte nicht ausbleiben, daß die Verbindung tiefen religiösen Engagements mit einem polemisch auftretenden Pluralismus der Konfessionen und mit der weiterschreitenden natur- und geisteswissenschaftlichen Forschung der Zeit Folgen auch für die Biographie und ihr Verhältnis zur Historie hatte. Innerhalb der protestantischen Welt ist u. a. zu verweisen auf die im Laufe des 16. und 17. Jahrhunderts erarbeitete neue Gliederung der Universalhistorie (in Antike, Mittelalter, Neuzeit), die wesentlich biographisch – von den Taten der Reformatoren her – konzipiert war und nun erst die entsprechenden Ansätze der Renaissance durchführte. Katholischerseits wurden gerade die hagiographischen Probleme zum Anlaß des Entstehens neuer quellenkritischer Methoden (Bolland, Mabillon), welche die weitere biographische Forschung tief beeinflußten.

III.

Auf verschiedenen Wegen gewinnt die biographische Darstellung jene neuen Züge und Funktionen, die für die europäische Aufklärung kennzeichnend sind. In Tolands „Life of John Milton“ (1698) treten hagiographische Züge schon ganz zurück. Der Autor bekennt sich ausdrücklich zu einer unparteiischen Darstellung. Er sucht die Mittel zur Objektivität: „I shall produce his own words, as I find them in his works; that those who approve his reasons, may owe all the obligation to himself . . .“ Andererseits werden positive Errungenschaften einer nun zu Ende gehenden religiös-erbaulichen Biographik in säkularisierter Form in die Menschenschilderung der neuen Epoche übernommen. Das hat für Addison und Richardson vor Misch schon Taine hervorgehoben: „C'est le puritain devenu laique . . . la casuistique chrétienne est une sorte d'histoire naturelle de l'âme.“

So steht die Biographie des 18. Jahrhunderts mitten im Strom einer langen Tradition. Daß nur solche Männer eine Darstellung verdienen, die für das gemeinsame Glück der Bürger etwas bedeuten, hat schon das Quattrocento ausgesprochen (Francesco Patrizi). Die Erneuerung dieser Maxime hat jetzt freilich andere Ergebnisse: die weitgewordene bürgerliche Welt wird zum unermeßlichen Feld biographischer Beobachtung und Reflexion. Der Gefahr eines Absinkens in die Beliebigkeit der „history of private lives“ steht nicht nur die strenge Gemeinsamkeit der aufklärerischen Prinzipien entgegen; vielmehr ergibt sich aus diesen Prinzipien selbst und aus der umfassenden Anwendung empirisch-kritischer Methoden eine neue Annäherung von Biographie und Historie auf bisher nicht erreichter Höhe. Voltaires Jugendwerk über Karl XII. gibt ein erstes Beispiel davon; sein Jahrhundert Ludwigs XIV. steht schon mitten auf der Grenze zwischen zwei bisher getrennten Genera der Darstellung. Und in seiner biographischen Methode zieht nun der Historiker Voltaire definitiv den Trennungsstrich zu Plutarch: „Il n'est pas permis aujourd'hui d'imiter Plutarque, encore moins Procope. Nous n'admettons pour vérités historiques que celles qui sont garanties . . ." Ähnliches gilt für andere Werke seiner Zeit. Robertsons Geschichte Karls V. ordnet die Taten und die Wirkungen des Kaisers großartig in die Konzeption des entstehenden europäischen Staatensystems ein (mit einer sublimen Beobachtung der ungewollten Wirkungen, die an Adam Smith's „invisible hand" gemahnt).

Wertmaßstäbe und Darstellungshorizont der Aufklärungs-Biographie sind im allgemeinen kosmopolitisch. Doch auch hier schon zeichnet sich im Zurücktreten der kirchlichen Bindungen, in der Ausdehnung der bürgerlichen Bildungsschicht, im Anwachsen der staatlichen Einflußsphäre ein kommendes Spannungsfeld der „Biographie nationale" ab. Und die Sensibilität Rousseaus greift weit über das klassisch geformte Persönlichkeitsbild der Zeit hinaus. Wenn Boswell damals an Paoli schrieb: „Ich weiß, mit welchem Vergnügen wir dasjenige lesen, was vollkommen authentisch ist", so war damit gewiß eine wesentliche Norm bezeichnet, die als Gewinn der Biographie des 18. Jahrhunderts festzuhalten bleibt. Boswell setzte dabei allerdings voraus, daß seine Zeit über einen Begriff der biographischen Authentizität verfügte, der weder von außen noch von innen her fraglich war: weder von den nationalen und sozialen Konflikten noch von den psychologischen Problemen her, die späteren Zeiten eigentümlich waren.

Referat auf dem 13. Internationalen Historikerkongreß in Moskau vom 16. bis 23. August 1970. Druck in: XIII Meždunarodnyj Kongress istoričestich nauk. Doklady Kongressa, Bd. 1/2 (Moskau 1973), S. 227ff.

An den vorliegenden Beitrag, dem im ursprünglichen Zusammenhang ein Text von Hanns Leo Mikoletzky über Biographie und Geschichtswissenschaft im Frühen und Hohen Mittelalter vorausging, sollte schon 1970 ein Aufsatz von Friedrich Engel-Janosi über die gleiche Thematik im 19. und 20. Jahrhundert anschließen. Dieser Aufsatz konnte nach dem Tode des Autors in einem seinem Gedenken gewidmeten Sammelband publiziert werden: Biographie und Geschichtswissenschaft. Aufsätze zur Theorie und Praxis biographischer Arbeit (= Wiener Beiträge zur Geschichte der Neuzeit, Bd. 6, Wien 1979), hier S. 208ff.: *F. Engel-Janosi*, Von der Biographie im 19. und 20. Jahrhundert. Auf diesen Sammelband sei insgesamt für die bibliographische und forschungsgeschichtliche Orientierung zum Thema verwiesen.

BRAUDELS „MÉDITERRANÉE“: ZUR PROBLEMATIK EINES MODELLANSPRUCHS

Fernand Braudels Mittelmeerbuch, das „signifikanteste Geschichtswerk unserer Zeit“, wie 1975 in der New York Times zu lesen war, ist im deutschsprachigen Bereich nicht wirklich rezipiert. Es muß also versucht werden, hier in der gebotenen Kürze zugleich zu präsentieren, zu kommentieren, zu kritisieren und über Folgen und Folgerungen zu reflektieren. Das kann freilich im vorliegenden Rahmen nur in ganz geraffter, geradezu aperçuhafter Form geschehen. Vorausgesetzt ist die Einschätzung des Buches als eines großen, bedeutungsvollen und höchst lesenswerten Werkes. Zunächst sei also mit allem Nachdruck zur Lektüre des Mittelmeerbuches eingeladen. In der zweiten Auflage, die heute maßgebend ist, zählt es in zwei Bänden über 1200 Seiten. In drei Teilen, die den weiter unten zu besprechenden „Schichten“ der „structures“, „conjonctures“ und „événements“ entsprechen, wird – mit dem zeitlichen Schwerpunkt auf der Zeit Philipps II. – eine „histoire globale“ der Mittelmeerwelt versucht.

Die Sprache Braudels ist nicht einfach; bekanntlich gibt es von seinen größeren Werken keine bzw. keine vollständige Übersetzung ins Deutsche. Es empfahl sich deshalb, einige längere Partien im Original zu zitieren oder auch kurze Passagen ins Deutsche zu übertragen.

Die erste Auflage erschien 1949. Schon damals, und nicht erst bei der zweiten Auflage 1966, als Braudel bereits als großer Anreger und Mittelpunkt der „Annales“-Schule außerordentlichen Einfluß ausübte, war das Buch mit einem erklärten Modellanspruch aufgetreten. Der Ruhm des Werkes hält bis heute an. Es wurde noch 1979, in einem Rückblick von J. Revel in der Jubiläumsnummer der „Annales“ zum 50jährigen Bestehen der Zeitschrift, als „œuvre emblématique“ gefeiert (allerdings mit einer gewissen Zurückhaltung gegenüber den unmittelbaren exemplarischen Ansprüchen). Es geht hier um eine kritische Würdigung innerhalb eines nun schon mehr als dreißig Jahre dauernden Wirkungszusammenhangs. Bei Werken dieser Art sind Konzeption, Methode und Darstellungsform aufs engste verbunden. Wenn ich mich auch vor allem an die Form der Braudelschen Historiographie halte, so ist doch ein ständiges Ausgreifen auf Konzeption und Methodenfragen unerläßlich. Dabei mußte jedoch darauf verzichtet werden, andere Werke Braudels, insbesondere die 1979 erschienenen drei Bände „Civilisation matérielle, économie et capitalisme, XVe–XVIIIe siècle“, mehr als nur marginal zu betrachten.

Grundsätzlich standen dabei zwei Wege offen: ein Zugriff von allgemeinen Fragen der Gattung oder der Gegenstandskonstituierung etc. her, ein anderer vom Gegenstand, vom Mittelmeer und seinen historischen Fragen her. Daß ich, wie Braudel, viele Jahre am Mittelmeer lebte und es – wie er von sich selbst sagt – sehr liebe, war gewiß ein Grund dafür, diesen zweiten Weg einzuschlagen. Ein weiterer Grund liegt darin, daß eine solche sachbezogene Auseinandersetzung mit dem Mittelmeerbuch, soviel ich weiß, bisher in deutscher Sprache überhaupt nicht vorliegt. Diese Art des Einstiegs ergibt natürlich bei der Beschäftigung mit Fragen der Darstellungsform etwas andere Akzente als ein Zugriff von der mehr formalen Seite. In letzterer Hinsicht verdient besondere Aufmerksamkeit die eben erschienene tiefschürfende Arbeit von Samuel Kinser: „Annaliste“ Paradigma? The Geohistorical Structuralism of Fernand Braudel.[1]

Schließlich sei im Vorgriff auf die folgenden Seiten ein Wort über eine wesentliche Differenz der Rahmenbezüge vorausgeschickt. Dabei ist von der Feststellung auszugehen, daß Braudels Einflüsse und Anregungen heute in einer sehr weit reichenden Weise verbreitet sind und zum Teil schon unreflektiert als Gemeingut gelten. Wohl jeder heutige sachorientierte Bezugsrahmen ist schon irgendwie von Braudel und ähnlichen Ansätzen aus der Schule der „Annales“ geprägt: die Epoche vom 15. bis zum 18. Jahrhundert als fundamentale Entwicklungsstufe der modernen, sich kapitalistisch formierenden Welt (mit einer unaufhaltsamen Intensivierung des Austausches von Europa und Außereuropa). Doch während Braudel das Mittelmeer des 16. Jahrhunderts als physische und menschliche Einheit interpretiert und von diesem „geohistorischen“ Einheitsprinzip her seinem wenig flexiblen Drei-Schichten-Schema eine noch unflexiblere Anwendung gibt (mit der ständigen Gefahr der Zerreißung des Zusammengehörigen und der Zusammenfügung des Nichtzusammengehörigen), beruht die Rahmenvorstellung, von der ich ausgehe, auf einer tiefgehenden Unterscheidung zwischen dem „Westen“ und den außereuropäischen Gesellschaften mit wesentlich anderen Formen der Kultur, Religion und auch der sozioökonomischen Bezüge. Johan Galtung hat kürzlich als zusammenfassendes Unterscheidungskriterium den Begriff „social cosmology“ vorgeschlagen.[2] Ob sich dieser Begriff durchsetzen wird, steht dahin. Wichtig ist nur die zusammenfassende Betrachtungsweise der Unterschiede, bei denen es sich im vorliegenden Fall um die Unterschiede zwischen den christlichen und den islamischen bzw. islamisch beherrschten Uferbevölkerungen des Mittelmeers handelt.

I.

Der Autor:

geb. 1902 in Lothringen
1923 bis 1932 Gymnasiallehrer in Algier – Beginn der Archivarbeit für „Méditerranée“
1935/37 Gastprofessor in São Paulo
1937 Directeur d'études à l'École pratique des hautes études
1940/45 Kriegsgefangener in Mainz, dann in Lübeck
seit 1946 einer der Herausgeber der „Annales“
1949 Professor am Collège de France
1956 Président de la sixième section de l'École pratique des hautes études

Auflagen und Übersetzungen

La Méditerranée et le Monde méditerranéen à l'époque de Philipp II.

Erste Auflage: Paris, Armand Colin, 1949
Zweite Auflage, erweitert: ebd. 1966
Dritte Auflage, unverändert: ebd. 1976
Italienische Übersetzung: Turin, Einaudi, 2. Aufl. 1965
Spanische Übersetzung: Mexico, Fondo de Cultura 1953, 2. Aufl. 1974
Englische Übersetzung: New York, Harper and Row, 1972/73

Sowohl für die Entstehungsgeschichte wie für das Verständnis des Werkes ist die Einleitung von hohem Interesse, die Braudel der ersten Auflage vorangestellt und in den folgenden Auflagen unverändert abgedruckt hat. In dieser Einleitung, die vom Mai 1946 datiert ist, gibt Braudel eine retrospektive Gegenüberstellung seiner ursprünglichen Fragestellung und Planung seit 1923, „sous la forme classique“ (Frage nach der politischen Wendung Spaniens vom Mittelmeer zum Atlantik um 1580). Dann entwickelt er, gewissermaßen nachvollziehend, die Transformation der eigenen Ideen und Methoden: weg von den „klassischen“ Fragen nach den Verantwortlichkeiten Philipps II. und seiner Minister, hingezogen zu dem Mittelmeer mit seiner „eigenen Geschichte“. Und als Mittel dazu erscheint, zunächst ganz undifferenziert, „cette histoire économique et sociale, revolutionaire“, die es in Frankreich erst durchzusetzen gilt. Diese Erläuterung mündet in ein Bekenntnis: „militer pour une forme neuve d'histoire“. Sein Ehrgeiz und Ziel ist es geworden: „essayer de bâtir l'histoire autrement que nos maîtres l'enseignaient“. Darauf folgt dann die Charakteristik der Drei-Schichten-Methode, wohlgemerkt hier in der ursprünglichen Form, die dann bald revidiert wird. Der Übersichtlichkeit halber empfiehlt es sich, dieses Drei-Schichten-Schema Braudels, das sowohl für die Methodik wie für die Gliederung und Darstellungsweise des Mittelmeerbuches von fundamentaler Bedeutung ist, schon hier in der ursprünglichen Form (maßgebend für die erste Auflage) und in der revidierten Form ins Auge zu fassen:[3]

A. Terminologie in der ersten Auflage von „Méditerranée" (1949):

1) „une histoire quasi-immobile", „presque hors du temps" (= Geohistorie, geographische Zeit)
2) „histoire structurale" oder „sociale" (= soziale Zeit)
3) „histoire événementielle" (= individuelle Zeit)

B. Terminologie seit Ende der fünfziger Jahre, maßgebend für die zweite und dritte Auflage:

1) „l'histoire de longue durée", „l'histoire structurale"
2) „histoire conjoncturelle"
3) „histoire événementielle"

Bevor auf die Bedeutung dieser Revision zwischen erster und zweiter Auflage einzugehen ist, verdient die Entstehungsgeschichte des Werkes noch weitere Aufmerksamkeit. Braudel hat dazu selbst 1972 eine farbige Illustration, die zugleich Deutung sein will, beigesteuert. Es handelt sich um den englisch erschienenen Text „Personal Testimony", den er auf Einladung von William McNeill für Heft 44/4 des Journal of Modern History schrieb, das sich, aus Anlaß des Erscheinens der englischen Übersetzung, mit dem Mittelmeerbuch beschäftigte. Braudel erzählt aus seiner Lebensgeschichte bis zur Kriegsgefangenschaft 1940/45. Die autobiographische Erzählung bricht dann ab; der folgende längere Teil des Textes beschäftigt sich mit der persönlichen und historiographischen Würdigung von Henri Berr, Lucien Febvre und Marc Bloch.[4] 1939, vor Kriegsbeginn, war das Konzept des Buches im neuen Sinne fertig. Dann kam die Gefangenschaft in Deutschland. Braudel erzählt, wie er dort, nur auf sein Gedächtnis gestützt, Schulheft nach Schulheft vollgeschrieben und dann gleich an Lucien Febvre geschickt habe. Diese Entstehungsumstände zieht er in mehrfacher Hinsicht als Erklärung für die Eigenart des Werkes heran: äußerlich das Arbeiten ohne Hilfsmittel, konzeptionell die Entfernung in Raum und Zeit vom Mittelmeer als Kontraststimulans; darüber hinaus nennt er als „existential response to the tragic times" die Suche nach einer historischen Sprache, die – fern dem Jammer der eigenen Tage – die majestätische Unbeweglichkeit des Mittelmeeres erfaßte: „Eine Langzeitperspektive zu wählen, um zu beobachten, bedeutete die Position von Gottvater selbst als Zuflucht zu wählen."

Daß diese hier nur andeutungsweise berührte autobiographische Erläuterung mythisch überhöht ist, kann unschwer nachgewiesen werden. Wer Braudels Sprach- und Erzählstil kennt, kann mit der Möglichkeit rechnen, daß dies auch so gemeint war. Dem Mythos des ohne Hilfsmittel Schreibenden stehen zahlreiche Zitate im Wege, bis zur Kölnischen Zeitung von 1942. (Es wäre übrigens interessant, aus den Anmerkungen der 1. Auflage Braudels deutsche Lektüre ab 1940 zu rekonstruieren und sie in den Zusammenhang der Wirkungen seiner deutschen Lektüre vor dem Krieg einzuordnen.) Wichtiger sind die Beobachtungen, die J. H. Hexter im gleichen Band des Journal of Modern History zur Entstehung des Mittelmeerbuches angestellt hat.[5] Hexter trägt mit einleuchtenden Argumenten folgende These vor: Der gesamte dritte Teil des Werkes, der die politische Ereignisgeschichte von 1550 bis 1600 enthält und in der ersten Auflage 364 Seiten zählt, sei im wesentlichen schon vor 1939 fertiggestellt worden, also bevor Braudels Gefangenschaft seine Distanz und Loslösung von der traditionellen Historie zum Höhepunkt führte. Es scheint plausibel, daß dieser Teil schon vor Kriegsbeginn ziemlich fertig war. Aber ich habe darüber hinaus Zweifel, ob die kritische Klimax und der „Durchbruch" zum Neuen wirklich so ausschließlich und in so dramatischer Zuspitzung in die Zeit von Braudels Gefangenschaft gehören. Vieles scheint mir dafür zu sprechen, daß wesentliche Elemente nicht nur der neuen Konzeption, sondern auch der darstellerischen Ausarbeitung von Teil 1 und 2 des Werkes schon vor 1939 vorlagen[6]. Diese Hypothese kann hier nicht näher begründet werden. Ihre Ausführung müßte natürlich Hand in Hand mit einer systematischen Analyse von Braudels Publikationen vor 1939 gehen. Ihre interpretative Bedeutung geht in folgende Richtung: man müßte dann einen längerfristigen *Dualismus* von Altem und Neuem bei Braudel annehmen. Und dies wiederum wäre interessant sowohl für die bekannte *Unverbundenheit* zwischen dem „altmodischen" Teil 3 und den „modernen" Teilen 1 und 2, wie für die spätere Revision des Drei-Schichten-Schemas und ihre Folgen für die zweite Auflage.

Es wäre in methodischer und darstellerischer Hinsicht gleicherweise interessant, den Vorgang der Umarbeitung von der ersten zur zweiten Auflage im einzelnen zu verfolgen. Doch ich versuche, mich auf einige Hauptlinien zu konzentrieren. In dem neuen Vorwort – datiert 1963, erschienen 1966 – findet man nur sehr knappe Reflexionen hinsichtlich der Änderungen.[7] Das tatsächliche Ausmaß und die konzeptionelle Bedeutung der Umarbeitungen im ersten und vor allem im zweiten Teil werden dadurch keineswegs zureichend bezeichnet. Braudel spricht allgemein von „problématiques nouvelles". Er bezeichnet sie aber nicht näher, sondern legt den Akzent auf die Entfaltung der Forschung in die Breite als Folge seiner eigenen Syntheseleistung. Viele Forscher werden aufgezählt, deren Spezialuntersuchungen „dans le sillage de mon livre" zustande kamen. In allgemeiner Weise gibt Braudel die neuen Akzente an, die für die Neuauflage wichtig wurden: „L'économie, la science politique, une certaine conception des civilisations, une démographie plus attentive m'ont sollicité."

Bemerkenswert ist die Art und Weise, wie das revidierte Drei-Schichten-Schema nun einerseits in einer mehrfachen Metaphorik, andererseits unvollständig vorgestellt wird:

> „Toutefois, le problème essentiel demeure le même. Il est celui de toute entreprise historique: peut-on saisir, en même temps, d'une façon ou d'une autre, une histoire qui se transforme vite, tient la vedette du fait de ses changements mêmes et de ses spectacles – et une histoire sous-jacente plutôt silencieuse, à coup sûr discrète, quasi insoupçonnée de ses témoins et de ses acteurs et qui se mantient, vaille que vaille, contre l'usure obstinée du temps? Cette contradiction décisive, toujours à expliquer, s'avère un grand moyen de connaissance et de recherche. Applicable à tous les domaines de la vie, elle revêt forcément des formes différentes selon les termes de la comparaison.
> L'habitude s'est prise, de plus en plus, de parler, en bref, de structures et de conjonctures, celles-ci évoquant le temps court, celles-là le temps long. Il y a évidemment des structures diverses, des conjonctures elles aussi diverses et les durées de ces conjonctures ou de ces structures varient à leut tour."

Die „structures", die nun dem ersten Teil des Werkes entsprechen, sind hier den „conjonctures" gegenübergestellt, die jetzt das Leitmotiv des zweiten Teils abgeben. Die mehrfache Metaphorik kann man folgendermaßen zusammenstellen:

	Raum	Zeit	Bewußtsein
1. „Structures"	unten	„temps long"	so gut wie unbemerkt
2. „Conjonctures"	oben	„temps court"	bemerkt von den Akteuren
(3. „Événements")	?	?	?

Die „événements" werden also im Vorwort zur zweiten Auflage gar nicht mehr erwähnt, noch der ihnen zugeordnete dritte Teil des Werkes. Natürlich ist die Dreigliederung im Werk selbst beibehalten. Allerdings wird auch die sehr weit gehende terminologische, methodische und inhaltliche Umstellung, die darin liegt, daß die Bezeichnung „structures" nun von Teil 2 zu Teil 1 gewandert ist und daß der zweite Teil, zwischen „structures" und „événements", unter den neu eingeführten Begriff „conjonctures“ gestellt wurde, im Vorwort nur vage erwähnt. Man muß schon im Text selbst nachlesen und mit der ersten Auflage vergleichen, um zu bemerken, wie fundamental gerade für den zweiten Teil der Neuansatz versucht wird. Braudel geht in der Rezeption neuer – für das Werk neuer – ökonomischer Methoden so weit, daß eine volkswirtschaftliche Gesamtrechnung heutigen Stiles für das Mittelmeer des 16. Jahrhunderts versucht werden soll.

Wie durch diese Veränderung und Umfunktionierung des zweiten Teiles der Graben zum dritten Teil, der „histoire des événements“, gegenüber der Erstauflage noch vertieft wurde, zeigt u. a. ein Blick auf die ganz neu geschriebene Vorbemerkung zu diesem Teil.[8] Braudel schreibt, er habe sehr gezögert, diesen dritten Teil überhaupt in die Neuauflage aufzunehmen. Zwar sei es klar, daß der erste und der zweite Teil zusammen das Wesentliche der menschlichen Vergangenheit enthalten. Aber: „cet essentiel n'est pas totalité“. Die darauf folgende Rechtfertigung der Aufnahme auch des dritten Teils – der übrigens fast unverändert blieb – in die Neuauflage ist erstaunlich. Einerseits beruft sich Braudel auf den heutigen Stand der Wissenschaft für die lapidare Aussage: „les événements sont poussière“. Andererseits geht die Argumentation dahin, daß zur Herstellung der Totalität der Geschichte auch das aufgenommen werden müsse, dessen Fehlen die *damaligen Zeitgenossen* enttäuschen würde: Die Ereignisszene, wiewohl wissenschaftlich als „Staub“ erkannt, verdient eine historische Rekonstruktion als Rekonstruktion der Illusionen und damit des Lebenssinnes der Menschen von einst... Hier drängt sich eine Fülle von Fragen und Überlegungen auf.

Doch für jetzt sei auf weitere Erläuterungen der Umstände und Folgen verzichtet und abschließend auf das ganz kurze Vorwort zur dritten, unveränderten Auflage von 1976 verwiesen.[9] Hier nennt Braudel Gründe für die nicht erfolgte Überarbeitung der zweiten Auflage: Es gibt heute große Schwierigkeiten bei der Buchindustrie. „Das, was sich am meisten geändert hat, ist die Problematik unseres Berufes. Ich sehe die Gesellschaft, oder den Staat oder die Wirtschaft nicht mehr genauso wie gestern. Der Leser kann sich davon Rechenschaft geben, indem er sich an die drei Bände ‚Civilisation matérielle et capitalisme‘ wendet, die demnächst erscheinen werden.“ Nach diesem Verweis auf das große Alterswerk, das dann 1979 erschienen ist,[10] folgt ein einziger konkreter Gesichtspunkt zum Inhalt des Mittelmeerbuches: eine deutliche Revision in Richtung auf das Phänomen der relativen Prosperität des Mittelmeerraumes über das 16. Jahrhundert hinaus.

Was bedeutet aber dieser prinzipielle Verweis, der wegführt von dem Mittelmeerbuch, das unüberarbeitet bleibt, während die neue, veränderte Konzeption in „Civilisation matérielle“ vorgestellt wird? Um diese Extrapolierung der historiographischen – und wohl auch „wissenschaftspolitischen“ – Weiterentwicklung wenigstens im allgemeinsten Umriß anzudeuten, sei auf Braudels programmatische Einleitung zu diesem kolossalen Werk verwiesen, das er als 77jähriger herausbrachte[11]: Er will das Problem der Entstehung einer kapitalistischen Weltwirtschaft erhellen, indem er es unternimmt, die ökonomischen Verhältnisse und Entwicklungen vom 15. bis zum 18. Jahrhundert weltweit zu untersuchen („mondialiser“). Von dieser weiteren Entwicklungslinie her kann auch neues Licht auf die Intention und Funktion des Mittelmeerbuches selbst zurückfallen. Vielleicht noch deutlicher wird die neue Linie in einem Kommentar, den Emmanuel Le Roy Ladurie 1979 anläßlich des Erscheinens der drei Bände veröffentlichte[12]: „Indem Braudel das Grundgestein der Menschheitsgeschichte vor Augen führt (die Ernährung, das Metall, die demographische Masse ...), profiliert er sich, alles in allem, gewissermaßen als Marxist. Viele Historiker der Generation, die ihm folgte, sind von der Geschichte der sozialen Strukturen zur Geschichte der Mentalitäten übergegangen. Braudel ist den Inspirationen seiner Jugend getreu geblieben. Er hat die Geheimnisse der Güterproduktion und das gesellschaftliche Leben im Innern dieser Produktion und dieses Lebens selbst gesucht. Er betrachtet diese materiellen oder sozialen Tatbestände nicht als vulgäre Rückstände von Religion oder Ideologie. In diesem Sinne bleibt der Autor dieser ‚Civilisation‘ näher bei Karl Marx als bei Max Weber.“

II.

Im Unterschied zu der umfassenden Diskussion, die in methodologischer und inhaltlicher Hinsicht in der französischen, englischen, amerikanischen, italienischen Geschichtswissenschaft stattgefunden hat und noch stattfindet, hat „Méditerranée" im deutschsprachigen Bereich bestenfalls eine begrenzte Aufmerksamkeit im Zusammenhang des langsam einsetzenden Interesses für die Schule der „Annales" als solche gefunden. Eine auf die Sachfragen und den Gegenstandsbereich bezogene Diskussion wurde bis jetzt so gut wie nicht geführt.[13]

Unter den verschiedenen Aspekten der Rezeptionsgeschichte, die heute, mehr als dreißig Jahre nach dem Erscheinen des Mittelmeerbuches, Interesse verdienen, ist für eine historiographische Bestandsaufnahme vielleicht der anregendste die Geschichte der Kritik an Braudel als eine Geschichte der Reflexion über das Buch selbst und über die in diesem „œuvre emblématique" vorgetragenen Modellvorstellungen. Dabei ist auf eine bezeichnende Besonderheit des Falles hinzuweisen. Bei Braudel selbst fällt das fast völlige Fehlen einer entfalteten Epikritik auf. (Dafür trifft oder traf man des öfteren auf Plädoyers von „Braudelianern", wie denn überhaupt die Vorgänge der Bildung einer „Schulrichtung" und die damit zusammenhängenden Vorgänge von Werbung und „Marketing"[14] besondere Aufmerksamkeit verdienen.) Hinsichtlich der kritischen Verarbeitung sei hier vor allem auf die schon erwähnten bedeutenden Studien von Hexter[15] und Kinser[16] verwiesen sowie auf das ausführliche, Braudel nahestehende Werk von Traian Stoianovich[17].

Für den vorliegenden Zweck beschränke ich mich auf einige Punkte, deren Erörterung Hexter 1972 scharfsinnig vorgenommen hat, vor allem auf das Problem der „Unverbundenheit" der drei Teile des Mittelmeerbuches. Hexter verweist in diesem Zusammenhang auf die sehr wichtige Tatsache, daß Braudels Buch auch im Kreise seiner nächsten französischen Freunde und Weggefährten keine Nachfolge gefunden hat. Die Anregungen von „La Méditerranée" wurden offenbar dort fruchtbar, wo sie in Umsetzungsprozessen zu Regionalstudien mit zum Teil sehr enger Umgrenzung führten: Baehrel schrieb über die Basse-Province, Le Roy Ladurie über Languedoc, Goubert über die Gegend von Beauvais etc. Werke dieser Art wurden bezeichnend für die sogenannte Annales-Schule.

Hexter faßt schließlich sein Urteil über das erwähnte Problem kategorisch zusammen[18]: „Das Buch verfehlt die Intention des Autors in einer fundamentalen Hinsicht: es löst nicht das historiographische Problem, das es stellt: wie ist die durchgehende historiographische Schwierigkeit anzugehen, die langfristigen Phänomene der Geschichte mit denen zu verbinden, die raschen Wechsel zeigen."

Um das Gesamtbild nicht zu verschieben, muß nachdrücklich betont werden, wie sehr Hexter in anderer Hinsicht die Pionierleistungen Braudels, insbesondere im Bereich einer neuen Verbindung von Natur und Geschichte, zu würdigen weiß. Bei der Erörterung der Gründe für dies spezifische Scheitern Braudels äußert sich Hexter allerdings ziemlich sarkastisch, vor allem was das berühmte Drei-Schichten-Schema angeht: „Die Dreifachteilung der ‚durée' läßt sich eher aus abgesunkenen Restbeständen einer einstigen christlichen Trinitätslehre als aus rationalen Befunden ableiten." Die Bezüge zwischen „lang" und Geographie, „mittel" und Ökonomie (teils auch Gesellschaft), „kurz" und Politik werden als willkürlich kritisiert. Dann erläutert Hexter die schon oben erwähnte These – die ich ja erweiternd aufgenommen habe[19] –, daß der dritte Teil des Werkes als selbständige Ausarbeitung im Stil des „old learning" schon lange vor 1946 fertig war. Er resümiert dann: „Man kann nicht den Verlauf der politischen Geschichte in einen wirklichen Zusammenhang mit den längerfristigen und vorgeprägteren Phänomenen der Geschichte bringen, indem man eine ordentliche Sorbonne-These (im intellektuellen Stil von 1925) mit einer lebendigen Sammlung von Untersuchungen im Stil der ‚Annales' zusammentut."[20] Dann folgt Hexters überraschende Erklärung: „Die Evidenz spricht nicht dafür, daß Braudel scheiterte beim Versuch, das Problem zu lösen; sie spricht dafür, daß Braudel es tatsächlich nie versucht hat." Nun ist dies Problem nicht unlösbar – so meint Hexter. Eine Lösung lag in Braudels Reichweite. Und von Zeit zu Zeit hat er sie erreicht, etwa wenn er fragt: „Wie ist der Aufschwung des Banditenwesens im Mittelmeer gegen Ende des 16. Jahrhunderts zu erklären?" Oder: „Welche Gründe hatte der beträchtliche Zustrom von christlichen Renegaten in den Dienst der Türkei und der Barbareskenstaaten?" Oder: „Warum vertrieben die Spanier schließlich die Moriscos?" – So stellt Hexter dem Scheitern der „histoire totale" hinsichtlich des Linking-Problems als Linking-Lösungs-Modell eine „Histoire problème" entgegen. Hier ist aber weiter zu fragen.

Gewiß trifft es zu, daß Braudels Anspruch, eine „histoire totale" anzuzielen, der methodische und darstellerische Ausgangspunkt überaus wichtiger Lösungsversuche, insbesondere des Drei-Schichten-Schemas, ist. Man kann diesen Anspruch wohl nicht ernst genug nehmen. Dazu einige programmatische Äußerungen Braudels. 1950 erklärt er in seiner Antrittsvorlesung an der Sorbonne als sein Ziel: „tout ressaisir, pour tout restituer, dans le cadre général de l'histoire".[21] In der ersten Auflage des Mittelmeerbuches liest man: „L'histoire est l'image de la vie sous toutes ses formes. Elle n'est pas choix."[22] Im Rückblick von 1963 kommentiert Braudel seinen Ansatz: „J'ai cherché dans la Méditerranée à exposer, bien ou mal, à imaginer une histoire globale."[23]

Zurück zu Hexter. Die ebenso intelligente wie weiterführende Richtung der Kritik, die er vertritt (und die hier nur ausschnittweise behandelt werden konnte), sieht die Aporien der Braudelschen Geschichtsschreibung gewissermaßen mit *einer* entscheidenden Wendung lösbar: mit der Wendung von einer in sich unmöglichen „histoire totale", die zur Willkür des Drei-Schichten-Schemas und zur prinzipiellen Unverbundenheit der drei Schichten verurteilt ist, zu einer „histoire problème", deren prozessuale und dynamische Vorgangsweise die angemessene Zusammenfassung von lang, mittelfristig und kurzfristig – von System und Wandel nuancierend ermöglicht. Demgegenüber bleibt zu fragen, ob in dieser Richtung einerseits die neuen positiven Errungenschaften des Braudelschen Modells (etwa der neue Bezug von Natur und Geschichte) wirklich gesichert und entfaltet werden und ob andererseits die sublimen Kurzschlüsse ausreichend abgewehrt sind. Darauf ist später zurückzukommen.

III.

Wenn nun einige ausgewählte Beispiele zur Sprache und Darstellungsweise Braudels vorzuführen sind, so handelt es sich um eine bunte, wenn auch nicht zufällige Zusammenstellung. Als erstes Beispiel greife ich wegen seiner Gewichtigkeit nochmals die Abwandlung des Drei-Schichten-Schemas auf. Die Gesamtproblematik des Strukturbegriffs bleibt beiseite; dazu gibt es ja seither eine umfangreiche Literatur. Zu betonen ist vor allem das Einrücken der „conjonctures" als Leitmotiv in die zweite, mittlere Schicht, während die „Strukturen" gewissermaßen nomenklatorisch eine Etage tiefer, ins unterste Geschoß, steigen, wo sie an die Stelle des in der zweiten Auflage fast verschwundenen Begriffs der Geohistorie treten. Kinser, der mit besonderer Sorgfalt die Herkunft und Verwendung von Braudels Termini „structures" und „conjonctures" untersucht hat, betont: „Indeed, Braudel's conjoncturalism, not his increased structuralism, most clearly separates the second edition from the first."[24] Vieles wäre zu sagen über die äußerst dehnbare und auch ambivalente Verwendung von „conjoncture". Man gewinnt oft den Eindruck, daß dieser Begriff in einer Lückenbüßerfunktion dort eingesetzt wird, wo es um die Konstituierung einer Mittelschicht zwischen Strukturen und Ereignissen geht. Ich verweise insbesondere auf den Abschnitt „La et les conjonctures" zu Ende des zweiten Teiles, wo der Autor gewissermaßen aus einer methodologischen Schwierigkeit in die andere gerät. Die „conjoncture économique, la plus bruyante, . . . s'impose très vite aux autres, les écrase sous son langage, ces précisions. Un néomatérialisme offre ses services. Est-il, ou non licite?"[25]

Natürlich geht Braudels Schlußfolgerung weiterhin in diese Richtung, denn das andere, die „conjonctures non économiques", bleiben vage und unausgearbeitet. Sehr weitgehende und auch nicht ganz originelle Verallgemeinerungen folgen hinsichtlich Krieg, Politik und Wirtschaft: bei ökonomischem Schönwetter gibt es Familienstreit, also innereuropäische Kriege, bei ökonomischem Schlechtwetter „la querelle avec les Infidèles". Die sogenannten „kurzen Wirtschaftskrisen" bleiben überhaupt außer Betracht. Braudel schiebt sie generell zu den „Ereignissen" ab; dort aber behandelt er sie dann auch nicht.

Schließlich trifft man im Bereich der „conjonctures" unausweichlich auf das enorme Problem der Wirtschaftsentwicklung im Gesamtbereich des Islam. Bietet das von Braudel eingeschlagene Verfahren einer konjunkturellen Betrachtungsweise festen Boden für die vergleichende Analyse der islamischen und der nicht islamischen Teile der Mittelmeerwelt? Die Enttäuschung könnte kaum größer sein. Mehr als eine Vermutung, unter Bezugnahme auf einen Aufsatz des türkischen Forschers Lûtfi Barkan, daß die „conjoncture" im islamischen Bereich im 16. Jahrhundert die gleiche gewesen sei wie im Okzident, wird im Grunde nicht beigebracht. Hier stellt sich nun als zweites Beispiel unübersehbar die Frage nach der Einheit des Objekts „Mittelmeer".

Der geographische Bezugsrahmen des Mittelmeeres wird als Einheitsprinzip sowohl für die Strukturen wie für die „conjonctures" wie für die Ereignisse festgehalten. Gegenüber der ersten Auflage findet man in der zweiten Auflage einige bescheidene Ansätze zur Differenzierung im Sinne einer Unterscheidung zwischen islamischer und okzidentaler Mittelmeerwelt. Man trifft bei einem Unterabschnitt des ersten Teiles sogar auf die neue, vielversprechende Überschrift „deux Méditerranées" (M 1, S. 585, bzw. M 1, S. 76). Doch handelt es sich nur um eine beschränkte Unterscheidung; dem echten Nomadentum auf islamischer Seite wird die „transhumance", zu deutsch das Herdenwandern (oder Wanderhirtentum), hauptsächlich im okzidentalen Raum gegenübergestellt. Von einer systematischen Ausweitung und Anwendung dieses interpretativen Rahmens der „deux Méditerranées" ist keine Rede. Es ist höchst auffallend, wie sehr Braudel der Anwendung dieses dualistischen Modells aus dem Wege geht, obwohl auch seine eigenen Daten und Darstellungen in allen Lebensbereichen darauf hinweisen können: Unterschiede, verallgemeinerungsfähige Unterschiede von den Agrarverhältnissen, Bewässerungsanlagen, Bodenmeliorationen über Hafenausbau, Städtebau, Verkehrsbauten und Fortifikationen über die sozialen und kulturellen Lebensformen bis zu den politischen Strukturen. Am ehesten räumt Braudel noch im Bereich des zweiten Teils („Destins collectifs et mouvements d'ensemble") den Unterschieden zwischen christlichem und islamischem Bereich – die mir fundamental erscheinen – ein wenig Bedeutung ein. Aber immer wieder wird die Darstellung von einem forcierten Einheitsprinzip gesteuert und bestimmt: „unité physique, unité humaine" des Mittelmeeres.

Die Frage der monistischen oder der kontrastierenden Analyse des Mittelmeeres ist so wichtig, daß hier in aller Kürze doch die konzeptionellen Einflüsse auf Braudel bedacht werden müssen. Abgesehen von zeitgeschichtlich bemerkenswerten, geopolitisch orientierten Konzeptionen der zwanziger und dreißiger Jahre, ist vor allem auf die Wirkung der Ideen von Henri Pirenne hinzuweisen, insbesondere auf sein Mittelmeerbuch „Mahomet et Charlemagne" (1937, deutsch unter dem Titel „Geburt des Abendlandes", 1939). Kinser hat die Bedeutung Pirennes für Braudel hervorgehoben.[26] Pirennes Hauptthese galt dem Ende der einheitlichen, urbanen Mittelmeerkultur der Antike durch die Zerreißung der ökonomischen Einheit des Mittelmeeres infolge der arabischen Invasion. Hier gehen freilich die Dinge etwas ums Eck. Es erscheint einleuchtend, daß Braudel sehr im Banne der antiken Einheit des Mittelmeerraumes steht (die sich bei humanistischen Autoren des 16. Jahrhunderts prolongiert, deren Lektüre offenbar nicht ohne Wirkung auf Braudel blieb[27]!). Weiterhin sind aber die Implikationen des wirtschafts- und sozialhistorischen Erklärungsmodells von Pirenne zu beachten: die Gegenüberstellung von agrarischer und urban-kommerzieller Zirkulation wird von Braudel mutatis mutandis zusammen mit dem Einheitsprinzip „Mittelmeer" übernommen. Und die weiteren wirtschaftshistorischen Einflüsse von Werner Sombart, François Simiand, Earl Hamilton u. a. liegen auf der gleichen Linie wie Pirenne.

So ergibt sich der Eindruck, daß Braudel von Pirenne zwei Interpretationsschemata übernahm, die in der gleichzeitigen Anwendung auf die Zustände des Mittelmeeres im 16. Jahrhundert nicht mehr konkludent, sondern unvereinbar waren: die Einheit des Mittelmeeres (so, als ob die von Pirenne gezeigte schließliche Zerreißung dieser Einheit nicht stattgefunden hätte) und das agrarisch-kommerzielle Kontrastmodell (das nun bei Braudel die Funktion eines einheitlichen gesamtmittelmeerisch anwendbaren Erklärungsmodells erhält: Städte und Umland – übrigens zuletzt in „Civilisation matérielle" als Weltmodell verwendet). Den spezifischen Charakter dieses ökonomischen Erklärungsmodells kann ich hier nicht weiter erläutern. Unsere Frage galt der Einheit des Mittelmeeres im 16. Jahrhundert. Braudels monistisches Interpretationsmodell war zu hinterfragen und die Gewaltsamkeit dieser Braudelschen Konzeption auch von der Nachwirkung Pirennes her zu beleuchten.

Ein nächster Hinweis gilt der bei Braudel häufig anzutreffenden personifizierenden Erklärungsweise. Ohne auf die besonderen sprachlichen und rhetorischen Voraussetzungen und Folgen eines solchen Sprachhabitus im Rahmen moderner wissenschaftlicher Prosa einzugehen, stelle ich einige Beispiele vor. Zu beachten ist, daß eine personifizierende und eine organologische Sprech- und Erklärungsweise ineinander übergehen. Das hat schon Jörg Schmidt[28] betont, dem auch die folgende Zusammenstellung entnommen ist. Beispiele dieser Art finden sich besonders bei geographischen Passagen und wenn von Zivilisationen die Rede ist:

- die Mittelmeergebirge sind „de très puissantes, d'exigeantes personnes" (M 1, S. 23);
- die Halbinseln sind „presque des personnes" (M 1, S. 148);
- die Sahara, „notre personnage" (M 1, S. 157);
- Marseille ist „le plus gros personnage du pays" (M 2, S. 490);
- Staaten und Zivilisationen, „ces gros personnages", sind „les personnages les plus complexes" (M 2, S. 519 u. S. 95);
- auch die „longue durée" selbst gilt schließlich als „personnage encombrant" (Annales 13 [1958], S. 733).

Dazu kommen noch viele Passagen, wo allgemeine historische Begriffe oder „die Geschichte" selbst als handelnde Subjekte dargestellt werden:

- das Leben des Meeres „ergreift" die Küstengebiete (M 1, S. 152);
- von den Staaten wird gesagt, daß „. . . l'histoire travaille à leur croissance" (M 2, S. 10);
- das Barock ist ein Lebewesen, „l'enfant grandit vite. Il est presque adulte . . . en 1534" (M 2, S. 157).

Diese Beobachtungen leiten über zu einem in der hier gebotenen Kürze ungeschützten und auch nicht weiter abstützbaren Vorschlag hinsichtlich der sprachlichen Vorgangsweise Braudels. Auch in diesem Falle verstehen sich meine fragmentarischen Bemerkungen vor allem als eine Einladung zur Lektüre des Mittelmeerbuches. Der Vorschlag geht dahin, in Braudels Werk drei unterschiedliche Sprachebenen festzustellen, die freilich in wechselnden Kombinationen und Mischungsverhältnissen vorkommen:

die Ebene moderner Wissenschaftssprache
die Sprachebene des Reiseschriftstellers
eine Ebene assoziierend-suggestiver, mythisch überhöhter Sprache.

Der erste dieser drei Sprachmodi bedarf am wenigsten der besonderen Erläuterung. Jedem vergleichenden Leser fällt auf, wie sehr Braudel in der zweiten Auflage bemüht ist, diesen Sprachbereich auszudehnen, vor allem in dem zweiten Teil, der jetzt so stark mit quantifizierenden Darlegungen gefüllt wird. Als herausgehobenes Beispiel könnte jener Abschnitt des zweiten Teiles angeführt werden, wo der Autor gerade diesen Neuansatz erläutert: „Die Sprache, die uns anzieht, ist die Sprache der ‚volkswirtschaftlichen Gesamtrechnung' der Ökonomen."[29] Man sieht, daß diese Passagen auch erhebliche methodische Bedeutung im Sinne des Neuansatzes haben.

Eindrucksvoller und in gewisser Hinsicht vielleicht auch leistungsfähiger, jedenfalls häufig vorkommend erscheint jener Modus, der hier die Sprache des Reiseschriftstellers genannt wird. Dieser Modus führt eine ungebrochene Kontinuität weiter, die von der Antike heraufreicht, Höhepunkte in der Kosmographie und den Entdeckungsberichten des 16. Jahrhunderts und dann bei den Reiseberichten des 19. Jahrhunderts erlebt hat. Hier ist Braudel offenbar ganz in seinem Element. Er mischt Zitate, Informationen, Verallgemeinerungen in lebendiger Erzählfreude und Anschaulichkeit. Es dürfte kein Zufall sein, daß als besonders gelungen solche Passagen gelten, die Außenseiter und Abenteuer beschreiben: hier das Nomadentum, dort die Seeräuberei oder das Banditentum, auch das Außenseiterschicksal der Juden (neu in der 2. Auflage) und der Moriscos: Gruppen, die unter dem Schicksal eines „refus" stehen. Als Beispiel diene ein Stück aus dem ersten Teil („longue durée"), wo das Nomadenleben der Sahara in seiner Zeitlosigkeit und Abhängigkeit von den natürlichen Gegebenheiten dargestellt wird.[30]

Als eine dritte Ebene läßt sich eine assoziierend-suggerierende, mythisch überhöhte Sprache feststellen. Sprachwissenschaftler hätten vermutlich geringe Mühe, diese Stilschicht trefflich zu analysieren und in ihrer Funktion zu beschreiben. Im vorliegenden Beispielfall handelt es sich um ein sehr überlegt komponiertes Stück innerhalb des zusammenfassenden Schlußkapitels des Gesamtwerkes, wo nacheinander jeder der drei Hauptteile nochmals resümierend besprochen wird. Unser Stück betrifft den ersten Hauptteil, also die „longue durée", die „histoire structurale" des Mittelmeers.[31] Gleich zu Anfang postuliert Braudel das Einheitsprinzip und die deutliche Rollenverteilung zwischen Mensch und Natur: „Das Mittelmeer ... ist ein Werk, das ohne Unterlaß von den Menschen fortgesetzt wurde, aber nach einem vorgegebenen Plan, ... mit Zwängen von sehr langer Dauer." Dann wird als Zweck die Untersuchung der wichtigsten „regularités" bezeichnet, nämlich jener, die die alltägliche Existenz des Menschen betreffen. Sie sind zeitlos, auf sie trifft man auch heute noch. Darauf folgt der Appell des Autors an Werke der Literatur und an das eigene Erlebnis des Lesers: die Fischer, die auf Rhodos oder Zypern in der verrauchten Taverne Karten spielen, erinnern an die Zeit des Odysseus. So mündet schließlich die Analyse in einen zeitlosen Mythos des Mittelmeers.

Es folgen nun Hinweise auf spezielle Darstellungsweisen Braudels. Kein Zweifel, daß jeder dieser Fälle eine weit eingehendere Behandlung verdiente als im vorliegenden Zusammenhang möglich ist. Das zunächst zu besprechende Stück ist dem strukturgeschichtlichen ersten Teil entnommen, wo in einem wichtigen Abschnitt die Land- und Seewege im Mittelmeerbereich erörtert werden.[32] Man kann dabei verfolgen, wie Braudel die Lebensbedingungen mit dem beschränkten Spielraum und den Alltagsbedürfnissen der Menschen im Rahmen des eben zitierten „vorgegebenen Planes (plan obligatoire)" darzustellen versucht.

Braudel will am Falle der Relation von Land- und Seetransport eine langdauernde „Struktur" zeigen. Er betont, daß das Wachsen des allgemeinen Handelsvolumens im Laufe des 16. Jahrhunderts offensichtlich dazu führte, daß Land- und Seetransporte im Mittelmeerbereich in etwa gleichem Maße zunahmen: „La prosperité fait monter tout à la fois." Ein gewisses Gleichgewicht zwischen Land- und Seeweg scheint sich stabilisiert zu haben. Als Beispiel für dies gleichmäßige Wachstum bringt er eine Aufstellung über alle in Venedig zwischen 1588 und 1606 eingetroffenen Wollsendungen aus Spanien. Obwohl die Seeroute durch die Tatsache begünstigt war, daß seit 1598 der auf Schiffen in Venedig eintreffenden Wolle de facto Zollfreiheit zugestanden wurde und obwohl leistungsfähige holländische Schiffe diese Transporte durchführten, wurde die Landroute nach Venedig über Genua oder Livorno weiter bevorzugt, ebenso wie schon vor 1598. Braudel erörtert mögliche Gründe für diese stabile Relation der See- und Landroute und schließt dann: „Hier haben wir ein gutes Beispiel ... für die Nichtelastizität der Konkurrenz zwischen den beiden Arten von Wegen und für die Komplexität der beteiligten Faktoren. Aber eine strukturelle Dauer der Beziehungen zeichnet sich ab und kann vielleicht als Arbeitshypothese festgehalten werden." Er betont also einerseits die Dauerhaftigkeit im Sinne der „longue durée" und läßt andererseits schließen auf irgendeine „strukturelle" Logik der Verhältnisse, die die Relation zwischen See- und Landweg so und nicht anders reguliert.

Dann folgt ein zweites Beispiel. Für die Zollplätze entlang der Gesamtgrenze von Kastilien (Atlantik- und Mittelmeerküste sowie die Landgrenzen gegen Portugal, Aragon und Navarra) lassen sich Statistiken mit Vergleichszahlen von 1560 bis 1598 errechnen. Die Gesamtsumme der Zölle steigt beträchtlich: von 38 Millionen Maravedis für Straßenverkehr und 115 Millionen Maravedis für Seeverkehr im Jahre 1560 auf 97 Millionen für Straßen- und 282 Millionen Maravedis für Seeverkehr im Jahre 1598. Es bleibt also die Proportion von 1:3 zwischen Straße und Meer gleich. Braudel faßt zusammen: „In struktureller Hinsicht hat sich in den Proportionen der kastilischen Handelswege in der 2. Hälfte des 16. Jahrhunderts nichts geändert. Alles verlief im gleichen Rhythmus ... Hier ist etwas, das mit größerer Deutlichkeit als unsere letzten Beispiele ein gewisses Gleichgewicht zwischen den beiden Transportwegen zeigt. Ihre Gesamtheit hielt sich in Proportionen, die sich wenig änderten."

Der Autor gibt sich also, ohne den Versuch einer analytischen Erklärung, zufrieden mit dem Resultat: gleichbleibende Struktur. Wie kann aber ein solches, in sich unerklärtes und unbegründetes Resultat als Arbeitshypothese für die Gesamtheit des Mittelmeers dienen? Wie er selbst mitteilt, sind jedoch die kastilischen Zollziffern von der Bürokratie aus internen Gründen manipuliert worden. Kinser hat in diesem Zusammenhang die Frage an Braudels Vorgangsweise folgendermaßen formuliert: „Is the precision of his structured relation, then, caused by systems of government bureaucracy, by those of economic life, or by the interaction of both?"[33]

Was wird hier überhaupt angeboten? Einerseits eine Proportion von Land- und Seetransporten zwischen Kastilien und Umgebung 1560–1598, sodann eine Proportion von Land- und Seetransporten nach Venedig von Spanien 1588–1606. Aber ein wirklich strukturiertes System kommerzieller Transporte, das in Rechnung setzt sowohl die Funktion von Zollsätzen wie von ökonomischem Austausch und die technischen Faktoren, die Land- und Seetransport unterscheiden – darauf hat Kinser in diesem Zusammenhang hingewiesen –, ein solches System wird von Braudel weder angeboten noch überhaupt in Betracht gezogen. Der Leser hat den Eindruck, daß für Braudel das rätselnde Nachdenken über einen strukturellen Wirkungszusammenhang ausreichend sei. Das ist wohl ausreichend, um weitere Archivstudien anzuregen, mit Ergebnissen pro oder contra. Aber es ist nicht ausreichend, um die Struktur eines Transportsystems zu analysieren. Es bleibt also eine Reihe von Fragezeichen. Sie betreffen nicht nur das, was Braudel als „strukturelle Dauer" erfassen will, und die Mittel, mit welchen er diese Elemente nachweist und darstellt. Sie gelten darüber hinaus auch seiner Konzeption des „plan obligatoire" in der Determinierung historischen Geschehens und der von ihr ausgehenden Selektion, Disposition und Darstellung des Stoffes.

Das nächste zu untersuchende Stück stammt aus dem zweiten Hauptteil des Werkes, also aus dem Bereich der „conjonctures", wo im Durchschnitt mittelfristige Bewegungen beobachtet werden. Die uns interessierende Passage steht am Ende des Abschnittes über „Sociétés".[34] Dem gehen voraus umfangreiche Darlegungen über die Wirtschaft des Mittelmeerraumes und vergleichsweise kurze Abschnitte über „Empires" (wo im wesentlichen nur Spanien und die Osmanen behandelt werden). Es folgen unserem Text Ausführungen über Kultur und über Formen des Krieges. Unser Untersuchungsstück hat zusammenfassenden Charakter. Man sieht, mit welchem Ergebnis und in welcher Weise Braudel es unternimmt, die sozialgeschichtlichen Veränderungen in den verschiedenen Teilen des Mittelmeerraumes auf einen gemeinsamen Nenner zu bringen. Dieser Nenner lautet: zunehmende Malaise, überall spaltet ein „Cracking" die Gesellschaften auf; die Armen werden ärmer, die Reichen reicher.

„Un lent, un puissant travail en profondeur aura tordu peu à peu, transformé les sociétés de Méditerranée, de 1550 à 1600, achevant une longue gestation. Le malaise général et grandissant ne se traduit pas par des révoltes en plein jour; il n'en modifie pas moins tout le paysage social. Et c'est un drame indéniablement de caractère social. Après l'étude précise de Jean Delumeau sur Rome et la Campagne romaine au XVIe siècle, qui a l'avantage de mettre en œuvre les mille petits avvisi des ‚journalistes', des fogliottanti de la Ville Éternelle, les derniers doutes si l'on en conservait encore, seraient levés. Reprendre ce dossier serait répéter nos constatations. Aucun doute, tout tend à se polariser entre une noblesse riche, vigoureuse, reconstituée en familles puissantes appuyées sur de vastes biens-fonds, et une masse de pauvres de plus en plus nombreux et misérables, ‚chenilles ou hannetons', insectes humains, hélas surabondants. Un cracking ouvre en deux les sociétés anciennes, y creuse ses gouffres. Rien ne les comblera plus. Pas même, répétons-le, l'étonnante charité catholique de la fin du siècle. En Angleterre, en France, en Italie, en Espagne, en Islam, tout est miné par ce drame dont le XVIIe siècle étalera au grand jour les plaies inguérissables. Progressivement, tout est atteint par le mal, les États comme les sociétés, les sociétés comme les civilisations. Cette crise donne ses couleurs à la vie des hommes. Si les riches s'encanaillent, se mêlent à la foule qui'ils méprisent, c'est que la vie a ses deux rives proches; maisons nobles d'un côté, surpeuplées de domestiques; picardia de l'autre, monde du marché noir, du vol, de la débauche, de l'aventure, et surtout de la misère ... De même que la passion religieuse la plus pure, la plus exaltée voisine avec les plus étonnantes bassesses et sauvageries. Étonnantes, merveilleuses contradictions du ‚Baroque', s'est-on écrié. Du Baroque non, mais de la société qui le soutient et qu'il recouvre mal. Au cœur de ces sociétés, quel désespoir de vivre!"

Dieser Zusammenfassung gehen Analysen der spanischen, italienischen, balkanischen, türkischen, maghrebinischen Gesellschaftsformationen und -wandlungen voraus. Mit einer Leidenschaft der Korrelation sammelt Braudel alles, was ähnlich ist oder scheint. Was Unterschiede ausmacht – und oft recht langfristige Unterschiede – wird wenig oder nicht beachtet. Die enormen und tiefsitzenden Differenzen zwischen den sozialen, staatlichen und kulturellen Funktionsweisen im Bereich des Islam und des „Westens" bleiben vom Interpretationsmodell her grundsätzlich außer Betracht. In der Tat spricht beim heutigen Forschungsstand vieles dafür, daß in der zweiten Hälfte des 16. Jahrhunderts im Mittelmeer hier wie dort erhebliche Regressionsphänomene auftraten. Aber bei der von Braudel eingeschlagenen monistischen Betrachtungsweise interessiert es eigentlich nicht mehr, wie jeweils die Voraussetzungen, Formen und Folgen der Regression hier und dort sind.

Ist es möglich, beim heutigen Forschungsstand ein differenziertes Gegenbild zu Braudels „unité" wenigstens in Umrissen anzudeuten? Lûtfi Barkan, der von Braudel geschätzte und zitierte türkische Historiker, hat 1971 eine solche Skizze in anregender Form gegeben.[35] Barkan geht davon aus, daß im 16. Jahrhundert der Aufschwung der „atlantischen Wirtschaft" die traditionellen Strukturen des osmanischen Reiches erschüttert hat. Versuche der türkischen Behörden, sich gegen diese Wirkungen abzuschirmen, u. a. durch interne Zwangsregulierungen, scheitern. Nicht nur die Preisrevolution, auch die Entwicklung der kapitalistischen Produktion als solche im Westen bringt die türkischen Gewerbe zum Stillstand. Die Kosten für Modernisierungen im militärischen Sektor (wo der Druck des Westens am direktesten spürbar wird) sind so hoch, daß sie zu tiefgehenden Veränderungen, zur eigentlichen Auflösung der alten Sozialstruktur – ohne neue Perspektiven – führen. In ähnliche Richtung weisen die Forschungen westlicher Historiker. C. A. Hess faßte 1972 politische und sozialgeschichtliche Aspekte zusammen: „When Ottoman and Spanish rulers agreed to a truce during 1580 they confirmed an increasingly rigid division of the Mediterranean not only between Islamic and Christian states, but also between the revolutionizing economic societies of western Europe and the successful, but socially conservative Turko-Moslim world[36]." Als Gegenbild zu Braudels allgemeinem „cracking" zeichnet sich also eine sehr weitgehende Differenzierung ab (die übrigens auch der von ihm selbst 1976 genannten Korrektur im Sinne einer teilweisen Andauer von Prosperität über 1600 hinaus

Raum böte). Festzuhalten bleibt, wie tief auch in diesem Falle Braudels unhaltbare Verallgemeinerungen durch seinen vorgegebenen Interpretationsraster bedingt sind.

In aller Kürze sei auf ein weiteres Beispiel aus dem Bereich der „événements“ verwiesen: die Bewertung des Sieges von Lepanto im dritten Teil von Braudels Werk.[37] Die Darstellung bleibt hier ganz im unmittelbaren Bereich der unmittelbar chronologisch folgenden Ereignisse, durchaus im Sinne der diplomatischen und Kriegsgeschichte von einst. Was uns im Sinne weiterer Perspektiven, moderner Methodologie und Darstellungsweisen in der Zusammenfassung von lang- und kurzfristigen Aspekten, von politischen und ökonomischen Strukturen interessieren könnte, bleibt außerhalb des vorgegebenen kategorialen Bezugsrahmens der „événements“. Hier ist Braudel anspruchslos stehengeblieben. Was man hier, wie in den meisten Abschnitten des dritten Teils, liest, ist eine veraltete, sklerotische, perspektiv- und problemlose Historie der Ereignisse. Außerhalb des Bezugsrahmens bleibt nicht nur die höchst interessante, da mittelfristige Bedingungen erschließende Frage nach der „großen katholischen Politik“; dem Papsttum hat Braudel weder hier noch an anderer Stelle irgend eine Bedeutung im Bereich der „structures“ oder auch „conjonctures“ des Mittelmeeres eingeräumt. Außerhalb bleiben in systematischer Hinsicht auch die strukturell vielleicht leichter faßbaren Gruppen von Phänomenen: das europäische Staatensystem (im Sinne eines pluralistischen Systems mit langfristigen Regelmechanismen), die Befreiungshoffnungen und Widerstandskräfte der christlichen Balkanvölker (im Sinne von ethnisch-politischen und soziokulturellen Konstanten) oder der weit über das Einzelgeschehen hinaus bedeutsame, gerade im geographisch-politischen Horizont funktionswichtige Dauerzusammenhang von See- und Landkrieg gegen die Osmanen. Schließlich bleibt bei Lepanto der Gesamtbereich ökonomischer Voraussetzungen, Leistungen und Folgen auf staatlicher wie auf vorstaatlicher Ebene ausgeklammert.

IV.

In unterschiedlichen Zugriffen und mit verschiedenen Beispielen wurde versucht, Gesichtspunkte für die Würdigung des Braudelschen Mittelmeerbuches und seines Modellanspruchs zu sammeln. Gerade diese Konzentration auf den Modellanspruch hatte allerdings zur Folge, daß das Verhältnis zwischen Anspruch und Leistung hinsichtlich der Schwächen deutlicher wurde als hinsichtlich der unbezweifelbaren und wegweisenden Errungenschaften. Um Mißverständnissen vorzubeugen, sei nochmals betont, daß die große und höchst fruchtbare Erweiterung des historiographischen Horizontes durch Braudels Mittelmeerbuch durchaus nicht in Frage steht. Mir scheint diese erweiternde und herausfordernde Leistung vor allem in zwei Bereichen zu liegen. Die systematische Einbeziehung der nichthumanen Faktoren (die man früher „die Natur“ nannte) in die Geschichte kann in prinzipieller Hinsicht kaum hoch genug eingeschätzt werden. Der umfassenden Einbeziehung der Natur dürfte auch insofern eine noch steigende Bedeutung zukommen, als die Probleme der natürlichen Voraussetzungen alles menschlichen Lebens in Gegenwart und Zukunft einen immer höheren Stellenwert erhalten. Als zweites ist die wesentliche Akzentverschiebung in den Bereich vorstaatlicher Lebensbedingungen und -formen hervorzuheben. Natürlich war auch in dieser Richtung, wie im Falle der nichthumanen Faktoren, Braudel nicht der einzige und nicht der erste. Aber das mindert die enorme Bedeutung und Wirkung seiner Vorstöße keineswegs. Gerade die geographische Anschaulichkeit des Mittelmeerbuches hat den generellen Erweiterungen des historiographischen Horizontes Kraft, Farbe und Profil gegeben. Die Akzentverschiebung ins Vorstaatliche fordert zur Entfaltung weiter komparativer Fragestellungen auf „unterer Ebene“ heraus. Sie befruchtet nicht nur die Sozial- und Wirtschaftsgeschichte, sondern regt auch zum Hinterfragen des gesamten Bereiches der Staatlichkeit und des sich hier anscheinend konzentrierenden Funktionsnetzes an. Und beide Bereiche sind voll von Anregungen für neue Ausarbeitungen im Umkreis einer historischen Anthropologie.

Was nun den Modellanspruch angeht, so dürfte dieser, wenn ein Fazit der gegenwärtigen Diskussionslage zu ziehen ist, von dem Dreischichtenschema Braudels nicht erfüllt werden. Daraus ergeben sich kritische Konsequenzen auch für eine Reihe von Evidenz- und Darstellungsprinzipien, die eng mit dem Dreischichtenschema zusammenhängen. Für die sich hier unmittelbar anschließenden Fragen der methodologischen Konsistenz oder Inkonsistenz der Braudelschen Instrumente verweise ich nochmals nachdrücklich auf Samuel Kinsers wichtige Untersuchung. Für die Frage nach dem Modellanspruch ist natürlich der Blick auf die Wirkungsgeschichte von Braudels Mittelmeerbuch von erstrangiger Bedeutung. Hier sind rasch zusammenfassende Urteile umso schwieriger, als der spezielle Wirkungszusammenhang dieses Buches von dem allgemeinen und breiten Strom der Wirkungen der „Annales"-Gruppe oft nur schwer oder auch gar nicht gesondert werden kann. Dennoch lassen sich wohl mit der gebührenden Vorsicht Aussagen in zwei Richtungen machen. Die erste Feststellung ist nicht originell, aber doch recht erheblich. Eine im vollen Sinn produktive Anregung hat anscheinend vor allem dort stattgefunden, wo Braudels Buch nicht unmittelbar als Modell aufgefaßt, sondern in weitgehenden Umsetzungsprozessen für eng begrenzte Regionalstudien verschiedener Art fruchtbar wurde. In diesen strengen regionalen Beschränkungen scheint die Einbindung von Natur in Geschichte und die Untersuchung und darstellerische Mitteilung langfristiger Bedingungen und Systeme ohne spekulativ-rhetorische Anmaßung möglich. (Daß auch Regionalstudien dieser Art Anlaß zu kritischen Erörterungen prinzipieller Art, etwa in Hinsicht auf Struktur und Ereignis oder auf das Verhältnis von endogenen und exogenen Faktoren bieten, braucht hier nicht weiter erörtert zu werden.)

Dort allerdings, wo in der Nachfolge Braudels sein Modell gelegentlich als Syntheserahmen für größere historische Darstellungen verwandt wurde, erscheinen die bedenklichen Wirkungen vielleicht stärker als der innovatorische Gewinn. Beispielshalber sei auf zwei in deutscher Sprache in der Fischer-Weltgeschichte vorliegende Darstellungen verwiesen: auf den von Tenenti und Romano verfaßten Band „Grundlegung der modernen Welt" und auf Guy Palmades Band über das „Bürgerliche Zeitalter". In beiden Fällen ist mutatis mutandis ein Ähnliches zu beobachten: auf eine breitangelegte strukturgeschichtliche Schilderung, voll wertvoller Information und gelungener Verarbeitung, folgt, gewissermaßen als pflichtgemäßer Appendix, eine ebenso komprimierte wie altmodisch-bescheidene Ereignisgeschichte. Natürlich wäre es Unsinn, alle die generellen Schwierigkeiten, denen der Historiker bei der Verbindung von Struktur- und Ereignisgeschichte ständig begegnet, nun Braudel und seinen Nachfolgern in die Schuhe zu schieben. Aber: „Les événements sont poussière". Das will heißen: die Braudelsche Diskreditierung der Ereignisgeschichte als solche kann die Folge haben, bereits den Rahmen dieser eminenten Aufgaben – Verbindung der Darstellung von System und Wandel auch anhand von Ereignissen – zu verdunkeln oder überhaupt zu verdecken.

Welche Folgerungen lassen sich am Ende dieser Skizze für unsere historiographischen Bemühungen ziehen? Was fangen wir mit dem Modellanspruch, mit dem Mittelmeerbuch Braudels an? Das unendlich Anregende und Weiterführende Braudels kann – so scheint mir – nur in einer sehr tiefgehenden und kritischen Umsetzung aufgenommen und entfaltet werden. Der dialektische Pendelschlag, wo die Einseitigkeit des Alten die Einseitigkeit des Neuen legitimiert, kann nach dreißigjähriger Wirkungsgeschichte und kritischer Diskussion nicht mehr als Motiv für eine naive Berufung auf Braudel anerkannt werden. Ich versuche abschließend, in der Richtung dieser Umsetzungsprobleme thesenhaft einige Folgerungen zu formulieren.

1. Das doppelte Scheitern Braudels – allgemein an dem Dreischichtenschema mit der Isolierung der Ereignisgeschichte, speziell an dem monistischen Interpretationsmodell der „unité" des Mittelmeeres – verweist auf die Notwendigkeit sehr genereller Gegenüberlegungen. Etwa in folgender Weise: statt des dualistischen Bezugsrahmens Raum–Zeit, der bei Braudel anscheinend sowohl mit der Absolutsetzung des Dreischichtenschemas wie mit dem

„unité"-Problem zu tun hat, könnte die Ausarbeitung eines anderen, vielleicht eines trialistischen Bezugsrahmens förderlich sein: Raum – Zeit – soziokulturelle Gruppierung.

2. In operativer Hinsicht erscheinen, so banal das klingen mag, gerade im Hinblick auf Braudels Weg und Wirkung Neubestimmungen des Verhältnisses und der Arbeits- und Konzeptbezüge zwischen Historie und systematischen Sozialwissenschaften erforderlich. Solche Neubestimmungen, die von den spezifischen Aufgaben und Möglichkeiten einer wissenschaftlichen „Ex-post-Rationalität" der Historie ausgehen könnten, sollten sowohl die kurzschlußträchtige Vagheit der Braudelschen Allumarmung vermeiden wie vorschnelle Abgrenzungen. Eine weite und tiefe Neubestimmung, die einerseits die systematische Einbeziehung der nichthumanen Faktoren methodisch und darstellerisch sichert, andererseits die Strukturen des Bewußtseins von Gruppen und einzelnen in ihrem historischen Stellenwert ernst nimmt, sollte verhindern, daß der gewaltige Fortschritt, der in Braudels Buch steckt, in einer unvermittelten Polarisierung von Methoden und Darstellungsformen vergessen oder zerrieben wird.

3. Für einen postbraudelianischen Bezugsrahmen von Historiographie liegen in der Diskussion und in den Arbeiten der letzten Jahrzehnte zahlreiche und wertvolle Elemente bereit. Zieht man für diesen neuen Rahmen einerseits die zuvor bei Braudels doppeltem Scheitern besonders erörterten darstellerischen und methodischen Aspekte, andererseits auch die lebensweltlichen Bezüge einer Historiographie in Betracht, die „die Zeichen der Zeit" zu bedenken versucht, so ergeben sich Folgerungen insbesondere für den Bereich von Kultur, Gesellschaft und Religion. Man würde Braudel wohl Unrecht tun, brächte man seine weitgehend ahistorische Konzeption der „unité humaine" des Mittelmeeres in unmittelbaren Zusammenhang mit den herrschaftssichernden Fiktionen der französischen Algierpolitik der zwanziger und dreißiger Jahre (als er selbst in Algier wirkte und das Mittelmeerbuch vorbereitete). Aber gerade in einer angemessenen Bewertung der unterscheidenden Bedeutung kultureller und religiöser Faktoren, die von Braudel so unterschätzt wurde, scheint mit ein besonders wichtiger historiographischer Beitrag zu den heutigen Problemen der Begegnung von Europa und Außereuropa zu liegen. Damit soll keineswegs gesagt werden, daß die vergangenen, gegenwärtigen und zukünftigen Menschheitsprobleme, die Braudel zur Akzentuierung eines „néomaterialisme" in humanitärer Absicht veranlaßten, gering zu schätzen seien. Engführungen älteren Stiles zu überwinden, ohne in eine synkretistische Beliebigkeit zu verfallen, scheint auch hier eine lohnende, wenngleich überaus mühsame Aufgabe zu sein.

Referat bei einer Tagung der Studiengruppe „Theorie der Geschichte" in Bad Homburg 1979. Druck in: Formen der Geschichtsschreibung, ed. *R. Koselleck, H. Lutz* und *J. Rüsen* (= Beiträge zu einer neuen Historik 4, München 1982), S. 320ff.

1 American Historical Review 86 (1981), S. 63–105. Dank der Freundlichkeit des Autors konnte ich den Text, dem ich wertvolle Anregungen entnahm, vor der Publikation benutzen.

2 Der Ausdruck „Social Cosmology" wird erläutert und verwendet von *J. Galtung,* On the last 2500 Years in Western History, and some remarks on the coming 500. In: The New Cambridge Modern History, Bd. 13 (Cambridge 1979), S. 318ff.

3 Für A siehe Méditerranée, 1. Aufl., S. XIII; für B siehe *F. Braudel,* Histoire et sociologie (Paris 1958), jetzt in: ders., Écrits sur l'histoire (Paris 1969), S. 97ff., hier S. 112.

4 Es lohnt sich, das folgende Stück aus „Personal Testimony" im englischen Originaltext zu lesen (S. 453f.): „By this time all my hesitations had evaporated. I had reached port; I had been appointed the year before to the Ecole des hautes études. In the summer of 1939 at Souget, in Lucien Febvre's house, I prepared to begin writing my book. And then the war! I served on the Rhine frontier. From 1940 to 1945 I was a prisoner in Germany, first in Mainz, then from 1942 to 1945 in the special camp at Lübeck, where my Lorrainer's rebelliousness sent me. As I returned safe and sound from this long time of testing, complaining would be futile and even unjust: only good memories come back to me now. For prison can be a good school. It teaches patience, tolerance. To see arriving in Lübeck all the French officers of Jewish origin – what a sociological study! And later, sixty-seven clergymen of every hue, who had been judged dangerous in their various former camps – what a strange experience that was! The French church appeared before me in all its variety, from the country curé to the Lazarist, from the Jesuit to the Dominican. Other experiences: living with Poles, brave to excess; and receiving the defenders of Warsaw, among them Alexander Gieysztor and Witold Kula. Or to be submerged one fine day by the massive

arrival of Royal Air Force pilots; and living with all the French escape artists, who were sent to us as a punishment; these are – and I omit much – among the picturesque memories.

But what really kept me company during those long years – that which distracted me in the true etymological meaning of the word – was the Mediterranean. It was in captivity that I wrote that enormous work, sending school copy book after school copy book to Lucien Febvre. Only my memory permitted this tour de force. Had it not been for my imprisonment, I would surely have written quite a different book.

I am not quite sure whether it was one or two years ago when a young Italian philosopher in Florence remarked: ‚You wrote that book in prison? Oh, that is why it always struck me as a book of contemplation.' Yes, I contemplated the Mediterranean, tête-à-tête, for years on end, far though it was from me in space and time. And my vision of history took on its definitive form without my being entirely aware of it, partly as a direct intellectual response to a spectacle – the Mediterranean – which no traditional historical account seemed to me capable of encompassing, and partly as a direct existential response to the tragic times I was passing through. All those occurrences which poured in upon us from the radio and the newspapers of our enemies, or even the news from London which our clandestine receivers gave us – I had to outdistance, reject, deny them. Down with occurrences, especially vexing ones! I had to believe that history, destiny, was written at a much more profound level. Choosing a long-time scale to observe from was choosing the position of God the Father himself as a refuge. Far removed from our persons and our daily misery, history was being made, shifting slowly, as slowly as the ancient life of the Mediterranean, whose perdurability and majestic immobility had so often moved me. So it was that I consciously set forth in search of a historical language – the most profound I could grasp or invent – in order to present unchanging (or at least very slowly changing) conditions which stubbornly assert themselves over and over again. And my book is organized on several different temporal scales, moving from the unchanging to the fleeting occurrence. For me, even today, these are the lines that delimit and give form to every historical landscape." –

Für anregende biographische und historiographische Informationen über Braudel vgl. u. a. den Beitrag von *E. Labrousse* in: Mélanges en l'honneur de Fernand Braudel, Bd. 1 (Toulouse 1973), S. 12ff., und die Einleitung von *A. Tenenti* zu *F. Braudel,* Scritti sulla storia (Mailand 1973).

5 *J. H. Hexter,* Fernand Braudel and the „Monde Braudellien ..." In: The Journal of Modern History 44 (1972), S. 480ff. Auf diese lucide Auseinandersetzung ist im Rahmen der Rezeptionsgeschichte näher einzugehen, siehe unten S. 249.

6 In diese Richtung weist auch die Bemerkung Braudels in dem Vorwort zur 2. Auflage (datiert vom Juni 1963): „Elle [‚La Méditerranée'] était fixée dans ses grandes lignes, sinon écrite entièrement, des 1939 ..."

7 2. Auflage, S. 11f. Im folgenden wird, wenn nicht anders angegeben, stets mit der Sigle „M" nach der 3. Auflage von 1976 zitiert, die – abgesehen von dem auf S. 10 eingeschobenen 3. Vorwort – identisch mit der 2. Auflage ist.

8 M 2, S. 223f.

9 M 1, S. 10: „Ce qui change le plus, c'est la problématique de notre métier. Je ne vois plus la société, ou l'Etat, ou l'économie exactement comme hier. Le lecteur pourra s'en rendre compte en se reportant aux trois volumes de Civilisation matérielle et capitalisme, de prompte parution, où j'ai pu mieux formuler mes points de vue et appliquer la survie, étonnante même à mes yeux, de la prospérité relative de la Méditerranée. Cette conquête-là, du moins, apportée par ce livre il y a longtemps, reste au-dessus de toute contestation. Je m'en réjouis naïvement, c'est-à-dire sans restriction, comme si j'avais rendu à l'Espagne, à l'Italie et aux autres pays de la mer Intérieure des années heureuses ou pour le moins assez brillantes dont l'histoire traditionelle les avait dépouillés."

10 *F. Braudel,* Civilisation matérielle, économie et capitalisme, 3 Bde. (Paris 1979). Der erste Band, der schon 1967 in einer vorläufigen Ausgabe (ohne Anmerkungen etc.) erschien, wurde nach dieser Ausgabe ins Deutsche übersetzt: Die Geschichte der Zivilisation, 15.–18. Jahrhundert (München 1971, in der Reihe: Kindlers Kulturgeschichte).

11 *Braudel,* Civilisation matérielle 1, S. 8ff.

12 Le Monde, 14. Dezember 1979, S. 23.

13 In diesem weiteren Umkreis sind einige Arbeiten hervorzuheben, die z. T. auch umfassende Literaturangaben bringen: *G. Klingenstein,* Kultur- und universalgeschichtliche Aspekte in strukturaler Sicht. Fernand Braudels „Civilisation matérielle et capitalisme (XVe–XVIIIe siècle)". In: Archiv für Kulturgeschichte 52 (1970), S. 280ff.; *C. Honegger,* Geschichte im Entstehen. Notizen zum Werdegang der „Annales". In: M. Bloch, F. Braudel, L. Febvre u.a. – Schrift und Materie der Geschichte. Vorschläge zur systematischen Aneignung historischer Prozesse, ed. *C. Honegger* (Frankfurt 1977), S. 7ff.; *M. Erbe,* Braudels Mittelmeerbuch als klassisches Werk der „Annales"-Historiographie. In: ders., Zur neueren französischen Sozialgeschichtsforschung. Die Gruppe um die „Annales" (Darmstadt 1979), S. 73ff.; *J. Schmidt,* Der historiographische Ansatz Fernand Braudels und die gegenwärtige Krise der Geschichtswissenschaft (Phil. Diss., München 1971).

14 Der Ausdruck „Marketing" wurde im Zusammenhang mit Braudel meines Wissens erstmals in einer Rezension von *G. Parker* verwendet: Braudels „Mediterranean": The making and marketing of a Masterpiece. In: History 69 (1974), S. 238ff.

15 Siehe oben Anm. 5.

16 Siehe oben Anm. 1.

17 *T. Stoianovich,* French Historical Method. The „Annales" Paradigm, with a foreword by F. Braudel (Ithaca/London 1976).

18 *Hexter,* „Monde Braudellien", S. 533.

19 Siehe oben S. 246.

[20] *Hexter,* „Monde Braudellien", S. 535.
[21] *F. Braudel,* Leçon inaugurale faite le 1er déc. 1960 (Paris 1950), S. 22.
[22] Méditerranée, 1. Aufl., S. 721. Vgl. aber damit die differenzierenden Ausführungen über das Problem der „choix" in der zweiten Auflage, M 2, S. 223f.
[23] In: Annales 18 (1963), S. 543.
[24] *Kinser,* „Annaliste" Paradigma?, S. 92.
[25] M 2, S. 213ff.
[26] *Kinser,* „Annaliste" Paradigma?, S. 75ff.
[27] Das Fortleben bzw. die Renaissance der antiken Einheitsidee des Mittelmeeres im 15./16. Jahrhundert wäre einer eigenen Untersuchung wert, wobei – wie bei anderen Sachbereichen der humanistischen Bewußtseinsbildung – das Spannungsverhältnis zwischen zeitgenössischer Realität, Überformung durch antike Analysemodelle und Korrektur durch neue Empirie Beachtung verdient.
[28] Siehe Anm. 13, hier S. 210f.
[29] M 1, S. 383f.
[30] M 1, S. 159; „Dans cet espace hostile, souvent vrai ‚anœkoumene', les plantes, les animaux, les hommes se sont malgré tout maintenus, comme s'il n'y avait pas seulement une horreur physique, mais aussi biologique de la nature à l'égard du vide. Ainsi parle un géographe. En fait, au cours des vastes oscillations et catastrophes climatiques du quaternaire, l'homme, comme tous les êtres vivants, a été souvent surpris, piégé, obligé de s'adapter vaille que vaille. Des populations résiduelles se trouvent aussi bien au milieu des Arabes d'Arabie qu'à côté des Touareg ... En tout cas, sauf dans les oasis, d'ordinaire peu étendues, l'homme ne peut se maintenir que par groupes menus. Sans les troupeaux, la gageure serait impossible. Depuis des millénaires, ces déserts sont la patrie de l'âne, du cheval, du chameau, du dromadaire. Dans le Sahara, le dromadaire joue le premier rôle. ‚L'homme y est un parasite du chameau' selon la formule habituelle. Et la grande histoire désertique commence avec lui. Cependant ‚en permettant la nomadisation et, parallèlement, une présence humaine moins localisée, le dromadaire a donné à l'homme la faculté d'exploiter la végétation sur des étendues de plus en plus vastes et variées'... il serait, ajoute un bon connaisseur, ‚l'intermédiaire responsable de la désertification'. Ce qui est bien possible.
Tout compte fait, le chamelier arrive difficilement à vivre du lait, du beurre ou du fromage de ses troupeaux; de leur chair, à peine mange-t-il. Il connaît tous les ‚aliments de disette': les Touareg de l'Air utilisent plus d'une vingtaine de plantes sauvages, notamment les graines du *drinn,* du *mrokba,* du *fonio* sauvage, du *cram-cram,* du *tawit,* les rhizomes et jeunes tiges du *berdi.* Leurs voisins, si l'on peut dire, les Toubou ‚tirent leur galette du fruit du *dûm*'. A quoi s'ajoutent les produits de la chasse. Au XVIe siècle, ‚il y a encore des moutons, des ânes, des bœufs, des chameaux sauvages, des gazelles et des antilopes et, dans le Fars iranien, la chasse de l'outarde et de la perdrix donne lieu à de vives compétitions. ‚Entre Babylone et Alep', note un voyageur du XVIIe siècle, il n'y a autre chose que sablons, capriers, et tamaris qui servent de nourriture aux chameaux ... et n'y ai veu aucunes bestes sauvages qu'asnes, chevaux, gazelles et cerfz qui passaient parfois en telle quantité parmi la cafle (*cafila* = caravane) qu'ilz nous empêchaient de faire nostre chemin.' Au cœur du désert de Syrie, le gibier recherché est un rat, dont la chair est une gourmandise. Que cette vie soit difficile, on l'imagine; qu'elle ait aussi, la poésie et l'illusion aidant, ses sortilèges, on l'acceptera. Tel écrivain irakien d'aujourd'hui affirme: ‚Quiconque a goûté la nourriture des Bédouins ne pourra au grand jamais s'en évader.'"
[31] M 2, S. 516.
[32] M 1, S. 268ff.
[33] *Kinser,* „Annaliste" Paradigma ?, S. 84. Diesen Erörterungen verdanke ich auch den Hinweis auf die betreffenden Darlegungen Braudels.
[34] M 2, S. 94.
[35] *O. Lûtfi Barkan,* Empire Ottoman face au monde chrétien au lendemain de Lépante. In: Il Mediterraneo nella seconda metà del cinquecento nella luce di Lepanto, ed. *G. Benzoni* (Florenz 1974), S. 95ff.
[36] *A. C. Hess,* The Battle of Lepanto and its Place in Mediterranean History. In: Past and Present 57 (1972), S. 73.
[37] M 2, S. 397f.

KULTUR, KULTURGESCHICHTE UND „GESAMTGESCHICHTE“

Die bescheidene Absicht der folgenden Bemerkungen geht dahin, vom Begriff und Gegenstandsbereich der Kultur her einige Gedanken zu einem allgemeinen Thema beizusteuern: Wege aus der Spezialforschung zu einem weiteren Interpretationsrahmen von „Gesamtgeschichte“. Die Erörterung einschlägiger Probleme soll innerhalb des Epochenstoffes und der Fragestellungen der Frühen Neuzeit angesiedelt werden. Die Unterschiede zwischen den methodischen und interpretativen Aspekten solcher frühneuzeitlichen Integrationsaufgaben von Kultur- und „Gesamtgeschichte“ und der jeweiligen Aufgabenstellung für das Mittelalter und die „Moderne“ des 19. und 20. Jahrhunderts, erst recht die Vergleichsaufgaben in der Gegenüberstellung der europäischen und außereuropäischen Geschichte, können nur flüchtig berührt werden, wenngleich ihnen gerade hinsichtlich des allgemeinen Rahmens unserer Erörterung größte Bedeutung zuzumessen ist. Nach einem orientierenden Blick auf die zeitkritische Kulturdiskussion nach 1945 folgt ein Abschnitt, der Werkstatterfahrungen mit Kulturphänomenen im Umkreis des deutschen Humanismus behandelt (II.). An eine Musterung historiographischer Angebote zur Bearbeitung und Einordnung von „Kultur“ (III.) schließen sich dann einige zusammenfassende Bemerkungen (IV.).

I.

Zwei Ausgangspunkte sind zu betonen, deren Ineinanderwirken die besondere Attraktivität und ebenso die besondere Vielschichtigkeit der geschichtswissenschaftlichen Arbeit im Umkreis von „Kultur“ andeutet. Einerseits ist auszugehen von der heutigen zeitkritischen Diskussionslage, wo gerade bei umfassenderen Ansätzen den Begriffen Kultur und Kulturkrise eine neuerdings zunehmende Beachtung geschenkt wird[1]. Andererseits geht es um die innerhalb der Praxis des Historikers und in der Geschichte unserer Wissenschaft anfallenden Erfahrungen beim Umgang mit kulturellen Phänomenen und insbesondere bei den Versuchen, in Längs- und Querschnitten, bei Einzelfragen oder Synthesen Kultur mit Politik, Gesellschaft, Wirtschaft, Religion geschichtswissenschaftlich zu vermitteln.

Die Spannweite der europäischen Kultur- und Kulturkrisendiskussion nach 1945 ist bekannt und ebenso die akzentuierende Abfolge sehr verschiedener Leitmotive. Es wäre reizvoll, im einzelnen zu verfolgen, wie Historiker nehmend und gebend in dieser Diskussion standen, wie sie als betroffene und reflektierende Zeitgenossen ihr besonderes fachliches Instrumentarium ins Spiel brachten bzw. in den fachbedingten Brechungen ihres Zeitbewußtseins, ihrer Wertmaßstäbe und ihrer Erkenntnisperspektiven am allgemeinen Weg teilnahmen. Für den vorliegenden Zweck muß das beiseite bleiben. Die beiden Beispiele für unterschiedliche Positionen in der Kulturdiskussion, auf die ich mich hier beschränke, sind mit Absicht nicht aus dem Bereich historischen oder historisierenden Denkens genommen.

Romano *Guardini* hat sich von reformkatholischen und theologisch-philosophischen Ausgangspositionen her in immer neuen Ansätzen intensiv mit allgemeinen Fragen der Kultur beschäftigt. Ohne auf die verschiedenen Stufen und Aspekte seines Denkens einzugehen[2], sei hier eine umfassende Definition von Kultur zitiert, deren Gewicht unmittelbar einleuchtet. „Die Kultur ist kein objektivistisches Gebilde, das sachhaft in sich stünde, sondern zugleich und an jeder Stelle ein existentielles, nämlich die Daseinswelt des Menschen, der sie hervorbringt und in ihr lebt. Der Maßstab, an welchem sie gemessen wird, ist also nicht die Frage, was sie leiste, sondern auch die, was in ihr aus den Menschen werde. Das gilt nicht nur für Wirtschaftsforschung und Wohlfahrtswesen, sondern auch für den Staat, die Kunst, ja selbst für die Wissenschaft. Wir vergessen das leicht. Der neuzeitliche

Gedanke der Autonomie der Kulturbereiche hat uns für wichtige Zusammenhänge blind gemacht[3]". Im gleichen Zusammenhang hat Guardini auch die Frage eines epochenübergreifenden, also absoluten Wertmaßstabes der Kultur ohne Zögern angefaßt: „Der Sinn einer Kulturepoche liegt letztlich nicht darin, daß in ihr der Mensch zu immer größerer Naturbeherrschung gelange, sondern daß er die Gestalt des Daseins und die menschlich-sittliche Haltung hervorbringe, welche die Geschichte jeweils fordert."

Man sieht – ohne daß die kritische Kommentierung hier entfaltet werden könnte – die Eigenart dieser Kulturkonzeption und Kulturethik: wie sehr sie von der Verantwortungs- und Lebenssphäre des einzelnen ausgeht (und so die humanistische Tradition weiterführt); wie sehr sie aber andererseits das Ganze, das Allgemeine übergreifender menschlicher Situationen einbeziehen will; wie schwierig jedoch mit einem solchen „unsoziologischen" Kulturbegriff die Vermittlung zwischen individueller Existenz und allgemeinen, gesellschaftlichen Lebensbedingungen sich anläßt. Festzuhalten bleibt jedenfalls, daß dieser Kulturbegriff mit der Überwindung der kategorialen Scheidungen, die im 19. Jahrhundert üblich waren, den Vorstoß zu einem Einheitsprinzip bedeutet: Kultur stellt für Guardini gegenüber Politik, Wirtschaft, Wissenschaft das übergreifende, höchste Prinzip dar, an das wir die letzten und entscheidenden Fragen nach der Conditio humana richten können.

Richard Löwenthal, um vieles jünger als Guardini, hat von den politischen und normativen Positionen eines demokratischen Sozialismus her bemerkenswerte Beiträge zur Ausarbeitung eines Kulturbegriffs geleistet, der dem Vorwurf mangelnder gesellschaftlicher Vermittlung viel weniger ausgesetzt scheint[4]. In einer Kritik an der Kulturkonzeption des amerikanischen Soziologen Daniel Bell[5] betont Löwenthal: „. . . vom Standpunkt der Analyse bilden die Werte selbst und nicht ihr symbolischer Ausdruck [sc.: in Kunst und religiösen Formen] den eigentlichen Kern der Kultur." Er bezieht sich auf die Erörterungen der neueren Kulturanthropologie und auf Toynbees System der „Civilizations" und plädiert für einen umfassenden Begriff der Kultur „als Beschreibung des Systems der integrierenden Glaubensinhalte und Werte einer Gesellschaft und nicht eines besonderen Sektors ‚kultureller' Tätigkeiten". Hat also die Überwindung einer objektivistischen oder kategorial eingeschränkten Definition von Kultur Ähnlichkeit mit Guardini, so wird der andere, auf operable Vermittlung von Kultur und Gesellschaft *in Praxis und Theorie* gerichtete Ansatz Löwenthals dort besonders deutlich, wo es ihm um die Beschreibung aktueller Aufgaben geht: „Das bedeutet, daß die Lösung der Probleme einer dynamischen Gesellschaft von der kontinuierlichen Transformation der ihr zugrunde liegenden Werte, von deren immer neuer Umdeutung im Lichte neuer Existenzbedingungen abhängt – in andern Worten, von immer neuen Akten kultureller Schöpferkraft, die jeweils gelingen oder scheitern können."

Löwenthal entwickelt also, im Unterschied zu Guardini, einen soziologisch reflektierten Kulturbegriff, der appellativ in eine Strategie politischer und sozialer Entscheidungen eingebaut ist. Allerdings fragt sich nun erst recht, ob damit die Vermittlung zwischen dem individuellen Aspekt kultureller Verantwortung und den Kollektivschicksalen von Kultur und Gesellschaft überzeugend und ausführbar hergestellt wird. Die enorme Problematik dieser Seite des Löwenthalschen Ansatzes kann abgekürzt durch den Hinweis auf seinen Versuch erläutert werden, Kausalität und Moralität in einem allgemeinen Modell von Erfolg und Scheitern aufs engste zu verknüpfen:

„Wenn auf der anderen Seite die anomische Kulturkrise die Folge unseres Versagens in der schöpferischen Bewältigung der Konsequenzen beschleunigten gesellschaftlichen Wandels – in Wirtschaft und Politik, international und im einzelnen Land, in Erziehung und Verhaltensnormen – ist, dann hängt ihre Überwindung, so schwer der Weg zu ihr zu entdecken und praktisch zu begehen sein mag, von unserer Erkenntnis und unserem Willen ab. Die Kulturkrise ist dann kein „diabolus ex machina" – sie ist die allgemeinste Strafe für unser Versagen bei der Lösung gesellschaftlicher Probleme, neben solchen spezifischen Strafen wie Kriegen, totalitären Revolutionen, Massenarbeitslosigkeit, Währungschaos, Hunger oder Umweltverwüstung."

Dieses Modell Löwenthals ist nun zu Guardinis Modell eines Appells an den einzelnen mit einem unvermittelten, intuitiv erwarteten Überschwenken in allgemeine kulturelle Ergebnisse und Veränderungen in Vergleich zu setzen. Wenn bei Guardini der Überbrückungsansatz von der Individualkultur zur gesellschaftlichen Kultur nach der Seite des Allgemeinen hin prekär erscheint, so erscheint bei Löwenthal die Vermittlung nach der individuellen Seite hin problematisch. Dies um so mehr, als er anscheinend ganz summarisch das individuelle kulturelle Versagen oder Nichtversagen mit kollektiven „Strafen" oder Erfolgen verknüpft. So lohnend es wäre, diesen Vergleichsfragen weiter nachzugehen, muß doch im Hinblick auf unser fachwissenschaftliches Interesse hier abgebrochen werden. Für den Fortgang der Überlegungen soll es genügen, zusammenfassend die beiden Definitionen von Kultur noch unter einem anderen Gesichtswinkel als dem des Orientierungsanspruchs für heute und morgen zu betrachten. Rückt man Guardinis und Löwenthals Kulturbegriffe in die Distanz von geschichtswissenschaftlich zu verwendenden, also für Vergangenheitserkenntnis dienstlichen Modellen, so zeigt sich sogleich ein weiterer Unterschied. Guardinis Kulturbegriff ist zwar universal und trägt dem individuellen Ansatz Rechnung; doch erscheint er als überwiegend statisch – vielleicht als Folge einer bestimmten philosophischen Ontologie. Dagegen bietet Löwenthal, der von Toynbee und den Soziologen her die Begriffe von sozialem Wandel und „challenge and response" kennt, ein dynamisches Modell von Kultur[6]. Das ist jedenfalls ein formaler Gewinn, wenn er auch nicht die Lösung der oben erwähnten Probleme im Bezugsfeld Individuum–Allgemeinheit bedeutet. Dies um so weniger, als ja gerade in einem dynamischen Prozeßmodell von kultureller Herausforderung und Antwort die Frage nach dem einzelnen keinesfalls mit dem Hinweis auf allgemeine Wirkweisen von Normen etc. beantwortbar ist. – Diese systematischen Erörterungen von Kultur und Gesellschaft werden nun nicht weiter hinsichtlich ihres direkten und indirekten Einflusses auf die Fachforschung des Historikers untersucht, obwohl gerade die Analyse solcher Einflußfelder und -wege (und damit die Selbstanalyse des Historikers) recht aufschlußreich sein kann. Nur eine Anmerkung sei hier noch angebracht: In der Diskussion über den engeren oder weiteren Zusammenhang von Fragestellungen der systematischen Sozialwissenschaften mit den Fragestellungen der Historie scheint es mir sehr wichtig, die spezifischen Möglichkeiten der Ex-Post-Rationalität der Geschichtswissenschaften von den allgemeinen Ansätzen einer sozialwissenschaftlichen Rationalität genau zu unterscheiden.

II.

Die Werkstatterfahrung des Historikers kann gewiß auf sehr unterschiedliche Weise in unsere Fragestellung eingebracht werden. Entsprechend dem aperçuhaften Charakter dieser Überlegungen versuche ich, an einem ausgewählten Beispiel frühneuzeitlicher Kulturphänomene bestimmte Beobachtungen anzustellen. Es handelt sich um Zustände und Vorgänge innerhalb der deutschen Geschichte um 1500: im ersten Schritt um den deutschen Humanismus (um 1500)[7], im zweiten Schritt um eine einzelne biographische Thematisierung des gleichen Gegenstandsbereiches: Der Augsburger Stadtschreiber Conrad Peutinger (1465–1547) und der deutsche Humanismus[8]. Das Beispiel liegt mir nahe, da ich selbst einschlägige Forschungserfahrungen habe. Doch die heutige Bemühung geht dahin, nicht in eine rückblickende Erörterung – und Kritik – eigener Forschung hineinzugeraten, sondern Forschungsmöglichkeiten und Perspektiven unter dem Aspekt integrierender Einordnung von Kultur paradigmatisch zu erörtern. Das im folgenden zwecks abgekürzter Verständigung entwickelte „Tabellenspiel" will – das sei zur Vermeidung von Mißverständnissen vorangeschickt – keineswegs den Anspruch eines verbindlichen Modells erheben. Der in jeder Hinsicht variable und dynamische Charakter dieser Perspektiven-Reflexion ist sehr zu betonen. Es soll daher eigentlich nur eine logische Achse festgehalten werden, um die sich alles dreht: Perspektiven innerhalb der Spezialforschung – Perspektiven über die Spezialforschung hinaus.

Der deutsche Humanismus um 1500 ist in der Forschungstradition seit dem 19. Jahrhundert fest als Gegenstand der „Geistesgeschichte" etabliert. (Das Verhältnis von Geistesgeschichte und Kulturgeschichte in der deutschen Wissenschaftstradition wird im nächsten Abschnitt erwähnt werden.) Die neuere Programmatik, Geistesgeschichte aus ihrer – tatsächlichen oder vorgeblichen – Isolierung zu lösen und in Verbindung mit politischer und Sozial- und Wirtschaftsgeschichte zu bringen, hat bisher in diesem Falle keine spektakulären Erfolge gehabt. In mancher Hinsicht ist es eher dazu gekommen, daß Nichtbeachtung von der einen wie von der anderen Seite wuchs, die sich jeweils – in der sattsam bekannten Weise – auf das Postulat fachspezifischer Seriosität bzw. auf einen wenig differenzierten Vorrang- oder auch Totalanspruch von Gesellschaftsgeschichte berufen zu können meint. Statt einer Analyse dieser Konstellationen, die uns sogleich unaufhaltsam ins Weite wegführen müßte, versuche ich zwecks Kürze und Übersichtlichkeit in tabellarischen Aufstellungen einige aus dem Sachverhalt entnommene Perspektiven anzugeben, die einerseits der Spezialforschung zugehören, andererseits über die Spezialforschung hinausweisen. Unter *Spezialforschung* sollen im vorliegenden Zusammenhang alle Beiträge verstanden werden, deren Schwergewicht innerhalb der geistesgeschichtlichen Thematisierung „Deutscher Humanismus um 1500" liegt. Dabei können die gewiß erheblichen methodischen und formalen Unterschiede zwischen Detailanalysen und weiter gespannten Untersuchungen und Darstellungen prinzipiell außer Betracht bleiben. Auch die gar nicht seltenen Fälle teilweise „grenzüberschreitender" Forschung, denen immer wieder Anregungen zu verdanken sind (auch wenn sie zunächst ganz pragmatisch geschehen und dann erst in einer Methodenreflexion auf ihre mögliche Verallgemeinerungsfähigkeit zu prüfen sind), werden der Kürze halber nicht eigens berücksichtigt. Überhaupt sollen im Sinne des Obengesagten auch diese Abgrenzungsfragen von Spezialforschung nicht statisch, sondern nur in ihrer funktionalen Bedeutung gesehen werden. Die gewiß sehr verschiedenen Möglichkeiten der jeweils konkreten Abgrenzung von Spezialforschung sind prinzipiell für den vorliegenden Demonstrationsversuch ohne Bedeutung.

Daß solche Tabellen kein Ausweichen in einen vorgestellten Objektivismus bedeuten, sondern subjektive Annahmen – noch dazu in komprimierter und dadurch notwendig vereinfachter Form – enthalten, ist selbstverständlich. Von einem Anspruch auf Vollständigkeit kann keine Rede sein; es sind demonstrative, nicht taxative Listen. Wir beginnen mit einer relativ einfachen, fachinternen Übersicht:

I. DEUTSCHER HUMANISMUS UM 1500:
Perspektiven innerhalb der Spezialforschung

1. *Rahmenbedingungen*
   - Einflüsse aus Italien
     - von der Antike
     - von der Spätscholastik
     - von der Devotio Moderna
     - der kirchlichen Krise
     - der Reichspolitik (Maximilian I., Reichsreform, Territorien)
   - Humanismus und Beginn der Reformation (Luther, Zwingli, Täufer)
   - Humanismus und volkstümliche Strömungen

2. *Werke*
   Literarische Werke (Gattungen)
   Wissenschaftliche Werke (mit Systematik der Wissenschaften)
   Editionen
   Übersetzungstätigkeit
   Publizistik

3. *Institutionen*
   Universitäten
   Höheres Schulwesen
   Sodalitäten
   Bibliotheken und Sammlungen

4. *Stufen, Tendenzen, Gesinnungen*
   Unterschiedliche Etappen und Formen der Auseinandersetzung von neu rezipierter antiker Kultur (einschließlich der christlichen Antike) mit zeitgenössischen Fragen der Bildung und Kultur
   Traditionsstränge, Gruppenbildung
   Konflikte, Austauschprozesse

5. *Personen*
   Unterschiedliche Systeme prosopographischer Erfassung, Zuordnung und Einschätzung

6. *Umwelt der Personen und der Tendenzen*
   Soziokulturelles Milieu: Stadt, Fürstenhof, geistliche Institutionen

7. *Wirkungen und Nachwirkungen*

8. ...

9. ...

Natürlich kann jeder Leser solche Listen nach Belieben verbessern und ergänzen. Worauf es hier ankommt, ist vor allem der Demonstrationseffekt im Vergleich der ersten Zusammenstellung mit der nun folgenden zweiten Tabelle, die über die Spezialforschung hinausführt. Man sieht sogleich, daß, während die erste Liste vielleicht in die Richtung des Inhaltsverzeichnisses einer systematischen Darstellung weist, die zweite Liste sich in etwa einem bibliographischen Stichwortverzeichnis nähert (aber noch ohne sachliche oder alphabetische Ordnung). Man könnte dies Raster- und Tabellenspiel noch verfeinern, wenn ein je unterschiedlicher Kulturbegriff – mehr in Richtung ethisch-kultureller „Conditio humana" oder mehr in Richtung konkreter Sach- und Forschungsbezüge – differenziert aufgefächert würde. Doch auch darauf kommt es hier nicht an. Es wurde ein sozusagen „mittlerer" Kulturbegriff zugrunde gelegt, um die Aufmerksamkeit auf das eigentliche Problem – die Überschreitung der Spezialforschung und ihre verschiedenen methodischen und thematischen Aspekte – zu konzentrieren. Ein anderer Gesichtspunkt, der in praktischer, auch in institutioneller Hinsicht für unser Thema außerordentlich wichtig ist, kann hier nur genannt, aber nicht entfaltet werden: Ein Teil der in Tabelle II gegebenen Stichworte gehört in die fachliche Kompetenz des „Normalhistorikers" (dem heute sozial- und wirtschaftsgeschichtliche Methoden nicht mehr fremd sind), ein anderer Teil liegt schon am Rande (bzw. fällt in den Bereich etablierter, selbständiger historischer Disziplinen: Recht, Kirche, Literatur etc.), ein dritter Teil ist noch weiter auszugrenzen, insofern er für die Kompetenz der unterschiedlichen „Historiker" im Regelfall nicht mehr erreichbar ist (Technik, Kunst, Musik, Medizin etc.).

II. DEUTSCHER HUMANISMUS UM 1500:
Perspektiven über die Spezialforschung hinaus

1. *Nach Gegenstandsbereichen*
   Deutscher Humanismus um 1500 und bildende Kunst
   und Musik
   und Technik
   und Arbeit
   und Entdeckungen
   und Normverhalten (angewandte Ethik)
   und Gesundheitswesen
   und Recht
   und Kirchenwesen
   und staatliches Leben
   und Sozialfürsorge
   und Buchwesen und Alphabetisierung
   und Nationalbewußtsein
   und deutsche Sprache
   und neulateinische Literatur
   und Nationalliteratur
   und Frühkapitalismus
   und ...
   und ...
   und ...
   und ...

2. *Nach historischen Zusammenhängen bzw. Forschungsthemen*
   Deutscher Humanismus und Reichsidee und Reichspolitik
   und Städtewesen
   und die Entwicklung des frühmodernen Staates
   und Kirchenkritik / Kirchenreform
   als Vorstufe und Bedingungsfaktor der Reformation
   und gesellschaftlicher Wandel
   und die deutsche Kunst von der Spätgotik zur Renaissance
   und der Prozeß der Rationalisierung
   und der Prozeß der Säkularisierung
   und ...
   und ...
   und ...
   und ...

Auch bei solchen Zusammenstellungen wird auf Anhieb deutlich, daß es nicht um das Erzielen logischer Schärfe und Gleichmäßigkeit in der Abgrenzung und Formulierung geht. Nicht nur in die zweite Gruppe (wo übrigens schon in der Überschrift die Differenz zwischen „historischen Zusammenhängen“ und „Forschungsthemen“ absichtlich nicht vertieft wurde), sondern schon in die erste Gruppe, deren Stichworte zunächst recht allgemein wirken, sind in unterschiedlicher Weise konkretisierende Vorgaben von Wissen um spezifische mögliche Bezüge des Themas „Deutscher Humanismus“ eingegangen. Wenn zum

Beispiel statt einer abstrakten Perspektive „Ökonomie“ das Stichwort „Frühkapitalismus“ gesetzt wird, so liegt dem eben der bekannte Tatbestand humanistischer Debatten für und wider das kanonische Zinsverbot und auch der besondere Bezug zu frühkapitalistischer Wirtschaftsethik im Umkreis Conrad Peutingers zugrunde. Insofern steht dies Stichwort schon im Übergang zur zweiten Gruppe, wo die Bezüge zu ausgearbeiteten Sach- und Forschungsthemen und auch zu Interpretationsmodellen verschiedener Reichweite konstituierend sind. Aber auch dort, wo in der ersten Gruppe anscheinend nur systematisch gefragt wird, etwa bei dem Stichwort „Sozialfürsorge“, steht im Hintergrund das bekannte sozialgeschichtliche und stadtgeschichtliche Problemfeld (zwischen Spätmittelalter und Frühmoderne) von Armenpflege, Spital, Leibrente etc.

So zeigt dieser Tabellenversuch in aufsteigender Linie von der ersten zur zweiten Gruppe das reflektierte Einströmen eines Wissens um mögliche und sinnvolle Umfeldbezüge, sobald vom Ausgangsthema her die Grenze der Spezialforschung überschritten wird. Dies reflektierte Wirksamwerden von erkenntnisverheißenden grenzüberschreitenden Perspektiven erfolgt aber – und das erscheint mir besonders wichtig – offenbar nicht in einer einfach summierenden, sondern in einer deutlich *auswählenden Weise.* Jeder sinnvolle Weiterweg aus der Spezialforschung zu einer so oder so beabsichtigten Integration in den Rahmen eines so oder so vorgestellten Totums historischer Wirklichkeit vollzieht sich offenbar mindestens ebenso, wenn nicht mehr, in der Form der Selektion wie in der Form der Summierung von Perspektiven.

Aus der Fülle anregender Werkstattbeobachtungen, die sich bei der Aufstellung solcher Tabellen ergeben, sei hier im Vorübergehen nur noch auf weniges hingewiesen. In selektiver Hinsicht ergibt sich schon vom Thema des deutschen Humanismus (um 1500) her der Wegfall bzw. das weitgehende Zurücktreten einer Reihe von integrationsträchtigen Perspektiven, die bei anderen Kulturthemen naheliegen. So etwa alles, was mit „Popular culture“ zusammenhängt (oben nur unter den Rahmenbedingungen erwähnt); das meiste, was mit dem älteren Begriff von „materieller Kultur“ gemeint ist und neuerdings mit Recht wieder Beachtung findet: Wohnen, Essen, Kleidung etc.; auch sehr vieles von den heute als menschliche Grundbefindlichkeiten zunehmend thematisierten Bereichen wie Geburt und Tod, Familie und Kindheit, Mann und Frau, Sexualverhalten und Ehe, Krankheit und Lebensalter etc. Nicht als ob das Thema „Humanismus“ als solches nicht in relevanter Weise mit vielen dieser Perspektiven verbunden wäre und auf diese Zusammenhänge hin ausgreifend zu thematisieren wäre. Doch in der spezifischen Beschränkung „deutscher Humanismus um 1500“ tritt bei einer sinnvollen Proportionierung wohl dies alles zurück gegenüber den in den Tabellen angesprochenen Gesichtspunkten. Es tritt also zur Selektion als zweites die Aufgabe einer jeweils sinnvollen *Proportionierung.*

Unerwähnt blieben bis jetzt auch die zwei Gruppen von weiterführenden Fragen, die in den thematischen Begrenzungen auf den *deutschen* Humanismus und auf die Zeit *um 1500* stecken. Die geographischen Grenzen deutscher Kultur um 1500 – das ergibt im Gegenstandsbereich eine faszinierende Palette von Fragen: von der niederländisch-burgundischen Kultur im Westen über die dänisch-niederdeutschen Zusammenhänge zu den breiten Zonen deutsch-baltischen und deutsch-slawischen Zusammenlebens und zur deutschen Streusiedlung im Osten (Siebenbürgen). Fast noch wichtiger ist die kategoriale Erfassung, lange belastet von den nationalen Maßstäben des 19. Jahrhunderts, wo die Höhe der Kultur unbedingt an ihrer nationalen „Reinheit“ und Unvermischtheit gemessen wurde. Was nun aber heute? Wie fassen wir Grenz- und Überschichtungszonen von Kultur? Etwa mit Begriffen wie Mischkultur oder mit dem Stichwort „double culture“, wie es in der Zwischenkriegszeit der bedeutende französische Regionalist de Pange vorschlug? Gewiß führt hier die Analyse sozialer Bedingungen von Kultur weiter. Und was schließlich die einfache Formel „um 1500“ an Abgrenzungs- und Integrationsproblemen in epochaler wie in kategorialer Hinsicht enthält (Epochenspezifisches, aber nicht immer Deckungsgleiches in Kultur, Politik, Wirtschaft etc.), bedürfte einer gründlichen Darlegung. Nur die Abgrenzung nach oben, zur Reformation hin, könnte wohl mit einiger Klarheit rasch bestimmt werden. Doch brechen wir ab.

Zurückkehrend zur tabellarischen Illustration von Spezialforschung und ihrer Überschreitung, soll als ein angedeuteter zweiter Schritt noch eine spezielle Variante des Themas erwähnt werden: Conrad Peutinger und der deutsche Humanismus. Es geht hier also um eine biographische Konkretisierung, ein thematisches Verfahren, das ebenso gängig wie erörterungsbedürftig ist. Diesen allgemeinen Aspekten war kürzlich Band 6 der „Wiener Beiträge zur Geschichte der Neuzeit" gewidmet[9]. Ich fasse mich hier ganz kurz und gebe die zwei Tabellen nur in allgemeinster Form. Gegenüber dem ersten Schritt „deutscher Humanismus" ergibt sich hier von Anfang an eine hochgradige und spezifische Art von Selektion. Es geht um biographische Integration von Kultur.

III. PEUTINGER UND DER DEUTSCHE HUMANISMUS UM 1500: Perspektiven innerhalb der Spezialforschung

1. *Persönliche Bedingungen*
   Stadt, soziale Schicht (Augsburg, Kaufmannszunft)
   Familie, Sippe (Höchstetter, Ehe mit einer Welsertochter)
   Bildung (Italien)
   Berufsentscheidung (Jurist, städtischer Dienst, nicht hauptamtlich in Kaiser Maximilians Dienst)
2. *Allgemeine Bedingungen*
   Aufstieg Augsburgs
   Aetas Maximilianea
   Einfluß der Humanisten (Celtis, Pirckheimer, Aventin ...)
3. *Entfaltung der Interessen und Fähigkeiten*
4. *„Challenge and Response" im biographischen Ablauf*
5. *Wirkungen, gleichzeitig; Nachwirkungen*
6. ...
7. ...

Es handelt sich also bei solchen biographisch-kulturellen Ansätzen schon innerhalb der Spezialforschung um ziemlich komplexe Formen von Integration; in das Interpretationsmodell müssen von Anfang an zahlreiche außer- und überbiographische Gesichtspunkte einbezogen werden. Noch interessanter stellt sich dann die folgende Aufgabe, solche biographisch-kulturell erarbeiteten Erkenntnisse über den Rahmen der Spezialforschung hinaus in weitere Perspektiven einzubringen. Dies erscheint als eine methodisch besonders wichtige Aufgabenstellung, die heute anscheinend noch wenig reflektiert ist. Doch dürfte es sich lohnen, den Methoden einer Überwindung des „Hängenbleibens an der biographischen Schwelle" einige Aufmerksamkeit zuzuwenden. Hier kann jedoch nur jener Ausschnitt rasch skizziert werden, der die biographisch-kulturellen Aspekte und deren besondere Integrationsmöglichkeiten und Schwierigkeiten betrifft. Ausdrücklich sind dabei alle Probleme und Aufgaben beiseite zu lassen, die zur Methodik des Vergleichs oder der Verallgemeinerung im engeren Sinne gehören. (Es gibt freilich viele Berührungspunkte zwischen diesem und unserem Methodenfeld, die aber hier nicht näher besprochen werden können.)

Die zweite Aufgabe, die über die Spezialforschung hinausführenden Perspektiven zu entwickeln, stellt also im Falle des biographisch-kulturellen Ansatzes bei Peutinger eine Art von „zweiter Integration" dar, da ja schon die erste Aufgabe in bestimmter Weise über den

Kulturbereich des deutschen Humanismus hinausführen mußte. Diese zweite Integration kann nun methodisch in zweifacher Weise angesetzt werden, einmal unter prinzipieller Beibehaltung des biographischen Rahmens und sodann unter teilweiser oder gänzlicher Aufhebung des biographischen Rahmens.

IV. PEUTINGER UND DER DEUTSCHE HUMANISMUS UM 1500: Perspektiven über die Spezialforschung hinaus

A. Unter Beibehaltung des biographischen Rahmens

1. *Integration innerhalb des Kulturbereichs*
   a) Zuordnung zu den deutschen Humanisten seiner Zeit
      Bezüge zu nichthumanistischen „Kulturbiographien" seiner Zeit (Künstler, Theologen, Musiker, Buchdrucker)
      Vergleich mit außerdeutschen Humanisten seiner Zeit
   b) Vergleich mit deutschen und außerdeutschen Humanisten der Generationen zuvor und danach
   c) ...
2. *Integration in Gruppierungen und Gruppenbiographien verschiedener Art*
   a) in seiner Zeit
      Stadtbürger
      Städtische Politiker
      Prohabsburgische Politiker
      Exponenten des Frühkapitalismus
      Vertreter einer kirchlichen Via-Media-Linie
   b) im Vergleich mit Epochen zuvor und danach
   c) ...

B. Mit Aufhebung bzw. Relativierung des biographischen Rahmens sehr unterschiedliche Möglichkeiten, epochenimmanent und epochenüberschreitend, zum Beispiel:

1. Leistungen des deutschen Humanismus zur Entfaltung der Individualkultur, zur Herausbildung neuer Persönlichkeitstypen
   Nationale Sonderungen und „Typengruppen" innerhalb des europäischen Humanismus
2. Vorcalvinistische Formen kapitalistischer Ethik
   Frühkapitalismus und Humanismus
3. Formen bürgerlicher Kultur und Politik vor der Reformation
   Das Verhalten bürgerlicher Kultur und Politik gegenüber der Reformation
4. ...
5. ...

Auch wenn in der Tabelle IVB – ganz unausgeführt – eine Rückwendung aus dem biographischen Rahmen in die Richtung der allgemeinen Perspektiven der Tabelle II sichtbar wird, so handelt es sich doch wohl nicht um ein einfaches Einmünden. Vielmehr erscheint es naheliegend, daß wichtige Ergebnisse der ersten, biographisch-kulturellen Integrationsstufe nun auf unterschiedliche Weise zu nochmals anderen Möglichkeiten und Perspektiven der Integration führen. Im Falle des Gelingens können bei dieser zweiten Stufe personale Aspekte und Sachbezüge des deutschen Humanismus auf einer wiederum anderen Ebene zusammenwirken. Der vorausgehende Hindurchgang durch das biographische Interpretationsmodell wird – im positiven Falle – nicht zum Hindernis, sondern zum qualitativen Gewinn, allerdings auf einer ziemlich hohen und anspruchsvollen Abstraktionsstufe. So stellt sich also hier mit besonderer Schärfe die methodische Forderung nach der angemessenen Weise *der thematischen Gewichtung von Konkretheit und Abstraktion,* die wohl nicht nur für diesen besonderen Fall, sondern für alle Aufgaben, die sich bei der Überschreitung der Spezialforschung ergeben, unverkennbares Gewicht hat.

III.

Der Blick auf die Entfaltung historiographischer Möglichkeiten unter dem Stichwort „Kulturgeschichte"[10] weist unweigerlich zu Jakob Burckhardt zurück. Burckhardt hat bereits 1851 in einem Vorlesungsmanuskript, das als Vorform zu den „Weltgeschichtlichen Betrachtungen" angesehen wird, die Grundzüge seines Begriffs der Kulturgeschichte dargelegt:

„Das Sammeln der Facta nicht mehr allein nach gewissen äußeren Beziehungen, sondern als Charakteristik der Zeiten . . . Neben die Staatsgeschichte stellt sich eine endlos weite Kulturgeschichte . . . Alles Erhaltene wird zum redenden Zeugnis der betreffenden Epoche, zum Monument. Die Forschung gewinnt damit eine ungeheure Breite. Freilich leidet Schönheit und Abrundung darunter. Man schreibt keinen Agricola und keine Germania mehr."[11]

Deutlicher werden dann verschiedene Aspekte dieses methodischen Prinzips ausgeführt in der Einleitung zur „Griechischen Kulturgeschichte" (wobei die Bezüge und Differenzierungen zur späteren ausgeführten Drei-Potenzen-Lehre in den „Weltgeschichtlichen Betrachtungen" hier nicht erörtert werden können):

„Sie [die Kulturgeschichte] geht auf das Innere der vergangenen Menschheit und verkündet, wie diese *war, wollte, dachte, schaute* und *vermochte.* Indem sie damit auf das Konstante kommt, erscheint am Ende dieses Konstante größer und wichtiger als das Momentane, erscheint eine Eigenschaft größer und lehrreicher als eine Tat; denn die Taten sind nur Einzeläußerungen des betreffenden inneren Vermögens, welches dieselben stets neu hervorbringen kann. Das Gewollte und Vorausgesetzte also ist so wichtig als das Geschehene, die Anschauung so wichtig als irgend ein Tun; denn im bestimmten Momente wird sie sich in einem solchen äußern."[12]

Die Modernität und der umfassende, integrative Anspruch solcher Methodenreflexion darf jedoch nicht darüber hinwegtäuschen, daß die historiographische Entwicklung der folgenden Jahrzehnte *nicht* im Zeichen dieses Programms und seiner möglichen Weiterentwicklung stand. Der Methodenstreit Kulturgeschichte–Politische Geschichte, der nach der Jahrhundertwende entbrannte, führte keineswegs zu einer produktiven Entfaltung kulturhistorischer Methodik und ihrer gesamtgeschichtlichen Würdigung und Einordnung. Am Werk und Schicksal von Forschern wie Karl Lamprecht oder Kurt Breysig kann eine sich verschärfende Linie zum Außenseitertum beobachtet werden. Auch die Tätigkeit jener Gelehrtengruppe, die sich um das von Georg Steinhausen 1903 begründete „Archiv für Kulturgeschichte" sammelte, so fruchtbar und nachwirkend sie im einzelnen war, bedeutete kein entscheidendes Gegengewicht gegen Isolierung und Niedergang des kulturhistorischen Gedankens in Deutschland.

Dazu kam die gefährliche Ambivalenz des nun immer häufiger und in zentraler historiographischer Funktion begegnenden Begriffs „Deutsche Kultur". Sie war zwar Männern wie Walter Goetz durchaus bewußt. Aber wer heute zum Beispiel die kleine Schrift „Das Wesen der deutschen Kultur" von W. Goetz (1919) liest, ist nicht so sehr von dem entschiedenen Eintreten für die Universalität der Menschheitskultur, als vielmehr von dem durchgehenden Defensivcharakter der Argumentation beeindruckt. Goetz, nach dem ersten Weltkrieg wohl der repräsentativste Fortführer der kulturhistorischen Forschungstradition des 19. Jahrhunderts, kämpfte gleichsam bereits mit dem Rücken an der Wand „gegen diejenigen, die von einem geschlossenen deutschen Kulturstaat träumen und das Nationale nur allzu rasch durch Fremdes gefährdet glauben"[13]. Immerhin war innerhalb der zunehmend antiwestlichen und antirationalen Strömungen der zwanziger Jahre – man denke u. a. an die beginnende Krise der deutschen Renaissance- und Humanismusforschung – seine Konzeption der ersten Propyläen-Weltgeschichte ein nicht unwichtiges Zeugnis noch fortdauernden universalen kulturgeschichtlichen Fragens. Auch gab es im katholisch-konservativen Bereich, u. a. von Johannes Janssens bedeutendem Werk her, noch ein ergiebiges Weiterleben kulturhistorischer Forschung (Schnürer, Günter, Zöpfl u. a.), die stellenweise – etwa in den Arbeiten von Mayer-Pfannholz über Kultur und Liturgie[14] – hohen Rang und vorwärtsweisende Methodik erreichte. Aber insgesamt gewann die partikuläre Frage nach dem historischen und politischen Schicksal der deutschen Nation in zunehmend ideologisierten Formen solche Gewalt, daß die Kulturgeschichte teils in nationalistische und antiuniversale Verzerrungen geriet, teils im Winkel dahinlebte. Beides war einer zeitgemäßen methodischen Entfaltung gleichermaßen abträglich. Die fällige Auseinandersetzung mit den Methoden und Ergebnissen der Ethnologie, Prähistorie, Soziologie, Anthropologie usw. kam im deutschsprachigen Bereich über Ansätze nicht hinaus.

Die in den dreißiger Jahren erschienenen Bände von Kindermanns Handbuch der Kulturgeschichte zeigen, was damals an couranter Münze in Umlauf kam und wie weit der Abstand zu dem alten Burckhardtschen Progamm der Kulturgeschichte geworden war[15].

Die Voraussetzungen nach 1945 haben zwar vielfache Erweiterungen des stofflichen und methodologischen Horizontes ermöglicht, aber bezeichnenderweise – soweit man sieht – nirgendwo zu einer eigentlichen Neukonzeption des Begriffes Kulturgeschichte geführt. Ein Beispiel für viele: Als 1951 Walter Goetz den ersten Nachkriegsjahrgang des Archivs für Kulturgeschichte eröffnen konnte, schickte er ein kurzes Vorwort voraus, das zugleich Rückblick und vorwärtsgerichtetes Programm war. Dies Vorwort ist ein besonders sprechendes Dokument des Übergangs und des ausgehenden Selbstverständnisses der Kulturgeschichte älteren Stiles. Zwar ist die Notwendigkeit einer gewissen Standortbestimmung durchaus gesehen. Aber es überwiegt doch die Erwartung, daß die Kulturgeschichte ohne neue Methodenreflexion – sozusagen in einer „spontanen" Regeneration – zu ihrer früheren umfassenden Funktion zurückfinden könne[16].

Besondere Beachtung verdient, wie Goetz sich zu der in Deutschland traditionell so hochgeschätzten Geistesgeschichte äußert. Bei prinzipiellem Festhalten an dem geistesgeschichtlichen Ansatz plädiert er doch dafür, dem Begriff Kulturgeschichte den Vorrang einzuräumen: Er begründet dies mit einer Kritik an der Unbestimmtheit des Begriffs der Geistesgeschichte sowie mit der Gefahr der Engführung durch die Auffassung, es ließe sich die Geschichte des Geistes „getrennt von der Betrachtung der politischen, sozialen, wirtschaftlichen Kräfte und Bewegungen verstehen". So erscheint ihm der Begriff Kulturgeschichte in seinem umfassenden Sinn als besser geeignet, „das Ganze des geschichtlichen Lebens zu umgreifen".

Am Rande dieses Rückblicks ist auch die Kulturgeschichte Egon Friedells zu erwähnen. Friedell war Schauspieler und „Literat" im Wiener Sinn; er berichtete 1938 über seinen Weg zur Historiographie: „Mein Mangel an Kritik brachte Reinhardt auf den Gedanken, mich unter die ‚Schauspieler des Theaters in der Josefstadt' einzureihen. Als Darsteller neuzeitlicher Gestalten hatte ich Gelegenheit, umfangreiche Materialien zu meiner dreibändigen ‚Kulturgeschichte der Neuzeit' zu sammeln . . ." Zum Dilettantismus bekannte er sich nicht nur offen, sondern geradezu apodiktisch: „Was aber im speziellen die Kulturgeschichte betrifft, so ist es schlechterdings unmöglich, sie anders als dilettantisch zu behandeln."[17] Friedells Theorie und Praxis wäre wert, gründlich analysiert zu werden; das kann hier nicht geschehen. Sein Werk ist voll Klugheit und Kenntnis, kein intelligenter Historiker wird es ohne Gewinn lesen. Aber seine spezifische Mischung von Rationalität und Irrationalität ist geradezu selbstmörderisch epigonenhaft. Die Möglichkeit der Kommunikation reduziert sich für ihn schließlich auf die Legende: „Was wir in diesem Buche zu erzählen versuchen, ist nichts als die *heutige Legende von der Neuzeit*."[18]

Es wäre verlockend, nun die großen kulturhistorischen Leistungen Johan Huizingas zu besprechen[19], die Toynbeesche Konzeption der Hochkulturen und dazu die überaus heftige Kritik, die Lucien Febvre, das Schulhaupt der „Annales“, schon sogleich gegenüber dem ersten Band der „Study of History“ vorbrachte[20]. Oder Alfred Webers 1935 erschienenes Werk mit dem ebenso attraktiven wie verwirrenden Titel „Kulturgeschichte als Kultursoziologie“, das von Jaspers‘ philosophischen Prämissen her die Wandlungen und Umbrüche der „Lebensaggregierung“ zu fassen suchte.

Unmittelbar wird die heutige Programmdiskussion und teilweise auch die Praxis der Historie auch in den Bereichen, die man traditionellerweise der Kulturgeschichte zurechnete, von den Begriffen Struktur und Strukturgeschichte bestimmt, die aus der Soziologie Durkheims herüberwirkten (aber schon in Diltheys Geistesgeschichte eine wichtige Entfaltung gefunden hatten)[21]. In Frankreich wurde Fernand Braudels Mittelmeerbuch[22] seit 1949 zum Modell der von der „Annales“-Gruppe propagierten „histoire structurale“, die der Geschichte der Ereignisse entgegengestellt wurde. So anregend und unverzichtbar fundamental in mancher Hinsicht die Programme und Leistungen dieser Richtung sind – Braudel selbst hat in seinen Werken keineswegs eine weiterführende Methodik zur Integration von Kultur, Politik, Wirtschaft und Gesellschaft entwickelt. Im Gegenteil, die besonderen Schwächen seines Konzeptes unterschiedlicher Schichten historischer Bewegung treten u. a. gerade dort auf, wo wir heute nach angemessenen Methoden und Modellen zur Erklärung und Beschreibung übergreifender Zusammenhänge suchen. Diese Kritik an Braudel hat in letzter Zeit an Schärfe zugenommen[23]. Ich selbst habe jüngst am Beispiel seines Mittelmeerbuches einige Aspekte erörtert, die neben den methodischen Fortschritten auch das Unvermögen des Braudelschen Modells zur gesicherten Einbeziehung kultureller Phänomene betreffen[24].

„Histoire des mentalités“, ein weiteres Stichwort aus dem Umkreis der „Annales“, bedürfte gleichfalls einer ausführlichen Erörterung, die hier ebensowenig möglich ist wie eine Würdigung der neuen Geltung einer „intellectual history“ im angelsächsischen Bereich und ihres Verhältnisses zur klassischen deutschen Geistesgeschichte. – Zusammenfassend läßt sich aus diesem ganz fragmentarischen Überblick der Eindruck gewinnen, daß in der deutschen wie in der internationalen Forschung hinsichtlich dessen, was Kultur im jeweiligen historischen Kontext bedeutet hat und wie man sie mit der gebührenden Systematik anfaßt und in den jeweils gebotenen Kontext von „Gesamtgeschichte“ einordnet, weit mehr Unsicherheit herrscht als in anderen Fragen, etwa der Sozial- oder Wirtschaftsgeschichte. Dieser methodologische Befund steht in auffallendem Gegensatz zu der eminenten Rolle, die in der heutigen zeitkritischen Diskussion die Begriffe Kultur, kulturelle Werte, Kulturkrise spielen. Er steht nicht minder in Gegensatz zu dem gegenwärtigen Forschungsinteresse und der tatsächlichen Forschungsarbeit, die heute überall hinsichtlich kultureller Phänomene der Vergangenheit geleistet wird. Das im zweiten Abschnitt behandelte Beispiel des deutschen Humanismus um 1500 sollte, ohne daß in diesem Fall ein Fazit aktueller Forschung gezogen wurde, gerade die Lebhaftigkeit und Ergiebigkeit heutiger Ansätze ausschnitthaft widerspiegeln.

IV.

1. Bevor nun einige thesenhafte Hinweise versucht werden sollen, die sich beim zusammenfassenden Bedenken der Kulturdiskussion, des kulturgeschichtlichen Beispiels und der historiographischen Lage ergeben, ist noch ein Wort der Erläuterung zu dem Begriff der *„Gesamtgeschichte“* fällig. Was ist damit in unserem Zusammenhang gemeint, warum wird der Begriff so vorsichtig in Anführungszeichen verwendet? In einem Braudel gewidmeten Heft des Journal of Modern History hat 1972 J. H. Hexter u. a. die Braudelsche Konzeption einer „Histoire totale“ kritisiert und ihr als empfehlenswertes Gegenmodell die „Histoire problème“ entgegengestellt[25]. Ohne auf diese lesenswerte Debatte eingehen zu können, sei in aller Kürze betont, daß hier und heute mit „Gesamtgeschichte“ keineswegs eine „Hi-

stoire totale“ in diesem kritisierten Sinne gemeint ist, überhaupt kein Stoff-Abbildungs-Modell, wie immer solche „holistischen“ Konstruktionen auch versucht werden.

Vielmehr soll „Gesamtgeschichte“ als ein methodisches Prinzip verstanden werden; daher auch die Distanz der Anführungszeichen:

Mittels der jeweiligen Selektion und Proportionierung angemessener Perspektiven und durch eine passende thematische Ausarbeitung (mit den entsprechenden Graden von Konkretheit und Abstraktion) wird der Untersuchungsgegenstand in einen vielseitigen Bezugsrahmen gebracht. Dieser Rahmen soll eine umfassende Orientierung über Ort und Funktion des Gegenstandes im „Ganzen des geschichtlichen Lebens“ (W. Goetz) geben. Die gesamtgeschichtliche Rahmenorientierung soll ein Optimum methodischer und interpretativer Möglichkeiten zur Verfügung und Erwägung stellen, sodaß dann auch bei radikalster Problemisolierung der Rückbezug der Ergebnisse integrativ gesichert ist und auch bei breitester Integrations- und Syntheseabsicht die Herleitung und Verknüpfung der Perspektiven durchsichtig und überprüfbar bleibt.

Die weiteren Bemerkungen beziehen sich nun auf die Fragen der Behandlung von Kulturphänomenen.

2. Zwar stimmen die eingangs behandelten Definitionen von Guardini und Löwenthal darin überein, daß sie einen weiteren, über die Objektwelt in die Normwelt vorstoßenden Begriff von Kultur fordern. Dennoch bleibt für die geschichtswissenschaftliche Arbeit die Abgrenzungsfrage offen, und für alle weiteren Aufgaben in gesamtgeschichtlicher Absicht kommt viel auf das Maß dieser Ab- oder Eingrenzung an. Rudolf Vierhaus hat jüngst die expansive Tendenz des Kulturbegriffes in der historischen Forschung und Darstellung betont: „Dabei weitet der Begriff der Kultur sich geographisch und sozial zur Bezeichnung der *tragenden sozialen Einheiten der Geschichte* aus.“[26] Damit kann ein Konkurrenzverhältnis zu den ähnlichen oder identischen Ansprüchen entstehen, die heute auch im Namen einer umfassenden Gesellschaftsgeschichte erhoben werden. Die Unterschiede zwischen dieser und jener Weise, sich mit den tragenden sozialen Einheiten der Geschichte zu befassen, sollten nicht unterschätzt werden, auch wenn in manchen Fällen Kultur oder Gesellschaft anscheinend nur als sprachliche Varianten verwendet werden.

3. Die epochenspezifischen Formen der Interaktion von Kultur mit anderen Lebensbereichen sind ebenso bedenkenswert wie der Epochenbegriff selbst als Bezugsrahmen von Integrationsaufgaben und -möglichkeiten. Dazu kommen die Unterschiede zwischen Europa und Außereuropa, die wir trotz prinzipieller Bereitschaft in praxi so leicht unterschätzen. Der bewußte oder unbewußte Europazentrismus kann gerade in Kulturfragen ein großes Hemmnis wissenschaftlicher Seriosität sein[27]. Dies führt zu der Frage nach Unterschieden der Methodik in der Zu- und Einordnung kultureller Phänomene je nach der Epoche und nach dem „Kulturkreis“. Während die obigen Beispiele im zweiten Teil nur in der europäischen Frühneuzeit (und an deren Beginn) angesiedelt waren, sind etwa fürs 19. und 20. Jahrhundert oder für außereuropäische Verhältnisse wesentlich andere Interaktionsformen von Kultur, Politik und Gesellschaft in Rechnung zu stellen. In einer geburtsständischen Gesellschaft mit relativ stabilen Bevölkerungszahlen und -schichtungen steht es wesentlich anders um die Funktionen kultureller Werke und Werte als in dynamischen und nationalisierten, von Massenproduktion und -konsum auch in kultureller Hinsicht charakterisierten Gesellschaften. Dies wäre sehr genau auszuarbeiten.

4. Bei der näheren Betrachtung der Beispiele und Tabellen des zweiten Teiles zeigt sich, daß aus der Vorgabe von Sachkenntnissen und aus der unmittelbar damit verbundenen Reflexion möglicher Perspektiven und Rahmenbezüge eine Fülle „halbkonkreter“ Integrationsmodelle entwickelt werden kann. Dabei fällt auf, daß der Selektion der Perspektiven offenbar eine so besondere Rolle zukommt. Denn in allen denkbaren Einzelfällen gesamtgeschichtlich orientierter Forschung handelt es sich ja nie darum, die politische Geschichte, die Wirtschafts- oder Sozialgeschichte, die Kulturgeschichte als solche und als ganze mit der Fülle ihrer methodischen Ansätze herbeizurufen und ins Integrationsgeschäft einzubringen. Vielmehr vollzieht sich wohl die Selektion im konkreten Falle so, daß

aus dem jeweiligen Reservoir der einzelnen Disziplinen sehr genau gewählte methodische und interpretative Einzelaspekte abgerufen bzw. durch den Abruf in eine bestimmte Forschungssituation hinein schon abgewandelt und integrationsfähig gemacht werden. Das heißt aber nicht, daß die kategorialen Unterschiede von politischer Geschichte, Kulturgeschichte, Wirtschafts- oder Sozialgeschichte irgendwie außer Kraft gesetzt würden, im Gegenteil. Die je eigenen methodischen Zugriffe und Verfahren treten um so deutlicher und überprüfbarer hervor, je konkreter und überschaubarer durch Selektion und Thematisierung das so oder so zu fassende Zusammenwirken verläuft. Auch hierzu, zur Vermeidung der Gefahren eines nebelhaften Methodensynkretismus, ließen sich umfassende Erörterungen anstellen.

5. Die in der heutigen Kulturdiskussion so hervortretenden ethisch-kulturellen Dimensionen sind das eine, die jeder geschichtswissenschaftlichen Arbeit immanenten Fragen nach Objektivität und Wertbezug ein anderes. Bei der historischen Arbeit an Kulturphänomenen und an ihrer gesamtgeschichtlichen Einordnung begegnen und verbinden sich beide Ansätze in unterschiedlichen Konstellationen. Die spezifischen Wertfragen und Wertappelle der kulturkritischen Gegenwartsdiskussion treffen dabei keineswegs unvermittelt und sozusagen von außen her auf den Historiker und auf seine Mühe um Objektivität wie um Wertbezug. Während jedoch von einer vorzugsweise mit sozialgeschichtlichen Perspektiven arbeitenden Historie Individuum und Gesellschaft – jedenfalls prinzipiell – im gleichen Raster von geschichtlicher Empirie und von sozialen Wertvorstellungen untersucht werden können, liegen für die Kulturbetrachtung die Dinge um einiges komplizierter. Die individuellen Aspekte von kultureller Hervorbringung und philosophischer oder theologischer Sinnfindung gehen in den allgemeinen Schicksalen einer Gesellschaft oder einer Epoche niemals völlig auf, so wenig wie das biographisch-ethische Einzelschicksal mit all seinen Erfüllungen und Rückschlägen. Auch hier bedarf es also im Umkreis der Kultur anspruchsvoller methodischer Ausarbeitungen, um auf dem Wege zu historischen Erkenntnissen, die mit heutigen Kulturorientierungen vermittelt sind, Kurzschlüsse oder Intuitionen am falschen Platz zu vermeiden.

Druck in: Spezialforschung und „Gesamtgeschichte". Beispiele und Methodenfragen zur Geschichte der frühen Neuzeit, ed. *G. Klingenstein* und *H. Lutz* (= Wiener Beiträge zur Geschichte der Neuzeit 8, Wien 1981), S. 279ff.

1 Zur begriffsgeschichtlichen Orientierung siehe *R. Maurer,* Artikel „Kultur". In: Handbuch philosophischer Grundbegriffe 3 (München 1973), S. 823ff. – Zur Kulturanthropologie, auf deren wissenschaftstheoretische und -praktische Fragen im vorliegenden Zusammenhang nicht eingegangen werden kann, siehe: Kulturanthropologie, ed. *H. G. Gadamer, P. Vogler* (Stuttgart 1973); *R. Girtler,* Kulturanthropologie (München 1978); *L. Kolakowski,* In den Sackgassen der Kulturanthropologie: In: Merkur 34 (1980), S. 1188ff.

2 Zu Guardinis Kulturbegriff vgl. u. a. meinen Versuch: Dreißig Jahre nach Guardinis „Ende der Neuzeit": Für ein Einbringen unserer kulturkritischen Traditionen in heutige globale Perspektiven: In: Festschrift für Wilhelm Messerer zum 60. Geburtstag (Köln 1980), S. 383ff. [im vorliegenden Band S. 336ff.]

3 *R. Guardini,* Die Kultur als Werk und Gefährdung (Würzburg 1957), S. 19. Das folgende Zitat ebd., S. 18.

4 Siehe *R. Löwenthal,* Gesellschaftswandel und Kulturkrise. Zukunftsprobleme der westlichen Demokratien (Frankfurt 1979).

5 *D. Bell,* Die Zukunft der westlichen Welt. Kultur und Technologie im Widerstreit (Frankfurt 1976); dazu *Löwenthal,* Gesellschaftswandel, S. 85ff. Die folgenden Zitate ebd., S. 89, 90, 96f.

6 Aus der reichen Geschichte dieser Ausarbeitungen sei hier wenigstens der holländische Historiker Johan Huizinga erwähnt, der schon in den dreißiger Jahren in sehr überlegter Weise die Fragen von Kultur, Individuum und sozialem Wandel behandelte. Siehe *J. Huizinga,* Im Schatten von morgen. Eine Diagnose des kulturellen Leidens unserer Zeit, Deutsch von W. Kaegi (Bern 1935), S. 17. „Gegen diese jahrhundertealte Vorstellung nun von einer plötzlichen und bewußt gewollten Umkehr der Gesellschaft wendet sich die moderne, wohlbegründete Erkenntnis, die alles Natürliche und alles Menschliche als Ergebnis von zahllosen, untereinander abhängigen, auf lange Dauer wirkenden Kräften meint sehen zu müssen. Unser Geist kann, ohne damit notwendigerweise für einen unbedingten Determinismus zu optieren, im Ablauf des Kräftespiels der Gesellschaft das Eingreifen des menschlichen Entschlusses nur als einen Faktor von beschränkter Wirkungskraft erkennen. Der Mensch kann, wenn er sich zweckmäßig gruppiert, und indem er seine eignen besten Energien anwendet, sich der natürlichen und sozialen Kräfte bedienen, die das Spiel der Gesellschaft beherrschen." Man beachte auch die diesem Wirkungsmodell zugrunde liegende Definition von Kultur, die Huizinga im gleichen Zusammenhang gibt: „Kultur als gerichtete Haltung einer Gemeinschaft liegt vor, wenn die Beherrschung von Natur auf materiellem, moralischem und geistigem Gebiet einen Zustand aufrechterhält, der höher und besser ist, als es die gegebenen natürlichen

Verhältnisse mit sich bringen, mit dem Kennzeichen eines harmonischen Gleichgewichts geistiger und stofflicher Werte und einem in der Hauptsache homogen bestimmten Ideal, in dem die verschiedenen Aktivitäten der Gemeinschaft zusammenstreben" (ebd., S. 35).

7 Die jüngste, gedrängte, aber sehr informative Übersicht zur Geschichte des deutschen und europäischen Humanismus bei *E. Meuthen.* Das fünfzehnte Jahrhundert (= Oldenbourg, Grundriß der Geschichte 9, München 1980), S. 97, 156ff. (mit guter Bibliographie). Themenorientierte Tagungsbände veröffentlicht die Senatskommission für Humanismusforschung der Deutschen Forschungsgemeinschaft; zuletzt erschien als 6. Band der Beiträge zur Humanismusforschung: Humanismus und Naturwissenschaften, ed. *R. Schmitz, F. Krafft* (Boppard 1980). Als 7. und 8. Band werden demnächst erscheinen: Humanismus und Musik (ed. *A. Schmitt* und *W. Ruegg)* und Humanismus und Ökonomie (ed. *H. Lutz).* Zur laufenden bibliographischen Orientierung siehe außer den jährlichen Literaturberichten des Archivs für Reformationsgeschichte die Wolfenbütteler Renaissance-Mitteilungen, ed. *A. Buck,* 1981 im 5. Jahrgang.

8 Vgl. *H. Lutz,* Conrad Peutinger, Beiträge zu einer politischen Biographie (Augsburg 1958), wichtig *C. Bauer,* Conrad Peutingers Gutachten zur Monopolfrage. In: Archiv für Reformationsgeschichte 45 (1954), S. 1, 145ff.; *P. Joachimsen,* Peutingeriana. In: Festgabe für *K. Th. v. Heigel* (München 1903); *E. König,* Peutingerstudien (Freiburg 1914).

9 Biographie und Geschichtswissenschaft. Aufsätze zur Theorie und Praxis biographischer Arbeit, ed. *G. Klingenstein, H. Lutz, G. Stourzh* (= Wiener Beiträge zur Geschichte der Neuzeit 6, Wien 1979).

10 Siehe zuletzt *R. Vierhaus,* Kulturgeschichte. In: Handbuch der Geschichtsdidaktik 1 (Düsseldorf 1979), S. 146.

11 *W. Kaegi,* Jacob Burckhardt, Bd. 3 (Basel 1956), S. 370.

12 *J. Burckhardt,* Gesammelte Werke, Bd. 5 (Stuttgart 1956), S. 5.

13 *W. Goetz,* Das Wesen der deutschen Kultur (Darmstadt 1919), Vorwort. – Es wäre interessant, einmal die Geschichte des Begriffes „Deutsche Kultur" zusammenzustellen. Seit wann, von wem, in welchem Sinne wird dieser Begriff gebraucht? Eckermann berichtet eine Äußerung Goethes: „Kant ist derjenige, dessen Lehre sich fortwirkend erwiesen hat, und die in unsere *deutsche Kultur* am tiefsten eingedrungen ist" (Gespräche, ed. *Bartels,* Bd. 15, S. 310). Schiller schreibt über die Größe der Deutschen: „Sie ist eine sittliche Größe, sie wohnt in *der Kultur* und im Charakter *der Nation,* der von ihren politischen Schicksalen unabhängig ist" (bei *E. Suphan,* Deutsche Größe, Weimar 1902). – Wie man sieht, ist Schillers Wortgebrauch noch nicht voll ausgebildet, Goethes Äußerung aber nur indirekt überliefert. Seit dem Beginn des 20. Jahrhunderts beginnt sich der Volkstumsbegriff vielfach mit dem Kulturbegriff zu verbinden. Vgl. Die Einleitung zu *G. Steinhausen,* Geschichte der deutschen Kultur (Leipzig [1]1904), S. VI. „Bei der Entwicklung des deutschen Menschen, seiner Umwandlung und Erziehung ist das Verhältnis von Volkstum und Kultur von größter Wichtigkeit, und das Hervortreten oder das Zurückdrängen des Volkstums, das an sich naturgemäß auch der Veränderung unterliegt, aber doch ein starker Faktor des Beharrens ist und gewisse uralte Züge bewahrt, spielt in dem vorliegenden Buch eine große Rolle."

14 *A. L. Mayer,* Die Liturgie in der europäischen Geistesgeschichte. Gesammelte Aufsätze (Darmstadt 1971).

15 Für den im zweiten Abschnitt beispielhaft behandelten Bereich des deutschen Humanismus um 1500 vgl. im Rahmen dieser Handbuchkonzeption die kenntnisreiche und anregende, an einer älteren, summierenden Methode orientierte Darstellung von *E. W. Zeeden,* Deutsche Kultur in der frühen Neuzeit (Frankfurt 1968).

16 *W. Goetz,* Vorwort zu Bd. 33 (1951) des Archivs für Kulturgeschichte: „. . . Der Begriff Kulturgeschichte hatte einst durch die Werke Jacob Burckhardts, auch durch Gustav Freytag und Wilhelm Heinrich Riehl sinnvolle Bedeutung und überzeugende Geltung gewonnen, war dann durch Karl Lamprecht zum Programm erhoben und zugleich dadurch einem wenig fruchtbaren Methodenstreit ausgesetzt worden, der manche Leistungen echter Kulturhistoriker wie Eberhard Gothein, Friedrich von Bezold u. a. übertönte. Heute mag das Wort Kulturgeschichte vielen verblaßt und fast altmodisch klingen. Im Ausland weitgehend durch die Fragestellung der Soziologie verdrängt, ist es in Deutschland im letzten Menschenalter durch den Begriff der „Geistesgeschichte" abgelöst worden. Schon als der jetzige Herausgeber, Walter Goetz, dem Begründer des Archivs 1911 an die Seite trat und 1934 die Leitung allein übernahm, kündigte er den „Übergang zu einer stärker geistesgeschichtlichen Richtung" an und wollte aus dem Archiv einen „Sammelpunkt für geistesgeschichtliche Studien" machen. Es war jedoch einerseits nicht ganz leicht, „kulturgeschichtliche" Beiträge älteren Stils, die an der liebevollen Schilderung kultureller Zustände und Einzelheiten hafteten, zurückzudrängen oder ganz auszuschalten; andererseits blieb auch der Begriff der „Geistesgeschichte" vieldeutig, unbestimmt und schwankend, wurde oft mißbraucht und ist fast schon zum Schlagwort geworden. Überdies könnte er zu der einseitigen Auffassung verführen, als ließe sich die Geschichte des Geistes getrennt von der Betrachtung der politischen, sozialen, wirtschaftlichen Kräfte und Bewegungen verstehen; er wäre damit nur die Kehrseite, nicht die Überwindung einer „materialistischen" Geschichtsauffassung. Deshalb erscheint der Begriff Kulturgeschichte, wenn man ihm seinen umfassenden Sinn läßt oder wiedergibt, wohl noch immer besser geeignet, das Ganze des geschichtlichen Lebens zu umgreifen. Er entspricht auch den vielfachen geschichts- und kulturphilosophischen Bemühungen unserer Zeit, in vergleichender Betrachtung der Kulturabläufe die Struktur der geschichtlichen Wirklichkeit zu ergründen . . ."

17 *E. Friedell,* Briefe, ed. *W. Schneider* (Wien 1959), S. 128.

18 *E. Friedell,* Kulturgeschichte der Neuzeit, Bd. 1 (München 1927), S. 17.

19 Siehe oben Anm. 6.

20 Wiederabdruck in *L. Febvre,* Combats pour l'histoire (Paris 1953), S. 119ff.

21 Diltheys Strukturbegriff in seiner Anwendung auf soziale und kulturelle Sachverhalte ist meines Wissens noch nicht im Zusammenhang untersucht worden. Dilthey hat seine historische Strukturenlehre nicht nur theoretisch erläutert, sondern in einzelnen Entwürfen auch konkretisiert: „einfachste auffindbare Form: der Strukturenzusammen-

hang der germanischen Gesellschaft vor der Völkerwanderung", oder „Die Struktur des Zeitalters der Aufklärung" (*W. Dilthey,* Gesammelte Schriften Bd. 7, Stuttgart ²1958, S. 178ff., 335ff., 373).

22 *F. Braudel,* La Méditerranée et le monde méditerranéen à l'époque de Philippe II. (1. Aufl. Paris 1949, zweite, wesentlich umgearbeitete, Aufl. Paris 1966).

23 Siehe *S. Kinser,* „Annaliste" Paradigm? The Geohistorical Structuralism of Fernand Braudel. In: American Historical Review 86 (1981), S. 63ff.

24 *H. Lutz,* Braudels „Méditerranée" – zur Problematik eines Modellanspruchs. In: Formen der Geschichtsschreibung, ed. *R. Koselleck, H. Lutz, J. Rüsen* (= Beiträge zu einer neuen Historik 4, München dtv 1982), mit Angaben zur Braudel-Rezeption [im vorliegenden Band S. 244ff.].

25 *J. H. Hexter,* Fernand Braudel and the „Monde Braudellien . . .". In: The Journal of Modern History 44 (1972), S. 480ff.

26 *R. Vierhaus,* Kulturgeschichte, S. 147.

27 Siehe *Ch. F. Feest,* Zur Domestikationsgeschichte der nordamerikanischen Indianer. In: Europäisierung der Erde?, ed. *G. Klingenstein, H. Lutz, G. Stourzh* (= Wiener Beiträge zur Geschichte der Neuzeit 7, Wien 1980), S. 95.

VOM ANFANG ZUM ENDE DER NEUZEIT

NORMEN UND GESELLSCHAFTLICHER WANDEL ZWISCHEN RENAISSANCE UND REVOLUTION – DIFFERENZIERUNG UND SÄKULARISIERUNG[1]

Angesichts der Komplexität der europäischen Geschichte und ihrer Normprobleme vom 15. Jahrhundert bis zur Französischen Revolution ergab sich folgende Alternative: entweder einschlägige „loci communes“ räsonierend wiederzugeben oder einige pointierte Beobachtungen und Fragen herauszugreifen, auf die ich im Verlauf der eigenen Forschungen und angesichts der internationalen Forschungslage aufmerksam wurde. Letzteres Prinzip liegt dem folgenden Versuch zugrunde.

In einem ersten Teil sollen generelle Aspekte des Normproblems in der angegebenen Epoche behandelt werden. Dabei geht es u. a. um den Vorschlag eines Dreiphasenmodells, das für die Innengliederung der Epoche im Hinblick auf unser Thema zweckmäßig erscheint. Weiterhin wird vorgeschlagen und begründet, daß eine Unterscheidung von Makro- und Mikronormen methodische Vorteile bringen kann. Die besondere antizipatorische, Veränderung bewirkende Form ist zu erörtern, die das Normproblem in den rascher werdenden Wandlungsprozessen der nachmittelalterlichen Gesellschaft auf weite Strecken hin annimmt. Und schließlich ist über die Wirkungen von Religion und Christentum im bewahrenden wie im verändernden Sinne zu sprechen.

In einem zweiten Teil folgen Exempla, d. h. kurze Fallstudien zur Frage von Norm und Wandel. Ich spreche über die Staatsräson und über den Fragenkreis Religion–Kapitalismus[2]. Anhand dieser Beispiele lassen sich abschließend einige zusammenfassende Bemerkungen und Fragen formulieren. Sie betreffen einerseits die hier schlagwortartig vorausgesetzten Begriffe „Differenzierung“ und „Säkularisierung“; sie wollen andererseits Implikationen unseres Gesamtthemas im Sinne des Subjekt-Objekt-Bezuges berühren.

Die Abgrenzung der behandelten Epoche als solche erscheint nach „oben“ einigermaßen klar: die Zeit um 1800, die Französische Revolution, die Anfänge der industriellen Revolution. Daß diese beiden Revolutionen in chronologischer und epochenbegrenzender Hinsicht keineswegs deckungsgleich sind, wird als ebenso selbstverständlich vorausgesetzt wie das Wissen um die gesamte Problematik der neuzeitlichen Periodisierungsfragen[3]. Diese Problematik kommt bei der Abgrenzung nach „unten“ sofort ins Spiel. Ich schlage für den vorliegenden Zweck – ohne Anspruch auf Allgemeingültigkeit – folgendes Modell vor: Das italienische Quattrocento wird als regionale Antizipation zur Neuzeit gerechnet; für das außeritalienische Europa wird der Beginn der Neuzeit mit einer ziemlich breiten Übergangszone um 1500 angesetzt, wobei das Hauptgewicht des Übergangs eher vor als nach 1500 zu liegen kommt. Eine wesentliche Implikation dieses Vorschlags für unser Thema sei sogleich betont; unter dem Gesichtspunkt Norm und Wandel ergibt sich eine erste Phase, die gegenüber dem folgenden konfessionellen Zeitalter durchaus selbständig zu sehen ist: *Renaissance und Humanismus als ein eigenständiger Abschnitt* in der Geschichte der neuzeitlichen Normensysteme. Diese Phase setzt sich zusammen aus dem italienischen Quattrocento, das trotz des Weiterlebens vieler mittelalterlicher Elemente in normgeschichtlicher Hinsicht einen neuen Ansatz darstellt, und aus den gesamteuropäischen Phänomenen von Renaissance und Humanismus, die im ausgehenden 15. Jahrhundert in Teilen West- wie Osteuropas schon stärker dominieren als in Deutschland. Dieser Abschnitt wird – so sieht es in dem vorliegenden Modellvorschlag aus – ab etwa 1520 hier rascher, dort langsamer durch eine neue Phase der Normgeschichte abgelöst, die wir in konventioneller Weise als konfessionelles Zeitalter bezeichnen können. Als dritte Phase der vorrevolutionären neuzeitlichen Normgeschichte erscheint die Aufklärung. Sie geht aus der zweiten Phase in sehr langfristigen Überlagerungs- und Übergangsprozessen hervor. Man kann diese Übergänge bekanntlich vom 2. Drittel des 17. Jahrhunderts bis in die Anfänge des 18. Jahrhunderts verfolgen, wobei die regionale Differenzierung zum Teil in Form eines West-Ost-Gefälles zu beobachten ist.

Bei der Erläuterung dieses Dreiphasenmodells soll nun im Sinne einer Verständigungshilfe eine terminologische Unterscheidung eingeführt werden: die Unterscheidung von *Makronormen* und *Mikronormen*. Bei den drei genannten Phasen handelt es sich offenbar um eine Periodisierung und Klassifizierung auf der Ebene von Makronormen: Jede Phase definiert sich von dem Vorwalten eines bestimmten Normensystems, das in Form eines bewußten, entwickelten Programms auftritt, den Anspruch auf Gültigkeit für alle Lebensbereiche erhebt und in allen Teilen Europas – mutatis mutandis – zur Geltung kommt. Hier geht es jeweils um totale Sinndeutung der Welt und um ebenso umfassende „Regelung des Lebens“ – mit einem etwas altertümlichen Ausdruck Diltheys – oder um „gesamtgesellschaftliche Normativität“, wenn das deutlicher sein sollte. Diese makronormativen Programme der frühen Neuzeit arbeiten mit den Mitteln des Bewußtseins und der Bildung, mit Sprache, Buchdruck, Schule, Zensur usw. Hinsichtlich der Bedingungen und der Ergebnisse ihres Wirkens sind sie freilich von den verschiedenen Faktoren außerhalb der Bewußtseinsgeschichte abhängig. Aber wesentlich bleibt für das Entstehen und den Wandel dieser Makronormen ihre relative Beweglichkeit im Sinne einer raschen Ausbreitung auch in Gebieten mit sehr verschiedenen politischen und sozioökonomischen Strukturen und ebenso ihre vergleichsweise rasche inhaltliche Veränderlichkeit. Es ist zu diesen Fragen noch viel zu wenig Einzelforschung getrieben worden. In einer ersten, hypothetischen Annäherung könnte man vielleicht folgendermaßen sagen: Nachdem sich einmal zu Beginn der Epoche die typisch neuzeitliche Art von europäischer Öffentlichkeit gebildet hat – nicht mehr gebunden an die kirchlichen Institutionen, noch nicht gebunden an die wachsende Macht des Staates –, stabilisiert sich ein ziemlich dauerhaftes System ausgebreiteter Kommunikation. Dieses formale System der europäischen Öffentlichkeit[4] kann zum Träger sich wandelnder makronormativer Inhalte werden. Aber von seiner Entstehung und seinem Funktionieren her ist dies Kommunikationssystem nicht für ganz beliebige Inhalte geschaffen. Es ist angelegt auf die Verbreitung von Normprogrammen, die jeweils zwei Charakteristika aufweisen: erstens, daß sie *universale Gültigkeit* in ganz Europa beanspruchen, ohne Ansehung regionaler oder sozialer Grenzen; zweitens, daß sie auf *Veränderung* des gegenwärtigen Zustandes aus sind: Makronormen als Programme für eine veränderte, verbesserte Zukunft. Dies gilt bekanntlich selbst für Normen mit traditionalistischem Inhalt; denn indem sie die Wiederherstellung des Guten, Alten wollen, wollen und bewirken auch sie Veränderung. Es gehört zur Eigenart der europäischen Neuzeit, daß Normen und Normensysteme nicht nur in einer allgemeinen Weise, in einem statischen Spannungsverhältnis von Sollen und Sein wirken. Sie wirken vielmehr rundum als Bewegungsmomente, unabhängig davon, ob dies intendiert ist oder nicht.

Anders die Mikronormen. Sie gehören dem Bereich der – in der vorrevolutionären Gesellschaft – sich nur langsam wandelnden Lebensformen und Strukturen politischer, wirtschaftlicher, sozialer und kultureller Art an. Auch sie werden von den Intentionen und dem Wandel im Bereich der Markonormen betroffen, auch sie wirken, freilich in einer meist sehr komplizierten und umwegigen Form, auf den Wandel und das Wirken der Makronormen zurück. Aber die Bedingungen ihres Wirkens und Wandels sind andere als die der Makronormen, obwohl man auch hier mannigfache Übergangs- und Zwischenformen finden kann. – Es stellt sich die Frage, ob die bei den Makronormen so wichtige bewußte Programmatik in unserer Epoche auch schon in den Bereich der Mikronormen eingreift. Daß dies seit der Französischen Revolution in einer dynamisch gewordenen gesellschaftlichen Entwicklung der Fall war, steht ja auf einem anderen Blatt. Aber hier, in der vorrevolutionären Gesellschaft, in den alten Städten, den feudalen Latifundien, in den merkantilistischen Unternehmungen – gab es hier schon intentionale Veränderung im Bereich der Mikronormen? Die Frage stellen heißt sie mit Ja beantworten. Und zwar nicht nur für die Aufklärung, deren Rationalismus und Utilitarismus ja bereits so tief und irreversibel in die mikronormativen Verhältnisse eingegriffen hat. Auch schon für Renaissance und Humanismus möchte ich diese Frage, wenn auch cum grano salis, bejahen.

*

Damit ist nun die Aufgabe gestellt, die drei genannten Phasen unter dem Gesichtspunkt Norm und Wandel kurz zu charakterisieren. Es wird dabei das besonders wichtige Problem der normativen Wirkungen von Religion und Christentum nicht nur in der zweiten Phase, im konfessionellen Zeitalter, sondern durchgehend zur Sprache kommen.

Die aus dem christlichen Mittelalter hervorgehende europäische Gesellschaft ist in ihren Institutionen und Mentalitäten, in ihren Sprachen wie in ihren ungeschriebenen Sitten und Lebensformen aufs tiefste von der Auseinandersetzung mit der Normwelt des Christentums geprägt. Ich sage nicht: geprägt von der christlichen Normwelt, sondern: geprägt von der Auseinandersetzung mit dieser Normwelt. Damit soll die methodisch sehr schwierige Frage bezeichnet werden, die u. a. der neueren Diskussion über Christianisierung und Dechristianisation zugrunde liegt: Wieweit ist das „Normenpaket" – Makro- und Mikronormen – mit dem Europa in die Neuzeit eintritt, wirklich christlicher Provenienz, wieweit ist diese christliche Prägung und Motivation nur eine Oberfläche, unter der sich das Wirken spezifischer anthropologischer, sozialer, physikalisch-geographischer Faktoren verbirgt? Man müßte, um hier auf etwas festeren Boden zu kommen, umfassende Vergleiche durchführen: einerseits mit den Normensystemen von nichtchristlichen Gesellschaften, die ähnliche außerreligöse Bedingungen und Faktoren aufweisen; andererseits mit Gesellschaften, wo das Christentum herrschte, aber andere „profane" Lebensbedingungen gegeben sind oder waren, etwa in Äthiopien oder Armenien. Einen solchen methodischen Ansatz hat in gewissem Sinne wohl Max Weber im Sinne gehabt, als er von Europa hinweg die weite Reise durch die außereuropäische Religionssoziologie antrat. Ihm ist bekanntlich die Rückkehr von dieser komparativen Schleife im beabsichtigten Sinne nicht mehr gelungen. Er fand keine eigentlichen Nachfolger, und die Fragen dieser Art sind weiterhin ganz offen. Hier liegt nicht nur eine einzelne Unsicherheit vor, sondern eine Häufung von geschichtswissenschaftlichen Fragezeichen. Und jede weiterreichende Interpretation in Sachen: Christentum und Neuzeit, Säkularisierung etc. trägt bewußt oder unbewußt das Stigma dieser Unklarheiten hinsichtlich des Verhältnisses von Christentum und europäischer Normativität.

Zurückkehrend zur Charakteristik des europäischen Normensystems um 1500 möchte ich versuchen, in wenigen Sätzen das, was die heutige Renaissance- und Humanismusforschung weiß, auf unser Thema anzuwenden. Eugenio Garin hat das Ineinandergreifen der humanistischen Orientierung an der Antike mit der innovatorischen Entdeckung einer Welt, die vom Menschen aufzubauen und ständig zu verbessern ist, immer wieder betont: „Sich des menschlichen Handelns bewußt zu werden, Bewußtsein von sich selbst zu gewinnen, gegen die mittelalterliche Barbarei zu polemisieren, die Antike zu definieren und sich selber gegenüber der Antike – das alles war ein Ganzes"[5]. Die Maßstäbe, die der Renaissance-Humanismus zur Geltung bringt, erweisen sich trotz aller regionalen und individuellen Varianten als einheitlich in den Grundfragen, und ihre Dominanz in dem vorreformatorischen Europa steht außer Frage: die wahren, reinen Prinzipien des Lebens sollen erstmals nach dem Dunkel des Verfalls wieder zur Geltung gebracht werden. Und diese Prinzipien sind dort, wo es um Ethik und Religion geht, die Prinzipien eines geläuterten Christentums, die nach Anwendung in dieser Welt rufen. Nicht in paganisierenden Tendenzen liegt das nachmittelalterliche Neue, sondern in dem reflektierten und unbedingten Anwendungswillen der christlichen Normen auf diese Welt. In unterschiedlichen Formen und Tendenzen, aber in einer gemeinsamen Perspektive, entfaltet sich das Programm des Renaissance-Humanismus weit über die Bildungsziele der „Eruditio Christiana" hinaus. Das in Europa vor 1520 ohne generellen Widerspruch herrschende humanistische Normsystem versteht sich nicht nur als eine Sache der Gelehrten; es versteht sich als ein alle Lebensbereiche umfassendes Reformprogramm, dessen politische und soziale Implikationen und dessen christliche Motivationen heute in der Forschung mit zunehmender Deutlichkeit hervortreten. Die von Erasmus verkündete „Instauratio bene conditae naturae" liegt zwar auf einer anderen Ebene als Leonardo Brunis politische Maxime vom „progressus liberorum populorum", und die neuen künstlerischen Normen der „Rinascita" haben ihr eigenes Leben, so wie die neuen Impulse der Naturforschung und -beherrschung. Aber an vielen Stellen zeigt sich der Übergang vom Gedanken der Wiedergeburt der Antike zum normativen Postulat der Verbesserung der Welt, des Fortschreitens oder des Fortschritts, wie man damals schon zu sagen beginnt. Veränderung wird Gegenstand der Reflexion und beginnt den Sinn des Lebens zu bestimmen: erlittene Veränderung zum Schlechten, zu bewirkende Veränderung zum Guten hin. Die bewußte Motivation dieser neuen Lebenshaltung wird sich um so stärker auf das überzeitliche Christentum beziehen, je mehr man den Abstand der Gegenwartsaufgaben von dem statischen Ideal der Antike empfindet.

Das konfessionelle Zeitalter als solches und sein Hervorgehen aus dem Renaissance-Humanismus einerseits, aus den kirchlichen und außerkirchlichen Strukturproblemen andererseits wird heute von sehr verschiedenen wissenschaftlichen und weltanschaulichen Positionen her erörtert[6]. Für unser Thema sind drei Aspekte von besonderer Bedeutung. Einmal das in vielen Fällen ungewöhnlich abrupte Umschlagen von der Normwelt des humanistisch-christlichen Rationalismus in die konfessionellen Maßstäbe; zum anderen das irreversible Zerreißen des europäischen reformistischen Consensus zugunsten der Entstehung zweier bzw. dreier konfessioneller Normzentren (Rom, Wittenberg, Genf), zwischen deren universalen Ansprüchen ein Kampf entbrennt, der prinzipiell nur Sieg oder Tod kennt, während nicht nur in formaler Hinsicht, sondern auch in einem Teil der Inhalte überraschende Übereinstimmung besteht: soli Deo gloria – unbedingte Unterordnung aller Lebensbereiche und -entscheidungen unter das Gebot Gottes; zum dritten das Verhältnis dieser theologisch bestimmten Normensysteme zu den politischen und sozioökonomischen Strukturfragen der Zeit: ein überaus spannungsreiches, widerspruchsvolles Verhältnis, verglichen mit dem weltzugewandten, christlich-rationalen Reformismus der vorausgegangenen Zeit, der sich realistisch an den gegebenen Strukturaufgaben orientieren wollte. Die in der vorausgegangenen Phase erarbeiteten neuen Methoden der Normdurchsetzung und Bewußtseinsveränderung – Wort, Buch, Schule, Wissenschaft und Öffentlichkeit – bleiben erhalten; erhalten bleibt ebenso der universale Anspruch, den beide Seiten im Konfessionskampf rechtfertigend vorbringen. Aber dieses Ringen zwischen sich ausschließenden Normensystemen kann nicht anders enden als mit einer weitgehenden Kompromittierung der beiden Parteien, ihrer religiös-normativen Welterklärungen und ihrer theologischen Begründungen. Die vom Mittelalter her in Gang gekommenen politisch-sozialen Entwicklungsprozesse, um deren evolutionäre „Verbesserung" der Humanismus gerungen hatte, werden im Zeichen der supranaturalen Normorientierung zeitweilig entweder sich selbst überlassen oder aber in eine Zerreißprobe geführt. In der lutherischen Zwei-Reiche-Lehre zerbricht der optimistische, totale Anspruch des früheren Reformismus. Innerlichkeit und äußere Welt treten auseinander.

Die Wirkungen der Religiosität des 16. und des 17. Jahrhunderts auf Staat, Gesellschaft, Wirtschaft und Kultur sind gewiß erheblich; aber für unser Thema ist etwas anderes noch wichtiger. Der Ausgang des konfessionellen Zeitalters hinterläßt mit der Erschöpfung der theologisch bestimmten Normensysteme ein Vakuum, in welchem alsbald zwei ungleiche Rivalen sich den Platz streitig machen: auf der einen Seite der zu voller Ausbildung strebende moderne Staat, der die Sozialdisziplinierung mit sich steigernden Ansprüchen an das Bewußtsein seiner Untertanen verbindet, daneben die Aufklärung, die noch einmal und mit vermehrtem Einsatz und verbesserten Mitteln auf dem Boden der europäischen Öffentlichkeit das Banner eines kosmopolitisch-weltverbessernden Normensystems erhebt. Die Versöhnung der Gegensätze, an denen das konfessionelle Zeitalter scheiterte, scheint im Zeichen der Aufklärung nahegerückt. Anders als im Renaissance-Humanismus hat das neue Normensystem nun eine unerschütterlich scheinende, eine wissenschaftliche Basis: die modernen Naturwissenschaften tragen das Gebäude des Rationalismus und bieten die sicheren Modelle zur Verbesserung der Gesellschaft. Aber die Gegensätze scheinen nur versöhnt. Sobald die Revolution von 1789 zur Verwirklichung schreitet, brechen in Frankreich und Europa Gegensätze von bisher nie dagewesener Schärfe auf: nicht mehr bleibt der gemeinsame Boden einer ständisch-autoritär geordneten Gesellschaft vorausgesetzt (wie zuvor fast immer); vielmehr ist von nun an die Normierung der Gesamtheit der menschlichen Lebensbedingungen in Streit gestellt.

*

Bei den zwei ausgewählten Beispielen, die nun zu behandeln sind, geht es jedesmal um Normprobleme, um Konflikte, die sich im Laufe der fraglichen Jahrhunderte in wechselnder Form darstellen. Zunächst das *Problem der Staatsräson*. Der Zugang zu diesem Thema ist – um es abgekürzt und etwas scharf zu sagen – durch Meineckes berühmtes Buch eher erschwert als erleichtert worden. Leider gibt es in der deutschsprachigen Historiographie bis heute keine angemessenen kritischen Auseinandersetzungen mit Meineckes Werk[7]. Aus Zeitgründen kann ich auf die hochinteressanten zeitgeschichtlich-biographischen Aspekte von Meineckes eigentümlicher Interpretation der ‚Ragione di Stato' gar nicht eingehen; ich werde mich vor allem an der Sache orientieren. Die Sache aber wird durch ein Doppeltes bezeichnet: die Ausbildung des modernen Staates bringt nach innen – im Verhältnis zum „alten Recht" der ständisch verfaßten Bevölkerungsgruppen – und mehr noch nach außen – im Verhältnis zu den anderen Staaten und ihren Interessen und Zielen – eine Reihe prinzipieller Konfliktsituationen zwischen traditionellen ethisch-rechtlichen Normen und politischer Praxis. Eine in Italien im 16. Jahrhundert entstandene politische Theorie – eben die Lehre von der besonderen „Ragione", die dem Staate zukommt – versucht, dieses Normproblem zu lösen. Diese Vorschläge liegen meist auf einer mittleren Linie: einerseits soll das allgemeine Sittengesetz, das zunächst christlich, später, im 18. Jahrhundert, naturrechtlich begründet wird, keineswegs aufgehoben werden. Andererseits soll das den individuellen Normen fortgesetzt zuwiderlaufende Handeln der staatlichen Instanzen legitimiert und in einer von Exzessen gereinigten Form irgendwie in das allgemeine ethisch-rechtliche System Europas eingefügt werden.

Meinecke, der in ziemlich gewaltsamer Weise diese Problemgeschichte in einen dualistischen Rahmen von Ethos und Kratos (Sittlichkeit und naturhafter Dämonie) zwängt, läßt die neuzeitliche Staatsräson mit Machiavelli beginnen[8]. Das ist gewiß nicht richtig, denn gerade Machiavelli entwickelt das Problem ja noch nicht auf der Ebene der eindeutig staatlichen Sachbezüge. Das wird erst in der zweiten Hälfte des 16. Jahrhunderts erreicht, wo dann auch die diesbezügliche Formel ‚ragione di stato' maßgebend ist, die Machiavelli noch nicht kennt.[9] Vielmehr ringt der Florentiner noch fortgesetzt darum, für die personalen und anthropologischen Bezüge des ‚Principe' angemessene Normen zu entwickeln. Denn auf dieser *personalen* Ebene stellen sich ihm immer noch die staatlichen Bedürfnisse und Entscheidungen dar. – Nun sollte es gewiß nicht meine Absicht sein, eine so komplexe Frage wie das Verhältnis Machiavellis zur Theorie der Staatsräson mit der linken Hand nebenbei abzuhandeln. Aber diese abgekürzt vorgetragene These – Differenz zwischen Machiavelli und der ‚Ragione di Stato' – ist für den weiteren Zusammenhang von Bedeutung.

Überblickt man das Problem Staat und ethische Norm von Erasmus bis Kant, so sind zunächst für den vorreformatorischen Abschnitt einige Beobachtungen anzumelden. Die humanistische Friedensidee, wie sie in den Schriften des Erasmus und einiger Zeitgenossen ihren markanten Ausdruck fand, war in einem sehr allgemeinen Sinne gemeint: In heutigem Deutsch könnte man sie den Entwurf eines gesamtgesellschaftlichen Normensystems auf der Basis eines evolutionären christlichen Reformismus mit antitraditionalistischer Spitze nennen. Der Maßstab des „bonum commune", das durch pax und concordia, durch Machtkontrolle und Machtverzicht zu sichern ist, erhält eine gewissermaßen antistaatliche Zuspitzung. Das, was die Fürsten wollen und betreiben und was dann bald darauf als „ragione di stato" eine öffentliche Sanktionierung findet, wird von Erasmus zielsicher und unerbittlich abqualifiziert: „Privata commoda" sind es, wofür die Fürsten Krieg führen. Er bekämpft also mit scharfer Konsequenz die prinzipielle ethische Rechtfertigung des neuen Fürstenstaates:

daß nämlich der Fürst als Treuhänder und Verteidiger des „bonum commune" seiner jeweiligen Untertanen auftritt. Die hier drohende Zerreißung des allgemeinen „bonum commune", das mit dem Gesamtinteresse der Christenheit bzw. der Menschheit identisch ist, in einen Pluralismus von einzelstaatlichen „bona communia", die dann von den einzelnen Fürsten nach ihrem Belieben definiert und gegeneinander mobilisiert werden, bekämpft Erasmus mit leidenschaftlicher Überzeugung.[10] Der Weg, den die Entwicklung des modernen Staates und des neuzeitlichen Staatensystems einschlug, ging bekanntlich präzise in jene Richtung, die von ihm als unmenschlich und den christlichen Normen widersprechend verurteilt wurde: Emanzipation des Staates vom geltenden Normenkatalog, Entstehen eines nie mehr ganz überbrückbaren ethisch-rechtlichen Niemandslandes im zwischenstaatlichen Verhältnis mit allen weiteren Konsequenzen. Man wird in diesem Zusammenhang gut daran tun, das Eintreten des Erasmus für eine überstaatliche Ordnung und Institutionalisierung des politischen Lebens nicht etwa als wirklichkeitsfremd abzustempeln. Er sah die Wirklichkeit sehr genau und schlug gerade deshalb vor: die in seiner Zeit abermals in voller Schärfe auftretenden Konfliktsituationen zwischen Politik und ethischer Norm sollten durch eine in sich weniger widerspruchsvolle Form von politischen Institutionen und von Normativität geregelt werden, als sie sich in Europa durchsetzen wollte.

Erstmals in voller Schärfe auftretende Konflikte – dies wäre nun freilich weiter auszuführen, auch deshalb, weil ja mit dieser Charakterisierung der damaligen Zeit die Frage nach den Alternativmöglichkeiten verbunden ist: Hätte es in puncto Norm und Politik in Europa seither auch anders kommen können? Erlauben Sie dazu einige stichwortartige Hinweise. In Karl V. und dem unter ihm begonnenen jahrhundertelangen Hegemoniekampf zwischen Habsburg und Frankreich manifestiert sich erstmals ein Grundproblem des neueren Europa: Der circulus vitiosus von Selbsterhaltung und Offensive treibt die beteiligten Staaten immer weiter auf der Bahn eines potenzierten Einsatzes ihrer Machtmittel, und dieser Einsatz bricht immer neue Breschen in das traditionelle Normensystem. Das ist eine Entwicklung, die Machiavelli schon vor Karl V. angesichts der Krise der italienischen Staatenwelt (seit 1494) antizipiert und in seiner sehr persönlichen Weise aufgefaßt hat. Im 15. Kapitel des Principe formuliert er die politisch-moralische Aporie des Staatsmannes seiner Zeit.

> „Denn es ist ein so gewaltiger Unterschied zwischen dem, wie man lebt, und dem, wie man leben soll, daß derjenige, welcher sich abwendet von dem, was man tut, und hinwendet zu dem, was man tun soll, dabei eher lernt, wie er zugrunde geht, als wie er sich erhält."

Das ist übrigens, wie der unvoreingenommene Beobachter sogleich bemerkt, keineswegs der Niederschlag einer schlichten Empirie, sondern Ergebnis einer angestrengten theoretischen Konstruktion. Und die neuere Forschung tendiert – im Gegensatz zu Meinecke – stärker zu einer differenzierten Deutung des Normproblems bei Machiavelli: keine pagane, ethikfreie Saft- und Kraftpolitik, sondern ein sehr kompliziertes Gegen- und Ineinanderwirken verschiedener Normkataloge. – Doch kehren wir zur Hauptfrage zurück. Was bedeutet Machiavelli für die Gesamtcharakteristik des politischen Normproblems zu Beginn der Neuzeit? Wie ist Machiavelli in das Bild einzuordnen, das zuvor von der humanistischen Friedens- und Staatsidee her für diese Zeit skizziert wurde? Indem ich hier von den weitläufigen Überlegungen, die eine solche Frage auslöst, abstrahiere, könnte eine kurze Antwort etwa so lauten: Machiavelli ist zwar Außenseiter, doch sein Ausbrechen aus dem christlich-humanistischen Reformismus der Zeit signalisiert einen differenzierten Sachverhalt; die Spannung zwischen Normen und politischen Strukturen war in seinem Umkreis stark, und sein Vertrauen in die christlichen Normen wurde durch den Anblick der kirchlichen Verhältnisse und des Renaissance-Papsttums tief erschüttert. Gerade letzterer Gesichtspunkt verdient besondere Beachtung, denn er spielt auch für die Umwandlung des politisch-ethischen Normensystems bei Luther und der Reformation insgesamt eine Rolle; man wendet sich enttäuscht, und teilweise mit grimmiger Polemik, von einem evolutionären

Reformismus ab, der in dem Fortbestand der kirchlichen Institutionen das Unterpfand der *Einheit* der christlich zu bessernden Welt sah. –

Lassen Sie mich nun noch mit wenigen Worten das Problem der Staatsräson über das konfessionelle Zeitalter in die Aufklärung verfolgen. An vielen Beispielen könnte erläutert werden, wie zwiespältig sich das Denken und Handeln in Sachen Politik und Norm auf der Seite der Reformation wie der Gegenreformation darstellt. Gewiß setzt auf beiden Seiten der Konfessionsgrenze sogleich eine Verschärfung des theologischen Anspruches ein im Sinne der Absage an alle Halbheiten und Kompromisse. Machiavelli wird auf beiden Seiten als böser Heide bekämpft; der Hugenotte Gentillet und die katholischen Antimachiavellisten sind sich einig in der Absage an die unchristliche Tyrannei, die der Florentiner gelehrt habe. Aber im Zeichen der Notwendigkeiten eines auch politisch-militärischen Kampfes läßt auf beiden Seiten der unmittelbare „Normdruck" auf die Gestaltung der politischen Verhältnisse de facto nach. Man arrangiert sich mit den bestehenden Gewalten, die man als Bundesgenossen im Konfessionskampf braucht, und deren Faktizität man je länger desto mehr tale quale hinnimmt. So bringt der hugenottische Antimachiavellismus zugleich ein Wiederaufleben des ständisch-feudalen Traditionalismus, während auf katholischer Seite auf die kämpferische Unbedingtheit der ersten Antimachiavellisten – noch ganz im Sinne eines radikalisierten Erasmianertums – der anpassungsfreudige Giovanni Botero folgt. Er nimmt sich 1589 in seiner Schrift „Della ragion di Stato" vor, die böse Lehre Machiavellis durch eine christliche Staatsräson zu ersetzen. Dabei werden nun unvermerkt die Positionen vertauscht. Nicht mehr ist es die christlich-humanistische Norm, die die Politik vor ihren Richterstuhl zitiert, sondern es ist die nachtridentinische Kirche, die sich dem Absolutismus als „instrumentum regni" andient:

> „Unter allen Religionen – so schreibt Botero – gibt es keine, die für die Fürsten vorteilhafter ist als die christliche; denn diese unterwirft ihnen nicht nur Leib und Vermögen der Untertanen, sondern auch den Sinn und das Gewissen; ... sie bindet nicht nur die Hände, sondern auch die Affekte und die Gedanken"[11].

Und weiter zur Aufklärung. In puncto Staatsräson haben die inneren Widersprüche zwischen dem absolutistischen Staat und dem kosmopolitischen, eudämonistischen Normprogramm der Aufklärung in den Schriften Friedrichs II. einen bemerkenswerten und von Meinecke einfühlend dargestellten Ausdruck gefunden. Nicht aber findet man bei Meinecke behandelt die eigentliche radikale Position der Aufklärung, wie sie Immanuel Kant zur Frage von Staat und Moral vorgetragen hat. Die Größe dieser Konzeption liegt bekanntlich darin, daß der Aufklärer Kant – wie Erasmus – nicht nur die zwischenstaatlichen Bezüge, sondern die Gesamtheit der staatlichen und sozialen Verhältnisse normativ behandelt. Wenn er für die „Einhelligkeit der Politik mit der Moral"[12] eintritt, und damit als Sprecher der verbreiteten Überzeugungen des ausgehenden 18. Jahrhunderts handelt, so ist es freilich nicht mehr die christliche Moral; diese hatte sich dreihundert Jahre zuvor bei dem damaligen Reformprogramm noch auf eine Fülle von Institutionen mit – prinzipiell – gleichgerichteten Normen stützen wollen. Welche Stütze hatte nun der normative Anspruch der Aufklärung in der Realität ihrer Zeit? Es gab die Akademien, die Zeitschriften, die aufgeklärten Höfe. Doch die Räson der modernen, zentralistischen Staaten ging nur teilweise mit den Idealen der Vernunft überein. Hier lag die Quelle unendlicher kommender Konflikte[13].

*

Gehörte dies erste Beispiel im wesentlichen nur dem Bereich der Makronormen zu, so bezieht sich das zweite Beispiel –*Religion und Kapitalismus* – ebenso auf den Wirkkreis der Makronormen wie der Mikronormen. Allgemeine Prinzipien der Wirtschaftsethik stehen in Frage, und ihr Wandel ist aufs engste verbunden mit der Veränderung von Wirtschaftsformen und von Mentalitäten an der Basis der Gesellschaft[14]. Die große Diskussion um Max Webers Thesen vom asketischen Protestantismus als Grund der Durchsetzung des sogenannten „Geistes des Kapitalismus"[15], auf die wir in diesem Umkreis sogleich stoßen, erweist sich bis heute als außerordentlich ergiebig und ebenso kompliziert. Eine der besten Analysen der Diskussion stammt von Ephraim Fischoff[16]. Er hat meines Erachtens mit Recht herausgearbeitet, daß Webers zentrales Anliegen das Normproblem bei der Entstehung der modernen kapitalistischen Gesellschaft war, die sich so scharf von allen anderen bisherigen Sozialformen der Welt abhebt. Fischoff sieht den Kern der Weberschen Interpretation darin, „daß der asketische Protestantismus für das kapitalistische Wirtschaftshandeln adäquate Rechtfertigungsnormen entwickelt hatte"[17]. Es waren die Barrieren einer traditionalistischen Verhaltensweise und Wirtschaftsethik zu überwinden. Und diese Überwindung beobachtete Weber im Bereich der massiven Wirkungen von puritanischen Formen des Protestantismus – also, in unseren Worten: im Bereich jener zweiten Phase, die gegenüber dem rationalen Reformismus der Humanisten eine Retheologisierung des Normensystems mit stärkster Betonung der individuellen und innerweltlichen Bewährung brachte. „Homo mercator vix aut nunquam potest Deo placere" – das war in der Formulierung des Decretum Gratiani ein bei Luther und auf katholischer Seite noch viel länger weiterwirkender Satz des mittelalterlichen Kirchenrechtes. Und die Integration des religiösen mit dem profanen Normbereich, mit den Gegebenheiten des modernen Erwerbslebens, war nach Webers Ansicht für die Entwicklung des Kapitalismus und des modernen „Berufsmenschentums" von entscheidender Bedeutung.

Lassen wir nun Max Webers These ein wenig auf sich beruhen und wenden wir uns einem konkreten Ereignisfeld zu, wo es noch in der ersten Phase, im Humanismus, um einschlägige Fragen ging. Im oberdeutschen Frühkapitalismus, der zu Beginn des 16. Jahrhunderts mit dem Einstieg in die iberischen Märkte und in das Überseegeschäft zeitweilig an die Spitze der modernisierenden Wirtschaftsentwicklung rückte, hat man sehr bald und klar die normativen Aspekte der neuen Lebensformen beachtet. Es ging um die öffentliche Widerlegung des kanonischen Zinsverbotes auf kirchlicher Seite und bald auch um den Kampf gegen die auf den Reichstagen und in der deutschen Öffentlichkeit laut werdenden Projekte, die großen Handelsgesellschaften und ihr „monopolistisches" Treiben reichsrechtlich auszuschalten. Im Mittelpunkt dieser Bestrebungen um die Anerkennung einer antitraditionalistischen, rationalen Wirtschaftsethik und Rechtsnorm stehen die großen Augsburger Firmen mit Jakob Fugger an der Spitze[18]. 1514 will man mit Hilfe des Theologen Johann Eck, der auf scholastischer Ebene die Erlaubtheit des Produktivzinses quinque per centum nachzuweisen unternahm, an der nächstgelegenen Universität, in Ingolstadt, eine öffentliche Disputation in diesem Sinne veranstalten. Der Augsburger Humanist und Stadtschreiber Conrad Peutinger, einschlägig bekannt durch seine von Clemens Bauer publizierten wirtschaftstheoretischen Gutachten für die Sache des Frühkapitalismus, führt die Angelegenheit, aber er stößt auf das Veto des zuständigen Bischofs. Daraufhin wird die Disputation nach Bologna verlegt, Eck sichert sich weiterhin die Zustimmung der Pariser Universität in der Person des Johannes Maior, der ebenso wie Eck damals als ein „progressiver Theologe" im Sinne einer vom humanistischen Rationalismus umgeformten Scholastik gelten konnte.

Ich kann auf die Details dieser ganzen Aktion, die sich dann fortsetzt in der Auseinandersetzung mit den antikapitalistischen Projekten der Reichstage (seit 1512 beginnend, verschärft seit 1521) nicht eingehen, möchte nur zwei Momente hervorheben. Zunächst die sehr scharfe antiklerikale und antitraditionalistische Einstellung, die bei Peutingers Eintreten für die öffentliche Disputation über die Erlaubtheit des Quinque per centum zur Sprache kommt. Peutinger sieht hier einen Kampf der Wahrheit gegen die Dunkelmänner. Als der Bischof die Sache in Ingolstadt verbietet, schreibt er erbittert an Eck: „Wir Laien werden von euch Geistlichen geschunden. Wir suchen nach der Wahrheit. Aber dabei kommt es zu Anstoß und Verletzung. Doch wenn der Bischof nicht will, daß wir die Wahrheit erkennen, dann wird er angeklagt. Und er soll verurteilt werden von der Eruditio Christiana, die immer und überall für die Wahrheit und für ihre Mitteilung an die Öffentlichkeit eintritt. Wenn sich der Bischof bemüht, die Wahrheit verborgen zu halten, dann wehe seiner Seele und seinen Komplizen! ... Die Bischöfe und Geistlichen sollen erst einmal selbst ihre Mißstände abschaffen, bevor sie den Laien Sünden vorwerfen, die keine sind: Non sunt usurarii mercatores, qui de centum solvunt quinque"[19].

Das andere ist die Tatsache, daß keineswegs alle Humanisten in diesem Streit für die Unschuld der Mercatores eintraten. Selbst Peutingers Freund Pirckheimer und andere Nürnberger schlagen sich auf die Seite der Gegner, sie treten mit humanistischer Gelehrsamkeit für das Zinsverbot, gegen den Wucher der Kaufleute ein. Also: keineswegs eine kompakte Solidarität von Humanismus und Frühkapitalismus, vielmehr ein offener Zwiespalt; und die antikapitalistischen Argumente werden bald von Luther aufgenommen, der 1524 von „Kaufshandel und Wucher" schreibt und nun mit theologischer Verschärfung die Nachgiebigkeit der Reichsgesetzgebung gegen die Kaufleute verurteilt und prinzipiell auf den alten „pretium iustum" zurückgreift: „Es sollt nicht so heyssen / Ich mag meyne wahr so theur geben / als ich kan / oder wil / Sondern also / Ich mag meyne wahr so theur geben / als ich soll odder als recht und billich ist"[20].

Wie ist nun diese Geschichte in die große Diskussion um Religion und Kapitalismus einzuordnen? Gewiß nicht so, wie Lujo Brentano in seiner Kritik an Max Weber vorging: hinweisend auf die vielen tüchtigen Kapitalisten, die es in seiner katholischen Familie schon lange gegeben habe. Man muß die Angelpunkte der These aufsuchen. Einer scheint mir darin zu liegen, daß Weber Renaissance und Humanismus eigentlich nicht ernst nahm. Er kündigte an, sich später damit beschäftigen zu wollen. Das ist aber nicht mehr geschehen. Und so hat er die Rolle des humanistischen Rationalismus in der Geschichte der neuzeitlichen Normprobleme nicht nur allgemein unterschätzt, er hat sie stellenweise ausdrücklich bestritten, so z. B. wenn er – im Rahmen einer Skizze der vorreformatorischen Lage – die für unseren Zusammenhang einschlägige Behauptung aufstellt: „Von dem Zinsverbot als Punkt des Anstoßes ist nirgends auch nur die Rede"[21]. Ich kann hier nicht weiter ausholen, nicht über die italienische Situation und anderes mehr sprechen. Es kommt auch gar nicht darauf an, hier etwa ein punktuelles Corrigendum bei Max Weber zu zeigen, sondern es ist die Relevanz unserer Geschichte für die Formulierung der gesamten Frage zu bedenken. In kurzen Worten: Bereits vor der Reformation gab es ernsthafte und bewußte Ansätze zu einer Überwindung der traditionalistischen Barrieren und zur Ausbildung eines neuen, widerspruchsfreien wirtschaftsethischen Normensystems. Diese Ansätze sind zwar aus verschiedenen Gründen nicht zur dauerhaften Reife gelangt, u. a. mangels eines ausreichend starken homogenen Milieus und infolge der baldigen Überlagerung durch die ganz anderen Konfliktsituationen des konfessionellen Zeitalters. Doch die Würdigung des faktischen und ideellen Erbes des humanistischen Rationalismus ermöglicht erst das Verständnis der folgenden Entwicklungen auch im Bereich der wirtschaftlichen Normativität.

Die ungeheuerliche Anspannung des theologischen Anspruchs der Folgezeit wird erst auf diesem Hintergrund einer anders orientierten, aber abgebrochenen Programmatik ganz verständlich und ebenso der sehr nuancierte Vorgang der anschließenden Säkularisierung. Um ein Bild Max Webers abzuwandeln: er knüpft bei der Beschreibung dieser Säkularisierungsvorgänge an eine Wendung von John Baxter (1615–1691) an: „Nur wie ‚ein dünner Mantel, den man jederzeit abwerfen könnte', sollte nach Baxters Ansicht die Sorge um die äußeren Güter um die Schultern seiner Heiligen liegen. Aber aus dem Mantel ließ das Verhängnis ein stahlhartes Gehäuse werden"[22]. Um im Bilde zu bleiben: der Mantel, den sich der fromme Reverend Baxter im 17. Jahrhundert so leicht wünschte, ihn wollten schon 150 Jahre zuvor gute Christen in Florenz oder Augsburg oder Antwerpen sich so um die Schultern legen, daß er ihr christliches Herz nicht zu Boden drückte. Nicht ein irrationales *Verhängnis,* sondern das historisch erklärbare Umschlagen, die scharfen Brüche von einem evolutionären Reformismus zu einem extremen theologischen Anspruch und dann wieder zu einem säkularen Erfolgs- und Glücksstreben waren für den Weg der europäischen Menschheit in das nun so und nicht anders sich formende kapitalistisch-industrielle Zeitalter maßgebend.

Das Problem der Geburtenkontrolle, das ich ursprünglich als drittes Beispiel vorführen wollte, aber nun in diesem Zusammenhang nicht mehr behandeln kann[23], hätte den Vorteil geboten, zuletzt den Schwerpunkt einer exemplarischen Analyse in den Bereich der Mikronormen zu verlegen, und man hätte dabei exakte demographische Daten berücksichtigen können. Doch es geht nicht, und so wende ich mich einer kurzen Konklusion zu. Was heißt für unser Thema „Differenzierung", was heißt „Säkularisierung"? Was das Stichwort Differenzierung angeht, so war der Ausgangspunkt unserer Beobachtungen die relative Eigenständigkeit und *Einheitlichkeit* der humanistischen Normwelt zu Beginn der Neuzeit. Doch traten bei den beiden behandelten Beispielen Erscheinungen ins Blickfeld, die bereits für diese Phase erhebliche Varianten anzeigen: der Gegensatz Machiavellis zum christlichen Reformismus der Zeit, die offene Spaltung der Humanisten im pro und contra der kapitalistischen Wirtschaftsethik. Weiter sollte man nicht nur die faktische Fülle der hier nicht behandelten Varianten in Rechnung setzen, sondern auch eine prinzipielle Überlegung anstellen: die vergleichsweise raschen Übergänge von den humanistischen Normen zu den konfessionellen Maßstäben haben es in gewisser Weise dem Humanismus erspart, die Probe aufs Exempel seiner Kohärenz, seiner noch einheitlichen Normkraft zu machen. Ja, man könnte sogar umgekehrt argumentieren: gerade die rasche Ablösung der humanistischen Einheit durch die konfessionellen Gegensätze sollte vor einer zu hohen Einschätzung der Einheit des humanistischen Normensystems warnen. Erhebliche Ansätze zu einer Differenzierung der europäischen Normwelt sind also bereits für diesen ersten Abschnitt der Neuzeit anzunehmen.

Anders stellt sich die Frage für das konfessionelle Zeitalter. In den weitgehenden formalen Übereinstimmungen der sich bekämpfenden Normensysteme und in dem fortbestehenden universalen Anspruch aller drei großen Konfessionen zeigt sich das Nachwirken älterer Grundüberzeugungen: nur die Herrschaft eines einheitlichen Normensystems in Europa (und der Welt) kann dem Willen Gottes entsprechen (und kann die Effizienz dieses Systems verbürgen). Die Wege der Wirklichkeit sahen ganz anders aus. Der konfessionelle Pluralismus ging kräftige Verbindungen mit sozialen, regionalen, staatlichen Sonderinteressen ein; die zunehmende Erschöpfung des konfessionellen Prinzips in universaler Hinsicht ließ Hand in Hand mit der Verfestigung der Konfessionsgrenzen schließlich ein recht buntscheckiges Nebeneinander entstehen. Hier haben die wichtigen Phänomene von Normverengung, Glaubenszwang und Toleranzbewegung ihren Platz. Die Aufklärung hat mit großem Elan eine neue, freie Einheit der Natur und der Vernunft zu gründen gesucht. Ihr universales Selbstverständnis war eines, ein anderes die dennoch unaufhaltsam weitergreifende Differenzierung in makro- wie in mikronormativer Hinsicht. Gerade das von der Aufklärungsnorm geforderte Einbeziehen des Volkes in Bildung und Öffentlichkeit führte mit der Betonung der Volkskultur und dem Zurücktreten der internationalen Bildungsaristokratie zu neuen Normproblemen im Sinne der nationalen Differenzierung, noch bevor die Parteikämpfe, die mit der Französischen Revolution begannen, den Consens der europäischen Normwelt in die bisher schärfste Krise stürzten.

Kein linearer, sondern ein abgewinkelter und verzweigter Entwicklungsgang führt zur immer stärkeren Differenzierung der europäischen Normwelt. Dagegen treten immer neue Impulse zur Einheit auf, die mit immer neuen Faktoren der Sonderung Schritt zu halten versuchen. Noch viel zu wenig untersucht ist die Frage der wissenschaftlich-technischen Vereinheitlichungsfaktoren auf der mikronormativen Ebene, die gewiß seit dem 18. Jahrhundert, vielleicht aber schon seit der Erfindung des Buchdrucks wirksam sind. Ihr Anteil an dem Zustandekommen und am Fortbestehen der idealen Rahmenvorstellungen von bürgerlicher Harmonie und egalitärem Kosmopolitismus dürfte nicht gering sein.

Zur Frage der „Säkularisierung" muß ich mich hier auf noch knappere Andeutungen beschränken[24]. Vielleicht wäre es überhaupt am besten, im Interesse einer genauen Bezeichnung der Fragen und der Forschungsprobleme die Verwendung dieses Begriffs zu unterlassen. Wir sehen im humanistischen Reformismus eine auf das Wirken der Laien angelegte Mentalität der Weltzuwendung, die sich polemisch vom Mittelalter absetzt und unter

Berufung auf die „ecclesia primitiva" das gestufte System der christlichen Verwirklichung (mit dem elitären Vorbehalt der consilia evangelica) als faulen Kompromiß kritisiert. Weltzuwendung und Radikalisierung der christlichen Norm gehen im vorreformatorischen Reformprogramm Hand in Hand, auch wenn beide Tendenzen nicht bei allen Gruppen und Strömungen in gleicher Stärke auftreten. Taugt der Begriff „Säkularisierung" für die Charakteristik dieser Verhältnisse? Wohl kaum. – Die Eigenart des konfessionellen Zeitalters liegt einerseits in einer enormen Steigerung des theologisch-kirchlichen Normprinzips, andererseits kompromittieren sich diese Programme im Kampf gegeneinander, und das Zeitalter endet im allgemeinen mit einem Abbau der hochgesteigerten supranaturalen Normierung; das Prinzip einer religiös begründeten Normierung wird als solches zunehmend in Frage gestellt. Beachtenswert ist dabei der unterschiedliche Verlauf innerhalb des konfessionellen Zeitalters: im katholischen Bereich wird die Priester- und Klosterkirche erneuert und gestärkt, im Protestantismus tritt der Laie, in abgestuften Formen, in die Verantwortung für die Gemeinde Christi ein. Kann man generell sagen, daß letztere Formen die Krise des Kirchentums und der Offenbarungstheologie in den Oberschichten des 18. Jahrhunderts besser überstanden haben? Vielleicht, aber für die Hauptfrage – die Veränderung des europäischen Normensystems durch diese Krise – ist damit noch wenig ausgesagt. Wir sehen z. B. wie damals in bestimmten mikronormativen Fragen – etwa in Sachen der Empfängnisverhütung in Frankreich – an die Stelle der erlahmenden theologischen Motivation die naturrechtlichen und utilitaristischen Argumente treten. Nun polemisieren die aufgeklärten Naturrechtler ebenso gegen den Coitus interruptus wie zuvor die Theologen. Und die populationistischen Schriftsteller sind womöglich noch zorniger als die Beichtväter: wo käme man denn da hin, wenn die Ehepaare aufhören wollen, die Bevölkerung zu vermehren! Und dann wäre von Malthus zu sprechen. Ist Malthus etwa ein Mann, dessen Lehre sich in eine lineare Säkularisierungsthese einfügt? – Es bleibt also ein tiefes Unbehagen gegenüber diesem Begriff. Sehr vieles und sehr Entscheidendes hat sich zwischen Lorenzo Valla und Kant im Verhältnis von Norm und Religion geändert. Aber es sollte unser energisches Bestreben sein, die weithin irreführende Grobanalyse, die mit dem Stichwort „Säkularisierung" gegeben ist, so bald wie möglich mittels eines angemessenen interpretativen Rüstzeugs zu überholen.

Zu guter Letzt ein Blick auf das Gesamtthema und auf seine methodologischen Implikationen. Es wäre gewiß eine pseudowissenschaftliche Naivität, zu meinen, man könnte über Normen und Wandel in der Vergangenheit sprechen, ohne die eigene Verstricktheit in das heutige Ringen um Normen und gesellschaftlichen Wandel irgendwie in Rechnung zu stellen. So weit, so gut. Doch schwierige methodologische und erkenntnistheoretische Fragen erheben sich, sobald wir dem Wörtchen „irgendwie" nähertreten und wissen wollen, wie denn nun dieser ungefähre Zusammenhang zwischen der Subjektivität des Historikers und dem historischen Objekt, das er behandelt, des näheren funktioniert bzw. funktionieren sollte. Hier gibt es sehr verschiedene Antworten, hier treffen wir nochmals, sozusagen auf einer dritten, fachspezifischen Ebene, auf das Problem von Norm und Wandel: in der Arbeitsweise des Historikers. Dies Thema kann und soll jetzt nicht weiter behandelt werden. Ich möchte es nur als interessanten Gegenstand zur Diskussion stellen.

Vortrag auf dem 30. Deutschen Historikertag in Freiburg i. B. 1974. Druck in: Saeculum 26 (1975), S. 166ff.

[1] Die Form des Vortrages wird im folgenden beibehalten. – Auf eine systematische Erörterung des Normbegriffes wird im Hinblick auf die Einordnung des vorliegenden Beitrages in eine Referatsreihe verzichtet. Die anderen Referate der Reihe „Normen und gesellschaftlicher Wandel", die auf dem 30. Deutschen Historikertag 1974 von *H. Strasburger, A. Goldberg, H. Busse* und *J.-F. Bergier* gehalten worden waren, wurden in dem angegebenen Band von „Saeculum" gemeinsam mit dem vorliegenden Beitrag gedruckt. Doch soll gegenüber dem Mittelwert von „Norm", der bei diesen Referaten im ethisch-rechtlich-politischen Bereich liegt, auf eine mir wesentlich scheinende Ergänzung wenigstens am Rande hingewiesen werden: die normative Funktion objektivierter kultureller Formen. Die Krise, in welche der Gesamtbereich verbindlicher kultureller Formen seit dem 19. Jahrhundert geraten ist,

sollte den Blick für diese Aspekte des Normproblems nicht verstellen. Religiöse, ethische, rechtliche und politische Normen stehen nicht abstrakt im Raum; sie sind im allgemeinen in ein tragendes kulturelles Ambiente eingebettet.

2 Auf die ursprünglich geplante Behandlung eines dritten Exempels – Geburtenkontrolle als Sonderfall des wichtigen Bereiches „Normen und Sexualverhalten" – mußte für den Braunschweiger Vortrag aus Zeitgründen verzichtet werden. Ich beabsichtige, diese Frage der neuzeitlichen Normgeschichte, für die eine Anzahl angelsächsischer und französischer Forschungen vorliegt, an anderem Ort zu behandeln.

3 Die Diskussion der Periodisierungsfragen hat in den letzten Jahrzehnten durch die pointierte Gegenüberstellung von Alteuropa und moderner Welt (vgl. etwa *D. Gerhard,* Zum Problem der Periodisierung der europäischen Geschichte, in: ders., Alte und neue Welt in vergleichender Geschichtsbetrachtung [Göttingen 1962], S. 40ff.) und durch die Auseinandersetzung mit der marxistischen Historiographie und Epochenlehre an Lebendigkeit gewonnen, ist aber in Sachen der nachmittelalterlichen Abgrenzungen von einem methodisch befriedigenden Stand noch entfernt. Vgl. *M. Steinmetz,* Die historische Bedeutung der Reformation und die Frage nach dem Beginn der Neuzeit in der deutschen Geschichte. In: Zeitschrift für Geschichtswissenschaft 15 (1967), S. 663ff.; *I. Mieck,* Periodisierung und Terminologie der Frühen Neuzeit. Zur Diskussion der letzten beiden Jahrzehnte. In: Geschichte in Wissenschaft und Unterricht 19 (1968), S. 357ff.; die einleitenden Bemerkungen von *J. Engel* zu Band 3 des Handbuchs der Europäischen Geschichte, ed. *Th. Schieder* (Stuttgart 1971), S. 3ff. – Hinweise für das oben vorgeschlagene Dreiphasenmodell aus dem biographisch-historiographischen Bereich bei *H. Lutz,* Biographie und Geschichtswissenschaft. Von der Renaissance bis zum Ausgang des 18. Jahrhunderts, in: XIII Meždunarodnyj Kongress istoričestich nauk, Doklady Kongressa I, 2 (Moskau 1973), S. 227ff. [im vorliegenden Band S. 240ff.].

4 Die eigentliche Beschreibung und Erläuterung dessen, was hier unter einem „formalen System der europäischen Öffentlichkeit" verstanden wird, muß der Autor dem Leser an dieser Stelle schuldig bleiben. Die Geschichte der Öffentlichkeit, ihrer Voraussetzungen, Funktionen und Wandlungen gehört merkwürdigerweise zu den heute vernachlässigten Forschungsgebieten. Beachtenswert bleiben die älteren Beiträge von *W. Bauer,* Die öffentliche Meinung und ihre geschichtlichen Grundlagen (Tübingen 1914) und Die öffentliche Meinung in der Weltgeschichte (Potsdam 1930). *J. Habermas,* Strukturwandel der Öffentlichkeit. Untersuchungen zu einer Kategorie der bürgerlichen Gesellschaft (Neuwied/Berlin ^{5}1971) bietet Erörterungen, die auch für den Historiker anregend sind. Er geht aber nicht über das 17. Jahrhundert zurück und läßt sich daher die interpretativen Möglichkeiten entgehen, die eine Analyse älterer Formen der Öffentlichkeit für die daran anschließenden Entwicklungen im 17. und 18. Jahrhundert böte. – Für die Erforschung der „humanistischen" Öffentlichkeit im weiteren, oben skizzierten Sinne sind Ansätze von der „Res publica eruditorum" her insoweit sinnvoll, als sie die inhaltlich und personell über den Kreis der „Eruditio" hinausgehenden Dimensionen in Rechnung setzen. Auch die politische Propaganda dieser Zeit verdient besonderes Interesse sowohl auf regionaler wie auf europäischer Ebene. Sie ist bisher nicht systematisch untersucht worden.

5 *E. Garin,* Der Begriff der Geschichte in der Philosophie der Renaissance. In: Zu Begriff und Problem der Renaissance, ed. *A. Buck* (Darmstadt 1956), S. 256. Beachtenswert sind auch die direkten Ansätze zu einer christlichen Theorie der Sozialreform, die sich im Umkreis des Renaissance-Humanismus finden. Vgl. etwa *Ludovico Vives,* De subventione pauperum, ed. *A. Saitta* (Firenze 1973, Erstausgabe Brügge 1525), S. 76f.: „Iam vero utri faciunt inhumanius, qui pauperes in illis suis sordibus, squalore, vitiis, flagitiis, impudentia, impudicitia, ignorantia, dementia, calamitate, miseria volunt computrescere? an qui viam excogitant, qua eos, illinc ereptos, ad civiliorem, et puriorem, et sapientiorem vitam traducant cum tanto lucro tot hominum inutilium ac perditorum? Itaque agimus nos, sicut ars medica, quae non adimit morbos hominum generi, sed quoad eius fieri potest, sanat: utinam lex Christi in animis et pectoribus nostris valeret; utique efficacior esset quam medicinae cognitio; perficeret haec ne ulli essent inter nos pauperes, sicut nec fuerunt nascente ecclesia quemadmodum narratur a Luca in Actis Apostolorum, nec essent scandala, nec haereses; sed quia paegravabunt nostra scelera, et homines non tam corde, et actionibus vitae, christianum nomen profitebuntur, quam ore; idcirco nunquam pauperes, offensiones, haereses deerunt."

6 Vgl. meine Skizze: Humanismus und Reformation. Alte Antworten und neue Fragen. In: Wort und Wahrheit 27 (1972), S. 65–77 [im vorliegenden Band S. XXXff.].

7 Vgl. zuletzt die Arbeiten von *F. Tessitore,* Friedrich Meinecke Storico delle Idee (Florenz 1969) und *S. Pistore,* Federico Meinecke e la crisi dello stato nazionale tedesco (Turin 1969); dazu *H. Herzfeld,* Friedrich-Meinecke-Renaissance im Ausland? In: Festschrift für Hermann Heimpel, Bd. 1 (Göttingen 1971), S. 42ff. – Für die zeitgeschichtlich-biographischen Aspekte vgl. zuletzt den Abschnitt über Meinecke in *H. Lutz,* Aufstieg und Krise der Neuzeit. Bemerkungen zu deutschen Interpretationen von Dilthey bis Horkheimer. In: Denken über Geschichte. Aufsätze zur heutigen Situation des geschichtlichen Bewußtseins und der Geschichtswissenschaft, ed. *F. Engel-Janosi, G. Klingenstein, H. Lutz* (Wien/München 1974), S. 28ff. [im vorliegenden Band S. 307ff.].

8 *F. Meinecke,* Die Idee der Staatsräson in der neueren Geschichte, ed. *W. Hofer* (München ^{2}1960), S. 34.

9 Vgl. *H. Lutz,* Ragione di Stato und christliche Staatsethik im 16. Jahrhundert (Münster 1961).

10 Vgl. dazu die Einleitung zu *H. Lutz,* Christianitas afflicta. Europa, das Reich und die päpstliche Politik im Niedergang der Hegemonie Kaiser Karls V. (Göttingen 1964). Die Friedensidee des Erasmus wie überhaupt das politische Denken des Humanismus sind bisher nur in Ansätzen erforscht. Wichtig die erhellenden Ausführungen von *O. Herding* in der Einleitung zu der von ihm besorgten Neuausgabe der Institutio Principis Christiani: Opera Omnia Desiderii *Erasmi* Roterodami 4, 1 (Amsterdam 1974), S. 97ff.

11 *G. Botero,* Della ragion di Stato, ed. *L. Firpo* (Turin 1948), S. 137.

12 „Von der Einhelligkeit der Politik mit der Moral nach dem transzendentalen Begriffe des öffentlichen Rechts" = Überschrift des zweiten Teiles des Anhanges zu Kants Schrift „Zum ewigen Frieden".

13 Vgl. *K. O. v. Aretin,* Der Aufgeklärte Absolutismus als europäisches Problem, Einleitung zu dem von ihm

herausgegebenen Sammelband: Der aufgeklärte Absolutismus (Neue wissenschaftliche Bibliothek 67, Köln 1974), S. 44: „Der Aufgeklärte Absolutismus konnte einen Abstand aufholen. Er war aber unfähig, ein Staatsideal zu schaffen, das dem Denken der Aufklärung und seinen zukunftsweisenden Idealen entsprochen hätte."

14 Auf die enge Verbindung zwischen den Phänomenen der Staatsräson und des Kapitalismus wies übrigens in anderem Zusammenhang schon O. Hintze hin: „Staatsräson und Kapitalismus stehen ja in einer engen soziologischen Verbindung. Was ist Kapitalismus anders als die moderne Wirtschaftsräson? Staats- und Wirtschaftsräson stammen aus einer Wurzel." (Kalvinismus und Staatsräson in Brandenburg zu Beginn des 17. Jahrhunderts, jetzt in: *O. Hintze,* Gesammelte Abhandlungen, ed. *G. Oestreich* [Göttingen ^{2}1967], S. 256.).

15 Die einschlägigen Schriften sind heute am bequemsten zugänglich in der von *J. Winckelmann* besorgten Sonderausgabe: Max *Weber,* Die protestantische Ethik, 2 Bde. (Hamburg ^{3}1973), deren zweiter Band eine Sammlung von Kritiken und Antikritiken enthält. Nach dieser Ausgabe wird im folgenden zitiert.

16 *E. Fischoff,* Die protestantische Ethik und der Geist des Kapitalismus. Die Geschichte einer Kontroverse. In: Max *Weber,* Die protestantische Ethik, Bd. 2, S. 346ff. (Übersetzung des erstmals 1944 in „Social Reserch", Vol. 9, erschienenen Aufsatzes).

17 Ebd., S. 357.

18 Zum Folgenden sieht *H. Lutz,* Conrad Peutinger. Beiträge zu einer politischen Biographie (Augsburg 1958), S. 106ff. Vgl. auch *C. Bauer,* Conrad Peutingers Gutachten zur Monopolfrage. In: Archiv für Reformationsgeschichte 45 (1954), S. 1ff., 145ff. – Am Rande sei auf einen durchaus anders gelagerten, bemerkenswerten Beispielfall hingewiesen, der die komplizierten Verläufe von einem vorreformatorischen Frühkapitalismus zu neuer wirtschaftlicher Dynamik nach dem Sieg der Reformation zeigt: *J. F. Bergier,* Zu den Anfängen des Kapitalismus – Das Beispiel Genf (Köln 1972).

19 Übersetzt nach: Konrad Peutingers Briefwechsel, ed. *E. König* (München 1923), S. 249ff. – Brief vom 19. Dezember 1514.

20 *Luthers* Werke in Auswahl, Bd. 3, ed. *O. Clemen* (Berlin ^{5}1959), S. 3.

21 Max *Weber,* Protestantische Ethik 1, S. 341.

22 Ebd., S. 188.

23 Siehe oben Anm. 2. In der deutschsprachigen Forschung fehlen entsprechende Einzelstudien und Zusammenfassungen. Vgl. zur neueren Diskussion: La prévention des naissances dans la famille, ed. *H. Bergues* (Paris 1960); *J. T. Noonan* Jr., Contraception. A. History of its Treatments by the Catholic Theologians and Canonists (Cambridge, Mass. 1965); Aufsätze verschiedener Autoren in Jgg. 1969 der Annales ESC.

24 Die vielfältigen Verzweigungen der Säkularisierungsdebatte, die seit *F. Gogarten,* Verhängnis und Hoffnung der Neuzeit. Die Säkularisierung als theologisches Problem (Stuttgart 1953) in der evangelischen und katholischen Theologie, in verschiedenen Sparten der Philosophie, der Geschichtswissenschaft und der Soziologie geführt wird, sind heute kaum mehr zu überblicken. Die den jeweiligen Begriffsbestimmungen und den vielfach damit verbundenen geschichtstheoretischen Konzeptionen zugrunde liegenden Prämissen anthropologischer und wertmäßiger Art differieren außerordentlich.

DAS TOLERANZPATENT VON 1781 IM KONTEXT DER EUROPÄISCHEN AUFKLÄRUNG

Das Thema hat es in sich.[1] Gerade weil im vorgegebenen Rahmen unmöglich mehr als eine flüchtige Problemskizze gegeben werden kann, möchte ich versuchen, durch zwei Vorbemerkungen den hier unternommenen Ansatz methodisch und hinsichtlich der wertenden Einordnung in einen größeren Zusammenhang zu stellen.

Zur Methode. Das Prinzip, kirchengeschichtliche Fragen stets im engsten Zusammenhang mit den außerkirchlichen Entwicklungs- und Zeitfragen zu behandeln und umgekehrt, ist heute im allgemeinen prinzipiell anerkannt. Doch bleibt meist noch viel zu tun, um in concreto alle Folgerungen zu entfalten. In unserem Falle bedeutet dies u. a., das Toleranzproblem nicht nur im traditionellen Bezugsrahmen von „Staat und Kirche" zu sehen, wo die rechtsgeschichtlichen Kategorien im Mittelpunkt stehen.[2] Wir dürfen auch nicht bei jener Art von Kirchengeschichte haltmachen, die den *Wandel* von Begriff, Inhalt und Funktion dessen, was „Kirche" heißt, unterschätzt. Vermutlich liegen große Chancen in der Entfaltung umfassender Perspektiven einer Geschichte des Christentums. Schließlich reicht es auch nicht aus, selbst einen so weiten Horizont wie „europäische Aufklärung" als Hintergrund des Toleranzproblems zu nehmen, wenn wir Aufklärung nur im geistesgeschichtlichen Rahmen sehen wollten. Vielmehr ist es die ebenso reizvolle wie schwer einlösbare Aufgabe einer historischen Toleranzforschung, das Problem innerhalb des Totums der politischen, sozialen und geistigen Kräfte einer Epoche zu sehen und zu untersuchen.

Für das 18. Jahrhundert bedeutet diese Forderung andererseits auch, das Toleranzproblem im Rahmen eines längerfristigen historischen Prozesses, also aus der Tiefe der okzidentalen Entwicklung, zu verstehen. Dazu in aller Kürze ein andeutendes Stichwort. Es geht um den Weg der europäischen Gesellschaft und ihrer religiösen Artikulationen und Lebensformen vom Mittelalter in die Moderne. Diese europäische Gesellschaft hat den Weg der Differenzierung und der Ausbildung von Subjektivität und Individualkultur in einer Weise eingeschlagen, wie nirgendwo sonst in der Geschichte der Menschheit. Während jedoch von der Renaissancekultur und der technisch-zivilisatorischen Leistung her – man denke nur an die Revolutionierung der Kommunikationsformen durch den Buchdruck – Modelle und Mittel der neuen Entfaltung *individueller* Lebensformen bereitgestellt wurden, kam es bei der Entwicklung neuer *überindividueller* Lebensformen, d. h. vor allem in den Bereichen, die wir mit „Staat" und „Kirche" bezeichnen, in der Frühneuzeit zu sehr schwierigen Wachstumskrisen. Das sind die kritischen Zonen, wo es vom 16. bis zum 18. Jahrhundert zu harten und folgenreichen Konflikten zwischen individueller Existenz und kirchlichen wie politischen Zwangssystemen kommt. Das sind die Zonen des Toleranzproblems in jenem engeren, bestimmteren Sinn, der uns heute beschäftigt: Wie wird sich aus dem Widerstreit von Zwang und Freiheit in Reformation, Gegenreformation und Absolutismus durch das Wirken der Aufklärung endlich ein freies Zusammenleben unterschiedlicher religiös-kirchlicher Überzeugungen erarbeiten lassen?

Zweitens: zur bewertenden Einordnung, von einem heutigen Wertbewußtsein her. Die katholische Kirche hat bekanntlich auf dem 2. Vatikanischen Konzil im Dekret über die Religionsfreiheit einen beachtlichen Ansatz getan; sie hat begonnen, im Zuge einer Neuformulierung der kirchlichen Lehre über die Religionsfreiheit auch vergangene Schuld in diesem Bereich anzusprechen. Der betreffende Absatz aus Artikel 12 des Dekrets ist bekannt:[3] ich möchte dennoch den zentralen Satz zitieren, weil er für das Folgende wichtig ist:

„Gewiß ist bisweilen im Leben des Volkes Gottes auf seiner Pilgerfahrt – im Wechsel der menschlichen Geschichte [per vicissitudines historiae humanae] – eine Weise des Handelns vorgekommen, die dem Geist des Evangeliums wenig entsprechend, ja sogar entgegengesetzt war; aber die Lehre der Kirche, daß niemand zum Glauben gezwungen werden darf, hat dennoch überdauert." Der katholische Jurist Ernst-Wolfgang Böckenförde hat 1968 in einem Kommentar zum Dekret, der im Auftrag der deutschen Bischöfe veröffentlicht wurde,[4] gegen harmonisierende Interpretationen sehr betont, daß die neue kirchliche Erklärung für die Religionsfreiheit „in einen direkten Widerspruch" zu den päpstlichen Stellungnahmen von 1832, 1864 und 1888 tritt,[5] die damals – wie im Jahrhundert zuvor – eine naturrechtliche Fundierung der Religionsfreiheit ablehnten. Das ist überaus bemerkenswert. Meiner persönlichen Meinung nach wurde aber vom Konzil noch nicht genug gesagt, was die vergangene Schuld angeht. Es bedürfte vor allem die *gesamte Perspektive* der rückblickenden christlichen Rechenschaft einer Vertiefung und Erweiterung: weg von einer nur fallweisen, kasuistischen Betrachtungsweise vergangenen schuldhaften Fehlverhaltens und hin zu einer umfassenden Reflexion der unvermeidlichen *Geschichtlichkeit* aller Wege christlicher Verkündigung. Denn es führen ja alle diese Wege notwendig durch immer neue Etappen von Deformation und Reformation.

In dem Wissen um diese Geschichtlichkeit und ihre Folgen für eine rückblickende Rechenschaft über frühere Formen kirchlicher und christlicher Realisierung sind die evangelischen Christen den Katholiken meist voraus. Sie haben es damit – das sei keineswegs abwertend gesagt – auch etwas leichter als die Katholiken. Dies ist schon durch die Entstehung und den Pluralismus der Reformationskirchen bedingt.

Nach diesen zwei Vorbemerkungen kommen wir zur Hauptsache. Das Folgende gliedert sich in drei Abschnitte. Am Anfang steht ein kurzer Überblick über die europäische Situation. Dann folgt die österreichische Vorgeschichte des Toleranzpatents, schließlich das Patent selbst mit einem Exkurs über die publizistische Auseinandersetzung zur Toleranzfrage.

Als Kaiser Joseph II. mit dem Datum vom 13. Oktober 1781 das Toleranzpatent veröffentlichte, stellte er an den Anfang des Textes eine allgemein begründete Präambel: „Seine römisch kaiserliche königliche apostolische Majestät, überzeugt einerseits von der Schädlichkeit alles Gewissenszwanges und andererseits von dem großen Nutzen, der für die Religion und den Staat aus einer wahren kristlichen Toleranz entspringet, haben allergnädigst folgende Maßregeln festgesetzet ..."[6]

Mit dieser Begründung befand sich der Kaiser im Einklang mit dem aufgeklärten Zeitgeist Europas. So unterschiedlich die geistigen Strömungen und soziokulturellen Bewegungen im einzelnen waren, die wir unter dem Sammelnamen der Aufklärung zusammenfassen, so eindeutig konvergierten in der zweiten Hälfte des 18. Jahrhunderts die Meinungen aller fortschrittlichen Denker Europas in dem Ruf nach Toleranz, in der Betonung der „Schädlichkeit alles Gewissenszwanges" und in dem Versprechen des „großen Nutzens für die Religion und den Staat", der unzweifelhaft aus der Toleranz entspringe. Freilich, schon in der Frage, ob diese Toleranz eine *christliche* sein solle, wie es Joseph II. plakativ aussprach, erst recht in der Frage, wie weit nun und in welcher Weise diese Toleranz die Grundverhältnisse zwischen Staat und Kirche, Individuum und Gesellschaft, Subjektivität und sozialer Norm neu gestalten solle, gingen die Meinungen weit auseinander. Sehen wir näher zu.

Es kann nicht scharf genug betont werden, daß die kirchlich-politische Entwicklung Europas von der christlichen, doch in sich weiträumigen Einheitskultur des Mittelalters über die Kampfsituationen von Reformation und Gegenreformation der Entfaltung durchaus vorhandener Ansätze zu einem spezifisch christlichen Toleranzverständnis nicht günstig gewesen war.

Diese Ansätze, die von Roger Bacon, Ramon Lul und Marsilius von Padua über Nikolaus Cusanus bis zum Humanismus zunehmende Bedeutung gewonnen hatten, waren im Zeitalter der konfessionellen Kämpfe nicht schlichtweg in Vergessenheit geraten.[7] Aber gegenüber dem konfessionell gespaltenen Absolutheitsanspruch christlicher Wahrheit, wo nun die politisch-polizeilich-militärischen Machtzentren in die Kämpfe um das wahre christliche Bekenntnis eingriffen, hat das Bemühen um friedliche Formen des christlichen Zusammenlebens nicht Schritt gehalten. Unter den damals gegebenen politisch-sozialen Verhältnissen lag der Weg zu neuen kirchlichen Zwangssystemen, den die getrennten Großkirchen einschlugen, nur allzu nahe.[8] Dies war das überaus schwere Erbe des konfessionellen Zeitalters, mit welchem sich die Aufklärung unter sehr verschiedenen Gesichtspunkten und mit unterschiedlichen Tendenzen auseinanderzusetzen hatte.

Komplizierend traten zwei weitere gewichtige Entwicklungsfaktoren hinzu. Die Aufklärung bewegte sich mit ihren Reform- und Fortschrittsideen ja keineswegs in einem abstrakten Freiheitsraum. Vielmehr war ihr politisch-sozialer Partner in der Auseinandersetzung mit dem zwangskirchlichen Erbe des 16. und 17. Jahrhunderts der absolutistische Staat. In der Interaktion von Aufklärung und Absolutismus aber ergaben sich neuartige Gewichtungen und geradezu Systemzwänge, wo die Interessenlage der gewaltig anwachsenden Staatsmaschine, ihrer bürokratischen und ökonomischen Rationalität, zum Zuge kam. Dies führte – ohne daß sich die meisten Aufklärer darüber Rechenschaft gaben – zu einem stark von staatlichen Erfordernissen geprägten Rahmen des Toleranzproblems – ganz anders als es früher, etwa in der durchaus staatskritischen oder, besser gesagt, *vorstaatlichen,* europäisch-christlichen Toleranzidee des Erasmus ausgesehen hatte.

Das andere war der große historische Pendelschlag, der in der Aufklärung bekanntlich Zug um Zug zu einer Radikalisierung der Kritik an Kirche und Religion führte. Dieser Pendelschlag war in gewisser Weise schon im konfessionellen Zeitalter grundgelegt, als für die Abwehr des theologisch begründeten Glaubenszwanges vielfach die unmittelbare Evidenz humaner Werte angesprochen wurde. Ein Beispiel für viele: Als 1554 Calvin die in Genf erfolgte Hinrichtung des als Irrlehrer angeklagten Michael Servet ausführlich theologisch begründete, gipfelte die auf Calvin antwortende Toleranzschrift des Sebastian Castellio in dem lapidaren Satz: „Hominem occidere non est doctrinam tueri, sed est hominem occidere.“[9] Von solchen Ausgangspositionen her ist es also zu verstehen, wenn im 18. Jahrhundert die Kritik am zwangskirchlichen Erbe des konfessionellen Zeitalters nicht bei einer Neuausarbeitung christlicher und innerkirchlich-evolutionärer Toleranzideen stehenblieb – auch das gab es natürlich, vor allem auf evangelischer Seite –, sondern weiter eskalierte. Bald wurde vielerorts nicht nur die Bedeutung der kirchlichen Formen des Christentums mit zunehmender Schärfe in Frage gestellt, sondern auch die Prinzipien und die Inhalte der Offenbarungsreligion. Es wurde also der Gedanke der Toleranz nicht mehr nur im Sinne von Zwangsfreiheit und mildem Verständnis zwischen den Konfessionen gelehrt. Das Pendel schlug viel weiter aus: die Konfessionskirchen selbst und bald auch grundlegende Positionen des Christentums werden im Namen einer besseren, glücklicheren Zukunft der Menschheit mit Skepsis behandelt. Und stets schwingt in dieser aufgeklärten, sich radikalisierenden Kritik die Erinnerung an das konfessionelle Zeitalter mit. Ich beschränke mich auf ein einziges Beispiel. Der Dichter Gottsched hielt 1725 eine akademische Rede mit folgendem Thema: „Von dem verderblichen Religionseifer und der heilsamen Duldung aller christlichen Religionen“. Dort formulierte er den einprägsamen Satz (der übrigens an ältere Formen der Religionskritik anschließt): „Das meiste Blut, so jemals die Erde in sich getrunken, ist durch die Religion vergossen worden.“ Der biedere Gottsched war gewiß noch kein eigentlicher Verächter des Christentums, wie es dann im Gefolge Voltaires in der zweiten Hälfte des 18. Jahrhunderts vielfach Mode wurde. Aber gerade seine gemäßigte Position zeigt, wie viele andere Beispiele, die Wucht des geschichtlichen Pendelschlages, der auf das konfessionelle Zeitalter folgte. So verband sich die Toleranzidee der Aufklärung weithin nicht nur mit einer Kritik an den etablierten Formen des Christentums, sondern mit einer zunehmenden Distanz gegenüber der religiösen Wahrheitsfrage.

Vor diesem, hier nur in kürzester Andeutung skizzierten Horizont europäischer Geschichte des 18. Jahrhunderts sind nun die staatlichen Konkretisierungen des Toleranzprogramms zu sehen. Während sich in England und in den Niederlanden nach langen Kämpfen eine Lage stabilisiert, die formal allen nichtkatholischen christlichen Gruppierungen, de facto zunehmend auch den Katholiken Raum bietet, ist die Entwicklung in den kontinentalen Monarchien an fixen staatlichen Regelungen abzulesen. Zeitlich am Anfang steht Polen. Der „Warschauer Traktat“ von 1768 kam unter auswärtigem Druck zustande.[10] Der polnische König vereinbarte mit der Zarin Katharina II. und mit den Königen von England, Preußen, Dänemark und Schweden für die Orthodoxen und für die überlebenden

Reste des polnischen Protestantismus eine beschränkte religiöse Freiheit. In Frankreich kam erst am Vorabend der Revolution, 1787, ein Toleranzedikt zustande, das den Nichtkatholiken gewisse Rechte einräumte, vor allem den Protestanten die Eheschließung vor staatlichen Behörden ermöglichte. Dies Edikt wurde dann rasch von der Revolution überholt. Die Verfassung von 1791 verkündete die volle Freiheit des religiösen Kultes, 1792 wurde die Zivilehe eingeführt. Preußen, der einst und auch jetzt wieder gerühmte Hort der religiösen Freiheit, konnte auf eine längere Tradition des konfessionellen Pluralismus zurückblicken. Hier waren auch schon seit dem 17. Jahrhundert unter dem Gesichtspunkt wirtschaftlicher Prosperität religiöse Sekten geduldet worden. Die Regierungspraxis Friedrichs II. bedeutete eine weitgehende Toleranz, die über die Grenzen des Reichsrechtes, wie es zuletzt im Westfälischen Frieden festgelegt war, deutlich hinausging. Bezeichnenderweise kam aber eine generelle Regelung erst nach Friedrichs Tod zustande: im Religionsedikt von 1788 und dann im Allgemeinen Preußischen Landrecht von 1794. Während das Edikt von 1788 in einer Reaktion auf die friderizianische Toleranz gewisse Einschränkungen – zum Schutz der kirchlichen Lehrbegriffe gegen eine befürchtete Zersetzung durch die Aufklärung – brachte, begründete das Allgemeine Landrecht die gleiche Rechtsstellung für die drei großen kirchlichen Gemeinschaften: Lutheraner, Reformierte und Katholiken.[11] Damit ging die preußische Toleranzgesetzgebung über die österreichische hinaus, wenn auch der protestantische Charakter des preußischen Staates bis ins 20. Jahrhundert außer Zweifel stand.

*

Österreich, das wir nun, im zweiten Teil, näher ins Auge zu fassen haben, erschien den Zeitgenossen als *die* katholische Vormacht Europas und damit der Welt. Die Habsburger Monarchie als Weltmacht, im 18. Jahrhundert noch ganz verbunden mit dem Kaisertum des römisch-deutschen Reiches, war in einzigartiger Weise zugleich das Produkt wie das Opfer der vorausgegangenen Epoche der Gegenreformation. Habsburg und Gegenreformation waren Synonyme geworden. So ragte dieser dynastische Staat, der 20 Millionen Einwohner der unterschiedlichsten Nationalitäten umfaßte, mit seinem System der ausschließlichen Katholizität als ein gewaltiges Residuum in jenes neue Zeitalter der Aufklärung und Utilität hinein, wo nur jene Monarchien ihren Platz als Großmacht behaupten konnten, die den Weg der Modernisierung ihrer Strukturen entschlossen zu begehen bereit waren. Dieser Weg führte fort von den Rückständigkeiten eines barock-katholischen Feudalabsolutismus. Ein solcher Weg im Zeichen der Aufklärung und Modernisierung war für keinen der europäischen Staaten mit so einschneidenden Veränderungen belastet wie für Österreich. Daher das kennzeichnende Stichwort von Österreich als Produkt und Opfer der Gegenreformation. Hier muß zur Erläuterung noch weiter ausgeholt werden.

In einem eindrucksvollen Ineinandergreifen von personalen Entscheidungen und strukturellen Entwicklungen, in einer bemerkenswerten Interaktion von kirchlich-kulturellen und politisch-sozialen Systemen hatte sich seit dem 16. Jahrhundert das unvergleichliche Staatswesen entwickelt, das Maria Theresia bei ihrem Tod 1780 Joseph II. hinterließ. Der eigentliche Ahnherr der Monarchia Austriaca war jener Ferdinand I., der nach dem Scheitern der katholischen Universalherrschaft Karls V. den Frieden mit den deutschen Protestanten geschlossen hatte und die österreichisch-böhmisch-ungarischen Erblande mit der Kaiserherrschaft über ein konfessionell geteiltes Reich friedlich vereinigte. Während Ferdinand I. und sein Sohn Maximilian II. noch auf eine gottselige Wiedervereinigung der Konfessionen hofften, wurden die Erblande mehrheitlich protestantisch. Als unter Rudolf II. die seit dem Trienter Konzil erneuerte und wiedererstarkte katholische Kirche den Arm der Habsburger für die Gegenreformation suchte und fand, verband sich der konfessionelle Gegensatz mit dem politisch-sozialen Gegensatz zwischen Herrscher und Ständen. Die protestantische Opposition des Adels richtete sich ebenso gegen die Rekatholisierung wie gegen die absolutistische Zentralisierung. Nach dem Aufstand in Böhmen 1618 wurde die Schlacht am Weißen Berg 1620 zum Wendepunkt. Endgültig befestigte sich unter Ferdinand II. mit einer Zwangskatholisierung ohnegleichen und mit der Vernichtung der ständischen Macht in Böhmen, Schlesien, Mähren, Österreich und Ungarn das ausschließlich katholische System der Habsburger. Im Reich selbst behauptete sich der Protestantismus mit dem Westfälischen Frieden, aber in den habsburgischen Territorien gab es weder 1648 noch später die geringsten Konzessionen – sieht man ab von den durch die ungarische Verfassung geschützten Rechten der dortigen evangelischen Christen und von schlesischen Sonderregelungen. Die Siege über die Türken seit 1683 ließen die Sonne des katholisch-habsburgischen Systems noch heller aufleuchten; die Form- und Farbkultur des geistlich-weltlichen Barock umschloß Volk und Hof. Die vitale Fülle dieser vielgepriesenen, sinnenfälligen Barockkultur darf indessen über zweierlei nicht hinwegtäuschen: wie scharf sich diese Welt schied von den gleichzeitigen intellektuellen und sozioökonomischen Wegen und Fortschritten der protestantischen Welt, insbesondere in England und den Niederlanden; und mit welch harten Mitteln der Zensur, Kontrolle und Unterdrückung diese habsburgische Barockwelt zunehmend arbeiten mußte, um sich zunächst nur gegen den Protestantismus – außen und innen – und dann gegen die steigenden Wellen der Aufklärung zu behaupten.[12]

Es wäre von höchstem Interesse, des näheren zu untersuchen, wie die einzelnen Faktoren und Subsysteme in diesem habsburgischen System „Weltmacht des Barock“ funktionierten und ineinandergriffen, wo sie verwundbar und wo sie ausdauernd waren: der Adel, die Agrarproduktion, die Städte und Gewerbe, die Mentalitäten und Leistungen in Erziehung und Kultur, die barocke Frömmigkeit und die anthropologischen Voraussetzungen und Folgen ...

Aber wir brechen hier ab und versetzen uns unmittelbar in die zweite Hälfte der siebziger Jahre des 18. Jahrhunderts, als die Fragen des Wandels der österreichischen Dinge sich von außen – nach der Niederlage gegen Preußen – und von innen – in der staatlich-sozialen und geistigen Evolution des aufgeklärten Absolutismus aufs elementarste stellten. Und zwar stellten sich diese Fragen, die sachlich gesehen die Etappen einer weltgeschichtlichen Evolution waren, im österreichischen Fall in der Form eines persönlichen Dramas zwischen Mutter und Sohn, zwischen der frommen Maria Theresia und ihrem aufgeklärten Sohn Joseph II. Diese Art der Artikulation weltgeschichtlicher Stufen im Familiendrama ist meines Wissens ohne Seitenstück. Wir befragen diesen Dialog Mutter – Sohn, nach einer kurzen Skizze der Sachlage, durchaus nicht in biographischer Absicht. Es geht uns um den geschichtlichen Prozeß, der zum Toleranzedikt führt. Ihn suchen wir in dem ebenso substantiellen wie emotional bewegten Wortwechsel zwischen der Kaiserin und ihrem lange schon – seit 1765 – zum Mitregenten und römisch-deutschen Kaiser erhobenen Sohn.[13]

Wir setzen ein bei den berühmten Weihnachtsbriefen von 1775. Der Kaiser war damals 34 Jahre alt. Über seine Erziehung, über die Einflüsse der verschiedenen Richtungen der Aufklärung auf ihn, über seine persönliche Haltung zur Religion ist viel geforscht und geschrieben worden. Drei Gesichtspunkte lassen sich mit Sicherheit festhalten: die rechts- und staatsphilosophischen Grundsätze, die er von seinem Lehrer Christian August Beck, einem konvertierten Protestanten, übernahm, entsprachen dem rationalistischen Naturrecht, wie es im Rahmen der deutschen Reichsverfassungslehre von Samuel Pufendorf Ende des 17. Jahrhunderts vertreten worden war. Gegenüber dieser älteren Stufe der Aufklärung waren die Einflüsse in kirchlicher Hinsicht, die von der Lektüre des italienischen Jansenisten Ludovico Antonio Muratori ausgingen, zwar jüngeren Datums, aber ebenso gemäßigt. Die radikaleren Ideen der französischen Aufklärer, insbesondere Voltaires, hat Joseph gekannt; sie haben aber offenbar keinen stärkeren Eindruck auf ihn gemacht. Er hat sich stets als Christ bekannt. Die Schärfe der antirömischen Kirchenkritik und dann auch Kirchenpolitik ist gewiß vor allem aus dem Zusammenwirken protestantischer und naturrechtlicher Staatsphilosophie – der Monarch als vor Gott verantwortlicher Träger des „ius circa sacra“, also verantwortlich für die Reform der Kirche – mit den innerlichen Frömmigkeitskriterien Muratoris und mit dem massiven Utilitätsdenken der absolutistischen Wirtschaftspolitik zu erklären.

Diese geistige Welt empfand Maria Theresia als fremd und äußerst bedrohlich, so sehr sie selbst bereits unter dem Druck der Zeitverhältnisse und unter dem Einfluß des Staatskanzlers Kaunitz den Weg einschneidender Reformen beschritten hatte: in Verwaltung und Finanz, Erziehungs- und Rechtswesen, in der Neugestaltung der Zensur und in den Maßnahmen einer umfassenden staatskirchlichen, wenn auch noch evolutionären Reform des katholischen Kirchenorganismus. Aber dies alles blieb, nach ihrer Absicht und Vorstellung, noch durchaus innerhalb des Rahmens des alten Glaubensstaates, der durch und durch von einer einheitlichen religiösen und sittlichen Norm geprägt war. Nur so konnten, nach Meinung der Kaiserin, der einzelne und die Gesellschaft Sinn und Festigkeit des Lebens finden. Eine Anerkennung *echter religiöser Überzeugungen anderer Art* und ihre eventuelle Einfügung in den Rahmen der begonnenen Staats- und Kirchenreform lag damals ganz außerhalb dieses Systems des alten Glaubensstaates und außerhalb der Vorstellungswelt seiner Träger, unter denen die alte Kaiserin ja nur die prominenteste war.

Der Konflikt zwischen der alten Welt Maria Theresias und der neuen Welt Josephs, der sich in den Weihnachtsbriefen von 1775 so einprägsam artikuliert, hatte zunächst noch einen sehr persönlichen Zuschnitt. Schon zwei Jahre später wurde, wie wir gleich hören werden, die Toleranzfrage zum zentralen politisch-ethischen Sachproblem zwischen Mutter und Sohn. Ich muß mich auf kurze Zitate beschränken. Am Weihnachtsabend des Jahres 1775 teilte der Kaiser seiner Mutter in einem Brief mit, er beabsichtige, infolge ihrer Kritik an seinen politisch-kirchlichen Prinzipien die Mitregentschaft niederzulegen und sich von aller Regierungsverantwortung zurückzuziehen:[14]

> „Was ist Eurer Majestät ein Mensch nütze, dessen Prinzipien Eure Majestät nicht für echt [halten] sowohl in der reinen Schuldigkeit gegen Gott [als auch] in der Gerecht- und Billigkeit gegen den Nächsten; in den wahren Staatsprinzipien hitzig, übereilt, eingenommen, unüberlegt, voll falscher Sätze, so er aus Büchern oder gefährlichen Gesellschaften gesammelt, voll Vorurteilen usw. . . . Also was bleibt da zu tun übrig? Meine Prinzipien ändern? Das täte ich von Herzen gern, wenn man mich nur eines anderen überführte . . . Könnte ich länger verweilen, sobald ich mich als unnütz, gefährlich und schädlich für das allgemeine Beste überwiesen? Kurz, entheben mich E. M. Ihren Sohn, einen jungen Menschen ohne Erfahrung, von der grausamen Last eines Mitregenten. Lösen mir E. M. dieses Band auf, so werden Selbe kein Wort mehr von mir hören. Alles wird besser und einfacher gehen . . ."

Die Kaiserin antwortet noch am gleichen Tag:[15]

Weihnachtsabend 1775

> „Ich kann wohl sagen, daß ich seit 36 Jahren mit nichts beschäftigt bin als mit Dir, 26 davon waren glücklich. Aber das kann ich heutzutage nicht sagen; denn ich kann niemals Grundsätzen beipflichten, die hinsichtlich der Religion wie der Sitte zu wenig streng sind. Zusehr zeigst Du Abneigung gegen alte hergebrachte Gewohnheiten und gegen die ganze Geistlichkeit, zusehr allzufreie Ansichten über Aufführung und Sittlichkeit. Du beunruhigst mich mit Recht . . . und machst mich zittern für Deine Zukunft . . . Du kannst wohl glauben, daß mein Herz hievon mehr als bewegt ist. Sehe ich doch, wie wenig Du in Übereinstimmung mit mir bist – und wie Du auf Deine alten Vorurteile zurückkommst. Ich wünsche, daß sie Dich glücklicher machen, als ich es bin."

Joseph legte die Mitregentschaft nicht nieder. Die Gegensätze blieben, sie verschärften sich noch, als 1777 in Mähren im Gefolge von Bauernunruhen die Frage der Kryptoprotestanten und ihrer staatlichen „Behandlung" in massivster Weise aktuell wurde. Die Zahlenangaben schwanken; von 20.000, 25.000, 48.000 Bauern ist die Rede, die sich plötzlich als Protestanten bekannten, den katholischen Gottesdienst ihrer Dörfer boykottierten, evangelischen Gottesdienst forderten und die Regierung in größte Verlegenheit brachten. Denn das alte Rezept der Austreibung war aus mehreren Gründen nicht mehr praktikabel: die große Anzahl, der Nutzen, der den protestantischen Nachbarn dadurch zukäme, der Schaden für die eigene Staatswirtschaft, wo doch damals die *Peuplierung* als das Grundgesetz staatlicher Machtsteigerung galt. Dies und die Rücksicht auf die öffentliche Meinung hatte übrigens schon zuvor dazu geführt, daß die österreichischen Behörden in ähnlichen Fällen von Manifestation des Kryptoprotestantismus statt der alten Austreibung die neue Variante einer Verpflanzung in die entlegenen Ostgebiete der Monarchie durchgeführt hatten; in Ungarn oder Siebenbürgen kamen die umgesiedelten Protestanten dem großen Kolonisationswerk zugute und sie konnten dort innerhalb der älteren Toleranzregelungen unterkommen. Doch dieser Weg war 1777 durch die große Masse nahezu unmöglich. Joseph lehnte ihn zudem prinzipiell ab. Und während die Behörden in Mähren zwischen Repression und Konnivenz schwankten, wurde der Prinzipienstreit zwischen Mutter und Sohn auf höchster Ebene ausgetragen: ein unmittelbares Vorspiel zum Toleranzedikt.

Joseph war im Sommer 1777 auf Reisen in Frankreich und der Schweiz. Im Juni schreibt er der Mutter:[16]

> ‚Die Vorgänge in Mähren haben ihn in seiner Überzeugung bestärkt: völlige Freiheit des Glaubens werde dazu führen, daß die gesamte Bevölkerung gleichmäßig zum Besten des Staates angeleitet werde.'
>
> „Ohne sich zu dieser Methode zu bequemen", fährt der Kaiser fort, „wird man nicht mehr Seelen erretten, hingegen weit mehr nützliche und nothwendige Körper verlieren. Die Dinge nur halb thun, stimmt nicht zu meinen Prinzipien; man bedarf entweder einer völligen Freiheit des Cultus, oder Sie müssen Alle aus Ihren Ländern vertreiben können, die nicht dasselbe glauben wie Sie, und die nicht die gleiche Form annehmen, um den gleichen Gott anzubeten und dem gleichen Nächsten zu dienen. Wenn man aber, auf daß ihre Seelen nach dem Tode nicht verdammt werden, vortreffliche Arbeiter und gute Unterthanen während der Zeit ihres Lebens vertreibt und sich dadurch aller Vortheile beraubt, die man von ihnen zu ziehen vermöchte, welche Macht maßt man sich dadurch an? Kann man sie so weit ausdehnen, daß man über die göttliche Barmherzigkeit urtheilen, die Menschen gegen ihren Willen erretten, ihrem Gewissen befehlen will? So lang der Dienst des Staates besorgt, das Gesetz der Natur und der Gesellschaft beobachtet wird, so lang Euer höchstes Wesen nicht entehrt, sondern respectirt und angebetet wird, was habt Ihr zeitliche Verwalter Euch in andere Dinge zu mischen? Der heilige Geist soll die Herzen erleuchten; Eure Gesetze werden nie etwas anderes erreichen, als seine Wirkungen zu schwächen. Das ist meine Gesinnung, Eure Majestät kennen sie, und ich besorge, daß meine vollständige Überzeugung mich mein ganzes Leben hindurch hindern wird, sie zu ändern."

Maria Theresia antwortet am 5. Juli. Und hier wird hinter ihr, wenn man so sagen will, der große Schatten des römischen Systems sichtbar. Wir können die Frage der Einflüsse auf die Kaiserin nicht diskutieren; ihre Reformlinie wurde gewiß stark von Kaunitz beeinflußt, ihre persönliche Frömmigkeit und Prinzipientreue stimmte mit den konservativen Kräften überein, deren stärkster Exponent der Wiener Kardinal Migazzi war. Ein amerikanischer Forscher hat kürzlich festgestellt, daß der nun folgende Antwortbrief der Kaiserin weitgehend mit einer von Migazzi ausgearbeiteten Kritik an Josephs zitiertem Brief übereinstimmt.[17] Nun gut, das ist interessant, unterstreicht aber nur die prinzipielle Bedeutung dieser Konfrontation.

Maria Theresia schreibt:[18]

> „. . . Zu meinem großen Schmerze muß ich sagen, in Bezug auf die Religion wäre nichts mehr zu verderben, wenn Du auf dieser allgemeinen Toleranz zu beharren gedenkst, von der Du behauptest, daß sie ein Grundsatz von Dir sei, von dem Du niemals abgehen wirst. Ich hoffe es dennoch, und ich werde nicht aufhören zu beten und würdigere Menschen als ich bin, beten zu machen, daß Gott Dich vor diesem Unglück bewahre, dem größten, welches die Monarchie jemals zu ertragen gehabt hätte. In dem Glauben, Arbeiter zu besitzen, sie zu erhalten, ja sie sogar heranzuziehen, wirst Du Deinen Staat zu Grunde richten und Schuld sein an dem Verderbnisse so vieler Seelen. Wozu würde es Dich führen, die wahre Religion zu besitzen, wenn Du sie so wenig

schätzest und liebst, wenn Dir so wenig daran liegt, sie zu erhalten und zu vermehren? Ich sehe diese Gleichgültigkeit an den Protestanten nicht; ich wünschte im Gegentheile, daß man sie nachahme, indem gar kein Staat eine solche Gleichgültigkeit bei sich zuläßt ..."

Joseph antwortet am 20. Juli vorsichtig und abwiegelnd. Er bekennt sich als Katholik, lehnt den Indifferentismus ab, gibt aber dabei womöglich noch deutlicher zu erkennen, wie stark er vom Staatsnutzen in einer ganz naiv-vordergründigen Kosten-Nutzen-Rechnung ausgeht:[19]

„... Das Wort Toleranz allein ist es jedoch, welches das Mißverständniß verursachte. Sie haben es in einem ganz anderen Sinne genommen. Gott bewahre mich davor zu denken, daß es gleichgültig sei, ob die Staatsangehörigen protestantisch werden oder Katholiken bleiben, und noch weniger, ob sie dem Cultus anhängen oder ihn wenigstens beobachten, den sie von ihren Vätern überkamen. Alles was ich besitze, würde ich darum geben, wenn sämmtliche Protestanten Ihrer Staaten zum Katholizismus übertreten würden.

Bei mir will das Wort Toleranz nur sagen, daß ich in allen bloß irdischen Dingen Jedermann ohne Unterschied der Religion anstellen würde, ihn Güter besitzen, Gewerbe ausüben, Staatsbürger sein ließe, wenn er hiezu befähigt und dem Staate und seiner Industrie zum Vortheile wäre ... Ebenso macht die ungestörte Ausübung ihres Cultus sie zu viel besseren Unterthanen und läßt sie die Religionslosigkeit vermeiden, welch letztere für die Verführung unserer Katholiken weit gefährlicher ist, als wenn man Jene ihren Cultus ungehindert beobachten läßt. Wenn die Protestanten diese Methode in ihren Staaten nicht allgemein annehmen, so geschieht dieß, weil ihre Leitung die Klarheit und den Scharfblick der unsrigen flieht ... Gewiß würde dann Niemand Lutheraner oder Calvinist werden; in allen Religionen würde es weniger Ungläubige geben, der Staat würde viel dabei gewinnen, und ich kann nicht glauben, daß Alles dieß vereinigt mich vor den Augen Gottes schuldig erscheinen ließe. Mir wenigstens schiene es weder mit seiner Vollkommenheit noch mit dem Amte vereinbar, welches er mir übertrug, indem er mich zum Diener von fünfzehn Millionen Menschen gemacht hat ..."

Alfred v. Arneth, der vor mehr als hundert Jahren diese Briefe veröffentlichte, stand mit seinen Sympathien unverhohlen auf seiten der Kaiserin und ihrer „alten Welt". Er billigte ihr im Vergleich mit Joseph „einen unendlich viel tieferen Standpunkt" zu. Auch wer sich dieser undifferenzierten Parteinahme nicht anschließt, sollte doch die Eigenart und die sozialanthropologische Tiefendimension der von Maria Theresia nun nochmals antwortend beschworenen Welt des alten Glaubensstaates zu würdigen wissen. Gewiß, es war der Abgesang dieser alten Welt; und es war ein historisch fälliger Abgesang eines Systems, das sich nicht als fähig erwiesen hatte, den Aufstieg der europäischen Individualkultur mit den Erfordernissen des politisch-sozialen Zusammenlebens angemessen zu vermitteln. Der Abgesang eines Systems, das durch diese Unfähigkeit, ohne es zu wollen, gerade jene religiös-kirchlichen Werte, für die einzutreten es beanspruchte, nachhaltig kompromittierte. Wir schließen also die Betrachtung dieses Dramas zwischen Mutter und Sohn, im Sinne des Innewerdens der Stufen einer weltgeschichtlichen Evolution, mit der nochmals zusammenfassenden Antwort der Kaiserin auf Josephs Brief vom 20. Juli 1777.[20]

„Ohne herrschende Religion?" so setzt die Antwort der Kaiserin an Joseph ein. „Die Toleranz, die Gleichgültigkeit, das sind gerade die wahren Mittel, Alles zu untergraben, auf daß nichts mehr sich halte; wir Anderen werden dann am schlimmsten dabei fahren ... Dadurch wird Alles zu Grunde gerichtet. Welchen Zügel gibt es noch für diese Art von Leuten? Keinen, weder den Galgen noch das Rad, außer der Religion oder indem man grausam gegen sie wird, kein Menschenfreund, wie diese jetzt so gewöhnliche Phrase heißt, wobei Jeder seinen Gedanken sich überläßt. Ich sage nur in politischem Sinne, nicht als Christin: nichts ist so nothwendig und heilsam als die Religion. Willst Du zugeben, daß Jeder sich eine solche nach seiner eigenen Phantasie entwerfe? Keinen festgestellten Cultus, keine Unterordnung unter die Kirche, was soll dann aus uns werden? ... Was aber habe ich erst zu leiden, wenn ich Dich in so irrigen Meinungen befangen sehe? Es handelt sich nicht bloß um das Glück des Staates, um Deine Erhaltung, um die eines Sohnes, der seit seiner Geburt der einzige Zielpunkt meiner Handlungen ist; es handelt sich um das Heil Deiner Seele. Indem Du überallhin blickst und horchst, indem Du Deinen Geist des Widerspruches mit dem gleichzeitigen Bestreben vermengst, irgend Etwas zu schaffen, richtest Du Dich zu Grunde und ziehst zugleich mit Dir die Monarchie in den Abgrund, vernichtest das Resultat all der schweren Sorgen Deiner Vorfahren, die uns mit großer Mühe diese Provinzen hinterlassen und ihren Zustand gar sehr verbessert haben ... Kein Geist der Verfolgung, aber noch weniger einer der Gleichgültigkeit oder des Tolerantismus; hieran hoffe ich mich zu halten so lange ich lebe, und ich wünsche nur so lang zu leben, als ich hoffen darf, mit dem Troste hinabzusteigen zu meinen Ahnen, daß mein Sohn so groß, so religiös sein wird wie seine Vorfahren, daß er zurückkehren wird von seinen irrigen Anschauungen, von jenen schlechten Büchern, deren Verfasser ihren Geist glänzen lassen auf Kosten alles dessen, was das heiligste und das verehrungswürdigste auf der Welt ist, welche eine eingebildete Freiheit einführen wollen, die niemals zu existiren vermag, und die in Zügellosigkeit umschlägt und in gänzlichen Umsturz."

Drei Jahre später, am 29. November 1780, starb die Kaiserin. Und nun war für Joseph II. endlich die Bahn frei, seine Prinzipien zu verwirklichen. Ein neuer Geist begann sich überall zu regen. Der Schweizer Protestant Riesbeck beschrieb damals in seinen ebenso spöttischen wie anschaulichen „Briefen aus Deutschland" den Umschwung in Wien:[21]

„Seitdem das Gerücht vom Tode der Kaiserin die Stadt erfüllt hat, bemerkt man auf den Gesichtern und in den Gebärden der Geistlichen und Hofbedienten Ahndungen von einer großen Revolution. Die Prälaten, die sonst die Bäuche auf den Straßen mächtig vorpreßten, schleichen seit einigen Tagen ganz gebeugt an den Wänden hin."

Und weiter schildert der Briefschreiber aus Wien in seiner Weise das umfassende und nun von Monat zu Monat raschestens in Kraft gesetzte Reformwerk des Kaisers; es klingt wie eine Triumphmeldung der Aufklärung:[22]

„Allgemeine Toleranz, Unabhängigkeit der österreichischen Staaten von allem fremden Einflusse und Tribute, Vertilgung des Mönchswesens, Umschaffung der Geistlichen zu Dienern des Staates, Aufhebung der Leibeigenschaft, Beschneidung der schädlichen Vorrechte des Adels, Säuberung der Dikasterien, Vereinfachung der Staatsverwaltung, eine allgemeine und strenge Ökonomie, Verbesserung der Justiz, Beförderung der Philosophie und Industrie, Verbreitung des Gefühles für Freyheit und Vaterlandsliebe, Aufmunterung des Verdienstes. – Alles das wird von Joseph mit einem Eifer und einer Beharrlichkeit ausgeführet werden, wodurch Österreich, zum Erstaunen der Welt, in kurzer Zeit zu einem der blühendsten und mächtigsten Reiche werden muß."

*

Wir lassen nun alles andere beiseite und wenden uns im dritten Teil dem Zustandekommen und dem Faktum des Toleranzpatentes zu. Aus der Nähe betrachtet, sieht die Sache so aus, daß viele Vorstufen und Voraussetzungen vorlagen und daß auch zunächst gar nicht an eine öffentliche Proklamation, sondern an eine verwaltungsinterne, vereinheitlichende Anweisung gedacht war. Lagen doch nicht nur für Ungarn, Siebenbürgen und Schlesien alte Rechtsregelungen zugunsten der Nichtkatholiken vor. Auch für die neuen Reichsteile Galizien und Bukowina waren völkerrechtliche Bindungen übernommen worden; für Polen gemäß dem Warschauer Traktat von 1768, für die ehemals osmanische Provinz Bukowina galten erstaunlicherweise die türkischen Freiheitsbriefe von 1759 und 1764, die allen evangelischen Ansiedlern volle Religionsfreiheit zugesichert hatten. Dazu kam nun das unmittelbare Kolonisationsinteresse der Monarchie im Osten. Schon vor dem Toleranzedikt hatte im September 1781 das *Ansiedlungspatent* Josephs II. allen evangelischen Neusiedlern Religionsfreiheit und Niederlassungsfreiheit im ganzen Lande zugesagt.

Die Gründe, warum dann statt einer internen Toleranzanweisung das öffentliche Edikt am 13. Oktober erlassen wurde (mit nachfolgenden Fassungen in lateinischer, französischer und italienischer Sprache), sind nicht ganz klar. Vermutlich ging es nicht nur um die kaum durchführbare Geheimhaltung einer nicht öffentlichen Anweisung, sondern auch um den Propagandaeffekt gegenüber der österreichischen und europäischen Öffentlichkeit sowie um den Durchsetzungseffekt gegenüber den konservativen, widerstrebenden Teilen der Bürokratie.

Bei der inhaltlichen Würdigung des Patents wird es gut sein, zugleich schon die später folgenden Ausführungsbestimmungen in Betracht zu ziehen. Denn diese sind eindeutig restriktiv. Sie verstärken den Eindruck des ambivalenten, ja zwiespältigen Charakters des Toleranzpatents. Auf der einen Seite steht das große, pathetisch ausformulierte Prinzip: Schädlichkeit alles Gewissenszwanges, Nutzen einer wahren christlichen Toleranz für Religion und Staat, volle Gleichstellung in allen bürgerlichen Rechten, bei Wahlen und im Staatsdienst, wo „keineswegs auf den Unterschied der Religion, sondern auf Rechtschaffenheit und Fähigkeit" der Bewerber geachtet werden soll.[23]

Andererseits sehen wir einen Katalog von Schranken und Bedingungen, der dann in den Ausführungsbestimmungen noch ausgebaut wird: nur die drei Großkirchen – Lutheraner, Reformierte, Griechisch-Orthodoxe –, nicht aber die kleineren christlichen Gruppen und Sekten kommen in den Genuß der Toleranz. Keine Gleichstellung wird gewährt; die katholische Kirche bleibt ausdrücklich die „dominante Religion". Das Patent gewährt keine öffentliche Religionsübung, sondern nur ein Privatexercitium für diese Nichtkatholiken: d. h. ihre Kirchen dürfen keine Türme, keine Glocken, keinen Eingang von der Straße haben. Sie hatten das Recht, den Pastor oder Popen zu rufen, mußten aber weiter an die katholischen Pfarrer die vorgeschriebenen Stolgebühren zahlen etc. etc. Nur dort, wo mindestens 100 Familien oder 500 Einwohner sich meldeten, durften nichtkatholische Gemeinden sich bilden; ihre Geistlichen und Lehrer mußten sie selbst bezahlen. Auch die Mischehenregelung war ungünstig. War der Vater katholisch, mußten es alle Kinder werden; bei einer katholischen Mutter mußten nur die Töchter ihrem Glauben folgen. Die Liste der Einschränkungen ist zu lang, um sie hier ganz aufzuzählen. Nur eine letzte, charakteristische Vorschrift sei noch erwähnt. Am 15. Dezember 1782 erschien ein Erlaß, demzufolge die Meldung vom Übertritt aus dem Katholizismus zu einer der drei genehmigten Kirchen nur bis zum 1. Januar 1783 von den Behörden angenommen wurde. Wer später kam, mußte sich einer sechswöchigen Probezeit, einer Art von Exerzitien, in dem Pfarrgebäude oder nächstgelegenen Kloster unterziehen, um – wie das Dekret sagte – „gegen den Abfall vom katholischen Glauben eine Schranke zu errichten oder ihn wenigstens zu erschweren, so weit dies in der Macht menschlicher Verfügungen gelegen war".[24] Während dieser sechs Wochen hatten die katholischen Geistlichen die Aufgabe, die Übertrittswilligen von ihrem Vorhaben abzubringen, während den Pastoren der Zutritt zu ihnen verboten war. Auch die Kostenfrage war echt josephinisch geregelt. Um schwankende Katholiken ebenso wie eventuell nachlässige katholische Seelsorger zu schrecken, wurden die Kosten der sechswöchigen Zwangspension zur Hälfte dem künftigen Protestanten, zur anderen Hälfte dem katholischen Pfarrer auferlegt, der seine Herde so schlecht zu leiten vermocht hatte.

Trotz dieser Einschränkungen sind vor allem die Zahlen derer, die sich nun als Protestanten deklarierten, eindrucksvoll. Allein in den Erblanden zählte man im Oktober 1782 schon 74.700 Personen (mit 37 Pastoren und 28 Bethäusern), Ende 1784 über 100.000 (mit 107 Pastoren und 79 Bethäusern).

Überaus interessant wäre es nun, den weiteren Ausbau der protestantischen Kirchen und auch der griechisch-orthodoxen Gemeinden zu verfolgen, das Verhalten der Behörden in der Durchführung des Toleranzpatents – schwankend zwischen Boykott und Bereitwilligkeit – sowie die sehr unterschiedlichen Reaktionen von seiten der katholischen Kirche: die Front zwischen Zustimmung und Ablehnung lief quer durch den Episkopat und den Klerus;

die scharfen Einwände und Warnungen der römischen Kurie, aufs nachdrücklichste in den Gesprächen Papst Pius' VI. bei seinem Besuch bei Joseph II. in Wien 1782 vorgebracht, sind ja bekannt.

Nicht minder wichtig wäre ein Blick auf die fulminanten publizistischen Auseinandersetzungen, die sich in Österreich – im Zeichen der seit 1781 ganz gelockerten Zensurbestimmungen – und im Ausland an das Patent und seine Durchführung anschlossen. Wenigstens an einem Beispiel soll hier exkursartig gezeigt werden, wie sich im innerkatholischen Disput zwischen Toleranzfreunden und -gegnern wie im Echo auf norddeutsch-protestantischer Seite sogleich Grundfragen von Aufklärung und Christentum, von Reformkatholizismus und Ökumenismus stellen. Der schlesische Geistliche Marx Anton Wittola, überzeugter Jansenist und einer der lebhaftesten Köpfe des Wiener Reformkatholizismus, veröffentlichte 1782 anonym das „Schreiben eines österreichischen Pfarrers über die Toleranz nach den Grundsätzen der katholischen Kirche".[25] Er will seine Glaubensgenossen für eine Toleranz gewinnen, die sich abgrenzt gegen die unchristliche Unduldsamkeit, die er vor allem bei den Mönchsorden, aber auch noch bei der Mehrzahl der gegenwärtigen Bischöfe vorfindet. Wenn Wittola die Frage so stellt: „Ob ein guter Katholik falsche Religionsverwandte dulden dürfe", so entspricht seine katholische Position, wie die vieler damaliger „aufgeklärter" Geistlicher und Laien, ziemlich genau den Positionen des Patents: dominante Religion hier und bürgerliche Duldung dort. Was aber bei Wittola aufschlußreich und bewegend dazutritt, ist der Versuch, aus der persönlichen Erfahrung, der Heiligen Schrift und der katholischen Tradition eine klare Rechtfertigung der Toleranz als eines ursprünglichen Postulats seiner Kirche abzuleiten:[26]

> „Ich muß bekennen, daß ich in meiner Jugend der Meinung gewesen bin, ein guter Katholik dürfe keine falsche Religionsverwandten dulden, und eine jede solche Duldung sey sündhaft, und zeige einen lauen oder gar in seiner Religion gleichgültigen Christen an . . . Allein je mehr ich seit dreißig Jahren meine h. Religion aus dem Worte Gottes, aus der immerwährenden Lehre der katholischen Kirche, aus den Schriften der hh. Väter und aus der Kirchengeschichte studiert habe, desto mehr bin ich auch überzeugt worden, daß nur derjenige ein guter Katholik ist, welcher alle Menschen, folglich auch falsche Religionsverwandte, gern duldet." Und dann beginnen mit Matth. 22 (Nächstenliebe) die Bibelstellen.

Wittola, der 1771 Fleury's Kirchengeschichte ins Deutsche übersetzt hatte und seit vielen Jahren als österreichischer Korrespondent der ‚Nouvelles Ecclésiastiques', des europäischen Zentralorgans der Jansenisten, wirkte, war gewiß kein Naivling. Es dürfte ihn nicht überrascht haben, daß seine Toleranzschrift 1783 auf den römischen Index kam. Bei den Freunden einer katholischen Reform, innerhalb und außerhalb Österreichs, fand er Beifall. Anders die Reaktion der Berliner Aufklärung. Das kritische Echo in der „Neuen deutschen Bibliothek" setzte mit Schärfe bei Wittolas Begriff der „falschen Glaubensverwandten" ein.[27] Wittola unterscheide – so der Berliner Kritiker – „daß die Kirche nicht um Ausrottung der Ketzer, sondern der Ketzerey zu Gott bete. Hat jemand was einfältigeres gehört? Ich wünschte, der Verfasser wäre auf eine kurze Zeit ein Ketzer, und der Inquisitor hätte ihm Daumenschrauben aufgesetzt, um die Ketzerei aus ihm herauszubringen. Ob er denn noch so albern distinguiren möchte? Was heißt Ketzerey ausrotten? Eine Meynung, die auf Gründe gebauet ist, kan man blos durch Gründe widerlegen . . . Das ist eine feine Toleranz, welche noch Ketzerey ausrotten will . . ."

Hier wäre nun weit auszuholen. Denn freilich bot die Toleranzschrift des Jansenisten Wittola, die zudem ganz auf die innerkatholische Werbung in Österreich abgestellt war, den aufgeklärten Berlinern keine zureichende theologisch-philosophische Vermittlung zwischen Glauben und Toleranz. Doch ich muß hier abbrechen, indem ich zuletzt noch Wittola mit seiner Hoffnung auf eine christliche Concordia zu Worte kommen lasse: Er lobt zunächst Franz von Sales, den „tolerantesten Bischof der letzteren Zeiten", und fährt dann schlußfolgernd fort:[28] „Lasset uns unbesorgt versuchen, mit unsern irrenden Brüdern freundlich von dem, was zu Jerusalems Frieden gehöret, zu sprechen; es wird viel seyn, wenn nach einer Duldung von fünfzig Jahren nicht die ganze Trennung ein Ende nimmt. Besonders, wenn Gott seinem Volke gnädig seyn, und ihm die bisher von den römischen Hofschmeichlern gehinderte Reformation auf einer freyen Kirchenversammlung verleihen, und den Arm der katholischen Landesfürsten wider das entsetzliche Reich der Mönche stärken will: darum wir ihn Tag und Nacht bitten müssen."

Diese reformkatholische Hoffnung – Concordia durch Toleranz plus Kirchenreform – war damals gewiß weiter verbreitet, als wir heute in den Lehrbüchern der Kirchengeschichte nachlesen. Wir müssen jedoch diesen Exkurs in die belebte und kontrastreiche geistige Landschaft um das Toleranzpatent nun ganz rasch beenden. Die heutige Diskussion um Josephinismus und katholische Aufklärung kreist bekanntlich weitgehend um die Interpretationspole „Staatskirchentum" und „Reformkatholizismus".[29] Dabei dürfte allen Kennern klar sein, daß beides da war und ineinanderwirkte; die eigentlichen Gegensätze der Interpretation liegen dagegen ziemlich tief: nämlich in den Fragen, was von heute her als *katholische* Wirklichkeiten und Möglichkeiten anerkannt wird oder nicht. Auf unser Toleranzthema bezogen, können wir diesen höchst wichtigen Fragenkomplex nur nennen, nicht aber direkt angehen. Denn gerade in der Toleranzfrage herrschte damals eine allgemeine Konvergenz; so gut wie *alle* Strömungen staatskirchlicher wie reformkatholischer Art stimmten mit dem durchgehenden Aufklärungspostulat nach Toleranz überein. Um die Grenzen, Gegensätze und die Konfliktprozesse im Umkreis von Staatskirchentum, katholischer Reform und Aufklärung auszumachen und zu bewerten – dieses gewaltige Feld von Strukturveränderung und personaler Entscheidung, von Hoffnung und Scheitern, von individueller Überzeugung und kurzschlüssiger Staatsdiktatur, von anpasserischem Opportunismus und verschwiegenem Leiden – um dieses brennend aktuelle Forschungsfeld auszumessen, bedarf es eines weit über die Toleranzfrage hinausreichenden Bezugsrahmens. Von Wittola her sei in Richtung dieses weiteren Fragehorizontes wenigstens eines festgehalten: Wenn Joseph II. in einem seiner Erlässe sagte „Alle unsere auf Kirchenfragen bezüglichen Verordnungen verfolgen das Ziel, der Kirche ihren ursprünglichen Glanz wiederzugeben, der in den Jahrhunderten der Dunkelheit trübe wurde" – wie mächtig mußte da für viele reformfreudige Katholiken die Neigung werden, nicht nur eine einzelne Stoßrichtung des kaiserlichen Programms – etwa die Toleranzpolitik – mitzutragen, sondern sich dem Gesamtanspruch des josephinischen Systems auf Gedeih und Verderb zur Verfügung zu stellen!

Alle weiteren Fragen beiseitelassend, beschränken wir uns nach diesem Exkurs abschließend auf die wesentlichsten Punkte. Gegen alle Einwände der widerstrebenden katholischen Kräfte und gegen alle Kritik von seiten radikalerer Aufklärer hat der Kaiser an der einmal eingeschlagenen Toleranzlinie festgehalten: einerseits die weitere Privilegierung der katholischen Kirche als „dominante Religion", so wie es im Hofdekret vom 8. Mai 1782 plakativ ausgesprochen war: „Die Aufrechterhaltung der alleinseligmachenden Römisch-Catholischen Religion ... bleibt unveränderlich Seiner Mt. theuerste Pflicht und angelegenste Sorgfalt"; andererseits die rigorose und dauerhafte Sicherstellung jener begrenzten Toleranz, die das Edikt von 1781 gebracht hatte, wobei der Kaiser diese Toleranz als unmittelbaren Ausdruck seiner monarchischen Gewissenspflicht verstanden wissen wollte. Dies wurde in einer Beratung der ungarischen Hofkanzlei vom Frühjahr 1782 u. a. folgendermaßen formuliert: „Denn der Clerus aller Religionspartheyen ist intolerant, wenn ihn nicht der über Vorurtheile erhobene, wahrhaft christlich denkende Monarch im Zaume hält".[30] Diese phantomartige Überhöhung und Selbstüberhöhung des allein den rechten Weg wissenden und weisenden Monarchen deutet nun freilich die entscheidende Schwäche des höchst personenbezogenen aufgeklärten Absolutismus an, der von Anfang an und dann immer mehr dazu neigte, auch sublime, religiös-kirchliche Fragen in militärischem Kommandoton und mit bürokratischer Schikane erledigen zu wollen. Wir berühren damit ein weiteres, höchst bedeutsames Kapitel historischer Entscheidungen, nämlich die Gründe und das Ausmaß des Zusammenbruchs des josephinischen Reformwerks; das Débacle zeichnete sich bekanntlich seit 1786/87 ab und war 1790, als der Kaiser starb, allgemein geworden. „Der tragische Ausgang der Regierung Kaiser Josephs II. gewinnt seinen vollen

Sinn, wenn man bedenkt, daß er sich bemüht hatte, mit autoritären Mitteln eine Gesellschaft zu entwickeln, die für den von ihm ersehnten Fortschritt noch nicht reif war, während die am weitesten entwickelten Völker Europas – Engländer und Franzosen – bereits ... ihren Willen zur Selbstregierung durchzusetzen wußten"[31].

Halten wir uns auch hier an das thematisch Wichtigste: Ähnlich wie die Judenemanzipation von 1782 überlebte auch das Toleranzpatent den Zusammenbruch der Fortschrittsdiktatur des Kaisers. Dieser wesentliche, wenn auch noch unzulängliche Schritt zu einer freien Gesellschaft gleichberechtigter Bürger wurde auch in der folgenden Zeit der Reaktion und in der Metternichschen Ära nicht mehr in Frage gestellt, bis dann zu Beginn des liberalen Zeitalters das Protestantenpatent von 1861 eine neue, verbesserte Rechtsbasis schuf.

*

Wir sind damit am Ende unserer historischen Betrachtung angelangt. Ich will versuchen, in knappster Form drei abschließende, zusammenfassende Bemerkungen zu formulieren: eine Bemerkung über Österreich, eine über die religiös-kirchliche und eine über die soziokulturelle Perspektive.

Was zunächst Österreich angeht, so wenden wir uns einem ernsten Gedanken zu, nämlich der Frage, was das österreichische Beispiel für die Gesamtproblematik von Religion und Gesellschaft in der Moderne ergibt. Die josephinische Toleranz- und Kirchenpolitik stand unter dem Apriori, daß der Staat als Sachwalter des „wahren Wesens des Christentums" die christlichen Gemeinsamkeiten der Kirchen insgesamt für das Staatswohl instrumentalisieren könne. Diese Auffassung war eine Täuschung. In ihr steckte, wie kürzlich Isnard Frank ausgeführt hat, ein tiefer Widerspruch, je länger, desto mehr. „Denn in einer Gesellschaft, in der einzelne Schichten der Bevölkerung nicht nur die Bindung zur überlieferten kirchlichen Frömmigkeit, sondern auch zum dogmatisch formulierten Christentum gelockert und verloren hatten, konnte der Staat auf die Dauer nicht mehr Sachwalter ... des ‚wahren Wesens des Christentums' sein."[32]

Was aber dann? Wie sieht dann eine sinnvolle Perspektive von Religion und Gesellschaft aus, die diesen Erfahrungen der Vergangenheit Rechnung trägt? Unmöglich, hier die gesamte Säkularisierungsdebatte, wie sie seit Gogarten geführt wurde, mit ihren katholischen Varianten bei Metz etc. nochmals aufzurollen. Eines scheint mir jedoch zu Ende eines solchen Rückblicks besonders festhaltenswert: In unseren Breiten, wo das Unterfutter einer vielhundertjährigen christlichen Prägung des Lebens gegeben ist, scheint die immer neu zu leistende Vermittlung von christlicher Religiosität und pluralistischer politisch-sozialer Wertwelt dort besonders gute Chancen zu haben, wo besonders viel Freiheit *und* besonders viel verbindliche Kommunikation realisiert wird. Das mag nun aus dem Munde eines Historikers ziemlich abstrakt klingen. Doch läßt sich dieses Modell – Religion und Gesellschaft in Hinsicht auf Freiheit und Kommunikation – unschwer auf die unterschiedlichsten historischen Situationen des 19. und des 20. Jahrhunderts anwenden, auch in kritischem Sinne, etwa auf den Austrofaschismus vor 1938 und auf das Verhältnis von Nationalsozialismus und Kirchen.

Zuletzt noch die soziokulturelle Perspektive. Wir sahen ein Stück des mühevollen Weges, wie sich das reiche Erbe europäischer individueller Bekenntniskraft aus den zeitbedingten Schranken loszuringen sucht. Dieses kostbare europäische Vermächtnis von Individualität, Freiheit und Toleranz wird in der heutigen Weltsituation nicht mehr durch intolerante Bündnisse von Thron und Altar bedroht, sondern in anderer Weise. Dies okzidentale Erbe zu sichern und zu mehren, kann heute nur dann gelingen, wenn es in eine neue Synthese mit unseren globalen Verantwortungen eingebracht werden kann.

Globale Verantwortungen: dabei sollte dann auch jeder, der heute von Toleranz redet, den Hinweis beherzigen, den Alexander Mitscherlich vor einigen Jahren im Hinblick auf das Elend der Dritten Welt und auf die psychische Verfassung des Westens provokant formuliert: „Toleranz entsteht weder auf mythische Art noch durch moralische Willensakte, sondern durch Eindämmung des Elends, des ökonomischen, des neurotischen und des psychotischen Elends. Von diesem Wissen muß man ausgehen, wenn man sich ernstlich und nicht nur wunschdenkend um Toleranz bemüht."[33] – womit wir dann auf einem Umweg nochmals bei der Verantwortung der Christen für Toleranz gelandet sind!

Eröffnungsvortrag des IV. Europäischen Theologen-Kongresses in Wien am 28. September 1981. Die Veröffentlichung der Kongreßakten ist geplant.

1 Die Einladung zu diesem Vortrag, dessen Text hier im wesentlichen unverändert mitgeteilt wird, geht noch auf eine Einladung des am 21. Mai 1981 verstorbenen Wilhelm Dantine zurück. Sein Tod hat eine Lücke gerissen, die nicht zu füllen ist. Ich habe diesen Vortrag im Gedenken an ihn, an sein Werk und seine Gestalt, ausgearbeitet.

2 Vgl. meine Einleitung zu dem Sammelband: Zur Geschichte der Toleranz und Religionsfreiheit, ed. *H. Lutz* (Darmstadt 1977), S. VIIff. Ebd., S. 483ff., eine Auswahlbibliographie zum Thema.

3 Lexikon für Theologie und Kirche, Ergänzungsband 2: Das Zweite Vatikanische Konzil (Freiburg i. B. 1967), S. 738f.

4 Zweites Vatikanisches Ökumenisches Konzil, Erklärung über die Religionsfreiheit. Authentischer Text der Acta Apostolicae Sedis. Deutsche Übersetzung im Auftrage der deutschen Bischöfe. Mit einer Einleitung von *E. W. Böckenförde* (Münster 1968). – Neudruck der Einleitung in: *Lutz*, Zur Geschichte der Toleranz und Religionsfreiheit, S. 402ff.

5 Ebd., S. 416.

6 Der Text des Toleranzpatents ist vielfach gedruckt, hier nach *F. Maaß*, Der Josephinismus. Quellen zu seiner Geschichte in Österreich 1760–1790, Bd. 2 (= Fontes Rerum Austriacarum, 2. Abt., Bd. 72, Wien 1953), S. 278f.

7 Vgl. zuletzt *H. R. Schlette*, Zum Thema Toleranz (Hannover 1979).

8 Zu diesen Problemen des konfessionellen Zeitalters vgl. meine Bemerkungen in *H. Lutz*, Reformation und Gegenreformation (München 1979), passim.

9 Den Hinweis auf das Castellio-Zitat verdanke ich *H. R. Guggisberg*, Wandel der Argumente für religiöse Toleranz und Glaubensfreiheit im 16. und 17. Jahrhundert. In: *Lutz*, Zur Geschichte der Toleranz und Religionsfreiheit, S. 481.

10 Siehe *O. Wagner*, Die Bürde des Toleranzpatentes. Zur Geschichte der Evangelischen Kirche in Galizien und der Bukowina in der Toleranzzeit (1781–1861). In: Zeitweiser 1981, S. 46ff.

11 Vgl. die Untersuchungen von *H. Conrad*, insbesondere: Religionsbann, Toleranz und Parität am Ende des alten Reiches. In: Römische Quartalsschrift für christliche Altertumskunde und Kirchengeschichte 56 (1961), S. 167ff. (Neudruck in: *Lutz*, Zur Geschichte der Toleranz und Religionsfreiheit, S. 155ff.); *ders.*, Staatsgedanke und Staatspraxis des aufgeklärten Absolutismus (Opladen 1971). – Zur europäischen Toleranzdiskussion im 18. Jahrhundert siehe *H. Kiesel*, Problem und Begründung der Toleranz im 18. Jahrhundert. In: Festgabe für E. W. Zeeden (Paderborn 1976), S. 370ff.

12 In der jüngsten, stimulierenden Darstellung von *R. J. W. Evans*, The Making of the Habsburg Monarchy 1550–1700. An Interpretation (Oxford 1979) wünschte man sich diese Gesichtspunkte noch schärfer beleuchtet.

13 Die Literatur zu Maria Theresia ist immens. Zur bequemen Orientierung dient jetzt der Querschnittband: Maria Theresia und ihre Zeit, ed. *W. Koschatzky* (Salzburg 1979). Eine ähnliche Funktion erfüllt der Ausstellungskatalog „Österreich zur Zeit Josephs II.", ed. *J. Gründler* und *K. Gutkas* (Wien 1980); insbesondere ist zu verweisen auf die meisterhafte Synthese von *H. Wagner*, Joseph II. Persönlichkeit und Werk (ebd., S. 6ff., mit guter Bibliographie). Zur Erziehung des Kaisers siehe die jüngst erschienene Untersuchung von *D. Beales*, Writing a Life of Joseph II: The Problem of his Education. In: Biographie und Geschichtswissenschaft (= Wiener Beiträge zur Geschichte der Neuzeit 6, ed. *G. Klingenstein, H. Lutz* und *G. Stourzh*, Wien 1979), S. 183ff.

14 *R. Raithel*, Maria Theresia und Joseph II. ohne Purpur (Wien 1954), S. 66f.

15 Ebd., S. 67. Für die Vorgeschichte des Toleranzpatents in der Zeit Maria Theresias und die Nachgeschichte siehe *E. Weinzierl*, Der Toleranzbegriff in der österreichischen Kirchenpolitik. In: Comité International des Sciences Historiques, XIIe Congrès International des Sciences Historiques, Vienne, 29 Août – 25 Septembre 1965, Rapports I (Horn/Wien 1965), S. 135ff.

16 *A. v. Arneth*, Geschichte Maria Theresias, Bd. 9 (Wien 1879), S. 140.

17 *Ch. H. O'Brien*, Ideas of Religious Toleration at the Time of Joseph II. A Study of the Enlightenment among Catholics in Austria (= Transactions of the American Philosophical Society, N. S. 59, Part 7, Philadelphia 1969), S. 20, Anm. 41.

18 *v. Arneth*, Maria Theresia 9, S. 141.

19 Ebd., S. 142f.

20 Ebd., S. 143f.

21 Briefe über Deutschland, von K. R., Bd. 2 (Wien 1790), S. 152.

22 Ebd., S. 245.

23 Siehe *Maaß,* Josephinismus 2, S. 279.
24 *P. v. Mitrofanov,* Joseph II. Seine politische und kulturelle Tätigkeit, Bd. 2 (Wien 1910), S. 717.
25 Zu Wittola vgl. *M. Brandl,* Marx Anton Wittola. Seine Bedeutung für den Jansenismus in deutschen Landen (Steyr 1974) und *P. Herrsche,* Der Spätjansenismus in Österreich (Wien 1977), S. 251 ff.
26 Schreiben eines österreichischen Pfarrers . . ., S. 4 f.
27 Siehe *Brandl,* Wittola, S. 104 f.
28 Schreiben eines österreichischen Pfarrers . . ., S. 31.
29 Zum Diskussionsstand vgl. jetzt den gehaltvollen Sammelband: Katholische Aufklärung und Josephinismus, ed. *E. Kovacs* (Wien 1979).
30 Bei *E. Mályusz,* Iratok a Türelmi rendelet Történetehéz (Budapest 1940), S. 334 (24. April 1782). Für den Hinweis auf diese wichtige Quellenpublikation bin ich Herrn Doz. Dr. Moritz Csáky zu Dank verpflichtet.
31 *F. Fejtö,* Joseph II. Kaiser und Revolutionär (Stuttgart 1956), S. 414.
32 *I. W. Frank,* Zum spätmittelalterlichen und josephinischen Kirchenverständnis. In: Katholische Aufklärung und Josephinismus, ed. *E. Kovacs* (Wien 1979), S. 170 f.
33 *A. Mitscherlich,* Toleranz – Überprüfung eines Begriffes (Frankfurt 1974), S. 29; zitiert nach *H. R. Schlette,* Zum Thema Toleranz, S. 89.

AUFSTIEG UND KRISE DER NEUZEIT

Bemerkungen zu deutschen Interpretationen von Dilthey bis Horkheimer

I.

Die Frage nach dem Ort der eigenen Gegenwart im Gang der Weltgeschichte hat sich zu allen Zeiten den diese Weltgeschichte reflektierenden Denkern gestellt. Sie stellte sich in verschärfter Form seit 1789; der Fortgang der Weltgeschichte wird zum Gegenstand von „Richtungskämpfen". Den politischen und sozialen Konflikten um die Richtung, in welcher sich die Geschicke der neuzeitlichen Menschheit entwickeln sollen, entsprechen die wissenschaftlichen und meinungsbildenden Arbeiten der Forscher, die den Sinn des zeitgenössischen Geschehens mit Hilfe je verschiedener Konzeptionen des langfristigen Geschichtsverlaufes auszulegen versuchen. Zu den horizontalen Gegensätzen allgemeiner Geschichtsdeutung und Parteinahme – pro und contra 1789 – tritt im Verlaufe des 19. Jahrhunderts bekanntlich immer stärker die Vertikale der nationalen Sinngebung. Die mannigfaltigen Ergebnisse der Auseinandersetzung der bürgerlich-industriellen Kräfte und schließlich auch der Arbeiterbewegungen mit den alten staatlichen Gewalten und den sie tragenden Schichten stimmen insofern weltweit überein, als politische Konvergenz und damit kulturelle Sinngebung vorwiegend im Nationalstaat gesucht wird. Kräfte und Ziele, die nicht in dieser Konvergenzbewegung aufgehen, werden nach 1848/49 selten und wenig wirksam, so verschieden auch gesellschaftspolitische Konstellationen, Herrschaftsverhältnisse und Verfassungsfragen sich im einzelnen Nationalstaat gestalten: es bleiben Reste konservativer Solidarität, radikalliberale Friedensideen, sozialistisch-anarchistische Ansätze, die sich gegen den Trend zur reformistischen, nationalstaatlichen Konvergenz behaupten. So gerät die Frage nach dem Sinn und Weg der neuzeitlichen Geschichte im Laufe des vergangenen Jahrhunderts immer stärker in den Bann der nationalstaatlichen Idee. Erst die Erfahrungen des Zweiten Weltkrieges haben – zusammen mit einer allgemeinen Erschütterung der Maximen europäischer Geschichte – einen gewissen Wandel gebracht.

Im Falle Deutschlands sind noch verschärfende Wirkungsfaktoren zu beobachten. Aus den großen politischen, sozialen und kulturellen Antinomien, mit denen der deutsche Weg im 19. Jahrhundert belastet war, gingen schließlich die verengten Antinomien des Bismarck-Reiches hervor. Die in nationaler wie in gesellschaftlicher Hinsicht defizienten Formen des neuen Deutschen Reiches führten bei weitgehend blockierten Korrekturmöglichkeiten zu den seither so vielfach diskutierten allgemeinen Problemen des Lebens der Nation. Bei alledem stand das Land damals in mancher Hinsicht noch an der Spitze der Weltentwicklung: im allgemeinen Stand der Zivilisation und Bildung, in manchen Sparten der Wissenschaft und Technik, in den modernen Formen der Organisation.

Auf einem anderen Blatt stehen die Brüche und Katastrophen im deutschen Leben der Folgezeit. Für den vorliegenden Zusammenhang sollte nur von den Ausgangspositionen des vergangenen Jahrhunderts her angedeutet werden, warum es lohnend erscheint, einige deutsche Geschichtsdenker nach ihren Vorstellungen von Aufstieg und Krise der Neuzeit zu befragen. Es werden dabei die letzten hundert Jahre überblickt, und es zeigt sich rasch, wie wichtig der Kontext des besonderen deutschen Schicksals dieser Zeit für die allgemeinen Interpretationen der Neuzeit war.

Fünf Autoren werden im folgenden in skizzenhafter Weise behandelt: Wilhelm Dilthey, Max Weber, Friedrich Meinecke, Franz Schnabel, Max Horkheimer. Es handelt sich also keineswegs nur um Historiker im engeren, fachlichen Sinne. Vielmehr wurden mit Bedacht auch Forscher berücksichtigt, deren historische Fragestellungen mit einer philosophischen oder soziologischen Orientierung des Gesamtwerkes verbunden waren. Die Reihe beginnt mit

Dilthey, der die unbegrenzte Entfaltung des geschichtlichen Sinnes nach Ranke bezeichnet und zugleich die neue Bindung an den entstehenden deutschen Nationalstaat kennt. Die folgende Auswahl wurde nach den Gesichtspunkten des sachlichen Interesses und der Variationsbreite getroffen. Gewiß hätten auch etwa Ernst Troeltsch oder Oswald Spengler und andere berücksichtigt werden können. Doch der Sinn des vorliegenden Versuches lag keineswegs in irgendeiner Art von Vollständigkeit.

Die Frage nach Aufstieg und Krise der Neuzeit stellt sich nicht in der Manier eines simplen Schwarzweißrasters. Vielmehr sind bei jeder Analyse gerade die nuancenreichen Mittel- und Mischformen zu berücksichtigen. In jedem Falle haben wir Gedankengänge vor uns, die aus umfassenden Forschungen und Reflexionen hervorgehen. Es muß also die jeweilige methodische und stoffliche Eigenart, der Logos des jeweiligen Werkes beziehungsweise der Werkfolge in Betracht gezogen werden, um zu richtigen Urteilen im Bereich unserer Spezialfrage zu kommen. Innerhalb des Œuvres der einzelnen Forscher gibt es Entwicklungen und Wandel. Dies wird selbstverständlich mit besonderer Aufmerksamkeit beobachtet, auch wenn der genetisch-biographische Aspekt nicht in allen Fällen gleichmäßig berücksichtigt werden kann.

Bei der Untersuchung der verschiedenen Interpretationen und ihres Wandels soll der Bezug zum zeitgenössischen Kontext wohl beachtet, aber nicht über Gebühr forciert werden. Es handelt sich ja hier meist um sehr komplexe Vorgänge: aus früher konzipierten Gedanken und Thesen ergeben sich die Bedingungen für Reaktionen auf spätere Erfahrungen. Der innere, systematische Zusammenhang des Geschichtsdenkens ist auch dort hoch anzusetzen, wo er – wie nicht selten bei Historikern – nur in impliziter Weise zur Sprache kommt. Sosehr eine allgemeine Methodenreflexion hinsichtlich des Bezugsrahmens von historischen Interpretationen und zeitgenössischen Erfahrungen von Bedeutung wäre, sowenig läßt sich auf diesem Gebiet durch eine unbesehene Übernahme heute angebotener wissenssoziologischer oder ideologiekritischer Theorien ausrichten.

II.

Was der Philosoph und Historiker *Wilhelm Dilthey* der deutschen Geschichtswissenschaft hinterließ, war ein gewaltiger Torso von Studien, Gedanken und Anregungen, die im Laufe der folgenden Jahrzehnte vielfach und unterschiedlich weiterwirkten. Versucht man ein Résumé seiner Konzeptionen im Fragehorizont von Aufstieg und Krise der Neuzeit zu geben, ohne die verwickelten Fragen der Wirkungsgeschichte einerseits, der jahrzehntelangen, biographisch-zeitgeschichtlich gerahmten Genese seiner Gedankenwelt andererseits zu behandeln, so ergibt sich eine Konzentration auf wenige ausgewählte Gesichtspunkte. Grundlegende Fragen seiner allgemeinen Theorie der Geschichte, die gerade in jüngster Zeit wieder diskutiert werden[1], müssen dabei außer Betracht bleiben.

Von Anfang an findet man Dilthey beschäftigt mit der zukunfts- und praxisorientierten Aufgabe, durch die systematische Entfaltung und Verbindung der Geisteswissenschaften jenen Aufstiegsprozeß der europäischen Neuzeit, den er in so eindringenden Studien von der Renaissance an untersucht hatte, in einer entsprechenden Weise weiterzuführen. Im Rückblick auf das klassische Zeitalter der deutschen Dichtung und Philosophie sagt er 1866 – damals 33jährig –: „Wir sind eben durchaus nicht, wie man uns einreden möchte, Epigonen jener großen Zeit, sondern unser Auge ist unverwandt der Zukunft entgegengerichtet, den ungeheuren intellektuellen, politischen und sozialen Begebenheiten entgegen, zu denen alles hindrängt."[2] Im Zusammenhang mit der 1870 erschienenen Biographie Schleiermachers reflektiert der Autor in noch deutlicherer Form die Perspektiven des eigenen Lebens und Schaffens im Gang der neuzeitlichen Entwicklung. Die Zeit um 1800 „war die Zeit kurz vor dem Sturm. Nun sind die Dämme niedergerissen und wir fahren auf hoher See. Wir sind ein Teil in der Gedankenbewegung Europas, wir sind ein Glied in seiner sozialen Bewegung ... Nun stellen wir doch ganz neue Forderungen an die leitenden Ideen und Gefühle, welche dem Sturm gewachsen wären, der uns umbraust."[3] Das Vertrauen in die Geisteswissenschaften, bei richtiger Entfaltung und Wirkung diese Leitfunktionen in einer stürmisch gewordenen Weltentwicklung wahrnehmen zu können, bleibt prinzipiell unerschüttert. Dilthey bezeichnet die Geisteswissenschaften als „Durchgangspunkt zu dem Ziel, Zweckbestimmungen und Normen für die Regelung des Lebens zu gewinnen"[4].

So weit – so gut. Aber wie sieht Dilthey nun die aufsteigende Linie, in die er sich selbst einordnen will? Eine eindeutige Theorie des Fortschritts hat er an keiner Stelle entwickelt. Die späten Überlegungen zu Geschichte und Fortschritt, die wir heute als Appendix zum „Aufbau der geschichtlichen Welt" lesen, sind durchwegs schwer zu interpretieren. Sie stehen vorwiegend im Zeichen erkenntnistheoretischer Probleme, und von daher ist wohl die immer wieder überraschende Formel vom „letzten Schritt zur Befreiung des Menschen"[5] zu verstehen. Denn die Befreiung liegt bei dieser Dilthey-Stelle nicht auf einer politischen oder sozialen Entwicklungslinie, sie ist als eine erkenntnistheoretische Befreiung des Menschen definiert, erreichbar durch „das historische Bewußtsein von der Endlichkeit jeder geschichtlichen Erscheinung ... von der Relativität jeder Art von Glauben". Es handelt sich also hier um die aufsteigende Linie erkenntnismäßiger Emanzipation, nicht um „Regelung des Lebens" in seiner Gesamtheit.

Nur am Rande kann auf weitere geschichtstheoretische Probleme bei Dilthey hingewiesen werden, die für das vorliegende Thema von Bedeutung sind. Es ist neuerdings betont worden, wie sehr die Hereinnahme der typologischen Theorie in das Geschichtsbild Diltheys dieses in seinen Möglichkeiten beschränkt und auf einen Prozeß der Wiederholung von wenig variierten Gleichmäßigkeiten reduziert[6]. Sicher liegt hier ein sehr bedenkenswertes Moment vor, das den Schlüssel zu manchen Eigenarten der historischen Interpretationen Diltheys bieten kann. Doch müßte, um bei der konkreten Frage nach der Neuzeit zu bleiben, erst noch geklärt werden, wieweit die benutzten Begriffe von „Struktur" und „Typus" tatsächlich ahistorischen Charakter haben – oder ob sie nicht vielmehr der Analyse von größeren Zusammenhängen dienen, die ihrerseits durchaus in die konkrete Einmaligkeit der neuzeitlichen Entwicklung eingeordnet werden.

Eine andere Komponente bedürfte besonderer Untersuchung. Es handelt sich um den Problemkreis Christentum – Säkularisierung – Neuzeit. Dilthey war von diesen Fragen tiefer und persönlicher betroffen, als es manche seiner philosophischen und historischen Darlegungen vermuten lassen. Und er hat – was einer nachdrücklichen Beachtung wert wäre – das Zurücktreten der Wirkungen des Christentums am Beispiel der Politik und der Person Bismarcks sich klarzumachen versucht. Die Autonomie der erfolgreichen Politik des Reichsgründers wurde ihm zu einem wichtigen Indiz für den allgemeinen Rückgang christlicher Motive und Kräfte in der neueren Zeit[7]. Daran schlossen sich weitgehende Fragen nach dem Wandel der europäischen Religiosität[8], die wiederum für das Gesamtbild des Geschichtsverlaufes von Bedeutung waren.

Festeren Boden gewinnt der Dilthey lesende Historiker, wenn er die konkreten Beschreibungen des neuzeitlichen Aufstiegs der Menschheit in Betracht zieht, die sich in kürzerer oder ausführlicherer Form im Werk verstreut finden. Vor allem ist auf das große Tableau neuzeitlicher Geschichte zu verweisen, das Dilthey in Fragmenten, aber doch mit innerem Zusammenhang entworfen hat. Von der Renaissance und Reformation her entwickelt sich in einer ohne Ambivalenz gesehenen, eindeutig aufsteigenden Linie die Moderne. Höhere Formen der Weltanschauung und des Lebens gehen aus den früheren Zuständen hervor. Zu tief ist Dilthey in der großen liberalen Tradition der ersten Jahrhunderthälfte, ja noch im Erbe der Aufklärung verwurzelt, als daß er für diese Jahrhunderte eine Rechnung von Gewinn und Verlust aufmachen wollte. Entsprechend dieser kosmopolitischen Ausgangsposition spielen die Fragen von Staat und Staatensystem im Wege des neuzeitlichen Europa keine vordergründige Rolle. Anders steht es mit dem Begriff der Nation, der für Diltheys Deutung des 19. Jahrhunderts wichtig wird.

Es ergibt sich daraus insgesamt das Bild einer sehr stark am Gang der Wissenschaften und Weltanschauung, weniger an den politischen oder sozialen Lebensformen orientierten positiven Bewegung der neueren Geschichte. Auf die befreienden, dogmatische Bindungen erschütternden Epochen der Renaissance und Reformation, auf die große Zeit der Konstituierung der Naturwissenschaften im 17. Jahrhundert folgte die Begründung der Geisteswissenschaften. „Der große Vorgang, in welchem die historischen Wissenschaften und die mit ihnen verbundenen Geisteswissenschaften sich als wirkliche Wissenschaften konstituiert haben, fällt in die letzte Zeit des 18. Jahrhunderts, erfüllt das 19. und ist heute noch nicht abgeschlossen.“[9] Und hier begegnet nun in unübersehbarer Stärke das nationale Selbstbewußtsein. Denn während die Entwicklung der Naturwissenschaften noch das Ergebnis des Zusammenwirkens der europäischen Kulturvölker war, ist die Begründung der Geisteswissenschaften „vorwiegend das Werk unsrer Nation. Sie bildet unseren höchsten Ruhmestitel in den Wissenschaften. Und aus der Eigentümlichkeit unsres geistigen Lebens will sie erklärt werden.“

Läßt man die großen inneren Probleme dieser geistes- und wissenschaftsgeschichtlichen Konstruktion als solcher beiseite, so ergeben sich für die sinngebende Verknüpfung von Vergangenheit, Gegenwart und Zukunft vor allem zwei Folgerungen. Die eine ist der überaus folgenreiche und fruchtbare Begriff der „deutschen Bewegung“: Die deutsche Kultur seit der Aufklärung erscheint als ein unvergleichliches, an die Spitze der Menschheit zu placierendes Phänomen, wo erstmals die Möglichkeit des historischen Bewußtseins als Befreiung des Menschen erschlossen wurde. Auf der anderen Seite stellt sich die Frage nach der weiteren Gestaltung dieses deutschen Lebens, das den Höhenweg geistiger Freiheit zunächst in einem kosmopolitisch-vorstaatlichen Zustand beschritten hatte, nun aber in die feste Form einer nationalstaatlichen Existenz eintrat. Diltheys Begriff von Deutschland scheint zunächst frei gewesen zu sein von den Sorgen, die Männer wie Jakob Burckhardt angesichts dieses Übergangs erfüllte. Das Überlegenheitsgefühl und die Sicherheit des geistigen Vorsprungs gegenüber Westeuropa machen sich allerorten geltend. „Nur aus Deutschland kann das wirkliche empirische Verfahren anstatt des vorurteilsvollen dogmatischen Empirismus kommen“ – so hatte sich Dilthey zu John Stuart Mill notiert[10]. Nun kann hier nicht näher erläutert werden, wie zentral der Begriff der Nation für Dilthey war und wie sich dieser Begriff zu den Vorstellungen Rankes, Droysens, Sybels in Nähe und Verschiedenheit verhält. Die Frage richtet sich weiter auf Konsequenzen, die sich ergeben mußten, wenn einmal die positive nationale Fixierung einer aufsteigenden geschichtlichen Entwicklung in einem so festen Sinne vorgenommen war. Was bedeutet die Beobachtung des deutschen nationalen Weges seit der Reichsgründung 1866/71 für Diltheys Geschichtsbild?

Kritik an jenen deutschen Gesellschaftsschichten, die nach Diltheys allgemeiner Auffassung nun auf der Höhe der Zeit die Träger der Menschheitshoffnung sein sollten, findet sich freilich schon früher. Schon 1870, in der Einleitung zum „Leben Schleiermachers“, stehen apologetische Wendungen, die zeitgenössische Kritik an der vergangenen Epoche „innerer Bildung“ abwehren[11]. Die Auseinandersetzung mit dem kulturellen Wandel und Niedergang in den deutschen Bildungsschichten begleitet dann in wechselnder Intensität Diltheys Schaffen bis zum Tode 1911. Besonders aufschlußreich für sein persönliches Urteil und Engagement in den deutschen Verhältnissen unter Bismarck wie unter Wilhelm II. ist der Briefwechsel, den Dilthey – ab 1882 Professor in Berlin – mit Graf Yorck v. Wartenburg führte[12]. Summarisch gesehen treten hier zwei verschiedene Positionen in Erscheinung, deren jeweiliges Verhältnis sich nicht eindeutig chronologisch beschreiben läßt. Es wirken ineinander eine tiefgehende und gelegentlich verzweifelt klingende Kritik an Kultur und Politik des neuen Reiches mit einer stets wachen Hoffnung auf den positiven Fortgang des weltanschaulich-wissenschaftlichen Aufstiegs, der sich von der „deutschen Bewegung“ um 1800 herleitete. Angesichts der pessimistischen Gegenwartserfahrungen gewinnt in den neunziger Jahren die Hoffnung auf eine „neue Zeit“ zukunftsbetonte Verve. Dilthey vergleicht die gegenwärtige Umbruchssituation in engagierter Zuversicht mit dem Neubeginn in der Renaissance. Er sieht seine Aufgabe darin, für diese bessere Zukunft durch sein wissenschaftliches Wirken Kräfte mobil zu machen. Er beschreibt das Ziel: „Die geschichtliche Welt führt durch die Selbstbesinnung auf eine siegreiche, spontane Lebendigkeit, einen im Denken nicht formulierbaren, aber analytisch aufzeigbaren Zusammenhang im Einzelleben, im Wirken aufeinander, schließlich in einen höheren Zusammenhang besonderer und die naturwissenschaftlichen Mittel übersteigender Art... Fragt man, worin der Nutzen einer solchen Unternehmung für die tatsächlichen Kräfte von Religion, politischem Leben, Wirtschaft etc. bestehe, so folgt aus dem obigen Prinzip, daß jede theoretische Arbeit nur Kräfte, Leben frei machen, mit dem Bewußtsein ihres Gehaltes, Zweckes etc. erfüllen könnte."[13]

Was bedeutet ein solches Zukunftsprogramm vor dem Hintergrund des wilhelminischen und des europäischen Fin de siècle für das Geschichtsbild des Philosophen und Historikers Dilthey? Keine Rede ist – weder hier noch anderswo – von einer wissenschaftlichen Analyse der bedenklichen und der zur Hoffnung berechtigenden Trends der deutschen und der europäischen Entwicklung. Die Kriterien, mittels derer Dilthey Gegenwart und Zukunftsaufgaben beschreibt, sind zwar keineswegs auf „Geistesgeschichte" im schlechten Sinne eingeschränkt; Theorie und Praxis bleiben prinzipiell auf die Gesamtheit des gesellschaftlichen Lebens bezogen. Aber die Kluft zwischen der Bildungswelt, in und aus welcher Dilthey lebt, und den realen Bedingungen der europäischen Gegenwart und Zukunft ist sehr groß geworden. Die Menschheitshoffnungen, in deren Namen der deutsche Denker als Erbe von Aufklärung und Idealismus seinen Weg antrat und sein Bild einer sicher aufsteigenden Neuzeit entwarf, werden nicht dementiert. Aber dies Festhalten an einem humanitären Lebensideal und an einem optimistischen Geschichtsbild trotz der Krise der deutschen Gegenwart ist erkauft um den Preis sehr weitgehender Abstraktionen und sehr vage gewordener Vermittlungen. Was Dilthey den Deutschen hinterläßt, ist alles andere als ein eindeutiges, an humanitärer Praxis und Befreiung des Menschen orientiertes Bild neuzeitlichen Werdens und zukünftiger Verantwortung.

III.

Die Vielschichtigkeit des Werkes *Max Webers*, das verschiedenen Wissenschaften zugehört, setzt jeder Analyse erhebliche Schwierigkeiten entgegen; diese werden im Falle unserer Fragen noch verstärkt durch epistemologische und argumentative Eigenarten des Autors. Die kontinuierliche Polemik gegen geschichtsphilosophische und historisch-teleologische Entwürfe als solche und das Axiom einer generellen Spaltung von Wissenschaft und Werturteil erschweren den Zugang zu dem ohne Zweifel auch bei Max Weber vorhandenen Sinnhorizont, innerhalb dessen sich seine wissenschaftlichen Arbeiten, seine universalhistorischen Konzeptionen und sein politisches Denken entfalten. Dem vorliegenden Zweck entspricht es, nach der Erörterung einiger systematischer Aspekte eine Akzentuierung von der Biographie des Gelehrten und ihrem zeitgeschichtlichen Kontext her wenigstens in einem Falle – der russischen Revolution von 1905 – paradigmatisch zu versuchen.

Die Dialektik von Rationalisierung und Charisma stellt bekanntlich einen roten Faden für Webers historische und typologische Betrachtungen der Weltentwicklung dar. Der Weg der Neuzeit steht im Zeichen eines Überwiegens der Rationalisierung auf den verschiedenen Gebieten des Lebens: „So geht mit der Rationalisierung der politischen und ökonomischen Bedarfsdeckung das Umsichgreifen der Disziplinierung als eine universelle Erscheinung unaufhaltsam vor sich und schränkt die Bedeutung des Charisma und des individuell differenzierten Handelns zunehmend ein."[14] Der Aufstieg des neuzeitlichen Kapitalismus erscheint als besonders machtvolle Manifestation einer nur der okzidentalen Welt eigenen Rationalität. Aus der Summe spezifischer Voraussetzungen sozial- und ideengeschichtlicher Art entsteht die moderne, wesentlich von den dem Kapitalismus eigenen Konflikten geprägte Welt; diese Entwicklung verheißt für die Zukunft dem einzelnen und der Menschheit bei aller Steigerung der Produktivität weder Frieden noch Glück. Aber auch die in den Kämpfen der „gottfernen" Gegenwart, die in dieser Weise universalhistorisch eingeordnet wird, noch vorhandene Möglichkeit heroischer Tugenden wird in Zukunft verkümmern. Der allgemeine Trend der Entwicklung führt zur Abnahme der individuellen Freiheit, zu Bürokratisierung und neuer Hörigkeit: „Die Bureaukratisierung der Gesellschaft wird bei uns des Kapitalismus aller Voraussicht nach *irgendwann* ebenso Herr werden wie im Altertum. Auch bei uns wird dann an Stelle der ‚Anarchie der Produktion' jene ‚Ordnung' treten, welche, im Prinzip ähnlich, die römische Kaiserzeit und, noch mehr, das ‚neue Reich' in Ägypten und die Ptolemäerherrschaft auszeichnet."[15] Die neuzeitliche Wissenschaft, die an dieser Weltentwicklung so starken Anteil hatte und noch hat, kann aus den Aporien eines solchen Geschichtsprozesses nicht herausführen. Denn die Wissenschaft bedeutet – in der extremen Auffassung Max Webers – nur analytische Bestandsaufnahme; sie hat mit Sinn, Wert und Orientierung prinzipiell nichts zu tun. Und während in früherer Zeit, zuletzt in bestimmten Formen des Protestantismus, religiöse Kräfte umgestaltend in die Welt gewirkt haben, ist die zukünftige Chance neuer Religionen im okzidentalen Bereich sehr gering anzusetzen. Möglichkeiten einer von der nichtokzidentalen Welt ausgehenden Modifikation der Menschheitsentwicklung scheinen vom Autor nicht in Betracht gezogen worden zu sein.

Außer diesen Aspekten, die in reicher Differenzierung im Vordergrund der Arbeiten Max Webers erscheinen, gibt es jedoch noch andere Probleme, die gerade deswegen Beachtung verdienen, weil sie innerhalb des Gesamtwerkes keineswegs im gleichen hellen Licht der Reflexion stehen. Ohne die Relevanz mancher anderer Fragen zu unterschätzen, seien hier nur zwei historisch-soziologische Problemkreise genannt, die offensichtlich „unterbelichtet" sind: einerseits Nationalstaat und Menschheit, andererseits Freiheit und Determination in der Geschichte. Es bedürfte längerer und die wertvollen Beiträge und Anstöße Wolfgang J. Mommsens[16] noch verschärfender Darlegungen, um die Radikalität der nationalstaatlichen Wertorientierung Max Webers und ihren tiefen Einfluß auf seine wissenschaftlichen und epistemologischen Thesen ausreichend zu verdeutlichen. Es müßte wohl der gesamte Umkreis der Wertfreiheitsdebatte in eine solche Untersuchung mit einbezogen werden, ebenso die Fragen nach rassistischen und sozialdarwinistischen Implikationen der hier verwendeten Begriffe von Nation und Kultur. Dies wiederum führt auf die komplizierten Zusammenhänge von Webers jeweiliger Abhängigkeit oder Unabhängigkeit von bestimmten Formen des Consensus im wilhelminischen Bürgertum. Nationale Bedingtheiten seines Sinnhorizontes können gerade dort deutlich werden, wo er – etwa in den deutsch-polnischen Agrar- und Volkstumsfragen – die Klasseninteressen der deutschen Grundbesitzer kritisiert. Denn er kann sie nicht anders kritisieren als im direkten Rekurs auf eine absolut gesetzte deutsche „Staatsraison", deren inhaltliche Bestimmung übrigens in die Richtung von „Blut und Boden" weist, so fern Webers liberaler Imperialismus sonst derartigen Konzepten scheint.

Die Fülle von Fragen und auch eklatanten Widersprüchen, die bei Weber im Umkreis des Nationalstaates als Wertmaßstab für Politik und Wissenschaft auftauchen, kann hier nur zitierend angedeutet werden. In der berühmten Freiburger Antrittsvorlesung (1895) heißt es: „Nicht im offenen Streit werden die deutschen Bauern und Taglöhner des Ostens durch politisch überlegene Feinde von der Scholle gestoßen: im stillen und öden Ringen des ökonomischen Alltagslebens ziehen sie einer tieferstehenden Rasse gegenüber den Kürzeren ... Es gibt keinen *Frieden* auch im wirtschaftlichen *Kampf* ums Dasein ... Nicht das Wohlbefinden der Menschen, sondern diejenigen Eigenschaften möchten wir in ihnen emporzüchten, mit welchen wir die Empfindung verbinden, daß sie menschliche Größe und den Adel unserer Natur ausmachen ... Die Volkswirtschaftslehre als erklärende und analysierende Wissenschaft ist *international,* allein sobald sie *Werturteile* fällt, ist sie gebunden an diejenige Ausprägung des Menschentums, die wir in unserem eigenen Wesen finden ... Nicht Frieden und Menschenglück haben wir unseren Nachfahren mit auf den Weg zu geben, sondern den *ewigen Kampf* um die Erhaltung und Emporzüchtung unserer nationalen Art[17]."

Der unvermittelte Appell an den nationalen Consensus als letzte Instanz für die politisch-historische Singgebung der wissenschaftlichen Arbeit und des Lebens ist das eine – Webers Versuche zu einer rationalen Orientierung innerhalb des nationalen Apriori und zu Lösungen der enormen wissenschaftstheoretischen Schwierigkeiten, die sich aus diesen

Positionen ergaben, sind ein anderes. Jedenfalls blieb das nationale Apriori mit all seinen offenen und verdeckten Konsequenzen in bestimmender Stärke aufrecht; es gehört gerade in seiner Unreflektiertheit zu den wesentlichen Konstituanten des Sinnhorizontes, innerhalb dessen der Weg der neuzeitlichen Geschichte, die gegenwärtige Verantwortung und die Prognose der Zukunft reflektiert werden.

Doch nicht nur im Wertbezug, auch auf der Ebene der analytischen Kategorien Max Webers erscheint der Problemkreis Nationalstaat–Menschheit untersuchenswert. Gewiß lag bei einer vorherrschend soziologischen und sozialgeschichtlichen Arbeitsweise der Akzent verständlicherweise auf den innerstaatlichen und horizontal-typologischen Fragen. Doch bleibt es auffallend, wie wenig die Relevanz der zwischenstaatlichen Beziehungen für die jeweiligen Sozialstrukturen, die Dialektik von Innen- und Außenentwicklung im pluralistischen System der neuzeitlichen Staatengesellschaft zur Sprache kam. Dabei hätten gerade die deutsche Sozialgeschichte und ihre komparative Einordnung in die europäischen Prozesse zu umfassenderen Thematisierungen dieser Art herausfordern können. Ist es übertrieben zu sagen, daß explizite und universale Thematisierungen gerade in jenen Bereichen *nicht* zum Zuge kommen, wo das nationale Apriori seinen Sitz hatte?

Noch schwieriger ist die Frage nach Freiheit und Determination bei Max Weber. Man könnte sie von verschiedenen Seiten angehen: von seinen politischen Reflexionen und Wegweisungen her, wo ja ein je vorausgesetztes Maß der Entscheidungsfreiheit Bedingung jeder Option und Tätigkeit ist; weiterhin wären sowohl die historischen wie die systematischen Partien seiner Werke auf einschlägige Äußerungen zu befragen; schließlich könnten auch die epistemologischen Konzeptionen in die Frage einbezogen werden. In aller Kürze sei hier darauf hingewiesen, daß die politischen Schriften Max Webers wohl von leidenschaftlicher Parteinahme für dies oder jenes zeugen und insofern die oben genannte Voraussetzung selbstverständlich involvieren. Andererseits begegnet man unmittelbar neben voluntaristischem Mahnen, Hoffen und Fordern (das keineswegs dezisionistisch isoliert, sondern breit aus wissenschaftlichen Argumenten abgeleitet erscheint) einem resignierenden Determinismus, der eigentlich jedem Tun und Überzeugenwollen den Boden entziehen müßte. Derartige Zwiespältigkeiten finden sich mutatis mutandis in den großen Essays und Überblicken. Wenn in der Abwehr materialistisch determinierter Geschichtsforschungen die Relevanz religiöser Motivationen und Bewegungen und die Rolle großer Persönlichkeiten stark betont werden, so erscheint es um so überraschender, daß in diesem Zusammenhang keine entsprechende Reflexion über Entscheidung, Möglichkeit, Freiheit im speziellen oder im allgemeinen Kontext sich findet. Die Frage nach den Zusammenhängen der *Wirkung* treten so beherrschend in den Vordergrund, daß Überlegungen unter dem Stichwort: Hätte es auch anders kommen können? kaum zur Sprache kommen[18]. Widersprüche und Unklarheiten, deren nähere Bedingtheiten hier nicht erörtert werden können, kennzeichnen den Umkreis des Problems Freiheit und Determination bei Max Weber.

Eine den biographischen und zeitgeschichtlichen Etappen folgende Betrachtungsweise kann, wie wertvolle Untersuchungen gezeigt haben, zur Analyse des historisch-politischen Sinnhorizontes beitragen. Aus der Fülle des Stoffes und der Gesichtspunkte bietet sich ein Komplex zu einer kurzen, paradigmatischen Betrachtung an: Max Webers Beschäftigung mit der russischen Revolution von 1905. Die im nationalen Apriori politisch und kulturell verankerte, in der Kritik an den Widersprüchen der Wilhelminischen Ära sich nach links orientierende Gedankenwelt des Gelehrten traf in der russischen Literatur und Politik, die ihm durch die russische Kolonie in Heidelberg vermittelt wurden, auf neue Elemente der Herausforderung und der Hoffnung. Das Interesse an Dostojewski und an Tolstoi gewinnt eine weit über den literarischen Rahmen hinausreichende Dimension. So werden etwa später in den bekenntnishaften Passagen der Reden über „Politik als Beruf" und „Wissenschaft als Beruf" die beiden Russen als Zeugen jener Gegenpositionen der Gewaltlosigkeit, jener religiösen Gesinnungsethik zitiert, die Max Weber vom Entwicklungsgang der okzidentalen Welt her für sich und für jeden „Verantwortungsethiker" ablehnen zu müssen glaubt[19]. Dagegen bleibt das spätere Fortschreiten der russischen revolutionären Bewegung (seit 1917) ohne tieferen Einfluß auf Webers Konzeptionen; die Phänomene der bolschewistischen Revolution hat er oberflächlich und ohne Eindringen in ihre Bedeutung analysiert. 1905/1906 aber kennzeichnet eine unverhohlene Sympathie für die liberale Befreiungsbewegung in Rußland die wissenschaftliche und politische Betrachtung[20]. Es eröffnen sich dem Betrachter positive, weltgeschichtliche Perspektiven angesichts der Möglichkeit, daß nun spezifisch europäische freiheitliche Entwicklungstendenzen in der Weite Rußlands zum Zuge kommen und daß damit eine Konvergenz der Entwicklung in Nordamerika sich verbinde. Bevor die für die nächsten Generationen zu erwartende Sättigung und damit Erstarrung der Produktions- und Denkformen einträte, könnte eben noch von beiden Seiten her eine die Masse betreffende Wendung der neuzeitlichen Entwicklung im Sinne von Freiheit und Persönlichkeit erfolgen: „Was jetzt, im Laufe der nächsten Generationen, solange die ökonomische und geistige ‚Revolution', die vielgeschmähte ‚Anarchie' der Produktion und der ebenso geschmähte ‚Subjektivismus' noch ungebrochen bestehen, dem durch sie und *nur durch sie*, auf sich selbst gestellten Individuum der breiten Massen nicht als ‚unveräußerliche' Persönlichkeits- und Freiheitssphäre gewonnen wird, das wird ihm – wenn die Welt erst einmal ökonomisch ‚voll' und intellektuell ‚satt' ist – *vielleicht* niemals erobert werden, soweit unsere schwachen Augen in den undurchdringlichen Nebel der Zukunft der Menschengeschichte zu dringen vermögen[21]."

Der Hoffnung folgt die Enttäuschung. Bei aller methodischen Vorsicht hinsichtlich des Zusammenhanges von politisch-persönlichen Erfahrungen und Systemdenken kann doch darauf verwiesen werden, daß *vor* dem Scheitern der liberalen Hoffnungen auf Rußland Webers allgemeine Zukunftsprognosen offener und weniger pessimistisch waren als in den Jahren danach. Niemals später werden diese Perspektiven so offen und hoffnungsvoll fomuliert wie noch 1904/1905: „Niemand weiß noch, wer künftig in jenem Gehäuse [sc. des aus der innerweltlichen Askese entstandenen kapitalistischen Systems] wohnen wird und ob am Ende dieser ungeheuren Entwicklung ganz neue Propheten oder eine mächtige Wiedergeburt alter Gedanken und Ideale stehen werden, *oder* aber – wenn keins von beiden – mechanisierte Versteinerung, mit einer Art von krampfhaftem Sich-wichtig-Nehmen verbrämt[22]."

Ohne die Möglichkeit, die hier angedeuteten pointierten Fragestellungen von Biographie, Zeitgeschichte und welthistorischer Perspektive weiter zu entfalten, sind abschließend einige fragmentarische Hinweise zu formulieren. Das nationale Apriori, das zu transzendieren Max Weber selbst im Höhepunkt seiner wissenschaftlichen und publizistischen Sympathie für die russische Revolution von 1905 nur mühsam gelang, gewann in der Folgezeit, insbesondere im Weltkrieg und danach, verstärkte Bedeutung. Bei allem Eintreten für politische Vernunft und konstitutionelle Reform wird der Sinnhorizont, innerhalb dessen Weber Vergangenheit, Gegenwart und Zukunft der Welt bedenkt, in einer verschärften Weise von diesem Apriori bestimmt. Friedensfrage, Kriegsschuldfrage, revolutionärer Messianismus und ökonomischer Dilettantismus der Nachkriegszeit – alle diese Faktoren führen zu einer Verhärtung der nationalen, nationalistischen Position: Kampf, Niederlage, Pariaschicksal, kämpferische Wiedererhebung der Nation – in diesen versöhnungslosen Kategorien stellt sich dem deutschen Zeitgenossen Max Weber der Gang der Weltgeschichte dar. Auf der theoretischen Ebene entsprechen dem der Mangel an Vermittlung zwischen universaler Sozialentwicklung und deutscher Sonderentwicklung, die Akzentuierung des schon immer angelegten „düsteren" Determinismus in Richtung auf ein erstarrtes Fellachentum der Zukunft, auf das „Gehäuse der Hörigkeit" sowie eine in verwirrende Paradoxien gesteigerte Heteronomie von Wissenschaft und Wertsphäre.

Die Wechselwirkungen zwischen der Verarbeitung aktueller politischer Erfahrungen und dem systematischen Denkprozeß bedürften gerade im Falle des Geschichtsbildes Max Webers einer methodisch überaus differenzierten Untersuchung. Die Zeitgebundenheit vieler seiner Urteile und Ansichten ist zu deutlich, als daß die Aufgabe der Sonderung des Dauernden, des großartig Antizipierenden seines wissenschaftlichen Werkes vom Zeitbedingten eines Kommentars bedürfte. Eines ist die Feststellung, daß die tiefschürfende und universale Leistung eines exzeptionellen Forscherlebens und das persönlich unverbrüchliche Hinneigen zu den Idealen von Freiheit und Persönlichkeit keine Garantien gegen ein Verhaftetsein in den Grenzen einer national-partikularen und damit sich selbst aufhebenden Sinngebung der Weltgeschichte erbracht haben. Ein anderes ist die Frage, ob die – heute leicht gewordene – Relativierung des nationalen Apriori zugleich eine Relativierung der von Max Weber konkludent entworfenen Neuzeitinterpretation und Zukunftsprognose bedeuten kann. In welcher Richtung sollte eine solche Relativierung vorgehen? Hat es Sinn, auf der Ebene von Analogieschlüssen zu argumentieren, etwa so: der Plausibilität einer Kritik an dem nationalistischen Aspekt von Webers Geschichtsbild von einem heutigen, universal-humanitären Standpunkt aus entspricht die Kritikbedürftigkeit auch aller anderen Aspekte seines „gnadenlosen" Geschichts- und Zukunftsbildes? Die Aufhebung der nationalistischen Determinante würde auch eine Aufhebung oder mindestens Auflockerung des gesamten historisch-soziologischen Interpretationsrahmens der Weltgeschichte nach sich ziehen? So einfach liegen die Dinge gewiß nicht. Gerade heute, wo die Ökologie-Diskussion uns mit neuartigen Steuerungspoblemen rund um das Überleben der Menschheit konfrontiert, sollte mit erneuerter Umsicht den methodologischen und interpretativen Leistungen Max Webers im Bereich von Aufstieg und Krise der Neuzeit nachgefragt werden.

IV.

Wer *Friedrich Meinecke* kennt, wird sich vielleicht fragen, ob es denn sinnvoll sei, einen Historiker dieser besonderen Art nach seiner Interpretation der Neuzeit zu befragen. Wenn Meinecke sich überhaupt zu solchen Fragen äußerte, dann hat er es mit Deutlichkeit abgelehnt, das fortschrittsgläubige Geschichtsbild des 18. und des 19. Jahrhunderts oder die Dekadenztheorien der modernen Kulturkritik anzunehmen. Er versuchte dagegen eine eigenwillige Ansicht der Geschichte zu entwickeln, die der Option für die progressive oder die den Abstieg betonende Auffassung enthoben war, indem sie die Unmittelbarkeit und den Ewigkeitswert jedes geschichtlichen Momentes hervorhob: „Diese beiden Geschichtsansichten verlaufen in *horizontaler* Richtung und verfallen darum auch dem horizontal laufenden Werdestrom. Aber kann man nicht auch *vertikal* die Sache ansehen und eine feste Brücke über den Strom zu bauen versuchen? Von ihr aus dann in den Strom blicken und das Feste und Sichere im Wechsel gewahr werden? Ich sehe keinen anderen Weg[23]."

Nicht um die heute sehr naheliegende Kritik einer solchen, auf Exterritorialität und unbedingte Intuitionskraft des Historikers angelegten Anschauung geht es hier (sie müßte weitausholend nicht nur Weltanschauungs- und Methodenfragen, sondern auch die Gesamtheit der sprachlichen Mittel und Zwecke Meineckes einbeziehen). Vielmehr soll im folgenden versucht werden, das spezifische Interesse nachzuweisen, das im Rahmen der deutschen Historiographie einem Geschichtsbild zukommt, das sich zu unserer eigentlichen Frage prinzipiell abweisend verhält. Denn unabhängig von dieser theoretischen Erklärung in Form einer „vertikalen Geschichtsansicht" ist Meineckes Werk reich an Bemerkungen – wenn auch meist fragmentarischer Weise – zum Thema von Aufstieg und Niedergang der Neuzeit. Diese Spannung von Theorie und Einzelaussage im Kontext der politischen Wege und des fachlichen Wirkens macht im Falle Meineckes neben anderen, besonderen Umständen die Schwierigkeit wie den Reiz der Untersuchung aus.

Es werden hiefür einige Voraussetzungen festgestellt, die sich aus dem heutigen Stande der Meinecke-Forschung ergeben[24], ohne hier im einzelnen begründet werden zu können. Der tiefe Eindruck, den Diltheys Konzeption der Neuzeit und seine Methode geschichtlicher Betrachtung auf den jungen Meinecke machte, ist die eine. Die andere ist die Reduktion des Diltheyschen Ansatzes einer Einheit der Geisteswissenschaften, die Meinecke de facto vornimmt, indem er die Geschichtswissenschaft in seiner Weise mit ganz besonderen, unvergleichbaren Erkenntniszielen und -mitteln ausstattet. Die Kritik einer verbindlichen Begriffssprache verbindet sich bei Meinecke mit einer betonten Vorliebe für eine gedanklich assoziierende Metaphorik, der ein höherer Rang der Kommunikation zugesprochen wird als jeder Fachterminologie. Bei der Abweisung jeder Art von „horizontaler Geschichtsphilosophie" ist wohl die frühe und scharfe Auseinandersetzung mit Karl Lamprechts Versuchen in Betracht zu ziehen, später auch die Kritik an Oswald Spengler. Karl Marx und die verschiedenen Formen der marxistischen Fortschrittsidee und Geschichtslehre scheinen für Meinecke keine unmittelbare Herausforderung bedeutet zu haben. Die Begegnung mit Benedetto Croce und seiner Geschichtsphilosophie hat wohl Fragen aufgeworfen, die für unser Thema von Bedeutung sind[25]. Daß sie für Meineckes Geschichtsdenken konstitutiv waren oder wurden, ist bisher noch nicht behauptet worden.

Eine wesentliche Voraussetzung für die besonderen Züge des politisch-historischen Denkens lag bei Meinecke in dem ursprünglichen und bleibenden Vorrang der *deutschen Geschichte*. Vorrang ist hier im ganz pragmatischen Sinne der vorherrschenden Thematik gemeint. Die Bezeichnung „deutsche Geschichte" dürfte durch den Hinweis auf das ausgeprägte Interesse für die norddeutschen, protestantischen, preußischen Elemente in Vergangenheit und Gegenwart verdeutlicht werden. Europäische Fragen haben für Meinecke erst unmittelbar vor dem Ersten Weltkrieg sichtliche Bedeutung gewonnen. Bis dahin stand das Werden der preußisch-deutschen Staatlichkeit und der norddeutsch-protestantischen Kultur ganz im Mittelpunkt seiner Arbeiten. Der europäische Kosmopolitismus des 18. Jahrhunderts hatte ihn als Vorstufe des deutschen nationalstaatlichen Denkens interessiert, nicht mehr dagegen die große westeuropäische Historiographie des 19. Jahrhunderts und seiner eigenen Zeit.

Meinecke, geboren 1862, hervorgegangen aus dem preußischen Archivdienst und zunächst durch Sybel stark gefördert, gehörte subjektiv wie objektiv den tragenden Schichten des Wilhelminischen Reiches an, auch wenn ihn seine gesellschaftspolitische Sensibiltät zur liberalen Linken führte und als Befürworter einer politisch-sozialen Reform in Gegensatz zu den Konservativen brachte. Die historisch-politische Kontinuität des preußisch-deutschen Lebens, der er sich bei alledem fraglos zugehörig fühlte, war von einer heute kaum mehr vorstellbaren Geschlossenheit: ein in sich geschlossener Kosmos von Wert und Willen, der den Blick auf die Gesamtheit der Menschheitsfragen wenn überhaupt, dann unter dem Apriori der eigenen Staatlichkeit freigab.

Abgekürzt ausgedrückt: Die Begegnung mit der Problematik des europäischen Lebens erfolgte für Meinecke erst am Vorabend des Ersten Weltkrieges. Sie erfolgte vorwiegend in der Form einer politischen, nicht einer geschichtswissenschaftlichen Reflexion. Die Frage nach dem Schicksal des deutschen Imperialismus wurde für den Historiker seit der zweiten Marokkokrise zum Anlaß einer immer breiter und intensiver werdenden politischen Publizistik[26]. Dagegen blieb die wissenschaftliche Zuwendung zu den europäischen Phänomenen der Renaissance und des Humanismus, die Meinecke 1909 für die Zeit nach dem Erscheinen der Radowitz-Biographie (1913) plante[27], anscheinend in bestimmten Grenzen stehen. Hier ist an die Machiavelli-Studien, an den Gesamtbereich der Studien zur Staatsräson zu erinnern. Aber gerade das besondere Verhältnis zwischen einer engagierten politischen Schriftstellerei zu allgemeinen europäischen Gegenwartsproblemen und einer im außerdeutschen Bereich auf typische Einzelfragen des 16. bis 18. Jahrhunderts beschränkten Forschung blieb weiterhin für Meinecke kennzeichnend. Die 1927 erschienene Studie über das deutsch-englische Bündnisproblem 1890–1901 stellt durch ihre Eigenart eher eine Bestätigung als eine Ausnahme dar; sie gehört von der Art der Fragestellung her mehr der deutschen als der europäischen Geschichte zu.

An drei Stellen soll nun versucht werden, des näheren zu Meineckes Denken über die allgemeinen Charakteristika und Tendenzen der Neuzeit vorzudringen. Einmal von den Äußerungen her, die kurz vor dem Ersten Weltkrieg und zu Beginn des Krieges erfolgten, als der Historiker sich noch ganz unbefangen zur „imperialistischen Idee" bekannte. Sodann ist der Umkreis des Werkes über die Idee der Staatsräson in Betracht zu ziehen (erschienen 1924), schließlich verdienen die Überlegungen der Jahre unmittelbar vor und nach 1945 besondere Beachtung. – Die innenpolitischen Forderungen des „Imperialisten“ Meinecke stehen im direkten Zusammenhang mit seinen Vorstellungen von der „Weltlage“, in denen sich historisches Wissen und zeitgenössische Maximen aufs engste verbinden: „Gelingt es nicht, die ganze Stoßkraft der Nation und aller ihrer Schichten zu vereinigen und die inneren Spaltungen . . . zu überwinden, so werden wir innerlich schwach am Tage der Entscheidung dastehen[28].“ Entscheidung worüber? Mit der Heftigkeit des eben erst in den imperialistischen Wettbewerb eingetretenen, über keine langfristigen historischen Erfahrungen von Groß- und Weltmacht verfügenden Partners orientiert sich Meinecke (und Meineckes Publikum) an den Chancen und Zwängen, wie sie dem damaligen deutschen Betrachter der Weltpolitik erschienen: der „Rachedurst“ Frankreichs als Konstante, Dauer und Wandel in den russischen und englischen Imperialismen, Bindung an Österreich-Ungarn, das Projekt der eigenen „föderalistischen“ Expansion, vor allem im Nahen und Mittleren Orient, Aufrüstung als Friedensbürgschaft. „Wir sind nicht der Meinung, daß wir nur und ausschließlich durch einen großen Krieg unsere weltpolitische Zukunft und unseren Anteil an der Welterschließung sichern können[29].“ Die Weiterführung dieser Gedanken in die Kriegszeit hinein bringt keine wesentlichen Modifikationen, ausgenommen etwa die starke Betonung der kontinentalen Hegemonie als Ziel der Mittelmächte[30].

Vieles ist schon gesagt worden und wäre noch zu sagen zur näheren Einordnung der gemäßigten Positionen Meineckes in das damalige Feld deutscher Hoffnungen und Annexionsprogramme. Doch nicht darum geht es. Es geht um die Frage: Wie sollte es nach der Meinung Meineckes nun überhaupt weitergehen mit der Geschichte Europas, mit jenem neuzeitlichen Staatensystem und seinen kulturellen und sozialen Implikationen? Eine Antwort kann in zweifacher Richtung gegeben werden. Einerseits bleiben die Zukunftserörterungen, wie sie der Historiker noch 1915 anstellte, erstaunlich konventionell, das heißt, sie rechnen mit einer sehr großen Konstanz des gegenwärtigen politisch-sozialen Systems über das Kriegsende hinaus: mit der einen Variante eines Fortbestandes der jetzigen Blockbildung auch nach dem Friedensschluß, mit der anderen Variante einer Auflockerung durch den künftigen englisch-russischen Kampf um Asien[31]. Andererseits hat Meinecke gerade unter dem Eindruck des Übergangs vom Frieden zum Krieg tieferreichende Überlegungen über den Sinn des staatlichen und nationalen Weges angestellt, den er durch den Kriegsbeginn keineswegs dementiert, sondern vielmehr bestätigt fand. Die Machtpolitik der großen Staaten vollzieht sich in wechselnden Formen, ihr Verhältnis zur Kultur wandelt sich immer wieder. „Aber in dem bunten Hin und Her der Wechselwirkungen vollzieht sich eine langsam ansteigende Entwicklung. Die roheren Mittel und Ziele der Machtpolitik weichen den edleren und menschlicheren . . . Während unmittelbar und greifbar in diesen gewaltigen Tagen unsere Kultur ganz in den Dienst des Staates gepreßt wird, dient im Reiche des Unsichtbaren heute unser Staat, unsere Machtpolitik, unser Krieg den höchsten Gütern unserer nationalen Kultur.“[32] Der Krieg wird die Verbindung von Staat und Kultur fördern. „Frohe Hoffnungen für eine höhere Stufe unseres nationalen Daseins erfüllen uns . . . Siegen wir, so siegt zugleich die nationale Idee in ihrer höchsten Form über den rohen Nationalismus. Das wird die universale Bedeutung unseres Kampfes sein.“[33]

Es wäre ungerecht und irreführend, in diesen Aussagen nur nationale Phraseologie und Tautologie zu sehen. Viele Jahrzehnte preußisch-deutscher Denktradition und Politik waren vorausgesetzt, bis ein bedeutender und gewissenhafter Historiker zu solchen Positionen gelangte. Meinecke selbst hat später – im Schlußkapitel zur „Idee der Staatsräson“ – einen Schlüssel zur Deutung dieses nationalstaatlichen Optimismus gegeben: Der zivilisatorische Optimismus der Zeit vor 1914 wirkte zusammen mit dem „idealistischen Optimismus“ in Deutschland (Identität von Macht und Geist). „Jedenfalls konnten beide Optimismen zusammenwirkend ein gewisses Vertrauen auf die gesunde und ruhige Weiterentwicklung der abendländischen Menschheit erzeugen.“[34] Gewiß wird man heute die

Frage nach den Gründen der Möglichkeit so folgenschwerer Selbsttäuschungen noch wesentlich schärfer stellen. Wie kommt der Bürger eines einzelnen Staates dazu, die Bedingungen des Aufstiegs dieses Einzelstaates einerseits als identisch mit, andererseits als unabhängig von den Bedingungen des Aufstiegs der Neuzeit in toto anzusehen und dementsprechend zu handeln?

In die Komposition des 1924 erscheinenden Werkes über die Idee der Staatsräson sind bekanntlich in starkem Maße Meineckes Erfahrungen aus den politischen Kämpfen des Weltkrieges, aus dem Umbruch 1918/19 und aus dem Verhalten der Siegermächte zu Deutschland eingegangen[35]. Der nationalstaatliche Optimismus und Aufstiegsglaube ist vergangen. An seine Stelle sind melancholische Betrachtungen über den Weg der europäischen Staatenwelt und Kultur aus der Vergangenheit in die Zukunft getreten. So deutlich auch die unmittelbare Empfindung erlittenen nationalen Unrechts (vor allem von seiten Frankreichs) zu spüren ist, so bleibt doch Meinecke zu sehr disziplinierter Historiker, als daß er nicht eine wissenschaftliche Verallgemeinerung und Versachlichung des Erlebten versucht hätte. Inwiefern diese angestrengten Versuche, in deren Mittelpunkt der sehr allgemein ausgelegte Begriff der Staatsräson steht, gelungen oder mißlungen sind, kann hier nicht untersucht werden. Jedenfalls haben wir in diesem Werk ein bewegendes Zeugnis für ein gewandeltes Geschichtsbild vor uns. Im Schlußkapitel zeichnet Meinecke, an Frankreichs Deutschlandpolitik anknüpfend, das Bild einer jüngsten Konkretisierung der Staatsräson, deren zerstörerische Wirkungen nun die früheren positiven Ergebnisse (Aufbau des modernen Großstaates usw.) weit überwiegen: „Die mitleidlose Staatsräson der antiken Freistaaten scheint wieder aufzuleben, die die bloße Existenz eines einmal gefährlich gewesenen Gegners nicht ertragen konnte und in seiner völligen Vernichtung ihre höchste Aufgabe sah ... So droht nun auch das Wesen des modernen europäischen Staatslebens, das immer bisher sich wiederherstellende Gleichgewicht freier, selbständiger, als große Familie zugleich sich fühlender Staaten, zugrunde zu gehen. Damit wäre dann auch die historische Rolle des alten Europa ausgespielt und die abendländische Kultur in der Tat dem Untergang geweiht."[36]

Meinecke gibt jedoch die Sache Europas noch nicht verloren. Innerhalb der Grenzen seiner Konzeption von Staat, Kultur und Geschichte (die keinen eigentlichen Abbau von staatlichen Souveränitätsrechten und damit keine institutionelle Wandlung und Sicherung der „Familie" der Staaten zuläßt) gelangt er zu moralischen Forderungen: Die sittlichen Schranken der einzelstaatlichen Staatsräson sind stärker zu betonen, dazu ist die Einsicht in die tragische Zwiespältigkeit jeder Machtpolitik zu verbreiten, andererseits aber der falschen Idealisierung der Macht und der falschen Vergöttlichung des Staates, wie sie seit Hegel in Deutschland wirkte, entgegenzutreten. Nicht der Frage nach den eigentlichen Maximen und nach der politisch-sozialen Trägerschaft solcher sittlicher Einschränkungen soll hier nachgegangen werden. Ein ergänzender Blick auf Meineckes damalige politische Publizistik kann dazu dienen, die konkreten Perspektiven, die sich aus seiner Stellungnahme für die Interpretation der europäischen Geschichte ergaben, anzudeuten.

Den Völkerbundsgedanken hatte Meinecke schon in der „Staatsräson" mit tiefer Skepsis behandelt[37]. Vor und nach der Wendung, die mit der Locarno-Konferenz (Oktober 1925) begann, machte sich Meinecke zum Kritiker der französischen Sicherungspolitik, der er auch die ausschließliche Schuld am Hochkommen des deutschen Rechtsradikalismus gab[38]. Im Sommer 1923 sah er Frankreich vor einer Entscheidung, „die auf Jahrhunderte hinaus die Weltgeschichte bestimmen wird. Fährt Frankreich fort mit seiner bisherigen Macht- und Sicherungspolitik, so wird Europa trauernd das Haupt verhüllen und mit dumpfem Fatalismus kommende schreckliche Dinge erwarten."[39] Nach Locarno erschien ihm die europäische Zukunft wieder heller, da England im Interesse seiner traditionellen Gleichgewichtspolitik die pazifistische Idee zu Hilfe rief[40]. Meinecke bemerkt immerhin, „daß die Überzeugung, mit den bisherigen Mitteln der Machtpolitik allein die Interessen der Staaten nicht mehr wahren zu können, im Wachsen ist". Aber seine Analyse der Weltpolitik seit 1919 erfolgt noch ganz überwiegend in den Kategorien der alten Kabinettspolitik. Der Pazifismus ist eine Maske, die zur Entlarvung herausfordert. Die ultima Ratio des staatlichen Zusammenlebens bleibt die militärische Selbstbehauptung. Auch die vorübergehend skizzierte Möglichkeit eines künftigen Weltgegensatzes zwischen russisch-asiatischer und abendländischer Welt (zu deren Verteidigern er Deutschland rechnet) führt Meinecke nicht zur empfehlenden Erörterung neuer Formen zwischenstaatlichen Lebens. Der Historiker empfiehlt Anpassung an neue Konstellationen, beharrt aber im Grunde auf der unbegrenzten zukünftigen Konstanz der einzelstaatlichen Raison d'État. Es bedurfte des Jahres 1945, um hier neue Bahnen freizulegen.

Nach den bitteren Kritiken und den allgemeinen Erfahrungen, die der Demokrat Meinecke seit 1933 erlitt, bereiteten sich – verfolgbar in den Aufzeichnungen und dem Briefwechsel der Jahre 1943/44 – jene Positionen vor, die dann 1946 in der bekenntnishaften Schrift „Die deutsche Katastrophe" vorgetragen wurden. Kalter Krieg, Berlin-Blockade und die Gründung der Freien Universität im amerikanischen Sektor Berlins (Dezember 1948) führten zu einigen Verschärfungen und auch Milderungen, aber zu keinen wesentlichen Modifikationen des hier entwickelten Geschichtsbildes. Ihm wenden wir uns zuletzt in aller Kürze zu. Nicht so sehr das politisch-ethische Programm einer Regeneration Deutschlands im föderalistischen Verband Europas, auch nicht die erstaunliche Konstanz in der jetzt auftauchenden Formel von der „wahren Staatsraison Europas" soll hier interessieren. Es geht vielmehr um die allgemeinen Kriterien und Urteile, die Meinecke am Ende eines fast neunzigjährigen Gelehrtenlebens zu dem Gang der neuzeitlichen Geschichte formulierte.

Fragen des sozialen Wandels und seiner Wirkungen auf die Gesamtentwicklung hatten Meinecke schon seit dem Ersten Weltkrieg beschäftigt, ohne daß er sie zum Gegenstand historischer Studien gemacht hätte. Insbesondere war es die demographische Frage, die Tatsache der Bevölkerungszunahme, die ihn zu weitreichenden Reflexionen über die Unwiederbringlichkeit des alten Agrarstaates mit seinen aristokratischen Lebensformen und seinen kulturellen Chancen veranlaßte. Nun – im November 1943 – führte er im intensiven Briefgespräch mit Siegfried Kaehler diese Überlegungen weiter, in dem spezifischen Klima des damaligen Deutschland: Abgeschnitten von der Kenntnis der allgemeinen soziokulturellen Entwicklungen in der Welt, zurückgeworfen auf eine historische Gewissenserforschung, die immer wieder um die eigene, nationale Vergangenheit kreiste: „Mir scheint der ganze sinistre Hergang seit dem 18. und 19. Jahrhundert als ein Gewebe von Schuld und Schicksal, dessen Fäden gar nicht auseinander zu trennen sind. Schuld ist es, daß die bürgerlichen Schichten sich dem Mammonismus ergaben, dadurch die sittlichen Bedenken verloren, dem zügellosen Nationalismus verfielen etc. Aber wieviel Schicksalhaftes ist auch dabei zugleich mit im Spiele. Und ähnlich steht es doch auch mit der Verwebung von Schuld und Schicksal in der Psyche der handarbeitenden Schichten, aus der der Sozialismus wie der Bolschewismus hervorgingen."[41]

Auf dem Wege solcher Überlegungen, die durch das Ende der deutschen Staatlichkeit 1945 akzentuiert wurden, kam Meinecke zu dem Geschichtsbild der „Deutschen Katastrophe". So deutlich er sich von dem einseitigen Moralismus der pessimistischen Perspektiven Jakob Burckhardts distanzieren will[42], sosehr er durch eine Neuaufnahme westeuropäisch-liberaler Ideen konkrete Anhaltspunkte für eine Neuinterpretation der deutschen Geschichte im Rahmen der europäischen Neuzeit sucht, so entschieden er seine frühere Konzeption von „nationaler Kultur" in die neue Vorstellung einer „abendländischen Kulturgemeinschaft" zu überführen trachtet – der ganze Ansatz des Werkes war zu stark an die Aufgabe deutscher Selbstkritik und Regeneration gebunden, als daß für die Bestimmung des Stellenwertes der deutschen Katastrophe im Gang der Weltgeschichte noch Kraft geblieben wäre.

Später sind dann antibolschewistische Argumente dazugetreten (Deutschland als „Schild Europas gegen Asien"[43]). Sie sind nicht nur Zeugnisse wachgebliebener weltpolitischer Sensibilität, sondern erscheinen von Meinecke her auch als Beiträge zu einer rasch wieder möglichen neuen Sinngebung deutschen Lebens in einer gewandelten Welt. Eine „große Zeit" – so sieht er 1951, im Jahre des Todes, das Zusammenwirken europäischer und deutscher, bürgerlicher und sozialistischer Kräfte gegen die Unfreiheit[44]. Da bei aller Schärfe der Selbstkritik die Einordnung der deutschen Geschichte in den Gang der gesamten neuzeitlichen Entwicklung problematisch bleibt, ist es nicht leicht, über die für Meinecke letztlich maßgebenden Perspektiven dieser Entwicklung Klarheit zu gewinnen. Sein historisch-politisches Bewußtsein war – wenn ich recht sehe – bis zuletzt so unmittelbar mit dem Schicksal Deutschlands verbunden, daß er auch als weitsichtiger Historiker seine Gedanken über Aufstieg und Krise der Neuzeit nur in innigster Verbindung mit dem Auf und Ab dieses Schicksals entwickelte.

V.

Im Jahre 1929 hat *Franz Schnabel* im Vorwort des ersten Bandes seiner „Deutschen Geschichte im neunzehnten Jahrhundert" das Ziel formuliert, mit diesem Werk „in großen Zügen eine Biographie des deutschen und europäischen Menschen zu geben und die gegenwärtige Lage der europäischen Kultur und im besonderen des deutschen Volkes historisch zu deuten"[45]. Es war also von Anfang an mehr als nur ein Jahrhundert und mehr als nur deutsche Geschichte, die es darzustellen galt. Der Entwicklungsgang der modernen Welt sollte verfolgt werden und die Gegenwart von der Erkenntnis ihrer Grundlagen her Orientierung erhalten. Der damals 42jährige Historiker hatte sich auf die Erfüllung dieser großartigen Aufgabe durch eine erhebliche Anzahl von Spezialstudien vorbereitet. Seine synthetischen Darstellungen waren auf starkes Echo im Publikum gestoßen. Politische Bildung, Schulreform, Gymnasial- und Hochschuldidaktik beschäftigten ihn, der als süddeutscher Liberaler und als Katholik die Weimarer Republik aufs entschiedenste bejahte. Es kann hier nicht gezeigt werden, wie diese verschiedenen Aspekte von Schnabels Tätigkeit und Konzeption aus der kritischen Auseinandersetzung mit den geistigen und politischen Strömungen der Vorkriegszeit, mit den Erfahrungen des Weltkrieges und mit den nach 1918 in der deutschen Historiographie herrschenden Richtungen sich entwickelt hatten[46]. Es ist bekannt, daß die „Deutsche Geschichte" mit vier Bänden (1929, 1933, 1934, 1937) ein Torso blieb. Nicht nur, daß der fünfte Band 1940/41 der NS-Zensur zum Opfer fiel; der Entwurf der deutschen und europäischen Geschichte, von dem Schnabel 1929 ausgegangen war, wurde durch den katastrophalen Gang der Ereignisse in Frage gestellt. Die Reflexion über die gewandelten Perspektiven hat nach 1945 nur mehr in Einzelstudien, nicht mehr in einer Fortsetzung des Hauptwerkes ihren Niederschlag gefunden. So stellt sich von heute her die Aufgabe, zunächst auf die Konzeption von 1929 einzugehen und dann an einigen Beispielen auf spätere Modifikationen und Positionen des Denkens über Aufstieg und Krise der Neuzeit hinzuweisen.

Die Wertskala, mit der Schnabel an die Beschreibung der neuzeitlichen Entwicklung herantritt, enthält von Anfang an die Kategorien von Widerspruch und „Doppelseitigkeit". So heißt es in der Einleitung von 1929 über das 19. Jahrhundert: „Während der abendländische Geist erst jetzt sich siegreich über die ganze Erde dehnte und seiner Vorherrschaft sich freuen wollte, begann die abendländische Einheit im Individualismus der Menschen, der Völker, der Klassen sich aufzulösen. Eine tiefe historische Notwendigkeit lag in dieser widerspruchsvollen Entwicklung, die des Jahrhunderts Größe und Tragik in sich enthält: durch Aufstieg und Niedergang klingt zu uns eine berauschende und im Grunde schwermütige Melodie."[47]

Die besondere literarische Form, in der hier die verallgemeinernde Charakteristik auftritt, sollte nicht über das Ausmaß an verarbeiteter Einzelforschung und Reflexion hinwegtäuschen. Die kontinuierliche Entfaltung einer besonders im deutschen katholischen Milieu aus spätromantischer Wurzel lebenden Mittelalterforschung hatte sich ja vielfach mit einer organologischen Theorie der Gesellschaft verbunden: die ideale Einheit des Lebens war im Mittelalter gegeben; die Negativität der neuzeitlichen Entwicklung steigert sich seitdem unaufhaltsam. Schnabel hat die Unzulänglichkeit dieser Auffassungen durch die Betonung der „Legitimität der Neuzeit“ und ihrer befreienden, wertsetzenden Tendenzen kritisiert und auszugleichen versucht. Er betonte, daß die mittelalterliche „Gebundenheit aller Lebensordnungen und aller Lebensbetätigungen verschwinden mußte und daß mit einem neu aufsteigenden Individualitätsprinzip zugleich auch die innere Auflösung der mittelalterlichen und überhaupt der abendländischen Welt begann . . . – eine Entwicklung also, zu welcher das Abendland nicht weniger als ein halbes Jahrtausend gebraucht hat und die wir in ihrer inneren Begründung, ihrer wuchtigen Größe und in ihrer tragischen Doppelseitigkeit verstehen wollen.“[48]

Man muß sich die sehr weitgehend an der pauschalen Ablehnung der Französischen Revolution und der modernen westeuropäischen Freiheitsideen orientierten Geschichtsbilder im deutschen konservativen und katholischen Milieu von 1929 vergegenwärtigen, um zu ermessen, welche Bedeutung damals einem Plädoyer für eine abwägende, nicht ideologisch negativ fixierte Interpretation der Neuzeit zukam: „Doch die Entwicklung des abendländischen Geistes bot nicht nur das Bild der Zersetzung; sie entfesselte Kräfte und schuf neue Tatsachen, von denen aus die Lebensordnungen zeitweise wieder geregelt werden konnten, sie schuf trotz aller auflösenden Wirkung auch den Idealen des allgemeinen Menschentums und der jenseitigen Zielsetzung ungeahnte Antriebe und vielfältige Stärkung. Es wäre vermessen, wollte der rückschauende Betrachter den Reichtum dieser Jahrhunderte mit einer Formel ausschöpfen, mag sie nun Fortschritt heißen oder Auflösung.“[49] Man sieht übrigens, wie in der positiven Wertung an dieser Stelle (wie auch sonst bei den entfalteten Beschreibungen der vier Bände) christliche Transzendenz und humane Universalität konfliktlos nebeneinander angesprochen werden.

Diese ausgewogene Allgemeinheit der Perspektiven ist das eine – ein anderes ist die Frage der methodischen und interpretativen Durchführung. Konnte mit psychologischen Kategorien wie „Individualismus“, mit moralisierenden Begriffen wie „Auflösung“ ein Auskommen gefunden werden? Waren nicht schon durch das Verbleiben in einem bestimmten „Sprachspiel“ aller beschreibenden und wertenden Unvoreingenommenheit Grenzen gesetzt? Um solche Fragen schlüssig zu beantworten, wäre eine Analyse der vier Bände der „Deutschen Geschichte“ erforderlich, mit Berücksichtigung anderer, ergänzender Schriften. Es sei hier nur auf zwei illustrative Beispiele hingewiesen. Das Thema der wissenschaftlich-technischen Entwicklung der Menschheit hat Schnabel durch Jahrzehnte intensiv beschäftigt, seit seiner Lehrtätigkeit an der Technischen Hochschule in Karlsruhe. Untersucht man die zusammenfassenden Passagen zu Anfang und zu Ende des berühmten Kapitels, das im dritten Band der Technik des neunzehnten Jahrhunderts gilt, so fällt ein eigenartiger Dualismus der Beurteilung auf. Im Gegensatz zu manchen anderen kulturkritischen Denkern sieht Schnabel im Aufbau der modernen Technik als solcher eine durchaus positive, von starkem „Kulturbewußtsein“ getragene, dem Bürgertum und dem vorausgegangenen Weg Europas konsequent entsprechende Entwicklung: „So war dem abendländischen Bürgertum eine weltgeschichtliche Aufgabe von hoher Bedeutung gestellt. Es mußte vollbringen, was an der Zeit war; und die Frage war lediglich, wie es seiner Sendung gerecht wurde und wohin der Weg zuletzt führen werde.“[50] Die Gefahren dieses Weges werden reflektiert und ihr Wirklichwerden wird festgestellt, allerdings in einer überraschenden Unvermitteltheit der moralischen Erklärung und Beurteilung. Eine weitere Beobachtung ist wichtig. In concreto hält sich Schnabel kritisch wertend nicht an die industriell-kapitalistische Entwicklung insgesamt, sondern an die aus verschiedenen Komponenten resultierende deutsche Situation nach 1871: „Alsdann ist aus dem technischen Geiste und der politischen Einheit die industrielle Großmacht hervorgegangen, in der die Entfaltung der sittlichen Energien nicht mehr Schritt gehalten hat mit dem intellektuellen Fortschritt.“[51]

Sucht man nach einer angemessenen Beschreibung jener ethischen Kräfte, deren Unzulänglichkeit Schnabel bedauert, so trifft man auf die Frage nach „Fortdauer und Erneuerung des christlichen Erbgutes“[52]. Insgesamt erscheint Schnabels Analyse des Aufstiegs der industriellen Welt auffallend von der technisch-wissenschaftlichen Seite her entwickelt – mit geringerem Interesse für die im engeren Sinne sozialgeschichtlichen Implikationen. Dem entspricht von der anderen Seite her die unvermittelte Anwendung moralischer Kategorien, an denen die Ergebnisse der technisch-naturwissenschaftlichen Entwicklung gemessen werden. Doch die Schroffheit dieser Wertungen wird durch eine stets gegenwärtige genetische Erklärung wieder gemildert. Der Ausgleich des Dualismus von scharf wertendem Urteil über eine Entwicklung, die am Ende des 19. Jahrhunderts zum „modernen Massenmensch“[53] führte, und der sichtlich einverstandenen Beschreibung der technisch-wissenschaftlichen Weltveränderung bleibt dennoch prekär. Ebenso bleibt die komparative Einordnung der deutschen Entwicklung in die allgemeine Problemgeschichte des industriellen Zeitalters trotz einer Fülle behandelter Bezüge letztlich merkwürdig unbestimmt.

Ein anderes Beispiel kann vielleicht beitragen zur Verdeutlichung des Verhältnisses von Wert und Geschichte, wie es sich für Schnabel in den zwanziger Jahren darstellte. Im Bereich der politischen und der Verfassungsgeschichte wird sowohl die Sonderstellung Deutschlands in der modernen Welt wie die Problematik der deutschen Gegenwart und ihrer Wertorientierung besonders deutlich. In der „Geschichte der neuesten Zeit“, die als für die Öffentlichkeit bestimmte Ausgabe des weitverbreiteten Schulbuches seit 1923 viele Auflagen erlebte, schließt sich an die Behandlung der Weimarer Verfassung eine politisch-historische Paränese, die ihresgleichen sucht[54]. Auch hier steht der heutige Betrachter vor einer sehr komplexen Bündelung von historischen Interpretationen und voluntaristischen Wertsetzungen. Die deutsche Geschichte erscheint einerseits als ein tragischer, nicht zur Vollendung des freien Nationalstaats gelangter Weg: „Das deutsche Volk . . . hat niemals den Tag der großen inneren Befreiung erlebt, wo es als einiges, frei gewordenes Volk sich seinen Staat geschaffen hätte aus eigener Kraft.“ Andererseits appelliert der Historiker an Hoffnung, Entschiedenheit und nationale Opfergesinnung auf dem Boden der Weimarer Verfassung: „Und so besitzt die Jugend heute eine große geistige Überlieferung, die ihr als Hilfe dienen soll, um für Deutschland die Entwicklung der Jahrhunderte nachzuholen: die Jugend muß in sich die Kraft bilden, die Volksgemeinschaft aufzubauen, um zwischen Fremdherrschaft und Anarchie, die uns heute umdrohen, das Vaterland emporzuführen.“

Schärfer als in den großen darstellerischen Durchführungen der „Deutschen Geschichte“ (die ja bei all ihrer stofflichen Suggestion sehr bewußt konstruiert sind) tritt hier ein Grundproblem der Geschichtsauffassung Schnabels zutage – das Verhältnis von innerer Gesinnung und ihrer Verwirklichung in der staatlich-politischen Sphäre. Über die Frage nach Schnabels Hegelrezeption hinaus könnte man geradezu von einem historisch-politischen „Platonismus“ sprechen, wobei die Vermittlung zwischen Idee und Erscheinung durch eine stark voluntaristische Note gekennzeichnet ist. Es kann hier nicht weiter verfolgt werden, wie die anthropologischen Voraussetzungen eines solchen Geschichtsdenkens sich vom Erbe des deutschen Idealismus wie von Bergsons „élan vital“ herleiten. Festzuhalten bleibt, daß bei aller Einbettung in die nationale Sinnfrage die universale Orientierung einer solchen historisch-politischen Wertwelt nie in Frage stand. Aber diese Konzeption der zwanziger Jahre war, gerade weil sie infolge ihrer platonisierenden Idealität keine eigentliche Theorie der Konflikte – der nationalen, der sozialen Konflikte – zuließ, in hohem Maße gebunden an die vorausgesetzte Harmonie der „deutschen Bewegung“ mit den großen Zielen und Aufgaben der Menschheit. Gebunden und dadurch in besonderer Weise schutzlos und verletzbar, wenn einmal die deutsche Wirklichkeit Formen annahm, die von den „Idealen des allgemeinen Menschentums und der jenseitigen Zielsetzung“[55] entschieden wegführten.

In der Konzeption von 1929 wird immer wieder das Bestreben Schnabels sichtbar, den Weg der neueren Weltgeschichte in der Spannung von Rationalität und „Ursprünglichkeit" zu sehen. Gegenüber der Entfaltung des mechanischen und rationalistischen Denkens und der entsprechenden Lebensformen wird gerade in den deutschen Beiträgen seit Herder der Wiedergewinn einer umfassenderen, tieferen Konzeption des Lebens gefeiert. Was aber, wenn sich nun Zerstörung und Verderben von der Seite des Irrationalen her ausbreitete? Eine erste Modifikation grundlegender Interpretationsmaßstäbe scheint sich 1937 im vierten Band der „Deutschen Geschichte" anzudeuten. Das konnte an der Zeiterfahrung liegen, war aber auch durch den Stoff des Bandes nahegelegt, der sich mit den Schicksalen der katholischen und evangelischen Kirche beschäftigte. Düstere Töne, wie sie bisher nicht vorkamen, begegnen schon am Anfang der Darstellung, wo vorwegnehmend von den Grenzen und dem Nichtgelingen einer christlichen Erneuerung im 19. Jahrhundert die Rede war. Schnabel konstatierte einen Verfall der Vernunftideale wie des Christenglaubens in ihrer Wirkung auf die Massen. „So fand das 20. Jahrhundert eine menschliche Gesellschaft vor, in der die Mehrheit an absolute Ideale nicht mehr glaubte und widerstandslos allen Möglichkeiten geistiger Willkür preisgegeben war."[56] Mit dieser allgemeinen Verdunkelung der Perspektive verband sich der Versuch, eine veränderte terminologische Pointierung durchzuführen. Gegenüber dem „siegreichen Vordringen des mechanistischen und analysierenden Geistes" war es die *„alte organische Kultur"* Europas, die um die Mitte des 19. Jahrhunderts der letzte und entscheidende Stoß traf[57].

Die Bestimmung dessen, was der eigentliche Kern des historischen Vermächtnisses war, den es über eine kritische Gegenwart hinweg für die Zukunft zu bewahren galt, beschäftigte Schnabel seit Beginn des Krieges in immer stärkerem Maß. Er hatte seinen Lehrstuhl verloren, die „Deutsche Geschichte" durfte nicht weiter erscheinen, aber er konnte auch unter den Bedingungen der NS-Zensur Aufsätze in Zeitungen und Zeitschriften publizieren. Sie zeigen in einer mittelbaren Form das Ringen um eine Neufundierung seines Geschichtsdenkens. Das Thema des Humanismus tritt seit 1940 hervor; an der Geschichte des neuhumanistischen Bürgertums will Schnabel die Züge „eines hohen bürgerlichen und antiromantischen Ethos" zeigen[58]. Ebenso wird der Begriff der „Individualkultur" zum Ausgangspunkt weitreichender Betrachtungen, in deren Mittelpunkt nun statt Staat und Nation das Individuum und die Gesellschaft rücken. Damit waren wichtige Vorentscheidungen gefallen für die Perspektiven und Kriterien, mit denen Schnabel nach dem Ende der Diktatur als Historiker hervortrat. Nicht in einer Dämonisierung Hitlers, nicht in einer Überbetonung religiöser Aspekte oder nationaler Rehabilitation, sondern in dem schärferen Hervorkehren rationaler, humaner Argumente suchte er auf die Erfahrungen der deutschen und europäischen Katastrophe zu antworten.

Auch nach 1945 hat das Geschichtsbild Schnabels noch Wandlungen erfahren, deren enger Zusammenhang mit seinen früheren Positionen (und ihren anthropologischen wie epistemologischen Voraussetzungen) wie mit dem Gang der deutschen Politik und des Weltgeschehens hier nur in knappster Form angedeutet werden kann. Als Beispiel für eine erste Etappe engagierten und kritischen Eintretens in die Arbeit des Wiederaufbaus mit hohem ethischen Anspruch sei der berühmte Bismarckaufsatz von 1949 genannt, der eine bis heute andauernde Debatte auslöste[59]. Skepsis und Resignation traten in den letzten Jahren vor dem Tode (1966) stärker hervor. Für diese letzte Phase sind bezeichnend die Vorworte zu der 1964/65 erscheinenden zwölfbändigen Taschenbuchausgabe der „Deutschen Geschichte".

„Das Problem Bismarck"[60] war für Schnabel nicht nur ein Angelpunkt in der nach 1945 fälligen Revision des deutschen Geschichtsbildes. Es gab ihm Gelegenheit, jene Grundsätze geschichtlicher Betrachtung und Wertung zu entwickeln, die ihm nach der Katastrophe als wesentlich und dauernd erschienen. Die Frage nach Aufstieg und Krise der Neuzeit war in diesem Zusammenhang nicht ausdrücklich gestellt. Sie bildete aber die Voraussetzung einer Analyse, die das Schicksal Deutschlands nun ganz in eine universale, ethische Betrachtungsweise einordnete. Nicht nur das nationale Apriori in seiner besonderen deutschen Ausprägung, sondern auch jedes nur an Staat und Nation orientierte Geschichtsbild wurde abgewiesen. Das Urteil über Bismarck und sein Werk wurde zum

Plädoyer für eine „höhere Weltordnung“, deren Gültigkeit sich am raschen Vergehen jener Schöpfungen erwies, die diesen Ansprüchen nicht genügten: „Bismarck . . . gelangte nicht zu der Einsicht, daß es in einer so verworrenen Welt Aufgaben gibt, die weit über den Staat hinausgehen, und daß es dringend notwendig wurde, den Staat auf seinen ursprünglichen Zweck zurückzuführen, nämlich das Gute, das Rechte, die höhere Ordnung verwirklichen zu helfen. Er blieb dabei, daß die Aufgabe des Staatsmannes sich darin erschöpfe, den Staat zur Entfaltung zu bringen . . . In der Geschichte jedoch behaupten sich nur jene Mächte, die sich weltgeschichtlichen Zielen widmen. Und es ist der einzige Maßstab, nach dem Völker und Kulturen gemessen und unterschieden werden können, ob in ihnen ein Glaube lebt an eine höhere Weltordnung.“[61]

Es läßt sich schwer ausmachen, ob Schnabel sich damals – 1949 – aller allgemeinen Implikationen einer solchen Position bewußt war. Individuum, Gesellschaft und geschichtliche Prozesse waren in das scharfe Licht einer Unbedingtheit gestellt, die durch den Untergang nicht nur des Hitler-, sondern auch des Bismarckreiches pragmatisch wie ideell gesichert erschien. Aber reichte dieser eindeutige ethische Anspruch der unmittelbaren Nachkriegszeit aus, um von daher nochmals eine volle Konzeption der neuzeitlichen Geschichte, vergleichbar dem Entwurf von 1929, zu entfalten? War hier nicht die Gefahr des Rückfalls in die moralisierenden Beschränktheiten einer Aufklärungshistorie gegeben, die Schnabel selbst so klar durchschaut hatte? Bedurfte es nicht anderer, differenzierterer und weniger altertümlicher Begriffe und Kriterien, um die ethischen Probleme der modernen Welt nach Hitler angemessen anzufassen? – In einer Reihe großer und kleiner Einzelarbeiten der folgenden Jahre zeigte Schnabel, worauf es ihm in Fortführung älterer Gedanken bei der weltgeschichtlichen Orientierung nunmehr ankam: eine schärfere Fassung des Rechts- und Freiheitsgedankens wie des sittlichen Maßstabes im allgemeinen, die Betonung der „Individualkultur“, der langfristigen Sonderentwicklung Europas und der ambivalenten Rolle von Technik und Wissenschaft, ein pointiertes Eintreten für die humanistische Bildung als Unterpfand selbständiger, kritischer Lebensführung. Ob sich all diese im einzelnen sehr prägnanten und stets an *Erkenntnis und Wille* des Publikums appellierenden Perspektiven nochmals zu einer Gesamtinterpretation der Neuzeit verbanden, die in Wertung und Analyse kohärenter als der Ansatz der zwanziger Jahre war, muß dahingestellt bleiben.

Im Verlaufe der fünfziger Jahre reagierte Schnabel auf die von ihm als unbefriedigend und restaurativ gesehene Entwicklung von Politik und Geistesleben in der Bundesrepublik wie auf die allgemeine Weltlage mit einer Verstärkung der schon immer vorhandenen skeptischen Elemente seines Geschichtsbildes. Andererseits ist zu betonen, daß gerade in manchen späten Arbeiten ein gelungenerer Ausgleich von beschreibenden und wertenden Zügen zu finden ist, als in den angespannten Interpretationen der unmittelbaren Nachkriegsperiode. Die Resignation hinsichtlich des Ganges der Weltgeschichte sprach sich in großen Zügen aus; die deutsche Sonderentwicklung trat zurück gegenüber den durchgehenden Kennzeichen weltweiten geschichtlichen Schicksals. Im Vorwort zum sechsten Band der Taschenbuchausgabe seiner „Deutschen Geschichte“ faßte Schnabel 1965 nochmals seine Sicht der Neuzeit zusammen, indem er die Stellung des 19. Jahrhunderts charakterisierte: „Das Zeitalter der Freiheit ist gerade das kürzeste Zeitalter geworden in der Geschichte der Menschheit, schon nach einem einzigen Jahrhundert nahte sein Ende; mit dem Imperialismus und dem Ersten Weltkrieg kam die Herrschaft der Wirtschaftsämter, der Diktaturen, die Monotonie der Gleichen. So zerfällt die Geschichte Europas in drei große Zeiträume – eine sehr kurze Periode der Freiheit zwischen zwei langen Perioden der Gebundenheit; denn auch die zweite, die sich gegenwärtig heranbildet, wird vermutlich kein baldiges Ende nehmen.“[62]

Es stellt sich die Frage, ob dies nun ein eigentlicher Rückzug auf eine kontemplative Ebene à la Jakob Burckhardt war. Die sichere Antwort würde eine Gesamtanalyse des Spätwerkes, auch unter Einbeziehung des ungedruckten Nachlasses voraussetzen. Doch heute schon kann auf manches hingewiesen werden, was dafür spricht, auch für die Spätzeit mit einer Kontinuität der ursprünglichen Spannweite von Wertbezug und Geschichtsbild zu rechnen. Die historische Einsicht und Reflexion hat ihren Grund zuletzt nicht in einer eingeschliffenen Wissenschaftlichkeit, sondern in der generellen Sinngebung des individuellen Lebens; so hat es Schnabel noch in einem letzten Aufsatz 1965 formuliert: „Der Grund, warum wir das Bedürfnis haben, uns solcher Kontinuität bewußt zu werden und also mit der Welt der Geschichte uns zu beschäftigen, ist dadurch gegeben, daß wir, jeder einzelne, teilhaben an ihr. Jeder an seiner Stelle ist nicht bloß eine Summe des bis zu ihm Durchlebten und Erarbeiteten, sondern ein neuer Anfang weiterer Arbeit; eben darum ist er an seiner Stelle notwendig und seine Eigenart von Wert und Bedeutung. Dies ist das Bewußtsein der Individualität . . ."[63]

Man könnte einwenden, daß in dieser formalen Aussage mit ihrem Verzicht auf inhaltliche Wertbestimmung eben doch der Rückzug deutlich werde. Aber dem wäre sogleich entgegenzuhalten, daß eben in jenem Prinzip der Individualität, das bei Schnabel zum Korrelat des geschichtlichen Bewußtseins wird, ein Wert formuliert ist. Ein Wert, dessen immer neu zu gewinnende Präsenz ihm – so stellt es sich hier dar – auch bei dem diagnostizierten Übergang aus der Zeit der Freiheit in eine Zeit neuer Gebundenheit als möglich und notwendig erschien.

VI.

Während bei Historikern wie Meinecke und Schnabel die Frage nach der Interpretation der Neuzeit in einer direkten und umfassenden Weise ergiebig wird, steht die Sache bei dem Philosophen und Soziologen *Max Horkheimer* a limine anders. Die „kritische Theorie", deren Entwicklung und Kontinuität er für sich und seine Schule in Anspruch nimmt, gilt als primär gegenüber der historischen Empirie. Horkheimer hat sich immer wieder in intensiven Studien speziellen und allgemeinen Problemen der neuzeitlichen Geschichte zugewandt. Aber Methode und Bezugsrahmen dieser Arbeiten sind von den expliziten Prämissen einer Theorie bestimmt, die selbst wieder gewissen Schwankungen und Akzentverschiebungen unterliegt. Eine gesicherte Würdigung von Horkheimers überaus anregenden Beiträgen zur Geistesgeschichte und Sozialgeschichte der Neuzeit würde also eine philosophische und soziologische Kritik dieser Theorie und ihrer Variationen voraussetzen. Ohne eine solche ausgearbeitete Kritik der Prämissen, die für den Historiker eine *μετάβασις εἰς ἄλλο γένος* bedeutete, können Horkheimer-Texte nur mit großer Vorsicht benutzt werden.

Andererseits ist das innere und äußere Schicksal des Horkheimerschen Geschichtsdenkens im Rahmen der deutschen Zeitgeschichte von Weimar bis heute zu wichtig und zu bezeichnend, als daß es hier vernachlässigt werden sollte. Die intellektuelle Bildung des 1897 geborenen, süddeutschen Bürgersohnes im Kontext des deutschen Neomarxismus der zwanziger Jahre, die Emigration des Frankfurter „Instituts für Sozialforschung" nach Frankreich, dann nach den USA, die Auseinandersetzung mit Politik, Philosophie und gesellschaftlicher Praxis in Westeuropa und Amerika, die Rückkehr nach Westdeutschland Anfang der fünfziger Jahre und die folgenden Wirkungen und Enttäuschungen – diese Stichworte deuten an, warum eine Berücksichtigung Horkheimers trotz der genannten Schwierigkeit sinnvoll erscheint.

In den Arbeiten von 1932/33 fällt, was die Reflexion über den Weg der Neuzeit angeht, ebenso der Einfluß Diltheys auf[64] wie der ungebrochene sozialrevolutionäre Optimismus. Horkheimer rechnet zuversichtlich mit einer besseren Zukunft durch die Sprengung aller Bedingtheiten und Schranken einer bürgerlichen Vergangenheit. Indem er Max Schelers ökologische Sorge und Dekadenzvorstellung (1926 in „Die Wissensformen und die Gesellschaft" formuliert) zurückweist, postuliert er von einer materialistischen Theorie her die Gewißheit des zukünftigen Glücks der Allgemeinheit: „Allgemeine Vermutungen, ‚als ob die Erdbevölkerung als Ganzes nicht unter den bisherigen Grundsätzen eine Vermehrungstendenz erreicht hat, die den durch Technik, Wissenschaft und Wirtschaftsfortschritt überhaupt möglichen Erweiterungen des Nahrungsmittelspielraums unangemessen ist', Gedanken an ein bereits überschrittenes Optimum der technischen Produktivität an sich, die pessimistischen Vorstellungen von einer Dekadenz der Menschheit, einer ‚Peripetie ihres Gesamtlebens und Alterns', sind dem Materialismus fremd. Sie spiegeln die Verlegenheit einer die Kräfte hemmenden Gesellschaftsform als Ohnmacht der Menschheit wider."[65]

In den großen Essays, die Mitte der dreißiger Jahre in Frankreich entstanden, verarbeitet Horkheimer in umfassender Weise Stoffe und Fragen der neuzeitlichen Geschichte: „Autorität und Familie", „Egoismus und Freiheitsbewegung", „Montaigne und die Funktion der Skepsis"[66]. Die bohrende Kritik an dem Aufstieg der bürgerlichen Welt führt einerseits zu einer Fülle von tiefdringenden analytischen Beobachtungen, läßt aber andererseits die eigentliche Interpretation der Stufenfolge gesellschafts- und geistesgeschichtlicher Entwicklungen von der Renaissance bis zur Gegenwart in der Totalität der Kritik wieder undeutlich werden. Streckenweise steigert sich die Kritik an den Lebensformen des 19. Jahrhunderts zu solcher Schärfe, daß demgegenüber das 17. und das 18. Jahrhundert als höherwertig erscheinen[67]. Man fragt sich angesichts solcher Ansätze zu einer Relativierung des klassischen, liberalen wie marxistischen Fortschrittsschemas, ob Horkheimer überhaupt noch an einer empirisch ausweisbaren Aufstiegslinie der Neuzeit festhalten will. Die Entlarvung der bürgerlichen Ideen von Freiheit und Gerechtigkeit durch die Analyse autoritärer Strukturen der bürgerlichen Gesellschaft führt zu einer dem heutigen Betrachter sehr problematisch erscheinenden Zerdehnung des funktionalen und wertsetzenden Entwicklungsprozesses von der vorrevolutionären Epoche (die übrigens in Horkheimers de facto geistesgeschichtlicher Perspektive wesentlicher Charakteristika verlustig geht) zu einer revolutionär erreichbaren, besseren Zukunft. „Der wahre Widerspruch zum bürgerlichen Begriff der Autorität liegt in ihrer Loslösung von egoistischem Interesse und Ausbeutung. Dieser Widerspruch ist mit der Idee einer heute möglichen höheren Gesellschaftsform verbunden . . . In der Disziplin und im Gehorsam derer, die um diesen Zustand ringen, zeichnet sich bereits die Idee einer anderen Autorität ab."[68] Wenn die westliche Gesellschaft als ein „aus immanenten Gründen zum Untergang treibendes Gebilde" erscheint[69], so bleibt doch das postulierte Neue, Bessere nur durch die Negation des Bisherigen bestimmt. Fragen der neuen, in der Sowjetunion intendierten Lebensformen wurden damals und auch später von Horkheimer nicht behandelt.

Die Kritik am „bürgerlichen Menschen" erstreckt sich gewissermaßen auf den von Dilthey gewiesenen Wegen vom 19. Jahrhundert immer weiter in die frühe Neuzeit zurück, während gleichzeitig die Entwicklung der familiensoziologischen Analyse neue Räume menschlicher Vergangenheit und Gegenwart erschließt. Methode und Bezugsrahmen dieser kritischen Bestandsaufnahme werden getragen von einem eudämonistisch-revolutionären Apriori: es ist möglich, künftig durch eine höhere Organisation der Gesellschaft die bisherigen Leiden und Unmenschlichkeiten zu beheben. – Wieweit dann in der zeitlich spätesten der genannten Arbeiten – in dem großen Montaigne-Essay von 1938 – bereits neue, skeptische Akzente gesetzt werden, die auch mit veränderten politischen Konstellationen zusammenhängen (Ende der Volksfrontperiode, Beginn der Appeasementpolitik gegenüber Hitler), kann hier nicht verfolgt werden.

Ein zweiter Abschnitt in der ‚Histoire des variations' von Horkheimers Geschichtsdenken wird – soweit man heute sehen kann – nach der Flucht in die USA durch die 1941/42 geschriebene Abhandlung „Vernunft und Selbsterhaltung" eingeleitet. Ein durchdringender Skeptizismus macht sich geltend; nicht nur die Verzweiflung des Intellektuellen vor dem im Zenit seiner Macht stehenden Faschismus (wie der Klappentext des Verlages sagt), sondern auch die Begegnung mit der Gesellschaft und Philosophie Nordamerikas ist dabei in Rechnung zu stellen. Horkheimer sieht nun nicht mehr die Solidarität der antifaschistischen Kräfte, sondern die Allgemeinheit einer depravierenden Menschheitsentwicklung, von der Hitler nur einen Teil und ein Symptom bildet. Damit beginnt eine Umwertung der Vergangenheit. Sie setzt dort ein, wo schon die frühere Zerdehnung des

Entwicklungsprozesses eine tiefe Unsicherheit der Horkheimerschen Neuzeit-Interpretation angezeigt hatte. Vernunft wird durch den Fortschritt aufgehoben. Die Kategorie des Individuums als Zentrum einer Welt von Werten gehört nun weder der Gegenwart noch der Zukunft an, sondern nur mehr der Vergangenheit: „Die Kategorie des Individuums, an die trotz aller Spannung die Idee der Autonomie geknüpft war, hat der großen Industrie nicht standgehalten.“[70] So wandelt sich das Bild des Aufstiegs der Menschheit in die Vorstellung einer folgerichtigen, von den Anfängen der sich emanzipierenden Vernunft her angelegten Dekadenz. Dem einzelnen bleibt nur mehr die stoische Kontemplation: „Indem sie [sc. die Vernunft] in der Hölle, zu der sie selbst als Herrschaft die Welt umwandelt, ihre rationalistischen Illusionen verliert, vermag sie jener doch standzuhalten und sie zu erkennen als das, was sie ist.“[71]

Oder bleibt doch mehr? Am Ende des Aufsatzes versucht Horkheimer nochmals, die Idee des plötzlichen, dialektischen Umschlags der Weltentwicklung als eine ganz nahe Möglichkeit aufzuweisen. Aber dieser mögliche Umschlag wird nicht mehr – wie in einer älteren Form der Dialektik – die Vergangenheit im positiven Sinne „aufheben“. Der zuletzt noch möglich erscheinende Übergang aus einer verdorbenen Gegenwart in eine Zukunft, die anderes wäre als Barbarei, wird von Horkheimer nur in Ausdrücken einer äußersten Negation beschrieben: „Wenn die atomisierten und zerfallenden Menschen fähig werden, ohne Eigentum, ohne Ort, ohne Zeit, ohne Volk zu leben, so haben sie sich auch des Ichs entschlagen, in welchem wie alle Klugheit auch die Dummheit der historischen Vernunft und all ihr Einverständnis mit der Herrschaft bestand. Am Ende des Fortschritts der sich selbst aufhebenden Vernunft bleibt ihr nichts mehr übrig, als der Rückfall in die Barbarei oder der Anfang der Geschichte.“[72]

Wie sich nach 1942 diese extremen Positionen entfalteten, entschärften und weiterhin wandelten, kann hier nicht im einzelnen verfolgt werden. Manches ist klar zu beobachten, anderes kann bei dem gegenwärtigen Zustand des veröffentlichten Œuvres noch nicht mit Deutlichkeit gesehen werden. Eine wichtige Frage – gerade in der Parallele mit Meinecke und Schnabel – stellt sich von der deutschen Nachkriegssituation her: War für Horkheimer die Rückkehr nach Deutschland und die Neubegründung des Instituts für Sozialforschung in Frankfurt verbunden mit einer tiefergehenden und längerfristigen Variation seines pessimistischen Geschichtsbildes im Sinne einer hoffnungsvollen Aufhellung? Der bekannte Brief an den S. Fischer Verlag vom 3. Juni 1965, der die damalige Ablehnung des Neudrucks früherer Arbeiten des Autors (von 1932 bis 1941) enthielt, bietet keinen Hinweis auf eine solche Variation. Horkheimer gibt hier eine chronologisch einfache Darstellung des Wandels seiner Konzeption, deren uns interessierender Teil seine Interpretation der Neuzeit ist. Er konfrontiert die frühere Periode der Hoffnung mit der späteren der Skepsis und gibt als Zeitmoment der Veränderung „seit der Mitte des Jahrhunderts“ an[73]. Ähnliche Angaben finden sich in dem Vorwort vom April 1968 zu dem ersten Band der Aufsatzsammlung „Kritische Theorie“[74] – sowie in dem Vorwort vom Mai 1967 zu dem Sammelband „Zur Kritik der instrumentellen Vernunft“[75]. Etwas anders liest sich der kurze Rückblick in der von Horkheimer und Adorno gezeichneten Vorbemerkung von 1969 zur Neuausgabe des gemeinsamen Werkes „Dialektik der Aufklärung“: „Aus Amerika, wo das Buch geschrieben ist, kehrten in der Überzeugung wir nach Deutschland zurück, theoretisch wie praktisch mehr tun zu können als anderswo.“[76]

Dies Suchen in Selbstaussagen des Autors könnte nebensächlich erscheinen, fänden sich nicht in Arbeiten aus der Zeit nach der Rückkehr aus den Vereinigten Staaten verschiedene Anzeichen einer zeitweilig aufgehellten weltgeschichtlichen Perspektive, bis dann – verfolgbar etwa seit 1965/67 – eine neue Stufe von Bitterkeit und allgemein werdender Enttäuschung evident wird. Vielleicht könnte zum besseren Verständnis dieser Zwischenstufe mit „gemäßigten“ Positionen Horkheimers ausgegangen werden von dem Stand der Argumentation, den die 1947 in Oxford erschienene Studie „Eclipse of Reason“ bietet, die erst zwanzig Jahre später in deutscher Sprache erschien. Ohne den gedanklichen Reichtum dieses Werkes nur andeuten zu können, sei hier auf zwei für unsere Frage wichtige Aspekte verwiesen. Gegenüber der punktuellen Radikalisierung des Problems in „Vernunft und Selbsterhaltung“ zeigt sich fünf Jahre später der Versuch, die wertende Betrachtung von Vergangenheit, Gegenwart und Zukunft der Menschheit in einem Rahmensystem der *Ambivalenz* zu entfalten. Gegenläufige Prozesse und gegensätzliche Wertungen werden streckenweise in einer unentschiedenen Form beschrieben: „Wir sind zum Guten oder Schlechten die Erben der Aufklärung und des technischen Fortschritts.“[77] Programmatisch erscheint – als eine für den Autor wie für das Publikum neuartige und der Erklärung bedürftige Aussageweise – diese Ambivalenz bereits am Anfang des Werkes: „Das Fortschreiten der technischen Mittel ist von einem Prozeß der Entmenschlichung begleitet. Der Fortschritt droht das Ziel zunichte zu machen, das er verwirklichen soll – die Idee des Menschen ...“[78]

Von einem schlichten Rückgriff auf Interpretamenta, die einer konservativen Kulturkritik von jeher zu eigen waren, unterscheiden sich diese Positionen nicht nur durch Horkheimers sichtliches Bemühen, der eigenen Denktradition treu zu bleiben. Auch in der Interpretation und der darauf gegründeten Absicht der philosophischen Wirkung bleiben erhebliche Unterschiede. Und doch rückt schließlich Horkheimers Ansicht über die mögliche Wirkung seiner Theorie ihn in überraschende Nähe zu Auffassungen, die von ganz anderen Voraussetzungen her die Vergangenheit in ihrer Bedeutung für den Weiterweg der Menschheit ernst nahmen: „Philosophische Theorie allein kann weder erreichen, daß die barbarisierende Tendenz, noch, daß die humanistische Einstellung sich in Zukunft durchsetzt. Wenn sie jedoch den Bildern und Ideen Gerechtigkeit widerfahren läßt, die zu bestimmten Zeiten die Wirklichkeit als Absoluta beherrscht haben – zum Beispiel die Idee des Individuums, wie sie die bürgerliche Ära beherrschte – und die im Laufe der Geschichte verbannt wurden, kann die Philosophie sozusagen als ein Korrektiv der Geschichte wirken. Die ideologischen Stufen der Vergangenheit würden so nicht einfach mit Dummheit und Betrug gleichgesetzt – das von der Philosophie der französischen Aufklärung gegen das mittelalterliche Denken vorgebrachte Verdikt ...“[79]

Was auf dem Wege solcher Überlegung an Offenheit für die Geschichte gewonnen wird, geht nun allerdings an Kraft und Engagement der Zukunft verloren. – Doch kehren wir zu der Frage nach Horkheimers Geschichtsbild der fünfziger Jahre und seinen Bezügen zu deutschen Hoffnungen und Enttäuschungen zurück. Zusammenfassend gewinnt man folgenden Eindruck (ohne daß hier die Einzelbelege aufgeführt werden könnten): In dem auch nach der „Eclipse of Reason“ noch verschiedener Akzentuierung zugänglichen Rahmen philosophisch-geschichtlicher Deutung der Neuzeit markiert die Rückkehr nach Deutschland und die Wiederaufnahme erfolgreichen Wirkens eher ein Plus als ein Minus nach der positiven Seite hin. Dies konnte anhalten, solange die abwägende Reflexion über Gewinn und Verlust der neuzeitlichen Entwicklung Gehör fand. Wie rasch dann im Denken des späten Horkheimer, auf dessen spezielle Probleme hier nicht mehr einzugehen ist[80], der Umschlag in einen tiefen Pessimismus des Geschichtsbildes erfolgte, kann nur den verwundern, der die früheren Etappen dieses Denkens nicht gekannt hat. Die deutsche Frage, als ein besonderes Feld gesellschaftlicher und geistiger Entwicklungen wie Aufgaben, tritt – ähnlich wie bei Franz Schnabel – schließlich ganz zurück. Der neue Terror, die neue Ideologisierung in der jungen Generation wird als ein allgemeines, nicht aus nationalen Voraussetzungen ableitbares und dadurch relativierbares Phänomen gesehen.

Es bleibt, nach Anwendung des geschliffensten Instrumentariums philosophisch-soziologischer Analyse, Sorge und Schrecken: „Der Schrecken, mit dem der Lauf zur rationalisierten, automatischen, verwalteten Welt sich vollzieht ... Die Epoche tendiert zur Liquidation alles dessen, was mit der, wenn auch relativen, Autonomie des Einzelnen zusammenhing.“[81]

VII.

In formaler Hinsicht liegt den verschiedenen Interpretationen der behandelten Autoren mehr oder weniger deutlich das traditionelle dreiteilige Schema zugrunde: die Neuzeit wird begriffen als dritte Epoche der Weltgeschichte nach Altertum und Mittelalter. Sie setzt mit Renaissance und Reformation ein, wobei schon dieser Doppelanfang auf innere Probleme einer solchen Epochenabgrenzung hinweist, auf die hier aber nicht eingegangen werden kann. (Nur am Rande sei vermerkt, daß auch Meinecke, der mit Ernst Troeltsch befreundet war und dessen Problematisierung der Mittelalter-Neuzeit-Grenze kannte, sich im Festhalten an der traditionellen Neuzeit-Definition nicht beirren ließ). Die Neuzeit steht im Zeichen der Ausbildung von Individualität und Autonomie. Diese Epochengliederung, die bekanntlich aus der Aufklärung stammt, brachte für den Begriff der Neuzeit zwei durchgehende Bestimmungen. Sie ist europazentrisch – und diesen Bezugsrahmen hat nur Max Weber radikal durchbrochen, wenn auch ohne direkte Folgerungen für die Epochenfrage. Sie ist von ihrem Ursprung her eindeutig wertbezogen; die „Nova Aetas" bedeutet den neuen Aufstieg der Kulturmenschheit nach der Blüte der antiken Welt und dem dunklen Mittelalter – an diesen Wertungsfragen entzündete sich im Zeichen eines neuen Krisenbewußtseins die Diskussion, die wir in knappen Ausschnitten von Dilthey bis Horkheimer verfolgten. Freilich erwiesen sich diese Erörterungen und Interpretationen als so sehr von inhaltlichen Maßstäben und von geradezu existentiellen Werturteilen getragen, daß eine Bezugnahme auf formale Ordnungsschemata der Historie als unangemessen erscheinen könnte. Dennoch hat eine solche Bezugnahme Sinn, da sie zu heutigen Fragen hinleitet und Veränderungen des Fragehorizontes verdeutlicht.

Die Vorschläge zu einer veränderten Epochengliederung, die den traditionellen Neuzeit-Begriff in Frage stellten (Hassinger, Denis Hay, Delio Cantimori, Dietrich Gerhard u. a.), haben für das Geschichtsdenken zwischen Dilthey und Horkheimer noch keine Rolle gespielt; sie setzten in der Geschichtswissenschaft im wesentlichen erst nach 1945 ein. Ebensowenig ist hier schon die große Diskussion um eine nicht mehr europazentrische Weltgeschichte zu berücksichtigen, die vor allem durch Toynbee's Werk in Gang gebracht wurde. Auch die Probleme einer marxistisch bestimmten Periodisierung der Weltgeschichte, denen im Falle Horkheimers eine gewisse Bedeutung zugemessen werden kann, bleiben hier außer Betracht. Dagegen ist, in Anknüpfung an das einleitend erwähnte Stichwort 1789, jener historische Sachverhalt zu nennen, der ebenso der heutigen Problematisierung der „Neuzeit" wie schon jenem, innerhalb des traditionellen Neuzeitbegriffs vielfältig artikulierten Krisenbewußtsein zugrundeliegt: der gesellschaftliche Wandel der modernen Welt. Dieser Wandel wird in der heutigen Geschichtswissenschaft sehr stark von seinen sozioökonomischen Aspekten her thematisiert; es wurde und wird damit eine Fülle neuer Erkenntnisse gewonnen. Historische Rekonstruktionen der wirtschaftlichen und sozialen Bedingungen scheinen möglich zu werden, die erheblich über das hinausgehen, was etwa ein Dilthey oder auch ein Max Weber aufgrund seiner zeitgenössischen Erkenntnismittel über seine eigene Zeit wußte. Weiterhin kommt in der heutigen Diskussion der Objektivierung durch Formalisierung bestimmter Fragen eine größere Bedeutung zu: Epochenfragen der europäischen Geschichte und der Weltgeschichte werden vorsichtig verglichen; in diesem erweiterten und damit in gewissem Sinne „entspannteren" Horizont werden wert- und sinnbezogene Kriterien wie Aufstieg und Krise distanzierter gehandhabt. Die Akzentuierung der sozioökonomischen Forschung, die sich auf die Abläufe der industriellen Revolution richtet, und das Zurücktreten unmittelbarer Sinn- und Wertfragen werfen eine Reihe bedeutsamer methodologischer Probleme auf. Im Hinblick auf die oben behandelten Zeugnisse wissenschaftlichen Denkens über Aufstieg und Krise der Neuzeit stellt sich die Ausgangsfrage: wie steht es um den wissenschaftlichen Wert solcher Aussagen, denen man heute verhältnismäßig leicht Unkenntnis oder verzerrte Kenntnis vieler Entwicklungsfaktoren, die für ihre Urteile erheblich waren, nachweisen kann? Oder, schärfer formuliert: Handelt es sich dabei überhaupt noch um wissenschaftliche Aussagen oder nicht vielmehr um dilettantische, subjektive Reflexe eines Zeit- und Krisenbewußtseins, das aus der objektiven Unvereinbarkeit tradierter Kulturwerte mit dem Weg der „wirklichen Welt" stammt? Deren objektiver Aussagewert nur in der Bezeugung solcher Konflikte besteht?

Man sieht, es sind in der Tat Grundfragen der Geschichtswissenschaft, die sich stellen, wenn die oben behandelten Positionen noch einmal überblickt werden. Einfach ist die Antwort hinsichtlich des bekannten Phänomens der sukzessiven Relativierung historischer Erkenntnisse: da das gleiche Prinzip auch für jede gegenwärtige geschichtswissenschaftliche Aussage gilt, bleibt nur die Wahl zwischen totaler Skepsis und Anerkennung eines „stufenweisen" Fortschritts der Erkenntnis. Schwieriger wird die Sache, wenn es des näheren darum geht, die Wert- und Sinnbezüge, die in diesen allgemeinen Urteilen über den Weg der Neuzeit enthalten sind, zu verdeutlichen beziehungsweise in Relation zu einem heute und weiterhin möglichen erweiterten Erkenntnisstand zu setzen. Denn diese Wert- und Sinnbezüge gehören jeweils einem sehr komplexen Zusammenhang an. In einer individuellen Weise mischen sich partikulare politische Ideale (deutscher Nationalstaat) mit kulturellen und humanitären Vorstellungen; Intendierbares und Nichtintendierbares, Klassenspezifisches und Nichtspezifisches, Biographie und Zeitgeschichte, Bewußtes und Unterbewußtes wirken ineinander. Eine noch so umsichtige Analyse allgemeiner und besonderer Faktoren sozioökonomischer Art kann diese Zusammenhänge nur partiell erschließen. Auch die Untersuchung der jeweiligen kulturellen Traditionen und anthropologischen Voraussetzungen stößt an Grenzen: Rationale Überprüfung historischer Interpretationen kann – wenn sie sich im geschichtswissenschaftlichen Rahmen halten will – nicht anders, als Unabgeschlossenheit und Spontaneität miteinzurechnen. Krisenbewußtsein und die Entwürfe einer „neuen Zeit" hängen eng zusammen. Dies zeigte sich schon bei Dilthey und noch bei Horkheimer. Die kritische Auseinandersetzung mit dem Gang der Neuzeit schafft auch bei dem professionell rückwärtsgewandten Historiker neue Maßstäbe und entbindet neue Kräfte. So entstehen die Interpretationen, die wir verfolgten, als Zeugnisse nicht neben, sondern mitten in dem Weg der „wirklichen Welt".

Wo Geschichtsdenken ernst zu nehmen ist und sich hinsichtlich des Weges der Neuzeit artikuliert, tritt sogleich die Frage nach Willen, Lebenspraxis und Wirkung des Denkenden auf. Die Autoren, die oben zur Sprache kamen, haben in sehr verschiedener Weise die Dimension einer mit ihrer Wissenschaft verbundenen Lebenspraxis wahrgenommen. Alle waren sie nicht nur Beobachter und Interpreten einer so oder so erfaßten Weltentwicklung, sondern auch Täter, mit Absichten, Hoffnungen und Enttäuschungen. Die jeweilige Form des Zusammenhangs von Theorie und Praxis, die Art des Bezugsrahmens und die Bedingungen ihres absichtsvollen (und unwillkürlichen) Wirkens waren sehr verschieden. Aber jeder war sich – auch im Falle starker und stärkster Skepsis – darüber im klaren, daß historische Interpretation nicht zu trennen ist von aktuellen Wirkungsformen, die den in diese Interpretationen eingegangenen Wert- und Sinnbezügen entsprachen. Wenn Dilthey sich dafür einsetzte, daß Herbert Spencer den Pour-le-mérite der Friedensklasse, also die höchste Auszeichnung des Deutschen Reiches, erhalten sollte (er erhielt ihn nicht!) – so sagt dies mehr aus über das Verhältnis Deutschlands zur westeuropäischen Kultur, das der Berliner Professor sich vorstellte, als manches, was er schrieb. Über den spezifischen Wirkungskreis eines Berliner Geheimrates gingen später die Zeiten hinweg. Das Schicksal der „inneren" und der tatsächlichen Emigration und das entsprechende Engagement nach 1945 brachten neue Formen des Wirkens mit sich, die der Einheit von Denken und Leben zugute kommen konnten.

Fragt man schließlich nach den im engeren Sinne historiographischen Ergebnissen der oben gesammelten Hinweise, so ist zunächst auf einige zusammenfassende Beobachtungen hinzuweisen. Der nahe Zusammenhang von nationalem Schicksal und Geschichtsdenken war vorausgesetzt. Bei Dilthey und Meinecke blieb der Horizont im wesentlichen europazentrisch; Max Weber ging sehr weit, aber ohne eindeutige Folgerungen, in der Einbeziehung der asiatischen Welt. Schnabel und Horkheimer reflektierten, in je verschiedener Weise, über Europa und außereuropäische Welt, blieben aber mit dem Zentrum ihres Geschichtsdenkens Europa beziehungsweise dem „Westen" verhaftet. Es zeigte sich, daß sowohl bei Dilthey (der dem kosmopolitischen Geist des deutschen Idealismus noch nahestand) wie bei Meinecke und Schnabel (die die Erschütterung von 1945 zu verarbeiten hatten) die Zuordnung des nationalen Beitrages zum universalen Weg der neuzeitlichen Menschheit eine große Rolle spielte. Max Horkheimer war von Anfang an international orientiert, er hat die Frage nach der deutschen Sonderentwicklung und ihrer Relation zum Allgemeinen weniger beachtet. Max Weber stellt insofern einen besonderen Fall dar, als er 1920 – zu einem Zeitpunkt scharfer nationaler Isolierung – starb. Der Erste Weltkrieg mit seinen Folgen bewirkte bei Meinecke eine starke Umbildung seines optimistischen Geschichtsbildes. In Max Webers Denken über die Neuzeit waren die wesentlichen Elemente schon zuvor ausgebildet. Das Scheitern der russischen Revolution 1905 hat seine Perspektiven im skeptischen Sinne beeinflußt. Das NS-Regime und der Zweite Weltkrieg, von Horkheimer als Emigrant, von Meinecke und Schnabel in der inneren Opposition erlebt, erscheinen in ihrer Wirkung auf die Reflexion der neuzeitlichen Geschichte nicht so eindeutig, wie man vielleicht annehmen könnte. Bei Meinecke und Schnabel steht zunächst das Denken über Deutschlands Schicksal und Regeneration im Vordergrund, Horkheimer gerät von seinen amerikanischen Erfahrungen her sehr stark unter den Eindruck allgemeiner Dekadenzvorstellungen. Dilthey und Meinecke sind sich ähnlich in der langfristig unangefochtenen Zuversicht, die auf Nation und Kultur baut, wobei Dilthey in der substanziellen Weite des klassischen Erbes lebte, Meinecke schließlich aus der Enge von staatlich gebundener Kultur einen Ausweg in europäische Vorstellungen suchte. Max Weber analysierte am schärfsten die gegen Individualität und Freiheit wirkenden Trends der modernen Welt. Für Schnabel und Horkheimer spielte in einem komplizierten biographischen Weg die Ambivalenz der neuzeitlichen Entwicklung eine Rolle; der Historiker wird schließlich zu einer gemäßigten Skepsis, der Philosoph und Soziologe aber zu tiefem Pessimismus geführt.

Diese Beobachtungen weisen auf die Ausgangsfrage nach Aufstieg und Krise der Neuzeit zurück. Sie stellt sich nun nicht mehr auf der Ebene des Berichts und des zugehörigen Kommentars, sondern in direkter Form und im Kontext der heutigen Diskussion. Was ergibt sich aus dem kritisch vergleichenden Rückblick von Dilthey bis Horkheimer für heutige Antworten auf diese Frage? Hier kann nochmals ein prinzipieller Einwand begegnen, von dessen Voraussetzungen schon oben die Rede war. Er könnte davon ausgehen, daß heutige Geschichtswissenschaft im Horizont heutiger Wissenschaftstheorie mit dem allgemeinen Verzicht auf jene Unbedingtheit der Erkenntnis, wie sie frühere Forschergenerationen für möglich hielten, auch Skepsis hinsichtlich so umfassender und auf sinngebende Funktion hin angelegter Fragen beinhalte. Es wäre demnach die Frage nach Aufstieg und Krise der Neuzeit eine veraltete Frage; sie gehörte wohl noch dem Forschertypus der Generationen bis zu Horkheimer zu, sie wäre aber – von heute her gesehen – in das Fach der Geschichte des Geschichtsdenkens einzuordnen, ähnlich wie etwa jene einstige Diskussion um das Jahr der Welterschaffung. Die ausführliche Widerlegung dieses Einwandes würde, das sei zugestanden, nur im Rahmen einer umfassenden „Historik" neuen Stils geschehen können. Für den vorliegenden Zusammenhang sollte der abgekürzte Hinweis genügen, daß keine Form historischer Forschung und Reflexion möglich erscheint, die nicht explizit oder implizit eine Bestimmung des eigenen Standortes in einer mehr als chronologischen Weise vornimmt.

Darüber hinaus eröffnet der Vergleich der erkenntnistheoretischen und gesellschaftlichen Bedingungen der Arbeit jener vergangenen Generationen mit den Bedingungen heutiger Geschichtswissenschaft wichtige Perspektiven. Man wird also gut daran tun, die direkte, heutige Frage nach Aufstieg und Krise der Neuzeit nicht nur im Hinblick auf die formulierten Antworten von Dilthey bis Horkheimer zu erörtern, sondern auch die verschiedenen Bedingungen früherer und heutiger Antworten in Betracht zu ziehen. So gesehen werden diese Autoren einerseits in ihrer Subjektivität mit uns durch Fachgenossenschaft verbundene Vorgänger und Mitinterpreten und andererseits in ihrer objektiven Bedeutung selbst Zeugen und Bestandteile der zu interpretierenden Vorgänge.

Der hier nur allzu knapp angedeutete Möglichkeitsbereich heutiger, die Tradition kritisch weiterführender Interpretationsansätze kann zum Schluß dieses Versuches nur von zwei Gesichtspunkten her in paradigmatischer Weise anvisiert werden. Der Begriff der Neuzeit selbst – das ist in formaler Hinsicht ein dringendes Anliegen – bedarf heute einer angemessenen Neuinterpretation. Die heutige Methodenreflexion weiß in mancher Hinsicht deutlicher als früher, wie hilfreich klare formale Übereinkünfte für die Darlegung inhaltlicher Ergebnisse sind. So stellt sich, ausgehend von dem über Dilthey weiterwirkenden traditionellen Neuzeitbegriff, die Frage nach dem Ende der Neuzeit. Denn nur in der gleichgewichtigen Untersuchung des Beginns und des Endes kann ein konkludenter Epochenbegriff gewonnen werden. Zu einer deutlichen Antwort sind die oben untersuchten Interpretationen in dieser Frage nicht gelangt, am ehesten findet man bei Horkheimer diesbezügliche Denkansätze. Will man heute den üblichen Beginn der Neuzeit mit seiner erheblichen Unschärfe („mit Renaissance und Reformation") festhalten, so sprechen starke Gründe dafür, diese Epoche als eine in der Zeit der zwei Weltkriege zu Ende gegangene anzusehen. Es wird, wenn man die Neuzeit als eine spezifisch europäische Epoche mit dem Ende der Suprematie und Autonomie Europas zu Ende gehen läßt, der Weg frei für eine sinnvolle Koordinierung inner- und außereuropäischer Geschichtsabläufe. Auch der heute so häufig und mit guten Gründen betonte Einschnitt zwischen „Alteuropa" und „moderner Welt" („um 1800") wäre gegenüber diesem übergeordneten Formalprinzip der europäischen Neuzeit von sekundärer Bedeutung. Viele Aspekte des Geschichtsdenkens der Generationen von Dilthey bis Horkheimer ließen sich als Zeugnisse wie als interpretative Hinweise für jene zu Ende gehende neuzeitliche Epoche und Autonomie Europas einordnen, so wenig auch allein von einem formalen Einteilungsprinzip her die Tiefe dieses gedanklichen Ringens erschlossen werden kann.

In inhaltlicher Hinsicht erscheint das Mare magnum der Kenntnisse vom Weg der Menschheit seit Columbus und Luther heute unübersichtlicher als je zuvor in der Geschichte der Geschichtswissenschaft. Unter den heute diskutierten Thesen, die Zugang zu welthistorischen Einsichten anbieten, dürfte indessen wohl eine Position besondere Aufmerksamkeit beanspruchen. Es ist die von der ökologischen Zukunftsforschung in den letzten Jahren mit dem Schlagwort „Grenzen des Wachstums" erneuerte These von der engen und zu neuen Lebensformen auffordernden Begrenztheit der globalen Lebenschancen. Die Bedeutung dieser allgemeinen Perspektive, so diskutabel im einzelnen die angewandten Methoden und Berechnungen auch sein mögen, für die Interpretation der Weltgeschichte und insbesondere der neuzeitlichen Entwicklungsprozesse kann wohl kaum überschätzt werden[82]. Freiheit und Zwang, Individualkultur und rationalisierte „Hörigkeit", Autonomie und Vermassung – alle die Kriterien, mit denen das Jahrhundert des Übergangs von Dilthey bis Horkheimer seine Zeit- und Geschichtserfahrung wie seine Wert- und Sinnbezüge zu interpretieren versuchte, scheinen nun, erstmals seit der optimistischen Aufklärungshistorie, einen neuen konkreten Bezugsrahmen zu erhalten. Die Vielfalt nationaler und kultureller Traditionen und Lebensformen sieht sich heute mit der gemeinsamen Frage nach den Überlebenschancen der Menschheit konfrontiert. Dies ändert zunächst noch nichts an dem außerordentlich vielgestaltigen Pluralismus gesellschaftlicher Kräfte und Wertsysteme. Doch dieser Tatbestand läßt heute generelle und dabei sehr differenzierte Formulierungen der Fragen an die Geschichte zu, wie sie bisher nicht möglich waren. Mit der Illusion der Grenzenlosigkeit menschlicher Entwicklung schwinden auch manche Voraussetzungen der Unsicherheit hinsichtlich der Wert- und Sinnaspekte. Unter diesen Bedingungen nachneuzeitlichen, globalen Lebens gewinnen auch die Kriterien von Aufstieg und Krise eine allgemeinere, objektiviertere Bedeutung. Und die Leistungen geschichtlichen Denkens in dem hinter uns liegenden Jahrhundert des Übergangs werden in ihrer Größe und Eigenart in dem Maße einsichtig und in kritischer Anknüpfung fortführbar, als die Chancen eines neuen Bezugsrahmens der Fragen an die Weltgeschichte wahrgenommen werden.

Druck in: Denken über Geschichte. Aufsätze zur heutigen Situation des geschichtlichen Bewußtseins und der Geschichtswissenschaft, ed. *F. Engel-Janosi, H. Lutz* und *G. Stourzh* (= Wiener Beiträge zur Geschichte der Neuzeit 1, Wien 1974), S. 28ff.

1 Vgl. neben den Beiträgen von *J. Habermas* unter anderem die anregende Abhandlung von *H.-J. Lieber,* Geschichte und Gesellschaft im Denken Diltheys. In: Kölner Zeitschrift für Soziologie und Sozialpsychologie 17 (1965), S. 703ff.; die Einleitung von *M. Riedel* zu der Taschenbuchausgabe von *Dilthey,* Der Aufbau der geschichtlichen Welt in den Geisteswissenschaften (Frankfurt 1970), S. 9ff.; *K. Ulmer,* Philosophie der modernen Lebenswelt (Tübingen 1972), S. 33ff. – Im Unterschied zu diesen und anderen philosophischen und soziologischen Beiträgen (siehe die Auswahlbibliographie bei *Riedel,* Einleitung S. 83ff.) fehlt eine angemessene Auseinandersetzung mit Dilthey von geschichtswissenschaftlicher Seite.

2 *W. Dilthey,* Gesammelte Schriften, Bd. 11 (Stuttgart/Göttingen [2]1960), S. 195.

3 Zitiert von *Riedel* (S. 15) nach der von *H. Mulert* besorgten zweiten Auflage von *W. Dilthey,* Das Leben Schleiermachers (Berlin/Leipzig 1922), S. 798.

4 *Dilthey,* Gesammelte Schriften 7: Der Aufbau der geschichtlichen Welt in den Geisteswissenschaften, S. 5.

5 Ebd., S. 290.

6 Vgl. dazu *Lieber,* Geschichte und Gesellschaft im Denken Diltheys.

7 Siehe die undatierte Aufzeichnung „Rechnungsabschluß der Gegenwart". In: Gesammelte Schriften 14/2, S. 588ff., hier S. 592.

8 Vgl. *L. v. Renthe-Fink,* Geschichtlichkeit. Ihr terminologischer und begrifflicher Ursprung bei Hegel, Haym, Dilthey und Yorck (Göttingen [2]1968), S. 124.

9 *Dilthey,* Gesammelte Schriften 11, S. XIV. Ebd., S. XV das folgende Zitat.

10 Zitiert bei *P. Krausser,* Kritik der endlichen Vernunft. Wilhelm Diltheys Revolution der allgemeinen Wissenschafts- und Handlungslehre (Frankfurt/M. 1968), S. 40.

11 *Dilthey,* Gesammelte Schriften 13/1, S. XLIII.

12 Briefwechsel zwischen Wilhelm Dilthey und dem Grafen Paul Yorck v. Wartenburg 1877–1897, ed. *S. v. d. Schulenburg* (Halle 1923).

13 Ebd., S. 156f.

14 *M. Weber,* Wirtschaft und Gesellschaft. Grundriß der verstehenden Soziologie, ed. *J. Winckelmann* (Köln/Berlin 1964), S. 873.

15 *M. Weber,* Gesammelte Aufsätze zur Sozial- und Wirtschaftsgeschichte (Tübingen 1924), S. 278.

16 Vgl. *W. J. Mommsen,* Max Weber und die deutsche Politik 1890–1920 (Tübingen 1959); ders., Universalgeschichtliches und politisches Denken bei Max Weber. In: Historische Zeitschrift 201 (1965), S. 557ff.; ders., Max Weber. In: Deutsche Historiker, Bd. 3, ed. *H.-U. Wehler* (Göttingen 1972), S. 65ff. Vgl. auch die ergiebige Studie von *G. Abramowski,* Das Geschichtsbild Max Webers. Universalgeschichte am Leitfaden des okzidentalen Rationalisierungsprozesses (Stuttgart 1966); dazu die wichtigen Bemerkungen von *W. J. Mommsen,* Neue Max-Weber-Literatur. In: Historische Zeitschrift 211 (1970), S. 616ff., hier S. 618ff.

17 *M. Weber,* Politische Schriften (Tübingen [3]1971), S. 12–14.

18 Allerdings ist auf eine interessante Stelle zu verweisen, wo Max Weber in eingeschränkter Form eine derartige Betrachtung anstellt. Es handelt sich um das Ende seiner Darlegungen über Hinduismus und Buddhismus; Weber konstatiert das Fehlen einer ethischen, auch den Alltag der Plebejer rational formenden Sendungsprophetie, in: Gesammelte Aufsätze zur Religionssoziologie, Bd. 2 (Tübingen 1923), S. 378: „Das Auftreten dieser aber im Occident, vor allem in Vorderasien, mit den weittragenden Folgen, die sich daran knüpften, war durch höchst eigenartige geschichtliche Konstellationen bedingt, ohne welche, trotz allen Unterschieds der Naturbedingungen, die Entwicklung dort leicht in Bahnen hätte einmünden können, welche denen Asiens, vor allem Indiens, ähnlich verlaufen wären." Die Implikation, daß Weber an dieser Stelle und auch sonst Vorderasien zum Okzident rechnet, kann in ihren Voraussetzungen und Folgen hier nicht verfolgt werden.

19 Vgl. *G. Roth,* Tolstoy and the Two Ethics. In: *R. Bendix* und *G. Roth,* Scholarship and Partisanship. Essays on Max Weber (Berkeley 1971), S. 25ff. Diese anregenden Bemerkungen verdienten weitergeführt zu werden, auch im Hinblick auf die Bedeutung Tolstois für Webers politisch-ethische Positionen in und nach dem Weltkrieg. Für 1916 vgl. den Beitrag „Zwischen zwei Gesetzen" (Gesammelte Politische Schriften, S. 142ff.).

20 Siehe die Texte aus dem Archiv für Sozialwissenschaft und Politik 1905/06, die (in stark gekürzter Form) wieder abgedruckt sind in: Gesammelte Politische Schriften, S. 33ff. Vgl. *W. J. Mommsen,* Max Weber und die deutsche Politik, S. 94f.

21 *Weber,* Gesammelte Politische Schriften, S. 65.

22 Gesammelte Aufsätze zur Religionssoziologie, Bd. 1, S. 204 (Erstpublikation im Archiv für Sozialwissenschaft und Sozialpolitik 1904/05). Der gleiche Passus wird auch von *W. J. Mommsen,* Universalgeschichtliches und politisches Denken, S. 600f., zitiert, und zwar im systematischen Zusammenhang einer Skizze der Geschichtsauffassung Max Webers. Demgegenüber erscheint mir der Hinweis auf den zeitgeschichtlichen Bezugsrahmen von Bedeutung.

23 In dem Aufsatz „Geschichte und Gegenwart"; zuerst als Vortrag konzipiert (1930), dann gedruckt in der Festschrift für Rickert (1933), etwas verändert in dem Sammelband „Vom geschichtlichen Sinn und vom Sinn der Geschichte" (1939). Neudruck in *F. Meinecke,* Werke, Bd. 4. Zur Theorie und Philosophie der Geschichte (Stuttgart 1959), S. 90ff., hier S. 98. Vgl. ebd., Bd. 6: Ausgewählter Briefwechsel (Stuttgart 1962), S. 34f., den Brief Meineckes an S. Kaehler vom 13. 4. 1931, wo die Idee einer „vertikalen Geschichtsphilosophie" auf eine Anregung Eduard Sprangers zurückgeführt wird.

24 Informativ zuletzt die biographische Skizze von *E. Schulin,* Friedrich Meinecke. In: Deutsche Historiker, Bd. 1, ed. *H.-U. Wehler* (Göttingen 1971), S. 39ff. Vgl. auch die umfassenderen Untersuchungen von *R. W. Sterling,* Ethics in a World of Power. The Political Ideas of Friedrich Meinecke (Princeton 1958) und *F. Tessitore,* Friedrich Meinecke storico delle idee (Firenze 1969). Zu letzterem Werk und der in Anm. 40 genannten Arbeit von *S. Pistone* siehe die Bemerkungen *H. Herzfelds,* Friedrich-Meinecke-Renaissance im Ausland? In: Festschrift für Hermann Heimpel, Bd. 1 (Göttingen 1971), S. 42ff.

25 Gemeinsames und Trennendes wird beispielhaft angedeutet in dem kurzen Briefbericht Meineckes an S. Kaehler (9. 3. 1933) über eine Begegnung mit Croce im Frühjahr 1932: „Ich muß jetzt an meinen Besuch bei Benedetto Croce in Neapel im vorigen Mai denken. Wir fragten uns gegenseitig nach der Lage unserer Länder. Er beantwortete diese Frage nur mit einer unvergeßlichen Kopfbewegung. Und doch war er von einem felsenfesten Glauben an die Zukunft von Geist und Freiheit erfüllt." *F. Meinecke,* Werke 6, S. 345.

26 Für den Beginn dieser publizistischen Tätigkeit und die charakteristische Verbindung innen- und außenpolitischer Gesichtspunkte vgl. den Aufsatz „1811–1911" (26. 10. 1911), Neudruck ebd., Bd. 2, Politische Schriften und Reden (Darmstadt 1962), S. 44ff.

27 Ebd., Bd. 6, S. 33 – Brief Meineckes an W. Goetz, 25. 11. 1909.

28 Ebd., Bd. 2, S. 41 (1910).

29 Ebd., S. 72.

30 Ebd., S. 103f.

31 Präliminarien der Kriegsziele (Juli 1915); Neudruck ebd., S. 101ff.

32 Ebd., S. 81 (4. 8. 1914).

33 Ebd., S. 95.

34 Die Idee der Staatsräson in der neueren Geschichte (= Werke 1, München [2]1960), S. 490.

35 Die Genese und Interpretation dieses Werkes stellt komplizierte Fragen, die bis heute nur zum Teil beantwortet sind. Vgl. die Einleitung von *W. A. Stark* zur englischen Übersetzung (London 1957), die Erörterungen zu Meineckes gesamtem Oeuvre enthält. Unter den zeitgenössischen deutschen Stimmen bleibt bis heute interessant die Kritik *Carl Schmitts* von 1926, Neudruck in: ders., Positionen und Begriffe (Hamburg 1940), S. 45ff. – Von besonderem Interesse sind die in Werke 8, S. 304ff., publizierten Tagebuchblätter vom Herbst 1918, die das intensive Ineinandergreifen innerdeutscher und allgemeiner Überlegungen in der damaligen Krise zeigen, auch einen gewissen Gegensatz zwischen Meineckes Einsicht und der Haltung jüngerer, ihm befreundeter Historiker (Kaehler, Rothfels; siehe ebd., S. 307).

36 Werke 1, S. 498f.

37 Ebd., S. 508.

38 Werke 2, S. 367: „Das deutsche Volk leidet an einer von außen ihm beigebrachten Blutvergiftung".

39 Ebd., S. 355 (17. 6. 1923).

40 Der Geist von Locarno (25. 12. 1925), ebd., S. 397ff. Vgl. auch S. 391ff. Vgl. dazu die kritischen Bemerkungen bei *S. Pistone,* Federico Meinecke e la crisi dello stato nazionale tedesco (Torino 1969), S. 411ff.

41 Werke 6, S. 437. – Antwort auf einen Brief Kaehlers, der den Entchristianisierungsprozeß als verursachend betonte (ebd., S. 431ff.).

42 Werke 8, S. 326.

43 Werke 6, S. 544. – Man vergleiche dazu die Stellungnahme Meineckes zum Rußlandfeldzug Hitlers ab 1941.

44 Werke 2, S. 496.

45 *F. Schnabel,* Deutsche Geschichte im neunzehnten Jahrhundert. Erster Band: Die Grundlagen (Freiburg i. B. [4]1948), S. V.

46 Einige Hinweise in meiner Einleitung zu dem posthum edierten Sammelband: *F. Schnabel,* Abhandlungen und Vorträge 1914–1965 (Freiburg i. B. 1970), S. X ff. Vgl. auch *F. H. Schubert,* Franz Schnabel und die Geschichtswissenschaft des 20. Jahrhunderts. In: Historische Zeitschrift 205 (1967), S. 323ff.; *L. Gall,* Franz Schnabel (1887–1966). In: Fridericiana. Zeitschrift der Universität Karlsruhe 2 (1968), S. 5ff.

47 Deutsche Geschichte 1, S. 5.

48 Ebd., S. 18.

49 Ebd., S. 20.

50 Deutsche Geschichte 3, S. 239.

51 Ebd., S. 453.

52 Ebd., S. 239.

53 Ebd., S. 240.

54 *F. Schnabel,* Geschichte der neuesten Zeit. Von der Französischen Revolution bis zur Gegenwart (Leipzig/Berlin [7]1931), S. 191f.

55 Siehe oben Anm. 49.

56 Deutsche Geschichte 4, S. 4.

57 Ebd., S. 276.

58 Siehe den Aufsatz über Humanismus und bürgerliches Denken (1942), Neudruck in *F. Schnabel,* Abhandlungen und Vorträge, S. 174ff., hier S. 180.

59 Vgl. *L. Galls* Einleitung zu dem Sammelband: Das Bismarckproblem in der Geschichtsschreibung nach 1945 (Köln/Berlin 1971).

60 Der Aufsatz erschien zuerst 1949 in der Zeitschrift Hochland. Neudruck in: *F. Schnabel,* Abhandlungen und Vorträge, S. 196ff. Ebd., S. 380f., bibliographische Angaben zu Übersetzungen etc.

61 Ebd., S. 216.

62 *F. Schnabel,* Deutsche Geschichte im neunzehnten Jahrhundert. Die moderne Technik und die deutsche Industrie (= Herder-Bücherei 208, Freiburg i. B. 1965), S. 10.

63 Posthum in *F. Schnabel,* Abhandlungen und Vorträge, S. 361ff., veröffentlichte vollständige Fassung eines Geleitwortes für das 1965 im Paul-List-Verlag München erschienene Werk „Geschichte unserer Welt in Karten und Dokumenten", hier S. 362.

64 Vgl. Geschichte und Psychologie (1932); Materialismus und Metaphysik (1933); Neudruck beider Arbeiten in *M. Horkheimer,* Kritische Theorie. Eine Dokumentation, ed. *A. Schmidt,* Bd. 1 (Frankfurt 1968).

65 Ebd., S. 47.

66 Ebd., S. 277ff.; Kritische Theorie 2, S. 1ff., 201ff.

67 Vgl. Autorität und Familie, S. 338.

68 Ebd., S. 328f.

69 Ebd., S. 283.

70 Vernunft und Selbsterhaltung (Frankfurt 1970), S. 31.

71 Ebd., S. 55.

72 Ebd., S. 57.

73 Gedruckt in Kritische Theorie 2, S. VIIff. Aus den durchgehend wichtigen Ausführungen Horkheimers sei folgender Ausschnitt zitiert, der zunächst im Hinblick auf die Arbeiten der dreißiger und vierziger Jahre die sie tragende Überzeugung charakterisiert: „Nach der totalen Mörderherrschaft sollte ihr Gegenteil beginnen, freiheitliche Zivilisation ohne das mit ihr verbundene Unrecht, ohne Bereitschaft zu nationalistischer Barbarei. In der Entwicklung der fortgeschrittensten Staaten schien das Bessere angelegt, von den Urhebern der sozialistischen Revolution im Anfang intendiert zu sein. Seit der Mitte des Jahrhunderts hat die Erwartung das unsichere empirische Fundament noch weiter eingebüßt. Auf das Dasein am freien Leben interessierter, kraft ihrer Funktion entscheidender Teile der Massen vermag progressive Theorie so wenig sich zu stützen wie auf ihnen verbundene große Einzelne. Die Ungeduld wird paradox . . ."

74 Ebd., S. IXff.

75 *M. Horkheimer,* Zur Kritik der instrumentellen Vernunft. Aus den Vorträgen und Aufzeichnungen seit Kriegsende, ed. *A. Schmidt* (Frankfurt 1967), S. 7ff., hier S. 8: „Am Ende des Nationalsozialismus, so glaubte ich damals, werde in den fortgeschrittenen Ländern, sei es durch Reformen oder Revolution, ein neuer Tag anbrechen, die wahre menschliche Geschichte beginnen. Mit den Begründern des Wissenschaftlichen Sozialismus hatte ich gemeint, die kulturellen Errungenschaften der bürgerlichen Epoche, freie Entfaltung der Kräfte, geistige Produktivität, nicht mehr gezeichnet durch Gewalt und Ausbeutung, müßten in der Welt sich ausbreiten. – Was ich seit jener Zeit erfahren habe, ließ mein Denken jedoch nicht unberührt. Die Staaten, die sich kommunistisch nennen und derselben Marxschen Kategorien sich bedienen, denen meine theoretische Anstrengung so viel verdankt, sind dem Anbruch jenes neuen Tages heute gewiß nicht näher als die Länder, in denen, zur Stunde wenigstens, Freiheit des Einzelnen noch nicht erloschen ist."

76 *M. Horkheimer* und *Th. W. Adorno,* Dialektik der Aufklärung. Philosophische Fragmente (Frankfurt 1969), S. X.

77 *M. Horkheimer,* Zur Kritik der instrumentellen Vernunft, enthält auf S. 13 bis 174 die deutsche Übersetzung von „Eclipse of Reason". Das Zitat auf S. 123.

78 Ebd., S. 13.

79 Ebd., S. 173.

80 Vgl. *W. Post,* Kritische Theorie und metaphysischer Pessimismus. Zum Spätwerk Max Horkheimers (München 1971). Dort S. 155f. Hinweise zur Literatur über Horkheimer.

81 Kritische Theorie 1, S. XI.

82 Für den Stand der Diskussion vor der Rezeption der Forester-Meadows-Debatte vgl. die instruktiven Darlegungen von *E. Schulin,* Die Frage nach der Zukunft. In: Geschichte heute. Positionen, Tendenzen, Probleme, ed. *G. Schulz* (Göttingen 1973), S. 109ff. – Die kritische Auseinandersetzung der Science Policy Research Unit der Universität von Sussex mit Positionen und Methoden von Forester und Meadows erschien zuerst in Form einer Folge von vierzehn Aufsätzen in Heft 1 und 2 der Zeitschrift: Futures 5 (1973), jetzt in Buchform: *H. S. D. Cole, C. Freeman, M. Jahoda, K. L. R. Pavitt,* Thanking about the Future. A Critique of The Limits to Growth (Sussex University Press 1973). Aus der Fülle der den Historiker mittelbar und unmittelbar interessierenden Aspekte dieser Debatte sei hier nur auf den abschließenden Beitrag von *M. Jahoda,* Postscript on Social Change, hingewiesen. Die Autorin stellt u. a. dem Meadows'schen Begriff der „finite world" das Axiom einer unbegrenzten menschlichen Erfindungsgabe im Bereich des gesellschaftlichen Wandels gegenüber und fordert die Einführung „des Menschen" als weitere Variable: "The introduction of this sixth variable – man – into thinking about the world and its future may entirely change the nature of the debate which Forrester and Meadows have tried to limit to physical properties... It makes no sense in this context to talk of exponential growth in a finite world. Man's inventiveness in changing social arrangements is without limits, even if not without hazard", zit. nach Futures 5 (1973), S. 229ff., hier S. 235. Eine Epikritik von geschichtswissenschaftlicher Seite könnte sich u. a. auf eine differenzierte Untersuchung von „Begrenztheit" und „Unbegrenztheit" erstrecken, wobei die ideologischen Voraussetzungen der jeweiligen Axiome und Methoden besondere Aufmerksamkeit verdienten. Vgl. im übrigen den Beitrag von *H. R. Schlette* auf S. 82ff. der „Wiener Beiträge", Bd. 1, und das ebd., S. 85, Anm. 15, angeführte Werk von *C. Amery,* Das Ende der Vorsehung. Die gnadenlosen Folgen des Christentums (Reinbek 1972), das sich mit ethischen und anthropologischen Fragen der „Limits to Growth"-Diskussion beschäftigt.

DREISSIG JAHRE NACH GUARDINIS „ENDE DER NEUZEIT“: FÜR EIN EINBRINGEN UNSERER KULTURKRITISCHEN TRADITIONEN IN HEUTIGE GLOBALE PERSPEKTIVEN

Der Text meines Rothenfelser Vortrags vom 5. Oktober 1980 trägt die Zeichen des gesprochenen Wortes und auch der spezifischen Umstände der Tagung, für die er ausgearbeitet wurde: „Ende der Neuzeit – 30 Jahre danach. Ist Guardinis These noch tragfähig?“ Angesichts des Themas konnte der Inhalt der Schrift Guardinis von 1950 als durchaus bekannt vorausgesetzt werden. Weiterhin durfte beim Publikum mit einer näheren Kenntnis der Eigenart katholischer Reformbewegung und Kulturkritik im Umkreis der Burg Rothenfels seit den zwanziger Jahren gerechnet werden, innerhalb deren Romano Guardini ja die bedeutendste Gestalt darstellte. Auch wußten die Teilnehmer der Tagung, daß ich selbst, bei aller Schärfe der Auseinandersetzung mit bestimmten Positionen Guardinis von 1950, mich doch lebensgeschichtlich und gedanklich diesen Traditionen tief verbunden fühle und meine Aufgabe – in aller Bescheidenheit – im Rahmen einer heutigen, kritischen Weiterführung jener Denk- und Lebenszusammenhänge sehe.

Seit der Begegnung mit Romano Guardini auf Burg Rothenfels um 1950 riß meine Beschäftigung mit seinen Neuzeit-Thesen nicht ab. Aber sie lief gewissermaßen als ein zweiter, „nichtoffizieller“ Strang nebenher; der Vorrang war ganz und gar der eingeschliffenen Wissenschaftlichkeit in Forschung und Lehre eingeräumt. Erst die Einladung zu der erwähnten Tagung führte mich dazu, einen ersten Versuch zu machen, diese beiden „Stränge“ zusammenzubringen.

Aus dieser Perspektive ergab sich dann auch der besondere Nachdruck, der auf zwei Aspekte gelegt wurde: Guardinis Europazentrismus im Gegensatz zu den heutigen globalen Perspektiven und sein „unsoziologischer“ Kulturbegriff im Gegensatz zu heutigen Ansätzen, die Vermittlung zwischen individueller Existenz und allgemeinen Wandlungsprozessen unter voller Würdigung der sozialen und politischen Dimensionen zu leisten.

Um diese Weise der Anknüpfung und des Versuches, Traditionen einzubringen, noch deutlicher zu machen, verweise ich zu Beginn auf jene kleine Gedenkschrift, die 1969 Martin Kuhn im Auftrag eines Freundeskreises zum Tode Guardinis publizierte.[1] Damals faßte ich unter dem Titel „Reflexionen über ein Thema von Guardini“ einige Gedanken zusammen, die an ein Zitat aus der Brüsseler Rede 1962 anläßlich der Verleihung des Erasmus-Preises anknüpften.[2] Guardini sprach damals selbstkritisch über Europa und auch über seine Geschichte gegenüber Außereuropa und formulierte: „. . . Europa, das soviel Gewalt geübt und leer gewordene Majestät in Anspruch genommen hat.“ Diesen Halbsatz hatte ich damals zum Motto eines kurzen Textes genommen. Ich schicke nun diesen Text von 1969 gewissermaßen als ein Leitmotiv der heutigen Skizze voraus:

„Der kritische Rückblick auf die von Europa geübte Gewalt und auf die Entleerung einstiger Maiestas deutet in Guardinis Denken eine späte und neue Stufe an. Nicht als ob es in seinen früheren Überlegungen zu den Gestalten und Lebensformen der europäischen Vergangenheit an selbstkritischer Schärfe gefehlt hätte. Aber die Pointe des oben zitierten Halbsatzes scheint mir zu einer neuen Bewußtseinshaltung hinüberzuweisen, die für die Epoche nach Guardinis Tod immer größere Bedeutung gewinnt.

Es ist heute nicht schwer, in distanzierter Rechenschaft Europa und die außereuropäische Welt nebeneinander zu sehen und in einem globalen Horizont die Ansprüche des europäischen Menschenbildes mit ihrer höchst unvollkommenen Verwirklichung bitter zu vergleichen. Aber es bleibt weiterhin eine harte Aufgabe, die europäische Selbstkritik unverkürzt durchzuführen und sie zugleich als eine Quelle – als die wesentliche Quelle – für die produktive Erfüllung neuer, menschheitlicher Aufgaben nach dem ‚Ende der Neuzeit‘

offenzuhalten. Guardini liebte die europäisch-christliche Vergangenheit. Er liebte nicht minder die Gegenwart und richtete die ganze Kraft seiner Reflexion und Mitteilungsgabe auf diese Gegenwart, an deren inhumanen Erscheinungen und Tendenzen er unsäglich litt. In immer erneuerten Ansätzen rang er mit seiner Zeit, er tastete sie mit einer mitunter fast verzweifelnden Empfindung der ‚spes contra spem‘ ab nach jenen Offenheiten in eine Zukunft, die vom Glauben her als menschen-möglich postuliert war. Vom Glauben her – nicht auch von einer rationalen Analyse der innerweltlichen Abläufe und Möglichkeiten her?

Hier stoßen wir auf schwierige Grenzzonen im Denken und in der Methodik Guardinis. Seine Sprachmittel wie sein Denkstil waren gereift in den Jahrzehnten vor der Katastrophe Europas, die Hitler brachte. Die Sensibilität und Kraft seiner wegweisenden kirchlichen wie kulturellen Einsichten setzten gewissermaßen die Intaktheit eines äußeren Gefüges der europäischen Lebensformen voraus. Er war auf diesem Wege gewiß auch geprägt von einer langen Tradition der deutschen Innerlichkeit, mit ihren unvergleichlichen Vorzügen und ihren Schwächen. Als dieses Gehäuse zerbrach, bemerkte Guardini als einer der ersten, wie problematisch es nun geworden war, in den früheren Termini von ‚Kulturschaffen‘, von ‚christlicher Persönlichkeit‘ weiter zu denken und zu handeln. Nicht hoch genug kann es ihm angerechnet werden, wie sehr er – oft von alten Weggefährten wenig verstanden – die wachsende Unangemessenheit solchen Redens in einer verwandelten Welt empfand. Wenn wir ihm schließlich solche Einsichten verdanken, wie den oben zitierten Passus aus der Brüsseler Rede von 1962, so waren das – auch in ausgeführteren Gedankengängen – gewissermaßen Durchbrüche per negationem. Die von ihm einst so sehr hochgehaltene ‚Maiestas‘ wird nun zur kritischen Formel, zur aufbrechenden und richtenden Frage.

Dies haben wir in verehrender Dankbarkeit festzuhalten – ein Sich-Selbst-Überwinden in der christlichen Hingabe an eine sich wandelnde Welt: ein neues Paradigma ohne Grenzen.“

Nun werde ich in der vorliegenden Skizze folgendermaßen vorgehen: In einem ersten Teil ist über die neuere fachwissenschaftliche Diskussion zum Themenkreis Neuzeit – Nachneuzeit – Europa – Menschheitsgeschichte zu berichten. Ich gehe dabei nur ausschnitthaft auf einige besonders interessante Punkte ein und bleibe zuletzt etwas ausführlicher bei den Thesen, die Johan Galtung 1979, im letzten Band der New Cambridge Modern History, vorgelegt hat.[3] Denn diese Thesen zeigen in exemplarischer Weise, wie heute im Zusammenwirken von Historie, Sozialwissenschaften und vorsichtig gewordener Futurologie die globalen Periodisierungsfragen behandelt werden: in einer stark formalisierten Weise, d. h. zunächst ganz beschreibend und unter starker Berücksichtigung der quantitativen Gesichtspunkte, wobei aber doch Raum für die *qualitativen* Gesichtspunkte bleibt und damit auch *Wertung* und sogar Wegweisungen eines aktuellen *Engagements* verbunden werden können – allerdings in einem gegenüber Guardini ziemlich veränderten Bezugsrahmen und freilich ganz ohne die explizite Berufung auf die christliche Botschaft.

Dann sollen in einem zweiten Teil von diesem heute verfügbaren fachwissenschaftlichen Bezugsrahmen aus einige Positionen Guardinis von 1950 beleuchtet werden. Dabei wird sich eine Zweiteilung empfehlen. Zunächst ist die geschichts- und kulturphilosophische Konzeption und Wertung des Mittelalter-Neuzeit-Verlaufs zu betrachten, die Guardini im ersten Teil des Buches vorlegt. Sie ist kritisch zu befragen, um dann, im Schlußabschnitt meiner Skizze, den Weg frei zu haben für jene in ihrer Aktualität heute noch überaus bedeutsamen Perspektiven und Aufrufe, die vor allem im zweiten Teil des Buches enthalten sind.

I.

Das klassische, wesentlich europazentrische Periodenschema Altertum – Mittelalter – Neuzeit, vielgeschmäht, aber bis heute gewaltig weiterwirkend, wurde seit dem Beginn des 20. Jahrhunderts von verschiedenen Seiten und Voraussetzungen her kritisiert.[4] Zieht man einerseits das marxistische Geschichtsdenken in Betracht, dessen ältere Konzeptionen einer Determiniertheit der Abfolge sozialer Formationen durch die Oktoberrevolution einen neuen politisch-ideologischen Angelpunkt erhielten, so kamen Hauptimpulse weiterhin von drei Seiten: von einer vertieften Forschungsreflexion im Bereich Spätmittelalter/Renaissance/Reformation, wobei für viele andere der Name Ernst Troeltsch genannt sei (es geht weiter bis Cantimori und Hassinger); zweitens von den Versuchen, Weltgeschichte in morphologisch-komparativer Weise zu erfassen – ich nenne nur A. Toynbee; drittens von einer sozialgeschichtlichen Betrachtungsweise her, die das Entstehen der modernen Industriegesellschaft den Strukturen Alteuropas gegenüberstellt – hier sind u. a. Otto Brunner, Werner Conze, Dietrich Gerhard zu nennen. Es war auch bei dieser dritten Gruppe die Reflexion über das Verhältnis der europäischen und außereuropäischen Geschichte (globale Interdependenz des Industriezeitalters) am Werk. Und auch bei den soziokulturellen Ansätzen der ersten Gruppe läßt sich der Einfluß dieser Fragen nachweisen. Mehr oder weniger stehen alle diese Tendenzen unter dem Eindruck der Krise der liberalen europäischen Kultur. Nicht mehr wie noch Jakob Burckhardt können wir heute in den Menschen der italienischen Renaissance „die Erstgeborenen unserer Welt“ sehen und uns mit ihrer Existenzform identisch fühlen. Auch ist in der durchgehenden Betonung gesellschaftlicher Komponenten direkt und indirekt die Herausforderung durch das marxistische Geschichtsdenken und Periodisierungsschema zu bemerken. Jedoch werden die elementaren Fragen der außereuropäischen Geschichte und ihrer epochalen Einordnung erst am Rande wahrgenommen.

Überblicken wir heute die Ergebnisse dieser Debatten, die insbesondere in den fünfziger und sechziger Jahren zur Vorlage neuer, ausgearbeiteter Periodisierungsschemata führten, so mag es zweckmäßig sein, zunächst beispielhaft zwei solcher Periodisierungsvorschläge vorzuführen.

Bei Delio Cantimori[5] und Hassinger[6] beginnt um 1300 bzw. 1350 eine eigene Epoche, selbständig gegenüber dem Mittelalter, die bis etwa 1800 reicht. Darauf folgt dann erst die sogenannte „moderne Welt“. Die Kriterien der Abgrenzung sind sowohl dem Bereich der Kultur- wie der Sozialgeschichte entnommen. Die Fragen der staatlich-politischen Sphäre treten stark zurück, sowohl hinsichtlich des europäischen Staatensystems als auch hinsichtlich der innerstaatlichen Werdeprozesse. Die Reformation erscheint *nicht* als ein ganz wesentlicher Einschnitt.

Noch wesentlich radikaler ist der Vorschlag des deutsch-amerikanischen Historikers Dietrich Gerhard[7], der u. a. von sozialgeschichtlichen Perspektiven ausgeht, wie sie etwa Werner Conze 1957 formulierte, indem er einen „Dreischritt weltgeschichtlicher Epochen“ einführte: „Das erste Stadium umfaßt die im präzisen Sinne des Wortes vorgeschichtliche Zeit, die Jahrhunderttausende der frühen Menschen primitiver Zivilisation und Gesellschaft“ ... Das zweite sind die Hochkulturen. „Das dritte Stadium wird erst in unseren Jahren des technisch-industriellen Zeitalters erreicht, dessen revolutionärer Ursprung im 18. Jahrhundert europäisch gewesen ist und, recht verstanden, als das Endziel der ‚Weltgeschichte Europas‘ im Sinne Hans Freyers aufgefaßt werden kann.“ Bei D. Gerhard sieht die Sache dann folgendermaßen aus: Von der Frühzeit sieht er ab, er läßt erst mit dem 11. Jahrhundert die Geschichte Europas beginnen. Von da an reicht die Epoche, die er „Alteuropa“ nennt, bis zur Französischen Revolution, also bis etwa 1800. Dann beginnt die Moderne: statt ständischer Gliederung politische Konzentration und Streben nach sozialer Gleichheit, statt Tradition und Gebundenheit wirtschaftlicher Fortschritt mit immer weiter drängender Naturbeherrschung.

Faßt man die Ergebnisse all dieser Versuche und Vorschläge und der an ihnen geübten Kritik zusammen, so ergibt sich ein uneinheitliches Bild. In mancher Hinsicht sind gewiß bleibende periodologische Einsichten gewonnen: in der Gegenüberstellung der industriegesellschaftlichen Tendenzen seit etwa 1800 mit den ganz anderen Strukturen der ständischen Gesellschaft des Ancien Régime. Nicht nur sozioökonomische, auch soziokulturelle Entwicklungslinien und Entwicklungsphasen sind deutlicher als früher herausgearbeitet worden. Vieles erscheint aber unbefriedigend: Gerhards unendlich lange, formal ungegliederte Epoche „Alteuropa“ vernachlässigt die Dynamik und Neuartigkeit dessen, was wir in der Renaissance und Reformation, in der wissenschaftlichen und philosophischen

„Revolution“ seit Kopernikus vorfinden. Und die eher komplizierten Zwischenepochenvorschläge bei Cantimori, Hassinger u. a. bringen wieder neue Schwierigkeiten. Die Frage der inneren Einheit dieser „Zwischenzeit“ von 1300 bis 1800 läßt sich meines Erachtens weder sozial- noch kulturgeschichtlich noch politisch befriedigend definieren, geschweige denn durch eine Kombination mehrerer Sachkriterien. Das Sonderproblem der italienischen Renaissance mit ihren Antizipationen bleibt ungelöst. Und überhaupt erscheint die Berücksichtigung der *politischen Strukturelemente* – innerstaatlich und zwischenstaatlich – bei all diesen Ansätzen zu schwach, wenn man bedenkt, wie tief einschneidend überall in Europa die Prozesse wirkten, die den Staat zum dominierenden Sektor der Lebenswelt des Menschen werden ließen. Auch die Neudefinition des epochenrelevanten Verhältnisses von Europa und Außereuropa wurde zwar wiederholt versucht, aber in den bisherigen Neuansätzen noch nicht überzeugend durchgeführt.

Uneinheitlich und unbefriedigend sind also die Resultate dieser in sich so wichtigen und substantiellen Debatten der fünfziger und sechziger Jahre. Keiner der neuen Vorschläge hat sich wirklich durchgesetzt. Es herrscht fast überall, in Wissenschaft und Didaktik, ein verschwommenes, eklektizistisches Nebeneinander von alten und neuen Periodisierungsansätzen. Und wo man versuchte, eindeutige neue Ansätze wirklich zu praktizieren, ist die Folge statt einer allgemeinen Zustimmung eher eine allgemeine Skepsis gegenüber der Problemstellung selbst.

II.

In den siebziger Jahren sind dann, nicht zuletzt unter dem Eindruck des Ölschocks von 1973, der Diskussion um die „Grenzen des Wachstums“ und der steigenden Bedeutung der Dritten Welt, die Fragen der historischen Zuordnung von europäischer Neuzeit zu außereuropäischen Geschichtsverläufen und die Frage nach dem Übergang von der Neuzeit zur Nachneuzeit in gewandelter Weise und mit neuen methodischen Ansätzen diskutiert worden. Ich muß mich hier ganz kurz fassen. Die Sozialwissenschaften stellten und stellen sich bekanntlich zunehmend auf historische Tatbestände und Perspektiven ein und treten mit den Geschichtswissenschaften in ein sehr anregendes, wenn auch oft kompliziertes und nicht immer befriedigendes Gespräch ein. Immerhin ist es heute für jeden Historiker selbstverständlich, das *Erklärungspotential der Sozialwissenschaften*, gerade im Bereich der materiellen Lebensbedingungen und im Hinblick auf globale Vergleiche, heranzuziehen. Ich nenne hier nur die Stichworte: Modernisierungstheorien, Konflikt- und Friedensforschung, Evolutionskonzeptionen, System- und Prozeßmodelle etc. Hier hat man – auch in Weiterführung von Perspektiven Max Webers – begonnen, in langfristigen Vergleichsreihen soziale Systeme zu analysieren. Und es zeigt sich dabei zum Teil eine erhebliche Bereitschaft der Forscher, auch tieferreichende Faktoren anzuerkennen: Kultur, Mentalität, Religion. Man sucht nach begrifflichen Rastern, um diese tieferreichenden, nicht von den sozialökonomischen Bedingungen her ableitbaren Kräfte zu erfassen. Man beginnt zu sprechen von „symbolic codes“, von „deep ideology“ oder – was dann bei Johan Galtung besonders wichtig und fesselnd wird – von „social cosmology“ als einem erstklassigen Bezugsrahmen für Gesamtanalysen und Gesamtvergleiche unterschiedlicher Kultur- und Sozialsysteme. –

Es liegt mir fern, diesen gegenwärtigen Diskussionsstand, und innerhalb seiner das Galtung-Modell, als der Weisheit letzten Schluß anzusehen und jemandem aufzudrängen. Die Dinge sind hier weiter im Fluß, und man kann und soll diese Modelle eben nur als Arbeits- und Orientierungshilfen benutzen, nicht sich mit ihnen bekenntnishaft identifizieren. Die Vorteile, die solche Modelle bieten, liegen auf der Hand. Es ist mit ihrer Hilfe weitgehend möglich, aus dem schwer kontrollierbaren Bereich des Subjektiven, Intuitiven, Prophetenhaften, unmittelbar Wertenden herauszukommen und festeren Boden für Analysen und Vergleiche zu gewinnen:

1. Es wird möglich, die Vergleiche zwischen Europa (oder dem „westlichen System", was die europäischen Teile der atlantischen Welt einschließt) und Außereuropa genauer anzusetzen.

2. Die Kriterien für Periodisierung werden gleichfalls umfassender und genauer entwickelt und nicht mehr nur dem europäischen Geschichtsverlauf entnommen. So tritt z. B. jetzt die Epochenscheide von 1500 – Entdeckungen, Begegnung mit Außereuropa, Anfänge des Kolonialismus – in globaler Sicht wieder stärker in den Vordergrund, wohl mehr noch als die Grenzzone von 1800.

3. Derartige Modelle bieten die systematische Möglichkeit, die quantitativen Aspekte – etwa im Hinblick auf Industrialisierung oder Bevölkerungszunahme – mit qualitativen Aspekten zu verbinden: Kultur, Religion, langfristige anthropologische Faktoren. Damit sind dann auch Übergänge zu Wertungen und Postulaten in rationaler Vermittlung eröffnet.

4. So wird es bis zu einem gewissen Grad möglich, wertende Standortbestimmungen und politisch-kulturelle Engagements in einer rational einsichtigen Weise mit der Analyse globaler Geschichtsverläufe zu verbinden. Allerdings nur bis zu einem gewissen Maß. Denn es bleibt ja einerseits die Unabgeschlossenheit und Offenheit des Geschichtsprozesses – es sei denn, man meine, das Ziel der Geschichte, innerweltlich, könne im voraus gewußt werden. Und es bleibt andererseits das persönliche Risiko des Engagements, das in diesem offenen Rahmen der Geschichte durch keine Wissenschaftlichkeit ausgeschaltet werden kann. –

Nach diesen methodischen Vorbemerkungen versuche ich, ganz knapp einige Punkte des Galtung-Modells zu erläutern, um dann zu Guardini zu kommen. Der Versuchung, auch andere, im Ansatz mit Guardini vergleichbare Konzeptionen von „Rise and Fall", von Aufstieg und Krise der Neuzeit vor dem Hintergrund heutiger fachwissenschaftlicher Modelle zu untersuchen – etwa Horkheimer[8] und Adorno – werde ich nicht nachgeben, so aufschlußreich ein solches komparatives Vorgehen auch für unser Thema wäre.

Das Schema Galtungs „Trends in Western Civilization"[9] zeigt einige, aber keineswegs alle wichtigen Charakteristika seines Modells. Es beschränkt sich auf das *westliche System,* während der gleiche Autor bekanntlich im übrigen in der vordersten Linie derer steht, die den globalen Vergleich und Überblick suchen. Dieser vergleichende Überblick ist – das erscheint mir sehr wichtig – hier jedoch bereits in das Koordinatensystem eingegangen, mit dem die Wandlungen des westlichen Systems erfaßt werden. Die stark formalisierten Bezeichnungen Expansion/Kontraktion und zentrifugal/zentripetal wären ohne Kenntnis von und ohne Vergleich mit außereuropäischen Kulturen ja gar nicht denkmöglich. Weiter ist wesentlich, daß Galtung einerseits zu dem traditionellen Drei-Perioden-Schema Altertum–Mittelalter–Neuzeit zurückkehrt. (Damit tritt die zeitweilig so betonte Epochenschwelle um 1800 ganz zurück!) Andererseits setzt er um 2000 eine entscheidende Epochengrenze an. Sie scheidet die Neuzeit von der „Post-Modern-Period", der Nachneuzeit. Hier wird die Sache nun freilich weitgehend spekulativ, d. h. es verbinden sich mit historischen Trendanalysen in einer komplizierten Weise Möglichkeitsurteile und auch Wert- und Wunschsetzungen. Die Nachneuzeit wird in mehrfacher Weise dem Mittelalter ähnlicher als der Neuzeit sein: gekennzeichnet durch Umschlagen von Expansion zu Kontraktion, zu zentripetalen Strukturen im Makrobereich und zu gemeinschaftsbezogenen, antiindividualistischen Strukturen im Mikrobereich. Vieles, was hier noch der Erklärung und wohl auch Klärung bedürfte, lassen wir beiseite und wenden uns nun noch der Besprechung einiger Grundaxiome Galtungs zu.

Die Unterscheidung von *Zentrum* und *Peripherie* ist in diesem Modell wie in ähnlichen so wichtig, weil sie das langfristige Nebeneinander unterschiedlicher Kräfte und Tendenzen in der gleichen Zivilisation erklären kann. Weiterhin geht Galtung davon aus, daß das westliche System in einer besonderen Weise durch *inneren Pluralismus* gekennzeichnet ist. Dies wiederum sieht er als Chance für weitgehende *Wandlungen ohne Katastrophe:* je uniformer die soziale Kosmologie eines Systems, desto verwundbarer, weil desto weniger Fähigkeit zu alternativen Lösungen gegeben ist: „Change program or else perish".[10] Selbstverständlich geht auch Galtung – ohne sich hier in die näheren Fragen des Energieproblems und der Ökologie einzulassen – von dem Faktum der *Grenzen,* der Begrenztheit ökonomischer Ressourcen aus, die für die Nachneuzeit konstitutiv ist.[11] Aber er betont in mehrfacher Hinsicht die Chancen des westlichen Systems, sinnvolle Antworten auf die neuen Situationen zu entwickeln, durch Rückgriff auf eigene alternative Traditionen: Wendung nach Innen, Abkehr von der rücksichtslosen Expansion, Schonung der Natur – was deutlich auf eine Annäherung an östliche Formen sozialer Kosmologie hinausläuft. Während Toynbee als einzige Lösung der künftigen, harten Menschheitsprobleme ein ebenso hartes, autoritäres Regime sah, billigt Galtung im Hinblick auf die Wandlungsfähigkeit der sozialen Kosmologie des Westens diesem selbst und seinem künftigen Verhältnis zur nicht-westlichen Welt die *Chance einer milderen Zukunft* zu: „Typisch für den Westen ist weder Expansion noch Introspektion, sondern die Pendelbewegung zwischen relativ extremen Positionen, die erleichtert wird durch die in sich widersprüchliche Natur des westlichen Systems. In dieser Widersprüchlichkeit liegt viel von der Kraft der westlichen Zivilisation, in ihren expansiven Verhaltensweisen dagegen liegt viel von ihren größten Gefahren, für die Natur, für die anderen und für sich selbst. Ein tieferes Verständnis davon kann zu mehr Selbstkontrolle führen . . .“[12]

Man sieht: Der Anspruch an den einzelnen, der für Guardini ganz im Vordergrund steht, kommt bei Galtung erst am Schluß, ganz zu Ende einer Systemanalyse und in einer vorsichtigen und unausgeführten Weise.

III.

Die Annäherung an Guardini erfolgt nun schrittweise mit zwei Vorbemerkungen. Zunächst ist von der Plazierung des „Endes der Neuzeit“ in seinem Werk und Leben zu sprechen, dann von dem Instrumentarium, dessen er sich bei diesem „Versuch einer Orientierung“ bedient. Guardini hat im „Hochland“ 1951, am Schluß seiner ziemlich scharfen Erwiderung auf die Kritik Clemens Münsters, die langfristige Verankerung der Gedanken dieses Buches betont. Er unterstrich dabei vor allem das Axiom, wir seien – als Christen – nicht nur berechtigt, „sondern verpflichtet, in jeder Zeit die Möglichkeit der Rettung zu sehen. Meine Zuversicht beruht vielleicht auf der Länge des Weges, den ich von den ‚Briefen vom Comer See‘ aus den Jahren 1923 bis 1925 über mein in den letzten Kriegsjahren geschriebenes Buch ‚Freiheit, Gnade, Schicksal‘ bis zum ‚Ende der Neuzeit‘ zurückgelegt habe. Die Zuversicht ist mir sehr langsam erwachsen; vielleicht ist sie deshalb so lebendig.“[13]

Hier wären gleich viele Fragen anzuschließen: Was ist mit der „Möglichkeit der Rettung“ eigentlich gemeint? Wie hat sich im einzelnen aus den stark ästhetischen Akzenten der Kulturkritik in den „Briefen vom Comer See“ die anthropologische und die theologische Sehweise von 1950 entwickelt? Wie ist die Konzeption von „Ende der Neuzeit“ mit dem Logos anderer Werke Guardinis, mit anderen Einflüssen auf ihn, mit den Erfahrungen von Nationalsozialismus, Krieg und Nachkrieg verbunden und daraus verstehbar? Aus Guardinis Vorbemerkung zum Buch weiß man, daß der Text zuerst als Vorlesung in Tübingen 1947/48 vorgetragen, zuvor noch als Einleitung zu einer Pascal-Vorlesung geplant war – also gewissermaßen als Guardinis erste, öffentliche „Rede“ in dem befreiten Sprachraum nach Kriegsende gelten kann. Was bedeutet das in politischer Hinsicht? Und aus den eben publizierten Tagebüchern kennen wir Aufzeichnungen über Neuzeitbeginn und Reformation vom April 1943, die deutlich in den Themenkreis des Buches gehören, aber nun von einer ganz unaktuellen – unpolitischen Seite her das Neuzeitproblem sehr scharf angehen.[14] Wieso das? Ich nenne diese Fragen hier nur, um sie für jetzt liegenzulassen.

Blickt man auf die Nachgeschichte des Buches, so fällt auf, daß es im weiteren Wirken, Schreiben und Leben Guardinis – soviel wir sehen – bald keinen deutlichen Platz mehr einnimmt. Das Buch über die Macht erschien als „Folgeband“ 1951 – eine weniger sensationelle, aber doch beachtliche Fortführung zentraler Fragen aus dem „Ende der Neuzeit". Einige wichtige Auseinandersetzungen gab es 1951/52, am wichtigsten vielleicht die mit Clemens Münster. Danach kam nicht mehr viel.[15] Das ist eigentlich erstaunlich, denn das Problem und die Aufgaben, die nach Wegweisung verlangten, existierten ja in stets verschärfter Weise weiter – so will uns scheinen. Aber Guardini hat anscheinend gerade in dieser genauen Richtung nicht mehr – zumindest nicht mehr für die Öffentlichkeit – weitergearbeitet. War er enttäuscht, fühlte er sich frustriert, mißverstanden oder verunsichert?

Die zweite Vorbemerkung gilt Guardinis Instrumentarium. Dessen Eigenart, Ergiebigkeit und Begrenztheit fällt jedem sogleich auf, der gewohnt ist, auch bei weitreichenden kulturkritischen Reflexionen von einer strengen Methodik sozial- oder geschichtswissenschaftlicher Arbeit auszugehen. Um es abgekürzt zu sagen: Die Kulturphänomenologie Guardinis arbeitet – auf dem Hintergrund einer unendlich tiefen, umsichtigen und lebendigen Kulturkenntnis – mit extrem subjektiven Verständigungsmitteln: Intuition, aperçuhafte Hinweise und Anspielungen, nochmals Intuition und dann kühne geistesgeschichtliche Verbindungslinien und Schlußfolgerungen. Die stets von neuem überraschenden und großartig aufschließenden Leistungen wie die Grenzen und Schwächen dieser Erkenntnis- und Darstellungsweise bedingen sich bekanntlich gegenseitig. Was die Analyse kulturellen Wandels angeht, so hat Carl Amery kürzlich darauf hingewiesen, daß die katholisch-konservative Kulturkritik, der in diesem Sinne Guardini zuzurechnen ist, sich durch die „Vernachlässigung der materiellen Probleme einer künftigen Kultur der Versöhnung selbst ins Schweigen manövriert hat."[16] In ähnliche Richtungen der Kritik weist eine andere Beobachtung, wie sie schon 1935 der bekannte holländische Kulturhistoriker Johan Huizinga in seinem Werk „Im Schatten von morgen" formulierte.[17] Es geht dabei um die Bedingungen und Formen gewollten Eingreifens in kulturellen Wandel, die bei Guardini stets in einem vagen Licht bleiben. Huizinga sagt: „Gegen diese jahrhundertealte Vorstellung nun von einer plötzlichen und bewußt gewollten Umkehr der Gesellschaft wendet sich die moderne, wohlbegründete Erkenntnis, die alles Natürliche und alles Menschliche als Ergebnis von zahllosen, untereinander abhängigen, auf lange Dauer wirkenden Kräften meint sehen zu müssen. Unser Geist kann, ohne damit notwendigerweise für einen unbedingten Determinismus zu optieren, im Ablauf des Kräftespiels der Gesellschaft das Eingreifen des menschlichen Entschlusses nur als einen Faktor von beschränkter Wirkungskraft erkennen. Der Mensch kann, wenn er sich zweckmäßig gruppiert, und indem er seine eigenen besten Energien anwendet, sich der natürlichen und sozialen Kräfte bedienen, die das Spiel der Gesellschaft beherrschen. Er kann gewisse Tendenzen des Prozesses fördern, aber er kann die Richtung des Prozesses nicht umkehren . . ."

Man könnte, um diese Vorbemerkung unter Vernachlässigung weiterer wichtiger Fragen abzuschließen, stichwortartig sagen: In Guardinis kulturkritischem Instrumentarium bleibt gerade das unentwickelt, was mit der *gesellschaftlichen Vermittlung* menschlichen Handelns und Seins zu tun hat. Von hier aus dürfte auch verständlich werden, warum gerade das Problem der Macht, das Guardini sehr richtig in seiner zentralen Bedeutung erkannt hatte, von dieser seiner unsoziologischen Perspektive her so schwer zu fassen ist. –

Im weiteren Vorgehen soll zunächst die Besonderheit der geschichts- und kulturphilosophischen These Guardinis hinsichtlich des Mittelalter-Neuzeit-Verlaufs, die den ersten Teil des Buches füllt, kritisch befragt werden. In einem zweiten, abschließenden Abschnitt geht es dann um die skizzenhafte Würdigung einiger jener Befunde und Postulate zum Übergang von der Neuzeit zur Nachneuzeit, die den zweiten Teil des Buches ausmachen, wobei der Schwerpunkt im Bereich von Kultur und Politik, nicht bei der „Religiosität der kommenden Zeit" liegen wird.[18] Wir konzentrieren uns in beiden Abschnitten auf den Inhalt von „Ende der Neuzeit" mit fallweisen Ausblicken auf den heutigen Diskussionsstand und mit einem vergleichenden Rückblick auf die Positionen Guardinis in den „Briefen vom Comer See" (1923/25). Der fragmentarische und vorläufige Charakter meiner Bemerkungen ist das eine. Das andere ist das Bemühen, bei aller Deutlichkeit einer aus eigenem, jahrzehntelangem Nachdenken über Neuzeit und Nachneuzeit erwachsenen Kritik die Eigenständigkeit, Kraft und Bedeutung wesentlicher Teile dieser Diagnosen und Wegweisungen Guardinis desto faßbarer hervortreten zu lassen.

Die Würdigung und Kritik der Mittelalter-Neuzeit-Konzeption Guardinis kann unter verschiedenen Vorzeichen erfolgen:

– In einem heutigen globalen Horizont tritt der Europazentrismus seines Geschichtsbildes und der damit verbundenen Wertungen deutlich hervor.

– Von der heutigen wissenschaftlichen Diskussion her sind seine Modelle von historischen Verläufen und von Kausalitäten sowie seine Weise, Wertfragen zu stellen und Werturteile zu fällen, zu befragen.

– Von heutigen Formen des christlichen Engagements her sind seine Vorstellungen von Christentum, Menschheit und Geschichte zu erörtern.

Diese Gesichtspunkte greifen vielfach ineinander, und im vorliegenden Zusammenhang können nur einige Perspektiven angedeutet werden. Die starken Vorbehalte gegenüber der Mittelalter-Neuzeit-Konstruktion Guardinis sind stets zu unterscheiden von den Befunden und Aufrufen, auf die es ihm dann im zweiten Teil des Buches ankommt. Diese Unterscheidung ist vorweg zu betonen. Je fragwürdiger uns die Mittelalter-Neuzeit-Konstruktion von 1950 heute erscheint, desto erstaunlicher bleibt es, wie tief und treffend und zukunftsträchtig vieles – nicht alles – an Guardinis diagnostizierender und fordernder Intuition von 1950 sich auch heute noch darstellt. Nicht nur, daß wir auffallende Übereinstimmungen mit Urteilen und Postulaten sehen, wie sie heute etwa im Galtung-Modell vertreten werden. Es läßt sich weitergehend wohl an einigen Punkten zeigen, daß das Werk von 1950 nicht nur bemerkenswerte Antizipationen heutiger „gesicherter" Einsichten brachte, sondern daß manches davon über Galtung und Genossen hinaus höchst bedenkenswert bleibt, insbesondere dort, wo es um den Anspruch an den einzelnen geht. Guardini meinte wohl, daß die Befunde und Postulate seines zweiten Teiles ganz unmittelbar mit der Mittelalter-Neuzeit-These im ersten Teil verbunden, ja von ihr folgerichtig abgeleitet seien. Demgegenüber fällt es dem heutigen Betrachter wohl nicht schwer, diese unmittelbare Verknüpfung aufzulösen und die relative Unabhängigkeit mancher Einsichten und Engagements des zweiten Teils zu erkennen. Diese Unterscheidung und Entflechtung wird erleichtert durch den Vergleich mit Guardinis „Briefen vom Comer See", wo 1925 wesentliche Gedanken des zweiten Teiles schon ausgearbeitet sind, aber in einem gegenüber 1950 noch erheblich anderen geschichts- und kulturphilosophischen Kontext.

Die „Briefe vom Comer See", 1924 bis 1925 in den „Schildgenossen" publiziert und dann in Buchform zusammengefaßt[19], geben eine radikale Zeit- und Kulturkritik. Als Zeitschwelle für die Dekadenz der Gegenwart wird die Mitte des 19. Jahrhunderts gesehen: „Wasserscheide der Zeiten um 1830 bis 1870".[20] Die seitherige Entwicklung, gekennzeichnet durch Technik, Rationalismus, Masse, zerstört die bis dahin geltenden Formen und Inhalte alter Kultur ganz und unwiderbringlich. „Durch das neue Geschehen wird den Menschen alter Kultur die Möglichkeit zu sein entzogen."[21] Dem radikalen Schmerz um das Ende der alten Kultur entspricht dann auf der anderen Seite eine ebenso radikale Entscheidung für das Neue und das Kommende: „Auf der alten Ebene ist der Kampf um lebendige Kultur verloren ... Der Kampf kann nur auf einer neuen Ebene aufgenommen werden." „Unser Platz ist im Werdenden ... Wir haben das Werden umzuformen." „Die Seele ist uns berührt von einem Großen, das heraufkommen will. Und das, obwohl wir die Fragwürdigkeit spüren, und obwohl uns die Köstlichkeit des Alten hell leuchtet. Sehr klar muß einer gesehen haben, worum es geht, soll er dafür mit festem Herzen die unaussprechliche Edelkeit des Vergangenen opfern."[22]

Mit dem Blick auf den für unsere Vergleichsfrage entscheidenden Punkt ist dazu folgendes zu bemerken: Guardinis Theorie des technischen Zeitalters von 1925 ist noch frei von jener für 1950 so bezeichnenden Interpretation der Neuzeit als Abfall von dem christlich geformten Mittelalter. Mittelalter und Neuzeit bis etwa 1830/1870 tragen für Guardini 1925 einheitlich das humane Signum der „alten Kultur". Dann folgt der schmerzliche Wandel zum Neuen, zum technischen Zeitalter. Ihm soll nun – in einem leidenschaftlichen Bekenntnis zur Zukunft – das Beste abgerungen, die neuen Konturen menschlicher Existenz eingeformt werden. „Wir müssen Herr werden über die entfesselten Kräfte und sie zu einer neuen Ordnung bauen, die auf den Menschen bezogen ist.“ Bei alledem betont Guardini 1925 die christliche Bedingtheit der neuen technischen Welt, ganz ohne jenen bitteren Vorwurf der Unehrlichkeit an die Neuzeit als Ganzes, der für die Sicht von 1950 so charakteristisch ist. Guardini sagt im letzten, wichtigsten der Briefe vom Comer See mit ganz anderem, positivem Akzent:

„Und auch das ist nicht wahr, daß jenes Geschehen widerchristlich sei. Die Gesinnung, die darin wirkt, mag es oft sein: jenes Geschehen an sich nicht. Wissenschaft, Technik und was daraus entspringt, das alles ist ja erst durch das Christentum möglich geworden. Erst ein Mensch, dem die Gottunmittelbarkeit der erlösten Seele und die Würde des Wiedergeborenen das Bewußtsein eingewirkt hat, daß er anders ist als die Welt ringsher – dieser erst konnte sich derart aus der Naturverbundenheit herausstellen, wie es der Mensch des technischen Zeitalters getan. Der antike hätte es als Hybris gescheut. Erst jener Mensch, dem solche Gottverbindung den Sinn für das Unbedingte gegeben; dem die Parabeln vom Schatz im Acker und von der kostbaren Perle, und die Lehre vom Verlierenmüssen des Lebens nahegebracht haben, daß etwas ist, für das alles hingegeben werden muß – er war überhaupt erst zu einer solchen Entschlossenheit fürs Letzte fähig, wie sie die neuere Wissenschaft beherrscht, die Wahrheit will, und sollte darüber das Leben unmöglich werden; wie sie in der Technik lebt, die das Werk will, und sollte durch solche Umformung der Welt alles Menschendasein in Frage geraten. Erst ein Mensch, dem der christliche Glaube an das ewige Leben die tiefe Sicherheit gegeben hat, daß sein Wesen unzerstörbar ist, hatte die Zuversicht, die zu solchem Unternehmen gehört. Aber freilich, jene Kräfte haben sich aus der Hand der lebendigen Persönlichkeit gelöst – oder sollen wir sagen: Diese hat sie nicht halten können? Hat sie fahren lassen? . . .“[23]

Von diesem Rückblick auf Guardinis ebenso lebendige wie differenzierende Gedanken von 1925 wenden wir uns wieder dem Werk von 1950 zu und befragen seine Positionen im Problemfeld von Europazentrismus, Geschichtskonstruktion und Christentum. Ich versuche, in der gebotenen Kürze vorzugehen und darf den eigentlichen Inhalt des „Endes der Neuzeit“ wohl als bekannt voraussetzen. Hier sieht man nun in hartem Schwarz-Weiß die christlich und menschlich gelungene Welt des Mittelalters der christlich und darum auch menschlich mißlungenen Welt der Neuzeit gegenüber.[24] Was ist hier passiert, wenn ein so sensibler, so mit allen Kräften um menschliche und christliche Wahrheit ringender Mensch sich so weit von erkennbaren Wahrheiten der Geschichte entfernt?

Mit dem Risiko der Vereinfachung versuche ich, Schwerpunkte zu bilden. Diese geschichts- und kulturphilosophische Konstruktion scheint mir bedingt einmal durch eine allgemeine *Verdunkelung* des Horizontes menschlicher Existenzmöglichkeiten, als welche Guardini die Zeit erlebte: Nationalsozialismus, Zweiter Weltkrieg, Nachkriegszeit. Weiterhin scheint gegenüber 1925 der interpretative und methodische Horizont *verengt:* noch tiefer hinein in den Europazentrismus, noch weiter weg von der „gesellschaftlichen Vermittlung“, hinein in die spezifischen Innerlichkeits-Kategorien einer deutschen, idealistischen, unpolitischen Kulturtradition. Insbesondere wäre hier der Einfluß des in sich schon verengten Geschichtsbildes und der idealistischen, neuromantischen Mittelalterkonzeption deutscher katholischer Mediävisten zu betonen. Weiterhin bemerkt man etwas, was ich existentielle Isolierung und Verlust konkreter Hoffnungen nennen möchte: nach dem Scheitern der Hoffnungen auf die katholische Jugendbewegung auch das Scheitern der Erwartungen, die Guardini in eine weitere „Kulturbewegung“ gesetzt hatte, und nun, mit 1945, weithin auch das Zerfallen jenes sozialen Netzes, das wir vorsichtig als „das deutsche Haus“ bezeichnen.

Nun ist – gegenüber 1925 – die sichtbare Kluft zwischen Sein und Sollen enorm vertieft. Die Mittel einer mit dem Kulturbegriff arbeitenden Analyse sind der Realität noch weniger gewachsen. Aber die grundlegenden Postulate von 1925, davon wird gleich zu sprechen sein, werden weiter festgehalten – noch schroffer und unvermittelter als je zuvor. Unter der Last der Verdunkelung erscheint für Guardini der Weg der Neuzeit als eigentlich schuldhaft. In einer erstaunlichen Personalisierung wird „die Neuzeit“ als solche zur Angeklagten. Sie hat die wesentlichen Probleme der Macht vergessen, „weil der Empörungsglaube des Autonomismus sie blind gemacht hat.“[25] „Sie tut, als ob der Weltstoff, sobald er in den Bereich der Freiheit kommt, ebenso gesichert bliebe wie in dem der Natur.“[26] Die Neuzeit – das ist das Zentrum von Guardinis Urteil – mit ihrer Autonomie und Hybris zehrt das Kapital von christlich-humaner Fundierung auf, ohne dies zugeben zu wollen: das ist ihre prinzipielle Unehrlichkeit.

Angesichts dieser Konstruktion wäre sehr vieles zu sagen – ich greife jetzt nur einen, für Christen besonders wichtigen Aspekt heraus. Guardini sieht die neuzeitliche Entwicklung so gut wie völlig im Zeichen von Schuld (auf der Seite der Autonomie-Verfechter), nicht in einem Ineinanderwirken von Schuld und Schicksal, erst recht nicht im Horizont einer christlichen Gewissensforschung und Selbstkritik: Was haben Fehlverhalten und Fehlentwicklungen auf der Seite der Christen vom Mittelalter herauf dazu beigetragen, daß die Neuzeit diese Richtung einschlug? Und es ist immer wieder zu betonen, wie sehr Guardini 1950 europäische Geschichte mit Menschheitsgeschichte gleichsetzt – wie er dadurch u. a. jeder Möglichkeit verlustig geht, die europäischen Schicksale des Christentums zu relativieren und in den größeren Rahmen zu stellen. Wenn das europäische Mittelalter in christlicher Wertung zum Absolutum wird, dann wachsen freilich die Schwierigkeiten, dem Anliegen erst der Reformatoren, dann der „Autonomisten“ gerecht zu werden, ins Unübersteigliche. Ganz zu schweigen von einer Würdigung der Schicksale, welche die außereuropäische Welt vom europäischen, mittelalterlich geprägten Christentum her dann erlitt.

Aber sehen wir von diesem letzten, heute so eminenten Element christlicher Rechenschaft zunächst noch ab. Auch in den innereuropäischen Verläufen bleibt Guardini fern jenen wissenschaftlich durchaus einsichtigen Zusammenhängen: wie das Christentum von Antike und Mittelalter her selbst als Wirkkraft mitten in jene gewaltigen Prozesse verflochten ist, die u. a. vom Glaubenszwang zur Glaubensspaltung und wieder zu verschärftem Glaubenszwang führen.[27] Er sieht jene Prozesse der Selbstkompromittierung des Christentums, in Schuld und Schicksal, anscheinend gar nicht, die dann die Menschen veranlassen, nach jenen neuen Formen der Autonomie zu suchen und ihr neuzeitliches Humanum zunehmend außerhalb des Christentums zu verwirklichen. Diese dialektischen, von Kirche und Christentum unmittelbar ausgehenden Zusammenhänge stehen bekanntlich heute im Mittelpunkt jeder ehrlichen christlichen Rechenschaft.

In Guardinis Werk von 1950 ist davon nicht die Rede, nur von der Schuld, der Hybris, der Abwendung der Neuzeit von den christlichen und humanen Daseinsformen, die das Mittelalter vorgelebt hatte. Es ist auch so gut wie nicht die Rede von den Bildungs- und Befreiungsleistungen der Neuzeit: heraus aus dem Analphabetentum, das 95 Prozent der mittelalterlichen Bevölkerung von aller schriftlichen Kultur ausgeschlossen hatte, heraus aus Leibeigenschaft, Hunger, Seuchentod, politischer Knechtung –.

Die Kritik der idealisierten Mittelalterkonzeption hat schon 1951 Clemens Münster kräftig, wenn auch nicht immer treffend, vorgetragen. Ich wiederhole sie nicht, sondern verweise zur Verdeutlichung der Konzeption Guardinis zum Abschluß dieses vorletzten Abschnitts auf einen eben erst publizierten Text aus Guardinis Tagebuchaufzeichnungen von 1943. Da geht es um den Protestantismus. Und man kann mit Händen greifen, wie der Verfasser hier, suchend nach den *Ursachen des Unglücks der Neuzeit,* die Reformation schuldig spricht an dem Einschlagen des Fehlwegs der folgenden Jahrhunderte. Guardini notiert zum 6. April 1943:[28] „Die Reformation hatte recht, als sie auf schlimme und weit verbreitete Schäden in der Kirche hinwies; sie hatte recht, als sie vernachlässigte Momente im Glaubensbewußtsein wie im christlichen Leben herausarbeitete . . . Dazu kam aber die christliche Erprobung: in welcher Weise die Reformation die von ihr gesehene Wahrheit weiterhin vertreten würde, und da ist etwas Schlimmes geschehen. Die in der beginnenden

Neuzeit sich regenden Impulse der individuellen Selbständigkeit gegenüber den objektiven Vertretungen des Gültigen, welche in der Kirche vom Mittelalter her so stark waren, und das Empfinden der werdenden deutschen Nation gegenüber dem in der Kirche so mächtigen romanischen Element sind in das christliche Anliegen eingeströmt, so stark, daß sie die Führung an sich rissen. Damit war aber das Unheil da ..." Dann führt Guardini aus, was die Reformatoren seiner Meinung nach hätten tun müssen: „auszuharren und die gesehene Wahrheit durch das Leiden hindurchzutragen ... Statt dessen hat die Reformation die Treue der Überzeugung mit dem trotzigen Beharren auf dem eigenen Willen verwechselt; den Gehorsam gegen Gott zur Unbotmäßigkeit gegen die von ihm gesetzte Trägerin der Wahrheit werden lassen; und es ist ein Riß entstanden, durch den das Unheil in die ganze, von da ab laufende Geschichte eingedrungen ist ... selbstverständlich haben Sie das Recht" – so fährt Guardini gegenüber einem vorgestellten evangelischen Gesprächspartner fort – „demgegenüber auf Trägheit, Härte, Gleichgültigkeit, irdischen Sinn und was immer in der Kirche hinzuweisen. Die Schuld, die daraus kam und die Verantwortung dafür sind wahrlich groß genug. Doch ist in alledem nichts grundsätzlich Irreparables geschehen, und das ist der Unterschied." –

Wir sind uns darüber im klaren, daß es hier um ein zentrales Stück der im „Ende der Neuzeit" vorgelegten Mittelalter-Neuzeit-Konstruktion geht. Ebenso ist es klar, daß nun umfassende Kapitel der Renaissance- und Frühneuzeitforschung ausgebreitet werden müßten, um im großen und kleinen überzeugend darzulegen, daß diese Interpretation der Reformation und die Konstruktion als Ganzes nicht stimmt und keinen Bestand hat.[29] Nochmals ist auf das Fehlen der weltgeschichtlichen Perspektive hinzuweisen. Guardini nimmt europäische Geschichte für Geschichte an sich; so kommt die Reflexion über den Sonderweg Europas und auch über die Verantwortung der europäischen Neuzeit gegenüber Außereuropa nicht eigentlich zur Sprache. Von höchster Bedeutung wäre auch die kritische Durchleuchtung der hier zugrunde liegenden Theologie und Ekklesiologie einer „objektiven Vertretung des Gültigen". Mir als Profanhistoriker erscheint es jedenfalls als prinzipiell unmöglich, die historischen Gestalten der „ecclesia semper reformanda" in dieser Weise am *Zeitlosen* festzumachen und darauf die kategorischen Urteile von Empörung, Unbotmäßigkeit, Unheil einerseits und „nichts grundsätzlich Irreparables" andererseits zu gründen. Doch ich breche hier ab.

Ein dreifacher Anspruch – so scheint mir – liegt dem Geschichtsbild Guardinis von 1950 implizit und explizit zugrunde, und keiner dieser drei Ansprüche läßt sich aufrechterhalten: daß die Geschichte Europas die Geschichte der Welt sei, daß die römisch-katholische Form des europäischen Christentums so etwas wie ein Monopol, ein stets einsichtiges Monopol der Antwort auf die Menschheitsfragen besitze, daß das Christentum und die Kultur im europäischen Mittelalter eine optimale Verwirklichung gefunden haben und alles Unheil danach durch Unbotmäßigkeit und böse Abwendung hiervon entstanden sei.

Wir sehen eine tragische Engführung und Erstarrung des Gedankens auf der Höhe eines Lebens, dessen Aufstieg von soviel Liebe und Lebendigkeit der Erneuerung getragen war – übrigens auch ein Stück aus der bitteren Gesamtbilanz deutscher Schicksale in dem Vierteljahrhundert zwischen 1925 und 1950.

IV.

Sogleich aber ist fortzufahren mit dem Hinweis auf all das, was trotz dieser Konstruktion in Guardinis Buch an Tiefem, Treffendem, Wegweisendem und in unser Denken und Ringen um die Zukunft Einzubringendem ausgesprochen ist. Und je bewußter wir von Guardinis Mittelalter-Neuzeit-Konzeption und ihren unhaltbaren Ansprüchen Abschied nehmen, desto größer wird – so scheint mir – die Chance, das reiche Potential dieser Wegweisungen neu zu fassen. Bei diesem letzten Abschnitt überspringe ich nun gewissermaßen eine Stufe der bloß beschreibenden Übersicht und lasse die Untersuchung, mit allem Vorbehalt des Vorläufigen und Fragmentarischen, in einige thesenhafte Zusammenfassungen münden. Die Aufgabe eines solchen Einbringens in heutige globale Perspektiven stellt sich ja bei jedem Schritt des Gedankens und des Engagements neu. Und je größer der Kreis derer wird, die sehen, daß die Treue zu den durch Guardinis Namen bezeichneten Traditionen gerade in diesem Umdenken und Einbringen sich erfüllt, desto besser wird es um die genannte Aufgabe stehen.

1. Von größter Bedeutung erscheint, sowohl in diagnostischer wie auch in wertsetzender Hinsicht, Guardinis *grundsätzliches Engagement* für ein Ringen um neue Formen menschenwürdiger Existenz in den gewandelten Bedingungen der Nachneuzeit. Wie sehr er sich selbst – und seinen Lesern – die richtige, konkrete Fassung der daraus zu ziehenden Konsequenzen durch ein inadäquates Geschichtsbild erschwerte, wurde oben angedeutet. Trotz alledem, ja gerade angesichts dieser tiefen Hemmnisse, steht der vorbildhafte Charakter dieser fast paradoxen, aus tiefster christlicher Wurzel kommenden Wendung zur Zukunft in seiner vollen, nachwirkenden Würde vor uns.

2. Die Phänomene der *Gefährdung und Grenze,* in der die gesamte Menschheit seit dem „Ende der Neuzeit", seit der Epoche der Weltkriege steht, hat Guardini in so hellsichtiger Weise beschrieben, daß darauf immer wieder, gegen Neopragmatismus, Technokratie und „Machertum" in allen neuen Spielarten zu verweisen ist.

3. Die Reflexion Guardinis über die Wandlungen und Gefährdungen im Verhältnis zur *Natur* ist zwar noch erheblich im ästhetisch-spekulativen Rahmen befangen und hat die Härte und damit die konkrete Herausforderung der heutigen ökologischen Einsichten nur geahnt. Dennoch erscheint auch hier, im Bereich seiner Perspektive der „nicht-natürlichen Natur", ein Feld positiver Weiterführung möglich, wenn eben die volle Dimension der materiellen Lebensfragen einbezogen wird.

4. Im Bereich der *Kultur* werden der Europazentrismus Guardinis und die interpretative Überbelastung des Kulturbegriffs durch das Fehlen der gesellschaftlichen Vermittlung besonders spürbar. Dennoch plädiere ich dafür, all den Ansätzen, die Guardini im Umkreis der Bezeichnung „nicht-kulturelle Kultur" erwogen hat, eine große Aufmerksamkeit zuzuwenden. Jeder, der verfolgt, was in den letzten Jahrzehnten im apparatehaften Umkreis von Kultur-Austausch und Unesco, von europäisch-außereuropäischen Kulturbegegnungen und -konflikten geschieht oder nicht geschieht, wird begreifen, wie wichtig es wäre, diese sehr ungeschützten, aber aus der Tiefe von Liebe und Erfahrung kommenden Ansprüche an den einzelnen in einem neu reflektierten Rahmen weiterzuentwickeln.

5. *Person und Masse:* Überflüssig, hier nochmals die Grenzen der Anthropologie Guardinis im Hinblick sowohl auf Freud und Marx wie auf Außereuropa zu erörtern. Es ist aber zu bedenken, welches Potential gerade in seinen Reflexionen über „die Chance der Personalität in der Masse" und über den Menschen, dessen Erlebnisfeld „von seinem Erkenntnis- und Wirkfeld grundsätzlich überschritten wird", liegt. Auch hier geht es freilich ohne einen weitreichenden Prozeß des Übersetzens und Einbringens nicht ab. Clemens Münster hat gerade in diesem Punkt 1951 wohl zu rasch und zu oberflächlich seine handfeste Kritik vorgebracht.

6. Die *Macht* als ein oder das zentrale Problem der Zukunftsentscheidungen hat Guardini sehr scharf und richtig erkannt, ganz ohne Naivität, aber eben auch ohne das soziologische Rüstzeug. Die Vermittlung und Konkretisierung seiner fundamentalen Hinweise zur Macht konnten im Umkreis eines nur geisteswissenschaftlichen Kulturbegriffes nicht wirklich geleistet werden. Gerade in einer erneuerten Weiterführung dieser Macht-Diskussion liegt heute eine sehr große Aufgabe; wir sehen ja einerseits in Modellen wie bei Galtung eine aus dem systemtheoretischen Denken kommende prinzipielle Unterschätzung des Machtproblems, andererseits bei vielen Politikern und auch Politikwissenschaftlern eine aktionistische Verkürzung des Problems. Hier an einer anthropologischen und ethischen Neufassung von Guardinis Ansätzen zu arbeiten, könnte überaus ergiebig sein. –

Zum Schluß wage ich nochmals eine allgemeine Bemerkung, die über alles bisher Gesagte hinaus die unverkennbare Größe Guardinis und seines im Werk von 1950 faßbaren geistigen Ringens in den sachlichen Zusammenhang der beginnenden Nachneuzeit zu stellen versucht. Wir treten in ein Weltzeitalter ein, in welchem entgegen dem behaupteten Automatismus der Produktivität und entgegen den Beharrungsmächten des Status quo die Bedeutung besserer Konzeptionen der Macht und besserer Vermittlungen zwischen dem einzelnen und den Gesamtaufgaben nicht abnimmt, sondern eher wächst. Gerade in diesen Situationen können Beiträge von christlicher Seite, die aus der Tiefe des christlichen Anspruchs an den einzelnen leben, ernsthafte Chancen haben. Dies gilt wohl desto mehr, je treffender und kreativer sich diese christlichen Beiträge in einen sozialen und politischen Rahmen heutiger Weltverantwortung einordnen. Für dieses Einbringen und für die richtige Fassung dieses Rahmens heutiger Weltverantwortung mit allen Kräften sich zu engagieren, scheint mir das Beste zu sein, womit wir das Andenken an Guardini über das Ende der Neuzeit hinaus ehren können.

Vortrag im Rahmen einer Guardini-Tagung auf Burg Rothenfels am 2. Oktober 1980. Druck in: Festschrift für Wilhelm Messerer zum 60. Geburtstag (Köln 1980), S. 383ff., und in: Zur geistigen Gestalt Romano Guardinis. Materialien zum Bereich der Sprache und zur Frage des Endes der Neuzeit (Rothenfels 1981), S. 84ff.

1 Ein Dank dem Lehrer Romano Guardini, ed. *M. Kuhn* (Privatdruck, Schloß Banz 1969) – Insgesamt sei verwiesen auf *H. Mercker*, Bibliographie Romano Guardini (1885–1968). Guardinis Werke, Veröffentlichungen über Guardini, Rezensionen (Paderborn 1978). Hier findet man die näheren Angaben über die Auflagen und Übersetzungen von „Das Ende der Neuzeit" (Übersetzungen ins Englische, Französische, Italienische, Japanische, Niederländische, Norwegische, Polnische, Portugiesische, Spanische) und auf S. 183ff. Angaben zur Literatur über das Werk. Im folgenden zitiere ich nach der 2. Auflage (Basel/Würzburg 1950).

2 *R. Guardini*, Europa. Wirklichkeit und Aufgabe (Würzburg 1962).

3 *J. Galtung*, On the last 2500 Years in Western History. And some remarks on the coming 500, in: The New Cambridge Modern History, Bd. 13, ed. *P. Burke* (Cambridge 1979), S. 318ff.

4 Vgl. zum Folgenden *H. Lutz*, Zum heutigen Stand der Periodisierungsdebatte. In: Bericht über den Österreichischen Historikertag in Klagenfurt 1976 (Wien 1977), S. 314ff., und die dort angegebene Literatur; dazu jetzt auch der Abschnitt über Probleme der Periodisierung in meinem Buch: Reformation und Gegenreformation (München 1979), S. 117ff.

5 *D. Cantimori*, La periodizzazione dell'età del Rinascimento nella storia d'Italia e in quella d'Europa. In: Relazioni del X Congresso internazionale di scienze storiche, Bd. 4 (Firenze 1955), S. 307ff.

6 *E. Hassinger*, Die weltgeschichtliche Stellung des 16. Jahrhunderts, in: Geschichte in Wissenschaft und Unterricht 2 (1951), S. 705ff.

7 *D. Gerhard*, Zum Problem der Periodisierung der europäischen Geschichte. In: ders., Alte und neue Welt in vergleichender Geschichtsbetrachtung (Göttingen 1962), S. 40ff. – *W. Conze*, Die Strukturgeschichte des technisch-industriellen Zeitalters als Aufgabe für Forschung und Unterricht (Köln/Opladen 1957), S. 11ff.

8 Siehe u. a. *H. Lutz*, Aufstieg und Krise der Neuzeit. Bemerkungen zu deutschen Interpretationen von Dilthey bis Horkheimer. In: Denken über Geschichte, ed. *F. Engel-Janosi, G. Klingenstein, H. Lutz* (= Wiener Beiträge zur Geschichte der Neuzeit 1, Wien 1974), S. 28ff. [im vorliegenden Band S. 307ff.].

9 Als Beilage zu *Galtung*, The last 2500 Years . . ., S. 344. Die volle Unterschrift lautet: "Trends in Western Civilization: some analytical tools". Die oben gegebenen Erläuterungen bedürfen natürlich der Ergänzung aus Galtungs Text, vor allem was die Ausschließung möglicher Mißverständnisse in Richtung einer naturgesetzlichen Schematik betrifft. Galtung weiß und sagt deutlich, daß „Expansion" im antiken Bereich etwas wesentlich anderes bedeutet als im modernen und daß ebenso „Contraction" im Fall des Mittelalters andere Wirkungen und Voraussetzungen hat als im Falle der „Post-modern Period".

10 *Galtung*, The last 2500 Years . . ., S. 347.

11 Bezeichnend ist, wie Galtung imperialistische und ökologische Perspektiven verbindet. Vgl. ebd., S. 352: "The difficulty comes when the problems arising from using nature and other peoples as resources increase more quickly than the resources – and that is one way of formulating the problem of Western society today".

12 Ebd., S. 361.

13 Die Kritik *C. Münsters*. Guardinis Erwiderung und weitere Diskussionsbeiträge erschienen dann in Buchform: Unsere geschichtliche Zukunft. Ein Gespräch über „Das Ende der Neuzeit" zwischen *C. Münster, W. Dirks, G. Krüger* und *R. Guardini* (Würzburg 1953). Das obige Zitat hier S. 28.

14 Siehe unten S. 344ff.

15 Das Weiterdenken Guardinis im Umkreis des Problems der Macht wäre wohl mittelbar in Betracht zu ziehen. Man vergleiche hierzu seinen ebenso kurzen wie eindrucksvollen Beitrag zur Festschrift für Karl Rahner.

16 *C. Amery*, Aufhebung des Dualismus von Natur und Mensch. Manuskript eines Vortrags im Nachtstudio des Bayerischen Rundfunks am 3. April 1980.

17 *J. Huizinga*, Im Schatten von morgen. Eine Diagnose des kulturellen Leidens unserer Zeit, deutsch von *W. Kaegi* (Bern 1935), S. 17.

18 Hiezu sei verwiesen auf den bei der Rothenfelser Tagung 1980 gehaltenen Vortrag von *H. R. Schlette,* „Die Religiosität der kommenden Zeit". Zu Guardinis Vorblick. In: Zur geistigen Gestalt Romano Guardinis. Materialien zum Bereich der Sprache und zur Frage des Endes der Neuzeit (= Rothenfelser Schriften, Bd. 7, Rothenfels 1981), S. 62ff.

19 Mainz 1927.

20 *Guardini,* Briefe vom Comer See, S. 87.

21 Ebd., S. 91.

22 Ebd., S. 93, 94.

23 Ebd., S. 94ff.

24 Siehe die beiden ersten Abschnitte von *R. Guardini.* Das Ende der Neuzeit: Daseinsgefühl und Weltbild des Mittelalters (S. 39ff.).

25 Ebd., S. 97.

26 Ebd., S. 99.

27 Einige Überlegungen hierzu bei *H. Lutz,* Normen und gesellschaftlicher Wandel zwischen Renaissance und Revolution – Differenzierung und Säkularisierung. In: Saeculum 26 (1975), S. 166ff. [im vorliegenden Band S. 279ff.] und in einschlägigen Abschnitten meines Buches über Reformation und Gegenreformation (siehe Anm. 4).

28 *R. Guardini,* Wahrheit des Denkens und Wahrheit des Tuns. Notizen und Texte 1942–1964, ed. *F. Messerschmid* (Paderborn 1980), S. 13f. – Bei der Jahresangabe 1945 zu diesem Text handelt es sich wohl um einen Druckfehler, da sowohl die Angaben der vorausgehenden und folgenden Texte als auch der sachliche Zusammenhang 1943 erfordern.

29 Siehe Anm. 27 und die weitere, in den genannten Arbeiten aufgeführte Literatur.

Ein Nachwort des Autors über diesen Band

Dank der Initiative der Herausgeber kann in diesem Band eine Auswahl von Aufsätzen und Vorträgen zusammengefaßt werden, die im Laufe von dreißig Jahren entstanden sind und an verschiedenen Stellen publiziert wurden. Der Schwerpunkt der Sammlung liegt im 16. Jahrhundert, dessen Erforschung mich seit meiner Dissertation über Conrad Peutinger (1952) besonders fesselt. Einige der Beiträge führen thematisch herauf bis ins Zeitalter der Aufklärung. Die methodologischen und historiographischen Aufsätze im zweiten Teil und erst recht die beiden letzten Beiträge des dritten Abschnittes „Vom Anfang zum Ende der Neuzeit" behandeln wissenschaftsgeschichtliche Fragen im Kontext der politisch-sozialen und kulturellen Wechsellagen des 19. und 20. Jahrhunderts. Aber auch in einigen der Arbeiten des ersten Teiles, deren Themen vom Humanismus bis zur Gegenreformation reichen, sind Perspektiven zur Gegenwart und von der Gegenwart her in mehr oder weniger ausführlicher Weise behandelt. Die Art des methodischen und darstellerischen Zugriffs variiert. Bei den Vorträgen ist die Orientierung an der Aufgabe einer weiter ausholenden Darlegung des Problems und seiner Verknüpfungen deutlich; die Aufsätze gelten in wechselnder Mischung von Erzählung, Analyse und auch Quellenarbeit Forschungsfragen unterschiedlicher Art. Aber auch die Entstehungszeit der einzelnen Beiträge ist für die inhaltlichen und interpretativen Akzente nicht ohne Bedeutung – davon wird noch die Rede sein.

Die Entscheidung, Vorträge und Aufsätze ungeschieden unter Sachbetreffen zusammenzufassen, wurde durch das Auswahlprinzip erleichtert: Es wurden nur solche Vorträge aufgenommen, die unmittelbar mit eigenen Forschungen zusammenhängen, und nur Aufsätze, die neue Ergebnisse in einer um Lesbarkeit bemühten Form mitteilen.

Die Texte und Anmerkungen sind im allgemeinen unverändert belassen, auch wo die Versuchung nahegelegen wäre, neuere Forschungen nachträglich zu berücksichtigen. Abgesehen von einer gewissen Vereinheitlichung der Zitierweise in den Fußnoten wurde nur an ganz wenigen Stellen zur Verbesserung der Verständlichkeit bzw. zur Beseitigung früherer Druckfehler eingegriffen. (Neu eingesetzte Verweise von Aufsatz zu Aufsatz innerhalb dieses Bandes wurden in eckige Klammern gesetzt.)

Es kann nicht Aufgabe dieses Nachwortes sein, anhand einer solchen Sammlung das Wagnis einer Bilanz der eigenen Forschungsbemühungen eines Menschenalters zu unternehmen. Wohl aber erscheint es angebracht, zu versuchen, dem Leser einige Erläuterungen zur Entstehung und Absicht der einzelnen Stücke zu geben. Dies kann vielleicht nicht nur der Erhellung der Zusammenhänge, sondern auch der Einordnung in den allgemeinen Rahmen der geschichtswissenschaftlichen Entwicklung und Diskussion dienen.

Wenn der erste Teil der Sammlung mit „Gestalten und Problemen" überschrieben ist, so soll dies keineswegs eine Option für eine überwiegend biographisch arbeitende Wissenschaft andeuten; vielmehr weist diese Überschrift in die Richtung einer „integrativen Balance" von Sach- und Personalbezügen, die ja gerade für die Erforschung der Frühneuzeit ein so wichtiges Prinzip darstellt. (Einiges zu dieser Methodenfrage findet sich in dem Aufsatz: „Karl V. – Biographische Probleme"; auch auf meine Einleitung zu dem Sammelband „Biographie und Geschichtswissenschaft" [siehe S. 105, Anm. 3] und auf einige Abschnitte in „Kultur, Kulturgeschichte . . ." sei hiefür verwiesen.)

Der Vortrag „Humanismus und Reformation" mündet von problemgeschichtlichen Erörterungen und Fallstudien her in Gegenwartsfragen. Einige Akzente, die an anderen Stellen deutlicher entfaltet werden, sind schon hier bemerkbar: die Bedeutung des Renaissance-Humanismus als *vorreformatorische Stufe* auf dem Weg der europäischen Neuzeit (siehe dazu den Einleitungsabschnitt des Vortrages über 1530 [S. 89ff.] sowie die biographiegeschichtlichen und normengeschichtlichen Periodisierungsvorschläge auf S. 240 und 279), die Betonung des christlich-reformistischen Charakters dieser Bewegungen und die Forderung, sie nicht nur geistesgeschichtlich, sondern im Totum der historischen Wandlungsprozesse zu würdigen. Es folgt die Skizze über Conrad Peutinger, zu der mich Götz Frhr. von Pölnitz gleich nach der Promotion einlud: ein erster Versuch, Sache und Person erzählend zu verbinden, wobei gleich das ganze Panorama von Städtewesen, Humanismus, Frühkapitalismus, Reichspolitik und Reformation als erzählter Zusammenhang ins Spiel gebracht wurde. Die kleine Studie über den venezianischen Gesandten Vincenzo Querini illustriert die Aetas Maximilianea von Italien, Augsburg und der europäischen Politik her. Es war die erste Arbeit, die ich in Rom, aufgrund italienischen Materials, schrieb; sie wurde 1954 für die Festschrift zum 70. Geburtstag meines Lehrers Franz Schnabel verfaßt.

Die beiden nächsten Beiträge, methodisch sehr verschieden, gehören sachlich nahe zusammen. Der Vortrag zum Wormser Gedenkfest 1971 mit einem ökumenisch gehaltenen Ausblick auf Luther und die Deutschen (bis zur Gegenwart) wird ergänzt durch die weitergetriebene kritische Untersuchung der komplizierten Consens- und Dissensbildungen im Ringen der Reichsstände um Luther 1521. Diese Verschärfung des Fragens nach dem Kräftespiel und den Verfahrensregeln des Reichstages hing auch damit zusammen, daß ich seit 1971 in der Nachfolge von Herbert Grundmann die Herausgabe der Reichstagsakten unter Karl V. zu betreuen habe. Im übrigen führte die Thematik der deutschen Luther-Rezeption dann auch weiter zur Geschichte der katholischen Interpretationen Luthers (siehe S. 225).

Den Fragen um Dürer und die Reformation galt auf der Basis früherer Arbeiten die Wiener Antrittsvorlesung von 1967. Schon bei meinen Untersuchungen zur Augsburger Reformationsgeschichte war ich auf das Problem einer differenzierteren Beurteilung der damaligen Gruppierungen in den Städten und im Reich und auf die häufig unterschätzten Konzeptionen und Kräfte einer „Via media" zwischen Rom und der Reformation gestoßen. So sehe ich Dürers Weg, ähnlich dem seines Freundes Pirckheimer, durchaus nicht in die „Verfestigung des Umkreises der lutherischen Kirche" einmünden, vielmehr in eine neuartige Wendung an die „weltlichen Regenten", in deren Obhut die christliche Wahrheit gleichsam geflüchtet erscheint.

Von anderer Seite her betreffen die folgenden Beiträge im Umkreis Kaiser Karls V. Grundfragen des politischen und kirchlichen Geschehens Europas und des Reiches im Zeitalter der Reformation. Die strukturellen und biographischen Probleme um Karl V. waren mir sowohl von der Frühzeit des Herrschers (1520/21, siehe schon oben S. 53), wie vor allem von der Spätzeit (ab 1550) her nahegekommen. Die Editionsarbeit an den „Nuntiaturberichten aus Deutschland", die ich 1954/60 in Rom im Dienst des Deutschen Historischen Instituts übernommen hatte, führte mich bald in die Archive von Simancas, Brüssel und Wien, und immer tiefer in die Fragen des habsburgischen Weltsystems. Das Referat über den Kaiser, Frankreich und das Reich (auf dem Freiburger Historikertag 1967) hatte insofern programmatische Bedeutung, als hier gegen die idealisierenden Interpretationen Brandis und Rassows nachdrücklich die folgenreiche Härte und der „Systemcharakter" des Dauerkonfliktes mit Frankreich betont werden: Karls Politik der *Monarchia mundi* war mit dem Fortbestand einer selbständigen Rolle Frankreichs nicht vereinbar.

Die beiden anschließenden Vorträge galten einem Querschnitt und einem Längsschnitt durch innerdeutsche Aspekte der Bedingungen und Wirkungen von Karls europäischer Herrschaft. In den Augsburger Gedenkvortrag zum Reichstag 1530, der 1979 im Rahmen des von Erwin Iserloh geleiteten Symposions über Confessio und Confutatio gehalten wurde, ist viel von speziellen Forschungen wie von allgemeinen Reflexionen zur Geschichte der Epoche eingegangen. Vielleicht wird der Leser hier das Bemühen um die Verbindung struktur- und ereignisgeschichtlicher Methodik und Darstellungsweise auf gedrängtem Raume besonders deutlich bemerken. Ein anderes ist die Frage nach dem Interpretationsrahmen der kirchenpolitischen und kirchlichen Entscheidungsprozesse. Da ist ein Wandel meiner Gesichtspunkte unverkennbar. Der Beitrag von 1958/59 über Karl V. und Bayern steht – wie auch andere Arbeiten jener Zeit – ersichtlich noch unter dem Eindruck kirchengeschichtlicher Konzeptionen von Joseph Lortz und vor allem von Hubert Jedin. Zwanzig

Jahre später erscheint der Rahmen erheblich erweitert, die Kontinuitätsthese der katholischen Kirchengeschichtsschreibung – von der spätmittelalterlichen Christenheit zur nachtridentinischen Konfessionskirche – ist problematisiert, die außertheologischen Bedingungen werden stets mitbedacht. Luthers Frage von 1530 gilt nun als überaus ernst: „Ihr gebt fur, Man solle, on willigung der kirchen, nichts endern noch ernewern. Wer ist denn die kirchen? Seid yhrs? So zeigt siegel und briefe, oder beweisets sonst mit der that und fruchten ..." (siehe S. 95).

Der Münchner Vortrag zum 400. Todestag des Kaisers über Karl V. und Bayern bedeutete eine vorwegnehmende Skizze dessen, was ich später in den betreffenden Kapiteln des Handbuches der bayerischen Geschichte von Max Spindler ausführte. Beim heutigen Wiederlesen und beim Vergleich mit später verfaßten Beiträgen fällt mir manches auf: die Fragen nach dem Bedingungsgeflecht der jeweiligen Entwicklungen und Entscheidungsprozesse fehlen zwar nicht ganz, aber sie sind im Stile der traditionellen historischen Erzählweise viel weniger expliziert als später. So bleibt dann auch viel Wichtiges der „Bewußtseinsgeschichte" Bayerns und Habsburgs zu wenig vermittelt und damit zu unscharf eingeordnet – bis hin zu dem abschließenden großartigen Baronius-Zitat, wo von Rom her das Bayern der Gegenreformation als auserwähltes Volk, als das neue Land Gessen, gerühmt wird (siehe S. 117).

Von dem Forschungsaufsatz über die biographischen Probleme Karls V. war schon oben die Rede. Es handelt sich hier um Vorstöße, die den Charakter von Prolegomena zu weiteren Arbeiten haben, die noch unausgeführt sind. Wichtig ist in diesem Zusammenhang der ergänzende Hinweis auf den soeben im Oldenbourg-Verlag in München erscheinenden Sammelband „Das römisch-deutsche Reich im politischen System Kaiser Karls V." (hrg. von mir unter Mitwirkung von Elisabeth Müller-Luckner), der Referate und Diskussionen des gleichnamigen Symposions enthält, das ich im Mai 1981 als Stipendiat des Historischen Kollegs in München veranstalten konnte. Dort wird in meinem Nachwort „Zusammenhänge und Perspektiven" ein weiter ausgeführtes Forschungsprogramm zum Thema vorgestellt. –

Unter dem weitgefaßten Titel „Papsttum, europäische Politik und Kirchenreform" findet man fünf Beiträge, die alle – in unterschiedlicher Weise – im Spannungsfeld zwischen den römischen Studien zum 16. Jahrhundert und den Fragen nach den Geschehnissen nördlich der Alpen entstanden sind. Der titelgebende Vortrag wurde 1964 vor der Görresgesellschaft gehalten, gleichzeitig mit dem Erscheinen meiner noch in Rom fertiggestellten Habilitationsschrift „Christianitas afflicta. Europa, das Reich und die päpstliche Politik im Niedergang der Hegemonie Kaiser Karls V. (1552–1556)". Der Abschnitt über die Papsthistoriographie bei Ranke und Pastor weist schon voraus auf spätere Arbeiten zur Geschichte und Methode der Geschichtswissenschaft. Das interpretative Konzept entspricht den Ausarbeitungen in der „Christianitas afflicta". Der Weg zur Transzendierung einer nur geistesgeschichtlichen oder diplomatiegeschichtlichen oder kirchlichen Auffassung der Papsthistorie war beschritten. Aber die Forderung, „in einer radikalen Weise in die innerweltlichen Vorgegebenheiten der Papstgeschichte einzudringen ... und die Geschichtlichkeit dieser Institution in vielfacher Hinsicht neu zu überdenken ..." (S. 157), blieb doch noch recht allgemein und ziemlich unentfaltet.

Gleichfalls mit der Kirchen- und Papstgeschichte um die Mitte des 16. Jahrhunderts beschäftigen sich die folgenden Untersuchungen von Spezialfragen zwischen Rom und dem Reich. Der Aufsatz über Bayern und den Laienkelch geht von einer quellenkritischen Untersuchung und Berichtigung (anhand des vatikanischen Materials) aus und skizziert den Übergang Bayerns von der integralen, antikaiserlichen, propäpstlichen Kirchenpolitik unter Wilhelm IV. zu dem von Albrecht V. seit 1552 zunächst eingeschlagenen neuen Kurs: Versuch einer Kompromißlinie durch das von Rom erbetene Zugeständnis von Laienkelch, Priesterehe und teilweiser Aufhebung der Fastengebote. Auch hier also eine Spielart von „Via media", die allerdings in Bayern in den sechziger Jahren dann scharf abgebrochen wird. – Der Rückblick des Reichsvizekanzlers Georg Sigmund Seld auf die zweite Tagungsperiode des Konzils von Trient findet sich im Rahmen einer großen Staatsschrift, die Ende 1553 im

Auftrag Karls V. für den bevorstehenden Reichstag verfaßt wurde. Sie enthält eine ausnehmend scharfe Kritik an Rom, an der von Julius III. bestellten Konzilsleitung und an den deutschen Bischöfen. Die Kritik richtet sich aber auch – vorsichtig – an den Kaiser selbst: Die Aufgabe, „mit oder gegen den Willen des Papstes" die Kirche zu reformieren, stehe den christlichen Fürsten (also nicht dem Kaiser allein) zu; erst der Friedensschluß mit Frankreich kann Konzil und Reform und damit die Wiedervereinigung der Christen ermöglichen.

Den Abschluß bilden zwei stark kontrastierende Kardinalsbiographien aus der gleichen Zeit. Giovanni Morone (1509–1580) war ein führender Vertreter der katholischen Reform; er folgte der spirituellen Richtung Gasparo Contarinis, die für viele Anliegen der evangelischen Bewegung sensibel war. Das brachte Morone unter Paul IV. wegen Häresieverdachtes für zwei Jahre als Gefangenen in die Engelsburg und verhinderte später seine Wahl zum Papst. An dem positiven Abschluß des Trienter Konzils hatte er entscheidenden Anteil; die Spätzeit, wo er nochmals intensiv mit den Fragen der Reform in Deutschland zu tun hatte, blieb in meiner Skizze ausgespart. Dafür ist ein anderer Abschnitt seines Wirkens – die enge Zusammenarbeit mit Kardinal Pole hinsichtlich der Restauration in England und der europäischen Friedensvermittlung 1553/55 – seither von mir dokumentarisch weiter erhellt worden (in: Nuntiaturberichte aus Deutschland, 1. Abt., Bd. 15: Die Friedenslegation Reginald Poles 1553/56, Tübingen 1981). Ganz anders die Vita des gleichaltrigen Kardinals d'Este, des Sohnes von Lucrezia Borgia und Herzog Alfonso von Ferrara. Dieser biographische Abriß war zunächst konzipiert als Appendix zu dem Buch von Carl Lamb über die Villa d'Este in Tivoli (München 1966). Die Erweiterung für die Festschrift Hubert Jedins bot dann Gelegenheit, die politischen und kulturellen Perspektiven zu vertiefen, so daß das „Gegenbild" eines *weltlichen* Kirchenfürsten faßbar wird, der aber schließlich selbst noch die Übergänge von der mondänen Lebensform der Spätrenaissance zu den strengeren kirchlichen Orientierungen im nachtridentinischen Italien illustriert.

Den Hintergrund italienischer Politik und Kultur, der für diese und andere Arbeiten maßgebend war, faßte ich in dem Kapitel über Italien vom Frieden von Lodi bis zum Spanischen Erbfolgekrieg zusammen, das 1971 im dritten Band von Theodor Schieders Handbuch der Europäischen Geschichte erschien. Gerade die methodischen und darstellerischen Erfahrungen und Probleme solcher Kompendienaufgaben wirkten dann als zusätzliches Stimulans, an der seit Ende der sechziger Jahre im deutschsprachigen Raum verstärkt einsetzenden Methoden- und Theoriediskussion der Geschichtswissenschaft teilzunehmen.

Diesem Umkreis und dementsprechend den Jahren seit 1970 gehören die Arbeiten zu, die in der folgenden Gruppe „Methodenfragen und Geschichtsschreibung" zusammengestellt sind. Die Auswahl richtete sich hier nach den behandelten Stoff- und Gegenstandsbereichen; man findet also hier Überlegungen und Analysen, die sich von der historiographischen und wissenschaftstheoretischen Seite her auch auf Themen des ersten Teiles beziehen. Der Essay über Rankes Kapitel „Ursprung der Spaltung in der Nation" versucht einerseits, die Genese wichtiger Konzeptionen der Reformationsgeschichte und ihren Zusammenhang mit zeitgeschichtlichen Erfahrungen des Autors (Neubildung des Ultramontanismus in Deutschland) zu verfolgen. Andererseits werden Beobachtungen zu Rankes Begriff der Nation angestellt, die gerade für die heutige Renaissance nationalgeschichtlicher Gesichtspunkte und für den so stark fortwirkenden Interpretationsrahmen „Deutsche Reformation" im speziellen aufschlußreich sein können. Die Untersuchung über die katholischen Lutherinterpretationen geht ebenso wie die kritische Auseinandersetzung mit Braudels Mittelmeerbuch auf ein Referat vor dem Arbeitskreis „Theorie der Geschichte" in Bad Homburg zurück, in dem ich seit seiner Gründung durch Reinhard Wittram 1971 mitarbeitete. Im Falle Luthers ging es mir über die historiographischen Fragen im engeren Sinne hinaus um die soziokulturellen und politischen Bezüge der sich wandelnden Interpretationsmodelle geschichtlicher Entscheidungen und Persönlichkeiten. Ähnlich wie bei Ranke waren hier die außerwissenschaftlichen, lebensweltlichen Faktoren zu betonen, ohne jedoch in eine Unterschätzung der innerwissenschaftlichen Korrektur- und Konvergenzmöglichkeiten zu verfallen.

Die Geschichte der Biographie von der Renaissance bis ins 18. Jahrhundert zu verfolgen war eine Aufgabe, die für den Moskauer Historikerkongreß 1970 gestellt war. So knapp diese Skizze aus gegebenem Anlaß ausfallen mußte und so wünschenswert eine Ausarbeitung wäre – der Wiederabdruck schien mir gerade im Hinblick auf das hier vorgeschlagene Dreistufenmodell (mit der Betonung der Retheologisierung der Biographik im konfessionellen Zeitalter und den entsprechenden Säkularisierungsfolgen in der Aufklärung) lohnend. Die Ansätze zu einer historischen Anthropologie, die auch in dem kurzen Text stecken, bedürften allerdings einer gründlichen Entfaltung.

Die Braudel-Studie hat zum Hintergrund einerseits eine langjährige Beschäftigung mit der italienischen und spanischen Geschichte des 16. Jahrhunderts, andererseits die steigende Beunruhigung über manche – nicht alle – Wirkungen des Modellanspruchs dieses Werkes. Ob es dabei gelungen ist, Kritik und positive Anknüpfung in vergleichbarer Weise einsichtig zu machen, möge der Leser beurteilen.

Bei dem Aufsatz über Kultur, Kulturgeschichte und „Gesamtgeschichte" handelt es sich um einen Beitrag zu dem kürzlich von Grete Klingenstein und mir herausgebrachten Sammelband über Spezialforschung und „Gesamtgeschichte" (= Wiener Beiträge zur Geschichte der Neuzeit 8, Wien/München 1981). Der Bandthematik entsprechend liegt der Schwerpunkt auf den geschichtswissenschaftlichen Integrationsmöglichkeiten und -methoden von „Kultur" mit anderen Lebensbereichen. Diese Fragen werden paradigmatisch am Fall des deutschen Humanismus um 1500 (mit einer biographischen Variante: Conrad Peutinger und der deutsche Humanismus) durchgespielt. Es bleibt also manches am Rande, was heute bei einer *allgemeinen* Methodendiskussion über Kulturgeschichte sicher stärker zu beachten wäre: die Bereiche der sogenannten „materiellen Kultur", die Fragen des Verhältnisses der Kultur der Eliten zur Kultur des Volkes etc. Immerhin ergibt sich wohl auch bei diesen gezielt unvollständigen methodischen Erörterungen eine Reihe von neuartigen Anknüpfungspunkten, besonders für den Themen- und Methodenkomplex von Gesellschaft und Kultur.

So umfassend die Überschrift des dritten Teiles lautet – Vom Anfang zum Ende der Neuzeit – und so verschieden die hier vereinigten Arbeiten ansetzen, so evident sind die Bezüge zu den vorausgehenden Abschnitten. Maßgebend für diese Überschrift und Auswahl waren zwei ineinandergreifende Überlegungen. Es sollten Längsschnittanalysen vom Beginn der Neuzeit bis zum Ende des Ancien Régime – wie immer ausschnitthaft – in diesem Band nicht fehlen. Und darüber hinaus sollten Methoden und Perspektiven der Verknüpfung von Frühneuzeitforschung und Gegenwart, die den verschiedensten Beiträgen zugrunde liegen und für die Rekonstruktion dieser Vergangenheit maßgebend waren und sind, noch ausdrücklicher angesprochen werden. Während der Versuch über Normen und gesellschaftlichen Wandel ein großes interpretatives Tableau der europäischen Werdeprozesse vom 15. bis ins 18. Jahrhundert skizziert, behandelt der Vortrag über das Toleranzpatent den Weg der österreichischen Geschichte vom „Glaubensstaat" des 16. und 17. Jahrhunderts in die Aufklärung und in die Moderne als paradigmatischen Fall. Ganz anders setzt die Studie über Aufstieg und Krise der Neuzeit an. Dilthey, Max Weber, Meinecke, Franz Schnabel und Max Horkheimer werden auf ihre Vorstellungen (und den Wandel dieser Vorstellungen) über Aufstieg und Krise befragt. Als Ergebnis gibt es indirekte, aus dem kritischen Bericht abzulesende Bewertungen, an die weiter angeknüpft werden kann. Viel direkter geht der letzte Beitrag ans Werk, der aus Anlaß einer auf Burg Rothenfels gehaltenen Gedenktagung „Dreißig Jahre nach dem Erscheinen von Romano Guardinis ‚Ende der Neuzeit'" eine kritische Überprüfung und Weiterführung unternimmt. Die Argumentation über Kultur und Gesellschaft im Umkreis Guardinis berührt sich mit den schon oben bei den Fragen von Kulturgeschichte und „Gesamtgeschichte" erläuterten Gedanken, wendet sich aber dann in ganz andere Richtung. Über die historische Erörterung von Guardinis Mittelalter-Neuzeit-Nachneuzeit-These hinaus plädiere ich dafür, seine anthropologischen und ethischen Ansätze im Rahmen heutiger Horizonte und Methoden nach dem „Ende der Neuzeit" erneuernd weiterzuführen.

Können schließlich all diese Einzelstudien, Problemanalysen und Perspektiven in einen allgemeinen Bezugsrahmen der frühneuzeitlichen Epoche und ihrer Bedeutung für den Gang der Geschichte Europas und der Welt eingebracht werden? Hier ist mit großer Umsicht vorzugehen, umsomehr, als im vorliegenden Zusammenhang nur ganz kurze, summarische Hinweise möglich sind. Daß keine Rede davon sein kann, durch ein einfaches System von Verallgemeinerungslinien aus einzelnen Mosaikfragmenten ein Gesamtbild zu gewinnen, braucht kaum eigens betont zu werden. Andererseits dürfte aus vielen Erörterungen des vorliegenden Bandes deutlich werden, daß ich selbst mich mit meinen Fragen und Methoden, Forschungen und Rahmenkonzeptionen durchaus auf dem Wege weiß – auf einem Wege, über dessen Richtung und Etappen die Beiträge aus dreißig Jahren implizit und explizit einige Auskunft geben. Wie dieser persönliche Weg in vielfacher Weise mit der allgemeinen Entwicklung der Geschichtswissenschaft verbunden und ihr verpflichtet ist, könnte nur in einem wesentlich weiteren Rahmen detailliert beschrieben werden. Für hier und heute, wo die Aufgabe einer kurzen Erläuterung für den Leser maßgebend ist, will ich versuchen, in engem Bezug zu dem Inhalt und dem Titel des Bandes wenigstens einige zusammenfassende Stichworte aus der Erfahrung des bisherigen Weges meiner Forschungen zu formulieren.

Wenn im Titel vom „Werdeprozeß der frühen Neuzeit" ausgegangen wird, so betont dies den *ganzheitlichen Zusammenhang* der vielfältigen und auch widerspruchsvollen Entwicklungslinien, in denen sich der Übergang der europäischen Gesellschaft aus dem Mittelalter in die Moderne vollzieht. Ob jedoch mit dem Begriff „europäische Gesellschaft" und seiner Verwendung schon eine Vorentscheidung verbunden sein soll, dies angezielte Totum europäischen Lebens primär mit gesellschaftsgeschichtlichen Methoden und Rahmenbezügen zu erfassen, erscheint mir angesichts der bis heute vorliegenden allgemeinen Entwürfe und Vorschläge als durchaus offen. (Bei gesellschaftsgeschichtlich orientierten Interpretationsmodellen der frühen Neuzeit sind anscheinend die Schwierigkeiten besonders groß, politische Strukturen und Ereignisse, kulturelle und religiöse Prozesse, anthropologische und biographische Tatbestände angemessen zu berücksichtigen.)

Wie man sieht, nennt der Buchtitel im Rahmen dieser Einheitskonzeption Politik, Kultur und Religion. Dies bedeutet nicht, daß Wirtschaft und gesellschaftlicher Wandel (im engeren Sinne) mir als weniger konstitutiv für den Werdeprozeß im ganzen gelten; es entspricht nur eben dem Inhalt der hier gesammelten Studien. Ohne eine kategoriale Erläuterung der drei genannten Aspekte zu versuchen, beschränke ich mich auf einfache, eher deskriptive Hinweise. *Politik* meint ein sehr weites Feld, keineswegs nur die „Evénéments" im Sinne Braudels. Die politischen Strukturen und Systeme der Frühneuzeit können gewiß nicht von dem sozioökonomischen Bedingungsgeflecht und der tiefen und breiten Zone vorstaatlichen Lebens isoliert werden. Aber der Analyse politischen Geschehens in diesem weiten und integrierten Sinne dürfte gerade aufgrund einer modernen Methodenreflexion zentrale Bedeutung zukommen. Nicht nur, daß auf dieser analytischen und darstellerischen Ebene der Zusammenhang von Strukturen und Ereignissen angemessen verfolgt werden kann; auch das Verhältnis intentionalen Handelns zu nicht intendierten Ergebnissen, die Spannweite zwischen dem „Bewußtsein" von einzelnen und von Gruppen und den „objektiven" Bedingungen des Geschehens ist hier dem methodischen Zugriff ohne allzu riskante Vorgaben zugänglich. Und die Probleme der Macht und der Machtverschiebung sind gerade unter den Bedingungen der Frühneuzeit und ihrer dynastischen und ständischen Strukturen von hier aus faßbar.

Von *Kultur* und Kulturgeschichte war schon im zweiten Teil des Bandes ausführlich die Rede (S. 261). Dem seien hier nur drei Hinweise angefügt. Der eine gilt in interdisziplinärer Hinsicht dem Gesamtbereich der Sprache, von den elementaren Bedingungen der sozialen Kommunikation (mit allen Voraussetzungen ständischen, erst wenig alphabetisierten, aber teilweise schon oder noch zweisprachigen Lebens) bis zu den zündenden, identitätsstiftenden Werken der hohen Literatur oder der Volksliteratur. Hier haben wir Historiker mit neuen soziokulturellen Rastern gewaltig nachzulernen. Das zweite Anliegen greift noch weiter in die Grenzbereiche sozialen und kulturellen Lebens über. Wenn es zutrifft, daß gerade die europäische Gesellschaft der Frühneuzeit durch das Nebeneinander zweier sozioökonomischer Systeme gekennzeichnet ist („feudale“ und „nichtfeudale“ – vor allem städtische – Lebensformen), dann sollten unsere kulturellen Analysen diesen Dualismus ernst nehmen. Er ist ja keineswegs identisch mit dem neuerdings betonten Gegensatz von Volkskultur und elitärer Kultur. Schließlich sei im Sinne einer integrativen Methodik noch besonders auf jene Schlüsselzonen hingewiesen, die man „kulturelle Vermittlung“ nennen könnte: wo politische oder soziale Prozesse und Entscheidungen nicht unvermittelt, sondern im Bezugsfeld von langfristig ausgeformten Denksystemen oder weitverknüpften kulturellen Vorstellungen vor sich gehen (die auch ihrerseits dem Wandel unterliegen).

Was nun *Religion* im allgemeinen und in der Frühneuzeit im besonderen angeht, so kommt bei jeder historischen Frage nach Religion und Politik, Religion und Gesellschaft etc. sogleich ein weithin erkenntnisleitendes Vorverständnis ins Spiel. Das heißt, die jeweiligen Vorstellungen des Forschers wie des Lesers davon, was Religion in bezug auf das öffentliche und private Leben bedeuten soll oder nicht soll, beeinflussen unsere historischen Interpretationen und Ansichten. In der europäischen Frühneuzeit bedeutet Religion fast ausschließlich Christentum – und die damaligen Gruppierungen und Streitparteien des Christentums leben in der pluralistischen Gesellschaft von heute fort. Es gibt keine Beschäftigung mit den Fragen des konfessionellen Zeitalters, die nicht zugleich eine Auseinandersetzung mit der Wirkungsgeschichte und den heutigen Formen des Christentums in sich schlösse. Demgegenüber ist mit großer Aufmerksamkeit die stete Interaktion religiöser und „profaner“ Motive und Prozesse zu beachten. Dies sei zuletzt noch an einem besonders wichtigen und weithin übersehenen Sachverhalt erläutert.

Im größeren Zusammenhang der frühneuzeitlichen gesellschaftlichen Evolution und Differenzierung sind auch scheinbar ganz innertheologische Fragen auf ihre sozialen und anthropologischen Bedingtheiten und Bedeutungen zu befragen. Luther und – in etwas anderer Weise – Zwingli und Calvin standen ja von Beginn ihres reformatorischen Wirkens an vor zwei Aufgaben, die eng zusammenhingen, aber schwer vereinbar waren. Das eine war das Postulat der freien, mündigen Entscheidung jedes einzelnen für den christlichen Glauben. (Dies entsprach dem Differenzierungsgrad der Gesellschaft und der Entfaltung der Individualkultur.) Das andere war die Bemühung um eine wahrhafte Verchristlichung der Formen des menschlichen Zusammenlebens. (Dies lag teilweise in der Kontinuität spätmittelalterlicher und humanistischer Reform, griff aber im Hinblick auf die Absage an alle gestuften Vollkommenheitsformen und auf die Neubewertung des Berufes, auf „Machbarkeit“ und Durchsetzungsstrategien – vor allem im Calvinismus – weit in die Moderne.) Die enormen Schwierigkeiten, *beide Aufgaben zu vereinbaren*, begegnen uns in der Reformationsgeschichte ständig. Dies alles wird verständlicher, wenn wir es umfassend in die jeweiligen Entwicklungsstufen, Schranken und Möglichkeiten der frühneuzeitlichen Gesellschaft einordnen. In diesem Zusammenhang wird dann auch Luthers Lösungsversuch, der grundsätzlich zwei „Reiche“ bzw. „Regimenter“ unterscheidet, in seiner vollen theologischen wie politisch-sozialen Bedeutung deutlicher faßbar.

Dem aufmerksamen Leser des Bandes wird eines nicht entgehen: Diese stichwortartigen Hinweise führen über das, was in den hier gesammelten Arbeiten bereits realisiert wurde, zum Teil erheblich hinaus. Sie beruhen auf der Reflexion zwischen Rückblick und Ausblick, ähnlich vielen Passagen des einführenden Werkes „Reformation und Gegenreformation“ (Oldenbourg, München [2]1982). Einige Schritte weiter auf dem Wege zur Realisierung mancher Postulate versuchte ich in einer zusammenfassenden Darstellung der Geschichte des Reiches von Maximilian I. bis zum Westfälischen Frieden, die demnächst erscheint.

Mein Dank gilt zu Ende dieses Bandes in herzlicher Verbundenheit allen, die zu seinem Zustandekommen beigetragen haben, und darüber hinaus aller Führung, Anregung und Freundschaft, die mir auf den Wegen der Forschung so hilfreich zuteil geworden sind.

PERSONEN- UND ORTSREGISTER

(Die Namen von Forschern des 19. und 20. Jahrhunderts sind kursiv gesetzt)